Langenscheidt
Universal-Wörterbuch

Italienisch

Italienisch – Deutsch
Deutsch – Italienisch

Langenscheidt

Langenscheidt
Universal-Wörterbuch Italienisch

Bearbeitet von: Anette Dralle

Entwickelt auf Basis des
Langenscheidt Universal-Wörterbuchs Italienisch

Bearbeitet von: Andreas Bünger, Alexandra Desbalmes,
Angela Ditillo, Dr. Birgit Klausmann, Rachele Zoli-Sudbrock

1. Auflage 2023 (1,03 - 2025)

www.langenscheidt.com

Projektleitung: Ursula Martini
Typgografisches Konzept nach:
KOCHAN & PARTNER GmbH, München
Satz: Claudia Wild, Konstanz
Druck und Bindung: L.E.G.O. S.p.A., Lavis
Printed in Italy

ISBN 978-3-12-514477-4

Definitionen in kursiver Schrift:

cotechino [-ki-] M GASTR *Brühwurst aus Schweinefleisch*

Sachgebietsangaben in Kapitälchen:

diaframma M ANAT Zwerchfell *n*; FOTO Blende *f*; MED Diaphragma *n*

Angaben zum Stil und Sprachgebrauch in kursiver Schrift:

sgobbare [zg-] V *umg* büffeln
'secolo M Jahrhundert *n*; *fig* Ewigkeit *f*

Bei schwierig auszusprechenden italienischen Stichwörtern ist eine Aussprachehilfe angegeben:

grassoccio [-tʃo] ADJ wohlgenährt, pummelig

Die zu betonende Silbe ist bei italienischen Stichwörtern mit einem Strich (') angegeben, wenn die Betonung nicht, wie meist im Italienischen, auf der vorletzten Silbe liegt:

per'correre, **'lampada**, **infal'libile**

Die Aussprache des Italienischen

Vokale

a	offen wie im Wort *Katze*	**casa** ['ka:sa] *(Haus)*
e	in betonten Silben und Diphthongen manchmal offen, wie in *Mensch*	**bene** ['bɛ:ne] *(gut)* **ieri** ['iɛ:ri] *(gestern)*
	geschlossen, wenn es unbetont ist oder in der Endung *-mente*	**correre** ['korrere] *(rennen)*
i	in betonten Silben meist gedehnt, ähnlich wie in *Biene*	**isola** ['i:zola] *(Insel)*
	vor mehreren Konsonanten und in einsilbigen Wörtern kurz wie in *Idee*	**birra** ['birra] *(Bier)*
	vor und zwischen Vokalen wie [j]	**fioraia** [fio'ra:ia] *(Blumenhändlerin)*
o	als Endvokal mit Akzent und in Diphthongen offen wie in *Wolle*	**però** [pe'rɔ] *(aber, jedoch)*
	geschlossen, wenn es unbetont ist, ähnlich wie in *Sohn*	**collare** [kol'la:re] *(Halsband)*
u	wie im Wort *Zug*	**musica** ['mu:zika] *(Musik)*

Die Vokalverbindungen **ie** und **uo** werden auf dem zweiten Vokal betont, der offen ausgesprochen wird: **ieri** ['iɛ:ri] *(gestern)*, **uomo** ['uɔ:mo] *(Mensch, Mann)*.

In den Vokalverbindungen **au**, **ei** und **eu** behält jeder Vokal seinen Klangcharakter: **auto** ['a:uto] (*Auto*), **Europa** [eu'rɔ:pa] (*Europa*).

In diesem Wörterbuch wird der Einfachheit halber der Laut [j] als [i] und der Laut [w] als [u] dargestellt.

Konsonanten und Konsonanten-verbindungen

b	wird stimmhaft ausgesprochen	**bere** ['be:re] (*trinken*)
d	wird stimmhaft ausgesprochen	**dado** ['da:do] (*Würfel*)
f	wie im Deutschen	**fare** ['fa:re] (*machen, tun*)
l	wie im Deutschen	**lago** ['la:go] (*See*)
m	wie im Deutschen	**mano** ['ma:no] (*Hand*)
n	wie im Deutschen	**nero** ['ne:ro] (*schwarz*)
p	wird nicht behaucht	**papà** [pa'pa] (*Vater*)
t	wird nicht behaucht	**tavola** ['ta:vola] (*Tisch*)
h	wird am Wortanfang nicht ausgesprochen	**hotel** [o'tɛl] (*Hotel*)
ch	wie das deutsche *k*	**chiesa** ['kiɛ:za] (*Kirche*)
ca		**casa** ['ka:sa] (*Haus*)
co		**coro** ['kɔ:ro] (*Chor*)
cu		**cucina** [ku'tʃi:na] (*Küche*)

ce **ci**	ähnlich wie *tsch* in <u>tsch</u>üs	**amici** [a'mi:tʃi] *(Freunde)* **cena** ['tʃe:na] *(Abendessen)*
cia **cio** **ciu**	das *i* wird nicht ausgesprochen	**ciao** ['tʃa:o] *(hallo, tschüs)* **ciuccio** ['tʃuttʃo] *(Schnuller)*
gh **ga** **go** **gu**	wie das deutsche *g*	**ghiro** ['gi:ro] *(Siebenschläfer)* **gatto** ['gatto] *(Katze)* **goccia** ['gottʃa] *(Tropfen)* **gusto** ['gusto] *(Geschmack)*
ge **gi**	ähnlich wie *dsch* in <u>Dsch</u>ungel	**gelato** [dʒe'la:to] *(Eis)* **gita** ['dʒi:ta] *(Ausflug)*
gia **gio** **giu**	das *i* wird nicht ausgesprochen	**giallo** ['dʒallo] *(gelb)* **gioco** ['dʒɔ:ko] *(Spiel)* **giusto** ['dʒusto] *(richtig)*
gl	ähnlich wie *l* in *Fami<u>li</u>e*, *Mi<u>ll</u>ion*	**famiglia** [fa'mi:ʎa] *(Familie)* **moglie** ['mo:ʎe] *(Ehefrau)*
gn	wie in *Ko<u>gn</u>ak*	**gnocchi** ['ɲɔkki] *(Klößchen)*
qu	das *u* ist als solches auszusprechen, nicht als *w*-Laut	**qui** ['kui] *(hier)* **questo** ['kuesto] *(dieser)*
r	gerolltes Zungenspitzen-R	**ritirare** [riti'ra:re] *(abholen)*
s	vor den Konsonanten *f*, *p*, *q* und *t*, nach *l*, *n* und *r*, am Wortanfang, als Doppelkonsonant stimmlos ausgesprochen wie in <u>S</u>konto	**specchio** ['spɛkkio] *(Spiegel)* **corso** ['korso] *(Kurs)* **sasso** ['sasso] *(Stein)*

	vor *b, d, g, l, m, n* und *r*, zwischen Vokalen in der Regel stimmhaft ausgesprochen wie in <u>*S*</u>*ache*	**sbaglio** ['zba:ʎo] (*Fehler*) **chiesa** ['kiɛ:za] (*Kirche*)
sco **sca** **scu** **schi** **sche**	ähnlich wie in <u>*Sk*</u>*onto*	**scopa** ['sko:pa] (*Besen*) **scarpa** ['skarpa] (*Schuh*) **scuola** ['skuɔ:la] (*Schule*) **boschi** ['bɔski] (*Wälder*) **scheda** ['skɛ:da] (*Zettel*)
sci **sce** **scia** **scio** **sciu**	ähnlich wie in <u>*Sch*</u>*atz*	**sci** [ʃi] (*Ski*) **scena** ['ʃɛ:na] (*Szene*) **sciarpa** ['ʃarpa] (*Schal*) **sciopero** ['ʃɔ:pero] (*Streik*) **sciupato** [ʃu'pa:to] (*abgetragen*)
v	wie das deutsche *w*	**vino** ['vi:no] (*Wein*)
z	stimmlos vor Vokalen, nach *l*, in den Endungen *-zione*, *-enza*, *-anza*	**senza** ['sɛntsa] (*ohne*) **stazione** [sta'tsio:ne] (*Bahnhof*)
	meist stimmhaft zwischen Vokalen und in der Endung *-izzare*	**azzurro** [ad'dzurro] (*blau*) **organizzare** [organid'dza:re] (*organisieren*)

Doppelkonsonanten sind länger zu sprechen als die einfachen Konsonanten: **cappuccino** [kapput'tʃi:no], **spaghetti** [spa'getti].

Betonung und Akzente

In der Regel wird die vorletzte Silbe betont: **fare** ['fa:re] (*machen, tun*), **appetito** [appe'ti:to] (*Appetit*). Fällt die Betonung auf eine andere Silbe, ist in diesem Wörterbuch ein Betonungsstrich beim Stichwort angegeben: **pro'babile** (*wahrscheinlich*), **'sabato** (*Samstag*). Dieser Strich ist ausschließlich als Aussprachehilfe zu verstehen und gehört nicht zur italienischen Rechtschreibung.

In der italienischen Schriftsprache gibt es zwei Akzente: **l'accento grave** (`) wie im Wort **caffè** (*Kaffee*) und **l'accento acuto** (´) wie im Wort **perché** (*warum*). Der Akzent wird nur gesetzt, wenn der letzte Buchstabe des Wortes betont ist und bei einigen einsilbigen Wörtern, um sie von anderen gleichlautenden zu unterscheiden: **sì** (*ja*) gegenüber **si** (*man, sich*).

Italienisch – Deutsch

A

a PRÄP in; nach; um; mit; **~ domani!** bis morgen!; **~ piedi** zu Fuß; **~ sei anni** mit sechs Jahren; **sono ~ Roma** ich bin in Rom; **vado ~ casa** ich gehe nach Hause; **vado ~ scuola** ich gehe in die Schule; **alla televisione** im Fernsehen; **alle quattro** um vier (Uhr); **3 euro al chilo** 3 Euro pro Kilo
AAST ABK (**= Azienda Autonoma di Soggiorno e Turismo**) *italienischer Fremdenverkehrsverein*
abate M Abt *m*
abbaglianti [-ʎan-] MPL AUTO Fernlicht *n*
abbagliare [-ʎa-] V blenden
abbaiare V bellen
abba'ino M ARCH Dachfenster *n*
abbandonare V verlassen; vernachlässigen; aufgeben
abbandono M Verlassen *n*; Verlassenheit *f*; **in stato di ~** verwahrlost
abbassamento M Sinken *n*; Senkung *f* **abbassare** V senken; *Radio* leiser stellen; *Scheinwerfer* abblenden **abbassarsi** V sich bücken sinken; *fig* sich demütigen
abbastanza ADV genug; ziemlich; **averne ~ di qn/qc** j-n, etw satthaben
ab'battere V niederreißen; *Haus* abreißen; *Baum* fällen; *Flugzeug* abschießen; *fig* niederschlagen
abbattersi V verzagen
abba'zia F Abtei *f*
abbellire V verschönern
abbiamo V wir haben
abbigliamento [-ʎa-] M Kleidung *f*
abboccato ADJ *Wein* süffig
abbonamento M Abonnement *n*; Zeitkarte *f* **abbonarsi** V: **~ a** abonnieren **abbonato** M, **-a** F Abonnent(in) *m(f)*
abbondante ADV reichlich
abbondanza F Überfluss *m*
abbondare V reichlich vorhanden sein (**di** mit)
abbor'dabile ADJ zugänglich
abbordare V anreden, anmachen
abbottonare V zuknöpfen
abbozzare V skizzieren **abbozzo** M Entwurf *m*, Skizze *f*

abbracciare [-tʃa-] V umarmen **abbraccio** [-tʃo] M Umarmung *f*
abbreviare V abkürzen **abbreviazione** F Abkürzung *f*
abbronzante 1 ADJ Bräunungs...; **lettino ~** Sonnenbank *f* 2 M Bräunungsmittel *n* **abbronzarsi** V braun werden **abbronzato** ADJ braun gebrannt **abbronzatura** F Bräune *f*
abbuffarsi V sich vollstopfen (**di** mit)
abete M BOT Tanne *f*; **~ rosso** Fichte *f*
'abile ADJ fähig (a zu), tüchtig; **diversamente ~** behindert
abilità F Fähigkeit *f*
abilitato ADJ berechtigt
abisso M Abgrund *m*
abi'tacolo M AUTO Fahrgastraum *m*
abitante M/F Einwohner(in) *m(f)* **abitare** V wohnen, bewohnen **abitato** M Ortschaft *f* **abitazione** F Wohnung *f*
'abito M Kleid *n*; Anzug *m*; **~ da sera** Abendkleid *n*; **~ estivo** Sommerkleid *n* **~ su misura** Maßanzug *m*
abituale ADJ gewohnt **abituare** V gewöhnen (**a** an) **abituarsi** V sich gewöhnen (**a** an) **abi'tudine** F Gewohnheit *f*; **d'~** gewöhnlich; **per ~** aus Gewohnheit
abolire V abschaffen
abortire V eine Fehlgeburt haben; abtreiben **aborto** M Abtreibung *f*; **~ spontaneo** Fehlgeburt *f*
abrogazione F Abschaffung *f*
abruzzese ADJ aus den Abruzzen **Abruzzo** M Abruzzen *pl*
'abside F ARCH Apsis *f*
abusare V: **~ di qc** etw missbrauchen
abuso M Missbrauch *m*
a.C. ABK (**= avanti Cristo**) v. Chr. (= vor Christus)
acacia [-tʃa] F BOT Akazie *f*
acca F *Buchstabe* h
accademia F Akademie *f*; **~ di belle arti** Kunstakademie *f*
acca'demico ADJ akademisch
accadere V geschehen
accaduto M Vorfall *m*
accanto ADV daneben; (**lì**) **~** nebenan; **~ a** neben
accappatoio M Bademantel *m*
accarezzare V streicheln; liebkosen
accedere V Zugang haben
accelerare [-tʃ-] V beschleunigen; AUTO Gas geben **acceleratore** [-tʃ-] M AUTO Gaspedal *n* **accelerazione** [-tʃ-] F Beschleunigung *f*
ac'cendere [-tʃ-] V anzünden; *Gerät* einschalten **ac'cendersi** [-tʃ-] V Feuer fangen; *Lämpchen* aufleuchten
accendigas [-tʃ-] M Gasanzünder *m*

accendino [-tʃ-] M Feuerzeug *n* **accendi'sigari** [-tʃ-] M AUTO Zigarettenanzünder *m*
accennare [-tʃe-] V hindeuten (a auf); **~ a fare qc** so tun, als ob **accenno** [-tʃe-] M Wink *m*; Anspielung *f*
accensione [-tʃe-] F Zündung *f*; **~ a vuoto** Fehlzündung *f*
accento [-tʃɛ-] M Akzent *m*
accentuare [-tʃe-] V hervorheben, betonen
accertamento [-tʃe-] M Feststellung *f* **accertare** [-tʃe-] V versichern
acceso [-tʃe-] ADJ angezündet; ELEK eingeschaltet; *umg* an
acces'sibile [-tʃe-] ADJ zugänglich; **~ ai disabili** behindertengerecht **accesso** [-tʃɛ-] M Zugang *m*, Zutritt *m*; Zufahrt *f*; IT **~ a Internet** Internetzugang *m*; **~ (alla) spa** Zugang *m* zum Spa; **~ utente** Benutzerzugang *m*
accessorio [-tʃe-] **1** M: **accessori** *pl* Accessoires *npl*; AUTO Zubehör *n* **2** ADJ nebensächlich
accetta [-tʃe-] F Axt *f*
accet'tabile [-tʃe-] ADJ annehmbar **accettare** [-tʃe-] V annehmen
accettazione [-tʃe-] F: **~ bagagli** Gepäckannahme *f*
acchiappare [akkia-] V packen, fassen
acciaie'ria [-tʃa-] F Stahlwerk *n* **acciaio** [-tʃa-] M Stahl *m*; **~ inossidabile** Edelstahl *m*
accidentale [-tʃ-] ADJ zufällig
accidente [-tʃ-] M Zufall *m*; Unglück *m*; *umg* Schlaganfall *m* **accidenti** [-tʃ-] INT: **~!** *umg* verflixt!
acciuga [-tʃu-] F ZOOL Sardelle *f*; GASTR Anchovis *f*
acclimatarsi V sich akklimatisieren
acc'luso ADJ beiliegend, anbei
accogliente [-ʎɛ-] ADJ gemütlich **accoglienza** [-ʎɛ-] F Empfang *m*
ac'cogliere [-ʎe-] V aufnehmen; genehmigen
accomodare V reparieren, ausbessern **accomodarsi** V Platz nehmen; **prego, si accomodi!** bitte, nehmen Sie Platz!
accompagnamento [-ɲ-] M Begleitung *f* **accompagnare** [-ɲ-] V begleiten
acconciatura [-tʃa-] F Frisur *f*
acconsentire V einwilligen (**a** in)
accontentare V befriedigen, zufriedenstellen
accontentarsi V sich zufriedengeben (**di** mit)
acconto [-o-] M WIRTSCH Anzahlung *f*
accoppiare V vereinen, verbinden
accoppiarsi V sich paaren
accorciare [-tʃa-] V kürzen;

abkürzen
accordare V bewilligen; MUS stimmen
accordarsi V sich einigen
accordo [-ɔ-] M Zustimmung *f*; Vereinbarung *f*; POL Abkommen *n*; MUS Akkord *m*; **d'~!** einverstanden!; **andare d'~** sich verstehen; **essere d'~** einverstanden sein; **mettersi d'~** sich einigen
ac'corgersi [-dʒe-] V: **~ di qc** etw bemerken
ac'correre V herbeieilen
accorto 1 PPERF → accorgersi 2 ADJ umsichtig
accostare V heranrücken (a an); *Tür* anlehnen; SCHIFF anlegen
account [ak'kaunt] M IT Account *m*, Benutzerzugang *m*
accreditare V gutschreiben
ac'crescere [-ʃ-] V vermehren
accudire V pflegen
accumulare V anhäufen
accumulatore M ELEK Akkumulator *m*
accuratezza F Sorgfalt *f*
accurato ADJ sorgfältig
accusa F Beschuldigung *f*; JUR Anklage *f* **accusare** V beschuldigen; **~ ricevuta** den Empfang bestätigen **accusato** M, **-a** F Angeklagte(r) *f(m)*
acerbo [-tʃɛ-] ADJ herb; unreif
'acero [-tʃe-] M BOT Ahorn *m*
aceto [-tʃe-] M Essig *m*; **~ balsamico** Balsamessig *m*; **sott'~** in Essig eingelegt
acetone [-tʃe-] M Nagellackentferner *m*
ACI M ABK (= **Automobile Club d'Italia**) *italienischer Automobilklub*
acidità [-tʃ-] F: **~ di stomaco** Sodbrennen *n* **'acido** [-tʃ-] 1 ADJ sauer 2 M Säure *f*; **~ carbonico** Kohlensäure *f*; **~ muriatico** Salzsäure *f*
acqua F Wasser *n*; **~ alta** Hochwasser *n*; **~ calda** Warmwasser *n*; **~ corrente** fließendes Wasser *n*; **~ del rubinetto** Leitungswasser *n*; **~ di Colonia** Kölnischwasser *n*; **~ di raffreddamento** AUTO Kühlwasser *n*; **~ distillata** destilliertes Wasser *n*; **~ dolce** Süßwasser *n*; **~ minerale** Mineralwasser *n*; **~ potabile** Trinkwasser *n*; **~ salata** Salzwasser *n*; **acque** *pl* Thermalwasser *n*
acqua bar M Wasserbar *f*
acquaforte F MAL Radierung *f*
acqua'gym F SPORT Wassergymnastik *f*
acquaplano M SPORT Wasserski *m*
acquario M Aquarium *n*; **Acquario** ASTROL Wassermann *m*; **essere dell'Acquario** Wasserman sein
acquasanta F Weihwasser *n*
acqua'scivolo [-ʃ-] M Wasserrutsche *f*

acqu'atico ADJ Wasser...
acquavite F GASTR Branntwein *m*, Schnaps *m*
acquazzone M Platzregen *m*
acquedotto M Aquädukt *n*
acquerello M MAL Aquarell *n*
acquistare V erwerben **acquisto** M Kauf *m*, Einkauf *m*; **acquisti** *pl* **online** Online-Shopping *n*; **fare acquisti** einkaufen; Einkäufe machen
acre ADJ herb, scharf
a'culeo M ZOOL Stachel *m*
a'custica F Akustik *f*
a'custico ADJ akustisch
acuto ADJ scharf; spitz; MUS hoch; schrill; MED akut
ad PRÄP → a *vor Vokalen*
a'dagio [-dʒo] ADJ langsam
adattamento M Anpassung *f*
adattarsi V sich anpassen (a an) **adattatore** M Adapter *m* **adatto** ADJ geeignet (a für)
addebitare V zur Last legen (**qc a qn** j-m etw); HANDEL belasten mit
addensarsi V sich zusammenballen
addestrare V schulen; *Tier* abrichten
addetto 1 ADJ zuständig (a für) 2 M, **-a** F Zuständige(r) *f(m)*
ad'dio 1 INT: **~!** lebe (leben Sie) wohl! 2 M Abschied *m*
addirittura ADV sogar; wirklich
addizione F MATH Addition *f*
addobbare V ausschmücken
addolcire [-tʃ-] V süßen; *fig* mildern, lindern
addolorare V betrüben
addome M ANAT Unterleib *m*, Bauch *m* **addominale** ADJ Unterleibs... **addominali** MPL Bauchmuskeln *f*
addormentare V zum Schlafen bringen; *Tier* einschläfern
addormentarsi V einschlafer
addossare V anlehnen (**a** an); *fig* aufbürden **addosso** ADV bei sich; **avere ~** dabei haben; anhaben; **metters ~** anziehen
adeguare V angleichen
adeguarsi V sich anpassen (a an)
adeguato ADJ angemessen
a'dempiere V, **adempire** V erfüllen **adempimento** M Erfüllung *f*
aderente M/F Anhänger(in) *m(f)* **aderire** V haften (**a** an); *e-m Verein* beitreten; *e-r Ansicht* zustimmen **adesione** F Beitritt *m*; Zustimmung *f*
adesivo M Aufkleber *m*, Sticker *m*
adesso ADV jetzt
adiacente [-tʃɛ-] ADJ angrenzend
'Adige [-dʒe] M Etsch *f*
adolescente [-ʃɛ-] 1 ADJ jugendlich 2 M/F Jugendliche(r) *f(m)* **adolescenza** [-ʃɛ-] F

Jugend *f*
adoperare V brauchen, gebrauchen
adoperarsi V sich bemühen
adorare V anbeten **adorazione** F Anbetung *f*
adornare V schmücken
adottare V adoptieren; *Theorie* anwenden
adozione F Adoption *f*
Adri'atico M, **Mar** M **Adriatico** Adria *f*, Adriatisches Meer *n*
adulare V schmeicheln (**qn** j-m)
adulterare V *Wein* panschen
adulto 1 ADJ erwachsen 2 M, **-a** F Erwachsene(r) *f(m)*
aerazione F TECH Lüftung *f*
a'ereo 1 ADJ Luft...; **compagnia** *f* **aerea** Fluggesellschaft *f*, Fluglinie *f* 2 M Flugzeug *n*; **~ a reazione** Düsenflugzeug *n*; **~ di linea** Linienflugzeug *n*; **prendere l'~** fliegen
aerodi'namico ADJ windschnittig
aero'nautica F Luftfahrt *f*
aeroplano M Flugzeug *n*
aeroporto M Flughafen *m* **aeroportuale** ADJ: **tassa** *f* **~** Flughafengebühr *f*
aero'sol M MED Inhalationsgerät *n*
ae'rostato M Heißluftballon *m*
afa F Schwüle *f*
af'fabile ADJ liebenswürdig
affabilità F Liebenswürdigkeit *f*
affacciarsi [-tʃa-] V sich zeigen
affamato ADJ hungrig, ausgehungert
affannare V Atemnot verursachen (**qn** j-m) **affannarsi** V sich bemühen (**per** um) **affannato** ADJ atemlos **affanno** M Atemnot *f*; *fig* Sorge *f*
affare M Geschäft *n*; Angelegenheit *f*; *umg* Ding *n*; **Affari Esteri** Außenministerium *n*; **per affari** geschäftlich; *umg* **sono affari miei!** das ist meine Sache!
affascinante [-ʃ-] ADJ bezaubernd, faszinierend
affascinare [-ʃ-] V bezaubern, faszinieren
affaticare V erschöpfen **affaticarsi** V sich anstrengen
affatto ADV völlig; **non ... ~** gar nicht, überhaupt nicht; **niente ~** durchaus nicht
affermare V behaupten; bestätigen; bejahen **affermativo** ADJ bejahend
affermazione F Bestätigung *f*; Behauptung *f*
afferrare V ergreifen **afferrarsi** V sich klammern (**a** an)
affettato 1 ADJ in Scheiben geschnitten; *fig* geziert 2 M GASTR Aufschnitt *m* **affettatrice** [-tʃe] F Schneidemaschine *f*
affetto M Zuneigung *f*; Liebe *f* **affettuoso** ADJ liebevoll,

zärtlich **affezionato** ADJ: **~ a qn** j-m zugetan

affibbiare V *umg* aufdrücken

affidamento M *Kinder*Pflege *f*

affidare V anvertrauen

affilare V schärfen

affinché [-ke] KONJ +*konjkt* damit

affiorare V auftauchen

affisso M Anschlag *m*, Plakat *n*

affittare V vermieten; mieten; **affittasi camere** Zimmer zu vermieten, Zimmer frei **affitto** M Miete *f*; **dare in ~** vermieten; **prendere in ~** mieten

affluente M Nebenfluss *m* **affluenza** F Andrang *m*; Zulauf *m* **affluire** V strömen, zuströmen **afflusso** M Zufluss *m*

affogare V ertrinken; ertränken **affogato** ADJ: **gelato ~** GASTR Eisbecher mit Likör

affollamento M Gedränge *n*

affollare V füllen, überfüllen

affollarsi V sich drängen

affollato ADJ überfüllt

affondare V SCHIFF versenken; versinken; einsinken

affrancare V frankieren

affrancatura F Porto *n*

affresco M Fresko *n*

affrettare V beschleunigen

affrettarsi V sich beeilen

affrontare V: **~ qn** j-m entgegentreten

affronto M Beleidigung *f*

affumicato ADJ GASTR geräuchert

'Africa F Afrika *n* **africano** **1** ADJ afrikanisch **2** M, **-a** F Afrikaner(in) *m(f)*

'agave F BOT Agave *f*

agenda [-dʒɛ-] F Notizbuch *n*; Terminkalender *m*; **~ elettronica** PDA *m*, Palm® *m*

agente [-dʒɛ-] M/F Agent(in) *m(f)*; HANDEL Vertreter(in) *m(f)*; **~ di polizia** Polizeibeamte *m*, Polizeibeamtin *f*; **~ immobiliare** Immobilienmakler(in) *m(f)*

agen'zia [-dʒe-] F Agentur *f*; Zweigstelle *f*; **~ (di) viaggi** Reisebüro *n*; **~ pubblicitaria** Werbeagentur *f*

agevolare [-dʒe-] V erleichtern

a'gevole [-dʒe-] ADJ leicht

agganciamento [-tʃa-] M Kupplung *f* **agganciare** [-tʃa-] V ankuppeln, anhängen

aggettivo [-dʒ-] M Adjektiv *n*

aggiornamento [-dʒo-] M Aktualisierung *f*; Fortbildung *f* **aggiornare** [-dʒo-] V aktualisieren; vertagen **aggiornato** [-dʒo-] ADJ aktualisiert

aggirarsi [-dʒ-] V ungefähr liegen (**su** bei)

aggi'ungere [-'dʒundʒ-] V hinzufügen

aggiunta [-dʒu-] F Zusatz *m*

aggiustare [-dʒu-] V ausbessern, reparieren

aggrapparsi V sich anklam-

mern (a an)
aggravarsi V sich verschlimmern
aggredire V überfallen; *mit Worten* anfahren **aggressione** F Überfall *m*; Angriff *m*
aggressivo ADJ aggressiv
agguato M Hinterhalt *m*
agiatezza [-dʒa-] F Wohlstand *m* **agiato** [-dʒa-] ADJ wohlhabend
'agile [-dʒ-] ADJ flink; *fig* rege, aufgeweckt
agilità [-dʒ-] F Gelenkigkeit *f*; *fig* Aufgewecktheit *f*
agio [-dʒo] M Bequemlichkeit *f*; **mettersi a proprio ~** es sich bequem machen; **sentirsi a proprio ~** sich wohlfühlen; **agi** *mpl* Wohlstand *m*
agire [-dʒ-] V handeln, tun; MED, CHEM wirken; TECH funktionieren
agitare [-dʒ-] V schütteln; schwenken; bewegen; **~ prima dell'uso** vor Gebrauch schütteln **agitarsi** [-dʒ-] V sich aufregen (**per** wegen)
agitato [-dʒ-] ADJ unruhig; *Meer* bewegt **agitazione** [-dʒ-] F Aufregung *f*, Unruhe *f*; POL Agitation *f*
aglio ['aːʎo] BOT M Knoblauch *m*
agnello [-ɲ-] M ZOOL Lamm *n*
agnolotti [-ɲ-] MPL GASTR *rechteckige gefüllte Teigtaschen*
ago M Nadel *f*; Nähnadel *f*
ago'nia F Todeskampf *m*
agopuntura F Akupunktur *f*
agosto M August *m*; → aprile
agrario ADJ landwirtschaftlich; Agrar…
a'gricolo ADJ landwirtschaftlich **agricoltore** M, **-trice** [-tʃe] F Landwirt(in) *m(f)*
agricoltura F Landwirtschaft *f*; **~ biologica** ökologische Landwirtschaft *f* **agriturismo** [-zmo] M *Ferien auf dem Bauernhof oder Landhaus*
agrodolce [-tʃe] ADJ GASTR süßsauer
agrumi MPL BOT Zitrusfrüchte *fpl*
aguzzare V spitzen; schärfen
aguzzo ADJ spitz
Aia F: **l'~** Den Haag *m*
aids, AIDS M Aids *od* AIDS *n*
airone M ZOOL Reiher *m*
ai(u)ola F BOT Beet *n*
aiutante M/F Helfer(in) *m(f)*; MIL Adjutant *m*
aiutare V helfen (**qn** j-m)
aiuto M Hilfe *f*
aizzare V hetzen, aufhetzen
ala F Flügel *m*
alabastro M MINER Alabaster *m*
alba F Morgendämmerung *f*
albanese **1** ADJ albanisch **2** M/F Albaner(in) *m(f)* **3** M *Sprache* Albanisch *n*
Alba'nia F Albanien *n*
albergatore M, **-trice** [-tʃe]

F Hotelbesitzer(in) *m(f)* **albergiero** [-g-] ADJ Hotel…
albergo M Hotel *n*
'albero M Baum *m*; SCHIFF Mast *m*; TECH Welle *f*; **~ da frutta** Obstbaum *m*; **~ di Natale** Weihnachtsbaum *m*
albicocca F BOT Aprikose *f*
albo M HANDEL Mitgliederliste *f*
album M Album *n*
albume M Eiweiß *n*
'alcol M Alkohol *m* **al'colici** [-tʃi] MPL alkoholische Getränke *npl* **al'colico** ADJ alkoholisch **alcol'test** M Alcomat® *m*, Alcotest® *m*
alcuno ADJ irgendein(e); jemand; **alcuni, alcune** *pl* einige; **alcuni giorni fa** vor einigen Tagen
aletta F: **~ parasole** AUTO Sonnenblende *f*
alga F BOT Alge *f*
Alge'ria [-dʒ-] F Algerien *n*
aliante M Segelflugzeug *n*
alice [-tʃe] F ZOOL Sardelle *f*
alimentare 1 ADJ Nahrungs…; **generi** *mpl* **alimentari** Lebensmittel *npl*; **negozio** *m* **di (generi) alimentari** Lebensmittelgeschäft *n* 2 V ernähren **alimentazione** F Ernährung *f*; **~ dietetica** Schonkost *f* **alimento** M Nahrung *f*
aliscafo M Tragflügelboot *n*
'alito M Hauch *m*; **avere l'~ cattivo** Mundgeruch haben
allacciamento [-tʃa-] M Anschluss *m* **allacciare** [-tʃa-] V zuschnüren; MED abbinden; TECH anschließen; **~ od a lacciarsi la cintura di sicurezza** sich anschnallen
allagare V überschwemmen
allargamento M Erweiterung *f* **allargare** V verbreitern; *Arme* ausbreiten
allarmare V alarmieren; *fig* beunruhigen **allarme** M Alarm *m*; *fig* Unruhe *f*
allattare V *Säugling* stillen
alleanza F Bündnis *n*, Allianz *f* **allearsi** V sich verbünden
alleato 1 ADJ verbündet 2 M, **-a** F Verbündete(r) *f(m)*
al'legare V beifügen; **qui allegato** in der Anlage
alleggerire [-dʒ-] V erleichtern; entlasten **alleggerimento** [-dʒ-] M Lockerung *f*
alle'gria F Fröhlichkeit *f* **allegro** ADJ fröhlich, lustig, heiter
allenamento M Trainieren *n*, Training *n* **allenare** V, **allenarsi** V trainieren
allenatore M, **-trice** [-tʃe] F Trainer(in) *m(f)*
allentare V lockern
aller'gia [-dʒ-] F Allergie *f* (**a** gegen) **al'lergico** [-dʒ-] ADJ allergisch
allestimento M Veranstaltung *f*; Ausstattung *f*
allettare V locken, verlocken

allevamento M Zucht *f*
allevare V züchten; *Kind* aufziehen **allevatore** M, **-trice** [-tʃe] F Züchter(in) *m(f)*
allievo M, **-a** F Schüler(in) *m(f)*
allineare V aufreihen; *fig* angleichen
allinearsi V sich aufstellen
al'lodola F ZOOL Lerche *f*
alloggiare [-dʒa-] V unterbringen; wohnen
alloggio [-dʒo] M Wohnung *f*; Unterkunft *f*; **~ di fortuna** Notquartier *n*
allontanarsi V sich entfernen; *fig* sich abwenden (**da** von)
allora [-o-] **1** ADV damals; also, nun; **d'~ in poi** von da an; **e ~?** na und? **2** KONJ dann
alloro [-ɔ-] M BOT Lorbeer *m*
'alluce [-tʃe] M große Zehe *f*
allucinante [-tʃ-] ADJ blendend, eindrucksvoll **allucinazione** [-tʃ-] F Halluzination *f*
al'ludere V anspielen (**a** auf)
alluminio M Aluminium *n*
allungare V verlängern
allupato ADJ *umg* (not)geil
allusione F Anspielung *f*
alluvione F Überschwemmung *f*
almeno ADV wenigstens
a'logeno [-dʒe-] ADJ Halogen...
Alpi FPL: **le ~** die Alpen *pl*
alpinismo [-zmo] M Bergsteigen *n* **alpinista** M/F Bergsteiger(in) *m(f)* **alpino** ADJ Alpen...; Berg...
alquanto **1** ADV etwas, ziemlich **2** PRON: **alquanti** *pl* einige
alt! INT halt!
altalena F Schaukel *f*; Wippe *f*
altare M Altar *m*; **~ maggiore** Hochaltar *m*
alterare V verändern, fälschen; erregen
alterazione F Veränderung *f*
alternare V abwechseln **alternativa** F Alternative *f* **alternativo** ADJ alternativ **alterno** ADJ wechselnd
altezza [-e-] F Höhe *f*; Größe *f*
alti'tudine F GEOG Höhe *f*
alto ADJ hoch; groß; **dall'~** von oben; **in ~** oben; hinauf, nach oben; **più ~** höher; **a voce alta** laut; **l'Alta Italia** *f* Oberitalien *n*
Alto 'Adige [-dʒe] M Südtirol *n* **altoatesino** M, **-a** F Südtiroler(in) *m(f)*
altoforno M TECH Hochofen *m* **altoparlante** M Lautsprecher *m* **altopiano** M Hochebene *f* **altorilievo** M Hochrelief *n*
altrettanto ADV gleichfalls, ebenso
altrimenti ADV sonst
altro ADJ anderer; **~?** noch et-

was?; ~ **che!** und ob!; **l'~ giorno** neulich; **l'un l'~** einander; **senz'~** ohne weiteres; **tra l'~** unter anderem; **tutt'~** ganz im Gegenteil; **un ~ caffè** noch einen Kaffee
altrui ADJ der anderen
altura F Anhöhe *f*
alunno M, **-a** F Schüler(in) *m(f)*
alveare M Bienenstock *m*
alzacristallo M AUTO Fensterheber *m*
alzare V heben; hochheben; *Preis* erhöhen; höherstellen
alzarsi V aufstehen, sich erheben
a'mabile ADJ liebenswürdig; *Wein* lieblich
amaca F Hängematte *f*
amante M/F Liebhaber *m*; Geliebte *f* **amare** V lieben
amarena F BOT Sauerkirsche *f*
amaretto M GASTR Amaretto-Likör *m*; Mandelmakrone *f*
amarezza F Bitterkeit *f*
amaro **1** ADJ bitter **2** M GASTR Magenbitter *m*
ambasciata [-ʃa-] F Botschaft *f* **ambasciatore** [-ʃa-] M, **-trice** [-tʃe] F Botschafter(in) *m(f)*
ambedue ADJ beide
ambientale ADJ Umwelt...
ambientalista **1** ADJ Umweltschutz...; **associazione** *f* ~ Umweltschutzorganisation **2** M/F Umweltschützer(in) *m(f)*
ambientarsi V sich eingewöhnen, sich akklimatisieren
ambiente M Umgebung *f*; Umwelt *f*; Milieu *n*; ~ **di lavoro** Betriebsklima *n*
ambiguità F Zweideutigkeit *f*
am'biguo ADJ zweideutig
'ambito M Bereich *m*
ambizione F Ehrgeiz *m*
ambizioso ADJ ehrgeizig
ambra F MINER Bernstein *m*
ambulanza F Krankenwagen *m*
ambulatorio M Arztpraxis *f*
Amburgo F Hamburg *n*
A'merica F Amerika *n* **americano** **1** ADJ amerikanisch **2** M, **-a** F Amerikaner(in) *m(f)*
amianto M METALL Asbest *m*
ami'chevole [-ke-] ADJ freundschaftlich **amicizia** [-tʃ-] F Freundschaft *f*
amico M, **-a** F Freund(in) *m(f)*; ~ **intimo** Busenfreund *m*
amido M *Mehl od Wäsche* Stärke *f*; Wäschestärke *f*
ammaccato ADJ verbeult
ammaccatura F Beule *f*
ammaestrare V dressieren
ammalarsi V krank werden
ammalato **1** ADJ krank **2** M, **-a** F Kranke(r) *f(m)*
ammassare V ansammeln
ammasso M Haufen *m*
ammazzare V umbringen, töten; totschlagen; *Tier* schlachten
ammenda F JUR Geldstrafe *f*

ammesso PPERF → ammettere; zugelassen
am'mettere V zulassen; zugeben; annehmen; **ammettiamo che ...** *+konjkt* gehen wir davon aus, dass ...
ammiccare V zuzwinkern, zublinzeln
amministrare V verwalten **amministratore** M, **-trice** F Verwalter(in) *m(f)* **amministrazione** F Verwaltung *f*
ammirare V bewundern **ammirazione** F Bewunderung *f*
ammis'sibile ADJ zulässig
ammissione F Zulassung *f*; Aufnahme *f*; **esame** *m* **d'~** Aufnahmeprüfung *f*
ammobiliato ADJ möbliert
ammollo M: **mettere in ~** einweichen
ammonimento M Ermahnung *f*; Warnung *f* **ammonire** V ermahnen; warnen
ammontare **1** V sich belaufen (**a** auf) **2** M Betrag *m*
ammorbidente M Weichspüler *m*
ammort(izz)are [-dz-] V amortisieren
ammortizzatore [-dz-] M AUTO Stoßdämpfer *m*
ammucchiare [-kk-] V aufhäufen
ammuffire V schimmeln
ammuffito ADJ schimmelig
amni'stia F JUR Amnestie *f*
amo M Angelhaken *m*, Angel *f*
amore M Liebe *f* (**per** zu); **~ mio!** mein Liebling!; **fare l'~ con qn** mit j-m schlafen; **amor proprio** Eigenliebe *f*
amoroso ADJ liebevoll
amperaggio [-dʒo] M ELEK Stromstärke *f*
ampiezza F Weite *f* **ampio** ADJ weit; breit; geräumig **ampliare** V erweitern **amplificatore** M TECH Verstärker *m*
ampolla F Fläschchen *n*
amputare V amputieren **amputazione** F MED Amputation *f*
anabbaglianti [-ʎan-] MPL AUTO Abblendlicht *n*
a'nagrafe F Einwohnermeldeamt *n*
anal'colico **1** ADJ alkoholfrei **2** M alkoholfreies Getränk
anal'gesico [-dʒ-] M MED schmerzstillendes Mittel *n*
a'nalisi F Analyse *f*; **~ del sangue** Blutuntersuchung *f*
'ananas M BOT Ananas *f*
a'narchico [-k-] **1** ADJ anarchisch **2** M, **-a** F Anarchist(in) *m(f)*
ANAS F ABK (= **Azienda Nazionale Autonoma delle Strade statali**) *italienische Straßenverwaltung*
'anatra F ZOOL Ente *f*
anca F ANAT Hüfte *f*
anche [-ke] KONJ auch; **~ tu** du auch; **~ se** selbst wenn
ancora[1] ADV noch; immer noch; **~ una volta** noch ein-

mal, nochmals

'ancora² F Anker *m*

andamento M Verlauf *m*

andare V gehen; fahren; **~ a cavallo** reiten; **~ a finire** auf etw hinauslaufen; **~ a male** schlecht werden; **~ a passeggio** spazieren gehen; **~ in aereo** fliegen; **~ in bicicletta** Rad fahren; **~ in giro** umherbummeln; **~ in macchina/treno** mit dem Auto/Zug fahren; **~ in slitta** rodeln; **~ via** weggehen; **come va?** wie geht es?; **come vanno i pantaloni?** passt die Hose?; **ma va'!** ach, geh!; **non mi va** keine Lust!; **va bene!** okay!; **va' via!** hau ab! **an'darsene** V weggehen; **me ne vado** ich gehe

andata F *Fahrkarte* Hinfahrt *f*; **~ e ritorno** hin und zurück; **di sola ~** einfache Fahrt

andate ihr geht → andare

andiamo wir gehen → andare

a'neddoto M Anekdote *f*

anello M Ring *m*

ane'mia F MED Blutarmut *f*; Anämie *f*

a'nemico ADJ blutarm

aneste'sia F MED Betäubung *f*; **~ generale** Vollnarkose *f*; **~ locale** örtliche Betäubung

anestetizzare [-dz-] V betäuben

aneto M BOT Dill *m*

anfiteatro M Amphitheater *n*

'anfora F Amphore *f*

'angelo [-dʒe-] M Engel *m*

angolo M Winkel *m*; Ecke *f*; Kante *f*; **~ cottura** Kochnische *f* **angoloso** ADJ eckig; kantig

angoscia [-ʃa] F Angst *f* **angosciare** [-ʃa-] V ängstigen **angoscioso** [-ʃo-] ADJ beängstigend

anguilla F ZOOL Aal *m*; **~ affumicata** Räucheraal *m*

anguria F BOT Wassermelone *f*

'anice [-tʃe] M BOT Anis *m*

anidride F: **~ carbonica** Kohlendioxid *n*

'anima F Seele *f* (*a. fig*); **non c'era ~ viva** keine Menschenseele war da

animale 1 ADJ tierisch; Tier... 2 M Tier *n*

animato ADJ: **strada f animata** belebte Straße **animatore** M, **-trice** F Animateur(in) *m(f)* **animazione** F Animation *f*

'animo M Gemüt *n*; Mut *m*

'anitra F ZOOL Ente *f*

annacquare V *Wein* verdünnen

annaffiare V gießen, begießen **annaffiatoio** M Gießkanne *f*

annata F Jahrgang *m*

annegare V ertrinken; ertränken

annessione F POL Annexion *f* **an'nettere** V POL annektieren; anbauen (a an)

anniversario M Jahrestag *m*
anno M Jahr *n*; **buon ~!** Prosit Neujahr!; **l'~ prossimo** nächstes Jahr; **l'~ scorso** voriges Jahr; **quest'~** dieses Jahr; **un ~ fa** vor einem Jahr; **anni** *pl* **fa** vor Jahren; **per anni** jahrelang; **quanti anni hai?** wie alt bist du?
annodare V zusammenknoten
annoiare V langweilen **annoiarsi** V sich langweilen
annotare V notieren
annuale ADJ jährlich; Jahres...
annullamento M Annullierung *f* **annullare** V stornieren; aufheben; **~ l'iscrizione** sich abmelden
annunciare [-tʃa-] V ankündigen; bekannt geben **annuncio** [-tʃo] M Ankündigung *f*; *Zeitung* Anzeige *f*; Ansage *f*
'annuo ADJ jährlich
annusare V riechen; *Tier* schnuppern an; *fig* wittern
a'nonimo ADJ anonym
anores'sia F Magersucht *f*
ANSA F ABK (**= Agenzia Nazionale Stampa Associata**) *italienische Presseagentur*
ansa F Henkel *m*
ansia F, **ansietà** F Angst *f*
ansimare V keuchen
ansioso ADJ besorgt
antecedente [-tʃ-] ADJ vorhergehend **antefatto** M Vorgeschichte *f* **anteguerra** 1 ADJ Vorkriegs... 2 M Vorkriegszeit *f* **antenato** M, **-a** F Vorfahr(in) *m(f)*
antenna F Antenne *f*; **~ satellitare** Satellitenschüssel *m*
anteprima F Vorschau *f*; *Kino* Sneak-Preview *f*; IT **~ di stampa** Seitenansicht *f*
anteriore ADJ vordere(r,-s); *zeitlich* vorig, vorhergehend
anti... PRÄF gegen...
antialcolista M/F Antialkoholiker(in) *m(f)*
antiassenteismo ADJ zur Bekämpfung des Krankfeierns
antibi'otico M Antibiotikum *n*
anticalcare M Kalkreiniger *m*
anticamente ADV einst
anti'camera F Vorzimmer *n*
anticancro ADJ Krebsvorsorge...
antichità [-k-] F Altertum *n*; PL Antiquitäten *fpl*
anticipare [-tʃ-] V *zeitlich* vorverlegen; *Geld* vorauszahlen
anticipato [-tʃ-] ADJ vorzeitig
anticipazione [-tʃ-] F Vorauszahlung *f*
an'ticipo [-tʃ-] M Vorschuss *m*; **in ~** im Voraus
antico ADJ alt; antik
anticoncezionale [-tʃe-] M Verhütungsmittel *n*
anticorpi MPL Antikörper *mpl*
antidolo'rifico M Schmerzmittel *n*

an'tidoto M Gegengift *n*
anti'forfora ADJ: **shampoo** *m* ~ Antischuppenshampoo *n*
antifurto M Diebstahlsicherung *f* **antigelo** [-dʒɛ-] M Frostschutzmittel *n*
antimeridiano ADJ Vormittags...
antincendio [-tʃ-] ADJ Feuerschutz...
antinebbia MPL Nebelscheinwerfer *mpl*
antinfiammatorio M entzündungshemmendes Mittel *n*
antinucleare M/F Kernkraftgegner(in) *m(f)*
antipasto M Vorspeise *f*
antipa'tia F Abneigung *f* **anti'patico** ADJ unsympathisch
antiquario M Antiquitätenhändler *m*
anti'ruggine [-dʒ-] M Rostschutzmittel *n*
antisemitismo [-zmo] M Antisemitismus *m*
anti'sismico [-zmi-] ADJ erdbebensicher
antista'minico M Antihistaminikum *n*
antistrappo 1 ADJ reißfest 2 M reißfestes Material
antivirus M IT Antivirenprogramm *n*
anulare M Ringfinger *m*
anzi ADV vielmehr; im Gegenteil
anzianità F Dienstalter *n*
anziano 1 ADJ alt; älter 2 M, **-a** F Alte(r) *f(m)*
anziché [-ke] KONJ anstatt zu
anzitutto ADV vor allem
apa'tia F Gleichgültigkeit *f*
a'patico ADJ gleichgültig
ape F ZOOL Biene *f*
apericena M *od* F GASTR *Kombination aus Aperitif und Abendessen mit vielen verschiedenen kleinen Gerichten*
aperitivo M GASTR Aperitif *m*
aperto 1 ADJ offen; geöffnet 2 M Freie *n*; **all'~** im Freien
apertura F Öffnung *f*; Eröffnung *f*
apicoltore M, **-trice** [-tʃe] F Imker(in) *m(f)*
a'polide M/F Staatenlose(r) *f(m)*
apoples'sia F MED Schlaganfall *m*; **~ cerebrale** Gehirnschlag *m*
a'postolo M Apostel *m*
app [ɛp] F IT App *f*
appannarsi V *Blick* sich trüben; *Glas* beschlagen
apparato M Apparat *m*
apparecchiare [-kk-] V vorbereiten; *Tisch* decken
apparecchio [-kkio] M Gerät *n*; Apparat *m* (*a.* TEL); FLUG Maschine *f*; Zahnspange *f*; **~ elettrico** Elektrogerät *n*
apparente ADJ scheinbar
apparenza F Schein *m*; Aussehen *n* **apparire** V erscheinen **appariscente** [-ʃ-] ADJ auffällig **apparizione** F Erscheinung *f*
appartamento M Wohnung

f, Appartement *n*; *Hotel* Apartment *n*
appartarsi V sich absondern
appartenenza F Zugehörigkeit *f* (a zu) **appartenere** V: ~ a gehören
appassionarsi V sich begeistern (a für) **appassionato** ADJ leidenschaftlich; begeistert (**a, di** von)
appassire V verwelken
appello M Aufruf *m*; JUR Berufung *f*
appena 1 ADV kaum; ~ **in tempo** gerade rechtzeitig; **è ~ andata via** sie ist gerade eben weggegangen; **sono ~ le due** es ist erst zwei Uhr 2 KONJ sobald
ap'pendere V hängen, aufhängen
appendice [-tʃe] F ANAT Blinddarm *m* **appendicite** [-tʃ-] F MED Blinddarmentzündung *f*
Appennino M Apennin *m*
appesantire V schwer machen; belasten
appetito M Appetit *m*; **buon ~!** guten Appetit!
appetitoso ADJ appetitlich
appiccicare [-tʃ-] V kleben, ankleben **appiccicarsi** [-tʃ-] V kleben **appiccicoso** [-tʃ-] ADJ klebrig
appigliarsi [-ʎa-] V sich festhalten (**a** an) **appiglio** [-ʎo] M Halt *m*; Vorwand *m*
applaudire V Beifall klatschen **applauso** M Beifall *m*
appli'cabile ADJ anwendbar
applicare V aufkleben; anwenden **applicarsi** V sich Mühe geben **applicazione** F Anwendung *f*; *fig* Eifer *m*
appoggiare [-dʒa-] V anlehnen; *fig* unterstützen **appoggiarsi** [-dʒa-] V sich lehnen (**a** an), sich stützen (**a** auf) **appoggiatesta** [-dʒa-] M AUTO Kopfstütze *f* **appoggio** [-dʒo] M Stütze *f*; *fig* Rückhalt *f*
ap'posito ADJ dafür bestimmt
apposta ADV absichtlich; **neanche a farlo ~** aus reinem Zufall
appostamento M Überwachung *f*
ap'prendere V lernen; erfahren **apprendista** M/F Lehrling *m*, Azubi *m* **apprendistato** M Lehre *f*
apprensione F Besorgnis *f*
apprensivo ADJ ängstlich
appresso 1 ADV daneben 2 PRÄP: ~ **a** neben, bei
apprez'zabile ADJ wertvoll
apprezzamento M Schätzung *f*
apprezzare V schätzen
approdare V SCHIFF anlegen
approdo M SCHIFF Anlegen *n*; Anlegeplatz *m*
approfittare V Nutzen ziehen (**di** aus) **approfittarsi** V ausnutzen (**di qn** j-n)
approfondire V vertiefen

approntare V bereitstellen **appropriarsi** V: **~ di qc** sich etw aneignen **appropriato** ADJ geeignet **approssimativo** ADJ annähernd **approvare** V billigen **approvazione** F Billigung *f* **appuntamento** M Verabredung *f*; *beim Arzt* Termin *m*; **darsi un ~** sich verabreden; **fissare un ~** einen Termin vereinbaren **appuntare** V aufschreiben; anspitzen **appuntito** ADJ spitz **appunto** 1 M Notiz *f*; IT **appunti** *pl* Zwischenablage *f*; **prendere appunti** Notizen machen 2 ADV gerade, eben; **~!** (*a.* **per l'~!**) gewiss!, genau! **apribottiglie** [-ʎe] M Flaschenöffner *m* **aprile** M April *m*; **alla fine di ~** Ende April; **all'inizio di ~** Anfang April; **il 19 ~ 2011** am 19. April 2011; **in ~** im April **aprire** V öffnen; eröffnen; *Wasser* anstellen **apri'scatole** M Dosenöffner *m* **'aquila** F ZOOL Adler *m* **aquilone** M Drachen *m* **Aquisgrana** [-zg-] F Aachen *n* **Arabia** F: **~ Saudita** *f* Saudi-Arabien *n* **'arabo** 1 ADJ arabisch 2 M, **-a** F Araber(in) *m(f)*

a'rachidi [-k-] FPL BOT Erdnüsse *fpl* **aragosta** F ZOOL Languste *f* **arancia** [-tʃa] F BOT Orange *f*, Apfelsine *f*; **succo** *m* **d'~** Orangensaft *m* **aranciata** [-tʃa-] F GASTR Orangeade *f* **arancino** [-tʃ-] M GASTR Reiskrokette *f* **arancio** [-tʃo] M BOT Orangenbaum *m* **arancione** [-tʃo-] ADJ orange dunkelorange **arazzo** M Wandteppich *m* **arbitrario** ADJ willkürlich **arbitrio** M Willkür *f* **'arbitro** M Schiedsrichter *m* **arbusto** M BOT Strauch *m* **arca** F Truhe *f*; **~ di Noè** Arche Noah *f* **ar'cangelo** [-dʒ-] M Erzengel *m* **arcata** F ARCH Arkade *f* **archeolo'gia** [-keolodʒ-] F Archäologie *f* **archeo'logico** [-keolɔ:dʒ-] ADJ archäologisch **arche'ologo** [-ke-] M, **-a** F Archäologe *m*, Archäologin *f* **architetto** [-k-] M/F Architekt(in) *m(f)* **architettura** [-k-] F Architektur *f* **archiviare** [-k-] V abspeichern **archivio** [-k-] M Archiv *n*; **~ di dati** IT Datei *f* **Arcigay** ABK (**= Associazione lesbica e gay italiana**) *italienischer Verband für Homosexuelle*

arcivescovado [-tʃ-] M Erzbistum *n* **arci'vescovo** [-tʃ-] M Erzbischof *m*
arco M Bogen *m*; **~ trionfale** *m* Triumphbogen *m* **arcobaleno** M Regenbogen *m*
ardente ADJ brennend; *fig* feurig
ardesia F MINER Schiefer *m*
ardito ADJ kühn
'area F GEOM Fläche *f*; Gebiet *n*; **~ di servizio** Autobahnraststätte *f*
arena F Sand *m*; Arena *f*
arenoso ADJ sandig
argentato [-dʒ-] ADJ versilbert
ar'genteo [-dʒ-] ADJ silbern
Argentina [-dʒ-] F Argentinien *n* **argentino** [-dʒ-] **1** ADJ argentinisch **2** M, **-a** F Argentinier(in) *m(f)*
argento [-dʒɛ-] M Silber *n*; **~ vivo** Quecksilber *n*
argilla [-dʒ-] F Ton *m*
argilloso [-dʒ-] ADJ lehmig
'argine [-dʒ-] M Damm *m*
argomentare V argumentieren **argomento** M Argument *n*; Thema *n*
arguzia F Scharfsinn *m*
aria F Luft *f*; Miene *f*; MUS Arie *f*; **~ condizionata** Klimaanlage *f*; **all'~ aperta** im Freien; ins Freie; **avere l'~ di** aussehen wie; **darsi delle arie** wichtigtun
'arido ADJ dürr; trocken (*a. fig*)
arieggiare [-dʒa-] V lüften
ariete M ZOOL Widder *m*; **Ariete** ASTROL Widder *m*; **essere dell'Ariete** Widder sein
aringa F ZOOL Hering *m*
arioso ADJ luftig
'arista F GASTR *Art Schweinebraten*
aristo'cratico **1** ADJ aristokratisch **2** M, **-a** F Aristokrat(in) *m(f)* **aristocra'zia** F Aristokratie *f*
arma F Waffe *f*; **~ da fuoco** Schusswaffe *f*
armadietto M Schließfach *n*
armadio M Schrank *m*
armamento M Rüstung *f* **armare** V bewaffnen **armata** F Armee *f* **armatura** F Rüstung *f* **armistizio** M Waffenstillstand *m*
armo'nia F Harmonie *f*
ar'monica F: **~ a bocca** MUS Mundharmonika *f*
armonioso ADJ harmonisch
arnese M Werkzeug *n*
aroma M Aroma *n*; Blume *f* *des Weins* **aromatera'pia** F Aromatherapie *f* **aro'matico** ADJ aromatisch; würzig **aromatizzare** [-dz-] V würzen
aromi MPL GASTR Gewürze *npl*
arpa F MUS Harfe *f*
arrabbiarsi V wütend, zornig werden; sich aufregen
arrabbiato ADJ wütend; böse; **all' arrabbiata** GASTR mit scharfer Tomatensauce

arrampicarsi V klettern (su auf) **arrampicata** F SPORT Klettern *n*; **struttura** *f* **d'~** Klettergerüst *n*; Kletterwand *f*
arrampicatore M, **-trice** [-tʃe] F SPORT Kletterer *m*, Kletterin *f*
arrangiarsi [-dʒ-] V sich behelfen; sich einigen; **arrangiati!** mach's selbst!
arredamento M Einrichtung *f* **arredare** V einrichten
arredo M Ausstattung *f*
ar'rendersi V nachgeben **arren'devole** ADJ nachgiebig
arrestare V anhalten; verhaften; IT **~ il sistema** herunterfahren
arresto M Verhaftung *f*; **~ cardiaco** Herzstillstand *m*
arretrato **1** ADJ rückständig; *Zahlung* nachträglich **2** M Rückstand *m*
arricchire [-kk-] V bereichern
arrivare V ankommen; *fig* **non ci arrivo** ich komme nicht drauf
arrivederci! [-tʃi] INT, **arrivederLa!** INT auf Wiedersehen!
arrivo M Ankunft *f*; SPORT Ziel *n*; **arrivi** *pl* BAHN Ankunftszeit *f*
arrogante ADJ anmaßend
arroganza F Anmaßung *f*
arrossire V erröten
arrostire V rösten; braten
arrosto GASTR **1** ADJ geröstet; gebraten **2** M Braten *m*
arrotolare V zusammenrollen
arrotondare V abrunden
arruffato ADJ wirr; zerzaust
arrugginirsi [-dʒ-] V rosten
arselle FPL ZOOL Teigmuscheln *fpl*
arsenale M Werft *f*
art. ABK (= **articolo**) Artikel (Art.)
arte F Kunst *f*; Handwerk *n*
arteria F ANAT Schlagader *f*; **~ stradale** Verkehrsader *f*
'artico ADJ arktisch, nördlich
articolare ADJ Gelenk...
articolazione F Gelenk *n*
ar'ticolo M Artikel *m*; **~ di prima necessità** Bedarfsartikel *m*; **~ di valore** Wertgegenstand *f*; **articoli** *pl* **sportivi** Sportartikel *mpl*
artificiale [-tʃa-] ADJ künstlich
artigianale [-dʒa-] ADJ handwerklich; **gelato** *m* **~** Eis aus eigener Produktion **artigianato** [-dʒa-] M Handwerk *n*
artigiano [-dʒa-] M, **-a** F Handwerker(in) *m(f)*
artiglio [-ʎo] M Kralle *f*; Klaue *f*
artista M/F Künstler(in) *m(f)*
ar'tistico ADJ künstlerisch
artrite F MED Arthritis *f*
artrosi F MED Arthrose *f*
ascella [aʃɛ-] F ANAT Achselhöhle *f*
ascensione [aʃe-] F Aufstieg *m*; Bergsteigung *f* **Ascensione** F Christi Himmelfahrt *f*

ascensore [aʃ-] M Fahrstuhl *m*, Lift *m*
ascesso [aʃ-] M MED Abszess *m*
ascia ['aʃa] F Axt *f*; Beil *n*
asciugacapelli [aʃu-] M Föhn *m* **asciugamano** [aʃu-] M Handtuch *n*; **~ da bagno** Badetuch *n*; **~ di spugna** Frotteehandtuch *n*
asciugare [aʃu-] V trocknen; abtrocknen **asciugarsi** [aʃu-] V sich abtrocknen **asciugatrice** [aʃuga'tri:tʃe] F Trockner *m* **asciutto** [aʃu-] ADJ trocken; herb *Wein*
ascoltare V hören, anhören, zuhören; **ascoltami!** hör auf mich! **ascoltatore** M, **-trice** [-tʃe] F Zuhörer(in) *m(f)*
ascolto M: **dare ~** Gehör schenken; **stare in ~** zuhören
asfaltato ADJ geteert; **strada** *f* **asfaltata** Asphaltstraße *f*
asfalto M Asphalt *m*
Asia F Asien *n*; **~ Minore** Kleinasien *n*
asilo M Asyl *n*; **~ infantile** *umg* Kindergarten *m*; **~ nido** Kinderkrippe *f*
'asino M Esel *m*
asma ['azma] M MED Asthma *n*
a'sparagi [-dʒi] MPL Spargel *mpl*
aspettare V warten (**qn** auf j-n) **aspettarsi** V: **~ qc** sich etw erwarten **aspettativa** F Erwartung *f* **aspetto** M Aussehen *n*; Gesichtspunkt *m*
aspira'polvere M Staubsauger *m*
aspirare V einatmen **aspirazione** F Streben *n* (a nach)
aspirina® F Aspirin® *n*
aspro ADJ rau; herb; sauer
assaggiare [-dʒa-] V kosten; probieren **assaggio** [-dʒo] M Kostprobe *f*
assai ADV viel; sehr; genug
assalire V überfallen; angreifen; *Krankheit* befallen **assalto** M Überfall *m*; Angriff *m*
assassinare V ermorden **assassinio** M Mord *m* **assassino** M, **-a** F Mörder(in) *m(f)*
asse **1** F Brett *n*; **~ da stiro** Bügelbrett *n* **2** M Achse *f*; **~ anteriore/posteriore** Vorder-/Hinterachse *f*
assecondare V unterstützen
assediare V *fig* belagern **assedio** M Belagerung *f*
assegnare [-ɲ-] V zuweisen; zuteilen **assegnazione** [-ɲ-] F Zuweisung *f*
assegno [-ɲo] M Scheck *m*; **~ bancario** Bankscheck *m*; **~ postale** Postscheck *m*; **~ scoperto** ungedeckter Scheck; **assegni** *pl* **familiari** Familienzulage *f*
assemblea F Versammlung *f*
assentarsi V sich entfernen (**da** von)
assente ADJ abwesend
assenza F Abwesenheit *f*
assessore M, **-a** F Refe-

rent(in) *m(f)*
assetato ADJ durstig; *fig* gierig (**di** nach)
Assia F Hessen *n*
assicurare V versichern; sicherstellen; *Post* als Wertsendung schicken; **assicurato contro tutti i rischi** vollkaskoversichert **assicurarsi** V sich versichern; sich vergewissern
assicurazione F Versicherung *f*; **~ bagaglio** Reisegepäckversicherung *f*; **~ contro gli infortuni** Unfallversicherung *f*; **~ contro tutti i rischi** Vollkaskoversicherung *f*; **~ di responsabilità civile** Haftpflichtversicherung *f*; **~ malattie** Krankenversicherung *f*; **~ per la tutela legale** Rechtsschutzversicherung *f*; **~ sulla vita** Lebensversicherung *f*
assiduità F Ausdauer *f* **as'siduo** ADJ fleißig; ausdauernd
assieme ADV zusammen (a mit)
assistente M/F Assistent(in) *m(f)*; **~ di volo** Flugbegleiter(in) *m(f)*; **~ sociale** Sozialarbeiter(in) *m(f)* **assistenza** F Beistand *m*; Hilfe *f*; Pflege *f*; TECH Wartung *f*; **~ clienti** (*od* **tecnica**) Kundendienst *m*, Service-Center *m* **as'sistere** V beistehen (**qn** j-m); betreuen; teilnehmen (a an)
asso M Ass *n*; **piantare in ~ qn** j-n im Stich lassen
associare [-tʃa-] V vereinigen **associarsi** [-tʃa-] V Mitglied werden **associato** [-tʃa-] M, **-a** F Mitglied *n* **associazione** [-tʃa-] F Vereinigung *f*
assolato ADJ sonnig
assolutamente ADV völlig; unbedingt
assoluto ADJ absolut
assoluzione F JUR Freispruch *m*; REL Absolution *f* **as'solvere** V freisprechen; *Pflicht* erfüllen
assomigliare [-ʎa-] V ähnlich sein (a j-m) **assomigliarsi** [-ʎa-] V (sich) ähneln
assonnato ADJ verschlafen
assorbente M Damenbinde *f*; **~ interno** Tampon *m*
assorbire V aufsaugen
assordante ADJ ohrenbetäubend
assordare V taub machen
assortimento M Sortiment *n*; Auswahl *f* **assortire** V sortieren **assortito** ADJ gemischt
assuefare V gewöhnen (a an)
assuefazione F Gewöhnung *f*
as'sumere V übernehmen; anstellen; einnehmen **assunto** PPERF angestellt → assumere **assunzione** F Übernahme *f* **Assunzione** F Mariä Himmelfahrt *f*
assurdo ADJ unsinnig, absurd
asta F Stange *f*; Stab *m* (*a.* SPORT); Auktion *f*; **~ telescopica** TEL Selfiestange *f*; **ven-**

dere all'~ versteigern
astemio M, **-a** F Abstinenzler(in) *m(f)*
astenersi V sich enthalten **(da)**
'astice [-tʃe] M Hummer *m*
astinenza F Enthaltsamkeit *f*
astratto ADJ abstrakt
astringente [-dʒ-] ADJ MED stopfend
astro'nauta M/F Astronaut(in) *m(f)* **astronave** F Raumschiff *n*
astuccio [-tʃo] M Etui *n*
astuto ADJ schlau; listig **astuzia** F Schlauheit *f*; List *f*
ateismo [-zmo] M Atheismus *m*
Atene F Athen *n*
A'tlantico M *u.* **Oceano** *m* **~** Atlantik *m*, Atlantischer Ozean
atleta M/F Athlet(in) *m(f)*
a'tletica F: **~ leggera** Leichtathletik *f*
atmosfera F Atmosphäre *f*
a'tomico ADJ Atom...; atomar
'atomo M Atom *n*
atrio M Vorhalle *f*; **~ della stazione** Bahnhofhalle *f*
atroce [-tʃe] ADJ grässlich; entsetzlich
attaccante M SPORT Stürmer *m*
attaccapanni M Kleiderhaken *m*, Kleiderständer *m*
attaccare V anhängen; ankleben; angreifen; anstecken; *Gespräch* anknüpfen
attaccatutto **1** M Alleskleber *m* **2** ADJ: **colla** *f* **~** Alleskleber *m*
attacco M Angriff *m*; MED Anfall *m*; ELEK Anschluss *m*; *Ski* Bindung *f*; **~ cardiaco** Herzanfall *m*
atteggiamento [-dʒa-] M Haltung *f*; Benehmen *n*
at'tendere V warten, erwarten; **attenda in linea, per favore!** bleiben Sie bitte am Apparat!
atten'dibile ADJ zuverlässig
attenersi V: **~ a qc** sich an etw halten
attentato M Attentat *n*
attento ADJ aufmerksam; **~!** Vorsicht!
attenuare V abschwächen; mildern
attenzione F Aufmerksamkeit *f*; **~!** Achtung!; Vorsicht!; **all'~ di ...** zu Händen von ...; **fare ~ a** achten auf
atterraggio [-dʒo] M FLUG Landung *f*; **~ forzato** Notlandung *f*
atterrare V FLUG landen
attesa F Erwartung *f*; Warten *n* **(di** auf**)**
attestare V bezeugen
attestato M Zeugnis *n*; MED Attest *n*
'attico M Dachwohnung *f*
at'tiguo ADJ angrenzend **(a** an**)**; Neben...
attillato ADJ *Kleid* eng anliegend

'attimo M Augenblick *m*
attirare V anziehen; ~ **l'attenzione su qc** die Aufmerksamkeit auf etw lenken; **la cosa mi attira** die Sache sagt mir zu
atti'tudine F Begabung *f* (**per** für); Eignung *f* (**a** zu)
attivare V aktivieren **attivazione** F Aktivierung *f* **attività** F Tätigkeit *f*
attivo ADJ tätig; aktiv
atto 1 ADJ fähig (**a** zu) 2 M Tat *f*; THEAT Akt *m*; ~ **di morte** Sterbeurkunde *f*; ~ **di nascita** Geburtsurkunde *f*; **atti** *pl* Akten *fpl*
attore M, **-trice** [-tʃe] F Schauspieler(in) *m(f)*
attorno ADV herum; → **intorno**
attraente ADJ anziehend; attraktiv **attrarre** V anziehen **attrattiva** F Anziehungskraft *f*; Reiz *m*
attraversare V überqueren, durchqueren
attraverso PRÄP durch
attrazione F Anziehungskraft *f*; Attraktion PHYS *f*
attrezzare V ausrüsten (**di** mit) **attrezzatura** F Einrichtung *f*, Ausrüstung *f*
attrezzo M Gerät *n*; Werkzeug *n*; **attrezzi** *pl* THEAT Requisiten *fpl*; SPORT Geräte *npl*
attribuire V zuschreiben; beimessen
attuale ADJ aktuell; gegenwärtig **attualità** F Aktualität *f*
attuare V verwirklichen
attutire V dämpfen
audace [-tʃe] ADJ kühn
audio 1 M Ton *m* 2 ADJ Ton...
audioconferenza F TEL Telefonkonferenz *f*
auditorio M Hörsaal *m*
augurare V wünschen
augurio M Glückwunsch *m*; **auguri** *pl* **di buon compleanno!** herzlichen Glückwunsch zum Geburtstag!; **auguri di buon Natale!** Frohe Weihnachten!; **fare gli auguri a qn** j-m gratulieren; **tanti auguri!** herzlichen Glückwunsch!
'aula F Saal *m*
aumentare V vermehren; erhöhen; zunehmen; *Preis, Fieber* steigen
aumento M Steigerung *f*; Erhöhung *f*; ~ **stagionale** Saisonzuschlag *m*
'aureo ADJ golden
au'reola F Heiligenschein *m*
auricolari MPL TEL Headset *n*; MUS Kopfhörer *mpl*
ausiliare 1 ADJ Hilfs... 2 M Hilfsverb *n*
Australia F Australien *n*
'Austria F Österreich *n*; **Alta ~** Oberösterreich *n*; **Bassa ~** Niederösterreich *n* **au'striaco** 1 ADJ österreichisch 2 M, **-a** F Österreicher(in) *m(f)*
autenticare V JUR beglaubi-

gen **autenticazione** F Beglaubigung JUR *f* **au'tentico** ADJ echt
autista M/F Fahrer(in) *m(f)*, Chauffeur *m*
'auto F Auto *n*
'auto... PRÄF Selbst...
autoabbronzante M Selbstbräunungsmittel *n*
autoaccessori [-tʃe-] MPL Autozubehör *n*
autoadesivo 1 ADJ selbstklebend 2 M Aufkleber *m*
autobiogra'fia F Autobiografie *f*
autobomba F Autobombe *f*
'autobus M Bus *m* **autocarro** M Lkw *m*, Laster *m*
autocertificazione [-tʃ-] F Eigenbescheinigung *f*
autocisterna [-tʃ-] F Tankwagen *m*
autodidatta M/F Autodidakt(in) *m(f)*
autofficina [-tʃ-] F Autoreparaturwerkstatt *f*
auto'gol M Eigentor *n*
auto'grill M Rasthaus *n*
autolavaggio [-dʒo] M AUTO Waschanlage *f*
auto'matico ADJ selbsttätig, automatisch
automezzo [-dz-] M Kraftfahrzeug *n*
auto'mobile F Auto *n* **automobilismo** [-zmo] M Kraftfahrwesen *n*; Automobilsport *m* **automobilista** M/F Autofahrer(in) *m(f)*
automotrice [-tʃe] F Triebwagen *m*
autonoleggio [-dʒo] M Autovermietung *f*
auto'psia F MED Obduktion *f*
autoquarantena F Selbstquarantäne *f*
autoradio F Autoradio *n*
autore M, **-trice** [-tʃe] F Verfasser(in) *m(f)*; Autor(in) *m(f)*; JUR Täter(in) *m(f)*
auto'revole ADJ angesehen; maßgebend
autorimessa F Garage *f*
autorità F Autorität *f*; Recht *n*; **le ~** *pl* Behörden *fpl*
autoritratto M Selbstporträt *n*
autorizzare [-dz-] V ermächtigen **autorizzazione** [-ddzats-] F Erlaubnis *f* **~ speciale** Sondergenehmigung *f*
autoscatto M FOTO Selbstauslöser *m*
autoscuola F Fahrschule *f*
autosilo M Parkhaus *n*
autosoccorso M Pannendienst *m*; Rettungswagen *m*
auto'stop M Trampen *n*; **viaggiare in ~** per Anhalter fahren **autostoppista** M/F Tramper(in) *m(f)*
autostrada F Autobahn *f* **autostradale** ADJ Autobahn...
autotraghetto [-ge-] M Autofähre *f* **autotreno** M Lastzug *m* **autove'icolo** M Kraftwagen *m* **autovelox®** M Radargerät (zur Geschwin-

digkeitskontrolle) *n* **autovettura** F Pkw *m*
autunnale ADJ herbstlich
autunno M Herbst *m*
avambraccio [-tʃo] M Unterarm *m*
avanguardia F Avantgarde *f*
avanti 1 ADV vorn; *zeitlich* vorher; **~!** herein!; vorwärts!; **andare ~** vorangehen; vorgehen *a. Uhr* 2 PRÄP vor; **~ a** vor; **~ Cristo** vor Christus 3 M SPORT Stürmer *m*
avanzare V vorwärtsgehen, vorankommen; befördern; übrig bleiben; *Geld* guthaben (**da qn** bei j-m)
avanzato ADJ fortgeschritten; **corso** *m* **~** Kurs *m* für Fortgeschrittene *mpl*; **ricerca** *f* **avanzata** IT erweiterte Suche *f*
avanzo M Rest *m*; **avanzi** *pl* Überreste *mpl*
ava'ria F TECH Defekt *m*
avariato ADJ beschädigt
avarizia F Geiz *m*
avaro 1 ADJ geizig 2 M, **-a** F Geizhals *m*
avena F BOT Hafer *m*
avere V haben; erhalten, bekommen; **~ vent'anni** zwanzig Jahre alt sein; **avercela con qn** böse sein auf j-n; **hai da fare?** hast du zu tun?; **quanti ne abbiamo oggi?** den Wievielten haben wir heute?
avete ihr habt → avere
aviatore M, **-trice** [-tʃe] F Flieger(in) *m(f)*
aviazione F Luftfahrt *f*
avidità F Habsucht *f*
'avido ADJ gierig; habgierig
AVIS F ABK (= **Associazione Volontari Italiani del Sangue**) *Verein freiwilliger Blutspender*
avocado M BOT Avocado *f*
avorio M Elfenbein *n*
avvantaggiare [-dʒa-] V begünstigen **avvantaggiarsi** [-dʒa-] V: **~ di qc** aus etw Nutzen ziehen
avvelenamento M Vergiftung *f*
avvelenare V vergiften
avvenimento M Ereignis *n*
avvenire 1 V geschehen, passieren 2 M Zukunft *f*; **per l'~** künftig
avventore M, **-trice** [-tʃe] F Kunde *m*, Kundin *f*
avventura F Abenteuer *n*
avventurarsi V sich trauen, sich wagen
avventuroso ADJ abenteuerlich; *Person* abenteuerlustig
avverarsi V sich bewahrheiten
avverbio M Adverb *n*
avversario M, **-a** F Gegner(in) *m(f)*
avversione F Abneigung *f*
avversità F Widrigkeit *f*
avvertenza F Umsicht *f*; **avvertenze** *pl* Packungsbeilage *f*
avvertimento M Warnung *f*
avvertire V warnen (**di** vor);

verständigen, benachrichtigen
avviamento M Ingangsetzen *n*; AUTO Anlassen *n*, Starten *n* **avviare** V einleiten; beginnen; *Motor* anlassen; IT starten, booten **avviarsi** V sich auf den Weg machen; *Motor* anspringen
avvicinare [-tʃ-] V heranrücken (**a** an) **avvicinarsi** [-tʃ-] V sich nähern, näher kommen
avvisare V benachrichtigen; warnen
avviso M Bekanntmachung *f*; Anzeige *f* (*Zeitung*); Warnung *f*; **~ di pagamento** Zahlungsaufforderung *f*; **~ di sinistro** Schadensmeldung *f*; **a mio ~** meiner Meinung nach; **essere dell'~** der Meinung sein
avvitare V anschrauben
avvocato M, **-a** F Rechtsanwalt *m*, -anwältin *f*
av'volgere [-dʒe-] V einwickeln; einhüllen (**in** in)
avvoltoio M ZOOL Geier *m*
azalea F BOT Azalee *f*
azienda F Betrieb *m*; **~ (autonoma) di soggiorno** Verkehrsamt *n* **aziendale** ADJ Betriebs…
azione F Handlung *f*, Tat *f*; Wirkung *f*; WIRTSCH Aktie *f*; **mettere in ~** in Gang setzen
azionista M/F Aktionär(in) *m(f)*
azoto M Stickstoff *m*
azzardare [-dz-] V wagen
azzardarsi [-dz-] V es wagen, etw zu tun
azzardo [-dz-] M Wagnis *n*; **gioco** *m* **d'~** Glücksspiel *n*
azzeccare V erraten
Azzorre [-dz-] FPL Azoren *pl*
azzurro [-dz-] ADJ blau

B

babbo M *umg* Papi, Papa; **Babbo Natale** *m* Weihnachtsmann *m*
babordo M Backbord *n*
baby dance F Minidisco *f*
baby sitter M/F Babysitter(in) *m(f)*
bacato ADJ wurmstichig
bacca F BOT Beere *f*
baccalà M ZOOL Stockfisch *m*
bacchetta [-kke-] F Rute *f*; MUS Taktstock *m*
bacheca [-kɛ-] F Schwarzes Brett *n*
baciare [-tʃa-] V küssen
bacillo [-tʃ-] M MED Bazillus *m*
bacino [-tʃ-] M Becken *n* (*a.* ANAT, GEOG); SCHIFF Hafenbecken *n*; kleiner Kuss *m*
bacio [-tʃo] M Kuss *m*
baco M Wurm *m*; **~ da seta** Seidenraupe *f*
badante M/F (private) Pflegekraft *f*

badare V achtgeben (a auf); sich kümmern (a um)
badessa F Äbtissin *f*
badge [bædʒ] M Badge *m*/*n*
baffi MPL Schnurrbart *m*
bagagliaio [-ʎa-] M AUTO Kofferraum *m*
bagaglio [-ʎo] M Gepäck *n*; **~ a mano** Handgepäck *n*; **~ in eccesso** FLUG Übergepäck *n*
bagnante [-ɲ-] M/F Badegast *m* **bagnare** [-ɲ-] V nass machen; anfeuchten **bagnarsi** [-ɲ-] V nass werden; baden **bagnato** [-ɲ-] ADJ nass **bagnino** [-ɲ-] M Bademeister *m*
bagno [-ɲo] M Badezimmer *n*; Bad *n*; Badeanstalt *f*; **~ in comune** Gemeinschaftsbad *n*; **~ turco** Dampfbad *n*; **fare il ~** baden **bagnoma'ria** [-ɲ-] M; **a ~** GASTR im Wasserbad
bagnoschiuma [baɲo'skiu:-ma] M Duschgel *n*
baia F GEOG Bucht *f*
'baita F Berghütte *f*
balbettare V stottern
Balcani MPL Balkan *m*
balconata F THEAT Rang *m*
balcone M ARCH Balkon *m*
Baleari FPL Balearen *pl*
balena F ZOOL Wal *m*, Walfisch *m*
baleno M Blitz *m*; **in un ~** blitzschnell; im Nu
balla F Ballen *m*; *fig* Lüge *f*, *umg* Märchen *n*
ballare V tanzen
ballerino M, **-a** F Tänzer(in) *m(f)* **balletto** M Ballett *n*
ballo M Tanz *m*; Ball *m*
balneare ADJ Bade…
balordo ADJ blödsinnig
'balsamo M *Haare* Spülung *f*
'Baltico M *u.* **Mar** *m* **~** Ostsee *f*
bambina F kleines Mädchen *n* **bambinaia** F Kindermädchen *n* **bambino** M Kind *n*; kleiner Junge
bamboccione [-tʃo-] M *umg* Nesthocker *m*
'bambola F Puppe *f*
bambù M BOT Bambus *m*
banana F BOT Banane *f*
banca F Bank *f*; **~ dati** IT Datenbank *f*
bancarella F Verkaufsstand *m*
bancario **1** ADJ Bank… **2** M, **-a** F Bankangestellte(r) *f(m)*
bancarotta F Bankrott *m*
banchettare [-k-] V schmausen **banchetto** [-k-] M Bankett *n*, Festmahl *n*
banchiere [-k-] M Bankier *m*
banchina [-k-] F SCHIFF Kai *m*; Randstreifen *m*
banco M Bank *f* *Schul-, Werkbank*; Ladentisch *m*; Theke *f*; **~ corallino** Korallenriff *n*; **~ di nebbia** Nebelbank *f*; **~ di sabbia** Sandbank *f*
'bancomat® M Geldautomat *m*; EC-Karte *f*

banconota F Geldschein *m*
banda F Bande *f*; MUS Kapelle *f*; Band *n*
bandana F Bandana *n*
bandiera F Fahne *f*, Flagge *f*
bandito M Bandit *m*
bando M JUR Ausschreibung *f*
bar M Café *n*
bara F Bahre *f*
baracca F Baracke *f*, Bude *f*
barare V mogeln
ba'rattolo M Dose *f*; Glas *n*
barba F Bart *m*; **che ~!** wie langweilig!; **farsi la ~** sich rasieren
barbabi'etola F BOT Rote Bete *f*; **~ da zucchero** Zuckerrübe *f*
'barbaro ADJ barbarisch
barbiere M Herrenfriseur *m*
barboncino [-tʃ-] M ZOOL Pudel *m*
barbone M, **-a** F Penner(in) *m(f)* **barbonismo** M Obdachlosigkeit *f*
barca F Boot *n*; **~ a motore** Motorboot *n*; **~ a remi** Ruderboot *n*; **~ a vela** Segelboot *n*; **~ da pesca** Fischerboot *n*
barcaiolo M Bootsführer *m*; Bootsverleiher *m*
barcollare V torkeln
barella F MED Tragbahre *f*
barile M Fass *n*
barista M/F Barbesitzer(in) *m(f)*; Barkeeper(in) *m(f)*
barocco M KUNST Barock *n* *od m*
ba'rometro M Barometer *n*
barra F Stange *f*; IT **~ dei menù** Menüleiste *f* **barrare** V kreuzen **barriera** F Schranke *f*, Sperre *f*, Barriere *f*; **~ architettonica** bauliches Hindernis; **~ corallina** Korallenriff *m*
barzelletta F Witz *m*
basarsi V sich stützen (**su** auf)
base F Basis *f*, Grundlage *f*
Basilea F Basel *n*; **~ Campagna** Basel-Landschaft; **~ Città** Basel-Stadt
ba'silica F REL, ARCH Basilika *f*
ba'silico M BOT Basilikum *n*
basket M SPORT Basketball *m*
basso **1** ADJ niedrig; tief; klein; flach *Wasser*; **~ ventre** *m* Unterleib *m*; **in ~** unten; hinunter; **a bassa voce** leise; **bassa stagione** *f* Vorsaison *f*, Nachsaison *f*; **bass'Italia** *f* Süditalien *n* **2** M MUS Bass *m*
bassopiano M GEOG Tiefebene *f*
bassorilievo M KUNST Flachrelief *n*
basta! INT *umg* genug!; Schluss! **bastare** V genügen, reichen
bastonare V prügeln, verprügeln **bastonate** FPL Prügel *mpl* **bastoncino** [-tʃ-] M SPORT Skistock *m*; **bastoncini** *pl* **di pesce** GASTR Fischstäbchen *npl*
bastone M Stock *m*

battaglia [-ʎa] F Schlacht *f*
battello M SCHIFF Boot *n*
battente M Türflügel *m*; Fensterladen *m*; Türklopfer *m*
'**battere** V schlagen; klopfen; stoßen; **~ a macchina** tippen; **~ i denti** mit den Zähnen klappern; **~ in testa** klopfen; **~ le mani** klatschen
batte'ria F ELEK Batterie *f*; MUS Schlagzeug *n*
batterio M MED Bakterie *f*
'**battersi** V kämpfen (**per** um); **battersela** *umg* sich verdrücken
bat'tesimo M REL Taufe *f*
battezzare [-dz-] V REL taufen
battibaleno M: **in un ~** blitzschnell **batticuore** M Herzklopfen *n*
battistero M REL, ARCH Taufkapelle *f*
'**battito** M: **~ cardiaco** Herzklopfen *n*
battuta F Schlag *m*; *fig* Witz *m*; MUS Takt *m*
battuto M GASTR klein gehackte Kräuter und Gemüse
ba'ule M Truhe *f*; **~ da tetto** AUTO Dachbox *f*
bavaglino [-ʎ-] M Lätzchen *n*
bavarese 1 ADJ bayrisch 2 M/F Bayer(in) *m(f)* 3 F Cremespeise *f*
Baviera F Bayern *n*
beato ADJ glückselig; REL selig; **~ te!** du hast es gut!
beauty-case [biu-] M Kosmetikkoffer *m*
bebè M Baby *n*
beccaccia [-tʃa] F ZOOL Waldschnepfe *f*
beccare V picken; *umg* erwischen
becco M ZOOL Schnabel *m*; **~ a gas** Gasbrenner *m*
befana F *alte Hexe, die in der Nacht zum 6. Januar die Strümpfe der Kinder mit Kohle oder Süßigkeiten füllt*; **Befana** F REL Dreikönigsfest *n*
beffa F Spott *m* **beffardo** ADJ spöttisch
belare V ZOOL blöken meckern
belga 1 ADJ belgisch 2 M/F Belgier(in) *m(f)*
Belgio [-dʒo] M Belgien *n*
bellezza F Schönheit *f*; **che ~!** wie schön!
'**bellico** ADJ Kriegs...
bello 1 ADJ schön; gut 2 M Schöne *n*; **bell'e fatto** bereits getan; **mi hai fatto aspettare un bel po'** du hast mich ganz schön warten lassen
belvedere M Aussichtspunkt *m*
benché [-ke] KONJ +*konjkt* obwohl
benda F Binde *f*; **~ di garza** Mullbinde *f* **bendaggio** [-dʒo] M MED Verband *m*
bendare V MED verbinden
bene 1 ADV gut; wohl; **~!** schön!; **stai ~?** geht es dir gut?; **stare poco ~** sich nicht

wohlfühlen; **va ~!** in Ordnung!; **volere ~ a qn** j-n lieb haben **2** M Gut *n*; **~ pubblico** Allgemeinwohl *n*; **beni** *pl* **culturali** Kulturgut *n*
benedetto ADJ gesegnet; geweiht **benedire** V segnen; weihen **benedizione** F REL Segen *m*
beneducato ADJ wohlerzogen
beneficenza [-tʃ-] F Wohltätigkeit *f*
beneficio [-tʃo] M Wohltat *f*
be'nefico ADJ wohltuend
be'nessere M Wohlbefinden *n*; Wohlstand *m*
benestante ADJ wohlhabend
benigno [-ɲo] ADJ gütig; MED gutartig
beninteso ADV selbstverständlich
be'nissimo ADV sehr gut, bestens
bensì KONJ wohl aber
benvenuto **1** ADJ willkommen **2** M Willkommen *n*; **dare il ~ a qn** j-n willkommen heißen
benzina F Benzin *n*; **~ senza piombo** (*od* **verde**) bleifreies Benzin *n*; **fare ~** tanken
benzinaio M, **-a** F Tankwart(in) *m(f)*
bere V trinken; *umg* verbrauchen
berlina F AUTO Limousine *f*
Berlino F Berlin *n*
berlusconismo M POL *die von Silvio Berlusconi vertretene politische Richtung in Italien*
bermuda MPL Bermudashorts *fpl*
Berna F Bern *n*
ber'noccolo M Beule *f*
berretto M Mütze *f*, Kappe *f*
bersaglio [-ʎo] M Ziel *n*; Zielscheibe *f*
besciamella [-ʃa-] F GASTR Béchamelsoße *f*
bestemmia F Fluch *m* **bestemmiare** V fluchen
bestia F Tier *n*; **andare in ~** wütig werden **bestiale** ADJ bestialisch **bestialità** F Unsinn *m* **bestiame** M Vieh *n*
betulla F BOT Birke *f*
bevanda F Getränk *n*; **bevande** *pl* **alcoliche** Spirituosen *fpl*
beve er/sie trinkt → bere **bevete** ihr trinkt; **~!** trinkt!, trinken Sie! → bere **bevi** du trinkst; **~!** trink! → bere **beviamo** wir trinken; **~!** lass uns trinken! → bere
bevitore M, **-trice** [-tʃe] F Trinker(in) *m(f)*
bevo ich trinke → bere **'bevono** sie trinken → bere **bevuto** PPERF getrunken → bere
bianche'ria [-ke-] F Wäsche *f*; **~ intima** Unterwäsche *f*
bianco **1** ADJ weiß; **cavallo** *m* **~** Schimmel *m*; **in ~** blanko, schlaflos; GASTR in Butter *od* Öl; **in ~ e nero** schwarz-

weiß; **settimana** *f* **bianca** Skiurlaub *m* **2** M: **~ d'uovo** Eiweiß *n*
biancospino M BOT Weißdorn *m*
biasimare V tadeln
Bibbia F Bibel *f*
biberon M Babyflasche *f* **biberone'ria** F Fläschchenküche *f* *für Babys, in Hotels*
'bibita F Getränk *n*
biblioteca F Bibliothek *f*, Bücherei *f*
bicarbonato M CHEM Bikarbonat *m*; **~ di sodio** *umg* Natron *n*
bicchiere [-kk-] M Glas *n*; **~ d'acqua** Glas *n* Wasser; **~ da acqua** Wasserglas *n*; **~ da vino** Weinglas *n*
bicicletta [-tʃ-] F, *umg a.* **bici** [-tʃ-] F Fahrrad *n*; **andare in ~** Rad fahren
bidè M Bidet *n*
bidone M Kanister *m*; **~ dell'immondizia** Mülltonne *f*; *umg* **fare il ~ a qn** j-n sitzen lassen
biella F TECH Pleuelstange *f*
bi'etola F BOT Mangold *m*
biforcarsi V sich gabeln
biforcazione F Gabelung *f*, Abzweigung *f*
bigiotte'ria [-dʒot-] F Modeschmuck *m*
bigliettaio [-ʎe-] M, **-a** F Kartenverkäufer(in) *m(f)*
bigliette'ria [-ʎe-] F Fahrkartenschalter *m*; THEAT *etc* Kasse
biglietto [-ʎe-] M Fahrkarte *f*; Eintrittskarte *f*; Geldschein *m*; Zettel *m*; **~ aereo** Flugticket *n*; **~ di andata e ritorno** Rückfahrkarte *f*; **~ ridotto** ermäßigte Karte *f*; **~ semplice** einfache Fahrkarte *f*; **fare il ~** die Fahrkarte lösen
bignè [biˈɲɛ] M GASTR Windbeutel *m*
bigodino M Lockenwickler *m*
bikini M Bikini *m*
bilancia [-tʃa] F Waage *f*; **Bilancia** ASTROL Waage *f*; **essere della Bilancia** Waage sein
bilanciare [-tʃa-] V ausgleichen; *Reifen* auswuchten; *fig* abwägen
bilancio [-tʃo] M Bilanz *f*
bile F ANAT Galle *f*
biliardo M Billard *n*
bilingue ADJ zweisprachig
bimba F kleines Mädchen *n*
bimbo M Kind *n*; *männlich* kleiner Junge *m*
bimotore M FLUG zweimotoriges Flugzeug *n*
binario M TECH Gleis *n*; **da che ~ parte il treno per ...?** ab welchem Gleis fährt der Zug nach ... ab?
bi'nocolo M Fernglas *n*
biocosmesi [-zm-] F Biokosmetik *f* **biodegra'dabile** ADJ biologisch abbaubar
bioingegne'ria [-dʒeɲ-] F Gentechnik *f*
biolo'gia [-dʒ-] F Biologie *f*

bio'logico [-ɔdʒiko] ADJ biologisch **bi'ologo** M, **-a** F Biologe *m*, Biologin *f*
biondo ADJ blond
bioristorante M Biorestaurant *n* **bioro'bot** M Biroboter *m*
bi'partisan ADJ POL parteiübergreifend
birillo M Kegel *m*; **giocare a birilli** kegeln
biro® F Kugelschreiber *m*
birra F Bier *n*; **~ alla spina** Bier vom Fass; **~ al malto** Malzbier *n*; **~ chiara** helles Bier; **~ in bottiglia** Flaschenbier *n*; **~ in lattina** Dosenbier *n*; **~ scura** dunkles Bier
bis INT: **~!** noch einmal!; Zugabe!
bisbigliare [-zbiʎa-] V flüstern
biscia ['biʃa] F ZOOL Natter *f*
biscottato ADJ GASTR zweimal geröstet; **fette** *fpl* **biscottate** Zwieback *m*
biscottino M GASTR Plätzchen *n*
biscotto M GASTR Keks *m*
bisestile ADJ: **anno** *m* **~** Schaltjahr *n*
bisnonno [-zn-] M, **-a** F Urgroßvater, *m*, Urgroßmutter *f*
bisogna [-ɲa] V man muss; man braucht; es ist nötig (**che** *+konjkt* dass); **non ~** man darf nicht
bisogno [-ɲo] M Bedürfnis *n*; Not *f*; **al ~** im Notfall; **avere ~ di qc** etw brauchen; **nel ~** in der Not; **secondo il ~** je nach Bedarf **bisognoso** [-ɲo:so] **1** ADJ bedürftig **2** M, **-a** F Notleidende(r) *f(m)*
bistecca F GASTR Steak *n*; **~ ai ferri** Grillsteak *n*
bit M IT Bit *n*
bitter M GASTR Magenbitter *m*
bivio M AUTO Abzweigung *f*, Gabelung *f*; *fig* Scheideweg *m*
bizantino [-dz-] ADJ KUNST byzantinisch
bizzarro [-dz-] ADJ wunderlich
bloccare V sperren, blockieren; stoppen **bloccarsi** V sich verklemmen **bloccaruota** M AUTO Parkkralle *f*
bloccasterzo M AUTO Lenkradschloss *n*
blocco M Block *m*; Sperre *f*; Blockade *f*; **~ da disegno** Zeichenblock *m*; **~ stradale** Straßensperre *f*
bloc-notes M Notizblock *m*
blog M IT Blog *m*
blu ADJ (dunkel)blau
boa F SCHIFF Boje *f*
bobina F FILM Spule *f*
bocca F Mund *m*; *Tier* Maul ZOOL *n*; Mündung *f*; **in ~ al lupo** Hals- und Beinbruch!
boccia [-tʃa] F Kugel *f*; **giocare a bocce** Boccia spielen
bocciare [-tʃa-] V durchfallen lassen
bocciolo [-tʃɔ-] M BOT Knos-

pe *f*
bocconcino [-tʃ-] M Leckerbissen *m*
boccone M Bissen *m*
boh INT: **~!** *umg* keine Ahnung!
bolla¹ F MED Blase *f*
bolla² F HANDEL: **~ di consegna** Lieferschein *n*
bollare V stempeln
bollente ADJ heiß, kochend
bolletta F: **~ del telefono** Telefonrechnung *f*; **~ di spedizione** Paketkarte *f*
bollettino M: **~ meteorologico** Wetterbericht *m*
bollino M (Beitrags-)Marke *f*; **~ autostradale** Vignette *f*
bollire V kochen **bollito** 1 ADJ gekocht 2 M Suppenfleisch *n* **bollitore** M Wasserkocher *m*
bollo M JUR Stempel *m*; Steuermarke *f*; **~ postale** Poststempel *m*
Bolzano F Bozen *n*
bomba F Bombe *f*; **~ a mano** Handgranate *f*; **~ atomica** Atombombe *f* **bombardamento** M Bombenangriff *m*
'bombola F Gasflasche *f*
bomboletta F: **~ spray** Spraydose *f*
bombolone M GASTR Krapfen *m*
bonaccia [-tʃa] F SCHIFF Windstille *f*
bo'nifico M WIRTSCH Überweisung *f*
bontà F Güte *f*
bora F kalter Nordostwind *m*
borbottare V murmeln; *Magen* knurren
bordello M Bordell *n* *fig umg* Durcheinander *n*
bordo M SCHIFF, FLUG Bord *m*; Rand *m*; Kante *f*; **a ~** an Bord
borgata F Vorortviertel ■ (*besonders in Rom*)
borghese [-ge-] ADJ bürgerlich; **in ~** in Zivil
borgo M Dorf *n*
borotalco M Körperpuder *m*
borsa F Tasche *f*, Beutel *m*; HANDEL Börse *f*; **~ da viaggio** Reisetasche *f*; **~ dell'acqua calda** Wärmflasche *f*; **~ di plastica** Plastiktüte *f*; **~ di studio** Stipendium *n*; IT **~ online** Online-Börse *f*
borseggio [-dʒo] M Taschendiebstahl *m*
borsellino M Geldbeutel *m*
borsetta F Handtasche *f*
borsista M/F Stipendiat(in) *m(f)*
boscaiola F: GASTR **alla ~** mit Pilzen
bosco M Wald *m* **boscoso** ADJ bewaldet
Bosnia-Erze'govina [-zn-] F Bosnien-Herzegowina *n*
bosso M BOT Buchsbaum *m*
botta F Schlag *m*
botte F Fass *n*
bottega F Laden *m*; Werkstatt *f* **botteghino** [-g-] M

Kasse *f*; THEAT Theaterkasse *f*; FILM Kinokasse *f*
bottiglia [-ʎa] F Flasche *f*
bottino M Beute *f*
bottone M Knopf *m*; BOT Knospe *f*; **~ automatico** Druckknopf *m*
botulino M MED Botox *n*
box M AUTO, ZOOL Box *f*; *Kind* Laufstall *m*
bozza F Entwurf *m*
braccetto [-tʃe-] M: **a ~** *Arm* untergehakt **braccialetto** [-tʃa-] M Armband *n*
braccio [-tʃo] M (FPL **le braccia**) Arm *m* **bracciolo** [-tʃɔ-] M Armlehne *f*; Schwimmflügel *fpl*
brace [-tʃe] F: GASTR **alla ~** vom Holzkohlengrill
braciola [-tʃɔ-] F GASTR Rumpsteak *n*, Kotelett *n*
branco M ZOOL Rudel *n*
brandello M Fetzen *m*
Brande(n)burgo M Brandenburg *n*
brano M LIT, MUS Stück *n*, Auszug *m*
brasato GASTR **1** ADJ geschmort **2** M Schmorbraten *m*
Brasile M Brasilien *n* **brasiliano** **1** ADJ brasilianisch **2** M, **-a** F Brasilianer(in) *m(f)*
bravo ADJ tüchtig; gut; **fai il ~/la brava!** sei lieb!
Brema F Bremen *n*
'Brennero M Brenner *n*
Bressanone F Brixen *n*
bretelle FPL Hosenträger *mpl*
breve ADJ kurz; **a farla ~** kurz gesagt
brevetto M Patent *n*
brevità F Kürze *f*
brexit F POL Brexit *m*
brezza [-dz-] F Brise *f*
bricco M Kanne *f*; Kaffeekanne *f*; Teekanne *f*
'briciola [-tʃo-] F Krümel *f*
briglia [-ʎa] F Zügel *m*
brillante **1** ADJ glänzend **2** M Brillant *m*
brillare V glänzen
brina F *Tau* Reif *m*
brindare V anstoßen; **brindo alla tua salute!** ich trinke auf dein Wohl!
'brindisi M Trinkspruch *m*
brioche [bri'ɔʃ] F GASTR Hefegebäck *n*
bri'tannico ADJ britisch
'brivido M Schauder *m*; **brividi** *pl* Schüttelfrost *m*
brocca F Krug *m*
'broccoli MPL BOT Brokkoli *m*
brodo M GASTR Brühe *f*; **~ di pollo** Hühnerbrühe *f*; **~ di verdura** Gemüsesuppe *f*; **~ ristretto** Kraftbrühe *f*
bronchi [-ki] MPL ANAT Bronchien *fpl* **bronchite** [-k-] F MED Bronchitis *f*
brontolare V brummen
brontolone M Brummbär *m*
bronzo M MINER Bronze *f*
bruciare [-tʃa-] V brennen, verbrennen
bruciore [-tʃo-] M: **~ di sto-**

maco Sodbrennen *n*
bruco M ZOOL Raupe *f*
'brufolo M Pickel *m*
bruschetta F GASTR *geröstete, mit Öl und Knoblauch gewürzte und oft mit gehackten Tomaten belegte Brotscheibe* **bruschette'ria** F GASTR *Imbiss, in dem man verschiedene Arten von Bruschetta kaufen kann*
brusco ADJ barsch; plötzlich
brutale ADJ brutal **brutalità** F Brutalität *f*
brutto ADJ hässlich; schlecht, schlimm; **~ tempo** *m* schlechtes Wetter *n*
Bruxelles [bruk'sɛl] F Brüssel *n*
buca F Loch *n*; **~ delle lettere** Briefkasten *m*
bucare V durchlöchern; **~ una gomma** eine Reifenpanne haben **bucarsi** V *umg* fixen **bucatini** MPL GASTR hohle Spaghetti mit dünnem Loch
bucato M Wäsche *f*; **fare il ~** waschen
buccia [-tʃa] F Schale *f*; Haut *f*
buco M Loch *n*
budino M Pudding *m*
bue M (**buoi** *pl*) Ochse *m*
'bufalo M ZOOL Büffel *m*
buffè M, **buffet** M Büfett *n*
buffo ADJ komisch; witzig
buffone M Hanswurst *m*; Spaßvogel *m*
bu'gia [-dʒ-] F Lüge *f* **bugiardo** [-dʒa-] **1** ADJ verlogen **2** M, **-a** F Lügner(in) *m(f)*
buio ADJ dunkel
Bulga'ria F Bulgarien *n* **bulgaro** **1** ADJ bulgarisch **2** M, **-a** F Bulgare *m*, Bulgarin *f*
buli'mia F MED Ess-Brech-Sucht *f*, Bulimie *f*
bullone M Bolzen *m*
bunga-bunga M Bunga-Bunga-Party *f*
'bungalow M Bungalow *m*
buonanotte INT gute Nacht *f* **buonasera** INT guten Abend *m* **buondì** INT hallo **buongiorno** [-dʒor-] INT guten Tag **buongustaio** M, **-a** F Feinschmecker(in) *m(f)*
buono **1** ADJ gut; brav; lecker; **a buon mercato** billig; **alla buona** ohne großen Aufwand **2** M Gutschein *m*
buono-casa M *staatlicher Wohnzuschuss*
buonuscita [-ʃ-] F Abfindung *f*
burattino M Marionette *f*
burka M Burka *f*
burocra'zia F Bürokratie *f*
burrasca F SCHIFF Sturm *m*
burro M Butter *f*; **al ~** in Butter **burrocacao** M Lippenpflegestift *m*
burrone M Schlucht *f*
bus M Bus *m* (*a.* IT)
bussare V klopfen
'bussola F Kompass *m*

busta F Umschlag *m*; Tüte *f*
bustarella F Schmiergeld *n*
bustina F Tütchen *n*, Päckchen *n*: **una ~ di lievito** ein Päckchen *m* Backpulver
busto M Oberkörper *m*; KUNST Büste *f*
buttare V werfen; **~ via** wegwerfen
buttarsi V sich stürzen
byte M IT Byte *n*

C

cabina F Kabine *f*; **~ a due letti** Zweibettkabine *f*; **~ esterna/interna** Außen-/Innenkabine *f*; **~ singola** Einzelkabine *f*; **~ telefonica** Telefonzelle *f*
cacao M BOT Kakao *m*
caccia [-tʃa] F Jagd *f* **cacciagione** [kattʃa'dʒo:ne] F GASTR Wildbret *n* **cacciare** [-tʃa-] V jagen; j-n vertreiben **cacciatora** [-tʃa-] F: GASTR **alla ~** nach Jägerart **cacciatore** [-tʃa-] M, **-trice** [-tʃe] F Jäger(in) *m(f)*
cacciavite [-tʃa-] M Schraubenzieher *m*
cacio [-tʃo] M GASTR *umg* Käse *m*
ca'davere M Leichnam *m*
cadente ADJ baufällig **cadere** V fallen **caduta** F Fall *m*; **~ sassi** Steinschlag *m*
caffè M GASTR Kaffee *m*; Espresso *m*; *Lokal* Café *n*; **~ corretto** Kaffee *m* mit etwas Schnaps; **~ decaffeinato** koffeinfreier Kaffee *m*; **~ d'orzo** Malzkaffee *m*; **~ macchiato** Kaffee *m* mit wenig Milch
caffe'ina F Koffein *n*; **senza ~** koffeinfrei **caffellatte** M GASTR Milchkaffee *m* **caffettiera** F Kaffeemaschine *f*; Kaffeekanne *f*
cagna [-ɲa] F ZOOL Hündin *f*
CAI M ABK (= **Club Alpino Italiano**) italienischer Alpenverein
calabrese 1 ADJ kalabrisch 2 M/F Kalabrier(in) *m(f)* **Calabria** F Kalabrien *n*
calabrone M ZOOL Hornisse *f*
calamaro M ZOOL Tintenfisch *m*
calamita F Magnet *m*
calamità F Unglück *n*
calare V herablassen; senken; *Sonne* untergehen; *Mond* abnehmen; *Preise* sinken
calcagno [-ɲo] M ANAT Ferse *f*
calce [-tʃe] F Kalk *m*
calciare [-tʃa-] V treten; SPORT kicken **calciatore** [-tʃa-] M, **-trice** [-tʃe] F Fußballspieler(in) *m(f)*
calcio [-tʃo] M Fußtritt *m*; CHEM Kalzium *n*; SPORT Fuß-

ball *m*; ~ **di punizione** Freistoß *m*; ~ **di rigore** Elfmeter *m*
calco M Abdruck *m*
calcolare V rechnen; berechnen **calcolatrice** [-tʃe] F Taschenrechner *m* **'calcolo** M Rechnung *f*, Berechnung *f*; MED ~ **biliare** Gallenstein *m*; ~ **renale** Nierenstein *m*
caldaia F TECH Heizkessel *m*
caldarrosta F GASTR geröstete Kastanie *f*
caldo 1 ADJ warm; heiß 2 M Wärme *f*; Hitze *f*; **fa** ~ es ist heiß; **ho** ~ mir ist warm, heiß
calendario M Kalender *m*
'calice [-tʃe] M Kelch *m*
call center ['kɔl 'sɛnter] M TEL Callcenter *n*
callo M MED Hühnerauge *n*; Schwiele *f*
calma F Stille *f*; Ruhe *f* **calmante** M Beruhigungsmittel *n* **calmare** V beruhigen; *Schmerz, Durst* stillen **calmarsi** V sich beruhigen; *Schmerz, Wind* nachlassen
calmo ADJ ruhig; still
calo M Rückgang *m*
calore M Wärme *f*; Hitze *f*
calo'ria F Kalorie *f*
calpestare V zertreten
calunnia F Verleumdung *f*
calunniare V verleumden
calvario M REL Kreuzweg *m*
calvo ADJ kahl, kahlköpfig
calza F Strumpf *m* **calzamaglia** [-ʎa] F Strumpfhose *f*
calzare V Schuhe anziehen; passen **calzascarpe** M Schuhlöffel *m* **calzatura** F Schuhwerk *n* **calzettone** M Kniestrumpf *m*
calzino M Socke *f* **calzolaio** M, **-a** F Schuster *m*, Schuhmacher(in) *m(f)* **calzoncini** [-tʃ-] MPL: ~ **da bagno** Badehose *f* **calzone** M *gefüllte u. geschlossene Pizzatasche* **calzoni** MPL Hose *f*
cambiale F HANDEL Wechsel *m*
cambiamento M Änderung *f*; Wechsel *m*; ~ **climatico** Klimaveränderung *f*
cambiare V auswechseln; ändern; tauschen, umtauschen; BAHN umsteigen; AUTO schalten **cambiarsi** V sich umziehen
cambio M Wechsel *m*; Tausch *m*; Geldwechsel *m*; AUTO Gangschaltung *f*; TECH Getriebe *n*; ~ **automatico** Automatikgetriebe *n*; ~ **dell'olio** Ölwechsel *m*; ~ **di una ruota** Reifenwechsel *m*; **in** ~ statt dessen
'camera F Schlafzimmer *n*; ~ **da letto** Schlafzimmer *n*; ~ **d'aria** Luftschlauch *m*; ~ **doppia** Doppelzimmer *n*; ~ **matrimoniale** Doppelzimmer *n* mit Ehebett; ~ **quadrupla** Vierbettzimmer *n*; ~ **quintupla** Fünfbettzimmer *n*; ~ **singola** Einzelzimmer *n*; ~ **tripla**

Dreibettzimmer *n*; **camere comunicanti** Zimmer mit Verbindungstür
'Camera F POL Abgeordnetenkammer *f* (*größere der beiden Parlamentskammern*); **Camera di Commercio** Handelskammer *f*
camerata 1 F Schlafsaal *m* 2 M/F Kamerad(in) *m(f)* **cameriera** F Zimmermädchen *n*; Kellnerin *f* **cameriere** M Kellner *m*, Ober *m* **camerino** M Umkleidekabine *f*
camicetta [-tʃe-] F Bluse *f*
camicia [-tʃa] F Hemd *n*; **~ a maniche corte/lunghe** Hemd mit kurzem/langem Arm; **~ da notte** Nachthemd *n*
camino M, **caminetto** M Kamin *m*
'camion M Lastwagen *m*, Lkw *m* **camionista** M/F Lkw-Fahrer(in) *m(f)*
cammello M ZOOL Kamel *n*; Kamelhaar *n*
camminare V gehen, laufen **camminata** F Spaziergang *m* **cammino** M Weg *m*
camomilla F BOT Kamille *f*; GASTR Kamillentee *m*
camoscio [-ʃo] M ZOOL Gämse *f*; *Stoff* Wildleder *n*
campagna [-ɲa] F Land *n*; **~ elettorale** Wahlkampf *m*
campagnola [-ɲɔ-] F Jeep *m*; **alla ~** GASTR nach Bauernart
campana F Glocke *f*; *für Mülltrennung* Altglascontainer *m* **campanello** M Klingel *f*; **suonare il ~** klingeln
Campania F Kampanien *n*
campanile M Glockenturm *m*
campano ADJ aus Kampanien
campeggiare [-dʒa-] V campen, zelten **campeggiatore** [-dʒa-] M, **-trice** [-tʃe] F Camper(in) *m(f)*
campeggio [-dʒo] M Camping *n*; Campingplatz *m*; **~ invernale** Wintercamping *n*
camper M Wohnmobil *n*
campionato M: **~ mondiale** Weltmeisterschaft *f* **campione** 1 M Muster *n* 2 M, **-essa** F SPORT Meister(in) *m(f)*
campo M Feld *n*; Lager *n*; *fig* Gebiet *n*; **~ da calcio** Fußballplatz *m*; **~ da golf/di minigolf** Golf-/Minigolfplatz *m*; **~ da tennis** Tennisplatz *m*; **~ di concentramento** Konzentrationslager (KZ) *n*; **~ giochi** Spielplatz *m*; **~ nudisti** FKK-Gelände *n*; **~ profughi** Flüchtlingslager *n*; **~ sportivo** Sportplatz *m*
'Canada M Kanada *n* **canadese** 1 ADJ kanadisch 2 M/F Kanadier(in) *m(f)* 3 F Hauszelt *n*
canale M Kanal *m*; Meerenge *f*
'canapa F BOT Hanf *m*
canarino M ZOOL Kanarienvogel *m*
cancellare [-tʃ-] V löschen,

entfernen; streichen, ausstreichen; ausradieren; absagen **cancellazione** [-tʃ-] F Streichung *f*
cancelletto [-tʃ-] M IT Hashtag *n*
cancelliere [-tʃ-] M, **-a** F Kanzler(in) *m(f)*; **~ federale** Bundeskanzler(in) *m(f)*
cancello [-tʃ-] M Gittertor *n*; Flugsteig *m*
cancro M MED Krebs *m*; **Cancro** ASTROL Krebs *m*; **essere del Cancro** Krebs sein
candeggiante [-dʒa-] M Bleichmittel *n*
candela F Kerze *f*; AUTO Zündkerze *f* **candeliere** M Leuchter *m*
candidato M, **-a** F Kandidat(in) *m(f)*
canditi MPL GASTR kandierte Früchte *fpl*
cane M Hund *m*; *umg* **freddo ~** saukalt; *umg* **non c'era un ~** es war keine Menschenseele da
canestro M Korb *m*
canguro M ZOOL Känguru *n*
canile M Tierheim *n*
canna F Rohr *n*; *umg* Joint *m* **~ da pesca** Angelrute *f*; **~ da zucchero** Zuckerrohr *n*
cannella F BOT Zimt *m*
cannelloni MPL GASTR gefüllte Nudelrollen *fpl*
cannocchiale [-kk-] M Fernrohr *n*, Fernglas *n*
cannone M Kanone *f*
cannuccia [-tʃa] F Trink-, Strohhalm *m*
canoa F Kanu *n*; Paddelboot *n*; **~ pieghevole** Faltboot *n*
'canone M Gebühr *f*; **~ di locazione** Mietpreis *m*
canottaggio [-dʒo] M Rudern *n*
canottiera F Unterhemd *n*; Trikot *n*
canotto M Boot *n*; **~ pneumatico** Schlauchboot *n*
cantante M/F Sänger(in) *m(f)*
cantare V singen
cantautore M, **-trice** [-tʃe] F Liedermacher(in) *m(f)*
cantiere M Baustelle *f*; **~ navale** Werft *f*
cantina F Keller *m*
canto M Gesang *m*; Lied *n*; **~ popolare** Volkslied *n*
canzone F Lied *n* **canzoniere** M Liederbuch *n*
caos M Chaos *n*
CAP M ABK (**= Codice di Avviamento Postale**) PLZ (Postleitzahl *f*)
capace [-tʃe] ADJ tüchtig, fähig; geräumig; **essere ~ di fare qc** imstande sein, etw zu tun
capacità [-tʃ-] F Fähigkeit *f*; *Behälter* Fassungsvermögen *n*; **~ di memoria** IT Speicherkapazität *f*
capanna F Hütte *f*
caparra F HANDEL Anzahlung *f*
capello M Haar *n*

ca'pezzolo M ANAT Brustwarze *f*
capire V verstehen, begreifen
capitale 1 F Hauptstadt *f* 2 M WIRTSCH Kapital *n*
capitano M SCHIFF Kapitän *m*
capitare V zufällig kommen; geschehen, vorkommen
ca'pitolo M Kapitel *n*
capo M ANAT Kopf *m*; Leiter(in) *m(f)*; Chef(in) *m(f)*; GEOG Kap *n*; **da ~** noch einmal; von vorne
capocuoco M, **-a** F Küchenchef(in) *m(f)* **Capodanno** M Neujahr *n* **capogiro** [-dʒ-] M: *fig* **da ~** Schwindel erregend **capolavoro** M Meisterwerk *n* **capo'linea** M Endstation *f*, Endhaltestelle *f*
capoluogo M Hauptstadt *f*
capote F AUTO Verdeck *n*
capotreno M/F Zugführer(in) *m(f)*
capo'volgere [-dʒ-] V umkippen; umstürzen **capo'volgersi** [-dʒ-] V umkippen; *Boot* kentern **capovolto** ADJ verkehrt
cappa F TECH Dunstabzugshaube *f*
cappella F REL, ARCH Kapelle *f*
cappello M Hut *m*; **~ da sole** Sonnenhut *m*; **~ di paglia** Strohhut *m*
'capperi MPL BOT Kapern *fpl*
cappone M GASTR Kapaun *m*
cappotto M Mantel *m*
cappuccino [-tʃi-] M GASTR Cappuccino *m*; REL Kapuziner *m*
cappuccio [-tʃo] M Kapuze *f*
capra F ZOOL Ziege *f* **capretto** M ZOOL Zicklein *n*
capriccio [-tʃo] M Laune *f*; **fare i capricci** trotzig sein
capriccioso [-tʃo-] ADJ launisch
capricorno M ZOOL Steinbock *m*; **Capricorno** ASTROL Steinbock *m*; **essere del Capricorno** Steinbock sein
capriolo M ZOOL Reh *n*
capro M: **~ espiatorio** *fig* Sündenbock *m*
'capsula F Kapsel *f*; **~ caffè** Kaffeekapsel *f*
carabiniere M Karabiniere *m*
caraffa F Karaffe *f*
caramella F GASTR Bonbon *m od n* **caramello** M GASTR Karamell *n*
ca'rattere M Charakter *m*; Merkmal *n*; Buchstabe *m* **caratte'ristico** ADJ charakteristisch
'caravan M Wohnwagen *m*
carboidrato M CHEM Kohlehydrat *n*
carbone M Kohle *f*
carburante M Treibstoff *m*
carburatore M Vergaser *m*
carcassa F Gehäuse *n*; Gerippe *n*
carcerato [-tʃe-] M, **-a** F Häftling *m* **'carcere** [-tʃe-]

M Gefängnis *n*

carciofo [-tʃɔ-] M BOT Artischocke *f*

cardellino M ZOOL Stieglitz *f*

car'diaco ADJ Herz...

cardinale 1 ADJ Haupt...; **numero** *m* ~ Grundzahl *f*; **punto** *m* ~ Himmelsrichtung *f* 2 M REL Kardinal *m*

'cardine M Angel *f*

cardio'tonico M MED Herzmittel *n*

cardo M BOT Distel *f*

care'stia F Mangel *m*, Not *f*

carezza F Liebkosung *f*

'carica F Amt *n*; ELEK Ladung *f* **caricabatte'ria** M, **caricabatte'rie** M ELEK Ladegerät *n*

caricare V beladen; *Uhr* aufziehen; ELEK laden, aufladen; *fig* aufbürden **caricarsi** V sich beladen (**di** mit) **caricatore** M TEL, ELEK Ladegerät *n* **'carico** 1 ADJ beladen (**di** mit) 2 M Last *f*; Fracht *f*; ELEK Ladung *f*

'carie F MED Karies *f*

carino ADJ hübsch

Carinzia F Kärnten *n*

carità F Nächstenliebe *f*; Almosen *n*; **per ~!** um Gottes willen!

carnagione [-dʒo-] F Hautfarbe *f*

carne F Fleisch *n*; **~ tritata** Hackfleisch *n*

carnevale M Karneval *m*, Fasching *m*

caro ADJ teuer; lieb

carota F BOT Mohrrübe *f*, Karotte *f*

ca'rotide F ANAT Halsschlagader *f*

carpa F ZOOL Karpfen *m*

carpentiere M Zimmermann *m*

car'rabile ADJ: **passo** *m* ~ Einfahrt frei halten

carré M GASTR Rippenstück *n*

carreggiata [-dʒa-] F Fahrbahn *f*

carrello M Einkaufswagen *m*; AUTO Fahrgestell *n*; IT Warenkorb *m*; **~ portabagagli** Kofferkuli *m* **carretto** M Karren *m*

carriera F Laufbahn *f*, Karriere *f*

carriola F Schubkarren *m*

carro M Wagen *m*, Fuhrwerk *n*; **~ attrezzi** Abschleppwagen *m*

carrozza F Kutsche *f*; BAHN Wagen *m*; **~ cuccette** BAHN Liegewagen *m*; **~ ristorante** BAHN Bordrestaurant *m*

carrozzella F Rollstuhl *m*

carrozze'ria F Karosserie *f*

carrozzina F Kinderwagen *m*; Rollstuhl *m*

carta F Papier *n*; Karte *f*; **~ da gioco** Spielkarte *f*; **~ da lettere** Briefpapier *n*; **~ da pacchi** Packpapier *n*; **~ da regalo** Geschenkpapier *n*; **~ d'argento** Seniorenpass *m*; **~ dei sentieri** Wanderkarte *f*; **~**

di credito Kreditkarte *f*; **~ d'identità** Personalausweis *m*; FLUG **~ d'imbarco** Bordkarte *f*; **~ igienica** Toilettenpapier *n*; **~ stradale** Straßenkarte *f*; **~ telefonica** Telefonkarte *f*; **~ verde** grüne Versicherungskarte *f*

cartella F Mappe *f*; Aktentasche *f*; IT Ordner *m*

cartellino M Etikett *n*; Preisschild *n*

cartello M Plakat *n*; **~ stradale** Straßenschild *n*

cartellone M Plakat *n*; **~ pubblicitario** Werbeplakat *n*

cartina F Landkarte *f*; Stadtplan *m*

cartoccio [-tʃo] M Tüte *f*; **al ~** GASTR in Alufolie gegart

cartole'ria F Schreibwarengeschäft *n*

cartolina F Ansichtskarte *f*; **~ postale** Postkarte *f*

cartone M Pappe *f*; Karton *m*; **cartoni** *pl* **animati** Zeichentrickfilm *m*

cartuccia [-tʃa] F Patrone *f*; IT Kartusche *f*

casa F Haus *n*; **~ dello studente** Studentenwohnheim *n*; **~ editrice** Verlag *m*; **~ per le vacanze** Ferienhaus *n*; **~ unifamiliare** Einfamilienhaus *n*; **a ~ mia** bei mir (zu Hause); **andare a ~** nach Hause gehen; **cambiare ~** umziehen; **essere a ~** zu Hause sein; **seconda ~** Zweitwohnung *f*

casalinga F Hausfrau *f*

casalingo **1** ADJ häuslich; hausgemacht; GASTR **alla casalinga** nach Hausfrauenart; **cucina** *f* **casalinga** Hausmannskost *f* **2** M: **casalinghi** *pl* Haushaltswaren *fpl*

cascare V fallen

cascata F Wasserfall *m*

casco M Helm *m*; Trockenhaube *f*; **~ integrale** Integralhelm *m*; **Caschi** *pl* **blu** Blauhelme *mpl*

caseggiato [-dʒa-] M Häuserblock *n*

casella F Fach *n*; **~ postale** Postfach *n*

casello M Mautstelle *f*

casereccio [-tʃo] ADJ hausgemacht; *Brot* selbstgebacken

caserma F MIL Kaserne *f*

casinista M/F *umg* Chaot(in) *m(f)* **casino** M *umg* Chaos *n*, Durcheinander *n*

casinò M Spielkasino *n*

caso M Zufall *m*; Fall *m*; **~ d'emergenza** Notfall *m*; **a ~** auf gut Glück; **in ogni ~** auf jeden Fall; **nel ~ che** +*konjkt* falls; **per ~** zufällig

cassa F Kasse *f*; Kasten *m*; Kiste *f*; Gehäuse *n*; Sarg *m*; **~ acustica** Box *f*, Lautsprecher *m*; **~ di risparmio** Sparkasse *f*; **~ malattia** Krankenkasse *f*

cassaforte F Safe *m*, Geldschrank *m*

cassata F GASTR *Torte mit kandierten Früchten*
casseruola F Kasserolle *f*
cassetta F Kästchen *n;* Kassette *f;* ~ **delle lettere** Briefkasten *m;* ~ **di pronto soccorso** Verbandskasten *m*
cassetto M Schublade *f;* AUTO ~ **portaoggetti** Handschuhfach *n* **cassettone** M Kommode *f*
cassiere M, **-a** F Kassierer(in) *m(f)*
cassonetto M Müllcontainer *m*
castagna [-ɲa] F BOT Kastanie *f* **castagno** [-ɲo] M BOT Kastanienbaum *m* **castano** ADJ (kastanien)braun
castello M Burg *f,* Schloss *n*
castigare V strafen, bestrafen **castigo** M Strafe *f*
castoro M ZOOL Biber *m*
casuale ADJ zufällig
cataclisma [-zma] M Naturkatastrophe *f*
catalizzatore [-dz-] M Katalysator *m;* ~ **a tre vie** Dreiwegekatalysator *m*
ca'talogo M Katalog *m;* Verzeichnis *n*
catarifrangente [-dʒ-] M TECH Rückstrahler *m,* Katzenauge *n; umg* **giubbotto** *m* ~ AUTO Warnweste *f*
catarro M MED Katarrh *m*
catasta F Stapel *m,* Haufen *m*
catasto M Grundbuch *n;* Grundbuchamt *n*
ca'tastrofe F Katastrophe *f*
catego'ria F Kategorie *f;* Rang *m;* Klasse *f;* ~ **di prezzi** Preisklasse *f*
catena F Kette *f;* **catene** *pl* **da neve** Schneeketten *fpl* **catenaccio** [-tʃo] M Riegel *m*
cateratta F TECH Stromschnelle *f*
catering ['ka:teriŋ] M GASTR Catering *n*
catino M Schüssel *f;* Becken *n*
catrame M MINER Teer *m*
'cattedra F Lehrstuhl *m* Pult *n*
cattedrale F REL, ARCH Dom *m;* Kathedrale *f*
cattivo ADJ schlecht; böse
cat'tolico 1 ADJ katholisch 2 M, **-a** F Katholik(in) *m(f)*
cattura F Verhaftung *f* **catturare** V verhaften, festnehmen
caucciù [-tʃu] M BOT Kautschuk *m*
causa F Ursache *f; fig* Sache *f;* JUR Verfahren *n;* **a** ~ **di** wegen; **fare** ~ **a qn** j-n verklagen; **per** ~ **sua** seinetwegen
causale F Beweggrund *m*
causare V verursachen
cautela F Vorsicht *f*
cauzione F Kaution *f*
cava F Steinbruch *m*
cavalcare V reiten **cavalcata** F Ritt *m* **cavalca'via** M Überführung *f* **cavaliere** M

Reiter *m*; Ritter *m* **cavalla** F ZOOL Stute *f*
cavalletta F ZOOL Heuschrecke *f*
cavalletto M Gestell *n*; FOTO Stativ *n*; MAL Staffelei *f*
cavallo M ZOOL Pferd *n*; **~ da corsa** Rennpferd *n*; **~ vapore** Pferdestärke *f*; **andare a ~** reiten
ca'varsela V davonkommen; zurechtkommen (**con** mit)
cavatappi M Korkenzieher *m*
caverna F Höhle *f*
cavia F ZOOL Meerschweinchen *n*; *fig* Versuchskaninchen *n*
caviale M GASTR Kaviar *m*
caviglia [-ʎa] F ANAT Knöchel *m*
cavità F Höhlung *f*; ANAT Höhle *f*
cavo 1 ADJ hohl 2 M ELEK, TEL Kabel *n*; Seil *n*; **~ da rimorchio** Abschleppseil *n*; **~ di accensione** Zündkabel *n*; **~ di avviamento** Starthilfekabel *n*; **~ USB** IT USB-Kabel *n*
cavolfiore M BOT Blumenkohl *m* **cavolini** MPL: **~ di Bruxelles** BOT Rosenkohl *m*
'cavolo M BOT Kohl *m*; **~ bianco/rosso** Weiß-/Rotkohl *m*; **~ rapa** Kohlrabi *m*; **~ verzotto** Wirsingkohl *m*; **col ~!** *umg* von wegen!; **e che ~!** *umg* Mist!
cazzata F *vulg* große Dummheit *f*, Mist *m*, *vulg* Scheiße *f*; **sparare cazzate** *vulg* blödeln, herumalbern
cazzo M *vulg* Schwanz *m*
cd [tʃi'ddi] M CD *f* **cd-rom** M IT CD-ROM *f*; **lettore** *m* **~** CD-ROM-Laufwerk *n*
ce [tʃe] PRON uns
c'è [tʃɛ] V → essere
cece ['tʃe:tʃe] M BOT Kichererbse *f*
ceco [tʃɛ-] 1 ADJ tschechisch; **la Repubblica** *f* **Ceca** die Tschechische Republik 2 M, **-a** F Tscheche *m*, Tschechin *f* 3 M *Sprache* Tschechisch *n*
'cedere [tʃɛ-] V überlassen; nachgeben; JUR abtreten
cedro [tʃe-] M BOT Zeder *f*; Zitronatzitrone *f*
'cefalo [tʃɛ-] M ZOOL Meeräsche *f*
ceffone [tʃe-] M Ohrfeige *f*
celebrare [tʃe-] V feiern **celebrazione** [tʃe-] F Feier *f*
'celebre [tʃɛ-] ADJ berühmt **celebrità** [tʃe-] F Berühmtheit *f*
celeste [tʃe-] ADJ himmlisch; himmelblau
celia'chia [tʃelia'ki:a] F Glutenunverträglichkeit *f* **ce'liaco** [tʃe'li:a-] M, **-a** F Glutenallergiker(in) *m(f)*
'celibe [tʃɛ-] 1 ADJ ledig 2 M Junggeselle *m*
cella [tʃɛ-] F Zelle *f*
'cellula [tʃɛ-] F BIOL Zelle *f*
cellulare [tʃe-] TECH M Handy *n*

cellulite [tʃe-] F Zellulitis *f*

cementare [tʃe-] V zementieren; *fig* festigen **cemento** [tʃe-] M Zement *m*; **~ armato** Stahlbeton *m*

cena [tʃe-] F Abendessen *n* **cenare** [tʃe-] V zu Abend essen

cencio ['tʃentʃo] M Lappen *m*; Lumpen *m*

'cenere [tʃe-] F Asche *f*; **le Ceneri** Aschermittwoch *m*

cenno [tʃe-] M Zeichen *n*; Wink *m*; **fare ~ a qn** j-m zuwinken

centenario [tʃe-] **1** ADJ hundertjährig **2** M Hundertjahrfeier *f* **cen'tesimo** [tʃe-] **1** ADJ hundertste(r,-s) **2** M Hundertstel *n* **3** M Cent *m*

cen'tigrado [tʃe-] M Grad Celsius **cen'timetro** [tʃe-] M Zentimeter(-maß *n*) *m* **centi'naio** [tʃe-] M Hundert *n*; **un ~** etwa hundert; **a centinaia** zu Hunderten

cento [tʃɛ-] ADJ hundert; **al ~ per ~** hundertprozentig; **5 per ~** 5 Prozent

centrale [tʃe-] **1** ADJ zentral; Haupt...; GEOG Mittel... **2** F Zentrale *f*; **~ elettrica** Kraftwerk *n*; **~ nucleare** Kernkraftwerk *n*

centralino [tʃe-] M Telefonvermittlung *f* **cen'trifuga** [tʃe-] F TECH Zentrifuge *f*; Entsafter *m*

centro [tʃɛ-] M Mittelpunkt *m*; **~ (città)** Stadtmitte *f*; Innenstadt *f*; **~ commerciale** Einkaufszentrum *n*; **~ storico** Altstadt *f*

ceppo [tʃe-] M Baumstumpf *m*; *fig* Stamm *m*

cera [tʃe-] F Wachs *n*; *fig* Aussehen *n*; **~ da scarpe** Schuhcreme *f*; **avere una buona/brutta ~** gut/schlecht aussehen

ce'ramica [tʃe-] F Keramik *f*, Töpferkunst *f*

cerata [tʃe-] F SCHIFF Ölzeug *n*

cerbiatto [tʃe-] M ZOOL Hirschkalb *n*

cerca [tʃe-] F: **in ~ di** auf der Suche nach **cercare** [tʃe-] V suchen; versuchen (**di fare qc** etw zu tun)

cerchia [tʃerk-] F *fig* Kreis *m* **cerchio** [tʃerk-] M MATH, *fig* Kreis *m*; SPORT Reifen *m* **cerchione** [tʃerk-] M Felge *f*

cereali [tʃe-] MPL GASTR Getreide *n*

ceretta F Enthaarungswachs *n*

cerimonia [tʃe-] F Zeremonie *f*; Feier *f*; **cerimonie** *pl* Umstände *mpl* **cerimonioso** [tʃe-] ADJ förmlich

cerino [tʃe-] M Wachszündholz *n*

cernia [tʃɛ-] F ZOOL Zackenbarsch *m*

cerniera [tʃe-] F Scharnier *n*; **~ lampo** Reißverschluss *m*

cero [tʃe-] M REL Altarkerze *f*
cerotto [tʃe-] M Pflaster *n*; **~ adesivo** Heftpflaster *n*
certamente [tʃe-] ADV gewiss, sicher **certezza** [tʃe-] F Gewissheit *f*
certificare [tʃe-] V bescheinigen; bestätigen **certificato** [tʃe-] M Bescheinigung *f*; Schein *m*; **~ di vaccinazione** Impfpass *m*; **~ medico** ärztliches Attest *n*
certo [tʃɛ-] **1** ADJ sicher; gewiss; **un ~ signor ...** ein gewisser Herr ...; **certe volte** manchmal **2** ADV sicherlich, natürlich; **ma ~!** aber natürlich!
certosa [tʃe-] ARCH F Kartause *f*
cervello [tʃe-] M Gehirn *n*; GASTR Hirn *n*; *fig* Verstand *m*
Cervino [tʃe-] M Matterhorn *n*
cervo [tʃɛ-] M Hirsch *m*; **~ volante** Hirschkäfer *m*
cespuglio [tʃes'puːʎo] M Strauch *m*
cessione [tʃe-] F Abtretung *f*
cestino [tʃe-] M Körbchen *n*; Papierkorb *m*; **~ da viaggio** Lunchpaket *n* **cesto** [tʃe-] M Korb *m*
cetriolo [tʃe-] M BOT Gurke *f*; **cetriolini** *mpl* Gewürzgurken *fpl*
CGIL F ABK (= **Confederazione Generale Italiana del Lavoro**) *allgemeiner Gewerkschaftsbund*
charter [tʃ-] M FLUG Charterflug *m*; Chartermaschine *f*
chassis [ʃa-] M AUTO Fahrgestell *n*; Rahmen *m Fahrrad*
chat [tʃɛt] M IT Chat *m* **chattare** [tʃa-] V *Internet* IT chatten
che [ke] **1** PRON der, die, das; welche(r,-s); **~ cosa** was; **~ (cosa) fai?** was machst du?; **ciò ~** (das) was; **la città ~ vedi** die Stadt, die du siehst **2** ADJ was für ein(e), wie; **~ bello!** wie schön!; **~ peccato!** wie schade! **3** KONJ dass; **più ~ mai** mehr denn je; **spero ~** *+konjkt* ich hoffe, dass
check-in [tʃek'in] M FLUG: **fare il ~** einchecken
chemiotera'pia [ke-] MED F Chemotherapie *f*
chewing gum ['tʃuːiŋgam] M Kaugummi *m*
chi [ki] PRON wer; wen; wem; **~ è?** wer ist da?; **a ~?** wem?; **di ~ è il libro?** wem gehört das Buch?
chi'acchiera [kiakk-] F Geschwätz *n*; **fare due chiacchiere** ein Schwätzchen halten **chiacchierare** [kiakk-] V plaudern **chiacchierata** [kiakk-] F Plauderei *f*
chiamare [k-] V rufen; nennen; TEL anrufen; **andare a ~** holen **chiamarsi** [k-] V heißen; **come ti chiami?** wie heißt du?; **mi chiamo ...** ich

heiße ...
chiamata [k-] F Ruf *m*; TEL Anruf *m*; ~ **d'emergenza** Notruf *m*; ~ **interurbana** Ferngespräch *n*
chiara [k-] F: ~ **d'uovo** Eiweiß *n*
chiarezza [k-] F Helligkeit *f*; *fig* Klarheit *f* **chiarire** [k-] V klären, klarstellen
chiaro [k-] 1 ADJ klar; hell; deutlich 2 M: ~ **di luna** Mondschein *m*; **mettere in** ~ klarstellen
chiasso [k-] M Lärm *m*; **fare** ~ Lärm machen
chiave [k-] F Schlüssel *m* (*a.* MUS); ~ **d'accensione** Zündschlüssel *m*; ~ **della macchina** Autoschlüssel *m*; ~ **inglese** Schraubenschlüssel *m*
chiavetta [k-] F: ~ **USB** USB-Stick *m* **chiavistello** M Riegel *m*
chic [ʃik] ADJ schick
chicco [k-] M Bohne *f*; Weizenkorn *n*; ~ **d'uva** Weinbeere *f*
'chiedere [k-] V fragen (**di** nach), bitten um; verlangen
chiesa [k-] F Kirche *f*
chiesto PPERF gefragt → chiedere
chilo [k-] M Kilo *n*; **mezzo** ~ halbes Kilo; ein Pfund *n* **chilogrammo** [k-] M Kilogramm *n* **chilometraggio** [kilome'traddʒo] M Kilometerzahl *f*, -stand *m* **chi'lometro** [k-] M Kilometer *m*; ~ **all'ora** Stundenkilometer *m*; ~ **quadrato** Quadratkilometer *m* **'chilowatt** [k-] M Kilowatt *n*
'chimica [k-] F Chemie *f*
'chimico [k-] 1 ADJ chemisch 2 M, **-a** F Chemiker(in) *m(f)*
chinarsi [k-] V sich bücken
chioccia ['kiɔttʃa] ZOOL F Glucke *f*
'chiocciola ['kiɔttʃo-] F ZOOL Schnecke *f*; IT Klammeraffe *m* (@); **scala** *f* **a** ~ Wendeltreppe *f*
chiodo [k-] M Nagel *m*; ~ **di garofano** Gewürznelke *f*
chiosco [k-] M Kiosk *m*
chiostro [k-] M Kreuzgang *m*; Kloster *n*
chirurgia [kirurdʒ-] F Chirurgie *f* **chirurgo** [k-] M, **-a** F Chirurg(in) *m(f)*
chissà [k-] ADV wer weiß; vielleicht
chitarra [k-] F Gitarre *f*
'chiudere [k-] V schließen; ~ **a chiave** ab-, zuschließen
chiunque [k-] PRON wer auch immer
chiuso [k-] ADJ geschlossen, zu **chiusura** [k-] F Schluss *m*; Verschluss *m*; Schließung *f*; AUTO ~ **centralizzata** Zentralverriegelung *f*; ~ **lampo** Reißverschluss *m*
choc [ʃɔk] M Schock *m*
ci [tʃ] 1 PRON uns 2 ADV hier,

dort; hierhin, dorthin; **~ penso** ich denke daran; **~ sono** es gibt; es sind; **~ vuole** man braucht

ciabatta [tʃa-] F Pantoffel *f*; Ciabattabrot *n*

cialda [tʃa-] F GASTR Waffel *f*; *Kaffee* Kapsel *f*

ciao ['tʃa:o] INT Grüß dich!; hallo!; *Abschied* tschüs(s)!

ciascuno [tʃa-] PRON jede(r,-s)

cibo [tʃ-] M Essen *n*; Nahrung *f*; Kost *f*; **~ pronto** Fertiggericht *n*

cicala [tʃ-] F ZOOL Zikade *f*

cicatrice [tʃika'tri:tʃe] F Narbe *f*

cicca [tʃ-] F Stummel *m Zigarette*, *umg* Kippe *f*; *umg* Kaugummi *m*

ciccia ['tʃittʃa] F *umg* Speck *m* **cicciottello** [tʃittʃot'tɛllo] ADJ *umg* mollig

ciclismo [tʃi'klizmo] M Radsport *m* **ciclista** [tʃ-] M/F Radfahrer(in) *m(f)*

ciclo [tʃ-] M Zyklus *m*; Reihe *f*

ciclomotore [tʃ-] M Moped *n*

ciclone [tʃ-] M Wirbelsturm *m*

cicloturismo [tʃiklotu'rizmo] M Radwandern *n*

cicogna [tʃi'ko:ɲa] F ZOOL Storch *m*

cicoria [tʃ-] F BOT Chicorée *f*

cieco [tʃɛ-] **1** ADJ blind; **vicolo** *m* **~** Sackgasse *f* **2** M, **-a** F Blinde(r) *f(m)*

cielo [tʃɛ-] M Himmel *m*

cifra [tʃ-] F Ziffer *f*; **~ d'affari** Umsatz *m*

ciglio ['tʃi:ʎo] M (FPL **le ciglia**) Wimper *f*

cigno ['tʃi:ɲo] M ZOOL Schwan *m*

ciliegia [tʃili'ɛ:dʒa] F BOT Kirsche *f* **ciliegio** [-dʒo] M BOT Kirschbaum *m*

cilindrata [tʃ-] F Hubraum *m*; **auto** *f* **di piccola ~** Kleinwagen *m* **cilindro** [tʃ-] M TECH Zylinder *m a. Hut*, Walze *f*

cima [tʃ-] F Spitze *f*; Gipfel *m*; Wipfel *m*; **da ~ a fondo** von oben bis unten, von vorn bis hinten

cimice ['tʃi:mitʃe] F ZOOL Wanze *f*

ciminiera [tʃ-] F Schornstein *m*

cimitero [tʃ-] M Friedhof *m*

Cina [tʃ-] F China *n*

cinciallegra [tʃintʃa-] F ZOOL Kohlmeise *f*

'cinema [tʃ-] M Kino *n*

cinepanettone M FILM (kitschiger) Familien-Weihnachtsfilm *m*

cinese [tʃ-] **1** ADJ chinesisch **2** M/F Chinese *m*, Chinesin *f* **3** M *Sprache* Chinesisch *n*

cinghia ['tʃiŋgia] F AUTO Riemen *m*; Gurt *m*; **~ trapezoidale** Keilriemen *m*

cinghiale [tʃiŋg-] M ZOOL Wildschwein *n*; GASTR **~ in salmì** Wildschweinragout *n*

cinquanta [tʃ-] ADJ fünfzig **cinque** [tʃ-] ADJ fünf **cinquecento** [tʃiŋkuetʃ-] ADJ fünfhundert; **il Cinquecento** das 16. Jahrhundert **cinquemila** [tʃ-] ADJ fünftausend

cintura [tʃ-] F Gürtel *m*; AUTO, FLUG Gurt *m*; **~ di salvataggio** Schwimmweste *f*; **~ di sicurezza** Sicherheitsgurt *m*

cinturato [tʃ-] M AUTO Gürtelreifen *m* **cinturino** [tʃ-] M Uhrarmband *n*

ciò [tʃɔ] PRON das, dies; **~ che** (das) was; **a ~** hierzu; daran; **oltre a ~** außerdem

ciocca [tʃɔ-] F Büschel *n*, Strähne *f*; **~ di capelli** Haarsträhne *f*

cioccolata [tʃo-] F Schokolade *f* **cioccolatino** [tʃ-] M Praline *f* **cioccolato** [tʃ-] M Schokolade *f*; **~ al latte** Milchschokolade *f*; **~ fondente** Bitterschokolade *f*

cioè [tʃo'ɛ] ADV das heißt

ci'ondolo [tʃo-] M Anhänger *m*

ci'ottolo [tʃɔ-] M Kieselstein *m*

cipolla [tʃ-] F BOT Zwiebel *f* **cipollina** [tʃ-] F kleine Zwiebel *f*; **cipolline** *pl* **sott'aceto** Silberzwiebeln *fpl*

cipresso [tʃ-] BOT M Zypresse *f*

cipria [tʃ-] F Puder *m*

Cipro [tʃ-] F Zypern *n*

circa [tʃ-] ADV ungefähr, etwa

circo [tʃ-] M Zirkus *m*

circolare [tʃ-] **1** V AUTO verkehren; **circola voce che ...** es geht ein Gerücht um, dass ... **2** ADJ kreisförmig **3** F Rundschreiben *n*; *Bus* Ringlinie *f*

circolazione [tʃ-] F Verkehr *m*; Umlauf *m*; MED Kreislauf *m*; **~ rotatoria** Kreisverkehr *m*; **~ sanguigna** Blutkreislauf *m*

'circolo [tʃ-] M Kreis *m*; Klub *m*

circondare [tʃ-] V umgeben; einzäunen

circonvallazione [tʃ-] F Umgehungsstraße *f*

circostanza [tʃ-] F Umstand *m*; Lage *f*

cir'cuito [tʃ-] M SPORT Rennstrecke *f*; ELEK Stromkreis *m*; **corto ~** Kurzschluss *m*

CISL F ABK (= **Confederazione Italiana Sindacati Lavoratori**) *Arbeitergewerkschaftsbund m*

cisterna [tʃ-] F Zisterne *f*

cisti [tʃ-] F Zyste *f* **cistite** [tʃ-] F MED Blasenentzündung *f*

citare [tʃ-] V zitieren; JUR vorladen

ci'tofono [tʃ-] M Sprechanlage *f*

citronella [tʃ-] F Zitronengras *n*

città [tʃ-] F Stadt *f*; **~ vecchia** Altstadt *f* **cittadina** [tʃ-] F Kleinstadt *f* **cittadinanza**

[tʃ-] F Staatsangehörigkeit *f*
cittadino [tʃ-] **1** ADJ städtisch **2** M, **-a** F Städter(in) *m(f)*; Staatsbürger(in) *m(f)*
ciuccio ['tʃuttʃo] M Schnuller *m*
ciuffo [tʃu-] M Büschel *n*
civetta [tʃ-] F ZOOL Käuzchen *n*
'civico [tʃ-] ADJ städtisch; bürgerlich; **numero** *m* ~ Hausnummer *f*
civile [tʃ-] ADJ bürgerlich; zivilisiert **civiltà** [tʃ-] F Kultur *f*; Zivilisation *f*; Anstand *m*
clacson M Hupe *f*
clamoroso ADJ lärmend, laut; *fig* aufsehenerregend
clandestino ADJ heimlich; **passeggero** *m* ~ blinder Passagier *m*
classe F Klasse *f*; ~ **turistica** Touristenklasse *f*; **di gran** ~ erstklassig; **prima** ~ erste Klasse
'classico **1** ADJ klassisch **2** M, **-a** F Klassiker(in) *m(f)*
clas'sifica F SPORT Tabelle *f*, Rangliste *f*
cla'vicola F ANAT Schlüsselbein *n*
clemente ADJ mild; gnädig **clemenza** F Gnade *f*
clero M Geistlichkeit *f*, Klerus *m*
clessidra F Sanduhr *f*
cliccare V IT klicken, anklicken (**su**) **click** M Klick *m*
cliente M/F Kunde *m*, Kundin *f* im Laden; Gast *m/f* im Hotel
clientela F Kundschaft *f*
clima M Klima *n* **cli'matico** ADJ klimatisch **climatizzato** [-dz-] ADJ klimatisiert **climatizzatore** [-dz-] M Klimaanlage *f*
'clinica F Klinik *f*
clistere M MED Einlauf *m*
cloro M Chlor *n*
club M Klub *m*, Verein *m*; ~ **alpino** Alpenverein *m*
coagularsi V gerinnen
coalizione F Koalition *f*
cobas MPL ABK (= **Comitati di base**) *Gewerkschaft der Angestellten*
coca F ABK (= **cocaina**) Koks *m*; (= **coca-cola®**) Cola *f*
coca-cola® F Cola *f*, Coca-Cola® *f*
cocaina F Kokain *n*
coccinella [-tʃ-] F Marienkäfer *m*
coccio [-tʃo] M Scherbe *f*
cocco M BOT Kokosnuss *f*
coccodrillo M Krokodil *n*
coccolare V *umg* schmusen mit
cocente [-tʃ-] ADJ glühend heiß
cocktail M Cocktail *m*
co'comero M BOT Wassermelone *f*
coda F Schwanz *m*; Schleppe *f*; ASTRON Schweif *m*; ~ **di rospo** Seeteufel *m*; **fare la** ~ Schlange stehen, anstehen; **in** ~ am Ende *des Zuges*

'codice [-tʃe] M Code *m*; JUR Gesetzbuch *n*; **~ a barre** Strichcode *m*; **~ della strada** Straßenverkehrsordnung *f*; IT **~ di accesso** Benutzercode *m*; **~ di avviamento postale (CAP)** Postleitzahl *f* (PLZ)
codificare V verschlüsseln
coesione F Zusammenhalt *m*
coe'taneo **1** ADJ gleichaltrig **2** M, **-a** F Altersgenosse *m*, Altersgenossin *f*
'cofano M AUTO Motorhaube *f*
'cogliere [-ʎe-] V pflücken; ergreifen; *Sinn* erfassen
co'gnac [-ɲ-] M Kognak *m*
cognato [-ɲ-] M, **-a** F Schwager *m*, Schwägerin *f*
cognome [-ɲ-] M Familienname *m*
coincidenza [-tʃ-] F Zufall *m*; BAHN Anschluss *m*
coin'cidere [-tʃ-] V zusammentreffen; zusammenfallen
coin'volgere [-dʒ-] V verwickeln (**in** in)
'coito M Beischlaf *m*
colapasta M Nudelsieb *m*
colazione F Frühstück *n*; **fare ~** frühstücken; **prima ~** Frühstück *n*
colera M Cholera *f*
colesterolo M Cholesterin *n*
colf F Haushaltshilfe *f*
'colica F Kolik *f*; **~ renale** Nierenkolik *f*
colino M Teesieb *n*
colla F Leim *m*, Klebstoff *m*; **~ universale** Alleskleber *m*
collaborare V mitarbeiten
collaboratore M, **-trice** [-tʃe] F Mitarbeiter(in) *m(f)*
collaborazione F Zusammenarbeit *f*
collana F Halskette *f*
collant [kol'lan] M Strumpfhose *f*
collare M Halsband *n*
collasso M MED Kollaps *m*
colle M Hügel *m*
collega M/F Kollege *m*, Kollegin *f*
collegamento M Verbindung *f*; IT **~ ADSL** DSL-Anschluss *m*; **~ aereo/ferroviario** Flug-/Zugverbindung *f*; IT **~ Internet** Internetanschluss *m*
collegare V verbinden
collegarsi V sich in Verbindung setzen; **~ a Internet** online sein
collegiale [-dʒa-] ADJ kollegial
collegio [-dʒo] M Kollegium *n*; Internat *n*
'collera F Zorn *m*; **andare in ~** in Zorn geraten
collettivo ADJ gemeinsam
colletto M Kragen *m*
collezione F Sammlung *f*
collezionista M/F Sammler(in) *m(f)*
collina F Hügel *m*
collirio M MED Augentropfen *mpl*
collisione F Zusammenstoß *m*, Kollision *f*

collo M ANAT Hals *m*; Kragen *m*
collocamento M Aufstellung *f*; Unterbringung *f*; **ufficio** *m* **di ~** Arbeitsagentur *f* **collocare** V stellen; legen; unterbringen
colloquio M Unterredung *f*
collutorio M Mundwasser *n*
colmare V (voll)füllen (**di** mit)
colmo 1 ADJ voll 2 M Gipfel *m*; **è il ~!** das ist der Gipfel!
colomba F ZOOL Taube *f*
colonna F Säule *f*; **~ vertebrale** Wirbelsäule *f*
coloranti MPL Farbstoff *m*
colorare V färben; ausmalen
colorato ADJ farbig, bunt
colore M Farbe *f*; **a colori** bunt, Farb...
colpa F Schuld *f*; **per ~ tua** deinetwegen **col'pevole** ADJ schuldig
colpire V treffen; schlagen
colpo M Schlag *m*; Stich *m*; Schuss *m*; **~ apoplettico** Schlaganfall *m*; **~ di calore** Hitzschlag *m*; **~ di sole** Sonnenstich *m*; **~ di stato** Putsch *m*; **~ di telefono** kurzer Anruf; **di ~** plötzlich
coltellata F Messerstich *m*
coltellino M Taschenmesser *n*
coltello M Messer *n*
coltivare V *Feld* bestellen; anbauen; *fig* pflegen **coltivazione** F Anbau *m*
colto ADJ gebildet; kultiviert
coltura F AGR Anbau *m*
comandare V befehlen; HANDEL bestellen; TECH steuern
comando M Befehl *m*, TECH Steuerung *f*; Antrieb *m*
com'battere V kämpfen, bekämpfen **combattimento** M Kampf *m*
combinare V verbinden; *fig* anrichten **combinazione** F Zusammenstellung *f*; *fig* Zufall *m*
come ADV & PRÄP wie; **~ al solito** wie immer; **~ mai?** wieso?; **~ me** wie ich; **~ se** *+konjkt* als ob; **~ stai?** wie geht es dir?; **e ~ no!** aber sicher!
cometa F Komet *m*
'comico ADJ komisch; *umg* ulkig
cominciare [-tʃa-] V anfangen, beginnen (**a** zu)
comitato M Ausschuss *m*; Komitee *n* **comitiva** F Gruppe *f*; Reisegruppe *f*
commedia F Lustspiel *n*, Komödie *f*
commentare V erläutern
commentatore M, **-trice** [-tʃe] F Kommentator(in) *m(f)*
commento M Erläuterung *f*; Kommentar *m*
commerciale [-tʃa-] ADJ Handels...; Geschäfts...; **centro** *m* **~** Einkaufszentrum *n*
commercialista [-tʃa-] M/F Diplomkaufmann *m*, Diplomkauffrau *f*

commerciante [-tʃa-] M/F Händler(in) *m(f)*

commercio [-tʃo] M Handel *m*; IT **~ elettronico** E-Commerce *m*; **~ estero** Außenhandel *m*

commesso M, **-a** F Verkäufer(in) *m(f)*

comme'stibile ADJ essbar, genießbar

com'mettere V *Fehler, Verbrechen* begehen

commissariato M: **~ di polizia** Polizeirevier *n* **commissario** M, **-a** F Kommissar(in) *m(f)*

commissione F Kommission *f*; **fare delle commissioni** Besorgungen machen

commosso ADJ gerührt, ergriffen **commozione** F Rührung *f*; **~ cerebrale** Gehirnerschütterung *f* **commu'overe** V rühren

comò M Kommode *f* **comodino** M Nachttisch *m*

comodità F Bequemlichkeit *f*; Komfort *m*; **con tutta ~** ganz bequem **'comodo** **1** ADJ bequem; komfortabel **2** M Bequemlichkeit *f*; **con ~** in Ruhe; **fare ~ a qn** j-m gelegen kommen

compa'gnia [-ɲ-] F Gesellschaft *f*; **~ aerea** Fluggesellschaft *f*, Fluglinie *f*; **~ di navigazione** Schifffahrtslinie *f*, Reederei *f*; **~ telefonica** Telefongesellschaft *f*

compagno [-ɲo] M, **-a** F Kamerad(in) *m(f)*, Gefährte *m*, Gefährtin *f*; HANDEL Teilhaber(in) *m(f)*; Partner(in) *m(f)*; **~ di scuola** Schulfreund *m*; **~ di viaggio** Reisegefährte *m*

comparire V erscheinen

compartimento M BAHN Abteil *n*; **~ per fumatori/non fumatori** Raucherabteil/Nichtraucherabteil *n*

compassione F Mitleid *n*

compasso M Zirkel *m*

compa'tibile ADJ kompatibel

compatire V bemitleiden

compensare V ausgleichen; belohnen; entschädigen

compenso M Entschädigung *f*; Belohnung *f*; **in ~** dafür

'compere FPL: **fare ~** shoppen gehen

competente ADJ fachkundig; zuständig **competenza** F Sachkenntnis *f*; Befugnis *f*; Zuständigkeit *f*

competizione F Wettkampf *m*, -streit *m*

compiacente [-tʃɛ-] ADJ gefällig **compiacere** [-tʃe-] V zufriedenstellen

'compiere V tun, abschließen; erfüllen; **~ gli anni** Geburtstag haben

compilare V zusammenstellen; ausfüllen

compimento M Vollendung *f*; Abschluss *m*; Erfüllung *f*

'compito M Aufgabe *f*

complanare **1** ADJ Ungehungs… **2** F Umgehungsstraße *f*

compleanno M Geburtstag *m*

complementare ADJ Ergänzungs…; zusätzlich **complemento** M Ergänzung *f*

complessivo ADJ Gesamt…; umfassend **complesso** **1** ADJ komplex; kompliziert **2** M Gesamtheit *f*; Komplex *m* (*a.* MED)

completamente ADV ganz, völlig **completare** V vervollständigen **completo** **1** ADJ vollständig; voll; belegt **2** M Anzug *m*

complicare V erschweren **complicato** ADJ kompliziert **complicazione** F Komplikation *f*

complimentarsi V beglückwünschen (**con** mit; **per** zu)

complimento M Kompliment *n*; **complimenti!** gratuliere!; **senza complimenti** ohne Umstände

comporre V zusammensetzen; bilden **comporsi** V bestehen (**di** aus)

comportamento M Verhalten *n* **comportare** V mit sich bringen **comportarsi** V sich benehmen

compositore M, **-trice** [-tʃe] F Komponist(in) *m(f)*

composizione F Zusammensetzung *f*; MUS Komposition *f*

composta F GASTR Kompott *n*

composto ADJ zusammengesetzt; geordnet

comprare V kaufen

com'prendere V umfassen, enthalten; begreifen **comprensione** F Verständnis *n*

comprensivo ADJ verständnisvoll; **~ di … …** inbegriffen

compreso ADJ: **tutto ~** alles inbegriffen

compressa F MED Tablette *f*

com'primere V zusammendrücken; IT komprimieren

compromesso M Kompromiss *m* **compro'mettere** V gefährden; kompromittieren, bloßstellen

computer M Computer *m*; **~ portatile** Laptop *m*

comunale ADJ Gemeinde…; Stadt…, städtisch

comune **1** ADJ üblich; gemeinsam; allgemein; **in ~** gemeinsam; **non ~** ungewöhnlich **2** M Gemeinde *f*; Rathaus *n* **comunemente** ADV gewöhnlich

comunicare V mitteilen; bekannt geben; verbunden sein (**con** mit)

comunicazione F Mitteilung *f*; BAHN, TEL Verbindung *f*; **~ internazionale** Auslandsgespräch *n*

comunione F Gemeinschaft *f*; REL Abendmahl *n*; Kommunion *f*; **~ dei beni** Gütergemeinschaft *f* **comunità** F Gemeinschaft *f*

comunque KONJ *+konjkt* wie auch immer

con PRÄP mit; **~ il treno** mit dem Zug; **~ questo caldo** bei dieser Hitze

con'cedere [-tʃɛ-] V zugeben; gewähren, erlauben

concentrare [-tʃe-] V zusammenziehen **concentrarsi** [-tʃe-] V sich konzentrieren **concentrato** [-tʃe-] M GASTR Extrat *n*; **~ di pomodoro** Tomatenmark *m* **concentrazione** [-tʃe-] F Konzentration *f*

conce'pibile [-tʃe-] ADJ denkbar **concepire** [-tʃe-] V *Idee* ausdenken; *Kind* empfangen

con'cernere [-tʃɛ-] V betreffen

concerto [-tʃɛ-] M Konzert *n*

concessione [-tʃe-] F Zugeständnis *n*; Konzession *f* **concesso** PPERF zugegeben → concedere

concetto [-tʃɛ-] M Begriff *m*; Gedanke *m*; Meinung *f*

conchiglia [-kiːʎa] F Muschel *f*

conciare [-tʃa-] V gerben **conciarsi** [-tʃa-] V: **ma come ti sei conciato!** wie siehst du denn aus!

conciliare [-tʃ-] V versöhnen **conciliazione** [-tʃ-] F Versöhnung *f*

concilio [-tʃ-] M REL Konzil *n*

concime [-tʃ-] M Dünger *m*

conciso [-tʃ-] ADJ bündig

concittadino [-tʃ-] M, **-a** F Mitbürger(in) *m(f)*

con'cludere V beschließen; abschließen; folgern **conclusione** F Schluss *m*, Schlussfolgerung *f*; Abschluss *m* **conclusivo** ADJ entscheidend

concordanza F Übereinstimmung *f* **concordare** V vereinbaren; übereinstimmen

concordia F Eintracht *f*

concorrente M/F Mitbewerber(in) *m(f)* **concorrenza** F Konkurrenz *f* **con'correre** V beitragen (a zu); sich bewerben (a um) **concorso** M Wettbewerb *m*

condanna F JUR Verurteilung *f* **condannare** V verurteilen (a zu); verdammen (a zu)

condensare V verdichten **condensatore** M TECH Kondensator *m*

condimento M Gewürz *n* **condire** V würzen; **~ l'insalata** den Salat anmachen

condiscendente [-ʃ-] ADJ nachgiebig

condito ADJ gewürzt

condi'videre V *Ansicht* teilen

condizionale 1 ADJ bedingt 2 M GRAM Konditional *m*

condizionatore M Klimaanlage *f*

condizione F Bedingung *f*; Zustand *m*, Lage *f*; **a ~ che**

+konjkt unter der Bedingung, dass
condoglianze [-ʎan-] FPL: **fare le ~ a qn** j-m sein Beileid aussprechen
condominio M Mehrfamilienhaus *n*
condono [-o-] M: **~ edilizio** nachträgliche Baugenehmigung *f*
condotta F Benehmen *n*
conducente [-tʃ-] M/F Fahrer(in) *m(f)* **condurre** V führen; AUTO fahren **conduttore** M, **-trice** [-tʃe] F AUTO Fahrer(in) *m(f)*; BAHN Zugführer(in) *m(f)*; TV Moderator(in) *m(f)* **conduttura** F Leitung *f*
confederazione F Bund *m*
conferenza F Konferenz *f*; Vortrag *m*; **~ stampa** Pressekonferenz *f*
conferma F Bestätigung *f* **confermare** V bestätigen; bekräftigen
confessare V gestehen **confessarsi** V REL beichten **confessione** F Geständnis *n*; REL Beichte *f*
confetto M GASTR Bonbon *m od n* **confettura** F Konfitüre *f*
confezionare V *Ware* anfertigen; ein-, verpacken **confezione** F Verpackung *f*; **~ regalo** Geschenkpackung *f*; **confezioni** *pl* Konfektion *f*
confidare V anvertrauen; vertrauen (**in** auf) **confidenza** F Vertrauen *n* **confidenziale** ADJ vertraulich
configurare V IT konfigurieren
confinare V angrenzen (**con** an) **confine** M Grenze *f*
confiscare V beschlagnahmen
conflitto M Konflikt *m*
confluire V zusammenfließen; münden (**in** in)
con'fondere V verwirren; verwechseln **con'fondersi** V in Verwirrung geraten; sich irren
conformare V anpassen **conforme** ADJ entsprechend; **~ a** gemäß
confort M Komfort *m*
confortare V trösten
confor'tevole ADJ komfortabel, bequem; behaglich
conforto M Trost *m*; Ermutigung *f*
confrontare V gegenüberstellen, vergleichen **confronto** M Vergleich *m*; **in ~ a** im Vergleich zu; **nei miei confronti** mir gegenüber
confusione F Durcheinander *n*; Verwirrung *f*; **fare ~** ein Durcheinander machen; verwechseln **confuso** ADJ unklar; verwirrt
congedarsi [-dʒe-] V sich verabschieden (**da** von) **congedo** [-dʒɛ-] M Abschied *m*; MIL Entlassung *f*
congelato [-dʒe-] ADJ tiefge-

froren **congelatore** [-dʒe-] M Tiefkühltruhe *f*
con'genito [-dʒɛ-] ADJ angeboren
congestione [-dʒe-] F Stau *m*; MED Blutandrang *m*
congi'ungere [-dʒundʒ-] V verbinden
congiuntivite [-dʒu-] F MED Bindehautentzündung *f*
congiuntivo [-dʒu-] M GRAM Konjunktiv *m*
congiuntura [-dʒu-] F Verbindungsstelle *f*; HANDEL Konjunktur *f*; ANAT Gelenk *n*
congiunzione [-dʒu-] F Verbindung *f*; GRAM Konjunktion *f*
congratularsi V gratulieren (**con qn per qc** j-m zu etw)
congratulazione F Gratulation *f*; Glückwunsch *m*
congresso M Kongress *m*
CONI M ABK (= **Comitato Olimpionico Nazionale Italiano**) *Olympisches Komitee Italiens*
'conico ADJ kegelförmig
co'nifere FPL BOT Nadelhölzer *npl*
coniglio [-ʎo] M ZOOL Kaninchen *n*
coniugale ADJ ehelich
coniugare V konjugieren **coniugazione** F Konjugation *f*
'coniuge [-dʒe] M/F Ehemann *m*, Ehefrau *f*; **coniugi** *pl* Ehepaar *n*, Eheleute *pl*
connazionale M/F Landsmann *m*, -männin *f*
connessione F IT Verbindung *f*, Anschluss *m* **connesso** ADJ IT online **con'nettersi** V IT eine Verbindung herstellen
cono M Kegel *m*; ~ **(gelato)** Eistüte *f*
conoscente [-ʃɛ-] M/F Bekannte(r) *f(m)* **conoscenza** [-ʃɛ-] F Kenntnis *f*; Bekanntschaft *f* **co'noscere** [-ʃe-] V kennen; kennenlernen; können **conoscitore** [-ʃ-] M, **-trice** [-tʃe] F Kenner(in) *m(f)*
conosciuto [-ʃu-] ADJ bekannt
conquista F Eroberung *f*
conquistare V erobern
conquistatore M, **-trice** [-tʃe] F Eroberer *m*, Eroberin *f*
consacrare V REL weihen; widmen
consa'pevole ADJ bewusst
consecutivo ADJ aufeinanderfolgend
consegna [-ɲa] F Übergabe *f*; Lieferung *f*; ~ **bagagli** Gepäckausgabe *f* **consegnare** [-ɲe-] V abgeben; HANDEL liefern, ausliefern; *Brief* Gepäck aufgeben
conseguenza F Folge *f*; **di ~** folglich, also **conseguire** V folgen, sich ergeben
consenso M Zustimmung *f*; Einvernehmen *n* **consentire** V zustimmen; erlauben; zugeben

conserva F GASTR Konserve *f*
conservante M Konservierungsmittel *n* **conservare** V aufbewahren **conservatore** ADJ konservativ **conservazione** F Konservierung *f*
considerare V erwägen; berücksichtigen **considerato** ADJ: **tutto ~** alles in allem
considerazione F Betrachtung *f*; Überlegung *f* **consi'de'revole** ADJ beträchtlich
consigliare [-ʎa-] V raten; empfehlen **consigliarsi** [-ʎa-] V sich beraten (**con** mit) **consigliere** [-ʎɛ-] M, **-a** F Berater(in) *m(f)*; **~ comunale** Stadtrat *m*, -rätin *f*
consiglio [-ʎo] M Rat *m*; **~ d'amministrazione** Vorstand *m*
con'sistere V bestehen (**in, di** aus)
consolare V trösten; *fig* stärken
consolato M Konsulat *n*
consolazione F Trost *m*
'console M Konsul *m*
consommé M GASTR Kraftbrühe *f*
consonante F Konsonant *m*
constatare V feststellen
consueto ADJ gewohnt
consulente M/F Berater(in) *m(f)*: **~ aziendale** Unternehmensberater(in) *m(f)*; **~ fiscale** Steuerberater(in) *m(f)* **consulenza** F Beratung *f*
consultare V zu Rate ziehen; nachschlagen in *e-m Buch*
consultazione F Beratung *f*; MED Untersuchung *f* **consultorio** M Beratungsstelle *f*
consumare V verbrauchen; verzehren (*a. fig*) **consumazione** F GASTR Verzehr *m*
consumo M Verbrauch *m*; WIRTSCH Konsum *m*
con'tabile M/F Buchhalter(in) *m(f)* **contabilità** F HANDEL Buchhaltung *f*
contachi'lometri [-k-] M Kilometerzähler *m*, Tachometer *m*
contadino M, **-a** F Bauer *m*, Bäuerin *f*
contagioso [-dʒo-] ADJ ansteckend
contagiri [-dʒ-] M AUTO Drehzahl-, Tourenmesser *m*
contagocce [-tʃe] M MED Pipette *f*
contante M Bargeld *n*; **in contanti** bar **contapassi** M Schrittzähler *m* **contare** V zählen; rechnen; gelten **contascatti** M Gebührenzähler *m* **contatore** M Zähler *m*
contatto M Berührung *f*; Kontakt *m* (*a.* ELEK)
conte M Graf *m*
conteggiare [-dʒa-] V anrechnen; berechnen **conteggio** [-dʒo] M Berechnung *f*
contemplare V betrachten
contemplazione F Betrachtung *f*
contemporaneamente ADV

gleichzeitig **contempo'raneo** ▮ ADJ zeitgenössisch ▮ M, **-a** F Zeitgenosse *m*, Zeitgenossin *f*
con'tendersi V streiten
contenere V enthalten **contenersi** V sich beherrschen
contenitore M Behälter *m*
contento ADJ zufrieden (**di** mit); froh
contenuto M Inhalt *m*
contessa F Gräfin *f*
contestare V anfechten; bestreiten **contestazione** F Protest *m*; Protestbewegung *f*; Anfechtung *f*
contesto M Zusammenhang *m*; Kontext *m*
continentale ADJ kontinental
continente M Kontinent *m*, Erdteil *m*; Festland *n*
continuamente ADV ständig
continuare V fortsetzen; fortfahren (**a fare qc** etw zu tun); weiterfahren (**fino a** bis); **continua a piovere** es regnet weiter **continuazione** F Fortsetzung *f*; **~ del viaggio** Weiterfahrt *f* **con'tinuo** ADJ andauernd; **di ~** fortwährend
conto M Rechnung *f*; Konto *n*; **~ alla rovescia** Count-down *m*; **~ corrente** Girokonto *n*; **~ corrente postale** Postscheckkonto *n*; **rendere ~ di qc** über etw Rechenschaft ablegen; **rendersi ~ di qc** sich über etw im Klaren sein; **tenere ~ di qc** etw berücksichtigen
contorno M Umriss *m*; GASTR Beilage *f*
contrabbandiere M, **-a** F Schmuggler(in) *m(f)* **contrabbando** M Schmuggel *m*
contraccambiare V sich revanchieren; erwidern
contraccettivo [-tʃe-] M Verhütungsmittel *n* **contraccezione** [-tʃe-] F Verhütung *f*
contraddire V widersprechen **contraddizione** F Widerspruch *m*
contraffare V fälschen
contrariare V *Pläne* behindern; j-n ärgern **contrarietà** FPL Unannehmlichkeiten *fpl*
contrario ▮ ADJ entgegengesetzt; ungünstig; **essere ~** dagegen sein; **in caso ~** andernfalls; **vento** *m* **~** Gegenwind *m* ▮ M Gegenteil *n*; **al ~** im Gegenteil
contrarre V zusammenziehen; eingehen; *Krankheit* sich zuziehen
contrassegno [-ɲo] M Nachnahme *f*
contrastare V widersprechen (**con**); im Gegensatz stehen (**con** zu) **contrasto** M Gegensatz *m*, Kontrast *m*
contrattempo M Zwischenfall *m*
contratto M Vertrag *m*; **~ d'affitto** Mietvertrag *m*

contravvenire V zuwiderhandeln (a) **contravvenzione** F JUR Übertretung *f*; gebührenpflichtige Verwarnung *f*
contribuire V beitragen (a zu); mithelfen (a bei) **contributo** M Beitrag *m*
contro ADV gegen **controindicazione** F MED Gegenanzeige *f*
controllare V kontrollieren **controllo** M Kontrolle *f*; ~ **doganale** Zollkontrolle *f* **controllore** M Schaffner(in) *m(f)*; Kontrolleur *m*
controsenso M Widerspruch *m*
contusione F MED Quetschung *f*; Prellung *f*
convalescente [-ʃɛ-] **1** ADJ genesend **2** M/F Genesende(r) *f(m)* **convalescenza** [-ʃɛ-] F Genesung *f*
convalidare V bestätigen
convegno [-ɲo] M Tagung *f*
conveniente ADJ passend (a zu); angemessen günstig **convenienza** F Anstand *m* **convenire** V übereinstimmen; vereinbaren; passen, günstig sein (a für)
convento M Kloster *n*
convenzionato ADJ vertragsgebunden; **ristorante ~** Partnerrestaurant *n* **convenzione** F JUR Abkommen *n*; Vereinbarung *f*
conversazione F Unterhaltung *f*; Gespräch *n* (*a.* TEL); ~ **urbana/interurbana** Orts-/Ferngespräch *n*
convertire V IT konvertieren
con'vincere [-tʃ-] V überzeugen (**di** von) **convinto** ADJ überzeugt **convinzione** F Überzeugung *f*
convivenza F Zusammenleben *n*; nichteheliche Lebensgemeinschaft **con'vivere** V zusammenleben
convocare V einberufen; zusammenrufen
convulsione F MED Krampf *m*; **convulsioni** Fieberkrampf *m*
cookie M IT Cookie *n*
cooperare V mitwirken; beitragen (**a** zu) **cooperativa** F Genossenschaft *f*
coperchio [-k-] M Deckel *m*
coperta F Decke *f*; Bettdecke *f*; SCHIFF Deck *n*; ~ **di lana** Wolldecke *f*; ~ **di poppa/di prua** Achter-/Vorderdeck *n*
copertina F Umschlag *m*
coperto **1** ADJ überdacht; *Himmel* bedeckt **2** M Gedeck *n* **copertone** M Plane *f*; AUTO Mantel *m*, Reifenmantel *m* **copertura** F Deckung *f*
copia F Kopie *f*; Exemplar *n*; FOTO Abzug *m*; IT ~ **di sicurezza** Sicherungskopie *f*, Sicherheitskopie *f* **copiare** V abschreiben (**da** von), IT kopieren **copiatrice** [-tʃe] F

Kopiergerät *n*

coppa F Becher *m*, Kelch *m*, Pokal *m*, AUTO Radkappe *f*; **~ di gelato (con frutta)** Eisbecher *m* (mit Früchten)

coppia F Paar *n*; **~ di fatto** eheähnliche Gemeinschaft *f*

copricapo M Kopfbedeckung *f* **copricostume** M Strandkleid *n* **coprifuoco** M Ausgangssperre *f* **copriletto** M Tagesdecke *f*

coprire V decken, bedecken (**di** mit); zudecken **coprirsi** V sich anziehen; **~ bene** sich warm anziehen

coraggio [-dʒo] M Mut *m*; **~ civile** Zivilcourage *f*; **farsi ~** Mut fassen; **perdersi di ~** den Mut verlieren **coraggioso** [-dʒo-] ADJ mutig

corallo M Koralle *f*

corazza F MIL Rüstung *f*; Panzer *m*

corda F Seil *n*; Leine *f*; MUS Saite *f*; **~ vocale** Stimmband *n* **cordame** M SCHIFF Tauwerk *n* **cordata** F Seilschaft *f*

cordiale ADJ herzlich **cordialità** F Herzlichkeit *f*

cordless M TEL schnurloses Telefon *n*

cordone M Schnur *f*; ELEK Kabel *n*; **~ ombelicale** Nabelschnur *f*

cori'andoli MPL Konfetti *fpl*

coricarsi V sich hinlegen; zu Bett gehen

cornacchia [-kkia] F ZOOL Krähe *f*

'cornea F MED Hornhaut *f*

cornetta F TEL Hörer *m*

cornetto M GASTR Hörnchen *n*, Croissant *n*; Eiswaffel *m*

cornice [-tʃe] F Rahmen *m*

corno M Horn *n*; Beule *f Stirn*; **corna** *fpl* Geweih *n*; **fare le corna a qn** j-m die Hörner aufsetzen

cornuto ADJ *umg* gehörnt

coro M Chor *m*

corona F Krone *f*; Kranz *m*

coronavirus M Coronavirus *n od m*

corpo M Körper *m*; **~ di ballo** Balletttruppe *f* **corporale** ADJ körperlich **corporatura** F Körperbau *m* **corporazione** F Körperschaft *f*; *hist* Zunft *f* **corpulento** ADJ beleibt

Corpus 'Domini M Fronleichnam *m*

corredare V ausstatten (**di** mit) **corredo** M Ausstattung *f*; Aussteuer *f*

cor'reggere [-dʒe-] V verbessern **cor'reggersi** [-dʒe-] V sich bessern

corrente 1 ADJ fließend; *fig* gängig; *Monat, Jahr* laufend 2 F Strom *m* (*a.* ELEK); Strömung *f* (*a. fig*); **~ alternata** Wechselstrom *m*; **~ continua** Gleichstrom *m*; **~ d'aria** Zugluft *f*; **c'è ~** es zieht 3 M: **essere al ~** auf dem Laufenden sein

'correre V laufen; rennen;

schnell fahren; ~ **in aiuto** zu Hilfe eilen; ~ **pericolo** Gefahr laufen

corretto ADJ korrekt, richtig; tadellos; *Kaffee* mit Schuss **correzione** F Verbesserung *f*; Korrektur *f*

corridoio M Gang *m*, Korridor *m*; SCHIFF Zwischendeck *n*

corridore M, **-trice** [-tʃe] F Läufer(in) *m(f)*; AUTO Rennfahrer(in) *m(f)*

corriera F Überlandbus *m*

corriere M Kurier *m*; Post *f*

corrispondente M/F Berichterstatter(in) *m(f)* **corrispondenza** F Briefwechsel *m*; Post *f*; Übereinstimmung *f* **corri'spondere** V entsprechen (a); übereinstimmen (a mit)

cor'rodere V ätzen

cor'rompere V bestechen; *fig* verderben **corruzione** F Bestechung *f*

corsa F Lauf(en *n*) *m*; Rennen *n*; Fahrt *f*; ~ **automobilistica/ciclistica** Auto-/Radrennen *n*; **di** ~ schnell; **corse** *pl* Pferderennen *n*

cor'sia F Fahrspur *f*; SPORT Bahn *f*; ~ **di sorpasso/di emergenza** Überhol-/Standspur *f*; **a tre corsie** dreispurig

'Corsica F Korsika *n*

corso M Lauf *m*; Kurs *m*; Verlauf *m*; HANDEL Kurs *m*; Boulevard *m*; ~ **di lingue** Sprachkurs *m*; ~ **di sci** Skikurs *m*; ~ **d'italiano** Italienischkurs *m*; ~ **estivo** Ferienkurs *m*

corte F Hof *m*; JUR Gericht *n*

corteccia [-tʃa] BOT F Rinde *f*

cor'teo M Umzug *m*, Zug *m*

cortese ADJ höflich **corte'sia** F Höflichkeit *f*; **per** ~ bitte

cortile M Hof *m*

cortina F Vorhang *m*

corto ADJ kurz; **essere a** ~ **di** mit etw knapp sein; **tagliar** ~ es kurz machen

cortocir'cuito [-tʃi-] M Kurzschluss *m* **cortometraggio** [-dʒo] M Kurzfilm *m*

corvo M ZOOL Rabe *m*

cosa F Sache *f*; Ding *n*; ~ *od* **che** ~? was?; **a che** ~ wozu; **di che** ~ wovon; **qualche** ~ etwas; **cose** *pl* **da vedere** Sehenswürdigkeiten *fpl*; **tante belle cose!** alles Gute!

coscia [-ʃa] F Schenkel *m*; ~ **di vitello** Kalbskeule *f*; **cosce** *pl* **di rana** Froschschenkel *mpl*

cosciente [-ʃɛ-] ADJ bewusst **coscienza** [-ʃɛ-] F Gewissen *n*; Bewusstsein *n* **coscienzioso** [-ʃe-] ADJ gewissenhaft

così ADV so; ~ mittelmäßig; **e** ~ **via** und so weiter; **per** ~ **dire** sozusagen **cosicché** [-kke] KONJ so dass **cosiddetto** ADJ sogenannt

co'smetico [-zm-] **1** ADJ kosmetisch **2** M Schönheitsmittel *n*, Kosmetikum *n*

cosmo [-zm-] M Kosmos *m*,

Weltall *n* **cosmonauta** [-zm-] M/F Kosmonaut(in) *m(f)* **cosmonave** [-zm-] F Raumschiff *n*

coso M *umg* Dings *n*, Dingsda *n*

costa F Küste *f*; ANAT Rippe *f*

costante ADJ beständig; ausdauernd **costanza** F Beständigkeit *f*; Ausdauer *f*

costare V kosten; **~ caro** teuer sein; **quanto costa?** wie viel kostet das?

costata F GASTR Rumpsteak *n*

costeggiare [-dʒa-] V entlanglaufen an; SCHIFF entlangfahren an

costellazione F ASTRON Sternbild *n*

costernato ADJ bestürzt **costernazione** F Bestürzung *f*

costiera F Küste *f*, Küstengebiet *n*

costituire V bilden; *Gesellschaft* gründen

costituzione F Gründung *f*; POL Verfassung *f*; Konstitution *f*

costo M Preis *m*; Kosten *pl*; **~ della vita** Lebenshaltungskosten *pl*

'costola F ANAT Rippe *f*; GASTR Rippchen *n* **costoletta** F Kotelett *n*

costoso ADJ teuer, kostspielig

co'stringere [-dʒ-] V zwingen (**a** zu)

costruire V bauen; konstruieren **costruttore** M, **-trice** [-tʃe] F Bauunternehmer(in) *m(f)* **costruzione** F Bau *m*; Konstruktion *f*; **essere in ~** im Bau sein

costume M *Kleidung* (*a.* **~ da bagno**) Badeanzug *m*, Badehose *f*; Tracht *f*; Kostüm *n*; Sitte *f*

cotechino [-ki-] M GASTR *Brühwurst aus Schweinefleisch*

cotenna F GASTR Schwarte *f*

cotogna [-ɲa] F BOT Quitte *f*

cotoletta F Kotelett *n*, Schnitzel *n*; **~ alla milanese** Wiener Schnitzel *n*

cotonare V *Haar* toupieren

cotone M Baumwolle *f*; **~ idrofilo** Watte *f*

'cottimo M: **lavorare a ~** im Akkord arbeiten

cotto ADJ gar; gekocht, gebacken, gebraten; **ben ~** durchgebraten, durch; **è ~!** *umg* er ist fertig (*od* am Ende)!; er ist verknallt **cottura** F Kochen *n*; **tempo di ~** Kochzeit *f*

coupon [ku'pɔn] M Voucher *m*

'COVID-19, 'Covid-19 ABK (= **corona virus disease 2019**) COVID-19, Covid-19, Corona *n*

covo M ZOOL Bau *m*, Höhle *f*; *fig* Versteck *n*, Schlupfwinkel *m*

cozza F Miesmuschel *f*

CP ABK (= **Casella Postale**) Postfach *n*

crampo M Krampf *m*
cranio M ANAT Schädel *m*
crash M IT Absturz *m*; **avere un ~** abstürzen
cratere M Krater *m*
crauti MPL GASTR Sauerkraut *n*
cravatta F Krawatte *f*
crawl [krɔl] M SPORT Kraulen *n*
creare V schaffen, erschaffen; kreieren **creativo** ADJ kreativ **creato** M Schöpfung *f* **creatore** ADJ schöpferisch **Creatore** M Schöpfer *m* **creatura** F Geschöpf *n* **creazione** F Schöpfung *f*; *Mode* Kreation *f*
credente M/F REL Gläubige(r) *f(m)*
credenza F Anrichte *f*; Glaube *m*
'credere V glauben (**in** an); **~ a qn, qc** j-m, etw halten für **cre'dibile** ADJ glaubhaft, glaubwürdig
'credito M Kredit *m*; *fig* Ansehen *n*; **dare ~ a qc** e-r Sache Glauben schenken **creditore** M, **-trice** [-tʃe] F Gläubiger(in) *m(f)*
credo M Glaubensbekenntnis *n*
crema F Creme *f*; Cremesuppe *f*; **~ al cioccolato** Schokoladencreme *f*; **~ da barba** Rasiercreme *f*; **~ depilatoria** Enthaarungscreme *f*; **~ di pomodoro** Tomatencremesuppe *f*; **~ idratante** Feuchtigkeitscreme *f*; **~ solare** Sonnenschutzcreme *f*
cren M GASTR Meerrettich *m*
crepa F Riss *m*; Sprung *m* **crepaccio** [-tʃo] M Spalte *f*
crepare V krepieren
crêpe [krɛp] F *Stoff* Krepp *m*; GASTR Crêpe *f*, Pfannkuchen *m*
crepitare V knistern; prasseln
cre'puscolo M Dämmerung *f*
'crescere [-ʃ-] V wachsen; zunehmen
crescione [-ʃo-] M BOT Kresse *f*
'crescita [-ʃ-] F Wachsen *n*, Wachstum *n*; Zunahme *f* **cresciuto** PPERF gewachsen → crescere
'cresima F Firmung *f*; *evangelisch* Konfirmation *f*
cresta F *Hahn, Gebirge* Kamm *m*; Grat *m*
Creta F Kreta *n*
cretino 1 ADJ *umg* blöd(e) 2 M, **-a** F *umg* Idiot(in) *m(f)*
CRI F ABK (**= Croce Rossa Italiana**) Italienisches Rotes Kreuz
cric M TECH Wagenheber *m*
cricca F Klüngel *m*; *umg* Clique *f*
criminale 1 ADJ kriminell 2 M/F Kriminelle(r) *f(m)*; **~ di guerra** Kriegsverbrecher *m*
criminalità F Kriminalität *f*
'crimine M Verbrechen *n*
crinale M Gebirgskamm *m*; Kamm *m*
crine M Rosshaar *n* **criniera**

F Mähne *f*

cripta F Krypta *f*, Gruft *f*

crisantemo M BOT Chrysantheme *f*

crisi F Krise *f*; **essere in ~** sich in e-r Krise befinden

cristallo M Kristall *n*

cristia'nesimo M Christentum *n* **cristiano** 1 ADJ christlich 2 M, **-a** F Christ(in) *m(f)* **cristianofo'bia** F Christenhass *m* **Cristo** M Christus *m*

criterio M Kriterium *n*

'critica F Kritik *f* **criticare** V kritisieren, bemängeln **'critico** 1 ADJ kritisch 2 M, **-a** F Kritiker(in) *m(f)*

cro'ato 1 ADJ kroatisch 2 M, **-a** F Kroate *m*, Kroatin *f* 3 M *Sprache* Kroatisch *n* **Cro'azia** F Kroatien *n*

croccante 1 ADJ knusp(e)rig 2 M Krokant *m* **croccantezza** F Knusprigkeit *f* **crocchette** [-kke-] FPL GASTR Kroketten *fpl*

croce [-tʃe] F Kreuz *n*; **farsi il segno della ~** sich bekreuzigen; **testa o ~?** Kopf oder Zahl?; **Croce Rossa** Rotes Kreuz *n* **crocerossina** [-tʃe-] F Rotkreuzschwester *f* **croce'via** [-tʃe-] M Kreuzung *f*

crociata [-tʃa-] F Kreuzzug *m*

crociera [-tʃɛ-] F Kreuzfahrt *f*

crocifissione [-tʃ-] F Kreuzigung *f* **crocifisso** [-tʃ-] M Kreuz *n*, Kruzifix *n*

croco M BOT Krokus *m*

crollare V einstürzen; zusammenbrechen **crollo** M Einsturz *m*; Zusammenbruch *m*; HANDEL Sturz *m*

cromo M Chrom *n*

'cronaca F Chronik *f*; Bericht *m*; Reportage *f* **'cronico** ADJ chronisch **cronista** M/F Chronist(in) *m(f)*; Berichterstatter(in) *m(f)*

crono'logico [-dʒ-] ADJ chronologisch **cronometrare** V *Zeit* stoppen

crosta F Kruste *f*; *Brot* Rinde *f* **cro'stacei** [-tʃei] MPL Krebs- *od* Krustentiere *npl*

crostata F GASTR Mürbeteigkuchen *m*

crostino M GASTR *belegte geröstete Brotschnitte*

cruciverba [-tʃ-] M Kreuzworträtsel *n*

crudele ADJ grausam **crudeltà** F Grausamkeit *f*

crudo ADJ roh *Fleisch*; rau

cruna F Nadelöhr *n*

crusca F Kleie *f*

cruscotto M AUTO Armaturenbrett *n*

cubetto M: **~ di ghiaccio** Eiswürfel *m* **cubo** 1 ADJ Kubik...; **metro** *m* **~** Kubikmeter *m* 2 M Würfel *m*

cuccetta [-tʃe-] F Platz *m* im Liegewagen

cucchiaino [-kk-] M Tee-, Kaffeelöffel *m* **cucchi'aio** [-kk-] M Löffel *m*

cucina [-tʃ-] F Küche *f*; Herd *m*; ~ **componibile** Einbauküche *f*; ~ **elettrica/a gas** Elektro-/Gasherd *m* **cucinare** [-tʃ-] V kochen **cucinino** [-tʃ-] M, **cucinotto** [-tʃ-] M Kochnische *f*

cucire [-tʃ-] V nähen; **macchina** *f* **da** (*od* **per**) ~ Nähmaschine *f* **cucito** [-tʃ-] **1** ADJ genäht **2** M Näharbeit *f* **cucitura** [-tʃ-] F Naht *f*

cucù M, **'cuculo** M Kuckuck *m*

cuffia F Haube *f*; ~ **da bagno** Badekappe *f*; ~ **del radiatore** Kühlerhaube *f*; **cuffie** *pl* Kopfhörer *m*

cugino [-dʒ-] M, **-a** F Cousin(e) *m(f)*

cui PRON dem (der, denen); **di** ~ von dem/der; **il** ~ **nome** dessen/deren Name; **per** ~ für den/die/das; deshalb

culinario ADJ Koch…, kulinarisch

culla F Wiege *f*

'culmine M Gipfel *m* (*a. fig*); *fig* Höhepunkt *m*

culo M *vulg* Arsch *m vulg*; **che** ~! *vulg* Schwein gehabt! *umg*

culto M Kult *m*; Religion *f*

cultura F Kultur *f*; Bildung *f*; ~ **generale** Allgemeinbildung *f* **culturale** ADJ kulturell, Kultur…

culturismo [-zmo] M Bodybuilding *n*

cumino M Kreuzkümmel *m*

'cumulo M Haufen *m*; Anhäufung *f*; METEO Haufenwolke *f*

'cuneo M Keil *m*

cunetta F Querrinne *f*

cu'ocere [-tʃe-] V kochen; backen; braten; ~ **in umido** schmoren **cuoco** M, **-a** F Koch *m*, Köchin *f*

cuoio M Leder *n*

cuore M Herz *n*; **di (tutto)** ~ von (ganzem) Herzen; **malato di** ~ herzkrank; **senza** ~ herzlos; **stare a** ~ **a qn** j-m am Herzen liegen; **cuori** *pl Kartenspiel* Herz *n*

cupo ADJ tief; finster; dunkel

'cupola F Kuppel *f*

cura F Sorge *f* (**di** für); Pflege *f*; Sorgfalt *f*; MED Behandlung *f*; Kur *f*; ~ **del corpo** Körperpflege *f*; ~ **di bellezza** Schönheitskur *f*; **avere** ~ **di qc** auf etw achten

cu'rabile ADJ heilbar **curare** V pflegen; MED behandeln **curarsi** V: ~ **di qc** sich um etw kümmern

curiosità F Neugier *f*; Kuriosität *f* **curioso** ADJ neugierig; sonderbar

cursore M IT Cursor *m*

curva F Kurve *f*; ~ **a gomito** Haarnadelkurve *f* **curvare** V biegen; krümmen; *Straße* abbiegen **curvarsi** V sich beugen **curvo** ADJ gebogen; gebeugt

cuscinetto [-ʃ-] M: ~ **a sfera**

Kugellager *n*
cuscino [-ʃ-] M Kissen *n*; **~ di piume** Federkissen *n*; **~ per l'allattamento** Stillkissen *n*
custode M Wärter *m*, Aufseher *m*; Hausmeister *m* **custodia** F Aufsicht *f*; Verwahrung *f*; Etui *n*, Case *n*; *Buch* Schuber *m*; *Handy* Hülle *f*
custodire V bewachen; hüten; aufbewahren **custodito** ADJ bewacht
CV ABK (= **Cavallo Vapore**) PS *n* (Pferdestärke *f*)
cyclette [si-] F Heimtrainer *m*

D

da PRÄP von; aus; zu; bei; seit; **~ ... a** von ... nach, von ... bis; **~ allora** seither; **~ bambino** als Kind; **~ ieri** seit gestern; **~ lì** von dort; **~ nessuna parte** nirgends; **~ qui** von hier (aus); **~ solo** allein; **tazza** *f* **~ tè** Teetasse *f*; **vado dal medico** ich gehe zum Arzt
dà er (sie, es) gibt → dare
dado M Würfel *m*; GASTR Brühwürfel *m*; **giocare a dadi** würfeln
dai du gibst; *umg* **~!** komm! → dare
daino M ZOOL Damhirsch *m*
dalia F BOT Dahlie *f*
dal'tonico ADJ farbenblind
dama F Dame *f*; Damespiel *n*
danese 1 ADJ dänisch 2 M/F Däne *m*, Dänin *f* 3 M *Sprache* Dänisch *n* **Danimarca** F Dänemark *n*
danneggiare [-dʒa-] V beschädigen; schaden (**qc, qn** e-r Sache, j-m) **danno** M Schaden *m*; **~ alla carrozzeria** Blechschaden *m*; **~ materiale** Sachschaden *m* **dannoso** ADJ schädlich
Danubio M Donau *f*
danza F Tanz *m* **danzare** V tanzen
dappertutto ADV überall
dare V geben; **~ del Lei** siezen; **~ del tu** duzen; **~ qc a qn** j-m etw geben; *Fenster* **~ su** gehen auf; **~ una mano** helfen; **darsi (a)** sich widmen; **darsi appuntamento** sich verabreden; **può darsi che** +*konjkt* es kann sein, dass
data F Datum *n*; **~ di nascita** Geburtsdatum *n*; **~ di scadenza** Haltbarkeitsdatum *n*
datare V datieren
date ihr gebt → dare
dato 1 ADJ gegeben; **~ che** angenommen, dass 2 M Datum *n*, Tatsache *f*; **dati** *pl* Daten *npl*
datore M, **-trice** [-tʃe] F: **~ di lavoro** Arbeitgeber(in) *m(f)*
'datteri MPL BOT Datteln *fpl*
davanti 1 ADV vorn 2 ADJ

Vorder… **3** PRÄP: **~ a** vor; **aspettare ~ alla stazione** vor dem Bahnhof warten; **mettere l'auto ~ al garage** das Auto vor die Garage stellen **4** M Vorderseite *f*, Vorderteil *n*
davanzale M Fensterbrett *n*
davvero ADV wirklich; **~?** echt?
day 'hospital M Tagesklinik *f*
dazio M Zoll *m*; **~ d'esportazione** Ausfuhrzoll *m*
d. C. ABK (= **dopo Cristo**) n. Chr. (nach Christus)
'debito M Schuld *f* **debitore** M, **-trice** [-tʃe] F Schuldner(in) *m(f)*
'debole ADJ schwach **debolezza** F Schwäche *f*
decaffeinato ADJ koffeinfrei
decappot'tabile **1** ADJ mit Klappverdeck **2** F Cabrio *n*
'decathlon M SPORT Zehnkampf *m*
decennio [-tʃɛ-] M Jahrzehnt *n*
decente [-tʃɛ-] ADJ anständig **decenza** [-tʃɛ-] F Anstand *m*
decesso [-tʃɛ-] M Todesfall *m*
de'cidere [-tʃ-] V beschließen; entscheiden **de'cidersi** [-tʃ-] V sich entschließen, beschließen (**a fare qc** etw zu tun)
decifrare [-tʃ-] V entziffern
decimale [-tʃ-] ADJ Dezimal… **de'cimetro** [-tʃ-] M Dezimeter *m* **'decimo** [-tʃ-] **1** ADJ zehnte(r,-s) **2** M Zehntel *n*
decina [-tʃ-] F: **una ~** etwa zehn
decisione [-tʃ-] F Entscheidung *f*; Beschluss *m*; **prendere una ~** eine Entscheidung treffen
decisivo [-tʃ-] ADJ entscheidend **deciso** [-tʃ-] **1** PPERF → decidere **2** ADJ entschlossen
declinare V ablehnen; nachlassen; GRAM deklinieren **declinazione** F Deklination *f*
decoder [de'kɔder] M, **decodificatore** M TECH Dekoder *m*
decollare V FLUG starten, abheben **decollo** M Abflug *m*
decomporre V zerlegen **decomposizione** F Zersetzung *f*
decorare V schmücken **decorazione** F Deko(ration) *f*
decreto M JUR Erlass *m*
'dedica F Widmung *f* **dedicare** V widmen **dedicarsi** V sich widmen **dedizione** F Hingabe *f*
dedurre V folgern; *Summe* abziehen (**da** von)
deficiente [-tʃɛn-] ADJ schwach, mangelhaft; *umg* **~!** Idiot!
'deficit [-tʃ-] M WIRTSCH Defizit *n*; Mangel *m*
definitivo ADJ endgültig; **in definitiva** schließlich **definito** ADJ klar; *Umrisse* scharf
definizione F Definition *f*

deflettore M AUTO Ausstellfenster *n*
deformare V entstellen **deforme** ADJ missbildet; entstellt
defunto ADJ verstorben
degente [-dʒ-] ADJ bettlägerig
degli [-ʎi] PRÄP = **di + gli**; → di
degnare [-ɲ-] V würdigen **degnarsi** [-ɲ-] V sich bequemen (**di fare qc** etw zu tun)
degno [-ɲ-] ADJ würdig; **~ di fede** glaubwürdig
degustazione F Kostprobe *f*; **~ di vini** Weinprobe *f*
dei ['deːi], **del** PRÄP = **di + i, il**; → di
'delega F Vollmacht *f* **delegare** V beauftragen (**qc a qn** j-n mit etw); bevollmächtigen (**qc a qn** j-n zu etw) **delegato** M, **-a** F POL Delegierte(r) *f(m)* **delegazione** F Delegation *f*
delfino M Delfin *m*
delicatezza F Zartheit *f*; GASTR Delikatesse *f* **delicato** ADJ zart; feinfühlig; heikel
delimitare V begrenzen
delinquente M/F Verbrecher(in) *m(f)* **delinquenza** F Kriminalität *f*
delitto M Verbrechen *n*
delizia F Vergnügen *n* **delizioso** ADJ köstlich; entzückend
dell', della, delle, dello PRÄP = **di + l', la, le, lo**; → di
deltaplanista M/F Drachenflieger(in) *m(f)* **deltaplano** M Drachen *m*; SPORT Drachenfliegen *n*
de'ludere V enttäuschen **delusione** F Enttäuschung *f* **deluso** ADJ enttäuscht
demo'cratico ADJ demokratisch
democristiano ADJ christdemokratisch
demolire V niederreißen, abbrechen; *fig* vernichten
denaro M Geld *n*; **~ contante** Bargeld *n*
denigrare V verleumden
denominare V benennen **denominazione** F Bezeichnung *f*; **~ di origine controllata** Ursprungsbezeichnung *f*
densità F Dichte *f* **denso** ADJ dicht; dick, dickflüssig
dente M Zahn *m*; **~ canino/incisivo/molare/del giudizio** Eck-/Schneide-/Backen-/Weisheitszahn *m*; GASTR **al ~** bissfest
'dentice [-tʃe] M ZOOL Zahnbrasse *f*
dentiera F künstliches Gebiss *n*
dentifricio [-tʃo] M Zahnpasta *f*
dentista M/F Zahnarzt *m*, Zahnärztin *f*
dentro ▮ PRÄP in; **~ la stanza c'è un tavolo** im Zimmer steht ein Tisch; **entrare ~ ca-**

sa ins Haus hineingehen **2** ADV darin, drinnen; hinein; herein
denuncia [-tʃa] F Anzeige *f*; ~ **dei redditi** Steuererklärung *f*; **sporgere** ~ Anzeige erstatten **denunciare** [-tʃa-] V anzeigen; melden, anmelden
deodorante M Deo(dorant) *n*
dépendance [depan'dans] F Nebengebäude *n*
depilarsi V sich enthaaren **depilatorio** ADJ: **crema depilatoria** Enthaarungscreme *f* **depilazione** F Enthaarung *f*
dépliant [depli'an] M Faltblatt *n*; Prospekt *m*
deporre V ablegen; absetzen; JUR aussagen
depositare V hinterlegen, deponieren **de'posito** M Aufbewahrung *f*; Hinterlegung *f*; Depot *n*; ~ **bagagli** Gepäckaufbewahrung *f* **deposizione** F JUR Aussage *f*
depressione F METEO Tief (-druckgebiet *n*) *n*; MED Depression *f* **depresso** ADJ deprimiert **de'primere** V deprimieren
deputato M, **-a** F Abgeordnete(r) *f(m)*
deragliare [-ʎa-] V BAHN entgleisen
deriva F SCHIFF Abtrift *f*
derivare V herkommen, abstammen (**da** von) **derivazione** F ELEK, TECH Abzweigung *f*; TEL Nebenanschluss *m*
derma'tologo M, **-a** F Hautarzt *m*, Hautärztin *f*
derubare V bestehlen
de'scrivere V beschreiben **descrizione** F Beschreibung *f*
deselezionare V IT wegklicken
deserto **1** ADJ unbewohnt, menschenleer **2** M Wüste *f*
deside'rabile ADJ wünschenswert **desiderare** V wünschen; *am Telefon* verlangen **desiderio** M Wunsch *m*, Verlangen *n* (**di** nach)
design M Design *n*
designare [-ɲ-] V bezeichnen
de'sistere V absehen (**da** von)
desolato ADJ öde, trostlos; tiefbetrübt
dessert M GASTR Nachspeise *f*
destinare V bestimmen (**a** für); *Brief* adressieren (**a** an) **destinatario** M Empfänger *m* **destinazione** F Bestimmungsort *m*; Bestimmung *f*; Ziel *n*
destino M Schicksal *n*
destra F Rechte *f*; **a** ~ (nach) rechts; **tenere la** ~ rechts fahren/gehen; sich rechts halten
destro ADJ rechte(r); geschickt
detenuto M Häftling *m* **detenzione** F Haft *f*; ~ **preventiva** Untersuchungshaft *f*

detergente [-dʒ-] **1** M Reinigungsmittel *n* **2** ADJ: **latte ~** Reinigungsmilch *f*
deteriorato ADJ beschädigt; *Lebensmittel* verdorben
determinare V bestimmen, festlegen **determinato** ADJ entschieden, resolut **determinazione** F Festlegung *f*; Entschluss *m*
detersivo M Reinigungsmittel *n*; Waschmittel *n*; Putzmittel *n*
detestare V verabscheuen
detrarre V abziehen (**da** von)
detrito M Schutt *m*; Geröll *n*
dettagliato [-ʎa-] ADJ ausführlich **dettaglio** [-ʎo] M Einzelheit *f*
dettare V diktieren **dettato** M Diktat *n*
detto ADJ gesagt; genannt
devastare V verwüsten
deve er (sie, es) muss → dovere **devi** du musst → dovere
deviare V *Verkehr* umleiten; *Straße* abzweigen **deviazione** F Umleitung *f*; Umweg *m*
devo ich muss → dovere **'devono** sie müssen → dovere
di PRÄP von; aus; vor; als; **~ chi è …?** wem gehört …?; **~ ferro** aus Eisen; **~ giorno** bei Tage, tagsüber; **~ lì** von dort; **~ notte** in der Nacht, nachts; **più bello ~ …** schöner als …; **sono ~ Roma** ich bin aus Rom
diabete M Zuckerkrankheit *f*, Diabetes *m* **dia'betico** ADJ: **essere ~** zuckerkrank sein, *umg* Zucker haben
diaframma M ANAT Zwerchfell *n*; FOTO Blende *f*; MED Diaphragma *n*
di'agnosi [-ɲ-] F Diagnose *f*
dialetto M Dialekt *m*
di'alisi F MED Dialyse *f*
di'alogo M Dialog *m*
diamante M Diamant *m*
di'ametro M Durchmesser *m*
diamo V wir geben
diario M Tagebuch *n*
diarrea F Durchfall *m*
di'avolo M Teufel *m*
di'battere V erörtern **di'battersi** V um sich schlagen **di'battito** M Debatte *f*
dica: **mi ~!** bitte (sehr)?, Sie wünschen? → dire **dice** [-tʃe] er (sie, es) sagt → dire
dicembre [-tʃɛ-] M Dezember *m*; → aprile
dichiarare [-k-] V erklären; angeben **dichiarazione** [-k-] F Erklärung *f*
dici [-tʃa-] du sagst → dire
diciamo [-tʃa-] wir sagen → dire
diciannove [-tʃa-] ADJ neunzehn **diciassette** [-tʃa-] ADJ siebzehn **diciotto** [-tʃɔ-] ADJ achtzehn
dico ich sage → dire **dicono** sie sagen → dire
dieci [di'ɛ:tʃi] ADJ zehn **dieci-**

mila [diɛtʃi-] ADJ zehntausend
diesel M Dieselmotor *m*; Dieselfahrzeug *n*
dieta F Diät *f*; **stare a ~** Diät halten **die'tologo** M, **-a** F Diätberater(in) *m(f)*
dietro **1** PRÄP hinter; **il garage è ~ la casa** die Garage befindet sich hinter dem Haus; **l'uno ~ l'altro** hintereinander; **si è messa in fila ~ di me** sie hat sich in der Schlange hinter mich gestellt **2** ADV (nach) hinten
difatti KONJ tatsächlich
di'fendere V verteidigen **difensore** M Verteidiger *m* **difesa** F Verteidigung *f*; Schutz *m* (**da** vor); **legittima ~** Notwehr *f* **difeso** PPERF verteidigt → difendere
difetto M Fehler *m*; Mangel *m* (**di** an) **difettoso** ADJ fehlerhaft; defekt
differente ADJ unterschiedlich **differenza** F Unterschied *m*; MATH Differenz *f*; **~ di prezzo** Preisunterschied *m*
differenziare V unterscheiden
dif'ficile [-tʃ-] ADJ schwer, schwierig **difficoltà** F Schwierigkeit *f*
diffidare V warnen (**da** vor); misstrauen (**di qn** j-m) **diffidenza** F Misstrauen *n*
dif'fondere V verbreiten **diffusione** F Verbreitung *f* **diffuso** ADJ verbreitet
difterite F MED Diphtherie *f*
diga F Deich *m*; Damm *m*; **~ di sbarramento** Staudamm *m*
digerire [-dʒ-] V verdauen **digestione** [-dʒ-] F Verdauung *f* **digestivo** [-dʒ-] M Verdauungsschnaps *m*
digitale [-dʒ-] ADJ digital
digitare [-dʒ-] V eingeben, eintippen
digiunare [-dʒu-] V fasten **digiuno** [-dʒu-] ADJ nüchtern; **a ~** auf nüchternen Magen
dignità [-ɲ-] F Würde *f* **dignitoso** [-ɲ-] ADJ würdig; würdevoll
dilagare V überschwemmen; *fig* sich ausbreiten
dilatare V ausdehnen **dilatazione** F Ausdehnung *f*
dilettante M/F SPORT Amateur(in) *m(f)*; Laie *m*
diligente [-dʒ-] ADJ fleißig
diluire V verdünnen; auflösen
diluvio M Wolkenbruch *m*; **~ universale** Sintflut *f*
dimagrire V abnehmen, abmagern
dimensione F Dimension *f*
dimenticanza F Vergesslichkeit *f* **dimenticare** V vergessen **dimenticarsi** V vergessen (**di qn/qc** etw)
di'mettere V absetzen, entlassen **di'mettersi** V zurücktreten
dimezzare [-dz-] V halbieren

diminuire V verringern; abnehmen, nachlassen
dimissioni FPL Rücktritt *m*; Kündigung *f*
dimostrare V beweisen; zeigen **dimostrativo** ADJ GRAM hinweisend **dimostrazione** F Beweis *m*; Demonstration *f*; Vorführung *f*
'dinamo F Dynamo *m*; AUTO Lichtmaschine *f*
dinanzi **1** ADV vorn **2** PRÄP: **~ a** vor
dintorni MPL: **nei ~** in der Umgebung
Dio M Gott *m*; **grazie a ~!** Gott sei Dank!; **per l'amor di ~!** um Gottes willen!; **gli dei** *pl* die Götter
diossina F CHEM Dioxin *n*
dipartimento M Verwaltungsbezirk *m*; Abteilung *f*; Fachbereich *m*
dipendente **1** ADJ abhängig **2** M/F Angestellte(r) *f(m)* **dipendenza** F Abhängigkeit *f*
di'pendere V abhängen (da von)
di'pingere [-dʒe-] V malen; *fig* beschreiben **dipinto** **1** PPERF gemalt → dipingere **2** M Gemälde *n*
diploma M Diplom *n*
diplo'matico **1** ADJ diplomatisch **2** M, **-a** F Diplomat(in) *m(f)*
dire V sagen; **~ di sì/no** ja/nein sagen; **vale a ~** das heißt; **vuol ~** das bedeutet; **come si dice in tedesco?** wie heißt das auf Deutsch?; **dimmi (tutto)!** sag's mir!, was gibt's?
diretta F Live-Übertragung *f*; **in ~** TV live **direttamente** ADV geradewegs **diretto** **1** PPERF → dirigere **2** ADJ direkt **3** M BAHN Eilzug *m*
direttore M, **-trice** [-tʃe] F Leiter(in) *m(f)*; Direktor(in) *m(f)*; **~ d'orchestra** Dirigent *m*
direzione F Richtung *f*; Leitung *f*; **~ vietata** verbotene Fahrtrichtung *f*; **in ~ di Firenze** in Richtung Florenz
dirigente [-dʒɛ-] M/F Führungskraft *f* **di'rigere** [-dʒe-] V leiten; richten (**verso** auf)
di'rigersi [-dʒer-] V zugehen (**a, verso** auf) **diri'gibile** [-dʒ-] M Luftschiff *n*
diritto **1** ADJ gerade; **sempre ~** immer geradeaus **2** M JUR Recht *n*, Anspruch (**a** auf); **~ di precedenza** Vorfahrtsrecht *n*; **diritti** *mpl* Gebühren *fpl*; **diritti** *mpl* **umani** Menschenrechte *npl*
dirottamento M FLUG Flugzeugentführung *f* **dirottare** V entführen
di'sabile M/F *neg!* Behinderte(r) *f(m)* *neg!*
disabilitare V IT, TEL ausschalten; vom Netz trennen, offline gehen
disabitato ADJ unbewohnt

disabituare V abgewöhnen (**qn a qc** j-m etw)
disaccordo M Uneinigkeit *f*
disagio [-dʒo] M Unbequemlichkeit *f*; **sentirsi a ~** sich unbehaglich fühlen
disapprovare V missbilligen **disapprovazione** F Missbilligung *f*
disarmare V entwaffnen **disarmo** M Abrüstung *f*
disastro M schweres Unglück, Katastrophe *f*
disattento ADJ unaufmerksam **disattenzione** F Unaufmerksamkeit *f*; Versehen *n*
disattivare V deaktivieren
disavventura F Unglück *n*; Missgeschick *n*
disboscare [-zbo-] V abholzen
di'scarica F Mülldeponie *m*
discendenza [-ʃe-] F Herkunft *f*, Abstammung *f* **di'scendere** [-ʃe-] V abstammen (**da** von); herabsteigen, hinuntersteigen
discesa [-ʃe-] F Abhang *m*; Gefälle *n*; Abstieg *m*; *Ski* Abfahrt *f*; **~ libera** Abfahrtslauf *m*; **in ~** bergab
dischetto [-sk-] M IT Diskette *f*
disciplina [-ʃ-] F Disziplin *f*; Fach *n*
disco M Scheibe *f*; SPORT Diskus *m*; MUS Schallplatte *f*; **~ fisso** *od* **rigido** IT Festplatte *f*; **~ orario** Parkscheibe *f* **di'scobolo** M, **-a** F Diskuswerfer(in) *m(f)*
disconnessione F IT Log-out *n/m* **disconnettersi** V IT sich ausloggen
discorso M Gespräch *n*, Unterhaltung *f*; Rede *f*; **cambiare ~** Thema wechseln
discostarsi V sich entfernen (**da** von)
discoteca F Diskothek *f*
discreto ADJ mäßig; taktvoll, diskret **discrezione** F Maß *n*; Diskretion *f*; **a ~** nach Belieben; **a tua ~** wie du willst
discussione F Diskussion *f*; Auseinandersetzung *f* **discusso** PPERF diskutiert → discutere **di'scutere** V diskutieren; streiten (**di** über)
disdegnare [-zdeɲ-] V verschmähen
disdire [-zd-] V abbestellen; absagen
disegnare [-ɲ-] V zeichnen **disegnatore** M [-ɲ-], **-trice** [-tʃe] F Zeichner(in) *m(f)* **disegno** [-ɲ-] M Zeichnung *f*; Entwurf *m*; *fig* Plan *m*
diserbante M CHEM Herbizid *n* **diserbare** V jäten
diseredare V enterben
disfare V auflösen; abziehen; *Koffer* auspacken
disgelo [-zdʒɛ-] M Tauwetter *n*
disgrazia [-zg-] F Unglück *n*; **per ~** unglücklicherweise **disgraziato** [-zg-] ADJ unglück-

selig **disgusto** [-zg-] M Widerwille *m* **disgustoso** [-zg-] ADJ unappetitlich; *fig* widerwärtig
disillusione F Enttäuschung *f*
disimparare V verlernen
disinfettante M Desinfektionsmittel *n* **disinfettare** V desinfizieren
disinnestare V *Gang* herausnehmen; *Stecker* herausziehen
disinserire V ab-, ausschalten
disinteressato ADJ uneigennützig; desinteressiert
disintossicante ADJ entgiftend
disinvolto ADJ ungezwungen; frech
disoccupato 1 ADJ arbeitslos 2 M, **-a** F Arbeitslose(r) *f(m)* **disoccupazione** F Arbeitslosigkeit *f*
disonestà F Unehrlichkeit *f* **disonesto** ADJ unehrlich
disonorare V entehren **disonore** M Schande *f*
disopra 1 ADV oben; **al ~ di** über 2 ADJ obere(r, -s)
disordinato ADJ unordentlich **di'sordine** M Unordnung *f*
disotto 1 ADV unten; **al ~ di** unter 2 ADJ untere(r, -s)
'dispari ADJ *Zahl* ungerade
disparte ADV: **starsene in ~** abseitsstehen
dispendio M Verschwendung *f* **dispendioso** ADJ kostspielig
dispensa F Anrichte *f*; Speisekammer *f*
disperare V verzweifeln (**di** an) **disperarsi** V verzweifeln (**per** an) **disperato** ADJ verzweifelt **disperazione** F Verzweiflung *f*
di'sperdere V zerstreuen
dispetto M (böser) Streich *m*; Bosheit *f*; **a ~ di qn** j-m zum Trotz **dispettoso** ADJ boshaft, gemein
dispiacere [-tʃ-] 1 V missfallen; leidtun; **mi dispiace** es tut mir leid 2 M Bedauern *n*
dispo'nibile ADJ verfügbar, vorrätig; *Person* hilfsbereit **disponibilità** F Verfügbarkeit *f*; *Person* Hilfsbereitschaft *f*
disporre V anordnen; verfügen (**di** über)
dispositivo M Gerät *n*
disposizione F Anordnung *f*, Aufstellung *f*; *fig* Veranlagung (**a** zu); **mettere a ~** zur Verfügung stellen **disposto** ADJ bereit (**a** zu)
di'spotico ADJ despotisch
disprezzare V verachten **disprezzo** M Verachtung *f*
disputare V (sich) streiten (**di** über) **disputarsi** V: **~ qc** um etw wetteifern
dissenso M Meinungsverschiedenheit *f*
dissente'ria F MED Ruhr *f*
dissertazione F Abhandlung *f*
dissetante 1 ADJ durststil-

lend **2** M Durstlöscher *m*
dis'simile ADJ verschieden
dissimulare V verheimlichen; vortäuschen **dissimulazione** F Verstellung *f*
disso'lubile ADJ auflösbar
dis'solvere V auflösen; zerstreuen
dissonanza F MUS Dissonanz *f*; Unstimmigkeit *f*
dissuadere V: **~ qn da qc** j-m etw ausreden
distaccare V abnehmen, loslösen **distacco** M Abstand *m*
distante ADJ weit; entfernt
distanza F Entfernung *f*; *fig* Unterschied *m* **distare** V entfernt sein
di'stendere V ausbreiten; ausstrecken **distensione** F Dehnung *f*; *fig* Entspannung *f*
distesa F Weite *f* **disteso** ADJ ausgestreckt; entspannt
di'stinguere V unterscheiden (**tra** zwischen; **da** von); kennzeichnen; erkennen
distinto ADJ deutlich; *fig* vornehm; **distinti saluti** *mpl* mit freundlichen Grüßen **distinzione** F Unterscheidung *f*
distorsione F Verstauchung *f*
distrarre V ablenken; zerstreuen **distrarsi** V sich ablenken lassen (von **da**) **distratto** ADJ unaufmerksam, zerstreut **distrazione** F Ablenkung *f*; Zerstreuung *f*
distretto M Bezirk *m*
distribuire V verteilen
distributore M Automat *m*; ELEK Verteiler *m*; **~ automatico di biglietti/farmaci/mangimi** Fahrkarten-/Medikamenten-/Futterautomat *m*; **~ di benzina** Tankstelle *f* **distribuzione** F Verteilung *f*
di'struggere [-dʒ-] V zerstören **distruttivo** ADJ zerstörerisch **distrutto** **1** PPERF zerstört → distruggere **2** ADJ *umg* fix und fertig **distruzione** F Zerstörung *f*
disturbare V stören **disturbo** M Störung *f*; MED Verstimmung *f*; **~ di stomaco** Magenbeschwerden *fpl*; **disturbi** *pl* **circolatori** Kreislaufstörungen *fpl*
disubbidiente ADJ ungehorsam **disubbidienza** F Ungehorsam *m* **disubbidire** V nicht gehorchen
disuguale ADJ ungleich
disumano ADJ unmenschlich
disuso M: **in ~** veraltet
ditale M Fingerhut *m*
dite ihr sagt → dire
dito M (FPL **le dita**) Finger *m*; **~ (del piede)** Zehe *f*
ditta F Firma *f*; Unternehmen *n*
diurno ADJ Tag..., Tages...
diva F Diva *f*, Star *m*
divagare V abschweifen
divano M Couch *f*, Sofa *n*; **~ letto** Bett-, Schlafcouch *f*
divenire V, **diventare** V werden; **~ nero** braun werden

divergenza [-dʒɛ-] F Abweichung *f*; *fig* Unstimmigkeit *f*
diversamente ADV anders; sonst; ~ **abile** behindert **diverso** ADJ verschieden; anders (**da** als)
divertente ADJ amüsant **divertimento** M Vergnügen *n*; **buon** ~! viel Vergnügen!, viel Spaß!
divertire V Spaß machen **divertirsi** V sich amüsieren
di'videre V teilen; trennen; aufteilen
divieto M Verbot *n*; ~ **di parcheggio** Parkverbot *n*; ~ **di segnali acustici** Hupverbot *n*; ~ **di sorpasso** Überholverbot *n*; ~ **di sosta** Halteverbot *n*
divino ADJ göttlich
divisa F Uniform *f*; HANDEL Devisen *mpl*
divisione F Teilung *f*; Abteilung *f*; Trennung *f* **diviso** PPERF geteilt → dividere
divo M Star *m*
divorare V verschlingen; *fig* verzehren
divorziare V sich scheiden lassen **divorziato** ADJ geschieden **divorzio** M Scheidung *f*
dizionario M Wörterbuch *n*
do M MUS c *n*, C *n*
dobbiamo V wir müssen
DOC ABK (= **Denominazione di Origine Controllata**) *Herkunfts- und Qualitätsbezeichnung eines Weines*
doccia [-tʃa] F Dusche *f*; **fare la** ~ (sich) duschen
docente [-tʃ-] M/F Lehrer(in) *m(f)*
'docile [-tʃ-] ADJ fügsam; gelehrig; *Tier* zahm
documentario M Dokumentarfilm *m* **documentazione** F Unterlagen *fpl*, Akte *f* **documento** M Dokument *n*; Ausweis *m*; **documenti** *pl* Papiere *npl*
'dodici [-tʃi] ADJ zwölf
dogana F Zoll *m*; Zollamt *n* **doganale** ADJ Zoll... **doganiere** M, **-a** F Zollbeamte *m*, Zollbeamtin *f*
doglie [-ʎe] FPL Wehen *fpl*
dog sitter [dɔg 'sitter] M/F Hundesitter(in) *m(f)*
dolce [-tʃe] **1** ADJ süß sanft; mild **2** M Süßspeise *f*; Kuchen *m*; **dolci** *pl* Süßigkeiten *fpl* **dolcezza** [-tʃe-] F Süße *f*; Sanftheit *f*; Milde *f* **dolcificante** [-tʃi-] M Süßstoff *m*
dolente ADJ schmerzend; *fig* schmerzlich **dolere** V schmerzen, wehtun **dolersi** V sich beklagen (**con qn di qc** bei j-m über etw)
'dollaro M Dollar *m*
Dolomiti FPL Dolomiten *fpl*
dolore M Schmerz *m* **doloroso** ADJ schmerzhaft; schmerzlich
domanda F Frage *f*; Antrag *m*; HANDEL Nachfrage *f*; **fare**

una ~ a qn j-m e-e Frage stellen **domandare** V fragen; ~ **qc a qn** j-n etw fragen; j-n um etw bitten

domani ADV morgen; ~ **sera** morgen Abend; **a** ~! bis morgen! **domattina** ADV morgen früh

do'menica F Sonntag *m*; **la** (*od* **di**) ~ sonntags, am Sonntag

do'mestica F Hausangestellte *f* **do'mestico** ADJ häuslich; Haus...

domiciliato [-tʃ-] ADJ wohnhaft **domicilio** [-tʃ-] M Wohnsitz *m*, Wohnort *m*

dominare V herrschen, beherrschen **dominio** M Herrschaft *f*; Herrschaftsgebiet *n*; *fig* Domäne *f*

'domino M Domino *n*, Dominospiel *n*

donare V schenken; spenden **donatore** M, **-trice** [-tʃe] F Spender(in) *m(f)*; ~ **di sangue** Blutspender *m* **donazione** F JUR Schenkung *f*

dondolare V schaukeln

'dondolo M Hollywoodschaukel *f*; **cavallo** *m* **a** ~ Schaukelpferd *n*; **sedia** *f* **a** ~ Schaukelstuhl *m*

donna F Frau *f*; *Kartenspiel* Dame *f*; ~ **di servizio** Haushaltshilfe *f*

'donnola F ZOOL Wiesel *n*

dono M Geschenk *n*; *fig* Gabe *f*

dopo 1 PRÄP nach 2 ADV nachher; danach; später; **a** ~ bis später 3 KONJ: ~ **che** nachdem 4 ADJ: **il giorno** ~ tags darauf, am Tag danach

dopobarba M Aftershave *n* **dopoché** [-ke] KONJ nachdem **dopodomani** ADV übermorgen **dopoguerra** M Nachkriegszeit *f* **doposcì** [-ʃi] MPL Après-Ski-Stiefel *mpl* **doposole** 1 ADJ After-Sun... 2 M After-Sun-Lotion *f*

doppia F Doppelzimmer *n*

doppiare V *Film* synchronisieren

doppio 1 ADJ doppelt; **camera** *f* **doppia** Doppelzimmer *n* 2 M Doppelte(s) *n*; *Tennis* Doppel *n* **doppione** M Duplikat *n* **doppiopetto** M Zweireiher *m*

dorare V vergolden **dorato** ADJ vergoldet; golden; GASTR goldbraun

'dorico ADJ ARCH dorisch

dormire V schlafen **dormitorio** M Schlafsaal *m* **dormiveglia** [-ʎa] M Halbschlaf *m*

dorsale ADJ: **spina** *f* ~ Wirbelsäule *f*, Rückgrat *n* **dorso** M Rücken *m*

dose F Dosis *f*

dosso M Erhebung *f*; ~ **artificiale** Bremsschwelle *f*; **levarsi** (*od* **togliersi**) **qc di** ~ sich etw entledigen

dotare V ausstatten (**di** mit)

dotato ADJ begabt (**per** für)
dote F Mitgift *f*
dottorato M Promotion *f*
dottore **(Dott.)** M, **-essa** **(Dott.ssa)** F Doktor *m*, Frau *f* Doktor; Arzt *m*, Ärztin *f*
dove ADV wo; wohin: **~ vai?** wohin gehst du?; **da** (*od* **di**) **~** woher
dovere **1** V müssen; sollen; verdanken; schulden **2** M Pflicht *f* **doveroso** ADJ gebührend
dovunque ADV überall; überallhin
dovuto ADJ: **~ a** verursacht durch (*od* von)
dozzina [-dz-] F Dutzend *n*
drago M Drache *m*
dragoncello [-tʃɛ-] M BOT Estragon *m*
dramma M Drama *n*, Schauspiel *n* **dram'matico** ADJ dramatisch
'drastico ADJ drastisch
Dresda [-zd-] F Dresden *n*
dritto ADJ → diritto
drive M IT Laufwerk *n* **drive-in** [drai'vin] M Autokino *n*
droga F Droge *f*, Rauschgift *n* **drogarsi** V Drogen nehmen **drogato** M, **-a** F Drogenabhängige(r) *f(m)*
droghe'ria [-ge-] F Gemischtwarenladen *m*
dubbio M Zweifel *m* (**su** an); **mettere qc in ~** etw bezweifeln; **senza ~** zweifellos
dubbioso ADJ zweifelhaft **dubitare** V zweifeln (**di** an); bezweifeln (**di qc** etw); **(non) ne dubito** ich habe (keinen) Zweifel daran
duca M Herzog *m* **duchessa** [-ke-] F Herzogin *f*
due ADJ zwei; **~ parole** ein paar Worte; **a ~ a ~** zu zweien paarweise; **tutt'e ~** (alle) beide
duecento [-tʃɛ-] ADJ zweihundert; **il Duecento** das 13. Jahrhundert
duello M SPORT Duell *n*, Zweikampf *m*
duemila ADJ zweitausend
duepezzi M Bikini *m*; Zweiteiler *m*
duetto M Duett *n*
duna F Düne *f*
dunque KONJ also, folglich; **venire al ~** auf den Punkt kommen
duomo M Dom *m*
'duplice [-tʃe] ADJ zweifach; **in ~ copia** in zweifacher Ausfertigung
durante PRÄP während **durare** V dauern; sich halten *Material* **durata** F Dauer *f*; Haltbarkeit *f*; **~ del volo** Flugzeit *f*
durezza F Härte *f* **duro** ADJ hart; schwer *Arbeit*; streng
durone M Hornhaut *f*
dvd, **DVD** [divvud'di] M DVD *f*

E

e [e] KONJ und; **e ... e ...** sowohl ... als auch
è [ɛ] er (sie, es) ist → essere
'ebano M BOT Ebenholz *n*
ebbe er (sie, es) bekam → avere
ebbene KONJ nun, also
'ebbero sie bekamen → avere **ebbi** ich bekam → avere
e-book [i'buk] M E-Book *n*
e'braico ADJ hebräisch **e'breo** 1 ADJ jüdisch 2 M, **-a** F Jude *m*, Jüdin *f*
ecc. ABK = **eccetera**
eccedente [-tʃe-] ADJ überschüssig **eccedenza** [-tʃe-] F Überschuss *m* (**di** an) **ec'cedere** [-tʃɛ-] V übersteigen; **~ in qc** bei etw übertreiben
eccellente [-tʃe-] ADJ hervorragend, ausgezeichnet **eccellenza** [-tʃe-] F Vorzüglichkeit *f*; *Titel* Exzellenz *f*
eccessivo [-tʃe-] ADJ übermäßig; übertrieben
eccesso [-tʃɛ-] M Übermaß *n*; **~ di bagaglio** *m* Übergepäck *n*; **in ~** zu viel
ec'cetera [-tʃɛ-] ADV und so weiter
eccetto [-tʃɛ-] PRÄP außer; **~ che** es sei denn; **~ te** außer dir **eccettuare** [-tʃe-] V ausnehmen
eccezionale [-tʃe-] ADJ außergewöhnlich **eccezione** [-tʃe-] F Ausnahme *f*; **ad ~ di** mit Ausnahme von
eccitante [-tʃ-] 1 ADJ aufregend 2 M Aufputschmittel *n*
eccitare [-tʃ-] V erregen; anregen; aufregen **eccitazione** [-tʃ-] F Erregung *f*; Aufregung *f*
ecclesi'astico ADJ kirchlich; geistlich
ecco ADV hier *od* da (ist, sind); **~!** eben!; genau!; **~ fatto** fertig; **~mi** da bin ich; **~lo** hier ist er; **~ti il libro** da hast du das Buch; **~ tutto** das ist alles
eccome ADV und ob
eco F *od* M Echo *n* (*a. fig*)
ecocompa'tibile ADJ umweltverträglich
ecogra'fia F MED Ultraschalluntersuchung *f*
ecolo'gia [-dʒ-] F Ökologie *f*; Umweltschutz *m* **eco'logico** [-dʒ-] ADJ ökologisch **ecologista** [-dʒ-] M/F Ökologe *m*, -login *f*; Umweltschützer(in) *m(f)*
ecomafia F Ökomafia *f*
econo'fisica F Wirtschaftsphysik *f*
econo'mia F Wirtschaft *f*; **fare economie** sparen **eco'nomico** ADJ wirtschaftlich; preiswert
ecopass M Umweltplakette *f*
ecosistema M Ökosystem *n*

ecoterrorismo M Ökoterrorismus *m*
eczema [-kz-] M MED Ekzem *n*
ed KONJ = **e** *vor Vokalen*
'edera F BOT Efeu *m*
e'dicola F Zeitungskiosk *m*
edificare V bauen, erbauen
edificio [-tʃo] M Bau *m*; Gebäude *n*; **~ storico** historisches Bauwerk
edilizia F Bauwesen *n*
editore M, **-trice** [-tʃe] F Verleger(in) *m(f)*; **casa** *f* **editrice** Verlag *m* **edito'ria** F Verlagswesen *n*; **~ digitale** Digital Publishing *n* **edizione** F Ausgabe *f*; Auflage *f*
EDP ABK (= **elaborazione elettronica di dati**) EDV *f* (Elektronische Datenverarbeitung)
educare V erziehen **educato** ADJ gut erzogen **educatore** M, **-trice** [-tʃe] F Erzieher(in) *m(f)* **educazione** F Erziehung *f*
effeminato ADJ weibisch
effervescente [-ʃɛn-] ADJ sprudelnd
effettivamente ADV tatsächlich **effettivo** ADJ wirklich, tatsächlich
effetto M Wirkung *f*; Ergebnis *n*; **~ serra** Treibhauseffekt *m*; **fare ~** wirken; **in effetti** in der Tat **effettuare** V aus-, durchführen
efficace [-tʃe] ADJ wirksam
efficiente [-tʃɛn-] ADJ leistungsfähig; tüchtig **efficienza** [-tʃɛn-] F Leistungsfähigkeit *f*; Tüchtigkeit *f*
Egeo [e'dʒɛ:o] M Ägäis *f*
Egitto [-dʒ-] M Ägypten *n*
egiziano [-dʒ-] **1** ADJ ägyptisch **2** M, **-a** F Ägypter(in) *m(f)*
ego'ismo [-zmo] M Selbstsucht *f* **ego'ista** **1** ADJ selbstsüchtig **2** M/F Egoist(in) *m(f)*
egregio [-dʒo] ADJ: **~ signor** ... *im Brief* sehr geehrter Herr ...
EI ABK (= **Esercito Italiano**) italienische Armee
elaborare V ausarbeiten **elaborato** **1** ADJ umständlich **2** M IT Ausdruck *m*
elaborazione F Verarbeitung *f*; IT **~ dati** Datenverarbeitung *f*; IT **~ immagini** Bildverarbeitung *f*; IT **~ testi** Textverarbeitung *f*
elasticizzato [-tʃiddz-] ADJ Stretch... **e'lastico** **1** ADJ elastisch **2** M Gummiband *n*
Elba[1] F: **Isola** *f* **d'~** *Insel* Elba *n*
Elba[2] M *Fluss* Elbe *f*
elefante M Elefant *m*
elegante ADJ elegant **eleganza** F Eleganz *f*
e'leggere [-dʒ-] V wählen
elementare ADJ Grund...; **scuola** *f* **~** Grundschule *f*
elemento M Element *n*; **elementi** *pl* Grundlage *f*

ele'mosina F Almosen *n*
elencare V auflisten
elenco M Verzeichnis *n*; **~ per categorie** Branchenverzeichnis *n*; **~ telefonico** Telefonbuch *n*
eletto ADJ gewählt; auserwählt **elettorale** ADJ Wahl...; **campagna** *f* **~** Wahlkampf *m*
elettore M, **-trice** [-tʃe] F Wähler(in) *m(f)*
elet'trauto M Autoelektriker *m*; Werkstatt *f* für Autoelektrik
elettricista [-tʃ-] M/F Elektriker(in) *m(f)* **elettricità** [-tʃ-] F Elektrizität *f* **e'lettrico** **1** ADJ elektrisch; Elektro... **2** M Elektriker *m*
elettrocardiogramma M Elektrokardiogramm *n*, EKG *n*
elettrodo'mestici [-tʃi] MPL Haushaltsgeräte *npl* **elettromotrice** [-tʃe] F E-Lok *f*
elet'tronica F Elektronik *f*
elet'tronico ADJ elektronisch
elevato ADJ hoch; *fig* erhaben
elezione F POL Wahl *f*
eliambulanza F Rettungshubschrauber *m*
'elica F FLUG Propeller *m*
eli'cottero M Hubschrauber *m*
eliminare V beseitigen **eliminazione** F Beseitigung *f*; SPORT Ausscheiden *n*
eliporto M Hubschrauberlandeplatz *m*
elmetto M, **elmo** M Helm *m*
eloquente ADJ wortgewandt; vielsagend
e-mail F *od* M IT E-Mail *f*
emanazione F Ausstrahlung *f*
emancipazione [-tʃ-] F Emanzipation *f*
emarginato [-dʒ-] M, **-a** F Außenseiter(in) *m(f)*
ematoma M MED Bluterguss *m*
embargo M POL Embargo *n*
embo'lia F MED Embolie *f*
embrione M Embryo *n*
emergenza [-dʒɛ-] F Notstand *m*; **freno** *m* **d'~** Notbremse *f*; **in caso di ~** im Notfall
e'mergere [-dʒe-] V hervorragen; auftauchen (**da** von)
e'mettere V ausstoßen; ausstrahlen; erlassen; *fig* aussprechen
emicrania F Migräne *f*
emigrante M/F Auswanderer(in) *m(f)* **emigrare** V auswandern **emigrato** ADJ ausgewandert **emigrazione** F Auswanderung *f*
emiliano ADJ aus Emilia (*italienischer Region*)
eminente ADJ hervorragend
eminenza F Eminenz *f*
emisfero M Halbkugel *f*
emissione F Ausgabe *f*; **emissioni** *pl* **inquinanti** Schadstoffemissionen *fpl*
emorra'gia [-dʒ-] F Blutung *f*

emor'roidi FPL Hämorrhoiden *fpl* **emo'statico** ADJ blutstillend; **laccio** *m* ~ Aderpresse *f*
emozionante ADJ aufregend
emozionare V aufregen; bewegen **emozionarsi** V sich aufregen **emozionato** ADJ (tief) bewegt; aufgeregt
emozione F Aufregung *f*
emporio M Kaufhaus *n*
encefalite [-tʃe-] F MED Gehirnhautentzündung *f*
endovenoso ADJ intravenös
ENEL F ABK (= **Ente Nazionale per l'energia ELettrica**) staatliche Elektrizitätsgesellschaft
ener'getico [-dʒɛ-] ADJ Energie...; kräftigend; **fonti** *fpl* **energetiche** Energiequellen *fpl*
ener'gia [-dʒ-] F Energie *f*, Kraft *f*; ~ **atomica/nucleare** Atom-/Kernenergie *f*; ~ **solare** Sonnenenergie *f* **e'nergico** [-dʒ-] ADJ energisch
energizzante 1 ADJ Aufbau... 2 M Aufbaupräparat *n*; Energydrink *m*
enigma M Rätsel *n* **enig'matico** ADJ rätselhaft
ENIT ABK (= **Ente Nazionale Italiano per il Turismo**) staatliches Fremdenverkehrsamt
en'nesimo ADJ: **per l'ennesima volta** zum x-ten Mal
enorme ADJ riesig, enorm
enoteca F Weinhandlung *f*; Weinprobierstube *f*
ente M: ~ **per il turismo** Fremdenverkehrsamt *n* **enti** *pl* **pubblici** öffentliche Einrichtungen
entrambi PRON beide
entrare V eintreten (**in** in); *Zug* einfahren; *Schlüssel* passen; ~ **in vigore** in Kraft treten; **non c'entra niente** das hat nichts damit zu tun
entrata F Eingang *m*; Eintritt *m*; IT Eingabe *f*; **entrate** *pl* **e uscite** HANDEL Einnahmen und Ausgaben
entro PRÄP binnen, innerhalb, in; ~ **domani** bis morgen
entroterra M Hinterland *n*
entusiasmare [-zm-] V begeistern **entusiasmo** [-zm-] M Begeisterung *f* **entusiasta** ADJ, **entusi'astico** ADJ begeistert
enzima M BIOL Enzym *n*
e'olico ADJ: **parco** ~ Windpark *m*
E'olie FPL Liparische Inseln *fpl*
epatite F MED Hepatitis *f*
epide'mia F Epidemie *f*, Seuche *f*
epiles'sia F MED Epilepsie *f*
episcopale ADJ bischöflich
episcopato M Bischofsamt *n*
episodio F Episode *f*; TV Folge *f*
epitaffio M Grabinschrift *f*
'epoca F Epoche *f*
eppure KONJ und doch, trotzdem

equatore M Äquator *m* **equestre** ADJ: **statua** *f* **~** Reiterstandbild *n*
equilibrare V ausgleichen; AUTO auswuchten **equilibrio** M Gleichgewicht *m*; *fig* Ausgeglichenheit *f*; **~ biologico** biologisches Gleichgewicht *n*
equinozio M Tagundnachtgleiche *f*
equipaggiamento [-dʒa-] M Ausrüstung *f*; **~ da sub** Taucherausrüstung *f* **equipaggiare** [-dʒa-] V ausrüsten **equipaggio** [-dʒo] M Besatzung *f*
equitazione F Reitsport *m*
equivalente ADJ gleichwertig
equ'ivoco **1** ADJ zweideutig **2** M Missverständnis *n*
era[1] F Ära *f*, Zeitalter *n*; **~ atomica** Atomzeitalter *n*; **~ glaciale** Eiszeit *f*
era[2] er (sie, es) war → essere **'erano** sie waren → essere **eravamo** wir waren → essere **eravate** ihr wart → essere
erba F Gras *n*; **~ cipollina** Schnittlauch *m*; **erbe** *pl* Kräuter *npl*; GASTR **alle erbe** mit Kräutern **erboriste'ria** F *eine Art Kräuterladen und Reformhaus*
erede M/F Erbe *m*, Erbin *f* **eredità** F Erbschaft *f*, Erbe *n* **ereditare** V erben **ereditarietà** F Vererbung *f*
eremita M Einsiedler *m*
er'gastolo M JUR lebenslängliche Freiheitsstrafe *f*
eri du warst → essere
eritema M: **~ solare** Sonnenbrand *m*
er'metico ADJ luftdicht; unverständlich
ernia F MED Bruch *m*; **~ del disco** Bandscheibenvorfall *m*
ero ich war → essere
eroe M Held *m* **e'roico** ADJ heldenhaft
eroina[1] F Heldin *f*
eroina[2] F *Droge* Heroin *n* **eroi'nomane** M/F Heroinsüchtige(r) *f(m)*
e'rotico ADJ erotisch
errare V (sich) irren **errore** M Irrtum *m*; Fehler *m*; **per ~** aus Versehen
erudito **1** ADJ gelehrt **2** M, **-a** F Gelehrte(r) *f(m)*
eruttare V *Lava* auswerfen **eruzione** F *Vulkan* Ausbruch *m*; MED Ausschlag *m*
esagerare [-dʒe-] V übertreiben **esagerazione** [-dʒe-] F Übertreibung *f*
esaltato M, **-a** F Fanatiker(in) *m(f)*
esame M Prüfung *f*; MED Untersuchung *f*; **~ del sangue** Bluttest *m*; **~ di guida** Führerscheinprüfung *f*; **dare un ~** eine Prüfung ablegen **esaminare** V prüfen; MED untersuchen
esasperante ADJ nervenauf-

reibend **esasperare** V empören

esattamente ADV genau

esattezza F Genauigkeit *f*; **per l'~** genauer gesagt **esatto** ADJ genau, richtig

esaurimento M Verbrauch *m*; MED **~ nervoso** Nervenzusammenbruch *m*; **fino ad ~** solange der Vorrat reicht

esaurire V verbrauchen

esaurito ADJ ausverkauft; *Person* mit den Nerven am Ende sein; **tutto ~** alles ausverkauft

esca F Köder *m*

esce ['ɛʃʃe] er (sie, es) geht (hin)aus → uscire

eschimese [-sk-] 1 ADJ Eskimo... *neg!* 2 M/F Eskimo *m neg!*, Eskimofrau *f neg!*

esci ['ɛʃʃi] du gehst (hin)aus; **~!** geh (hin)aus! → uscire

esclamare V ausrufen **esclamazione** F Ausruf *m*

e'scludere V ausschließen

esclusione F Ausschluss *m*; **a(d) ~ di** mit Ausnahme von

esclusiva F Alleinrecht *n*; HANDEL Alleinverkauf *m*

esclusivamente ADV ausschließlich **esclusivo** ADJ exklusiv **escluso** ADJ ausgeschlossen; **bevande** *fpl* **escluse** ohne Getränke; **IVA** *f* **esclusa** ohne Mehrwertsteuer

esco ich gehe (hin)aus → uscire **'escono** sie gehen (hin)aus → uscire

escoriazione F MED Hautabschürfung *f*

escort ['ɛskort] F Edelprostituierte *f*

escursione F Ausflug *m*; SCHIFF **~ a terra** Landausflug *m* **~ ciclistica** Radtour *f*; **~ di un giorno** Tagesausflug *m* METEO **~ termica** Temperaturschwankung *f*

esecuzione F Ausführung *f*; JUR Vollstreckung *f* **eseguire** V ausführen

esempio M Beispiel *n*; **dare il buon/cattivo ~** mit gutem/schlechtem Beispiel vorangehen; **fare un ~** ein Beispiel geben; **per ~** (**p.es.**) zum Beispiel (z. B.)

esemplare 1 ADJ beispielhaft 2 M Muster *n*; Exemplar *n*

esente ADJ befreit, frei (**da** von)

e'sequie FPL Begräbnisfeier *f*

esercitare [-tʃ-] V üben, ausüben **esercitazione** [-tʃ-] F Übung *f*

e'sercito [-tʃ-] M Armee *f*

esercizio [-tʃ-] M Übung *f*; **~ pubblico** öffentliches Lokal *n*; **fuori ~** aus der Übung

esibire V vorzeigen, -weisen

esigente [-dʒɛ-] ADJ anspruchsvoll **esigenza** [-dʒɛ-] F Erfordernis *n*; Anspruch *m*

e'sigere [-dʒe-] V verlangen

'esile ADJ dünn; zart

esiliare V ins Exil schicken

esilio M Exil *n*

esistenza F Bestehen *n*; Dasein *n*; Existenz *f* **e'sistere** V existieren; da sein; *umg* **non esiste!** das gibt's doch gar nicht!
esitare V zögern
'esito M Ausgang *m*; Ergebnis *n*
'eskimo M Parka *m od f*
e'sofago M Speiseröhre *f*
esorbitante ADJ übertrieben
e'sotico ADJ exotisch
e'spandere V ausdehnen **espansione** F Ausdehnung *v* **espansivo** ADJ offenherzig
espatrio M Ausreise *f*; **valido per l'~** für die Ausreise gültig
espediente M Ausweg *m*; Notbehelf *m*
esperienza F Erfahrung *f*; **per ~** aus Erfahrung
esperimento M Versuch *m*; Experiment *n*
esperto 1 ADJ erfahren 2 M, **-a** F Experte *m*, Expertin *f*
espirare V ausatmen
e'splicito [-tʃ-] ADJ ausdrücklich
e'splodere V explodieren
esplorare V erforschen **esploratore** M, **-trice** [-tʃe] F Forscher(in) *m(f)* **esplorazione** F Erforschung *f*
esplosione F Explosion *f* **esplosivo** 1 ADJ explosiv 2 M Sprengstoff *m*
esporre V darlegen; ausstellen; FOTO belichten
esportare V exportieren, ausführen **esportazione** F Export *m*, Ausfuhr *f*
espo'simetro M FOTO Belichtungsmesser *m*
esposizione F Ausstellung *f*; FOTO Belichtung *f*
espressino M GASTR: **~ freddo** *kalte Creme aus Espresso, Eis und Schokolade*
espressione F Ausdruck *m* **espressivo** ADJ ausdrucksvoll
espresso 1 PPERF ausgedrückt → esprimere 2 M Eilbrief *m*; Schnellzug *m*; *Kaffee* Espresso *m*
e'sprimere V ausdrücken
espropriare V enteignen **espropriazione** F Enteignung *f*
espulsione F Ausschluss *m*
essemmesse M TEL SMS *f*
essenziale 1 ADJ wesentlich 2 M Hauptsache *f*; Wesentliche(s) *n*
'esserci [-tʃi] V: **c'è Elena?** ist Elena da?; **che c'è?** was gibt's?; **ci sono …?** gibt es …?
'essere 1 V sein; sich befinden; **~ di qn** j-m gehören; **c'è** es gibt, (es) ist; **che ora è?** wie spät ist es?; **ci sono** es gibt, (es) sind; **è di Roma** er *od* sie ist aus Rom; **quant'è?** wie viel macht das? 2 M Wesen *n*
essiccato ADJ gedörrt, ge-

trocknet
est M Osten *m*; **a ~ di** östlich von
'estasi F Ekstase *f*
estate F Sommer *m*; **d'~** im Sommer
e'stendere V erweitern; ausdehnen **e'stendersi** V sich erstrecken **estensione** F Ausdehnung *f*; Umfang *m*
estenuante ADJ ermüdend **estenuare** V ermüden
esteriore ADJ äußere(r, -s)
esterno 1 ADJ äußere(r, -s); MED **per uso ~** zum äußerlichen Gebrauch 2 M Außenseite *f*; **all'~** außen
'estero 1 ADJ ausländisch 2 M Ausland *n*; **all'~** im Ausland; **Ministro** *m* **degli (Affari) Esteri** Außenminister *m*
esteso ADJ: **scrivere per ~** ausschreiben
estetista F Kosmetikerin *f*
e'stinguere V löschen; tilgen **estintore** M Feuerlöscher *m* **estinzione** F Aussterben *n*; Löschen *n*
estivo ADJ sommerlich
Estonia F Estland *n*
estorsione F Erpressung *f*
e'straneo 1 ADJ fremd; außenstehend 2 M, **-a** F Fremde(r) *f(m)*
estrarre V herausziehen; MINER *Bergbau* abbauen; *Zahn* ziehen **estratto** M Auszug *m*; Extrakt *m*; **~ conto** Kontoauszug *m* **estrazione** F Gewinnung *f Rohstoffe*; Ziehung *Lotto*
estremamente ADV äußerst
estremità F (äußerstes) Ende *n*; Extrem *n*
estremo 1 ADJ extrem; **l'Estremo Oriente** der Ferne Osten 2 M Extrem *n*
età F Alter *n*; Zeitalter *n*; **~ della pietra** Steinzeit *f*; **~ massima** Höchstalter *n*; **all'~ di** im Alter von; **che ~ ha ...?** wie alt ist ...?; **terza ~** drittes Alter
eternità F Ewigkeit *f* **eterno** ADJ ewig; **in ~** immer und ewig
etichetta [-k-] F Etikett *n*; Preisschild *n*
Etna M Ätna *m*
etnochic M Ethno-Schick *m*
etrusco 1 ADJ etruskisch 2 M, **-a** F Etrusker(in) *m(f)*
'ettaro M Hektar *m*
etto M hundert Gramm *npl*
euro ['ɛ:uro] M *Währung* Euro *m* **eurocheque** [-ʃɛk] M Euroscheck *m*
Europa F Europa *n* **europeo** 1 ADJ europäisch, Europa... 2 M, **-a** F Europäer(in) *m(f)*
Euro'star M BAHN Eurostar *m*
evacuazione F Evakuierung *f*; MED Stuhlgang *m*
e'vadere V ausbrechen (**da** aus); **~ le tasse** Steuern hinterziehen
evaporare V verdunsten

evasione F Flucht *f*, Ausbruch *m* (da aus); ~ **fiscale** Steuerhinterziehung *f*
evaso M, **-a** F Flüchtling *m*
evento M Ereignis *n*
eventuale ADJ möglich **eventualità** F Möglichkeit *f*; **nell'~ che** *+konjkt* falls; **per ogni ~** für alle Fälle **eventualmente** ADV eventuell
evidente ADJ offensichtlich; deutlich **evidenza** F Deutlichkeit *f*; **mettere in ~** hervorheben **evidenziatore** M Leuchtstift *m*
evitare V vermeiden, meiden; umgehen
evviva INT: ~! Hurra!
ex 1 ADJ ehemalig 2 M/F Ex *m/f*
extra 1 ADJ Neben..., Extra... 2 M Extra *n* **extraconiugale** ADJ außerehelich **extraterrestre** ADJ außerirdisch
eyeliner M Eyeliner *m*

F

fa[1] ADV **3 anni ~** vor 3 Jahren
fa[2] M MUS F *n*
fa[3] er (sie, es) macht → fare
'**fabbrica** F Fabrik *f*
fabbricante M/F Fabrikant(in) *m(f)* **fabbricare** V herstellen
fabbricato M Gebäude *n*
fabbricazione F Herstellung *f*
fabbro M Schmied *m*; ~ **meccanico** Maschinenschlosser *m*
faccenda [-tʃɛ-] F Angelegenheit *f*
facchino [-kk-] M Gepäckträger *m*
faccia [-tʃa] F Gesicht *n*; Aussehen *n*; **di ~** gegenüber
facciamo [-tʃa-] wir machen → fare
facciata [-tʃa-] F ARCH Fassade *f*; Seite *f*
faccina [-tʃi-] F IT, TEL Smiley *n*, Emoticon *n*
faccio [-tʃo] ich mache → fare
'**facile** [-tʃ-] ADJ leicht, einfach; ~ **da trovare** leicht zu finden; **è ~ che** *+konjkt* es ist leicht möglich, dass **facilità** [-tʃ-] F Leichtigkeit *f* **facilitare** [-tʃ-] V erleichtern **facilitazione** [-tʃ-] F Erleichterung *f*
facoltà F Fähigkeit *f*; Fakultät *f* **facoltativo** ADJ beliebig
faggio [-dʒo] M BOT Buche *f*
fagiano [-dʒa-] ZOOL M Fasan *m*
fagiolini [-dʒo-] MPL BOT grüne Bohnen *fpl* **fagiolo** [-dʒɔ-] M BOT Bohne *f*
fagotto M Bündel *n*; MUS Fagott *n*
fai du machst → fare
fai da te M Heimwerken *n*

falce [-tʃe] F Sichel *f* **falciare** [-tʃa-] V abmähen, mähen **falciatrice** [faltʃa'tri:tʃe] F Mähmaschine *f*

falco M ZOOL Falke *m*

falda F Schicht *f*; Abhang *m*; Krempe *f*

falegname [-ɲ-] M Tischler(in) *m(f)* **falegname'ria** [-ɲ-] F Tischlerei *f*, Schreinerei *f*

fallimento M WIRTSCH Konkurs *m*; Scheitern *n* **fallire** V scheitern **fallito** ADJ WIRTSCH, JUR bankrott; gescheitert

fallo M Fehler *m*; SPORT Foul *m*; ANAT Phallus *m*

falsificare V fälschen **falsificazione** F Fälschung *f* **falso** ADJ falsch, gefälscht

fama F Ruf *m*; Gerücht *n*

fame F Hunger *m*; **avere ~** hungrig sein, Hunger haben

famiglia [-ʎa] F Familie *f* **familiare** ADJ familiär; vertraut **familiarità** F Vertrautheit *f*; Vertraulichkeit *f*

famoso ADJ berühmt

fanale M Licht *n*; AUTO Scheinwerfer *m* **fanalino** M: **~ di coda** Rücklicht *n*; *fig* Schlusslicht *n*

fa'natico ADJ fanatisch

fango M Schlamm *m*; MED Fango *m*; **fanghi** [-gi] *pl* Moorbäder *npl* **fangoso** ADJ schlammig; dreckig

fanno V sie machen

fantascienza [-ʃɛntsa] F Science-Fiction *f* **fanta'sia** F Fantasie *f* **fantasma** [-zma] M Gespenst *n* **fantasmini** MPL Sneakersöckchen *npl* **fan'tastico** ADJ fantastisch

fante M *Kartenspiel* Bube *m*

fantoccio [-tʃo] M Puppe *f*, Marionette *f*

faraona F ZOOL Perlhuhn *n*

'farcela [-tʃ-] V es schaffen

farcito [-tʃ-] ADJ GASTR gefüllt

fard M Rouge *n*

fare V machen; tun; *Beruf* ausüben; *Fahrkarte* lösen; **~ bene** guttun; **~ caldo/freddo** *Wetter* heiß/kalt sein; **~ escursioni** wandern; **~ nuoto subacqueo** tauchen; **far ~** machen lassen; **fai pure!** nur zu!; **farcela** es schaffen; **farsi** werden; *umg* fixen; **non ce la faccio più** ich kann nicht mehr

farfalla F ZOOL Schmetterling *m*

farina F Mehl *n*; **~ animale** Tiermehl *n* **fari'nacei** [-tʃei] MPL Teigwaren *fpl*

faringe [-dʒ-] F Rachen *m* **faringite** [-dʒ-] F Rachenkatarrh *m*

farma'cia [-tʃ-] F Apotheke *f* **farmacista** [-tʃ-] M/F Apotheker(in) *m(f)* **'farmaco** M Arzneimittel *n*

faro M Leuchtturm *m*; AUTO Scheinwerfer *m*

farro M BOT Dinkel *m*

farsa F Posse *f*, Farce *f*

fascia [-ʃa] F Binde *f*; **~ d'ascolto** Einschaltquote *f*; **~ elastica** elastische Binde *f*; **~ oraria** Zeitspanne *f*

fasciare [-ʃa-] V verbinden **fasciatura** [-ʃa-] F Verband *m* **fa'scicolo** [-ʃ-] M Heft *n*

'fascino [-ʃ-] M Zauber *m*, Reiz *m*

fascio [-ʃo] M Bündel *n*; *umg* Faschist *m*

fascismo [-ʃizmo] M Faschismus *m*; **fascista** M/F Faschist(in) *m(f)*

fase F Phase *f*; *Motor* Takt *m*

fast food [fast'fud] M GASTR Fast Food *n*

fastidio M Belästigung *f*, Störung *f*; Verdruss *m*; **dare ~ a qn** j-n belästigen, stören **fastidioso** ADJ lästig, unangenehm

fasto M Prunk *m*

fata F Fee *f*

fatale ADJ verhängnisvoll **fatalità** F Verhängnis *n*

fate V ihr macht

fatica F Mühe *f*; Anstrengung *f*; **a ~** mühsam **faticare** V hart arbeiten; sich abmühen **faticoso** ADJ ermüdend

fatto **1** ADJ gemacht, geschaffen; **~ a mano** handgemacht; **~ in casa** hausgemacht **2** M Tatsache *f*; Ereignis *n*; **~ sta che ...** Tatsache ist, dass ...; **sul ~** auf frischer Tat

fattore[1] M Faktor *m*; **~ di protezione** Lichtschutzfaktor *m*

fattore[2] M, **-essa** F Gutsverwalter(in) *m(f)* **fatto'ria** F Bauern-, Gutshof *m*; **~ didattica** Lernbauernhof *m*

fattorino M Bote *m*; *pej* Laufbursche *m*

fattura F HANDEL Rechnung *f*; *umg* Zauberei *f* **fatturato** M Umsatz *m*

fava F BOT dicke Bohne *f*

'favola F Fabel *f*; Märchen *n* **favoloso** ADJ fabelhaft; großartig

favore M Gefallen *n*, Gefälligkeit *f*; Gunst *f*; **a ~ di** zugunsten; **fare un ~** e-n Gefallen tun; **per ~** bitte; **prezzo *m* di ~** Vorzugspreis *m*

favo'revole ADJ günstig **favorire** V begünstigen; **favorisca i documenti!** zeigen Sie mir bitte Ihre Papiere! **favorito** **1** ADJ Lieblings... **2** M, **-a** F Favorit(in) *m(f)*

fax M *Brief, Gerät* Fax *n* **faxare** V faxen

fazzoletto M Taschentuch *n*; Tuch *n*; **~ di carta** Papiertaschentuch *n*

febbraio M Februar *m*; → aprile

febbre F Fieber *n* **febbrile** ADJ fiebrig; *fig* fieberhaft

'fecola F Stärkemehl *n*; **~ di patate** Kartoffelmehl *n*

fecondazione F BIOL Befruchtung *f*; **~ artificiale** künstliche Befruchtung **fe-**

condità F Fruchtbarkeit *f* **fecondo** ADJ fruchtbar
fede F Glaube *m* (**in** an); Ehering *m*; **fare ~** maßgebend sein; **in buona ~** in gutem Glauben
fedele 1 ADJ treu, getreu 2 M/F Gläubige(r) *f(m)* **fedeltà** F Treue *f*; MUS **ad alta ~** Hi-Fi...
'federa F Kopfkissenbezug *m*
federale ADJ Bundes... **federato** ADJ verbündet **federazione** F Verband *m*
feedback [fid'bɛk] M Feedback *n*
fegatello M Schweinsleber *f* **fegatino** M Geflügelleber *f*
'fegato M ANAT Leber *f*; *fig* Mut *m*
felce [-tʃe] F BOT Farn *m*
felice [-tʃe] ADJ glücklich **felicità** [-tʃ-] F Glück *n* **felicitarsi** [-tʃ-] V sich freuen (**di** über); **~ con qn per qc** j-n zu etw beglückwünschen **felicitazione** [-tʃ-] F Glückwunsch *m*
felpa F Sweatshirt *n*
feltro M Filz *m*; **cappello** *m* **di ~** Filzhut *m*
'femmina F ZOOL Weibchen *n* **femminicidio** M Femi(ni)zid *m* **femminile** ADJ Frauen...; weiblich **femminista** 1 ADJ feministisch 2 M/F Feminist(in) *m(f)*
'femore M Oberschenkel *m*
fendinebbia MPL Nebelscheinwerfer *m*
fe'nomeno M Phänomen *n*
feriale ADJ: **giorno** *m* **~** Werktag *m*
ferie FPL Ferien *fpl*, Urlaub *m*; **andare in ~** in Urlaub gehen
ferire V verwunden, verletzen **ferita** F Wunde *f*, Verletzung *f*; **~ da taglio** Schnittwunde *f* **ferito** M, **-a** F Verletzte(r) *f(m)*, Verwundete(r) *f(m)*
fermaglio [-ʎo] M Haarspange *f*; Gürtelschnalle *f*; Brosche *f*
fermare V anhalten; *Motor* abstellen; j-n festnehmen **fermarsi** V halten, anhalten; stehen bleiben; sich aufhalten
fermata F Halt *m*; Haltestelle *f*; **~ a richiesta** *od* **facoltativa** Bedarfshaltestelle *f*; **~ dell'autobus** Bushaltestelle *f*
fermentare V gären **fermentazione** F Gärung *f*
fermezza F Entschlossenheit *f*; Beständigkeit *f*
fermo ADJ still, unbeweglich; stehend; *fig* entschlossen; **~!** halt!; **essere ~** stehen, stillstehen; *Uhr* stehen; **terra** *f* **ferma** Festland *n* **fermoposta** ADV postlagernd
feroce [-tʃe] ADJ wild; grausam
ferodo® M: **~ dei freni** Bremsbelag *m*
ferragosto M Mariä Himmelfahrt *f*
ferramenta F Eisenwaren *fpl*;

Eisenwarenhandlung *f*

ferro M Eisen *n*; ~ **battuto** Schmiedeeisen *n*; ~ **da calza** Stricknadel *f*; ~ **da stiro** Bügeleisen *n*; **tocca** ~! toi, toi, toi!; **ai ferri** gegrillt, vom Rost **ferrovecchio** [-kkio] M Schrotthändler *m*

ferro'via F Eisenbahn *f*; **le ferrovie** *pl* die Bahn *f* **ferroviario** ADJ Bahn...; **orario** *m* ~ Fahrplan *m*, Kursbuch *n* **ferroviere** M, **-a** F Eisenbahner(in) *m(f)*

'fertile ADJ fruchtbar **fertilità** F Fruchtbarkeit *f*

fessura F Ritze *f*, Spalt *m*

festa F Fest *n*; Feiertag *m*; ~ **nazionale** Nationalfeiertag *m*; ~ **popolare** Volksfest *n*

festeggiamenti [-dʒa-] MPL Feierlichkeiten *fpl* **festeggiare** [-dʒa-] V feiern **'festival** M Festival *n* **festivo** ADJ Feier...; **giorno** *m* ~ Feiertag *m*; Fest...; festlich **festoso** ADJ freudig

fetta F Scheibe *f*; ~ **biscottata** Zwieback *m*; **una** ~ **di pane** eine Scheibe Brot; **a fette** in Scheiben geschnitten **fettuccine** [-tʃ-] FPL schmale Bandnudeln *fpl*

fiaba F Märchen *n*

fiacca F Müdigkeit *f*; Trägheit *f*

fi'accola F Fackel *f*

fiala F Ampulle *f*

fiamma F Flamme *f*; SCHIFF Wimpel *m*; GASTR **alla** ~ flambiert **fiam'mifero** M Streichholz *n*

fianco M Seite *f*; Hüfte *f*; ~ **a** ~ Seite an Seite; **a** ~ **di** neben; **di** ~ seitlich

fiasco M Strohflasche *f*; *fig* Fiasko *n*; **fare** ~ e-n Reinfall haben

fiato M Atem *m* Hauch *m*; SPORT Ausdauer *f*; **in un** ~ in e-m Zug; **senza** ~ *fig* sprachlos

fibbia F Schnalle *f*

fibra F Faser *f*; ~ **di vetro** Glasfaser *f* **fibroso** ADJ faserig

ficcare V stecken, hineinstecken (**in** in)

fico M Feige *f*; BOT Feigenbaum *m*; ~ **d'India** Kaktusfeige *f*

fidanzamento M Verlobung *f* **fidanzarsi** V sich verloben **fidanzato** M, **-a** F Verlobte(r) *f(m)*

fidarsi V: ~ **di fare qc** sich etw getrauen; ~ **di qc** auf etw vertrauen; ~ **di qn** j-m trauen

fidato ADJ zuverlässig **fiducia** [-tʃa] F Vertrauen *n* (**di** in); **di** ~ Vertrauens...

fienile M Scheune *f*

fieno M Heu *n*

fiera F Messe *f*; Jahrmarkt *m*

fiero ADJ stolz (**di** auf)

figlia [-ʎa] F Tochter *f* **figliastra** [-ʎa-] F Stieftochter *f* **fi-**

gliastro [-ʎa-] M Stiefsohn *m* **figlio** [-ʎo] M Sohn *m*; **figli** *pl* Kinder *npl* **figlioccio** [-ʎɔt-tʃo] M, **-a** F Patenkind *n*

figura F Figur *f*, Gestalt *f*; Aussehen *n*; **fare bella~** e-n guten Eindruck machen; **fare brutta ~** sich blamieren

figurare V darstellen; (dabei) sein, sich befinden **figurarsi** V sich vorstellen; **figurati!** ach wo!; stell dir mal vor!

fila F Reihe *f*; **fare la ~** sich anstellen; Schlange stehen; **in ~ indiana** *neg!* im Gänsemarsch

filare V spinnen; **~ dritto** sich anständig benehmen; *umg* **filarsela** abhauen *umg*

file M IT Datei *f*

filetto M GASTR Filet *n*

filiale F Zweigstelle *f*

filippino 1 ADJ philippinisch 2 M, **-a** F Philippiner(in) *m(f)*

film M Film *m*; **~ giallo** Kriminalfilm *m*, Krimi *m*; **~ in bianco e nero** Schwarzweißfilm *m* **filmare** V filmen **filmare** V filmen **filmato** M Filmbericht *m*

filo M Faden *m*; Schnur *f*; Draht *m*; **~ da cucito** Nähgarn *n*; **~ d'olio** GASTR ein Tropfen Öl; **~ interdentale** Zahnseide *f*; **per ~ e per segno** haarklein, ganz genau

'filobus M Bus *m* mit Oberleitung

filodiffusione F ≈ Telefonrundspruch *m*

fi'lologo M, **-a** F Philologe *m*, Philologin *f*

filone M Stangenbrot *n*

filoso'fia F Philosophie *f* **fi'losofo** M, **-a** F Philosoph(in) *m(f)*

filtrare V filtern

filtro M Filter *m*; **~ dell'aria** Luftfilter *m*; Ölfilter *m*; FOTO **~ giallo** Gelbfilter *m*

finale 1 ADJ endgültig; Schluss...; End... 2 M Ende *n* 3 F SPORT Endspiel *n* **finalista** M/F SPORT Teilnehmer(in) *m(f)* der Endrunde, Finalist(in) *m(f)* **finalmente** ADV endlich; schließlich

finanza F: **~ etica** Ethikbanken *fpl* **finanze** FPL Finanzen *fpl* **finanziare** V finanzieren **finanziario** ADJ finanziell

finché [-ke] KONJ bis; solange

fine 1 ADJ fein 2 M Zweck *m*, Ziel *n* 3 F Ende *n*; **alla ~** schließlich; zuletzt **fine settimana** M Wochenende *n*

finestra F Fenster *n* **finestrino** M Fenster *n*

'fingere [-dʒ-] V heucheln; vorgeben; **~ di** so tun als ob **'fingersi** [-dʒ-] V: **~ malato** sich krank stellen

finire V beenden; aufbrauchen; zu Ende gehen; **~ di fare qc** aufhören etw zu tun; **finiscila!** hör' auf (damit) **finito** ADJ zu Ende, vorbei; Person am Ende, erledigt; *umg* **ma dove sei ~?** wo steckst du denn?

finlandese 1 ADJ finnisch 2 M/F Finne *m*, Finnin *f* 3 M *Sprache* Finnisch *n* **Fin'landia** F Finnland *n*

fino 1 ADJ dünn; fein 2 PRÄP bis; **~ a** bis zu *od* nach; **fin da ieri** seit gestern; **fin là/qui** bis dorthin/hierher

finocchio [-kkio] M BOT Fenchel *m*

finora ADV bis jetzt

finta F Verstellung *f*; **fare ~ di (niente)** so tun, als ob (nichts wäre) **finto** ADJ falsch

fiocco M Schleife *f*; **~ di neve** Schneeflocke *f*; **fiocchi** *pl* **d'avena** Haferflocken *fpl*; *fig* **con i fiocchi** ausgezeichnet, toll

fioraio M, **-a** F Blumenhändler(in) *m(f)* **fiore** M Blume *f*; **fior di latte** Sahne *f*; **fiori** *pl Kartenspiel* Kreuz *n*

fiorentina F dickes T-Bone-Steak englisch gegrillt **fiorentino** ADJ florentinisch

fiorire V blühen

Firenze F Florenz *n*

firma F Unterschrift *f* **firmare** V unterschreiben

fisar'monica F Ziehharmonika *f*

fiscale [-sk-] ADJ Steuer…; *fig Person* kleinlich, streng

fischiare [-sk-] V pfeifen; auspfeifen; SPORT *Spiel* an-, abpfeifen **fischietto** [-sk-] M Trillerpfeife *f* **fischio** [-sk-] M Pfiff *m*

'fisica F Physik *f* **'fisico** 1 ADJ physikalisch; körperlich, physisch 2 M **-a** F Physiker(in) *m(f)*; ANAT Körperbau *m*

fisiotera'pia F Krankengymnastik *f*

fissa F *umg* Fimmel *m*, Macke *f*; **avere la ~ di** *umg* total fixiert sein auf

fissare V befestigen; festlegen; reservieren; anstarren **fissatore** M Festiger *m* **fisso** ADJ fest; starr; *Kosten* fix

'fistola F MED Fistel *f*

fitness F Fitness *f*

fitta F Stich *m*; **~ al cuore** Herzstich *m*

fitto ADJ *Haar, Wald* dicht

fiume M Fluss *m*; *fig* Strom *m*

fiutare V beschnuppern; *fig* wittern; *Tabak* schnupfen

flacone M Flakon *m*

flagrante ADJ offenkundig; **in ~** auf frischer Tat

flanella F Flanell *m*

flash [flɛʃ] M Blitzlicht *n*

flash mob [flɛʃ'mɔb] M Flashmob *m*

flatulenza F Blähung *f*

flautista M/F Flötist(in) *m(f)* **flauto** M Flöte *f*

flem'matico ADJ träge

flessione F GRAM Beugung *f*; Krümmung *f*, Biegung *f*

flirtare V flirten

F.lli ABK (= **fratelli**) Gebr. (Gebrüder)
floscio [-ʃo] ADJ schlaff, weich
flotta F SCHIFF Flotte *f*; ~ **aerea** Luftflotte *f*
'fluido ADJ flüssig **fluire** V fließen
fluoro M Fluor *n*
flusso M Strom *m*; Fluss *m*; SCHIFF Flut *f*; ~ **di dati** IT Datenfluss *m*
fluttuare V wogen; *fig* schwanken
fluviale ADJ Fluss…
foca F ZOOL Seehund *m*
focaccia [-tʃa] F GASTR Fladen *m*
foce [-tʃe] F Mündung *f*
focoso ADJ feurig
'fodera F Bezug *m*; Schutzhülle *f*; *Kleidung* Futter *n* **foderare** V *Kleid* füttern
foglia [-ʎa] F Blatt *n*; ~ **d'alloro** Lorbeerblatt *n* **fogliame** [-ʎa-] M Laub *n*
foglio [-ʎo] M Blatt *n*, Bogen *m*; ~ **complementare** Fahrzeugbrief *m*; ~ **rosa** provisorischer Führerschein *m*
fogna [-ɲ-] F Abwasserkanal *m* **fognatura** [-ɲ-] F Kanalisation *f*
folclo'ristico ADJ Volks-, Trachten-; **gruppo** ~ Volkstanzgruppe *f*
folla F Menge *f*
folle ADJ verrückt, wahnsinnig; AUTO **in** ~ im Leerlauf **fol'lia** F Wahnsinn *m*; **alla** ~ wahnsinnig
folto 1 ADJ dicht 2 M Dickicht *n*
fon M Föhn *m*
fondale M Meeresgrund *m*; ~ **digradante** flach abfallender Strand
fondamentale ADJ wesentlich **fondamento** M Grundlage *f*; **le fondamenta** *fpl* Fundament *n*
fondare V gründen; stiften **fondarsi** V sich stützen (**su** auf) **fondatore** M, **-trice** [-tʃe] F Gründer(in) *m(f)* **fondazione** F Gründung *f*; JUR Stiftung *f*
'fondere V schmelzen; verschmelzen; ELEK *Sicherung* durchbrennen **fonde'ria** F Gießerei *f*
fondo 1 ADJ tief 2 M Grund *m* Hintergrund *m*; **a** ~ gründlich; **in** ~ hinten; *fig* im Grunde (genommen); **in** ~ **alla strada** am Ende der Straße; **sci** *mpl* **di** ~ Langlauf *m*
fondotinta M Make-up *n*
fonduta F GASTR Fondue *n*
fontana F Brunnen *m* **fonte** F od M Quelle *f*; ~ *m* **battesimale** Taufbecken *n*
foraggio [-dʒo] M Futter *n*
forare V durchlöchern; durchbohren; *Reifen* platzen **foratura** F Reifenpanne *f*
'forbici [-tʃi] FPL Schere *f*; ~ **da unghie** Nagelschere *f*; **un paio di** ~ eine Schere **forbi-**

cine [-tʃi] FPL Nagelschere *f*
forcella [-tʃ-] F TECH Gabel *f* **forchetta** [-k-] F Gabel *f* **forcina** [-tʃ-] F Haarnadel *f*
foresta F Wald *m*
forestiero 1 ADJ fremd 2 M, **-a** F Fremde(r) *f(m)*
forfet(t)ario ADJ Pauschal...
'forfora F Schuppen *fpl*
forma F Form *f*; Gestalt *f*; **essere in ~** in Form sein
formaggio [-dʒo] M Käse *m*; **~ caprino** Ziegenkäse *m*; **~ grattugiato** geriebener Käse *m*; **~ pecorino** Schafskäse *m*; **~ stagionato** reifer Käse *m*
formale ADJ formal; formell **formalità** F Formalität *f*
formare V bilden, formen; ausbilden; TEL **~ il numero** wählen **formato** M Format *n* **formattare** V IT formatieren
formazione F Bildung *f*; Entstehung *f*; **contratto** *m* **di ~** Ausbildungsvertrag *m*
formica F Ameise *f* **formicaio** M Ameisenhaufen *m*
formi'dabile ADJ großartig, toll
'formula F Formel *f* **formulare** V formulieren **formulario** M Formular *n*
fornaio M, **-a** F Bäcker(in) *m(f)*
fornello M Herd *m*; **~ da campeggio** Kocher *m*
fornire V liefern; versorgen (**qc a qn** j-n mit etw); *Auskunft* erteilen **fornitore** M, **-trice** [-tʃe] F Lieferant(in) *m(f)* **fornitura** F Lieferung *f*; Ausstattung *f*
forno M Ofen *m*, Backofen *m*; Bäckerei *f*; GASTR **al ~** gebacken
foro[1] [-o-] M Loch *n*
foro[2] [-ɔ-] M *Platz* Forum *n*
forse ADV vielleicht
forte ADJ stark; kräftig; scharf; *Summe* groß; **andare ~** schnell fahren; **parlare ~** laut sprechen
fortezza F Stärke *f*; Festung *f* **fortificazione** F Festungswerk *n* **fortino** M Bunker *m*
for'tuito ADJ zufällig
fortuna F Glück *n*; Vermögen *n*; **di ~** Not...; **per ~** zum Glück **fortunatamente** ADV glücklicherweise **fortunato** ADJ glücklich
forum M *Internet* Forum *n*
fo'runcolo M Furunkel *m*
forza F Kraft *f*; Stärke *f*; Gewalt *f*; **~!** los!; vorwärts!; **~ di gravità** Schwerkraft *f*; **per ~** notgedrungen; auf jeden Fall; **forze** *pl* **armate** Streitkräfte *fpl*; **forze dell'ordine** Polizeikräfte *fpl*
fo'schia [-sk-] F Dunst *m*
fossa F Graben *m*; Grube *f*; **~ comune** Massengrab *n* **fossato** M Graben *m*, Wassergraben *m* **fossetta** F Grübchen *n* **fosso** M Festungsgraben *m*

foto F Foto *n* **foto'camera** F: ~ **digitale** Digitalkamera *f* **fotocopia** F Fotokopie *f* **fotocopiare** V fotokopieren **fotocopiatrice** [-tʃe] F Fotokopierer *m*
fotogalle'ria IT F Fotogalerie *f*
fotografare V fotografieren, aufnehmen **fotogra'fia** F Fotografie *f*; ~ **a colori** Farbfoto *n*; ~ **in bianco e nero** Schwarzweißaufnahme *f* **foto'grafico** ADJ fotografisch; **articoli** *mpl* **fotografici** Fotobedarf *m* **fo'tografo** M, **-a** F Fotograf(in) *m(f)* **fototeca** F Fotothek *f* **foto'tessera** F Passbild *n*
foulard M Halstuch *n*
fra PRÄP zwischen; unter; in; ~ **di noi** unter uns; ~ **due giorni** in zwei Tagen; ~ **l'altro** unter anderem; ~ **sé** bei sich
frac M Frack *m*
fracasso M Lärm *m*
'fradicio [-tʃo] ADJ durchnässt; verdorben; faul; *umg* **ubriaco** ~ *umg* stockbesoffen
'fragile [-dʒ-] ADJ zerbrechlich
'fragola F BOT Erdbeere *f*
fragrante ADJ wohlriechend **fragranza** F Wohlgeruch *m*
frain'tendere V missverstehen
frammento M Bruchstück *n*
frana F Erdrutsch *m* **franare** V einstürzen
francese [-tʃ-] **1** ADJ französisch **2** M/F Franzose *m* Französin *f* **3** M *Sprache* Französisch *n*
franchezza [-k-] F Offenheit *f*
Francia [-tʃa] F Frankreich *n*
franco **1** ADJ frei; *fig* offen; ~ (**di**) **porto** portofrei; **farla franca** ungestraft davonkommen **2** M Franken *m*; ~ **svizzero** Schweizer Franken *m*
francobollo M Briefmarke *f*
frangenti [-dʒ-] MPL Brandung *f*
frangia [-dʒa] F Franse *f*; GEOG Streifen *m*; *Haar* Pony *m*
frantumi MPL Bruchstücke *npl*, Stücke *npl*; Trümmer *pl*
frappè M GASTR Milchshake *m*
frase F GRAM Satz *m*
'frassino M BOT Esche *f*
frate M REL Bruder *m*
fratellastro M Stiefbruder *m*
fratello M Bruder *m*; **fratelli** *pl* Geschwister *pl*; HANDEL Gebrüder *pl*
fraterno ADJ brüderlich
frattaglie [-ʎe] FPL GASTR Innereien *fpl*
frattanto ADV inzwischen
frattempo M: **nel** ~ inzwischen, unterdessen
frattura F MED Bruch *m*
fraz. ABK (= **frazione**) Ortsteil *m* **frazionare** V teilen **frazione** F Ortsteil *m*; Teil *m*;

MATH Bruchteil *m*
freccia [-tʃa] F Pfeil *m*; AUTO Blinker *m*
freddarsi V kalt werden; sich abkühlen (*a. fig*) **freddo** 1 ADJ kalt 2 M Kälte *f*; **avere ~** frieren; **fare ~** kalt sein
freddoloso ADJ verfroren; **essere ~** leicht frösteln
freezer ['fri:zer] M Gefrierfach *n*
fregare V reiben; betrügen, *umg* beschummeln **fregato** ADJ angeschmiert; verarscht *vulg* **fregatura** F *umg* Schwindel *m*
fregio [-dʒo] M ARCH Fries *n*
frenare V bremsen
freno M Bremse *f*; **~ a disco** Scheibenbremse *f*; **~ a mano** Handbremse *f*; **~ a pedale** Fußbremse *f*; **~ d'emergenza** Notbremse *f*
frequentare V *regelmäßig* besuchen; **~ l'università** studieren; **~ qn** j-n regelmäßig treffen, mit j-m öfter zusammensein **frequente** ADJ häufig **frequenza** F Häufigkeit *f*; Besucherzahl *f*; **obbligo** *m* **di ~** Anwesenheitspflicht *f*
freschezza [-sk-] F Frische *f*
fresco [-sk-] 1 ADJ frisch; kühl 2 M Kühle *f*; **prendere il ~** an die frische Luft gehen
fretta F Eile *f*; **avere ~** es eilig haben; in Eile sein; **in ~** eilig, schnell; **non c'è ~** es eilt nicht
frettoloso ADJ eilig
Friburgo F Freiburg *n*
'friggere [-dʒ-] V frittieren **friggitrice** [friddʒi'tri:tʃe] F Fritteuse *f*
frigo M Kühlschrank *m*
frigo'bar M Minibar *f*
frigo'rifero M Kühlschrank *m*
fringuello M ZOOL Buchfink *m*
frittata F Omelett *n* **fritto** ADJ frittiert; gebacken **frittura** F: **~ di pesce** gebackener Fisch *m*
friulano ADJ friaulisch **Friuli Venezia Giulia** M Friaul-Julisch Venetien *n*
frizione F Einreibung *f*; TECH Reibung *f*; AUTO Kupplung *f*
frizzante [-dz-] ADJ prickelnd
frodare V betrügen **frode** F Betrug *m*
frollo ADJ mürbe; **pasta** *f* **frolla** Mürbeteig *m*
frontale ADJ frontal **fronte** 1 F ANAT Stirn *f*; Vorderseite *f* 2 M MIL Front *f*; **di ~** gegenüber; **di ~ alla chiesa** gegenüber der Kirche
frontiera F Grenze *f*
frontone M ARCH Giebel *m*
frugare V stöbern, herumstöbern, kramen
frullare V quirlen **frullato** M Mixgetränk *n* **frullatore** M Mixer *m* **frullino** M Quirl *m*
frumento M BOT Korn *n*; Weizen *m*

frusta F Peitsche *f*; GASTR Schneebesen *m*
frustrato ADJ frustriert
frutta F Obst *n*; ~ **cotta** Kompott *n*; ~ **secca** Dörrobst *n*
frutteto M Obstgarten *m*
frutti'vendolo M, **-a** F Obsthändler(in) *m(f)*
frutto M Frucht *f*; *fig* Ertrag *m*; **frutti** *pl* **di bosco** Waldbeeren *mpl*; **frutti** *pl* **di mare** Meeresfrüchte *fpl*
fu V er (sie, es) wurde
fucilare [-tʃ-] V erschießen
fucile [-tʃ-] M Gewehr *n*; ~ **a pallini** Schrotflinte *f*; ~ **da caccia** Jagdgewehr *n*
fuga F Flucht *f* **fuggire** [-dʒ-] V fliehen, flüchten; *Zeit* verfliegen **fuggitivo** [-dʒ-] M Flüchtling *m*
fu'liggine [-dʒ-] F Ruß *m* **fuligginoso** [-dʒ-] ADJ rußig
fulminare V blitzen; **tuona e fulmina** es donnert und blitzt **fulminarsi** V durchbrennen
'fulmine M Blitz *m*
fumaiolo M SCHIFF Schornstein *m*
fumare V rauchen **fumatore** M, **-trice** [-tʃe] F Raucher(in) *m(f)*; **scompartimento** *m* **per fumatori/non fumatori** Raucherabteil/Nichtraucherabteil *n*
fumetti MPL Comics *mpl*
fumo M Rauch *m* **fumoso** ADJ rauchig, verräuchert
fune F Seil *n*; SCHIFF Tau *n*
'funebre ADJ traurig; Leichen...; Trauer...; **messa** *f* ~ Totenmesse *f*
funerale M Beerdigung *f*
fungo M BOT Pilz *m*; ~ **velenoso** Giftpilz *m*
funicolare F Standseilbahn *f*
funi'via F Drahtseilbahn *f*
funzionamento M Funktionieren *n*, Arbeitsweise *f* **funzionare** V funktionieren; in Betrieb sein; arbeiten **funzionario** M, **-a** F Beamte *m* Beamtin *f*
funzione F Funktion *f*; Amt *n*; Tätigkeit *f*; REL Gottesdienst *m*
fuoco M Feuer *n*; **fare** ~ schießen; **mettere a** ~ scharf einstellen; **fuochi** *pl* **d'artificio** Feuerwerk *n*
fuorché [-ke] PRÄP außer
fuori **1** PRÄP außer, außerhalb; ~ **città** außerhalb der Stadt; ~ **di** außerhalb; ~ **di sé** außer sich; ~ **luogo** unangebracht; ~ **mano** abgelegen; ~ **moda** unmodern; ~ **pericolo** außer Gefahr; ~ **servizio** außer Betrieb **2** ADV draußen; außen; auswärts; **andare** ~ ausgehen; **di** ~ von außen; **è** ~ er/sie ist weg-/ausgegangen; **è proprio** ~! *umg* das ist echt daneben!; **mangiare** ~ im Restaurant essen
fuoribordo M Außenbordmotor *m* **fuorigioco** [-dʒ-] M SPORT Abseits *n* **fuoripi-**

sta M Tiefschneefahren *n* **fuoristrada** M Geländewagen *m*
furbo ADJ schlau
furgoncino [-tʃ-] M, **furgone** M Lieferwagen *m*
furia F Wut *f*; Eile *f*; **a ~ di** durch viel **furibondo** ADJ, **furioso** ADJ wütend
furto M Diebstahl *m*; **~ con scasso** Einbruchsdiebstahl *m*
fuscello [-ʃɛ-] M Halm *m*
fu'sibile M ELEK Sicherung *f*
fusione F Schmelzen *n*; WIRTSCH Fusion *f*
fusto M BOT Stamm *m*; Fass *n*; *umg* Prachtkerl *m*
futuro 1 ADJ zukünftig 2 M Zukunft *f*

G

gabbia F Käfig *m*
gabbiano M ZOOL Möwe *f*
gabinetto M Toilette *f*; MED Praxis *f*; POL Kabinett *n*
gala F: **cena** *f* **di ~** Galadinner *n*; **serata** *f* **di ~** Galaabend *m*
galantina F GASTR Sülze *f*
galera [-ɛ-] F *umg* Knast *m*
galla F Blase *f*
galleggiante [-dʒa-] M TECH Schwimmer *m* **galleggiare** [-dʒa-] V (obenauf) schwimmen
galle'ria F Galerie *f*; Passage *f*; Tunnel *m*; THEAT Rang *m*
galletta F: **~ di riso** Reiswaffel *f*, Reiskeks *m*
galletto M Hähnchen *n* **gallina** F Henne *f*; Huhn *n* **gallo** M Hahn *m*
gamba F Bein *n*; *fig* **in ~** fit
gamberetto M Garnele *f*
'gambero M Garnele *f* **gamberone** M Riesengarnele *f*
gambo M Stiel *m*, Stängel BOT *m*
gamma F Serie *f*, Reihe *f*; MUS Tonleiter *f*; **~ di prodotti** Produktpalette *f*
gancio [-tʃo] M Haken *m*; **~ di traino** Anhängerkupplung *f*
gara F Wettstreit *m*; Wettkampf *m*; Rennen *n*; *fig* **fare a ~** wetteifern
garage [-a:ʒ] M Garage *f*
garante M/F Bürge *m*, Bürgin *f* **garantire** V bürgen für; garantieren **garan'zia** F Garantie *f*; Sicherheit *f*; **in ~** unter Garantie
gareggiare [-dʒa-] V wetteifern
gargarismo [-zmo] M Gurgeln *n*
ga'rofano M BOT Nelke *f*
garza F MED Verbandmull *m*
garzone M Laufbursche *m*
gas M Gas *n*; **a tutto ~** mit Vollgas; *fig* mit Volldampf; **dare ~** Gas geben **gasolio** [-zɔ-] M Dieselkraftstoff *m*

gassato ADJ kohlensäurehaltig **gassosa** F Limonade *f*
gastrite F MED Magenschleimentzündung *f*
gastrono'mia F Kochkunst *f*, Gastronomie *f*; *Geschäft* Feinkostgeschäft *n*
gatta F Katze *f* **gatto** M Katze *f*; Kater *m*; **~ delle nevi** *m* Schneekatze *f*
gay ['gɛ:i] **1** ADJ schwul *neg!* **2** M/F Schwule *m neg!*, Lesbierin *f neg!*
gazza [-dz-] F Elster *f*
gel [dʒɛl] M Gel *n*
gelare [dʒe-] V/T, **gelarsi** [dʒe-] V/I gefrieren; erstarren
gelata [dʒe-] F Frost *m* **gelate'ria** [dʒe-] F Eisdiele *f*
gelatina [dʒe-] F Gelee *n*; **~ di carne** Fleischsülze *f*
gelato [dʒe-] M Eis *n*, Speiseeis *n*; **~ al caffè** Mokkaeis *n*; **~ al cioccolato** Schokoladeneis *n*; **~ alla crema** Cremeeis *n*; **~ alla vaniglia** Vanilleeis *n*; **~ al limone** Zitroneneis *n*
'gelido [dʒɛ-] ADJ eisig, eiskalt
gelo [dʒɛ-] M Frost *m*; Kälte *f*
gelone [dʒe-] M Frostbeule *f*
gelo'sia [dʒe-] F Eifersucht *f*
geloso [dʒe-] ADJ eifersüchtig (**di** auf)
gelso [dʒɛ-] M BOT Maulbeerbaum *m*
gelsomino M [dʒe-] BOT Jasmin *m*
gemellaggio [dʒemel'laddʒo] M Städtepartnerschaft *f*
gemelli [dʒe-] MPL Zwillinge *mpl*; Manschettenknöpfe *mpl*; **Gemelli** ASTROL Zwillinge *mpl*; **essere dei Gemelli** Zwilling sein **gemello** [dʒe-] ADJ Zwillings…
gemma [dʒɛ-] F BOT Knospe *f*; MINER Juwel *n*
gene [dʒɛ-] M Gen *n*
generale [dʒe-] **1** ADJ allgemein; **in ~** im Allgemeinen **2** M General *m* **generalità** [dʒe-] FPL Personalien *fpl* **generalmente** [dʒe-] ADV im Allgemeinen, gewöhnlich
generazione [dʒe-] F Generation *f*
'genere [dʒɛ-] M Geschlecht *n*; Art *f*; **… di ogni ~** … jeder Art; **in ~** gewöhnlich; meistens; **generi** *pl* **alimentari** Lebensmittel *npl*
ge'nerico [dʒe-] ADJ allgemein; **medico** *m* **~** praktischer Arzt *m*
'genero [dʒɛ-] M Schwiegersohn *m*
generosità [dʒe-] F Freigebigkeit *f*; Großzügigkeit *f* **generoso** [dʒe-] ADJ freigebig; großzügig
ge'netico [dʒe-] ADJ genetisch
gengiva [dʒendʒ-] F Zahnfleisch *n*
geniale [dʒe-] ADJ genial **genio** [dʒɛ-] M Genie *n*
genitali [dʒe-] MPL Ge-

schlechtsorgane *npl*
genitori [dʒe-] MPL Eltern *pl*
gennaio [dʒe-] M Januar *m*; → aprile
'Genova [dʒɛ-] F Genua *n*
gente [dʒɛ-] F Leute *pl*; **c'è ~** da ist jemand
gentile [dʒe-] ADJ freundlich; liebenswürdig; nett; *im Brief* **~ signora** ... sehr geehrte Frau ... **gentilezza** [dʒe-] F Freundlichkeit *f*; Liebenswürdigkeit *f* **gentiluomo** [dʒe-] M *scherz* Gentleman *m*
genu'ino [dʒe-] ADJ echt; *Essen* rein, unverfälscht
geogra'fia [dʒe-] F Geografie *f*, Erdkunde *f* **geo'grafico** [dʒe-] ADJ geografisch; **carta** *f* **geografica** Landkarte *f*
ge'ometra [dʒe-] M/F Vermessungstechniker(in) *m(f)*
geranio [dʒe-] M BOT Geranie *f*
gerente [dʒe-] M/F Geschäftsführer(in) *m(f)*
gergo [dʒɛ-] M Jargon *m*; **~ giovanile** Jugendsprache *f*, Slang *m*
Ger'mania [dʒe-] F Deutschland *n*
germe [dʒɛ-] M Keim *m* **germoglio** [dʒer'mɔːʎo] M Trieb *m*, Spross *m*
gesso [dʒɛ-] M Gips *m*; Kreide *f*; MED Gipsverband *m*; Gipsfigur *f*
gestione [dʒe-] F Verwaltung *f*; **avere in ~** betreiben **gestire** [dʒe-] V betreiben; *fig* managen
gesto [dʒɛ-] M Geste *f*, Gebärde *f*
gestore [dʒe-] M, **-trice** F Betreiber(in) *m(f)*
Gesù [dʒe-] M Jesus *m*; **~ Bambino** Christkind *n*
gettare [dʒe-] V werfen; **~ via** wegwerfen **getto** [dʒɛ-] M Strahl *m*
gettone [dʒe-] M Spielmarke *f*
gheriglio [ge'riːʎo] M BOT Nusskern *m*
ghiacciaio [giat'tʃaːio] M Gletscher *m* **ghiacciare** [giat'tʃa-] V gefrieren, frieren; zufrieren **ghiacciato** [giat'tʃa-] ADJ vereist; gefroren; eiskalt **ghiaccio** ['giattʃo] M Eis *n* **ghiacciolo** [giat'tʃɔːlo] M Eiszapfen *m*; Wassereis *n*
ghiaia [g-] F Kies *m*
ghianda [g-] F BOT Eichel *f*
ghi'andola [g-] F Drüse *f*
ghiotto [g-] ADJ naschhaft **ghiottone'ria** [g-] F Leckerbissen *m*, Delikatesse *f*
ghirlanda [g-] F Girlande *f*; Kranz *m*
ghiro [g-] M ZOOL Siebenschläfer *m*
già [dʒa] ADJ schon; bereits; ehemals; **sei ~ qui?** bist du schon hier?; **~, è vero!** ja genau, stimmt!
giacca [dʒa-] F Jacke *f*; Sakko *m*; **~ a vento** Anorak *m*;

Windjacke *f*; **~ di pelle** Lederjacke *f*
giacché [dʒak'ke] KONJ da
giacchetta [dʒakk-] F Jackett *n*
giacere [dʒatʃ-] V liegen; ruhen
giacinto [dʒatʃ-] M BOT Hyazinthe *f*
giallo [dʒa-] **1** ADJ gelb **2** M Gelb *n*; Krimi *m*; **passare col ~** bei Gelb über die Ampel fahren
Giappone [dʒa-] M Japan *n*
giapponese [dʒa-] **1** ADJ japanisch **2** M/F Japaner(in) *m(f)* **3** M *Sprache* Japanisch *n*
giardinaggio [dʒardi'naddʒo] M Gartenbau *m* **giardiniera** [dʒa-] F GASTR Mixed Pickles *pl* **giardiniere** [dʒa-] M, **-a** F Gärtner(in) *m(f)*
giardino [dʒa-] M Garten *m*; **~ botanico** botanischer Garten *m*; **~ zoologico** Tierpark, *m*, Zoo *m*; **~ pubblico** (öffentlicher) Park *m*
Gibilterra [dʒ-] F Gibraltar *n*
gigante [dʒ-] **1** ADJ riesengroß **2** M Riese *m* **gigantesco** [dʒi-] ADJ riesig
giglio ['dʒiːʎo] M BOT Lilie *f*
gilè [dʒ-] M Weste *f*
gin [dʒ-] M Gin *m*
gine'cologo [dʒ-] M, **-a** F Frauenarzt *m*, Frauenärztin *f*
ginepro [dʒ-] M BOT Wacholder *m*
ginestra [dʒ-] F BOT Ginster *m*
Ginevra [dʒ-] F Genf *n*
gingillarsi [dʒindʒ-] V spielen; trödeln
gin'nastica [dʒ-] F Gymnastik *f*; Turnen *n*; **fare ~** trainieren
ginocchio [dʒi'nɔkkio] M Knie *n*; **stare in ~** knien
giocare [dʒo-] V spielen; **~ a carte/a palla/a tennis** Karten/Ball/Tennis/spielen **giocarsi** [dʒo-] V: **~ qc** etw verspielen
giocatore [dʒo-] M, **-trice** [-tʃe] F Spieler(in) *m(f)* **gio'cattolo** [dʒo-] M Spielzeug *n*
gioco [dʒɔ-] M Spiel *n*; **~ da tavolo** Brettspiel *n*; IT **~ d'azione** Actionspiel *n*; **~ d'azzardo** Glücksspiel *n*; **~ di carte** Kartenspiel *n*; **~ di prestigio** Zaubertrick *m*; **~ di ruolo** Rollenspiel *n*; **~ di società** Gesellschaftsspiel *n*; IT **~ online** Online-Spiel *n*
gioia [dʒɔ-] F Freude *f*
gioielle'ria [dʒo-] F Juweliergeschäft *n* **gioielliere** [dʒo-] M, **-a** F Juwelier(in) *m(f)* **gioiello** [dʒo-] M Juwel *n*; Schmuckstück *n*; **gioielli** *pl* Schmuck *m*
giornalaio [dʒo-] M, **-a** F Zeitungsverkäufer(in) *m(f)*
giornale [dʒo-] M Zeitung *f*; Zeitschrift *f*; **~ radio** Radionachrichten *fpl*
giornaliero [dʒo-] ADJ täg-

lich
giornalino [dʒo-] M Comicheft *n* **giornalista** [dʒo-] M/F Journalist(in) *m(f)*
giornalmente [dʒo-] ADJ täglich, jeden Tag
giornata [dʒo-] F Tag *m*; **in ~** im Lauf des Tages
giorno [dʒo-] M Tag *m*; **~ d'arrivo/di partenza** Anreise-/Abreisetag *m*; **~ feriale/festivo/lavorativo** Werk-/Feier-/Arbeitstag *m*; **al ~ d'oggi** heutzutage; **di ~** bei Tage; tagsüber; **il** *od* **al ~** täglich; am Tag; **l'altro ~** neulich
giostra [dʒɔ-] F Karussell *n*
gi'ovane [dʒo-] **1** ADJ jung **2** M/F Jugendliche(r) *f(m)*; **i giovani** *mpl* junge Leute *fpl*
giovanile [dʒo-] ADJ jugendlich **giovanotto** [dʒo-] M junger Mann
giovedì [dʒo-] M Donnerstag *m*
gioventù [dʒo-] F Jugend *f*
giraffa [dʒ-] F Giraffe *f*
girare [dʒ-] V drehen, umdrehen; wenden; herumlaufen (**la città** in der Stadt); reisen durch; **~ a destra/a sinistra** rechts/links abbiegen; **mi gira la testa** mir ist schwindlig **girarsi** [dʒ-] V sich drehen **girasole** [dʒ-] M Sonnenblume *f*
giro [dʒ-] M Drehung *f*; Umdrehung *f*; AUTO Drehzahl *f*; Spaziergang *m*; Rundfahrt *f*; **~ della città** Stadtrundfahrt *f*; **~ turistico** Rundreise *f*; **in ~** unterwegs; **andare in ~** umherlaufen, -bummeln; *fig* **prendere in ~ qn** j-n auf den Arm nehmen
girocollo [dʒ-] M: **a ~** mit rundem Halsausschnitt **girotondo** M Ringelreihen *m*; POL Menschenkette *f*
gita [dʒ-] F Ausflug *m*
giù [dʒu] ADV unten; herunter; hinunter; **~ di lì** ungefähr; *fig* **essere ~ (di morale)** deprimiert sein; **in ~** nach unten; **su e ~** auf und ab
giubbotto [dʒu-] M (Winter-)Jacke *f*; **~ di salvataggio** Schwimmweste *f*; AUTO **~ salvavita** Warnweste *f*
giudicare [dʒu-] V beurteilen; urteilen über; halten für
gi'udice ['dʒu:ditʃe] M/F Richter(in) *m(f)*
giudizio [dʒu-] M Urteil *n*; Verstand *m*; JUR Prozess *m*
giuggiola ['dʒuddʒola] BOT F Brustbeere *f*
giugno ['dʒu:ɲo] M Juni *m*; → aprile
giunco [dʒu-] M BOT Binse *f*
giunta [dʒu-] F Ausschuss *m*; **per ~** obendrein **giunto** [dʒu-] M TECH Gelenk *n*; AUTO Kupplung *f*
giuramento [dʒu-] M Schwur *m*; **falso ~** Meineid *m* **giurare** [dʒu-] V schwören, beschwören; versichern

giurato [dʒu-] M, **-a** F Geschworene(r) *f(m)* **giu'ria** [dʒu-] F Jury *f*
giu'ridico [dʒu-] ADJ rechtlich; juristisch **giurista** [dʒu-] M/F Jurist(in) *m(f)*
giustezza [dʒu-] F Richtigkeit *f* **giustificare** [dʒu-] V rechtfertigen **giustificazione** [dʒu-] F Rechtfertigung *f*; Entschuldigung *f*
giustizia [dʒu-] F Gerechtigkeit *f*; Justiz *f* **giusto** [dʒu-] **1** ADJ richtig; gerecht **2** ADV gerade
glaciale [-tʃa-] ADJ eisig
gla'diolo M BOT Gladiole *f*
Glarona M Glarus *n*
glassa F GASTR Zuckerguss *m*, Glasur *f*
glaucoma M MED grüner Star *m*
gli [ʎi] **1** ART die *mpl* **2** PRON ihm; *pl* ihnen
glice'mia [-tʃ-] F MED Blutzucker *m* **glicerina** [-tʃ-] F Glyzerin *n*
globale ADJ Gesamt...; umfassend **globalizzazione** [-ddzats-] F Globalisierung *f*
globo M Kugel *f*; Globus *m*; Erdball *m*; **~ oculare** Augapfel *m*
'globulo M Blutkörperchen *n*
gloria F Ruhm *m* **glorificare** V verherrlichen **glorioso** ADJ glorreich; ruhmreich
glossa F Anmerkung *f*
glucosio M Traubenzucker *m*
'glutine M Gluten *n*; **senza ~** glutenfrei
gnocchi ['ɲɔkki] MPL Klößchen *npl*; **~ alla romana** überbackene Griesklößchen
gobba F ANAT Buckel *m*; Höcker *m* **gobbo** ADJ buck(e)lig
goccia [-tʃa] F Tropfen *m*; **a ~ a ~** tropfenweise
godere V genießen **di qc** etw); sich freuen (**di** über) **godersi** V genießen (**qc** etw)
goffo ADJ plump
gol M Tor *n*; **fare ~** (ein) Tor schießen
gola F Kehle *f*, Hals *m*, GEOG Schlucht *f*; **fare ~** Appetit machen; **mal** *m* **di ~** Halsweh *n*
golf M Golf *n*; Strickjacke *f* **golfista** M/F Golfspieler(in) *m(f)*
golfo M Golf *m*, Meerbusen *m*
goloso **1** ADJ naschhaft; *fig* gierig **2** M Leckermaul *n*
'gomito M ANAT Ell(en)bogen *m*; *Rohr, Fluss* Knie *n*
go'mitolo M Knäuel *m od n*
gomma F Gummi *m od n*; Radiergummi *m*; Reifen *m*; **~ da masticare** Kaugummi *m*; **avere una ~ a terra** einen Platten haben
gommapiuma F Schaumgummi *m* **gommato** ADJ gummiert **gommista** M/F Reifenhändler(in) *m(f)* **gommone** M Schlauchboot *n*

'gondola F Gondel *f* **gondoliere** M Gondoliere *m*
gon'fiabile 1 ADJ aufblasbar 2 M Hüpfburg *f* **gonfiare** V aufblasen; *Essen* blähen **gonfiarsi** V anschwellen **gonfio** ADJ geschwollen; *fig* aufgeblasen **gonfiore** M Schwellung *f*
gonna F Rock *m*; **~ a pieghe** Faltenrock *m*; **~ pantalone** Hosenrock *m*
gorgo M Strudel *m*, Wirbel *m*
gorgogliare [-ʎa-] V gurgeln; blubbern
gossip M Klatsch *m*, Tratsch *m*
'gotico 1 ADJ gotisch 2 M Gotik *f*
gotta F MED Gicht *f*
governante 1 F Haushälterin *f* 2 M/F POL Regierende(r) *f(m)*
governare V leiten; führen; POL regieren; SCHIFF steuern
governativo ADJ Regierungs...
governo M POL Regierung *f*; Verwaltung *f*; SCHIFF Steuerung *f*
gozzo M MED Kropf *m*
GPL M ABK (= **Gas di Petrolio Liquefatti**) AUTO Autogas *n*
'gracile [-tʃ-] ADJ zart; schwach
gradazione F Abstufung *f*; **~ alcolica** Alkoholgehalt *m*
gra'devole ADJ angenehm
gradimento M Wohlgefallen *n*
gradinata F Sitzreihe *f*
gradino M Stufe *f*
gradire V gern annehmen; mögen; **gradisce?** Sie wünschen? **gradito** ADJ angenehm; willkommen
grado M Stufe *f*; GEOG, METEO Grad *m*; Rang *m*; **di buon ~** gern; **essere in ~ di ...** in der Lage sein, zu ...; **30 gradi all'ombra** 30 Grad im Schatten
gradualmente ADV stufenweise; allmählich **graduazione** F Abstufung *f*
graffiare V kratzen, zerkratzen **graffio** M Kratzer *m*; Schramme *f*
'grafico 1 ADJ grafisch 2 M, **-a** F Grafiker(in) *m(f)*
grafite F Grafit *m*
grammabolario M *Wortschatz plus Grammatik*
gram'matica F Grammatik *f* **grammaticale** ADJ grammatikalisch, grammatisch
grammo M Gramm *n*
gran ADJ → grande
granata F MIL Granate *f*
Gran Bretagna [-ɲ-] F Großbritannien *n*
granchio [-k-] M Krabbe *f*
gran'dangolo M FOTO Weitwinkel *m*
grande ADJ groß; weit; stark; **~!** *umg* toll!; **non è un gran che** das ist nichts Besonderes

grandezza F Größe *f*
grandinare V hageln **grandinata** F Hagelschauer *m*
'grandine F Hagel *m*
grandioso ADJ großartig
granduca M Großherzog *m*
granducato M Großherzogtum *n*
granello M Kern *Obst*; **~ di sabbia** Sandkorn *n*
granita F *feinkörniges Eis aus Sirup, Saft o Kaffee*
granito M MINER Granit *m*
grano M BOT Weizen *m*; Korn *n*; **~ saraceno** *m* Buchweizen *m*
granturco M BOT Mais *m*
grappa F *Branntwein aus Trester*
'grappolo M Traube *f*
grasso 1 ADJ fett; dick; fettig 2 M Fett *n*; Schmalz *n* **grassoccio** [-tʃo] ADJ wohlgenährt, pummelig
grata F Gitter *n* **gratella** F, **gra'ticola** F Grill *m*, Rost *m*
gratin [gra'tɛn] M: **al ~** gratiniert, überbacken **gratinato** ADJ überbacken
gratis ADV umsonst, gratis
grati'tudine F Dankbarkeit *f*
grato ADJ dankbar; angenehm
grattacielo [-tʃɛ-] M Wolkenkratzer *m*
gratta-e-vinci [-tʃi] M Rubbellotterie *f*
grattare V kratzen **grattugia** [-dʒa] F Reibeisen *n*
grattugiare [-dʒa-] V reiben
gra'tuito ADJ unentgeltlich; kostenlos, frei; → **a gratis**
gravare V lasten, belasten
grave ADJ schwer; schlimm; ernst
gravidanza F Schwangerschaft *f*
gravità F PHYS Schwerkraft *f*; *fig* Ernst *m* **gravitazione** F Anziehungskraft *f*
grazia F Anmut *f*; REL Gnade *f*
grazie INT: **~!** danke! **~ a** dank; durch; **tante ~!** vielen Dank!
grazioso ADJ anmutig; liebenswürdig
Grecia [-tʃa] F Griechenland *n*
greco 1 ADJ griechisch 2 M, **-a** F Grieche *m*, Griechin *f* 3 M *Sprache* Griechisch *n*
greggio [-dʒo] 1 ADJ roh 2 M Rohöl *n*
grembiule M Schürze *f*
gremito ADJ voll
gretto ADJ kleinlich, geizig
gridare V schreien; **~ aiuto** um Hilfe rufen
grido M Schrei *m*
grigio [-dʒo] ADJ grau; **~ chiaro** hellgrau; **~ scuro** dunkelgrau
Grigioni [-dʒo-] MPL Graubünden *n*
griglia [-ʎa] F Gitter *n*; GASTR Grill *m*, Rost *m*; **alla ~** gegrillt, vom Grill/Rost
grillo M Grille *f*
grinza F Falte *f* **grinzoso**

ADJ runz(e)lig; *Kleid* zerknittert
grissini MPL knusprige Weißbrotstangen *fpl*
grog M Grog *m*
grondaia F Dachrinne *f*
grondare V triefen
grossezza F Größe *f*; Stärke *f*
grossista M/F Großhändler(in) *m(f)*
grosso ADJ groß; dick; stark, kräftig; **mare** *m* **~** bewegtes Meer *n* **grossolano** ADJ grob; plump
grotta F Grotte *f*
groviera M Gruyère *m*
gru F ZOOL Kranich *m*; TECH Kran *m*
gruccia [-tʃa] F MED Krücke *f*; Kleiderbügel *m*
gruppo M Gruppe *f*; **~ di giovani** Jugendgruppe *f*; **~ di turisti** Reisegruppe *f*; WIRTSCH **~ industriale** Konzern *m*; **~ sanguigno** Blutgruppe *f*
guadagnare [-ɲ-] V verdienen **guadagno** [-ɲo] M Gewinn *m*; Verdienst *m*
guaina F BOT Scheide *f*; Mieder *n*
guaio M Unglück *n*; Unannehmlichkeit *f*
guancia [-tʃa] F Wange *f* **guanciale** [-tʃ-] M Kopfkissen *n*
guanto M Handschuh *m*; **monouso ~** Einweghandschuh *m*
guardaboschi [-ski] M/F Förster(in) *m(f)* **guardacaccia** [-tʃa] M/F Jagdaufseher(in) *m(f)*
guardacoste M/F Küstenwache *f* **guardalinee** M/F Schiedsrichterassistent(in) *m(f)*
guardare V ansehen, anschauen; nachsehen; aufpassen (**a** auf); **~ sul mare** auf das Meer hinaus gehen
guardaroba M Garderobe *f*; Kleiderschrank *m* **guardarobiera** F Garderobenfrau *f*
guardarsi V sich hüten, sich vorsehen (**da** vor)
guardia F Wache *f*; Aufsicht *f*; Wärter(in) *m(f)*; **~ forestale** Förster(in) *m(f)*; **~ giurata** Wächter(in) *m(f)*; **~ medica** ärztlicher Notdienst *m*; **di ~** diensthabend, vom Dienst; **fare la ~** Wache halten
guardiano M, **-a** F Aufseher(in) *m(f)*
guardrail [gard'reil] M Leitplanke *f*
guarigione [-dʒo-] F Genesung *f* **guarire** V heilen; gesund werden
guarnire V verzieren; GASTR garnieren (**di** mit) **guarnizione** F Verzierung *f*; TECH Dichtung *f*
guastafeste M/F Spielverderber(in) *m(f)*
guastare V beschädigen, kaputt machen **guastarsi** V kaputtgehen; *Lebensmittel* verderben, schlecht werden
guasto 1 ADJ beschädigt, kaputt; verdorben, schlecht 2

M Schaden *m*, Defekt *m*; **~ al cambio** Getriebeschaden *m*; **~ al motore** Motorpanne *f*
guerra F Krieg *m*; **~ mondiale** Weltkrieg *m*
gufo M Uhu *m*
guida F Führer(in) *m(f)*, Leitung *f*; AUTO Fahren *n*; Handbuch *n*; **~ alpina** Bergführer(in) *m(f)*; **~ della città** Stadtführer(in) *m(f)*; **~ turistica** Reiseführer(in) *m(f)*; **fare da ~ a qn** j-n führen
guidare V führen; leiten; AUTO *Auto* fahren, lenken
guidatore M, **-trice** [-tʃe] F Fahrer(in) *m(f)*
guinzaglio [-ʎo] M Leine *f*
guscio [-ʃo] M *Ei* Schale *f*; Hülse *f*
gustare V schmecken; kosten; *fig* gefallen **gusto** M Geschmack *m* **gustoso** ADJ schmackhaft

H

ha er (sie, es) hat → avere
hacker M/F IT Hacker *m*
hai du hast → avere
hall F Hotelhalle *f*, Lobby *f*
hamburger M Hamburger *m*
hangar M Flugzeughalle *f*
hanno sie haben → avere
happy hour F Happy Hour *f*
hard-disk M IT Festplatte *f*
hardware M IT Hardware *f*
hashtag M IT Hashtag *n*
herpes M MED Herpes *m*
ho V ich habe
hobby M Hobby *n*
hockey M Hockey *n*; **~ su ghiaccio** Eishockey *n*
hostess F Stewardess *f*; Hostess *f*
hotel [o'tɛl] M Hotel *n*

I

i ART MPL die
icona F Ikone *f*; IT Symbol *n*
ictus M: **~ cerebrale** Gehirnschlag *m*
idea F Idee *f*; Gedanke *m*; Einfall *m*; **~ balorda** Schnapsidee *f*; **cambiare ~** es sich anders überlegen; **neanche per ~!** *umg* nicht mal im Traum!
ideale ADJ ideal **ideare** V: **~ qc** sich etw ausdenken
i'dentico ADJ gleich (aussehend)
identi'kit M Phantombild *n*
identità F Identität *f*; **carta d'~** Personalausweis *m*
ideolo'gia [-dʒ-] F Ideologie *f*
idioma M Idiom *n* **idio'matico** ADJ idiomatisch

idiota **1** ADJ idiotisch **2** M/F Idiot(in) *m(f)*
'idolo M *fig* Idol *n*
i'doneo ADJ geeignet, tauglich
idrante M Hydrant *m*
idratante ADJ: **crema** *f* ~ Feuchtigkeitscreme *f*
i'draulico **1** ADJ hydraulisch **2** M Installateur *m*
i'drofilo ADJ: **cotone** ~ Watte *f*
i'drogeno [-dʒe-] M CHEM Wasserstoff *m*
idromassaggio [-ddʒ-] M Wassermassage *f*
idroplano M Tragflächenboot *n* **idrovolante** M Wasserflugzeug *n*
ieri ADV gestern; ~ **l'altro, l'altro** ~ vorgestern; ~ **mattina** gestern früh; ~ **pomeriggio** gestern Nachmittag; ~ **sera** gestern Abend
igiene [i'dʒɛ:ne] F Hygiene *f*; ~ **del corpo** Körperpflege *f*; ~ **intima** Intimpflege *f*; ~ **orale** Mundpflege *f* **i'gienico** [idʒɛ-] ADJ hygienisch; **carta** *f* **igienica** Toilettenpapier *n*
i'gnobile [iɲɔ-] ADJ gemein
ignorante [iɲo-] ADJ unwissend **ignoranza** [iɲo-] F Unwissenheit *f*, Unkenntnis *f*
ignorare [iɲo-] V nicht wissen; nicht kennen; ignorieren
ignoto [iɲɔ-] ADJ unbekannt
il ART der, die, das; → lo
il'lecito [-tʃ-] ADJ unzulässig
illegale ADJ illegal, ungesetzlich
illeg'gibile [-dʒ-] ADJ unleserlich
ille'gittimo [-dʒ-] ADJ unrechtmäßig; unrecht; *umg* **figlio** *m* ~ uneheliches Kind *n*
illimitato ADJ unbeschränkt
il'ludere V täuschen **il'ludersi** V sich falsche Hoffnungen machen
illuminare V beleuchten; *fig* aufklären (**su** über) **illuminazione** F Beleuchtung *f*
illusione F Täuschung *f*, Illusion *f* **illusorio** ADJ trügerisch
illustrare V erläutern; illustrieren **illustrazione** F Abbildung *f* **illustre** ADJ berühmt
imballaggio [-dʒo] M Verpackung *f* **imballare** V ein-, verpacken
imbarazzante ADJ peinlich
imbarazzare V in Verlegenheit bringen **imbarazzato** ADJ verlegen; verwirrt
imbarazzo M Verlegenheit *f*; ~ **di stomaco** Magenverstimmung *f*; **l'~ della scelta** die Qual der Wahl; **mettere in ~ qc** j-n in Verlegenheit bringen
imbarcadero M Landungssteg *m*
imbarcare V SCHIFF einschiffen; FLUG einsteigen lassen; *Waren* verladen **imbarcazione** F Boot *n* **imbarco** M SCHIFF *von Personen* Einschif-

fung *f*; FLUG Einsteigen *n*; *von Waren* Verladung *f*; **carta** *f* **d'~** Bordkarte *f*
im'battersi V: **~ in qn** j-m begegnen
imbecille [-tʃ-] **1** ADJ dumm; schwachsinnig **2** M/F Trottel *m*
imbiancare V weißen, tünchen; weiß werden **imbianchino** [-k-] M, **-a** F Anstreicher(in) *m(f)*
imboccare V einmünden; einbiegen in; füttern **imboccatura** F MUS Mundstück *n*; Mündung *f*
imbottigliare [-ʎa-] V in Flaschen abfüllen **imbottigliato** [-ʎa-] ADJ abgefüllt; *fig* eingekeilt
imbottito ADJ gepolstert; *Kleidung* wattiert; *Brötchen* belegt
imbranato ADJ tollpatschig
imbrogliare [-ʎa-] V verwirren; betrügen **imbroglio** [-ʎo] M Betrug *m* **imbroglione** [-ʎo-] M, **-a** F Schwindler(in) *m(f)*, Betrüger(in) *m(f)*
imbucare V *Brief* einwerfen
imburrare V GASTR mit Butter bestreichen
imbuto M Trichter *m*
imitare V nachmachen, nachahmen, imitieren **imitazione** F Nachahmung *f*, Imitation *f*
immaginare [-dʒ-] V sich vorstellen (**qc** etw), sich denken (**qc** etw); ahnen **immaginarsi** [-dʒ-] V sich vorstellen (**qc** etw); *umg* (**ma**) **s'immagini!** aber ich bitte Sie!
immaginazione [-dʒ-] F Vorstellungskraft *f*, Fantasie *f*
im'magine [-dʒ-] F Bild *n*
imman'cabile ADJ unausbleiblich
immane ADJ entsetzlich; enorm
immaturo ADJ unreif; vorzeitig
immediatamente ADV sofort
immediato ADJ unmittelbar, direkt
immenso ADJ unermesslich
im'mergere [-dʒe-] V tauchen **im'mergersi** [-dʒe-] V tauchen, eintauchen; *fig* sich vertiefen (**in** in)
immeritato ADJ unverdient
immersione F Eintauchen *n*; SCHIFF Tiefgang *m* **immerso** PPERF → immergere; **~ nel verde** mitten im Grünen
immigrante M/F Einwanderer *m*, Einwanderin *f* **immigrare** V einwandern **immigrazione** F Einwanderung *f*
imminente ADJ (unmittelbar) bevorstehend; drohend
immischiarsi [-sk-] V sich einmischen (**in** in)
im'mobile ADJ unbeweglich
immodesto ADJ unbescheiden
immondizia F Müll *m*, Abfall *m*

immorale ADJ unmoralisch
immortale ADJ unsterblich **immortalità** F Unsterblichkeit *f*
immune ADJ frei (**da** von); MED immun (**a** gegen)
immunocompromesso ADJ immungeschwächt
immu'tabile ADJ unveränderlich **immutato** ADJ unverändert
impacchettare [-kk-] V einpacken
impacciato [-tʃa-] ADJ verlegen; unbeholfen
impacco M MED Umschlag *m*, Packung *f*
impadronirsi V: **~ di qc** sich e-r Sache bemächtigen
impa'gabile ADJ unbezahlbar
impalcatura F Gerüst *n*
impallidire V blass werden
impanato ADJ GASTR paniert
imparare V lernen, erlernen; **~ a leggere** lesen lernen; **~ a memoria** auswendig lernen
imparziale ADJ unparteiisch
impas'sibile ADJ unerschütterlich; gefasst
impastare V *Teig* kneten **impasto** M Mischung *f*
impatto M Aufprall *m*; Zusammenstoß *m*; *fig* Auswirkung *f*
impaurire V ängstigen; erschrecken
impaziente ADJ ungeduldig **impazienza** F Ungeduld *f*
impazzire V verrückt werden (**per** vor)
impec'cabile ADJ tadellos
impedimento M Hindernis *n*
impedire V hindern; abhalten; versperren; **~ a qn di fare qc** j-n hindern, etw zu tun
impegnarsi [-ɲ-] V sich verpflichten (**a** zu); sich widmen (**in**) **impegnativo** [-ɲ-] ADJ anstrengend **impegnato** [-ɲ-] ADJ beschäftigt
impegno [-ɲ-] M Verpflichtung *f*; Einsatz *m*; **ho già un ~** ich bin schon verabredet; **senza impegni** unverbindlich
impene'trabile ADJ undurchdringlich
impen'sabile ADJ undenkbar **impensato** ADJ ungeahnt; überraschend
imperativo M GRAM Befehlsform *f*
imperatore M, **-trice** [-tʃe] F Kaiser(in) *m(f)*
imperdo'nabile ADJ unverzeihlich
imperfetto 1 ADJ unvollständig; fehlerhaft 2 M GRAM Imperfekt *n*
imperiale ADJ kaiserlich
imperme'abile 1 ADJ wasserdicht 2 M Regenmantel *m* **impermeabilizzato** [-dz-] ADJ imprägniert
impero M Kaiserreich *n*, Reich *n*; Herrschaft *f*
impersonale ADJ unpersönlich
impertinente ADJ unver-

schämt **impertinenza** F Frechheit *f*
impertur'babile ADJ unerschütterlich **imperturbato** ADJ gelassen
'impeto M Heftigkeit *f*; Wucht *f* **impetuoso** ADJ stürmisch; heftig
impianto M Einrichtung *f*; Anlage *f*; **~ di irrigazione** Bewässerungsanlage *f*; **~ di riscaldamento** Heizungsanlage *f*; **~ elettrico** Elektroinstallation *f*; **~ fotovoltaico** Fotovoltaikanlage *f*, *umg* Solaranlage *f*
impiastro M MED Umschlag *m*
impiccare V hängen, aufhängen
impicciarsi [-tʃa-] V sich einmischen **impiccio** [-tʃo] M Hindernis *n*
impiegare V anwenden; verwenden; *Zeit* brauchen; einstellen; WIRTSCH anlegen **impiegato** M, **-a** F Angestellte(r) *f(m)* **impiego** M Verwendung *f*; Beschäftigung *f*; Stelle *f*; WIRTSCH Anlage *f*
impla'cabile ADJ unversöhnlich, unerbittlich
implicare V mit sich bringen
implorare V anflehen **implorazione** F flehentliche Bitte *f*
imponente ADJ imposant; beeindruckend **imponenza** F Großartigkeit *f*
imporre V auferlegen; vorschreiben **imporsi** V sich behaupten
importante ADJ wichtig **importanza** F Bedeutung *f*; **senza ~** unwichtig; bedeutungslos
importare V j-m wichtig sein; HANDEL importieren; **non importa** das macht nichts; **non me ne importa** das ist mir egal
importatore M, **-trice** [-tʃe] F Importeur(in) *m(f)* **importazione** F Einfuhr *f* **importo** M Betrag *m*, Summe *f*
importunare V belästigen **importuno** ADJ aufdringlich; lästig
impos'sibile ADJ unmöglich **impossibilità** F Unmöglichkeit *f*
imposta F Steuer *f*; Fensterladen *m*; **~ sul valore aggiunto** Mehrwertsteuer *f*
impostare V *Brief* einwerfen
impostazione F IT Einstellung *f*; **~ del sistema** Systemsteuerung *f*
impotente ADJ machtlos; MED impotent **impotenza** F Machtlosigkeit *f*; MED Impotenz *f*
imprati'cabile ADJ undurchführbar; *Straße* nicht befahrbar
impreciso [-tʃ-] ADJ ungenau
imprenditore M, **-trice** [-tʃe] F Unternehmer(in) *m(f)*

impresa F Unternehmen *n*; Betrieb *m*
impressionante ADJ eindrucksvoll **impressionare** V beeindrucken; FOTO belichten
impressione F Eindruck *m*
impreve'dibile ADJ unvorhersehbar **imprevisto** 1 ADJ unvorhergesehen, unvermutet 2 M Zwischenfall *m*
imprigionare [-dʒo-] V einsperren
im'primere V aufdrücken; einprägen
impro'babile ADJ unwahrscheinlich **improbabilità** F Unwahrscheinlichkeit *f*
impronta F Abdruck *m*; **~ digitale** Fingerabdruck *m*
improro'gabile ADJ unaufschiebbar
improvvisamente ADJ plötzlich, unerwartet **improvvisare** V improvisieren **improvvisata** F Überraschung *f* **improvviso** ADJ überraschend, plötzlich; **all'~** plötzlich
imprudente ADJ unklug; unvorsichtig **imprudenza** F Unvorsichtigkeit *f*
impulsivo ADJ impulsiv **impulso** M Impuls *m*, Antrieb *m*
impunito ADJ unbestraft
impuntarsi V beharren (**in** auf)
impuro ADJ unrein
imputato M, **-a** F JUR Angeklagte(r) *f(m)*
in PRÄP in; auf; nach; aus; mit; **~ estate** im Sommer; **~ italiano** auf Italienisch; **~ legno** aus Holz; **~ tempo** rechtzeitig; **~ treno** mit dem Zug; **~ viaggio** unterwegs; **siamo ~ cinque** wir sind zu fünft; **sono ~ bagno** ich bin im Bad; **vado ~ campagna** ich fahre aufs Land; **vado ~ Italia** ich fahre nach Italien
i'nabile ADJ unfähig; MIL untauglich
inacces'sibile [-tʃe-] ADJ unzugänglich
inaccet'tabile [-tʃe-] ADJ unannehmbar
inadatto ADJ ungeeignet (**a** für)
inadeguato ADJ unangemessen
inalare V einatmen, inhalieren **inalatore** M Inhalationsapparat *m* **inalazione** F Inhalation *f*
inalterato ADJ unverändert
inammis'sibile ADJ unzulässig
inappetenza F MED Appetitlosigkeit *f*
inaridire V austrocknen
inarri'vabile ADJ unerreichbar
inaspettato ADJ unerwartet
inatten'dibile ADJ unglaubwürdig
inatteso ADJ unerwartet
inattivo ADJ untätig
inattu'abile ADJ undurchführbar

inaudito ADJ unerhört
inaugurare V einweihen; *feierlich* eröffnen **inaugurazione** F Einweihung *f*; *feierliche* Eröffnung *f*
inavvertenza F Unachtsamkeit *f*
incalco'labile ADJ unberechenbar
incalzare V bedrängen; drängen
incamminarsi V sich auf den Weg machen
incandescente [-ʃɛ-] ADJ glühend
incantare V bezaubern **incan'tevole** ADJ bezaubernd **incanto** M Zauberei *f*; *fig* Zauber *m*; Auktion *f*; **mettere all' ~** versteigern
incapace [-tʃe] ADJ unfähig, außerstande (**di** zu) **incapacità** [-tʃ-] F Unfähigkeit *f*
incappare V: **~ in qc** in etw geraten
incarcerare [-tʃe-] V einsperren
incaricare V beauftragen (**di** mit) **incaricarsi** V: **~ di qc** etw übernehmen **in'carico** M Auftrag *m*; **per ~ di** im Auftrag von
incartare V einpacken **incarto** M Verpackung *f*
incasinato ADJ *umg* chaotisch, verworren; *Person* sehr beschäftigt
incassare V einnehmen; einbauen; einlösen **incasso** M Geld Einnahme *f*; **da ~** Einbau...
incastrare V TECH verbinden; *fig* verwickeln
incatenare V *Hund* anketten
in'cauto ADJ unvorsichtig
incavato ADJ hohl
incazzato ADJ *vulg* stinksauer
incendiare [-tʃe-] V in Brand stecken **incendiario** [-tʃe-] M, **-a** F Brandstifter(in) *m(f)*
incendio [-tʃɛ-] M Feuer *n*; Brand *m*; **~ boschivo** Waldbrand *m*
incenerimento [-tʃe-] M Einäscherung *f* **incenerire** [-tʃe-] V einäschern **inceneritore** [-tʃe-] M Müllverbrennungsanlage *f*
incenso [-tʃɛ-] M Weihrauch *m*
incerata [-tʃe-] F Wachstuch *n*
incertezza [-tʃe-] F Unsicherheit *f*; Ungewissheit *f* **incerto** [-tʃɛ-] ADJ unsicher; ungewiss; unschlüssig
incessante [-tʃe-] ADJ unaufhörlich
incetta [-tʃe-] F Hamsterkauf *m*
inchiesta [-k-] F Nachforschung *f*; Untersuchung *f*; JUR Ermittlung *f*
inchinarsi [-k-] V sich verbeugen; sich beugen (**a**) **inchino** [-k-] M Verbeugung *f*
inchiodare [-k-] V festnageln
inciampare [-tʃa-] V stolpern
inciampo [-tʃa-] M Hindernis *n*

incidentale [-tʃ-] ADJ zufällig
incidente [-tʃ-] M Unfall *m*; Zwischenfall *m*; Unglück *n*; **~ aereo** Flugzeugunglück *n*; **~ stradale** Verkehrsunfall *m*
in'cidere [-tʃ-] V einschneiden; eingravieren; *fig* einprägen; MUS aufzeichnen; **~ su** sich auswirken auf
incinta [-tʃ-] ADJ schwanger
incipriare [-tʃ-] V pudern
incirca [-tʃ-] ADV: **all'~** ungefähr
incisione [-tʃ-] F Einschnitt *m*; MUS Aufnahme *f*; **~ su legno** Holzschnitt *m*; **~ su rame** Kupferstich *m*
incisivo [-tʃ-] M ANAT Schneidezahn *m*
incitare [-tʃ-] V anspornen
inciucio [-tʃutʃo] M POL Mauschelei *f*, Kuhhandel *m*
incivile [-tʃ-] ADJ unkultiviert; unhöflich
incli'nabile ADJ verstellbar **inclinare** V neigen (**a** zu, nach) **inclinazione** F Neigung *f* (*a. fig*)
in'cludere V einschließen; beilegen **incluso** ADJ inbegriffen
incoerente ADJ widersprüchlich
in'cognito [-ɲ-] ADJ unbekannt; **in ~** inkognito
incollare V einkleben **incollarsi** V kleben (**a** auf)
incolore ADJ farblos
incolto [-ko-] ADJ ungebildet; ungepflegt; *Acker* unbestellt
in'combere V: **~ su qc, qn** j-m, etw drohen
incombu'stibile ADJ nicht brennbar, feuerfest
incominciare [-tʃa-] V anfangen (**a** zu)
incomodare V stören; Umstände machen (**qn** j-m) **incomodarsi** V sich bemühen
incompa'rabile ADJ unvergleichlich
incompa'tibile ADJ unvereinbar
incompetente ADJ unfähig, inkompetent
incompiuto ADJ unvollendet
incompleto ADJ unvollständig
incompren'sibile ADJ unverständlich
inconce'pibile [-tʃe-] ADJ unbegreiflich
inconcili'abile [-tʃ-] ADJ unversöhnlich
inconfon'dibile ADJ unverwechselbar
inconsa'pevole ADJ ahnungslos; unbewusst
inconso'labile ADJ untröstlich
inconsueto ADJ ungewohnt
incontestato ADJ unbestritten
incontrare V begegnen (**qn** j-m), treffen
incontro[1] M Begegnung *f*; Treffen *n*; **~ di calcio** Fußballspiel *n*; **punto** *m* **d'~**

Treffpunkt *m*
incontro² ADV entgegen; **andare/venire ~ a qn** j-m entgegengehen/entgegenkommen
inconveniente M Unannehmlichkeit *f*; Nachteil *m*
incoraggiamento [-dʒa-] M Ermutigung *f* **incoraggiare** [-dʒa-] V ermutigen
incorniciare [-tʃa-] V einrahmen
incorporare V einverleiben
incorreg'gibile [-dʒ-] ADJ unverbesserlich
incorrut'tibile ADJ unbestechlich
incosciente [-ʃɛ-] ADJ bewusstlos; *fig* gewissenlos
incostante ADJ unbeständig **incostanza** F Unbeständigkeit *f*
incre'dibile ADJ unglaublich **in'credulo** ADJ ungläubig, skeptisch
incrociare [-tʃa-] V kreuzen (*a.* SCHIFF) **incrociatore** [-tʃa-] M SCHIFF Kreuzer *m* **incrocio** [-tʃo] M Kreuzung *f*
incrol'labile ADJ fest; *fig* unerschütterlich
incubatrice [-tʃe] F TECH Brutkasten *m*
'incubo M Albtraum *m*
incu'rabile ADJ unheilbar
incurante ADJ unbekümmert
incurvare V krümmen
incustodito ADJ unbewacht
indagare V erforschen; ermitteln (**su** in) **in'dagine** [-dʒ-] F Untersuchung *f*, Ermittlung *f*
indebitarsi V Schulden machen **indebitato** ADJ verschuldet
indebolire V schwächen; schwach werden
indecente [-tʃɛ-] ADJ unanständig **indecenza** [-tʃɛ-] F Unanständigkeit *f*
indecisione [-tʃ-] F Unentschlossenheit *f* **indeciso** [-tʃ-] ADJ unentschlossen
indefinito ADJ unbestimmt
indegno [-ɲo] ADJ unwürdig
indenne ADJ unverletzt **indennità** F Entschädigung *f* **indennizzare** [-dz-] V entschädigen (**di** für) **indennizzo** [-dz-] M Schadenersatz *m*
indescri'vibile ADJ unbeschreiblich
indeterminato ADJ unbestimmt
indiano **1** ADJ indisch; *neg! Amerika* indianisch *neg!* **2** M, **-a** F Inder(in) *m(f)*; *neg! Amerika* Indianer(in) *m(f) neg!*
indicare V zeigen; angeben **indicativo** M GRAM Indikativ *m* **indicatore** M **~ stradale** Verkehrsschild *n* **~ della benzina** Tankanzeige *f* **indicazione** F Angabe *f*; Hinweis *m*
'indice [-tʃe] M Zeigefinger *m*; TECH Zeiger *m*; Inhaltsverzeichnis *n*; **~ di ascolto** Ein-

schaltquote *f*
indietreggiare [-dʒa-] V zurückweichen
indietro ADV zurück; **essere ~** im Rückstand sein; *Uhr* nachgehen; **fare marcia ~** einen Rückzieher machen; **tornare ~** zurückkommen; **all'~** rückwärts; **avanti e ~** vor und zurück
indifeso ADJ wehrlos, hilflos
indifferente ADJ gleichgültig **indifferenza** F Gleichgültigkeit *f*
in'digeno [-dʒe-] **1** ADJ einheimisch **2** M, **-a** F Einheimische(r) *f(m)*
indigestione [-dʒe-] F Verdauungsstörung *f* **indigesto** [-dʒɛ-] ADJ schwer verdaulich
indignazione [-ɲ-] F Entrüstung *f*, Empörung *f*
indimenti'cabile ADJ unvergesslich
indipendente ADJ unabhängig **indipendenza** F Unabhängigkeit *f*
indiretto ADJ indirekt
indirizzare V adressieren, richten (a an)
indirizzo M Adresse *f*; **~ e-mail** E-Mail-Adresse *f*; **~ Internet** Internetadresse *f*
indiscreto ADJ indiskret, taktlos; zudringlich
indispen'sabile ADJ unentbehrlich
indispettito ADJ gereizt
indisposizione F Unwohlsein *n* **indisposto** ADJ unwohl
indistinto ADJ undeutlich
indivia F BOT Endivie *f*; **~ belga** Chicorée *f od m*
individuale ADJ individuell **individualità** F Persönlichkeit *f* **indi'viduo** M Individuum *n*
indizio M Anzeichen *n*; JUR Indiz *n*
indolente ADJ träge **indolenza** F Trägheit *f*
indolore ADJ schmerzlos
indomani M: **l'~** der folgende Tag
indossare V anziehen; anhaben
indovinare V raten, erraten **indovinello** M Rätsel *n*
indubbiamente ADV zweifellos **indubbio** ADJ sicher, bestimmt
indugiare [-dʒa-] V zögern **indugio** [-dʒo] M Verzögerung *f*; **senza ~** unverzüglich
indulgente [-dʒɛ-] ADJ nachsichtig **indulgenza** [-dʒɛ-] F Nachsicht *f*
indumento M Kleidungsstück *n*
indurre V bewegen, verleiten (a zu) **indursi** V sich entschließen (a zu)
industria F Industrie *f* **industriale** **1** ADJ industriell; Industrie…; Gewerbe… **2** M/F Industrielle(r) *f(m)*
inef'fabile ADJ unaussprech-

lich
inefficace [-tʃe] ADJ unwirksam
ineguale ADJ ungleich
inequivo'cabile ADJ unmissverständlich
inerte ADJ unbeweglich; untätig; träge **inerzia** F Trägheit *f*
inesatto ADJ ungenau
inesau'ribile ADJ unerschöpflich
ineso'rabile ADJ unerbittlich
inesperienza F Unerfahrenheit *f* **inesperto** ADJ unerfahren
inespli'cabile ADJ unerklärlich
inespri'mibile ADJ unaussprechlich
inesti'mabile ADJ unschätzbar
inevi'tabile ADJ unvermeidlich
inezia F Lappalie *f*
infal'libile ADJ unfehlbar
infame ADJ schändlich; *fig* abscheulich
infantile ADJ kindlich; Kinder...; *pej* kindisch **infanzia** F Kindheit *f*
infarto M Infarkt *m*; **~ cardiaco** Herzinfarkt *m*
infati'cabile ADJ unermüdlich
infatti KONJ in der Tat, tatsächlich
infedele ADJ untreu; ungenau; REL ungläubig **infedeltà** F Untreue *f*; Ungenauigkeit *f*
infelice [-tʃe] ADJ unglücklich
inferiore ADJ untere(r, -s); niedrige(r, -s); *fig* minderwertig **inferiorità** F Minderwertigkeit *f*; Unterlegenheit *f*
infermiera F Krankenschwester *f* **infermiere** M Krankenpfleger *m* **infermo** **1** ADJ krank **2** M, **-a** F Kranke(r) *f(m)*
infernale ADJ höllisch **inferno** M Hölle *f*
infestare V verseuchen
infettarsi V sich anstecken **infettivo** ADJ ansteckend **infezione** F Infektion *f*, Ansteckung *f*
infiam'mabile ADJ entzündbar; feuergefährlich **infiammarsi** V MED sich entzünden **infiammazione** F Entzündung *f*
infilare V *Schlüssel* stecken; *Nadel* einfädeln; *Kleid* anziehen **infilarsi** V: **~ in qc** in etw schlüpfen
infiltrarsi V durchsickern; MIL eindringen
'infimo ADJ geringste(r, -s), unterste(r, -s)
infine ADV schließlich, endlich
infinità F Unendlichkeit *f*; **un'~ di** eine Unmenge von
infinito **1** ADJ unendlich **2** M Unendlichkeit *f*; GRAM Infinitiv *m*
inflazione F WIRTSCH Inflation *f*

infles'sibile ADJ unbiegsam; *fig* unbeugsam

influenza F Einfluss *m*; MED Grippe *f*; **~ suina** Schweinegrippe *f*; **prendere l'~** Grippe bekommen **influire** V einwirken (**su** auf) **influsso** M Einfluss *m*

infondato ADJ unbegründet

in'fondere V *fig* einflößen

infopoint M Infostand *m*

informare V verständigen (**di, su** von), informieren (**di, su** über) **informarsi** V sich erkundigen (**di, su** nach), sich informieren (**di, su** über)

infor'matica F Informatik *f* **infor'matico** **1** ADJ EDV… **2** M, **-a** F Informatiker(in) *m(f)*

informazione F Auskunft *f*, Information *f*; **chiedere delle informazioni** um Auskunft bitten

informe ADJ unförmig

infortunio M Unfall *m*; **assicurazione** *f* **contro gli infortuni** Unfallversicherung *f*

infradito MPL *od* FPL Flip-Flops® *pl*

infrarosso ADJ Infrarot… **infrastruttura** F Infrastruktur *f*

infrazione F Verstoß *m* (a gegen)

infreddolirsi V frösteln

infuori ADV: **all'~** nach außen; **all'~ di** außer; mit Ausnahme von

infuriarsi V in Wut geraten **infuriato** ADJ wütend

infusione F GASTR Aufguss *m*; Kräutertee *m* **infuso** M Kräutertee *m*

ingaggiare [-dʒ-] V engagieren **ingaggio** [-dʒo] M Engagement *n*; Gage *f*

ingannare V täuschen; betrügen **ingannarsi** V sich täuschen **ingannatore** M, **-trice** [-tʃe] F Betrüger(in) *m(f)* **inganno** M Betrug *m*; Täuschung *f*

ingegnarsi [-dʒeɲ-] V sich bemühen

ingegnere [-dʒeɲ-] M Ingenieur(in) *m(f)* **ingegne'ria** F [-dʒeɲ-] Ingenieurwesen *n*; **~ genetica** Gentechnik *f*

ingegno [-dʒeːɲo] M Talent *n*; Begabung *f* **ingegnoso** [-dʒeɲ-] ADJ einfallsreich; erfinderisch

ingenuità [-dʒe-] F Naivität *f* **in'genuo** [-dʒɛ-] ADJ arglos; naiv

ingessare [-dʒe-] V eingipsen **ingessatura** [-dʒe-] F Gips *m*, Gipsverband *m*

Inghilterra [-g-] F England *n*

inghiottire [-g-] V schlucken; *fig* verschlingen

inginocchiarsi [-dʒinokk-] V niederknien

ingiù [-dʒu] ADV: **all'~** hinunter, nach unten

ingiustizia [-dʒu-] F Ungerechtigkeit *f* **ingiusto**

[-dʒu-] ADJ ungerecht
inglese 1 ADJ englisch 2 M/F Engländer(in) *m(f)* 3 M *Sprache* Englisch *n*
ingoiare V schlucken, hinunterschlucken
ingombrante ADJ sperrig **ingombrare** V versperren **ingombro** ADJ versperrt
ingordo ADJ gefräßig; gierig
ingorgo M *Verkehr* Stau *m*
ingranaggio [-dʒo] M TECH Getriebe *n* **ingranare** V *Gang* einlegen
ingrandimento M Vergrößerung *f* **ingrandire** V vergrößern; größer werden
ingrassare V dick machen; dick(er) werden; AUTO abschmieren
ingrati'tudine F Undankbarkeit *f* **ingrato** ADJ undankbar
ingredienti MPL GASTR Zutaten *fpl*
ingresso M Eintritt *m*; Eingang *m*; Eintrittspreis *m*; **~ libero** Eintritt frei; **~ vietato** Zutritt verboten
ingrossare V dick machen
ingrosso ADV: **all'~** en gros, Groß...
ingual'cibile [-tʃ-] ADJ knitterfrei
ingua'ribile ADJ unheilbar
inguinale ADJ: **regione** *f* **~** ANAT Leistengegend *f*
'inguine M ANAT Leiste *f*
inibire V hemmen, verhindern, blockieren **inibito** ADJ gehemmt
iniezione F MED Injektion *f*, Spritze *f*; TECH Einspritzung *f*
inimicizia [-tʃ-] F Feindschaft *f*
inimmagi'nabile [-dʒ-] ADJ undenkbar
ininterrotto ADJ ununterbrochen
iniziale F Anfangsbuchstabe *m*; **iniziali** *pl* Monogramm *n*
iniziare V anfangen, beginnen; einführen (a in) **iniziativa** F Initiative *f*, Anregung *f*
inizio M Anfang *m*, Beginn *m*; **all'~** anfangs, am Anfang
innalzare V heben; errichten
innamorarsi V sich verlieben (**di** in)
innanzi 1 ADV vorn; vorher 2 PRÄP: **~ a** vor; **~ tutto** vor allem
innato ADJ angeboren
innaturale ADJ unnatürlich
innervosire V nervös machen
innestare V ELEK einstecken; **~ la marcia** den Gang einlegen
inno M Hymne *f*
innocente [-tʃɛ-] ADJ unschuldig; harmlos **innocenza** [-tʃɛ-] F Unschuld *f*
in'nocuo ADJ unschädlich; harmlos
innovare V erneuern **innovazione** F Erneuerung *f*
innume'revole ADJ unzählig
inodore ADJ geruchlos

inoltrare V einreichen; weiterleiten (**a** an)
inoltre ADV außerdem, überdies
inondare V überschwemmen
inondazione F Überschwemmung *f*
inopportuno ADJ unangebracht; ungelegen
inospitale ADJ ungastlich; *Gegend* unwirtlich
inosservato ADJ unbeachtet; unbemerkt
inossi'dabile ADJ rostfrei
inquietare V beunruhigen **inquie'tudine** F Unruhe *f*; Besorgnis *f*
inquilino M, **-a** F Mieter(in) *m(f)*
inquinamento M Verschmutzung *f*; **~ atmosferico** Luftverschmutzung *f*; **~ dell'ambiente** Umweltverschmutzung *f*; **~ delle acque** Wasserverschmutzung *f*
inquinante ADJ umweltschädlich; **non ~** umweltfreundlich **inquinare** V verschmutzen
insaccato M Wurst *f*
insalata F Salat *m*; **~ di patate** Kartoffelsalat *m*; **~ di riso** Reissalat *m* **insalatiera** F Salatschüssel *m*
insaponare V einseifen
insazi'abile ADJ unersättlich
insegna [-ɲa] F Schild *n*; **all'~ di** im Zeichen von
insegnamento [-ɲ-] M Unterricht *m* **insegnante** [-ɲ-] M/F Lehrer(in) *m(f)* **insegnare** [-ɲ-] V unterrichten (**qc a qn** j-n in etw)
inseguimento M Verfolgung *f* **inseguire** V verfolgen
inseminazione F: **~ artificiale** künstliche Befruchtung *f*
insensato ADJ unsinnig; unvernünftig
insen'sibile ADJ unempfindlich (**a** gegen); unmerklich
insepa'rabile ADJ unzertrennlich
inserimento M Einfügung *f*; *fig* Eingewöhnung *f* (*a. im Kindergarten*); IT Eingabe *f* **inserire** V hineinstecken; einlegen; einfügen **inserirsi** V sich einmischen
inserzione F Inserat *n*; **fare un'~** inserieren
insetticida [-tʃ-] M Insektizid *n* **insetto** M Insekt *n*
insicuro ADJ unsicher
insidiare V belästigen **insidioso** ADJ hinterhältig
insieme **1** ADV zusammen; **~ a** zusammen mit; **tutti ~** alles zusammen **2** M Gesamtheit *f*; Ganze(s) *n*
insignificante [-ɲ-] ADJ unbedeutend
insinuare V erwecken; unterstellen; **cosa vorresti ~?** was willst du mir unterstellen? **insinuarsi** V sich einschleichen (**in** in) **insinuazione** F Unterstellung *f*
in'sipido ADJ fade

insistente ADJ aufdringlich **in'sistere** V bestehen (**a, su** auf)
insoddisfatto ADJ unbefriedigt
insolazione F Sonnenstich *m*
insolente ADJ frech
in'solito ADJ ungewöhnlich; ungewohnt
inso'lubile ADJ unlösbar
insolvente ADJ, **insol'vibile** ADJ zahlungsunfähig
insomma ADV kurz; schließlich; also
insonne ADJ schlaflos **insonnia** F Schlaflosigkeit *f*
insonorizzato ADJ schalldicht **insonorizzazione** F Schalldämmung *f*, Lärmschutz *m*
insoppor'tabile ADJ unerträglich
in'sorgere [-dʒe-] V sich erheben (**contro** gegen)
insormon'tabile ADJ unüberwindlich
insoste'nibile ADJ unhaltbar
inspirare V einatmen
installare V TECH, IT installieren **installatore** M Installateur *m* **installazione** F TECH, IT Installation *f*
instan'cabile ADJ unermüdlich
insù ADV: **all'~** hinauf; nach oben
insuccesso [-tʃɛ-] M Misserfolg *m*
insudiciare [-tʃa-] V beschmutzen
insufficiente [-tʃɛ-] ADJ ungenügend **insufficienza** [-tʃɛ-] F Mangel *f* (**di** an)
insulare ADJ Insel...
insulina F MED Insulin *n*
insulso ADJ witzlos
insultare V beleidigen; beschimpfen **insulto** M Beleidigung *f*
insupe'rabile ADJ unübertrefflich **insuperato** ADJ unübertroffen
insurrezione F Aufstand *m*
in taglio [-ʎo] M KUNST Schnitzerei *f*
intanto ADV inzwischen; **~ che** während
intarsio M KUNST Einlegearbeit *f*
intasare V verstopfen
intascare V einstecken
intatto ADJ unberührt; unversehrt
integrale ADJ vollständig, gesamt; **pane** *m* **~** Vollkornbrot *n*
integrarsi V sich integrieren
integratore M: **~ alimentare** Nahrungsergänzungsmittel *n*
integrazione F Integration *f*
intelletto M Verstand *m*; Geist *m* **intellettuale** ADJ intellektuell **intelligente** [-dʒɛ-] ADJ klug; intelligent **intelligenza** [-dʒɛ-] F Verstand *m*; Intelligenz *f*
in'tendere V meinen; beabsichtigen; **s'intende!** natürlich! **in'tendersi** V sich ver-

stehen; **~ di qc** sich mit etw auskennen

intensità F Stärke *f*, Intensität *f* **intenso** ADJ heftig; intensiv

intenzione F Absicht *f* **avere l'~ di fare qc** die Absicht haben, etw zu tun; **senza ~** unabsichtlich

interamente ADV gänzlich

interdentale ADJ: **filo ~** Zahnseide *f*

interdetto ADJ sprachlos

interdire V untersagen **interdizione** F Verbot *n*

interessamento M Interesse *n*; Anteilnahme *f* **interessante** ADJ interessant; **essere in stato ~** schwanger sein

interessare V interessieren; betreffen **interessarsi** V sich interessieren (**di/a qc** für etw)

interessato **1** ADJ interessiert (**a** an); *pej* eigennützig **2** M, **-a** F Interessent(in) *m(f)*

interesse M Interesse *n*; Anteilnahme *f*; **interessi** *pl* Zinsen *mpl*

interfaccia [-tʃa] F IT Schnittstelle *f*

interiora FPL Innereien *fpl* **interiore** **1** ADJ innere; Innen... **2** M Innere(s) *n*

interlocutore M, **-trice** [-tʃe] F Ansprechpartner(in) *m(f)*

intermediario M Vermittler *m* **intermedio** ADJ mittlere (-r,-s)

intermi'nabile ADJ endlos

intermittente ADJ wechselnd; **luce** *f* **~** Blinklicht *n*

internazionale ADJ international

'Internet M Internet *n*; **navigare su ~** im Internet surfen **internettiano** ADJ Internet...

internista M/F MED Internist(in) *m(f)*

interno **1** ADJ Innen..., Binnen...; *fig* innerlich **2** M Innere(s) *n*; Innenraum *m*

intero ADJ ganz; vollständig

interporto M: **~ doganale** Zollabfertigung *f* für LKW

interpretare V deuten; interpretieren; THEAT spielen **interpretazione** F Auslegung *f*, Interpretation *f* **in'terprete** M/F Dolmetscher(in) *m(f)*; THEAT Darsteller(in) *m(f)*

interpunzione F Zeichensetzung *f*

interrogare V befragen; JUR verhören **interrogativo** ADJ fragend; **punto** *m* **~** Fragezeichen *n*

interrogatorio M Verhör *n*

interrogazione F Befragung *f*; Abfragen *n*

inter'rompere V unterbrechen **interruttore** M ELEK Schalter *m* **interruzione** F Unterbrechung *f*; ELEK Störung *f*

intersecarsi V sich kreuzen **intersezione** F Schnittpunkt *m*

interurbana F TEL Ferngespräch *n*

intervallo M Abstand *m*; Zwischenzeit *f*; Pause *f*

intervenire V eingreifen, einschreiten; teilnehmen (a an)

intervento M Einschreiten *n*; *Teilnahme* Beitrag *m*; POL Intervention *f*; MED Eingriff *m*

intervista F Interview *n* **intervistare** V interviewen **intervistatore** M, **-trice** [-tʃe] F Interviewer(in) *m(f)*

intesa F Einverständnis *n* **inteso** ADJ: **resta ~ che …** es bleibt dabei, dass …

intestino M ANAT Darm *m*; **~ cieco** Blinddarm *m*

intimidire V einschüchtern

intimità F Vertrautheit *f*; Gemütlichkeit *f* **'intimo** 1 ADJ intim, vertraut; gemütlich 2 M Unterwäsche *f*; **~ contenitivo** Shapewear *f*

intimorire V verängstigen

in'tingere [-dʒe-] V eintauchen **in'tingolo** M Tunke *f*, Soße *f*

intitolare V betiteln

intolle'rabile ADJ unerträglich **intollerante** ADJ intolerant **intolleranza** F Intoleranz *f*; **~ alimentare** Nahrungsmittelunverträglichkeit *f*

intonacare V verputzen **in'tonaco** M Verputz *v*

intonare V stimmen; anstimmen

intoppo [-ɔ-] M Hindernis *n*

intorno 1 ADV herum; umher; **guardarsi ~** umherschauen; **tutt'~** ringsumher 2 PRÄP: **~ a** um; um … herum; etwa

intossicare V vergiften **intossicazione** F MED Vergiftung *f*; **~ alimentare** Lebensmittelvergiftung *f*

intralciare [-tʃa-] V behindern **intralcio** [-tʃo] M Hindernis *n*

intransigente [-dʒ-] ADJ unnachgiebig

intraprendente ADJ unternehmungslustig **intra'prendere** V unternehmen

intrattenere V unterhalten **intrattenersi** V sich aufhalten (**su** bei) **intrattenimento** M Unterhaltung *f*

intra(v)vedere V erblicken

intrecciare [-tʃa-] V flechten **intrecciarsi** [-tʃa-] V sich verschlingen **intreccio** [-tʃo] M Geflecht *n*; *fig* Verwicklung *f*

intrigante ADJ intrigant **intrigare** V intrigieren **intrigo** M Intrige *f*

in'trinseco ADJ innere(r,-s); **valore** *m* **~** Sachwert *m*

introdurre V einführen; *Münze* einwerfen **introduzione** F Einführung *f*; IT Eingabe *f*

intro'mettersi V sich einmi-

schen; dazwischentreten
intro'vabile ADJ unauffindbar
intruso M Eindringling *m*
intuire V (intuitiv) ahnen
inumano ADJ unmenschlich
inumidire V anfeuchten
i'nutile ADJ nutzlos, zwecklos
invadente ADJ aufdringlich
in'vadere V eindringen (**in** in); *fig* überschwemmen
invalidare V für ungültig erklären **invalidità** F Ungültigkeit *f*; Arbeitsunfähigkeit *f* **in'valido** 1 ADJ *neg!* MED invalide; ungültig 2 M, **-a** F *neg!* MED Invalide *m/f*; **~ di guerra** Kriegsversehrte(r) *m*
invano ADJ vergebens
invari'abile ADJ unveränderlich
invasione F (feindlicher) Einfall *m* **invasore** M Eindringling *m*
invecchiare [-kk-] V alt machen, alt werden; *Wein* lagern lassen
invece [-tʃe] ADV statt dessen, dagegen; **~ di** (an)statt (zu)
inven'dibile ADJ unverkäuflich
inventare V erfinden
inventario M Inventur *f*; Inventar *n*
inventivo ADJ erfinderisch **inventore** M, **-trice** [-tʃe] F Erfinder(in) *m(f)* **invenzione** F Erfindung *f*
invernale ADJ winterlich **inverno** M Winter *m*; **d'~** im Winter
invero'simile ADJ unwahrscheinlich
inversione F Umkehrung *f* **inverso** ADJ umgekehrt
investigare V untersuchen; Nachforschungen anstellen
investigatore M, **-trice** [-tʃe] F Detektiv(in) *m(f)* **investigazione** F Nachforschung *f*
investimento M WIRTSCH Geldanlage *f*, Investition *f*; Zusammenstoß *m* **investire** V *Person* anfahren, überfahren; *Geld* anlegen
inviare V schicken, senden
inviato M, **-a** F Abgesandte(r) *f(m)*; **~ speciale** Sonderberichterstatter *m*
invidia F Neid *m* **invidi'abile** ADJ beneidenswert **invidiare** V beneiden (**per** um) **invidioso** ADJ neidisch
invin'cibile [-tʃ-] ADJ unbesiegbar
in'vio M Sendung *f*; IT Entertaste *f*
invio'labile ADJ unverletzlich
invi'sibile ADJ unsichtbar
invitante ADJ einladend **invitare** V einladen, auffordern (**a zu**) **invitato** M, **-a** F Gast *m* **invito** M Einladung *f*; Aufforderung *f*
invocare V anflehen
involontario ADJ unfreiwillig
involtino M GASTR Roulade *f*
in'volucro M Hülle *f*

inzuppare V durchnässen; einweichen
io ['i:o] 1 PRON ich 2 M *Psyche* Ich *n*
iodio M CHEM Jod *n*
IP ABK: **indirizzo** *m* ~ IP-Adresse *f*
iperattivo ADJ hyperaktiv **ipermercato** M Großmarkt *m* **ipertensione** F Bluthochdruck *m*
iPhone® M iPhone® *n*
ipnosi F Hypnose *f* **ipnotizzare** [-dz-] V hypnotisieren
ipocri'sia F Heuchelei *f* **i'pocrita** M/F Heuchler(in) *m(f)*
iPod® M iPod® *m*
ipoteca F Hypothek *f*
i'potesi F Annahme *f*, Hypothese *f*
'ippica F SPORT Reitsport *m*
ippocastano M BOT Rosskastanie *f*
ip'podromo M Pferderennbahn *f*
ippoglosso M ZOOL Heilbutt *m*
ippo'potamo M ZOOL Nilpferd *n*
ippotera'pia F MED therapeutisches Reiten
ira F Zorn *m*
Iran M Iran *m*
Iraq M Irak *m*
'iride F ANAT Regenbogenhaut *f*; BOT Schwertlilie *f*, Iris *f*
Irlanda F Irland *n* **irlandese** 1 ADJ irisch 2 M/F Ire *m*, Irin *f*
iro'nia F Ironie *f* **i'ronico** ADJ ironisch
irradiare V bestrahlen **irradiazione** F Bestrahlung *f*
irragio'nevole [-dʒo-] ADJ unvernünftig
irreale ADJ unwirklich
irregolare ADJ unregelmäßig **irregolarità** F Unregelmäßigkeit *f*
irrepa'rabile ADJ unersetzlich; nicht wiedergutzumachend
irrepe'ribile ADJ unauffindbar
irrepren'sibile ADJ einwandfrei
irrequietezza F Unruhe *f* **irrequieto** ADJ ruhelos; unruhig
irresi'stibile ADJ unwiderstehlich
irrespon'sabile ADJ unverantwortlich **irresponsabilità** F Unverantwortlichkeit *f*
irrevo'cabile ADJ unwiderruflich
irricono'scibile [-ʃ-] ADJ nicht wiederzuerkennen
irrigare V bewässern **irrigazione** F Bewässerung *f*
irrinunci'abile [-tʃa-] ADJ unverzichtbar
irripe'tibile ADJ unwiederholbar
irri'tabile ADJ reizbar **irritabilità** F Reizbarkeit *f* **irritare** V reizen **irritazione** F

Reizung *f*
irruzione F Einbruch *m*
iscritto **1** PPERF → iscrivere **2** ADJ: **per ~** schriftlich
i'scrivere V eintragen; anmelden **i'scriversi** V sich anmelden (**a** für, zu, bei); sich einschreiben **iscrizione** F Anmeldung *f*; Einschreibung *f*
i'slamico [-zl-] **1** ADJ islamisch **2** M, **-a** F Muslim(in) *m(f)*, Muslima *f*
Islanda [-zl-] F Island *n* **islandese** [-zl-] **1** ADJ isländisch **2** M/F Isländer(in) *m(f)* **3** *Sprache m* Isländisch *n*
'isola F Insel *f* **~ pedonale** Fußgängerzone *f*; **~ spartitraffico** Mittelstreifen *m*; **l'Isola d'Elba** die Insel Elba
isolamento M Absonderung *f*; MED, TECH Isolierung *f* **isolare** V absondern; MED, TECH isolieren **isolato** M Häuserblock *m*
ispettore M, **-trice** [-tʃe] F Inspektor(in) *m(f)* **ispezionare** V inspizieren **ispezione** F TECH Inspektion *f*; Aufsicht *f*
ispirare V *Vertrauen* erwecken **ispirarsi** V sich orientieren (**a** an) **ispirazione** F Eingebung *f*, Inspiration *f*
Israele [-zr-] M Israel *n*
issare V *Segel* hissen
istan'tanea F FOTO Momentaufnahme *f* **istan'taneo** ADJ augenblicklich **istante** M Augenblick *m*; **all'~** sofort, unverzüglich
istanza F JUR Antrag *m*
i'sterico ADJ hysterisch
istintivo ADJ instinktiv **istinto** M Instinkt *m*, Trieb *m*
istituire V gründen; stiften
istituto M Institut *n*; Schule *f*; **~ di bellezza** Schönheitssalon *m*; **~ professionale** *etwa* Berufs(fach)schule *f*; **~ tecnico** *etwa* Fachoberschule *f*; *österr* Berufsbildende Höhere Schule *f*
istituzione F Einrichtung *f*
istmo M GEOG Landenge *f*
istruirsi V sich bilden
istruttore M, **-trice** [-tʃe] F Lehrer(in) *m(f)*; **~ di volo** Fluglehrer *m* **istruzione** F Ausbildung *f*; Anweisung *f*; **istruzioni** *pl* **per l'uso** Gebrauchsanweisung *f*
Italia F Italien *n* **italiano** **1** ADJ italienisch **2** M, **-a** F Italiener(in) *m(f)* **3** M *Sprache* Italienisch *n*; **in ~** auf Italienisch; **parla ~?** sprechen Sie Italienisch?
itinerario M Route *f*, Reiseweg *m*
IVA F ABK (**= Imposta sul Valore Aggiunto**) MwSt. (Mehrwertsteuer *f*)

J

jeans MPL Jeans *f*
jeep® F Jeep® *m*
jolly M Joker *m*

K

karatè M Karate *n*
kebab M GASTR Döner(kebab) *m* **kebabbe'ria** F Dönerladen *m*, Dönerbude *f*
ketchup M Ketchup *m od n*
kit M Set *n*, Satz *m*; **~ di montaggio** Montagesatz *m*
kitesurf [kait'sɛrf] M SPORT Kitesurfen *n*
kiwi M BOT Kiwi *f*
k-way® M faltbarer Regenmantel *m*

L

l' ART → lo, la
la 1 ART FSG der, die, das → il (lo) 2 PRON sie; Sie, Ihnen; **La prego di accomodarsi** nehmen Sie bitte Platz; **La ringrazio** Ich danke Ihnen 3 M MUS A *n*
là ADV da, dort; dahin, dorthin **fin ~** bis dahin; **di ~** vor dort; **al di ~** jenseits (**di** vor)
labbro M Lippe *f*
'labile ADJ *Psyche* labil
laboratorio M Labor(atorium) *n*; Werkstatt *f*
laborioso ADJ arbeitsam; langwierig
lacca F Lack *m*; Haarspray *n*; Nagellack *m*
laccio [-tʃo] M Schlinge *f*; **~ da scarpe** Schnürsenkel *m*; MED **~ emostatico** Aderpresse *f*
'lacrima F Träne *f*
lacuna F Lücke *f*
lacustre ADJ See…
laddove ADV dort, wo
ladino 1 ADJ ladinisch 2 M, **-a** F Ladiner(in) *m(f)*
ladro M Dieb *m*
laggiù [-dʒu] ADJ da unten
laghetto [-g-] M kleiner See *n*
lago M See *m*; **Lago dei Quattro Cantoni** Vierwaldstätter See *m*; **Lago di Como** Comer See *m*; **Lago di Costanza** Bodensee *m*; **Lago di Garda** Gardasee *m*; **Lago di Lugano** Luganer See *m*; **Lago di Neuchâtel** Neuenburger See *m*; **Lago Lemano** Genfer See *m*
laguna F Lagune *f*

'laico **1** ADJ weltlich **2** M, **-a** F Laie *m*
lama F Messerklinge *f*
lamentare V klagen über **lamentarsi** V sich beklagen (**di** über) **lamento** M Klage *f*
lametta F: **~ da barba** Rasierklinge *f*
lamiera F Blech *n*
'lamina F Folie *f*
'lampada F Lampe *f*; **~ al neon** Neonröhre *f*; **~ alogena** Halogenlampe *f*; **~ a raggi infrarossi** Infrarotstrahler *m*; **~ tascabile** Taschenlampe *f*
lampadario M Kronleuchter *m* **lampadina** F Glühbirne *f*, Birne *f*
lampeggiare [-dʒa-] V blitzen; AUTO blinken **lampeggiatore** [-dʒa-] M AUTO Blinker *m*; FOTO Blitzlicht *n*
lampione M Straßenlaterne *f*
lampo M Blitz *m*; **in un ~** im Nu
lampone M BOT Himbeere *f*
lana F Wolle *f*; **~ vergine** Schurwolle *f*
lancetta [-tʃ-] F Zeiger *m*
lanciare [-tʃa-] V werfen, schleudern **lanciarsi** [-tʃa-] V sich stürzen
lancinante [-tʃ-] ADJ *Schmerz* stechend
lancio [-tʃo] M Wurf *m*; Sprung *m*; **~ del disco** Diskuswerfen *n*; **~ del giavellotto** Speerwerfen *n*; **~ del peso** Kugelstoßen *n*
lanterna F Laterne *f*
'lapide F Grabstein *m*; **~ commemorativa** Gedenktafel *f*
lapis M Bleistift *m*
lardo M GASTR Speck *m*
larghezza [-g-] F Breite *f*; Weite *f*; *fig* Freigebigkeit *f*
largo **1** ADJ breit; weit; *fig* freigebig **2** M Breite *f*; Weite *f*; SCHIFF offenes Meer *n*; **fare ~** Platz machen; **prendere il ~** in See stechen
'larice [-tʃe] M BOT Lärche *f*
laringe [-dʒe] F ANAT Kehlkopf *m* **laringite** [-dʒ-] F MED Kehlkopfentzündung *f*
larva F ZOOL Larve *f*
lasagne [-ɲe] FPL Lasagne *f*
lasciare [-ʃa-] V lassen; verlassen; hinterlassen; liegen lassen; **~ andare** sich nicht kümmern (**qc** um etw); **~ fare** machen lassen; **lascia perdere!** *umg* lass gut sein! **lasciarsi** [-tʃa-] V *Paar* sich trennen
laser ['la:zer] **1** ADJ Laser... **2** M Laser *m*
lassativo M Abführmittel *n*
lassù ADV da oben; dort hinauf
last minute M Last-Minute-Angebot *n*; **vacanze** *fpl* **~** Last-Minute-Urlaub *m*
lastra F Platte *f*; Scheibe *f*; **lastre** *pl* MED Röntgenaufnahme *f*
'lastrico M Straßenpflaster *n*;

umg **essere sul ~** völlig abgebrannt sein
latente ADJ verborgen
laterale ADJ seitlich; **porta** *f* **~** Seitentür *f*
latifoglio [-ʎo] M BOT Laubbaum *m* **latifondo** M Großgrundbesitz *m*
latino 1 ADJ lateinisch 2 M Latein *n*
lati'tudine F GEOG Breite *f*
lato M Seite *f*; **d'altro ~** andrerseits
latta F Blech *n*; Kanister *m*
lattaio M, **-a** F Milchmann *m*, Milchfrau *f*
lattante M/F Säugling *m*
latte M Milch *f*; **~ a lunga conservazione** H-Milch *f*; **~ in polvere** Milchpulver *n*; **~ intero** Vollmilch *f*; **~ magro** fettarme Milch *f*; **~ materno** Muttermilch *f*
latte'ria F Milchgeschäft *n* **latticello** [-tʃ-] F Buttermilch *f* **latticini** [-tʃ-] MPL Molkereiprodukte *npl*
lattina F Dose *f*
lattosio M Laktose *f*; **senza ~** laktosefrei
lattuga F BOT grüner Salat *m*
laurea F Hochschulabschluss *m*, ≈ Bachelor *m*; **~ magistrale** ≈ Master *m* **laurearsi** V das Studium beenden **laureato** M, **-a** F Akademiker(in) *m(f)*
lava F Lava *f*
la'vabile ADJ waschbar **lavabo** M Waschbecken *n* **lavaggio** [-dʒo] M Waschen *n*; **~ a secco** chemische Reinigung *f*
lavagna [-ɲa] F Tafel; Schiefer *m*; **~ luminosa** Overheadprojektor *m*
lavanda F BOT Lavende *m*
lavande'ria F Wäscherei *f*; **~ a secco** Reinugung *f* **lavandino** M Waschbecken *n*
lavare V waschen; spülen; putzen; **~ a secco** chemisch reinigen **lavarsi** V sich waschen **lavasciuga** [-ʃu-] F Waschtrockner *m* **lavastoviglie** [-ʎe] F Geschirrspülmaschine *f* **lavatrice** [-tʃe] F Waschmaschine *f*
lavorare V arbeiten **lavoratore** M, **-trice** [-tʃe] F Arbeiter(in) *m(f)* **lavorazione** F Bearbeitung *f*, Verarbeitung *f*
lavoro M Arbeit *f*; **~ di gruppo** Teamarbeit *f*; **~ nero** Schwarzarbeit *f*; **lavori** *pl* **in corso** Straßenarbeiten *fpl*
laziale ADJ aus Latium **Lazio** M Latium *n*
le 1 ART FPL die 2 PRON Ihr; sie; **~ ho comprate ieri** ich habe sie gestern gekauft; **Le** Ihnen; **Le chiedo scusa** entschuldigen Sie bitte
leader ['li:der] 1 ADJ führend 2 M/F Führer(in) *m(f)*
leale ADJ aufrichtig; fair
lecca-lecca M Lutscher *m*
leccare V (ab)lecken
leccio [-tʃo] M BOT Steinei-

che *f*
leccor'nia F Leckerbissen *m*
'lecito [-tʃ-] ADJ erlaubt
lega F Bund *m*; Liga *f*; TECH Legierung *f*
legale ADJ gesetzlich **legalizzare** [-dz-] V amtlich beglaubigen; legalisieren **legalizzazione** [-dzats--] F amtliche Beglaubigung *f*
legame M Bindung *f*; ANAT Band *n* **legare** V binden; festbinden; anketten
legenda [-dʒɛ-] F (*Erklärung*) Legende *f*
legge [-dʒe] F Gesetz *n*; **studiare ~** Jura studieren
leggenda [-dʒɛ-] F (*Erzählung*) Legende *f*
'leggere ['lɛddʒere] V lesen
leggerezza [-dʒ-] F Leichtigkeit *f*; Leichtsinn *m*
leggero [-dʒɛ-] ADJ leicht
leg'gibile [-dʒ-] ADJ leserlich
leggings MPL Leggings *pl*
legislazione [-dʒizl-] F Gesetzgebung *f*
le'gittimo [-dʒ-] ADJ rechtmäßig; berechtigt; ehelich; **legittima difesa** *f* Notwehr *f*
legna [-ɲa] F Holz *n*; **~ da ardere** Brennholz *n* **legname** [-ɲ-] M Holz *n*, Nutzholz *n* **legno** [-ɲo] M Holz *n*
legumi MPL BOT Hülsenfrüchte *fpl*; Gemüse *n*
lei PRON FSG sie **Lei** PRON Sie; **dare del ~ a qn** j-n siezen
lente F Linse *f*; **~ d'ingrandimento** Lupe *f*; **lenti** *pl* **a contatto** Kontaktlinsen *fpl*
lentezza F Langsamkeit *f*
lenticchie [-kk-] FPL BOT Linsen *fpl*
len'tiggini [-dʒ-] FPL Sommersprossen *fpl*
lento ADJ langsam; locker
lenza F Angelschnur *f*
lenzuolo M Laken *n*; Betttuch *n*
leone M Löwe *m*; **Leone** ASTROL Löwe *m*; **essere del Leone** Löwe sein **leonessa** F Löwin *f*
leopardo M Leopard *m*
lepre F Hase *m*
'lesbica [-zb-] F Lesbierin *f*
lesione F MED Verletzung *f*
'lessico M Wörterbuch *n*; Wortschatz *m*
lesso **1** ADJ gekocht **2** M gekochtes Fleisch *n*; Suppenfleisch *n*
letame M Mist *m*
'lettera F Brief *m*; Buchstabe *m*; **~ assicurata** Wertbrief *m*; **~ raccomandata** Einschreibebrief *m*; **alla ~** wörtlich
letterale ADJ wörtlich **letterario** ADJ literarisch **letteratura** F Literatur *f*
lettino M Bettchen *n*; *Strand* Liege *f*; **~ con sbarre** Gitterbett *n*; **~ da viaggio** Reisebett *n*; **~ per bambini/neonati** Kinder-/Babybett *n*
letto[1] M Bett *n*; **~ a castello** Stockbett *n*; **~ matrimoniale**

Doppelbett *n*; ~ **singolo** Einzelbett *n*

letto² PPERF gelesen → leggere

Lettonia F Lettland *n*

lettore 1 M, **-trice** [-tʃe] F Leser(in) *m(f)* 2 M IT Laufwerk *n*; ~ **cd** CD-Spieler *m*; ~ **cd-rom** IT CD-ROM-Laufwerk *n*; ~ **DVD** DVD-Spieler *m*; ~ **MP3** MP3-Player *m*

lettura F Lektüre *f*

leuce'mia F [-tʃ-] MED Leukämie *f*

leva F Hebel *m*; ~ **del cambio** Schalthebel *m*

levante M Osten *m*; Ostwind *m*

levare V heben; aufheben; wegnehmen **levarsi** V ausziehen, abnehmen; **levati (dai piedi)!** *umg* hau ab!

levatrice [-tʃe] F Hebamme *f*

lezione F Unterrichtsstunde *f*; Lektion *f*; *fig* Lehre *f*

li PRON MPL sie

lì ADV dort, da; dorthin, dahin

li'bellula F ZOOL Libelle *f*

liberale ADJ freigebig; POL liberal **liberalità** F Freigebigkeit *f*

liberare V befreien; freilassen **liberarsi** V sich frei machen, sich befreien (**da** von) **'libero** ADJ frei **libertà** F Freiheit *f*

'liberty M KUNST Jugendstil *m*

libraio M, **-a** F Buchhändler(in) *m(f)* **libre'ria** F Bibliothek *f*; (Bücher-)Regal *n*; Buchhandlung *f*

libretto M Textbuch *n* ~ **di circolazione** Kraftfahrzeugbrief *m*; ~ **di risparmio** Sparbuch *n*

libro M Buch *n*; ~ **di testo** Schulbuch *n*; ~ **illustrato** Bilderbuch *n* **librofonino®** M TEL *Smartphone mit E-Book-Reader*

licenza [-tʃɛ-] F Erlaubnis *f*; Abgangszeugnis *n*; HANDEL Lizenz *f*; MIL Urlaub *m*; ~ **di caccia** Jagdschein *m*; ~ **d'esercizio** Gewerbeschein *m*; ~ **di pesca** Angelschein *m*

licenziamento [-tʃe-] M Entlassung *f* **licenziare** [-tʃe-] V entlassen; kündigen (**qn** j-m) **licenziarsi** [-tʃe-] V kündigen

liceo [-tʃɛ-] M Gymnasium *n*; ~ **artistico** ≈ höhere Kunstschule *f*; ~ **classico** humanistisches Gymnasium *n*; ~ **linguistico** neusprachliches Gymnasium *n*; ~ **scientifico** naturwissenschaftliches Gymnasium *n*

lido M Strand *m*

lieto ADJ froh, erfreut

lieve ADJ leicht; sanft

li'evito M Hefe *f*; ~ **in polvere** Backpulver *n*

'ligure ADJ ligurisch **Liguria** F Ligurien *n*

lilla ADJ lila **lillà** M BOT Flieder *m*

lima F Feile *f* **limare** V feilen **limetta** F Nagelfeile *f*
limitare V beschränken; einschränken **limitazione** F Beschränkung *f*; Begrenzung *f* **'limite** M Grenze *f*; **~ di velocità** Tempolimit *n*; **al ~** höchstens
limonata F Zitronenlimonade *f* **limone** M Zitrone *f*; BOT Zitronenbaum *m*
'limpido ADJ klar
lince [-tʃe] F Luchs ZOOL *m*
linciare [-tʃa-] V lynchen
'linea F Linie *f*; Reihe *f*; Strich *m*; BAHN Strecke *f*; ELEK, TEL Leitung *f*; **~ dell'autobus** Buslinie *f*; **~ ferroviaria** Eisenbahnlinie *f*; TEL **restare in ~** am Apparat bleiben; **volo** *m* **di ~** Linienflug *m* **lineetta** F Bindestrich *m*
linfonodo M MED Lymphknoten *m*
lingua F ANAT Zunge *f*; Sprache *f*; **~ madre** Muttersprache *f*; **~ parlata** Umgangssprache *f*; **~ straniera** Fremdsprache *f* **linguaggio** [-dʒo] M Sprache *f*; Sprechweise *f*
link M IT Link *m od n*
lino M BOT Leinen *n*
liofilizzato [-dz-] ADJ gefriergetrocknet
liposuzione F Fettabsaugung MED *f*
liquidare V ausverkaufen; liquidieren **liquidazione** F Ausverkauf *m*; Abfindung *f*
'liquido 1 ADJ flüssig 2 M Flüssigkeit *f*; MED **~ amniotico** Fruchtwasser *n*; **~ dei freni** Bremsflüssigkeit *f*; **~ di raffreddamento** Kühlmittel *n*, -wasser *n*
liquirizia F BOT Lakritz *n*, Süßholz *n*
liquore M Likör *m*
lira F *hist* Lira *f*
'lirica F Lyrik *f*; Oper *f*
lisca F Gräte *f*; **~ di pesce** Fischgräte *f*
liscio [-ʃo] 1 ADJ glatt; *Getränk* pur 2 M Gesellschaftstanz *m*
lista F Liste *f*; Speisekarte *f*; **~ dei vini** Weinkarte *f*; **~ di attesa** Warteliste *f* **listino** M: **~ prezzi** Preisliste *f*
lite F Streit *m* **litigare** V streiten; sich zanken **litigio** [-dʒo] M Streit *m*
litorale 1 ADJ Küsten... 2 M Seeküste *f*
litro M Liter *m*
Lituania F Litauen *n*
livello M Höhe *f*; Niveau *n*; **~ dell'olio** Ölstand *m*;; **~ del mare** Meeresspiegel *m* **~ di vita** Lebensstandard *m*
'livido 1 ADJ bläulich 2 M blauer Fleck
lo 1 ART der, die, das; **~ specchio** der Spiegel 2 PRON ihn, sie, es; **non ~ so** ich weiß es nicht
lobo M ANAT Ohrläppchen *n*
locale 1 ADJ örtlich 2 M Lokal

n; Kneipe *f*; BAHN Nahverkehrszug *m* **località** F Örtlichkeit *f*; Ort *m*; Ortschaft *f*
locanda F Gasthaus *n*
locatario M, **-a** F Mieter(in) *m(f)* **locatore** M, **-trice** [-tʃe] F Vermieter(in) *m(f)* **locazione** F Miete *f*
'lockdown M Lockdown *m*, Ausgangssperre *f*
locomotiva F Lokomotive *f* **locomotore** M E-Lok *f*
locuzione F GRAM Redewendung *f*
lode F Lob *n*
loggia [-dʒa] F Loggia *f*, Säulenhalle *f* **loggione** [-dʒo-] M THEAT Galerie *f*
'logico [-dʒ-] ADJ logisch
lo'gin [-g-] M IT Log-in *n/m*
'logoro ADJ abgenutzt, abgetragen
lo'gout [-g-] M IT Log-out *n/m*
Lombar'dia F Lombardei *f* **lombardo** 1 ADJ lombardisch 2 M, **-a** F Lombarde *m*, Lombardin *f*
lombata F Lendenstück *n* **lombo** M ANAT Lende *f*; GASTR *a.* Rücken *m*
Londra F London *n*
longi'tudine [-dʒ-] F geografische Länge
lontananza F Entfernung *f*
lontano 1 ADJ fern, entfernt 2 ADV weit weg; **~ da** weit entfernt von; **da ~** aus der Ferne
lontra F ZOOL Fischotter *m*
look [luk] M Look *m*
loquace [-tʃe] ADJ gesprächig
loro 1 ADJ ihr(e); **il ~ indirizzo** *m* ihre Adresse; **i ~ amici** *mpl* ihre Freunde 2 PCSS PR ihre(r,-s) **la nostra casa è più piccola della ~** unser Haus ist kleiner als ihres 3 PRON sie; ihnen
lotta [-ɔ-] F Kampf *m*; SPORT Ringkampf *m* **lottare** V kämpfen **lottatore** M, **-trice** [-tʃe] F Ringkämpfer(in) *m(f)*
lotte'ria [-o-] F Lotterie *f*
lotto M Lotto *n*
lozione F Lotion *f*; **~ per capelli** Haarwasser *n*; **~ per il viso** Gesichtswasser *n*
lubrificante M Schmieröl *n*
lubrificare V schmieren, abschmieren
lucano ADJ aus Basilicata (*italienischer Region*)
lucchetto [-kk-] M Vorhängeschloss *n*
luccicare [-tʃ-] V leuchten; funkeln
luccio [-tʃo] M ZOOL Hecht *m*
'lucciola [-tʃo-] F ZOOL Glühwürmchen *n*
lucciperca [-tʃo-] M ZOOL Zander *m*
luce [-tʃe] F Licht *n*; **~ al neon** Neonlicht *n*; **~ posteriore** Rücklicht *n*; **luci** *pl* **d'arresto** Bremslicht *n*; **luci di posizione** Standlicht *n*
lu'certola [-tʃɛ-] F ZOOL Ei-

dechse *f*
lucidalabbra M Lipgloss *m/n*
lucidare [-tʃ-] V polieren
'lucido [-tʃ-] **1** ADJ blank, glänzend **2** M Glanz *m*; ~ **per le scarpe** Schuhcreme *f*
lucrativo ADJ einträglich **lucro** M Gewinn *m*; **a scopo di** ~ um Gewinn zu erzielen
ludoteca F Spielothek *f*
luglio [-ʎo] M Juli *m*; → aprile
lui PRON er; ihn; **a** ~ ihm; **di** ~ sein(e), von ihm
lumaca F ZOOL Schnecke *f*
lume M Licht *n*; Lampe *f* **luminoso** ADJ leuchtend
luna F Mond *m*; ~ **calante/crescente** abnehmender/zunehmender Mond; ~ **di miele** Flitterwochen *fpl*; ~ **nuova** Neumond *m*; ~ **piena** Vollmond *m* **luna park** M Vergnügungspark *m*
lunedì M Montag *m*; ~ **grasso** Rosenmontag *m*
lunghezza [-g-] F Länge *f*; ~ **d'onda** Wellenlänge *f*; FOTO ~ **focale** Brennweite *f*
lungo **1** ADJ lang **2** PRÄP entlang; längs **3** M Länge *f*; **a** ~ lang(e); *fig* ausführlich
lungolago M Seepromenade *f* **lungomare** M Strandpromenade *f* **lungometraggio** [-dʒo] M Spielfilm *m*
lunotto M AUTO Heckscheibe *f*
luogo M Ort *m*; ~ **di nascita** Geburtsort *m*; **avere** ~ stattfinden; **in nessun** ~ nirgends; **in primo** ~ zuallererst; **in qualche** ~ irgendwo
lupo M ZOOL Wolf *m*
'luppolo M BOT Hopfen *m*
lussazione F MED Verrenkung *f*
lussemburghese [-g-] **1** ADJ luxemburgisch **2** M/F Luxemburger(in) *m(f)* **3** M *Sprache* Luxemburgisch *n* **Lussemburgo** M Luxemburg *n*
lusso M Luxus *m* **lussuoso** ADJ luxuriös, prunkvoll
lutto M Trauer *f*

M

ma KONJ aber; sondern
maccheroni [-kk-] MPL Makkaroni *pl*
macchia [-kk-] F Fleck *m*; BOT Buschwald *m* **macchiare** [-kk-] V beflecken **macchiarsi** [-kk-] V sich beklecken (**di** mit) **macchiato** [-kk-] ADJ *Kaffee* mit etwas Milch; *Kleid* fleckig
'macchina [-kk-] F Maschine *f*; Auto *n*; ~ **a noleggio** Leihwagen *m*; ~ **fotografica** Fotoapparat *m*; ~ **fotografica digitale** Digitalkamera *f*; **in** ~ mit dem Auto **macchinista**

[-kk-] M/F Lokomotivführer(in) *m(f)*; SCHIFF Maschinist(in) *m(f)*
macedonia [-tʃe-] F GASTR Obstsalat *m*
macellaio [-tʃe-] M, **-a** F Metzger(in) *m(f)* **macelle'ria** [-tʃe-] F Metzgerei *f*
macerie [-tʃɛ-] FPL Schutt *m*, Trümmer *pl*
macinacaffè [-tʃ-] M Kaffeemühle *f* **macinapepe** [-tʃ-] M Pfeffermühle *f* **macinare** [-tʃ-] V mahlen
madre F Mutter *f* **madrelingua** F Muttersprache *f* **madreperla** F Perlmutt *n* **madrina** F Patin *f*
maestà F Majestät *f* **maestoso** ADJ majestätisch
maestro **1** ADJ meisterhaft; Haupt ...; **strada** *f* **maestra** Hauptstraße **2** M, **-a** F Lehrer(in) *m(f)*; Meister(in) *m(f)*; **~ di sci** Skilehrer *m*
mafia F Mafia *f* **mafioso** **1** ADJ Mafia... **2** M, **-a** F Mafioso *m*
magari **1** ADV sogar; vielleicht **2** KONJ wenn doch; **~!** schön wär's!
magazzino [-dz-] M Lager *n*; **grande ~** Kaufhaus *n*
maggio [-dʒo] M Mai *m*; → aprile **maggiolino** [-dʒo-] M ZOOL Maikäfer *m*
maggiorana [-dʒo-] F BOT Majoran *m*
maggioranza [-dʒo-] F Mehrheit *f* **maggiorazione** [-dʒo-] F Zuschlag *m* **maggiore** [-dʒo-] ADJ größer; höher; älter; **il ~** der größte; der älteste **maggiorenne** [-dʒo-] ADJ volljährig
magi [-dʒ-] MPL: **i re ~** die Heiligen Drei Könige
ma'gia [-dʒ-] F Zauberei *f*, Magie *f* **'magico** [-dʒ-] ADJ magisch
magistrale [-dʒ-] ADJ meisterhaft; **laurea** *f* **~** Studium Master *m*
magistrato [-dʒ-] M Richter(in) *m(f)*
maglia [-ʎa] F Masche *f*; Unterhemd *n*; Pullover *m*; SPORT Trikot *n*; **lavorare a ~** stricken
maglie'ria [-ʎe-] F Strickwaren *fpl* **maglietta** [-ʎe-] F T-Shirt *n* **maglione** [-ʎo-] M dicker Pullover *m*
magnesio [-ɲɛ-] M Magnesium *n*
magnete [-ɲɛ-] M Magnet *m* **ma'gnetico** [-ɲɛ-] ADJ magnetisch
ma'gnifico [-ɲ-] ADJ herrlich; prächtig
magnolia [-ɲ-] F BOT Magnolie *f*
mago M, **-a** F Zauberer *m*, Zauberin *f*
Magonza F Mainz *n*
magro ADJ schlank; mager
mah INT: **~!** ≈ na!; keine Ahnung!

mai ADV nie, niemals; **~ più** nie wieder; **come ~?** wieso denn?; **non ... ~** nie, niemals; **se ~** wenn überhaupt
maiale M Schwein *n*; Schweinefleisch *n* **maialino** M: **~ arrosto** Spanferkel *n*
mail F IT Mail *f/n*
maionese F Mayonnaise *f*
maiuscola F Großbuchstabe *m* **maiuscolo** ADJ groß (-geschrieben)
malapena F: **a ~** kaum, mit Mühe
malaticcio [-tʃo] ADJ kränklich
malato 1 ADJ krank 2 M, **-a** F Kranke(r) *f(m)*; **~ di cuore** herzkrank
malat'tia F Krankheit *f*
malavoglia [-ʎa] F: **di ~** widerwillig, mit Unlust
maldestro ADJ ungeschickt
male 1 ADV schlecht; **andare a ~** verderben; **fare ~** wehtun; **stare ~** sich schlecht fühlen 2 M Böse(s) *n*; Übel *n*; Schmerz *m*; **mal d'aria** Flugkrankheit *f*; **mal di denti** Zahnschmerzen *mpl*; **mal di gola** Halsschmerzen *mpl*; **mal di mare** Seekrankheit *f*; **mal di testa** Kopfschmerzen *mpl*
maledetto ADJ verdammt; verflucht **maledire** V verfluchen
maleducato ADJ ungezogen
ma'lessere M Unwohlsein *n*
malfamato ADJ verrufen
malformazione F MED Missbildung *f*
malgrado 1 PRÄP trotz; **~ tutto** trotz allem; **mio ~** gegen meinen Willen 2 KONJ +*konjkt* obwohl
maligno [-ɲo] ADJ boshaft; MED bösartig
malinco'nia F Schwermut *f* **malin'conico** ADJ schwermütig
malinteso 1 ADJ missverstanden 2 M Missverständnis *n*
malizia F Arglist *f* **malizioso** ADJ hämisch
mal'leolo M ANAT Fußknöchel *m*
malmenare V misshandeln
malsano ADJ ungesund
Malta F Malta *n*
maltempo M Unwetter *n*
malto M BOT Malz *n*
maltrattare V misshandeln
malumore M schlechte Laune *f*
malvagio [-dʒo] ADJ gemein
malvisto ADJ unbeliebt (**da** bei)
malvolentieri ADJ ungern
mamma F Mama *f*; *umg* Mutti *f*; **~ mia!** du lieber Himmel!
mammella F ANAT Brust *f*; *bei Tieren* Zitze *f* **mam'mifero** M Säugetier *n*
manager ['mɛ:nadʒer] M/F Manager(in) *m(f)*
mancanza F Mangel *m* (**di** an); **per ~ di tempo** aus Zeit-

mangel **mancare** V fehlen; versäumen
mancia [-tʃa] F Trinkgeld *n*
manciata [-tʃa-] F: **una ~** eine Handvoll
mancino [-tʃ-] **1** ADJ linkshändig **2** M, **-a** F Linkshänder(in) *m(f)*
mandare V schicken; senden; **~ a prendere** holen lassen; **~ giù** hinunterschlucken
mandarino M BOT Mandarine *f*
mandato M Auftrag *m*; **~ bancario** Bankanweisung *f*
'mandorla F BOT Mandel *f*
'mandorlo M BOT Mandelbaum *m*
maneg'gevole [-dʒ-] ADJ handlich **maneggiare** [-dʒa-] V handhaben **maneggio** [-dʒo] M Handhabung *f*
manette FPL Handschellen *fpl*
mangi'abile [-dʒa-] ADJ essbar, genießbar
mangiare [-dʒa-] **1** V essen; fressen *Tiere* **fare da ~** kochen **2** M Essen *n* **mangime** [-dʒ-] M Futter *n*
ma'nia F Manie *f* **ma'niaco** M: **~ sessuale** Triebtäter *m*
'manica F Ärmel *m*; **senza maniche** ärmellos
'manico M Griff *m*; Henkel *m*; Stiel *m*
manicomio M Irrenanstalt *f*
manicotto M TECH Muffe *f*
manicure F Maniküre *f*
maniera F Art *f*; Weise *f*; **in ~ che** *+konjkt* so, dass; **in nessuna ~** keinesfalls; **maniere** *pl* Manieren *fpl*
manifestante M/F Demonstrant(in) *m(f)* **manifestare** V demonstrieren **manifestarsi** V sich zeigen
manifestazione F Kundgebung *f*; **~ sportiva** Sportveranstaltung *f* **manifesto** **1** ADJ klar; offenbar **2** M Plakat *n*; Manifest *n*
maniglia [-ʎa] F *Tür* Klinke *f*; *Auto* Griff *m*
manipolare V manipulieren
mano F (PL **le mani**) Hand *f*; **a ~ a ~** nach und nach; **alla ~** griffbereit, bei der Hand; **di seconda ~** aus zweiter Hand; **fatto a ~** handgemacht; **fuori ~** abgelegen; **mani in alto!** Hände hoch!
mano'dopera F Arbeitskräfte *fpl* **ma'nopola** F TECH Griff *m*; Fäustling *m* **manoscritto** M Manuskript *n* **manovella** F Kurbel *f*
manovra F Manöver *n*; Rangieren *n*; TECH Bedienung *f*; **fare ~** einparken **manovrare** V TECH bedienen
mansueto ADJ zahm
mantello M Umhang *m*
mantenere V erhalten; j-n unterhalten; *Wort* halten
mantenersi V: **~ in forma** sich fit halten **mantenuto** ADJ *finanziell* ausgehalten

'Mantova F Mantua *n*
manuale 1 ADJ Hand... 2 M Handbuch *n*; **lavoro** *m* ~ Handarbeit *f*
manubrio M Lenkstange *f*, Lenker *m*; SPORT Hantel *m*
manutenzione F Instandhaltung *f*, Wartung *f*
manzo M Rind *n*; GASTR Rindfleisch *n*
mappa F Landkarte *f*; Stadtplan *m* **mappamondo** M Globus *m*
marca F Zeichen *n*; Marke *f*
marcare V kennzeichnen; markieren; SPORT punkten
Marche [-ke] FPL Marken *fpl*
marchigiano ADJ aus den Marken
marchio [-k-] M Markenzeichen *n*
marcia [-tʃa] F Marsch *m*; AUTO Gang *m*; ~ **in folle** Leerlauf *m* **marciapiede** [-tʃa-] M Bürgersteig *m*, Gehweg *m*; Bahnsteig *m* **marciare** [-tʃa-] V marschieren; gehen
marcio [-tʃo] ADJ faul; morsch; *fig* verdorben
mare M Meer *n*; See *f*; **in alto** ~ auf hoher See; **Mar Ligure, Tirreno, Ionio** Ligurisches, Tyrrhenisches, Ionisches Meer *n*
marea F Gezeiten *fpl*; **alta** ~ Flut *f*; **bassa** ~ Ebbe *f* **mareggiata** [-dʒa-] F Sturmflut *f* **maremoto** M Seebeben *n*
margarina F Margarine *f*
margherita [-g-] F BOT Margerite *f*
'margine [-dʒ-] M Rand *m*; *fig* Spanne *f*; Spielraum *m*
marina F Marine *f* **marinaio** M Matrose *m*; Seemann *m*
marinare V GASTR marinieren
marinaro ADJ See...
marinato ADJ GASTR mariniert
marino ADJ Meer...; See...
marionetta F Marionette *f*
marito M (Ehe-)Mann *m*; Gatte *m*
ma'rittimo ADJ See...; *Klima* maritim
marmellata F Marmelade *f*
marmitta F AUTO Auspufftopf *m*; ~ **catalitica** Katalysator *m*
marmo M Marmor *m*
marmotta F ZOOL Murmeltier *n*
marocchino 1 ADJ marokkanisch 2 M, **-a** F Marokkaner(in) *m(f)* **Marocco** M Marokko *n*
marrone 1 ADJ braun 2 M Marone *f*, Edelkastanie *f*
marsupio M Gürteltasche *f*
Marte M Mars *m*
martedì M Dienstag *m*; ~ **grasso** Faschingsdienstag *m*
martello M Hammer *m*
'martire M/F Märtyrer(in) *m(f)*
martirio M Martyrium *n*
'martora F ZOOL Marder *m*

marzapane M Marzipan *n*
marziano 1 ADJ Mars… 2 *m*, **-a** *f* Marsmensch *m*
marzo M März *m*; → aprile
mascara M Wimperntusche *f*
mascarpone M Mascarpone *m*
mascella [-ʃɛ-] F Kiefer *m*; **~ inferiore/superiore** Unterkiefer/Oberkiefer *m*
'maschera [-ske-] F Maske *f*; **~ antigas** Gasmaske *f*; **~ monouso** Einwegmaske *f*; **~ subacquea** Tauchermaske *f*; **ballo** *m* **in ~** Maskenball *m* **mascherarsi** [-ske-] V sich verkleiden (**da** als) **mascherina** [-ske-] F Mundschutz *m*; **~ per dormire** Schlafmaske *f*
maschile [-sk-] ADJ männlich; Herren… **maschio** [-sk-] M ZOOL Männchen *n*; Mann *m*
massa F Masse *f*, Menge *f*; ELEK Erde *f*
massacro M Gemetzel *n*
massaggiare [-dʒa-] V massieren **massaggiatore** [-dʒa-] M, **-trice** [-tʃe] F Masseur(in) *m(f)* **massaggio** [-dʒo] M Massage *f*
massaia F Hausfrau *f*
massiccio [-tʃo] 1 ADJ massiv 2 M Massiv *n*, Gebirgsmassiv *n*
massimale M Höchstbetrag *m*; Höchstgrenze *f* **'massimo** 1 ADJ größte(r, -s), höchste(r, -s) 2 M Höchstmaß *n*; **al ~** höchstens
mass media MPL Massenmedien *npl*
masso M Felsblock *m*
masteriz'zabile [-dz-] ADJ CD beschreibbar, bespielbar **masterizzare** [-dz-] V CD brennen **masterizzatore** [-dz-] M CD-Brenner *m*; **~ DVD** DVD-Brenner *m*
masticare V kauen
mate'matica F Mathematik *f*
materassino M Luftmatratze *f* **materasso** M Matratze *f*
materia F Stoff *m*, Materie *f*; Fach *n*; **~ di insegnamento** Unterrichtsfach *n*; **~ prima** Rohstoff *m* **materiale** 1 ADJ materiell 2 M Material *n*
maternità F Mutterschaft *f*
materno ADJ mütterlich (-erseits)
matita F Bleistift *m*; **~ per gli occhi** Eyeliner *m*
ma'tricola F Studienanfänger(in) *m(f)*
matrigna [-ɲa] F Stiefmutter *f*
matrimoniale ADJ ehelich; **camera ~** Doppelzimmer *n* (mit Ehebett); **letto ~** Ehebett *n*
matrimonio M Ehe *f*; Hochzeit *f*; **~ civile** standesamtliche Trauung *f*
mattina F Morgen *m*; **di ~** morgens; **domani ~** morgen früh; **questa ~** heute Morgen
mattinata F Vormittag *m*
mattino M Morgen *m*; **di**

buon ~ frühmorgens

matto **1** ADJ verrückt **2** M, **-a** F Verrückte(r) *f(m)*

mattone M Ziegelstein *m*; *Buch* Wälzer *m* **mattonella** F Fliese *f*, Kachel *f*

maturare V reifen **maturità** F Reife *f*; Abitur *n* **maturo** ADJ reif; *fig* reiflich

mausoleo M Mausoleum *n*

maximulta F Höchststrafe *f* *für zu schnelles Fahren*

mazza [-ts-] F Knüppel *m*; **~ da golf** Golfschläger *m*

mazzo [-ts-] M Bündel *n*; Strauß *m*; **~ di carte** Spiel *n* Karten; **~ di chiavi** Schlüsselbund *n*; **~ di fiori** Blumenstrauß *m*

me PRON mich; mir; **come ~** wie ich; **povero ~!** ich Armer!; **quanto a ~** was mich betrifft; **secondo ~** meiner Meinung nach

mec'canica F Mechanik *f*; **~ di precisione** Feinmechanik *f* **mec'canico** **1** ADJ mechanisch **2** M, **-a** F Mechaniker(in) *m(f)* **meccanismo** [-zmo] M Mechanismus *m*

mèche [mɛʃ] F Strähnchen *n*

medaglia [-ʎa] F Medaille *f* **medaglione** [-ʎo-] M Medaillon *n*

me'desimo ADJ gleich; selbst; **il ~** derselbe; dasselbe; **la medesima** dieselbe

media **1** F Durchschnitt *m*; Schnitt *m* **2** MPL Medien *npl*

mediano M SPORT Mittelfeldspieler *m*

mediante PRÄP mit; durch; mittels

mediateca F IT Mediathek *f*

medi'atico ADJ Medien...

mediatore M, **-trice** [-tʃe] F Vermittler(in) *m(f)*

medicare V behandeln **medicazione** F Behandlung *f*

medicina [-tʃ-] F Medizin *f*; Medikament *n* **medicinale** [-tʃ-] **1** ADJ Heil... **2** M Heilmittel *n*

'medico M Arzt *m*, Ärztin *f*; **~ di famiglia** Hausarzt *m*, -ärztin *f*; **~ di bordo** Schiffsarzt *m*; **~ generico** praktischer Arzt *m*; **~ di guardia** diensthabender Arzt

medievale ADJ mittelalterlich

medio **1** ADJ mittlere(r, -s); durchschnittlich; mittelmäßig **2** M Mittelfinger *m*

mediocre ADJ mittelmäßig **mediocrità** F Mittelmäßigkeit *f*

Medioevo M Mittelalter *n*

meditare V überlegen; nachdenken **meditazione** F Meditation *f*; Überlegung *f*

mediter'raneo **1** ADJ mediterran, mittelländisch **2** M: (**Mar** *m*) **Mediterraneo** Mittelmeer *n*

medusa F ZOOL Qualle *f*

meglio [-ʎo] **1** ADJ & ADV besser; **tanto ~!** umso besser! **2** M Bessere(s) *n*; Beste(s) *n*

mela F BOT Apfel *m*; **~ cotogna** Quitte *f* **melagrana** F Granatapfel BOT *m*
melanzana F BOT Aubergine *f*
melo M BOT Apfelbaum *m*
melo'dia F Melodie *f* **me'lodico** ADJ melodisch
melone M BOT Melone *f*
membrana F: **~ del timpano** Trommelfell *n*
membro M ANAT (**le membra** *fpl*) Glied *n*; *fig* (**i membri** *mpl*) Mitglied *n*
memoria F Gedächtnis *n*; Erinnerung *f*; IT Speicherkapazität *f*; **a ~** auswendig **memorizzare** [-dz-] V *Daten* speichern
mendicante M/F Bettler(in) *m(f)*
menefreghismo [-gizmo] M Wurstigkeit *f*; Mir-ist-alles--egal-Einstellung *f*
meningite [-dʒ-] F MED Hirnhautentzündung *f*
menisco M Meniskus *m*
meno **1** ADJ & ADV weniger; **di** *od* **in ~** weniger; **quanto ~** wenigstens; **tanto ~** umso weniger; **fare a ~ di** … darauf verzichten, zu; **sono le sei ~ un quarto** es ist Viertel vor sechs (Uhr) **2** PRÄP außer **3** M Minuszeichen *n*
mensa F Kantine *f*; Mensa *f*
mensile ADJ monatlich **mensilità** F Monatsgehalt *n*
'mensola F Konsole *f*
menta F Minze *f*; **~ piperita** Pfefferminze *f*
mentale ADJ geistig **mentalità** F Mentalität *f*
mente F Geist *m*; Verstand *m*; **avere in ~ di** beabsichtiger zu; **venire in ~** einfallen; **passare di ~** entfallen
mentire V lügen
mento M Kinn *n*
mentre KONJ während
menù M GASTR Speisekarte *f*; IT Menü *n*
menzionare V erwähnen
menzogna [-ɲa] F Lüge *f*
meraviglia [-ʎa] F Wunder *n*; Verwunderung *f*; **a ~** wunderbar **meravigliare** [-ʎa-] V verwundern **meravigliarsi** [-ʎa-] V sich wundern **meraviglioso** [-ʎo-] ADJ wunderbar
mercante M/F Händler(in) *m(f)* **mercanteggiare** -dʒ-] V feilschen **mercantile** **1** ADJ Handels… **2** M Frachtschiff *n*
mercato M Markt *m*; **Mercato Unico Europeo** Europäischer Binnenmarkt *m*; **~ coperto** Markthalle *f*; **~ nazionale** Binnenmarkt *m*; **~ mondiale** Weltmarkt *m*; **~ delle pulci** Flohmarkt *m*; **a buon ~** billig, preiswert
merce [-tʃe] F Ware *f* **merce'ria** [-tʃe-] F Kurzwaren *fpl*; Kurzwarengeschäft *n*
mercoledì M Mittwoch *m*;

~ **delle Ceneri** Aschermittwoch *m*
mercurio M Quecksilber *n* **Mercurio** M ASTRON Merkur *m*
merda F *vulg* Scheiße *f*; **pezzo di ~!** *vulg* Scheißkerl!
merenda F Brotzeit *f*; **fare ~** Brotzeit machen
meridiana F Sonnenuhr *f*
meridionale 1 ADJ südlich; süditalienisch; **Italia** *f* **~** Süditalien *n* 2 M/F Süditaliener(in) *m(f)* **Meridione** M Süditalien *n*
meringa F GASTR Baiser *n*, Meringe *f*
merino ADJ: **lana** *f* **~** Merinowolle *f*
meritare V verdienen; **merita** es lohnt sich **'merito** M Verdienst *n*; **in ~ a** in Bezug auf
merletto M Spitze *f*
merlo M ZOOL Amsel *f*
merluzzo M Kabeljau *m*
meschino [-sk-] ADJ armselig; kleinlich
'mescita [-ʃ-] F Ausschank *m*
mescolare V mischen
mese M Monat *m*
messa[1] [-e-] F REL Messe *f*
messa[2] F: **~ a punto** Einstellung *f*; **~ in marcia** Ingangsetzen *n*; **~ in moto** Anlassen *n*; **~ in scena** Inszenierung *f*
messaggino [-dʒ-] M *umg* TEL SMS *f* **messaggio** [-dʒo] M Nachricht *f*, Botschaft *f*
messale M Messbuch *n*
messo PPERF → mettere
mestiere M Handwerk *n*; Beruf *m*
'mestolo M Schöpflöffel *m*
mestruazioni FPL Periode *f*, Monatsblutung *f*
meta F Ziel *n*; Zweck *m*
metà F Hälfte *f*; **a ~** zur Hälfte, halb; **a ~ strada** auf halbem Wege
metallaro M Heavy-Metal-Fan *m*, *umg* Rocker *m* **me'tallico** ADJ metallisch **metallo** M Metall *n*; **~ prezioso** Edelmetall *n*
'meteo *umg* 1 ADJ Wetter...; **condizioni ~** aktuelles Wetter *n* 2 M *umg* Wetterbericht *m* **meteoro'logico** [-dʒ-] ADJ Wetter...
meticoloso ADJ peinlich genau
'metodo M Methode *f*
metro M Meter *m*; **~ quadrato** Quadratmeter *m*; **~ cubo** Kubikmeter *m*
me'tropoli F Großstadt *f*
metropolitana F U-Bahn *f*
'metterci [-tʃi] V brauchen; **ci metto 5 minuti** ich brauche 5 Minuten
'mettere V legen, stellen; setzen; hängen; *Kleidung* (sich) anziehen; TECH **~ a punto** einstellen; **~ in moto** anlassen; **~ in ordine** aufräumen; **~ un cd** eine CD auflegen; **~ da parte** auf die Seite legen
'mettersi V sich setzen, stel-

len, legen; ~ a anfangen zu; ~ **la cintura** sich anschnallen; ~ **con qn** sich mit j-m zusammentun; ~ **d'accordo** sich einigen; ~ **seduto** sich hinsetzen

mezzaluna [-dz-] F Halbmond *m*; GASTR Wiegemesser *n*

mezzanino [-dz-] M Zwischenstock *m*

mezzanotte [-dz-] F Mitternacht *f*

mezzo [-dz-] **1** ADJ halb; **mezz'ora** eine halbe Stunde; **le sei e** ~ halb sieben; ~ **chilo** ein Pfund; **un chilo e** ~ anderthalb Kilo **2** M Mitte *f*; Hälfte *f*; Mittel *n*; Verkehrsmittel *n*; **per** ~ **di** durch; **in** ~ **a** inmitten; **nel** ~ **di** mitten in, in der Mitte

mezzobusto [-dz-] M Brustbild *n* **mezzogiorno** [-ddzo-'dʒorno] M Mittag *m* **Mezzogiorno** [-ddzo'dʒorno] M GEOG Süditalien *n*

mi[1] PRON mir; mich

mi[2] M MUS e *n*, E, *n*

miagolare V miauen

mica ADV: **non è** ~ **vero!** das ist überhaupt nicht wahr!; ~ **male** nicht schlecht

miccia [-tʃa] F Zündschnur *f*

micro'camera F Kleinstbildkamera *f* **micro'film** M Mikrofilm *m* **mi'crofono** M Mikrofon *n* **microonde** FPL: **forno** *m* **a** ~ Mikrowellenherd *m*

microscopio M Mikroskop *n*

midollo M Mark *n*; ~ **osseo** Knochenmark *n*; ~ **spinale** Rückenmark *n*

miele [mi'ɛ:le] M Honig *m*

migliaio [-ʎa-] M Tausend *n*; **migliaia** *fpl* **(di)** Tausende (von)

miglio [-ʎo] M Meile *f*; BOT Hirse *f*

miglioramento [-ʎo-] M Verbesserung *f*, Besserung *f*

migliorare [-ʎo-] V verbessern; besser werden **migliorarsi** [-ʎo-] V sich bessern

migliore [-ʎo-] ADJ besser; **il** ~ der beste; ~ **di** besser als

'mignolo [-ɲ-] M kleiner Finger *m*; kleine Zehe *f*

milanese ADJ mailändisch; GASTR **risotto alla** ~ Reisgericht mit Safran **Milano** F Mailand *n*

miliardario M, **-a** F Milliardär(in) *m(f)* **miliardo** M Milliarde *f*

milionario M, **-a** F Millionär(in) *m(f)* **milione** M Million *f*

militare **1** ADJ militärisch, Militär... **2** M Soldat *m*

mille ADJ tausend **millefoglie** [-ʎe] M GASTR Blätterteigschnitte *f* **millennio** M Jahrtausend *n* **millepiedi** M Tausendfüß(l)er *m* **millesimo** ADJ tausendste(r,-s) **milleurista** M/F j-d, der nur

1000 Euro im Monat zum Leben hat **milligrammo** M Milligramm *n* **mil'limetro** M Millimeter *m*
milza F ANAT Milz *f*
mimetizzarsi [-dz-] V sich tarnen
mimosa F BOT Mimose *f*
mina F Mine *f*
minaccia [-tʃa] F Drohung *f* **minacciare** [-tʃa-] V (be)drohen **minaccioso** [-tʃo-] ADJ drohend; bedrohlich
minare V untergraben **minatore** M Bergmann *m*
minerale M Mineral *n*
minestra F Suppe *f* **minestrina** F leichte Brühe *f* **minestrone** M dicke Gemüsesuppe *f*
miniatura F Miniaturmalerei *f*; Miniatur *f*
miniclub [mini'klɛb] M Miniclub *m*
miniera F Bergwerk *n*
minigolf M Minigolf *n* **minigonna** F Minirock *m*
minimizzare [-dz-] V bagatellisieren
'minimo 1 ADJ kleinste(r, -s), geringste(r, -s) 2 M Mindeste(s) *n*; Minimum *n*; AUTO Standgas *n*; **come ~** mindestens
ministero M Ministerium *n*; **pubblico ~** Staatsanwalt *m* **ministro** M Minister(in) *m(f)*
minoranza F Minderheit *f*
minore 1 ADJ kleiner; jünger 2 M/F Minderjährige(r) *f(m)* **minorenne** 1 ADJ minderjährig 2 M/F Minderjährige(r) *f(m)*
mi'nuscolo ADJ klein; **scrivere ~** klein schreiben
minuto 1 ADJ klein; fein 2 M Minute *f*; GASTR **al ~** schnell zubereitet
mio 1 ADJ mein(e); **il ~ indirizzo** meine Adresse 2 POSS PR meine(r,-s) **un ~ amico** ein Freund von mir; **i miei** meine Eltern; **dai miei** bei uns
'miope ADJ kurzsichtig **mio'pia** F Kurzsichtigkeit *f*
mira F Ziel *n*
mi'racolo M Wunder *n*; **per ~** wie durch ein Wunder **miracoloso** ADJ wunderbar
mirare V zielen (**a** auf); *fig* streben (**a** nach) **mirino** M FOTO Sucher *m*
mirtillo M BOT Heidelbeere *f*, Blaubeere *f*; **~ rosso** Preiselbeere *f*
mirto M BOT Myrte *f*
miscela [-ʃɛ-] F Mischung *f*; AUTO Gemisch *n* **miscelatore** [-ʃe-] M Mixer *m*, Mixbecher *m*
mischia [-sk-] F Gedränge *n*; Handgemenge *n* **mischiare** [-sk-] V mischen **miscuglio** [-ʎo] M Gemisch *n*; Mischung *f*
mise'rabile ADJ elend; armselig
miseria F Armut *f*; Elend *n*;

costare una ~ spottbillig sein; *umg* **porca ~!** verdammt! **misericordia** [-kɔ-] F Erbarmen *n* **'misero** [-ze-] ADJ elend; jämmerlich
'missile M Rakete *f*
missionario M, **-a** F Missionar(in) *m(f)* **missione** F REL Mission *f*; Aufgabe *f*
misterioso ADJ geheimnisvoll
mistero M Geheimnis *n*
misto ADJ gemischt
misura F Maß *n*; Größe *f*; MUS Takt *m*; Maßnahme *f*; **su ~** nach Maß **misurare** V messen **misurato** ADJ gemäßigt **misurino** M Messbecher *m*
mite ADJ mild; sanftmütig **mitigare** V mildern, lindern
mito M Mythos *m*
mitra M Maschinengewehr *n* **mitragliatrice** [-ʎatri:tʃe] F Maschinengewehr *n*
mittente M/F Absender(in) *m(f)*
mix M Mischung *f* **mixer** M Mixer *m*; Mixbecher *m*
mobbing M Mobbing *n*
'mobile 1 ADJ beweglich 2 M Möbel(stück *n*) *n* **mobilia** F, **mobilio** M Mobiliar *n* **mobilificio** [-tʃo] M Möbelhaus *n*
moca M Mokka *m*
mocassino M Mokassin *m*
moda F Mode *f*; **alla ~** nach der Mode; **di ~** modern; **fuori ~** altmodisch, unmodern
modalità F Modus *m*
modella F Model *n* **modellare** V formen; ausrichten (**su** nach) **modello** M Modell *n*; Muster *n*
modem M IT Modem *n*
moderare V mäßigen **moderato** ADJ mäßig; maßvoll; POL gemäßigt **moderatore** M, **-trice** [-tʃe] F Moderator(in) *m(f)* **moderazione** F Mäßigung *f*
moderno ADJ modern
modestia F Bescheidenheit *f*
modesto ADJ bescheiden; *Preis* niedrig
modifica F Änderung *f* **modificare** V ändern
modo M Art *f*, Weise *f*; MUS Tonart *f*; GRAM Modus *m*; **~ di dire** Redensart *f*; **in questo ~** so; **in ~ che** +*konjkt* sodass; **ad ogni ~** jedenfalls; **a ~ mio** auf meine Art
modu'listica F Formulare *npl*
'modulo M Vordruck *m*; Formular *n*
'mogano M BOT Mahagoni *n*
moglie [-ʎe] F Ehefrau *f*, Frau *f*, Gattin *f*
mola F TECH Schleifstein *m*
molare 1 M Backenzahn *m* 2 V schleifen
Mole F *historisches Bauwerk, Wahrzeichen von Turin*
molestare V belästigen **molestia** F Belästigung *f* **molesto** ADJ lästig
molisano ADJ aus Molise (*ita-*

lienischer Region)
molla F TECH Feder *f*; *fig* Triebfeder *f*
mollare V loslassen; *umg* im Stich lassen; *umg* **non ~!** lass nicht locker!
molle ADJ weich; biegsam
molleggio [-dʒo] M Federung *f*
molletta F Wäscheklammer *f*; Haarklemme *f*
mollica F *weicher Teil des Brotes*
mollusco M ZOOL Weichtier *n*
molo M Mole *f*, Pier *m*
mol'teplice [-tʃe] ADJ vielfältig **molteplicità** [-tʃ-] F Vielfalt *f*
moltiplicare V multiplizieren **moltiplicarsi** V sich vermehren **moltiplicazione** F MATH Multiplikation *f*
molti'tudine F Menge *f*
molto 1 ADJ viel; **molti libri** viele Bücher; **da ~ (tempo)** seit langem 2 ADV viel; *mit adj* sehr; **lavorare ~** viel arbeiten; **~ bello** sehr schön; **fra non ~** in Kürze
momen'taneo ADJ augenblicklich
momento M Augenblick *m*; **per il ~** einstweilen; **sul ~** sofort
'monaco M, **-a** F Mönch *m*, Nonne *f*
'Monaco F: **Principato di ~** Fürstentum Monaco *n*; **~ di Baviera** München *n*
monarca M Monarch *m* **monar'chia** [-k-] F Monarchie *f*
monastero M Kloster *n*
mondano ADJ weltlich; mondän
mondare V *Obst* schälen
mondiale ADJ Welt...
mondo M Welt *f*; **l'altro ~** das Jenseits
monello M Lausbub *m*
moneta F Münze *f*; Währung *f*
'monitor M IT Monitor *m*
monolocale M Einzimmerwohnung *f*; *Hotel* Studio *n*
monomotore M einmotoriges Flugzeug *n* **mono'pattino** M Roller *m* **monopolio** M Monopol *n* **monoposto** M Einsitzer *m*
mo'notono ADJ eintönig
monouso ADJ Einweg... **monovolume** M AUTO Van *m*
montaggio [-dʒo] M Montage *f*
montagna [-ɲa] F Gebirge *n*; Berg *m* **montagnoso** [-ɲ-] ADJ gebirgig **montano** ADJ [-ɲ-] Berg...; **comunità montana** *Verband mehrerer Berggemeinden*
montare V steigen; *in Fahrzeug* einsteigen; TECH montieren; GASTR schlagen **montatura** F Gestell *n*
monte M Berg *m*; *fig* Haufen *m*; **~ di pietà** Leihhaus *n*
montone M ZOOL Hammel *m*

montuoso ADJ bergig
monumento M Denkmal *n*
moquette [mo'kɛt] F Teppichboden *m*
mora F BOT Brombeere *f*
morale 1 ADJ moralisch 2 F Moral *f*
morbidezza F Weichheit *f*
'morbido ADJ weich
morbillo M MED Masern *pl*
'mordere V beißen
morena F ZOOL Moräne *f*
morfina F MED Morphium *n*
morire V sterben; BOT eingehen; *umg* **~ di** umkommen vor; **mi piace da ~** es gefällt mir wahnsinnig gut
mormorare V murmeln; rauschen **mormo'rio** M Gemurmel *n*
moro ADJ schwarz; dunkelhaarig
morso 1 PPERF gebissen → mordere 2 M Biss *m*; Stich *m*; Bissen *m*
mortale ADJ sterblich; tödlich **mortalità** F Sterblichkeit *f*
morte F Tod *m*; **a ~** tödlich; zu Tode
morto 1 ADJ gestorben; tot; **stanco ~** todmüde 2 M, **-a** F Tote(r) *f(m)*
mo'saico M Mosaik *n*
mosca F Fliege *f*
Mosca F Moskau *n*
moscerino [-ʃe-] M ZOOL kleine Fliege *f*
moschea [-skɛ-] F Moschee *f*
moscone [-sko-] M Tretboot *n*; ZOOL Brummer *m*
mossa F Bewegung *f*; Geste *f*; Zug *m* **mosso** ADJ Meer bewegt
mostarda F GASTR Senfsoße *f*
mosto M Most *m*; **~ d'uva** Traubenmost *m*
mostra F KUNST Ausstellung *f* **mostrare** V zeigen
mostro M Ungeheuer *n* **mostruoso** ADJ scheußlich
mo'tel M Motel *n*
motivare V begründen **motivazione** F Begründung *f*
motivo M Grund *m*; Motiv *n*
moto 1 M Bewegung *f*; **mettere in ~** in Bewegung setzen; Motor anlassen 2 F Motorrad *n* **motocicletta** [-tʃ-] F Motorrad *n* **motociclista** [-tʃ-] M/F Motorradfahrer(in) *m(f)*
motore M Motor *m*; **~ Diesel** Dieselmotor *m*; **~ di ricerca** *Internet* Suchmaschine *f*; **~ fuoribordo** Außenbordmotor *m* **motorino** M Moped *n*, Mofa *n*; **~ d'avviamento** Anlasser *m* **motoscafo** M Motorboot *n*
motrice [-tʃe] F BAHN Triebwagen *m*
mouse M IT Maus *f*
movimento M Bewegung *f*; Betrieb *m*, Verkehr *m*
mozzafiato ADJ atemberaubend
mozzarella F Mozzarella *m*

mozzicone M Stummel *m* **mozzo** M SCHIFF Schiffsjunge *m*; TECH Nabe *f*
mucca F Kuh *f*; **~ pazza** Rinderwahn(sinn) *m*
mucchio [-kkio] M Haufen, Menge *f*
muco M Schleim *m* **mucosa** F Schleimhaut *f*
muffa F Schimmel *m*; **fare la ~** schimmeln
mughetto [-g-] M BOT Maiglöckchen *n*
mu'gnaia [-ɲ-] F: GASTR **alla ~** nach Müllerinart
mulattiera F Saumpfad *m*
mulinello M *Angel* Rolle *f*; SCHIFF Ankerwinde *f* **mulino** M Mühle *f*; **~ a vento** Windmühle *f*
mulo M Maulesel *m*, Maultier *n*
multa F Geldstrafe *f*, Bußgeld *n*
multicolore ADJ bunt **multimediale** ADJ Multimedia…
'multiplo ADJ mehrfach, vielfach **multisala** M Multiplexkino *n* **multiuso** ADJ Mehrzweck…
'mungere [-dʒe-] V melken
municipale [-tʃ-] ADJ städtisch; Gemeinde… **municipio** [-tʃ-] M Rathaus *n*
munire V versehen (**di** mit)
munizioni FPL Munition *f*
mu'oio ich sterbe → morire **mu'oiono** sie sterben → morire **muore** er (sie, es) stirbt → morire **muori** du stirbst → morire
mu'overe V bewegen; rücken; *im Spiel* ziehen **mu'oversi** V sich in Bewegung setzen
mura FPL Stadtmauer *f* **muraglia** [-ʎa] F Mauer *f* **muratore** M Maurer *m* **muratura** F Mauerwerk *n*
muro M Mauer *f*, Wand *f*
'muschio [-skio] M BOT Moos *n*
muscolatura F Muskulatur *f*
'muscolo M Muskel *m*
museo M Museum *n*; **~ archeologico** archäologisches Museum *n*; **~ d'arte** Kunstmuseum *n*; **~ etnologico** Völkerkundemuseum *n*
museruola F Maulkorb *m*
'musica F Musik *f*; Kapelle *f*; **~ da camera** Kammermusik *f* **musicale** ADJ musikalisch **musicista** [-tʃ-] M/F Musiker(in) *m(f)*
muso M Maul *n*; Schnauze *f*; *fig* **tenere il ~** schmollen
mus(s)ulmano 1 ADJ muslimisch 2 M, **-a** F Muslim(in) *m(f)*, Muslima *f*
muta F Taucheranzug *m*
mutande FPL Unterhose *f*
mutandine FPL Schlüpfer *m*, Slip *m*; Höschen *n*
mutare V ändern
mutilare V verstümmeln
mutilato M, **-a** F Versehrte(r) *f(m)*

muto 1 ADJ stumm 2 M, -a F Stumme(r) *f(m)*

'mutua F Krankenversicherung *f*, Krankenkasse *f*; **medico della ~** Kassenarzt *m* **mutuato** M, -a F Versicherte(r) *f(m)*; Kassenpatient(in) *m(f)*

'mutuo 1 ADJ gegenseitig 2 M Darlehen *n*; **~ ipotecario** Hypothek *f*

N

nafta F Heizöl *n*

nano 1 ADJ zwergenhaft 2 M Zwerg *m*

'Napoli F Neapel *n*

nappa F Nappaleder *n*

narciso [-tʃ-] M BOT Narzisse *f*

narcosi F Narkose *f* MED, Betäubung *f* **nar'cotico** M Betäubungsmittel *n* **narcotizzare** [-dz-] V betäuben

narice [-tʃe] F Nasenloch *n*

narrare V erzählen **narrazione** F Erzählung *f*

nasale ADJ nasal

'nascere [-ʃ-] V geboren werden; BOT keimen; *fig* entstehen; **sono nata nel 1972** ich bin 1972 geboren **'nascita** [-ʃ-] F Geburt *f*

na'scondere V verstecken; verheimlichen **na'scondersi** V sich verstecken **nascondiglio** [-ʎo] M Versteck *n* **nascosto** ADJ & PPERF versteckt → nascondere

nasello M ZOOL Seehecht *m*

naso M Nase *f*

nastro M Band *n*; **~ adesivo** Klebestreifen *m*; **~ isolante** Isolierband *n*

natale ADJ Heimat...; Geburts... **Natale** M Weihnachten *n*, Weihnacht *f*

natalità F Geburtenzahl *f*

natalizio ADJ Weihnachts...

nativo ADJ gebürtig, stammend (**di** aus)

nato ADJ geboren

natura F Natur *f*; **~ morta** MAL Stillleben *n* **naturale** ADJ Natur..., natürlich; **scienze** *fpl* **naturali** Naturwissenschaften *fpl* **naturalezza** F Natürlichkeit *f* **naturalizzare** [-dz-] V einbürgern **naturalmente** ADV natürlich, selbstverständlich **naturista** 1 M/F Nudist(in) *m(f)* 2 ADJ: **medicina** *f* **~** Naturheilkunde *f* **naturopata** M/F MED Naturheilpraktiker(in) *m(f)*

naufragare V SCHIFF Schiffbruch erleiden; *fig* scheitern **naufragio** [-dʒo] M Schiffbruch *m*; *fig* Scheitern *n* **'naufrago** M, -a F Schiffbrüchige(r) *f(m)*

'nausea F Übelkeit *f*, Brechreiz *m*; *fig* Ekel *m*; **ho la ~** mir ist übel **nauseare** V an-

ekeln
navale ADJ See...; Schiffs...; **cantiere** *m* **~** Werft *f*
navata F ARCH (Kirchen)Schiff *n*; **~ centrale/laterale** Mittel-/Seitenschiff *n*
nave F Schiff *n*; **~ da carico** Frachtschiff *n*; **~ passeggeri** Passagierschiff *n*; **~ traghetto** Fähre *f* **navetta** F Pendelbus *m*; Pendelzug *m* **navicella** [-tʃɛ-] F FLUG Gondel *f*
navi'gabile ADJ schiffbar **navigare** V fahren; **~ su Internet** im Internet surfen **navigatore** M, **-trice** [-tʃe] F Seefahrer(in) *m(f)*; AUTO, IT Navi(gationssystem) *n* **navigazione** F Schifffahrt *f*; FLUG Navigation *f*
nazionale 1 ADJ national; staatlich; Landes... 2 F SPORT Nationalmannschaft *f*
naziona'listico ADJ nationalistisch **nazionalità** F Staatsangehörigkeit *f* **nazionalsocialismo** [-sotʃa'lizmo] M Nationalsozialismus *m*
nazione F Nation *f*; Staat *m*
nazi'skin M/F Neonazi *m*
ne PRON & ADV davon; darüber, damit, davon, dazu; von hier; **che ~ pensi?** was hältst du davon? **parliamone** reden wir darüber
NE ABK (= **nord-est**) NO (Nordost *m*)
né KONJ auch nicht; **~ ... ~ ...** weder ... noch ...
neanche [-ke] ADV auch nicht; nicht einmal; **~ per idea!** nicht einmal im Traum!
nebbia F Nebel *m* **nebbioso** ADJ neb(e)lig
necessario [-tʃe-] 1 ADJ nötig, notwendig 2 M Nötige(s) *n* **necessità** [-tʃe-] F Notwendigkeit *f*; Not *f*; **in caso di ~** im Notfall; bei Bedarf
nefrite F MED Nierenentzündung *f*
negare V verneinen; leugnen **negativa** F Verneinung *f*; FOTO Negativ *n* **negativo** 1 ADJ verneinend 2 M FOTO Negativ *n* **negazione** F Verneinung *f*
negli [-ʎi] PRÄP = **in** + **gli**; → in
negoziante M/F Händler(in) *m(f)* **negoziare** V verhandeln über; handeln (**in** mit) **negoziazione** F Verhandlung *f*
negozio M Geschäft *n*, Laden *m*; **~ di articoli fotografici** Fotogeschäft *n*; **~ di articoli sportivi** Sportgeschäft *n*; **~ di calzature** Schuhgeschäft *n*; **~ di generi alimentari** Lebensmittelgeschäft *n*; **~ online** IT Onlineshop *m*
nei, **nel**, **nella**, **nelle**, **nello** PRÄP = **in** + **i**, **il**, **la**, **le**, **lo**; → in
nemico 1 ADJ feindlich 2 M, **-a** F Feind(in) *m(f)*
nemmeno ADV auch nicht,

nicht einmal → neanche
neo M Leberfleck *m*, Muttermal *n*
neonato M, **-a** F Neugeborene(s) *n*
neppure ADV auch nicht; nicht einmal → neanche
nero 1 ADJ schwarz 2 M, **-a** F Schwarze(r) *f(m)*
nervo M Nerv *m*; **avere i nervi** nervös sein; **dare ai nervi** auf die Nerven gehen **nervosismo** [-zmo] M Nervosität *f* **nervoso** ADJ nervös, reizbar
'nespola F BOT Mispel *f* **'nespolo** M Mispelbaum *m*
nessuno 1 ADJ (**nessun**) kein(er); **in nessun caso** keinesfalls; **in nessun luogo** nirgendwo 2 PRON niemand; irgendjemand; **c'è ~?** ist hier jemand?
nettamente ADV entschieden, glatt
nettezza F Sauberkeit *f*; **~ urbana** Straßenreinigung *f*; Müllabfuhr *f* **netto** ADJ sauber, rein; HANDEL Netto...; **guadagno** *m* **~** Reingewinn *m* **netturbino** M, **-a** F Straßenkehrer(in) *m(f)*
neuro'etica F Neuroethik *f*
neutrale ADJ neutral **neutralità** F Neutralität *f* **neutro** ADJ neutral; GRAM sächlich
neve F Schnee *m*; **~ fresca/artificiale** Neu-/Kunstschnee *m* **nevicare** V schneien **nevicata** F Schneefall *m* **nevischio** [-sk-] M Schneegestöber *n*
nevrosi F MED Neurose *f* **ne'vrotico** ADJ neurotisch
newsletter F Newsletter *m*
nicchia [-kkia] F Nische *f*
nichel [-k-] M Nickel *n*
nicotina F Nikotin *n*
nido M Nest *n*; *umg* Kinderkrippe *f*
niente [ni'ɛnte] 1 ADV + PRON nichts; **~ affatto** ganz und gar nicht; **per ~** umsonst; überhaupt nicht; **di ~** bitte (sehr); **non fa ~** das macht nichts 2 ADJ kein; **~ paura!** nur keine Angst! 3 M Nichts *n*; **un bel ~** nichts und wieder nichts
ninfea F BOT Seerose *f*
ninnananna F Wiegenlied *n*
nipote M/F Neffe *m*, Nichte *f*; Enkel *m*, Enkelin *f*
'nitido ADJ klar, scharf
nitrire V wiehern
no ADV nein; **~?** oder nicht?; **come ~!** natürlich!; und ob!; **se ~** sonst; andernfalls; **dire di ~** nein sagen
NO ABK (= **nord-ovest**) NW (Nordwest *m*)
'nobile 1 ADJ ad(e)lig; *fig* vornehm 2 M/F Adlige(r) *f(m)*
nobiltà F Adel *m*; *fig* Vornehmheit *f*
nocca F ANAT Knöchel *m*
nocciola [-tʃɔ-] F BOT Haselnuss *f* **nocciolina** [-tʃo-] F Erdnuss *f*

nocciolo[1] [-tʃɔ-] M BOT Haselnussstrauch *m*
'nocciolo[2] [-tʃo-] M Kern *m*
noce [-tʃe] **1** M BOT Nussbaum *m* **2** F Walnuss *f*, Nuss *f*; **~ moscata** Muskatnuss *f*; **~ di burro** Butterflocke *f* **nocino** [-tʃ-] M Walnusslikör *m*
nocivo [-tʃ-] ADJ schädlich
nodo M Knoten *m*; Knotenpunkt *m*
noi PRON wir; uns; **~ altri** wir; **~ italiani** wir Italiener
noia F Langeweile *f*; Belästigung *f*; **dare ~ a qn** j-n belästigen **noioso** ADJ langweilig; lästig
noleggiare [-dʒa-] V mieten; vermieten; *Flugzeug* chartern
noleggio [-dʒo] M Mieten *n*; Verleih *m*; Leihgebühr *f*; **~ automobili** Autovermietung *f*; **~ sci** Skiverleih *m*
nolo M Miete *f*; Fracht *f*; **prendere a ~** mieten; **dare a ~** vermieten
'nomade M/F Zigeuner(in) *m(f) neg!*; **nomadi** *mpl* Nomaden *mpl*
nome M Name *m*; **~ (di battesimo)** Vorname *m*; **~ da ragazza** Mädchenname *m*; **~ utente** IT Benutzername *m*
no'mignolo [-ɲ-] M Spitzname *m* **'nomina** F Ernennung *f* **nominare** V nennen; ernennen
non ADV nicht; **~ ancora** noch nicht; **~ c'è di che!** keine Ursache!; **~ violento** gewaltlos; **~ legato** ungebunden; **~ zuccherato** ungesüßt; **~ profumato** parfümfrei; **~ valido** ungültig; **~ stiro** bügelfrei
nonna F Großmutter *f* **nonno** M Großvater *m*; **nonni** *pl* Großeltern *pl*
nono **1** ADJ neunte(r,-s) **2** M Neuntel *n*
nonostante **1** PRÄP trotz **2** KONJ *+konjkt* obwohl; **ciò ~** trotzdem
nontiscordardimé M BOT Vergissmeinnicht *n*
non vedente M **1** ADJ sehbehindert **2** M/F Sehbehinderte(r) *f(m) neg!*
no profit ADJ Non-Profit-...
norcine'ria F *Geschäft für Würste und Schinken und andere regionale Delikatessen*
nord M Norden *m*; **a(l) ~ di** nördlich von; **mare** *m* **del Nord** Nordsee *f* **nord-'est** M Nordosten *m* **'nordico** ADJ nordisch
nordic walking M Nordic Walking *n*
nord-ovest M Nordwesten *m*
norma F Norm *f*; **a ~ di legge** laut Gesetz
normale ADJ normal; üblich
normalmente ADV gewöhnlich
normativa F Bestimmungen *fpl*
norvegese [-dʒe-] **1** ADJ norwegisch **2** M/F Norweger(in)

m(f) **3** M *Sprache* Norwegisch n **Norvegia** [-dʒa] F Norwegen n
nostal'gia [-dʒ-] F Sehnsucht f, Heimweh n (**di** nach)
nostrano ADJ einheimisch; **vino** m ~ Landwein m
nostro **1** ADJ unser(e); ~ **figlio** unser Sohn **2** POSS PR uns(e)re(r, -s); **vostro figlio è più giovane del** ~ euer Sohn ist jünger als unsrer
nota F Anmerkung f; Notiz f; MUS Note f; Eintrag m ins Klassenbuch
no'tabile ADJ beachtenswert
notaio M, **-a** F Notar(in) m(f)
notare V notieren, aufschreiben; bemerken
notarile ADJ notariell
notebook M IT Notebook n
no'tevole ADJ bemerkenswert, beachtlich
notificare V mitteilen; anmelden
notizia F Nachricht f **notiziario** M RADIO, TV Nachrichten fpl
noto ADJ bekannt **notorio** ADJ offenkundig
notte F Nacht f; **di** ~ nachts; bei Nacht **notturno** ADJ nächtlich, Nacht...
novanta ADJ neunzig **novantenne** ADJ neunzigjährig
nove ADJ neun; → due **novecento** [-tʃɛ-] ADJ neunhundert; **il Novecento** das 20. Jahrhundert
novella F Novelle f
novembre M November m; → aprile
novemila ADJ neuntausend
novilunio M Neumond m
novità F Neuheit f; Neuigkeit f
nozione F Kenntnis f; Begriff m
nozze FPL Hochzeit f
nube F Wolke f **nubifragio** [-dʒo] M Wolkenbruch m
'nubile ADJ ledig
nuca F Nacken m, Genick n
nucleare ADJ Kern..., nuklear
'nucleo M Kern m; *fig* Gruppe f; POL Zelle f
nudismo [-zmo] M Freikörperkultur f (FKK) **nudista** M/F Nudist(in) m(f); FKKler(in) m(f)
nudità F Nacktheit f
nudo ADJ nackt; bloß
nulla **1** ADV & PRON nichts; **per** ~ überhaupt nichts; → niente **2** M Nichts n
nullo ADJ nichtig, ungültig
numerale M Zahlwort n **numerare** V nummerieren
'numero M Nummer f; MATH Zahl f; Anzahl f; Größe f; *Bus, Tram* Linie f; ~ **di casa** Hausnummer f; ~ **di targa** Autonummer f; ~ **di volo** Flugnummer f; ~ **d'ordine** Ordnungsnummer f; ~ **di telefono** Telefonnummer f; ~ **verde** TEL Freephonenummer f; **fare il** ~ TEL wählen; **sbagliare** ~ TEL sich verwählen

numeroso [-oso] ADJ zahlreich
nu'ocere [-tʃe-] V schaden
nuora F Schwiegertochter *f*
nuotare V schwimmen **nuotatore** M, **-trice** [-tʃe] F Schwimmer(in) *m(f)*
nuoto M Schwimmen *n*
nuovo 1 ADJ neu; **di ~** nochmals 2 M Neue(s) *n*
nutriente ADJ nahrhaft **nutrimento** M Nahrung *f* **nutrire** V (er)nähren **nutritivo** ADJ nahrhaft
nutrizionista M/F Ernährungsberater(in) *m(f)*
'nuvola F Wolke *f* **nuvoloso** ADJ bewölkt, wolkig
nylon M Nylon *n*

O

o KONJ oder; **~ ... ~** entweder ... oder
O ABK (**= ovest**) W (Westen *m*)
'oasi F Oase *f*
obbligare V verpflichten; zwingen **obbligatorio** ADJ obligatorisch **obbligazione** F JUR Schuldverschreibung *f*
'obbligo M Pflicht *f*; **d'~** vorgeschrieben; **~ di leva** Wehrpflicht *f*
obelisco M Obelisk *m*
obeso ADJ fettleibig
obiettare V einwenden
obiettivo 1 ADJ sachlich, objektiv 2 M Ziel *n*; FOTO Objektiv *n*
obiezione F Einwand *m*; **~ di coscienza** Wehrdienstverweigerung *f*
obliquo ADJ schräg; schief
obliterare V *Fahrschein* entwerten **obliteratrice** [-tʃe] F Entwerter *m*
oblò M Bullauge *n*
OC ABK (**= Onde Corte**) KW *f* (Kurzwelle *f*)
oca F Gans *f*
occasionale ADJ gelegentlich
occasione F Gelegenheit *f*; Gelegenheitskauf *m*; **cogliere l'~** die Gelegenheit ergreifen
occhiaie [-kk-] FPL Augenringe *pl* **occhiali** [-kk-] MPL Brille *f*; **~ da sole** Sonnenbrille *f*
occhiata [-kk-] F Blick *m*
occhiello [-kk-] M Knopfloch *n*; Öse *f*
occhio [-kk-] M Auge *n*; Blick *m*; **~!** Achtung!; **a ~** ungefähr; **dare nell'~** auffallen
occhiolino [-kk-] M: **fare l'~ a qn** j-m zuzwinkern
occidentale [-tʃ-] ADJ westlich; West... **occidente** [-tʃ-] M Westen *m*
occorrente 1 ADJ erforderlich 2 M Nötige(s) *n* **occorrenza** F Bedarfsfall *m*; **all'~** bei Bedarf
oc'correre V erforderlich, nötig sein; **occorre** man

muss; **mi occorrono 3 euro** ich brauche 3 Euro; **non occorre** das ist nicht nötig
occulto ADJ geheim
occupare V *Platz* einnehmen; MIL besetzen; beschäftigen **occuparsi** V sich beschäftigen (**di** mit) **occupato** ADJ beschäftigt; *Platz* besetzt **occupazione** F Beschäftigung *f*
o'ceano [-tʃ-] M Ozean *m*
oculare ADJ: **testimone** *m/f* **~** Augenzeuge *m*, Augenzeugin *f* **oculista** M/F Augenarzt *m*, Augenärztin *f*
od KONJ = **o** *vor Vokalen*
odiare V hassen **odiato** ADJ verhasst
odierno ADJ heutig
odio M Hass *m* **odioso** ADJ unausstehlich; verhasst
odonto'tecnico M, **-a** F Zahntechniker(in) *m(f)*
odorare V riechen (**di** nach)
odore M Geruch *m*; **odori** *pl* Küchenkräuter *npl*
of'fendere V beleidigen; verletzen **of'fendersi** V sich gekränkt fühlen **offensiva** F Angriff *m*
offerente M/F Bieter(in) *m(f)*; **miglior ~** Meistbietende(r) *f(m)*
offerta F Angebot *n*; **~ speciale** Sonderangebot *n* **offerto** PPERF angeboten → offrire
offesa F Beleidigung *f* **offeso** PPERF beleidigt → offendere
officina [-tʃ-] F Werkstatt *f*; **~ concessionaria** Vertragswerkstatt *f*
offline [ɔf'lain] ADJ offline
offrire V anbieten; spendieren; **ti offro un caffè** ich lade dich auf einen Kaffee ein
oggettivo [-dʒe-] ADJ sachlich, unvoreingenommen, objektiv
oggetto [-dʒɛ-] M Gegenstand *m*; GRAM Objekt *n*; **oggetti** *pl* **di valore** Wertsachen *fpl*
oggi ['ɔddʒi] ADV heute; **~ a otto** heute in acht Tagen; **a tutt'~** bis heute
ogiva [-dʒ-] F ARCH Spitzbogen *m*
ogni ['oɲi] ADJ jede(r,-s); **~ giorno** jeden Tag; **~ tanto** ab und zu; **~ sei giorni** alle sechs Tage; **in ~ caso** (*od*) **modo** auf jedem Fall
Ognissanti [-ɲ-] M Allerheiligen *n*
ognuno [-ɲ-] PRON jedermann, jeder
OL ABK (= **Onde Lunghe**) LW *f* (Langwelle *f*)
Olanda F Holland *n* **olandese** **1** ADJ holländisch **2** M/F Holländer(in) *m(f)* **3** M *Sprache* Holländisch *n*
oleandro M BOT Oleander *m*
Olim'piadi FPL Olympische Spiele *pl* **olimpi'onico** ADJ: **piscina olimpionica** olympi-

sches Schwimmbecken

olio M Öl *n*; ~ **di argan** Arganöl *n*; ~ **di palma** Palmöl *n*; ~ **essenziale** ätherisches Öl *n*; ~ **(extravergine) di oliva** (kalt gepresstes) Olivenöl *n*; ~ **motore** Motorenöl *n*; **sott'~** in Öl eingelegt

oliva F BOT Olive *f* **olivastro** ADJ olivgrün **oliveto** M Olivenhain *m* **olivo** M BOT Olivenbaum *m*

olmo M BOT Ulme *f*

oltre 1 ADV weiter; mehr als; länger; **andare** ~ weitergehen 2 PRÄP außer **oltremare** ADJ: **d'~** aus Übersee **oltrepassare** V überschreiten

OM ABK (= **Onde Medie**) MW *f* (Mittelwelle *f*)

omaggio [-dʒo] M Geschenk *n*; **in** ~ frei, kostenlos

ombelico M ANAT Bauchnabel *m*

ombra F Schatten *m* **ombrello** M Regenschirm *m* **ombrellone** M Sonnenschirm *m* **ombretto** M Lidschatten *m*

omelette [-'lɛt] F GASTR Eierkuchen *m*, Omelett *n*

omeopa'tia F Naturheilkunde *f*, Homöopathie *f* **omeo'patico** ADJ homöopathisch

'omero M ANAT Oberarmknochen *m*

o'mettere V weglassen; ~ **di fare qc** es unterlassen, etw zu tun

omicida [-tʃ-] 1 ADJ mörderisch 2 M/F Mörder(in) *m(f)* **omicidio** [-tʃ-] M Mord *m*

omissione F Unterlassung *f*

omofo'bia F Homophobie *f*, Feindseligkeit *f* gegenüber Homosexuellen

omogeneizzato [-dʒeneiddz-] M Babyfertignahrung *f*, *umg* Gläschen *n*

omologato ADJ zugelassen

omosessuale 1 ADJ homosexuell 2 M/F Homosexuelle(r) *f(m)*

onda F Welle *f*; *fig* Flut *f*; ~ **verde** grüne Welle *f*; **onde** *pl* **corte/medie/lunghe** Kurz-/Mittel-/Langwelle *f*

ondeggiare [-dʒa-] V wogen; schwanken **ondulato** ADJ *Haar* gewellt

oneroso ADJ schwer

onestà F Ehrlichkeit *f* **onesto** ADJ ehrlich

online, **on-line** ADJ & ADV Online..., online

onnipotente ADJ allmächtig

ono'mastico M Namenstag *m*

onoranze FPL: ~ **funebri** Totenehrung *f* **onorare** V ehren **onorario** 1 ADJ: **membro** *m* ~ Ehrenmitglied *n* 2 M Honorar *n* **onore** M Ehre *f* **ono'revole** 1 ADJ ehrenwert 2 M/F Abgeordnete(r) *f(m)*

ONU ['ɔːnu] F ABK (= **Organizzazione delle Nazioni Unite**)

UNO *f* (United Nations Organization)

opaco [o-] ADJ matt, undurchsichtig

'opera [ɔ-] F Werk *n*; MUS Oper *f*; ~ **d'arte** Kunstwerk *n*; ~ **teatrale** Theaterstück *n*

operaio M, **-a** F Arbeiter(in) *m(f)* **operare** V handeln; tun; MED operieren **operativo** ADJ operativ; IT **sistema** ~ Betriebssystem *n* **operatore** M, **-trice** [-tʃe] F Anbieter(in) *m(f)*; ~ **ecologico** Müllmann *m*; ~ **turistico** Reiseveranstalter *m* **operazione** F Operation *f*

operetta F THEAT Operette *f*

opinione F Meinung *f*, Ansicht *f*

oppio [ɔ-] M BOT Opium *n*

opporre V entgegensetzen; einwenden **opporsi** V sich widersetzen

opportunità F Chance *f* **opportuno** ADJ zweckmäßig; gelegen

opposizione F Gegensatz *m*; Widerstand *m* (**a** gegen); JUR Einspruch *m*; POL Opposition *f* **opposto** **1** ADJ entgegengesetzt; gegenüberliegend **2** M Gegenteil *n*; **all'~** im Gegenteil

oppressione F Unterdrückung *f*; MED Beklemmung *f* **op'primere** V unterdrücken; bedrücken

oppure KONJ oder (auch); andernfalls

opulento ADJ üppig **opulenza** F Üppigkeit *f*

o'puscolo M Broschüre *f*; Prospekt *m*; ~ **pubblicitario** Werbeprospekt *m*

opzione F Option *f*

ora¹ F Stunde *f*; ~ **legale** Sommerzeit *f*; ~ **di arrivo/di partenza** Ankunfts-/Abfahrtszeit *f*; **ore** *pl* **libere** Freizeit *f*; **ore di punta** Stoßzeiten *fpl*; **che** ~ **è** *od* **che ore sono?** wie viel Uhr (*od* wie spät) ist es?; **di buon'~** frühzeitig

ora² ADV jetzt, nun; **or** ~ soeben; **per** ~ vorläufig; **d'~ in poi** von nun an

orale ADJ mündlich

orario **1** ADJ stündlich; **disco** *m* ~ Parkscheibe *f* **2** M Arbeitszeit *f*; Fahrplan *m*, Flugplan *m*; ~ **continuato** ganztägig geöffnet; ~ **delle visite** Besuchszeit *f*; ~ **fisso** feste Uhrzeiten *fpl*; ~ **flessibile (di lavoro)** Gleitzeit *f*; **in** ~ pünktlich, fahrplanmäßig, planmäßig

orata F ZOOL Goldbrasse *f*

oratore M, **-trice** [-tʃe] F Redner(in) *m(f)* **oratorio** M Oratorium *n*

orchestra [-k-] F Orchester *n*

orchi'dea [-k-] F BOT Orchidee *f*

ordinale ADJ: **numero** *m* ~ Ordnungszahl *f*

ordinare V ordnen; *im Lokal*

HANDEL bestellen; MED verordnen **ordinario** ADJ gewöhnlich; einfach; ordinär **ordinatore** M Ordner *m* **ordinazione** F Bestellung *f*; REL Priesterweihe *f*
'ordine M Ordnung *f*; MIL Befehl *m*; REL Orden *m*; HANDEL Auftrag *m*; **mettere in ~** aufräumen; **di prim'~** erstklassig
orecchino [-kk-] M Ohrring *m*
orecchio [-kkio] M ANAT Ohr *n*; Gehör *n* **orecchioni** [-kk-] MPL MED Mumps *m*
o'refice [-tʃe] M/F Goldschmied(in) *m(f)* **orefice'ria** [-tʃ-] F Juweliergeschäft *n*
'orfano [ɔ-] **1** ADJ verwaist **2** M, **-a** F Waisenkind *n*
or'ganico ADJ organisch; **rifiuti** *mpl* **organici** Biomüll *m*
organismo [-zmo] M Organismus *m*
organista M/F Organist(in) *m(f)*
organizzare [-dz-] V organisieren; veranstalten **organizzazione** [-ddzats-] F Organisation *f*; Veranstaltung *f*
'organo M Organ *n*; MUS Orgel *f*
orgasmo [-zmo] M Orgasmus *m*
orgoglio [-goʎo] M Stolz *m* **orgoglioso** [-ʎo:so] ADJ stolz
orien'tabile ADJ einstellbar
orientale ADJ östlich; orientalisch
orientamento M Orientierung *f*; **~ professionale** Berufsberatung *f* **orientare** V ausrichten, richten (**a** nach) **orientarsi** V sich orientieren
oriente M Osten *m*; **il Medio Oriente** der Mittlere Osten *m*; **l'Estremo Oriente** der Ferne Osten *m*
o'rigano M BOT Oregano *m*
originale [-dʒ-] **1** ADJ ursprünglich; originell **2** M Original *n* **originare** [-dʒ-] V hervorrufen **originario** [-dʒ-] ADJ ursprünglich; Ursprungs…; *Person* gebürtig (**di** aus) **o'rigine** [-dʒ-] F Ursprung *m*; Herkunft *f*
origliare [-ʎa-] V lauschen
orizzontale [-dz-] ADJ horizontal, waagerecht **orizzonte** [-dz-] M Horizont *m*
orlo M Rand *m*; Saum *m*
orma F Spur *f*, Fußstapfe *f*
ormai ADV nun; bereits
ormone M Hormon *n*
ornamento M Ornament *n*; Verzierung *f* **ornare** V schmücken; verzieren
oro [ɔ-] M Gold *n*; **d'~** golden, aus Gold
orologe'ria [-dʒ-] F Uhrengeschäft *n* **orologiaio** [-dʒa-] M, **-a** F Uhrmacher(in) *m(f)*
orologio [-dʒo] M Uhr *f*; **~ al quarzo** Quarzuhr *f*; **~ da polso** Armbanduhr *f*; **~ da**

tasca Taschenuhr *f*; ~ **a cucù** Kuckucksuhr *f*; ~ **digitale** Digitaluhr *f*

o'roscopo M Horoskop *n*

orrendo ADJ fürchterlich **or'ribile** ADJ schrecklich **'orrido** [ɔ-] ADJ grauenhaft **orrore** M Entsetzen *n*; Abscheu *m*; **film** *m* **dell'~** Horrorfilm *m*; **avere ~ di qc** etw verabscheuen

Orsa F: ASTRON ~ **maggiore/minore** Großer/Kleiner Wagen *m* **orsacchiotto** [-kk-] M Teddybär *m* **orso** M Bär *m*; ~ **bianco** Eisbär *m*

ortaggio [-dʒo] M BOT Gemüse *n*

ortica F BOT Brennnessel *f*

orticaria F MED Nesselfieber *n*

orto [ɔ-] M Gemüsegarten *m*; ~ **botanico** botanischer Garten *m*

ortodosso ADJ orthodox **ortogra'fia** F Rechtschreibung *f*

ortolano M, **-a** F Gemüsegärtner(in) *m(f)*

ortope'dia F Orthopädie *f* **orto'pedico** **1** ADJ orthopädisch **2** M, **-a** F Orthopäde *m*, Orthopädin *f*

orzaiolo M MED Gerstenkorn *n*

orzo [ɔ-] M BOT Gerste *f*; ~ **perlato** Perlgraupen *fpl*

osare V wagen

osceno [-ʃɛ-] ADJ obszön

oscillare [-ʃ-] V schwingen; *fig* schwanken

oscurare V verdunkeln

oscuro ADJ dunkel, finster

ospedale M Krankenhaus *n*

ospitale ADJ gastfreundlich **ospitalità** F Gastfreundschaft *f* **ospitare** V beherbergen **'ospite** M/F Gast *m*; Gastgeber(in) *m(f)*

ospizio M Heim *n*; Altenheim *n*

ossatura F Knochengerüst *n*

osservare V beobachten; JUR beachten; einwenden **osservatore** M, **-trice** [-tʃe] F Beobachter(in) *m(f)* **osservatorio** M Observatorium *n*; ~ **astronomico** Sternwarte *f* **osservazione** F Beobachtung *f*; Einwand *m*

os'sia [os'si:a] KONJ oder (auch)

os'sigeno [-dʒe-] M Sauerstoff *m*

osso [ɔ-] M Knochen *m* ~ **sacro** Kreuzbein *n* **ossobuco** M GASTR geschmorte Kalbshachsenscheibe *f*

ostacolare V behindern **o'stacolo** M Hindernis *n*

ostaggio [-dʒo] M Geisel *f*

oste [ɔ-] M Wirt *m*

ostello M: ~ **della gioventù** Jugendherberge *f*

oste'ria F Wirtshaus *n*

'ostia [ɔ-] F REL Hostie *f*; GASTR, MED Oblate *f*

ostile ADJ feindlich; feindselig

ostilità F Feindschaft *f*
ostinarsi V hartnäckig bestehen (**in** auf) **ostinato** ADJ hartnäckig
'ostrica [ɔ-] F ZOOL Auster *f*
otite F MED Ohrenentzündung *f*
otorino(laringoiatra) M/F MED Hals-Nasen-Ohren-Arzt *m*, HNO-Ärztin *f*
ottagonale ADJ achteckig
ottanta ADJ achtzig **ottantenne** ADJ achtzigjährig **ottava** F MUS Oktave *f* **ottavo** 1 ADJ achte(r,-s) 2 M Achtel *n*
ottenere V bekommen; erhalten
'ottica [ɔ-] F Optik *f* **'ottico** 1 ADJ optisch 2 M, **-a** F Optiker(in) *m(f)*
ottimamente ADV hervorragend **ottimismo** [-zmo] M Optimismus *m* **ottimista** 1 ADJ optimistisch 2 M/F Optimist(in) *m(f)* **ottimizzare** [-dz-] V optimieren **'ottimo** ADJ sehr gut, ausgezeichnet
otto [ɔ-] ADJ acht; **~ per mille** acht Promille (*obligatorische Kirchen- und Kultursteuer*); **~ volante** Achterbahn *f*
ottobre M Oktober *m*; → aprile
ottocento [-tʃɛ-] ADJ achthundert; **l'Ottocento** das 19. Jahrhundert **ottomila** ADJ achttausend
ottone M METALL Messing *n*
otturare V *Zahn* plombieren **otturarsi** V verstopfen
outlet ['autlet] M Outlet *n*
ovaie FPL ANAT Eierstock *m*
ovale 1 ADJ oval 2 M Oval *n*
ovatta F Watte *f*
overdose [over'dɔ:ze] F Überdosis *f*
'ovest M Westen *m*; **a ~ di** westlich von
ovile M Schafstall *m* **ovini** MPL Schafe *npl* und Ziegen *fpl*
'ovolo [ɔ-] M BOT Butterpilz *m*
ovunque ADV wo auch immer
ovvero [o-] KONJ oder (auch)
'ovvio [ɔ-] ADJ offensichtlich
ozio ['ɔtsio] M Muße *f*; Müßiggang *m* **ozioso** ADJ müßig
ozono M Ozon *n*; **allarme** *m* **~** Ozonwarnung *f*; **buco** *m* **nell'~** Ozonloch *n*; **strato** *m* **di ~** Ozonschicht *f*

P

p. ABK (**= pagina**) S. (Seite *f*)
pacchetto [-kke-] M Päckchen *n* **~ di sigarette** *fpl* Schachtel *f* Zigaretten
pacco M Paket *n*; **~ bomba** Briefbombe *f*
pace [-tʃe] F Frieden *m*; **darsi ~** sich zufriedengeben; **lasciare in ~** in Ruhe lassen

pacemaker [peis'mɛːker] M MED Herzschrittmacher *m*
pa'cifico [-tʃ-] ADJ friedlich
Pa'cifico [-tʃ-] M Pazifik *m*; **Oceano** *m* **~** Pazifischer Ozean *m*
pacifismo [-tʃifiz-] M Friedensbewegung *f*
padano ADJ: **Pianura** *f* **Padana** Poebene *f*
padella F Pfanne *f*
padiglione [-ʎo-] M Pavillon *m*; Halle *f*
'Padova F Padua *n*
padre M Vater *m*; REL Pater *m* **padrino** M Pate *m*
padrone M, **-a** F Eigentümer(in) *m(f)*; Chef(in) *m(f)*; **~ di casa** Hausherr *m*
paesaggio [-dʒo] M Landschaft *f* **paesano** M, **-a** F Dorfbewohner(in) *m(f)* **paese** M *Staat* Land *n*; Dorf *n*
Paesi Bassi MPL Niederlande *pl*
pag. ABK (**= pagina**) S. (Seite *f*)
paga F Lohn *m* **pa'gabile** ADJ zahlbar
pagaia F Paddel *n*
pagamento M Zahlung *f*; **~ anticipato** Vorauszahlung *f*; **~ in contanti** Barzahlung *f*; **a ~** gebührenpflichtig
pagano 1 ADJ heidnisch 2 M, **-a** F Heide *m*, Heidin *f*
pagare V zahlen, bezahlen; sich auszahlen; **~ a rate** abzahlen
pagella [-dʒ-] F Schulzeugnis *n*, Zeugnis *n*
paghetta [-g-] F Taschengeld *n*
'pagina [-dʒ-] F Seite *f*; **~ iniziale** IT Startseite *f*; **pagine** *pl* **gialle** Gelbe Seiten® *fpl*
paglia [-ʎa] F Stroh *n*; **cappello** *m* **di ~** Strohhut *m*; **~ e fieno** GASTR *weiße u. grüne Bandnudeln*
pagliaccetto [-ʎattʃe-] M Strampelhose *f*
paio M (**le paia** *fpl*) Paar *n*; **un ~ di** ein paar; einige; **un ~ di pantaloni/forbici** eine Hose/eine Schere
pala F Schaufel *f*
palato M Gaumen *m*
palazzina F Villa *f*
palazzo M Palast *m*; großes Wohnhaus *n*, Wohnblock *m*; **~ di giustizia** Justizpalast *m*
palco M Tribüne *f*; THEAT Loge *f* **palco'scenico** [-ʃɛ-] M Bühne *f*
palestra F Turnhalle *f* **palestrato** 1 ADJ durchtrainiert 2 M, **-a** F Muskelprotz *m*
paletta F kleine Schaufel *f*
paletto M Pflock *m*; Riegel *m*
palla F Ball *m*; Kugel *m*; **le palle** *pl vulg* die Eier *npl*; **~ di neve** Schneeball *m* **pallacanestro** F Basketball *m*
pallamano F Handball *m*
pallanuoto F Wasserball *m*
pallavolo F Volleyball *m*
'pallido ADJ bleich, blass
pallina F Murmel *f*; Tischten-

nisball *m* **pallino** M Schrot *n*; **a pallini** getupft **palloncino** [-tʃ-] M Luftballon *m*; Lampion *m* **pallone** M Ball *m*; Ballon *m*; **giocare a ~** Fußball spielen **pal'lottola** F Kugel *f*
palma F BOT Palme *f*; ANAT Handfläche *f* **palmare®** M Palm® *m* **palmo** M ANAT Handfläche *f*; *fig* Spanne *f*
palo M Pfahl *m*; Mast *m*
palombaro M Taucher *m*
palombo M ZOOL Glatthai *m*
pal'pabile ADJ fühlbar **palpare** V betasten
'palpebra F ANAT Augenlid *n*
palpitare V zucken; pochen **palpitazione** F Herzklopfen *n*
palude F Sumpf *m* **paludoso** ADJ sumpfig **palustre** ADJ sumpfig; Sumpf...
panca F (Sitz-)Bank *f*
pancarrè M GASTR Toastbrot *n*
pancetta [-tʃe-] F GASTR Bauchspeck *m*
panchetto [-ke-] M Schemel *m* **panchina** [-k-] F (Sitz-)Bank *f*
pancia [-tʃa] F Bauch *m*; **mal di ~** Bauchschmerzen *m*
'pancreas M ANAT Bauchspeicheldrüse *f*
pande'mia F MED Pandemie *f*
pandoro M *Weihnachtshefekuchen*
pane M Brot *n*; **~ bianco/nero/integrale** Weiß-/Schwarz-/Vollkornbrot *n*; **pan di Spagna** Sandkuchen *m*
panette'ria F Bäckerei *f* **panettiere** M, **-a** F Bäcker(in) *m(f)* **panettone** M *Weihnachtshefekuchen mit Rosinen*
'panfilo M SCHIFF Yacht *f*
panforte M *Pfefferkuchen mit getrockneten u. kandierten Früchten* **pangrattato** M GASTR Paniermehl *n*
'panico 1 ADJ panisch 2 M Panik *f*
paniere M Korb *m* **panificio** [-tʃo] M Bäckerei *f* **panino** M Brötchen *n*; **~ imbottito** belegtes Brötchen *n* **paninoteca** F Imbissstube *m*
panna F Sahne *f*, Rahm *m*; **~ acida** saure Sahne *f*; **~ montata** Schlagsahne *f*
panne F TECH Panne *f*; **essere in ~** eine Autopanne haben
pannello M ELEK Schaltbrett *n*; **~ solare** Solarzelle *f*
panno M Tuch *n*; Lappen *m*; **panni** *pl* (Be-)Kleidung *f*; **mettersi nei panni di qn** sich in j-s Lage versetzen
pannocchia [-kkia] F BOT Maiskolben *m*
pannolino M Windel *f*
panorama M Ausblick *m*, Panorama *n* **pano'ramico** ADJ Panorama...; **vista** *f* **pano-**

ramica Panoramablick *m*, schöne Aussicht *f*
pantaloncini [-tʃ-] MPL kurze Hose *f*, Shorts *pl*
pantaloni MPL Hose *f*
pantera F ZOOL Panther *m*
pan'tofola F Pantoffel *m*
panzerotti MPL GASTR Nudelteigtaschen *fpl*
papa M Papst *m*
papà M Papa *m*, Vati *m*
papale ADJ päpstlich **papa'mobile** F AUTO Papamobil *n*
papato M Papsttum *n*
pa'pavero M BOT Mohn *m*
'papero M, **-a** F ZOOL Gänserich *m*, Gans *f*
pappa F GASTR Brei *m*; Mus *n*
pappagallo M ZOOL Papagei *m*
pappardelle FPL *rechteckige, breite Bandnudeln*
'paprica F BOT *Gewürz* Paprika *m*
para'bolico ADJ: **antenna** *f* **parabolica** Satellitenschüssel *m*
parabrezza [-dz-] M AUTO Windschutzscheibe *f*
paracadute M Fallschirm *m*
paracadutista M/F Fallschirmspringer(in) *m(f)*
paracarro M Leitplanke *f*
paradiso M Paradies *n*
paradossale ADJ paradox
parafango M AUTO Kotflügel *m*
para'fulmine M Blitzableiter *m*
paraggi [-dʒ-] MPL: **nei ~** in der Nähe
parago'nabile ADJ vergleichbar **paragonare** V vergleichen **paragone** M Vergleich *m*
pa'ragrafo M Abschnitt *m*; Paragraf *m*
pa'ralisi F MED Lähmung *f*
para'litico M, **-a** F Gelähmte(r) *f(m)*
parallela F Parallele *f*; **parallele** *pl* SPORT Barren *m* **parallelo** ADJ parallel
paraluce [-tʃe] M FOTO Sonnenblende *f* **paralume** M Lampenschirm *m* **parapendio** M Gleitschirmflug *m* **parapetto** M Geländer *n*; SCHIFF Reling *f*
para'plegico [-dʒ-] **1** ADJ querschnittgelähmt **2** M, **-a** F Querschnittgelähmte(r) *f(m)*
parare V schmücken; abwehren **parasole** M Sonnenschirm *m*; FOTO Sonnenblende *f*
parassita M Parasit *m*, *fig* Schmarotzer *m*
parata F Parade *f*; Gala *f*
paraurti M Stoßstange *f*
parcella [-tʃ-] F Parzelle *f*
parcheggiare [-keddʒa-] V parken **parcheggio** [-keddʒo] M Parkplatz *m*; Parken *n*; **divieto di ~** Parken verboten **par'chimetro** [-ki-] M Parkuhr *f*
parco M Park *m*; **~ eolico**

Windpark *m*; ~ **giochi** Spielplatz *m*; ~ **nazionale** Nationalpark *m*

par condicio [par kon'ditʃo] F Gleichberechtigung *f*

parecchio [-kkio] **1** ADJ & ADV ziemlich viel **2** PRON **parecchi** *mpl*, **parecchie** *fpl* mehrere

pareggiare [-dʒa-] V ausgleichen; begleichen **pareggio** [-dʒo] M Ausgleich *m*; SPORT Unentschieden *n*

parente M/F Verwandte(r) *f(m)* **parentela** F Verwandtschaft *f*

pa'rentesi F Klammer *f*

parere **1** V scheinen; **che Le pare?** was meinen Sie?; **a quanto pare** wie es scheint **2** M Ansicht *f*, Meinung *f*

parete F Wand *f*

pari ADJ gleich; *Zahl* gerade; **ragazza** *f* **alla** ~ Aupairmädchen *n*

Parigi [-dʒi] F Paris *n*

parità F Gleichheit *f*; ~ **di diritti** Gleichberechtigung *f*

parlamentare **1** ADJ parlamentarisch **2** M/F Abgeordnete(r) *f(m)* **3** V verhandeln **parlamento** M Parlament *n*

parlare V sprechen (**a qn** j-n; **di qc** über etw); reden; **parla tedesco?** sprechen Sie Deutsch?

parmigiano [-dʒa-] M Parmesankäse *m*

parola F Wort *n*; **parole** *pl* **crociate** Kreuzworträtsel *n* **parolaccia** [-tʃa] F Schimpfwort *n*

parrocchetto [-kk-] M ZOOL Wellensittich *m*

parrocchia [-kkia] F Pfarrei *f* **parrocchiale** [-kk-] ADJ Pfarr...; **chiesa** *f* ~ Pfarrkirche *f* **'parroco** M Pfarrer *m*

parrucca F Perücke *f* **parrucchiere** [-kk-] M, **-a** F Friseur *m*, Friseuse *f*

parte F Teil *m*; Seite *f*; POL Partei *f*; THEAT Rolle *f*; **a** ~ getrennt; extra; **da** ~ beiseite; **da** ~ **mia** meinerseits; **in** ~ zum Teil, teilweise; **prendere** ~ **a** teilnehmen an; **fare** ~ **di** gehören zu; **da nessuna** ~ nirgendwo; **da tutte le parti** überall

partecipante [-tʃ-] M/F Teilnehmer(in) *m(f)* **partecipare** [-tʃ-] V teilnehmen, sich beteiligen (**a** an) **partecipazione** [-tʃ-] F Teilnahme *f*; WIRTSCH Beteiligung *f*; *Heirats-, Todes- etc* Anzeige *f*

partenza F Abreise *f*; Abfahrt *f*; Start *m*; ~ **a freddo** IT Kaltstart *m*

participio [-tʃ-] M Partizip *n*

particolare **1** ADJ besondere(r, -s) **2** M Einzelheit *f*; **in** ~ besonders **particolarità** F; Besonderheit *f*

partigiano [-dʒa-] M, **-a** F Partisan(in) *m(f)*

partire V aufbrechen; abreisen; AUTO anspringen; ~ **per** reisen nach

partita F SPORT Spiel *n*; Partie *f* HANDEL Posten *m*; ~ **di calcio** Fußballspiel *n*

partito M POL Partei *f*

parto M Entbindung *f* **partorire** V entbinden, auf die Welt bringen

part-time 1 ADJ Teilzeit... 2 M Teilzeitbeschäftigung *f*

parziale ADJ teilweise; Teil...; parteiisch **parzialità** F Parteilichkeit *f*

'pascolo M Weide *f*

Pasqua F Ostern *n* **pasquale** ADJ Oster...; **vacanze** *fpl* **pasquali** Osterferien *pl* **Pasquetta** F Ostermontag *m*

pas'sabile ADJ annehmbar

passaggio [-dʒo] M Durchgang *m*; Durchreise *f*; SCHIFF Überfahrt *f*; *Text* Stelle *f*; **di** ~ auf der Durchreise; ~ **pedonale** Fußgängerüberweg *m*; ~ **a livello** Bahnübergang *m* (**senza barriere** unbeschrankt); **dare un** ~ **a qn** j-n *im Auto* mitnehmen

passante M/F Passant(in) *m(f)*

passaporto M (Reise-)Pass *m*

passare V vorbeigehen; vorbeifahren; vorbeikommen; *Zeit* vergehen; *bei Tisch* reichen; GASTR passieren; ~ **per Firenze** über Florenz fahren; ~ **di mente** entfallen; **mi è passato il mal di testa** meine Kopfschmerzen sind weg; ~ **a prendere qn** j-n abholen; **lasciar** ~ vorbeilassen

passata F: ~ **di pomodori** passierte Tomaten *fpl*

passatempo M Zeitvertreib *m*

passato 1 ADJ vergangen 2 M Vergangenheit *f*; GASTR Püree *n*

passeggero [-dʒɛ-] M, **-a** F Reisende(r) *f(m)*; Passagier(in) *m(f)*

passeggiare [-dʒa-] V spazieren gehen **passeggiata** [-dʒa-] F Spaziergang *m*; Spazierweg *m*; Strandpromenade *f* **passeggino** [-dʒi-] M Buggy® *m* **passeggio** [-dʒo] M Spaziergang *m*; **andare a** ~ spazieren gehen

passera F: ~ **di mare** ZOOL Flunder *f*

passerella F Laufsteg *m*; SCHIFF Bootssteg *m*

'passero M ZOOL Sperling *m*, Spatz *m*

passione F Leidenschaft *f*; REL **Passione** Passion *f*

passivo 1 ADJ passiv 2 M GRAM Passiv *n*; HANDEL Verlust *m*

passo M Schritt *m*; GEOG Pass *m*; *Text* Stelle *f*; **a** ~ **d'uomo** im Schritttempo; **fare due passi** sich die Beine vertreten

password F IT Passwort *n*

pasta F Teig(waren *fpl*) *m*; Nudeln *fpl*; Gebäck *n*; ~ **frolla** Mürbteig *m*; ~ **sfoglia** Blätter-

teig *m*
pastasciutta [-ʃu-] F Nudelgericht *n*
pastello M Pastell *n*; Pastellfarbe *f*, -stift
pasticce'ria [-tʃe-] F Konditorei *f* **pasticciere** [-tʃɛ-] M, **-a** F Konditor(in) *m(f)* **pasticcini** [-tʃ-] MPL Feingebäck *n*
pasticcio [-tʃo] M GASTR Pastete *f*; Pfuscherei *f*; **~ di maccheroni** Makkaroniauflauf *m*; **sono nei pasticci** ich sitze in der Patsche
pastiglia [-ʎa] F MED Tablette *f*; AUTO Bremsbelag *m*
pastina F: **~ in brodo** Nudelsuppe *f*
pasto M Mahlzeit *f*; Essen *n*; **vino** *m* **da ~** Tischwein *m*
pastorale¹ M Bischofsstab *m*
pastorale² F REL Hirtenbrief *m*
pastore M, **-a** F Hirt(in) *m(f)*; REL Pastor(in) *m(f)*
pastorizzato [-dz-] ADJ pasteurisiert
patata F BOT Kartoffel *f*; **patate** *pl* **fritte/lesse/arrosto** Pommes frites/Salzkartoffeln/Bratkartoffeln *fpl* **patatine** FPL GASTR Pommes (frites) *pl*; Chips *mpl*
patente F **(di guida)** Führerschein *m*; **prendere la ~** den Führerschein machen
paterno ADJ väterlich(erseits)
patria F Heimat *f*
patrigno [-ɲo] M Stiefvater *m*
patrimonio M Vermögen *n*; **~ artistico** Kunstschätze *mpl*; **~ culturale dell'umanità** Weltkulturerbe *n*; **~ genetico** Erbgut *n*
patriota M/F Patriot(in) *m(f)*
patronato M Schirmherrschaft *f*
pattinaggio [-dʒo] M Rollschuhlaufen SPORT *n*; Eislauf *m*
pattinare V Rollschuh laufen; Schlittschuh laufen **pattinatore** M, **-trice** [-tʃe] F Rollschuhläufer(in) *m(f)*; Schlittschuhläufer(in) *m(f)*
'pattino M: **~ da ghiaccio** Schlittschuh *m*; **~ a rotelle** Rollschuh *m*; **pattini** *pl* **in linea** Inline-Skates *mpl*
patto M Abmachung *f*; **a ~ che** *+konjkt* unter der Bedingung, dass
pattuglia [-ʎa] F MIL Patrouille *f*, Streife *f*
pattumiera F Mülleimer *m*
paura F Furcht *f*, Angst *f* **(di** vor); **avere ~** sich fürchten
pauroso ADJ ängstlich
'pausa F Pause *f*
pavimento M Fußboden *m*
pavone M ZOOL Pfau *m*
pazientare V sich gedulden
paziente 1 ADJ geduldig; mühselig 2 M/F Patient(in) *m(f)* **pazienza** F Geduld *f*
pazzesco ADJ verrückt **paz'zia** F MED Wahnsinn *m*; Ver-

rücktheit *f* **pazzo** 1 ADJ verrückt, wahnsinnig (**per** nach; **di** vor) 2 M, **-a** F Verrückte(r) *f(m)*

peccare V sündigen **peccato** M REL Sünde *f*; Fehler *m*; (**che**) **~!** (wie) schade!

Pechino [-ki-] F Peking *n*

'pecora F ZOOL Schaf *n* **pecoraio** M, **-a** F Schäfer(in) *m(f)* **pecorino** M GASTR Schafskäse *m*

peculiarità F Eigentümlichkeit *f*

pedaggio [-dʒo] M Maut *f*; **a ~** gebührenpflichtig

pedalare V Rad fahren, radeln **pedale** M Pedal *n*; **~ del freno** Bremspedal *n*; **~ della frizione** Kupplungspedal *n* **pedalò** M Tretboot *n*

pedana F Sprungbrett *n*

pedante 1 ADJ pedantisch 2 M/F Pedant(in) *m(f)*

pedata F Fußspur *f*; Fußtritt *m*

pediatra M/F Kinderarzt *m*, Kinderärztin *f*

pedicure F Fußpflege *f*

pedofi'lia F Kindesmissbrauch *m* **pe'dofilo** M Kinderschänder *m*

pedonale ADJ Fußgänger...

pedone M Fußgänger *m*; *Schach* Bauer *m*

peggio [-dʒo] ADV schlechter; schlimmer; **il ~** das Schlimmste; **alla (meno) ~** schlimmstenfalls

peggioramento [-dʒo-] M Verschlimmerung *f*; Verschlechterung *f* **peggiorare** [-dʒo-] V (sich) verschlechtern

peggiore [-dʒo-] ADJ schlechter, schlimmer; **il ~** der schlechteste; **nel ~ dei casi** schlimmstenfalls

pegno [-ɲo] M Pfand *n*

pelare V schälen; *Geflügel* rupfen

pellame M Leder *n* **pelle** F ANAT Haut *f*; Leder *n*; *Frucht* Schale *f*; **~ d'oca** Gänsehaut *f*

pellegrinaggio [-dʒo] M Pilgerfahrt *f*, Wallfahrt *f* **pellegrino** M, **-a** F Pilger(in) *m(f)*, Wallfahrer(in) *m(f)*

pellet M Pellet *n*

pellette'ria F Lederwaren *fpl*; Lederwarengeschäft *n*

pellicano M ZOOL Pelikan *m*

pellicce'ria [-tʃ-] F Pelzwaren *fpl*; Pelzgeschäft *n* **pelliccia** [-tʃa] F Pelz(mantel) *m* **pellicciaio** [-tʃa-] M, **-a** F Kürschner(in) *m(f)*

pel'licola F FOTO Film *m*; **~ trasparente** Frischhaltefolie *f*

pelo M (Körper-)Haar *n*; Fell *n*; **contro ~** gegen den Strich; *fig* **per un ~** um ein Haar **peloso** ADJ haarig, behaart

pena F Strafe *f*; Qual *f*; Sorge *f*; Mühe *f*; **a mala ~** mit knapper Not; **darsi ~** sich Mühe geben; **stare in ~ per qn** in Sorge um j-n sein; **valere la ~** der Mühe wert sein; **mi**

fa ~ es tut mir leid **penale** 1 ADJ Straf…; strafbar 2 Bußgeld *n* **penalità** F SPORT Strafpunkt *m*

pendente ADJ hängend; JUR schwebend; **torre** *f* ~ schiefer Turm *von Pisa* **pendenza** F Neigung *f*

'pendere V hängen; sich neigen; *fig* schweben (**su** über)

pen'dio M Abhang *m*, Gefälle *n*

pendolare M/F Pendler(in) *m(f)* **pendolino®** M Pendolino® *m*, *Hochgeschwindigkeitszug (mit Kurvenneigung)*

'pendolo M Pendel *n*

pene M ANAT Penis *m*

penetrante ADJ penetrant

penetrare V eindringen (**in** in)

penicillina [-tʃ-] F MED Penizillin *n*

pe'nisola F Halbinsel *f*

penitente 1 ADJ reuig, reuevoll 2 M/F Büßer(in) *m(f)* **penitenza** F REL Buße *f*; Strafe *f* **penitenziario** M Strafanstalt *f*

penna F Feder *f*; Schreibfeder *f*; ~ **biro®** Kugelschreiber *m*; ~ **stilografica** Füllfederhalter *m* **pennarello** M Filzstift *m*

pennello M Pinsel *m*; **stare a** ~ wie angegossen sitzen

penombra F Halbschatten *m*

penoso ADJ peinlich; mühsam

pensare V denken (**qc** etw; **a** an); (nach)denken (**su** über); **penso di sì/no** ich glaube ja/nein **pensierino** M kleines Geschenk *n*, Mitbringsel *n*

pensiero M Gedanke *m*; Sorge *f* **pensieroso** ADJ nachdenklich

pensionato 1 M, **-a** F Rentner(in) *m(f)* 2 M Internat *n*

pensione F Rente *f*; Pension *f*; ~ **completa** Vollpension *f*; **mezza** ~ Halbpension *f*; **essere in** ~ in Ruhestand sein

pensoso ADJ nachdenklich

pen'tagono M Fünfeck *n*

Pentecoste F Pfingsten *n*

pentimento M Reue *f* **pentirsi** V bereuen (**di qc** etw)

'pentola F Kochtopf *m*; ~ **a pressione** Schnellkochtopf *m*

pe'nultimo ADJ vorletzte(r, -s)

penzolare V herabhängen **penzoloni** ADV: **a** ~ baumelnd

peonia F BOT Pfingstrose *f*

pepato ADJ gepfeffert **pepe** M Pfeffer *m*

peperonata F GASTR *gedünstete Paprikaschoten* **peperoncino** [-tʃ-] M Chilischote *f* **peperone** M Paprika(schote) *f*

per PRÄP für; durch; nach; während; als; per; *vor inf* um zu; ~ **3 giorni** während 3 Tage; ~ **lei/Lei** ihretwegen/Ihretwegen; ~ **lui** seinetwegen; **il treno** ~ **Colonia** der Zug nach Köln; ~ **tempo** rechtzei-

tig; ~ **molto tempo** sehr lange; ~ **posta** per Post; ~ **esempio** zum Beispiel; ~ **fare qc** um etw zu tun
pera F BOT Birne *f*
perbene ADJ anständig **percento** [-tʃɛ-] M Prozent *n*
percentuale [-tʃe-] **1** ADJ prozentual **2** F Prozentsatz *m*
percepire [-tʃe-] V wahrnehmen; bekommen, beziehen
perché [-ke] **1** ADV warum; **~?** warum? **2** KONJ weil; *Zweck* damit; ~ **sono stanco** weil ich müde bin; ~ **tu lo sappia** damit du es weißt **3** M Grund *m*
perciò [-tʃɔ] KONJ deshalb
per'correre V *Weg* zurücklegen **percorribilità** F AUTO Verkehrssituation *f*; *Berg* Passierbarkeit *f* **percorso** M Strecke *f*, Route *f*
percossa F Schlag *m* **percu'otere** V schlagen **percussione** F Schlag *m*; **strumenti** *mpl* **a** ~ Schlaginstrumente *npl*
'perdere V verlieren; *Zug* verpassen, versäumen; tropfen; **lasciar** ~ etw sein lassen; **vuoto** *m* **a** ~ Einwegflasche *f* **'perdersi** V sich verlaufen; verloren gehen
'perdita F Verlust *m*; Leck (-stelle *f*) *n*; *Gas* Austritt *m*
perditempo **1** M Zeitverschwendung *f* **2** M/F Trödler(in) *m(f)*
perdonare V verzeihen **perdono** M Verzeihung *f*
perdurare V andauern
perenne ADJ ewig
perfettamente ADV völlig; sehr gut **perfetto** **1** ADJ perfekt; vollkommen **2** M GRAM Perfekt *n*
perfezionamento M Vervollkommnung *f* **perfezionare** V vervollkommnen
perfezione F Vollkommenheit *f*; Perfektion *f*
'perfido ADJ hinterhältig
perfino ADV sogar
perforare V durchbohren; lochen **perforatore** M, **perforatrice** [-tʃe] F Locher *m*
perforazione F MED Durchbruch *m*
'pergola F Laube *f*, Pergola *f*
pergolato M Laubengang *m*
pericolante ADJ einsturzgefährdet **pe'ricolo** M Gefahr *f*; ~ **di morte** Lebensgefahr *f*; ~ **di valanghe** Lawinengefahr *f*; **fuori** ~ außer Gefahr
pericoloso ADJ gefährlich
perife'ria F Peripherie *f*; ~ **della città** Stadtrand *m*
peri'odico **1** ADJ periodisch **2** M Zeitschrift *f* **pe'riodo** M Periode *f*; Zeit *f*; ~ **di ferie** Urlaubszeit *f*
peripe'zie FPL Schwierigkeiten *fpl*
perito **1** ADJ erfahren **2** M, **-a** F Sachverständige(r) *f(m)*; ~ **commerciale** Industriekauf-

mann *m*
peritonite F MED Bauchfellentzündung *f*
perizia F Fertigkeit *f* JUR Gutachten *n*
perizoma M Tanga *m*
perla F MINER Perle *f*
perlomeno ADV mindestens
perlopiù ADV meist(ens)
perlustrare V auskundschaften
permaloso ADJ überempfindlich
permanente 1 ADJ ständig; Dauer... 2 F Dauerwelle *f*
permanenza F Anhalten *n*, Fortdauer *f*; Aufenthalt *m*
perme'abile ADJ durchlässig
permesso 1 PPERF → permettere: **è ~?** darf ich eintreten? 2 M Erlaubnis *f*; **~ di caccia** Jagdschein *m*; **~ di soggiorno** Aufenthaltserlaubnis *f*; **~ di lavoro** Arbeitserlaubnis *f*
per'mettere V erlauben **per'mettersi** V sich erlauben; sich leisten; **(non) me lo posso permettere** ich kann es mir (nicht) leisten
pernice [-tʃe] F ZOOL Rebhuhn *n*
pernottamento M Übernachtung *f* **pernottare** V übernachten
pero M BOT Birnbaum *m*
però [-ɔ] KONJ aber
perpendicolare ADJ senkrecht
perquisire V durchsuchen
perquisizione F Durchsuchung *f*; **~ personale** Leibesvisitation *f*; **mandato** *m* **di ~** Durchsuchungsbefehl *m*
persecutore M, **-trice** [-tʃe] F Verfolger(in) *m(f)* **persecuzione** F Verfolgung *f*
perseguire V, **perseguitare** V verfolgen **perseguitato** M, **-a** F Verfolgte(r) *f(m)*
Persia F Persien *n*
persiana F Fensterladen *m*; **~ avvolgibile** Jalousie *f*
persiano 1 ADJ persisch 2 M, **-a** F Perser(in) *m(f)*
persino ADV sogar
persistenza F Beharrlichkeit *f* **per'sistere** V beharren **(in** auf)
perso PPERF verloren → perdere
persona F Person *f*; **di ~** persönlich; **per ~** pro Person
personaggio [-dʒo] M Persönlichkeit *f*; THEAT Person *f*
personale 1 ADJ persönlich 2 M Personal *n* **personalità** F Persönlichkeit *f* **personalizzare** [-dz-] V personalisieren **personalmente** ADV selbst; persönlich
perspicace [-tʃe] ADJ scharfsinnig **perspicacia** [-tʃa] F Scharfblick *m*
persuadere V überzeugen **(di qc** von etw) **persuasione** F Überzeugung *f*
pertanto KONJ deswegen

pertinente ADJ zugehörig; passend **pertinenza** F Zuständigkeit Pf
perturbare V stören **perturbazione** F Störung *f*
pervenire V gelangen (a zu)
perverso ADJ niederträchtig; verdorben
pesante ADJ schwer; *fig* schwerfällig; anstrengend; drückend **pesare** V wiegen; *fig* erwägen
pesca¹ [-ɛ-] F BOT Pfirsich *m*; **~ noce** Nektarine *f*
pesca² [-e-] F Fischerei *f*; Angeln *n*; Fischfang *m*; **~ subacquea** Unterwasserjagd *f*
pescare [-e-] V fischen; angeln **pescatore** M, **-trice** [-tʃe] F Fischer(in) *m(f)*; Angler(in) *m(f)*
pesce [-ʃe] M Fisch *m*; **~ spada** Schwertfisch *m*; **Pesci** *pl* ASTROL Fische *mpl*; **essere dei Pesci** Fisch sein **pescecane** [-ʃe-] M Hai *m*
pesche'ria [-ske-] F Fischgeschäft *n*
pesci'vendolo [-ʃ-] M, **-a** F Fischhändler(in) *m(f)*
pesco [-ɛ-] M BOT Pfirsichbaum *m*
peso [-e-] M Gewicht *n*; *fig* Last *f*; SPORT Gewichtsklasse *f*; **~ lordo/netto** Brutto-/Nettogewicht *n*; **~ massimo consentito** zulässiges Gesamtgewicht *n*
pessimista **1** ADJ pessimistisch **2** M/F Pessimist(in) *m(f)*
'pessimo ADJ sehr schlecht
peste F MED Pest *f* **pesticida** [-tʃ-] M Pestizid *n*
'petalo M Blütenblatt *n*
petardo M Knaller *m*
petizione F JUR Bittschrift *f*
petroliera F (Öl-)Tanker *m*
petrolio M Erdöl *n*; Petroleum *n*
pettegolezzo M Klatsch *m*
pet'tegolo **1** ADJ geschwätzig **2** M, **-a** F Klatschmaul *n*
pettinare V kämmen; frisieren **pettinatura** F Frisur *f*
'pettine M Kamm *m*
pettirosso M ZOOL Rotkehlchen *n*
petto M Brust *f*; Busen *m*; **~ di pollo** Hühnerbrust *f*
pezza F Lappen *m*
pezzettino M Probierstück *n*, kleine Portion *f*
pezzo M Stück *n*; Teil *n*; Weile *f*; Strecke *f*; (Schach-)Figur *f*; **~ di ricambio** Ersatzteil *n*; *fig* **un ~ grosso** ein hohes Tier; **da un ~** seit einiger Zeit; **essere a pezzi** völlig kaputt sein; **~ di merda** *vulg* Scheißkerl *m vulg*
pH M: **~ neutro** PH-neutral
phon® M Haartrockner *m*
piaccio [-tʃe-] ich gefalle → piacere **'piacciono** [-tʃe-] sie gefallen → piacere
piacere [-tʃe-] **1** V gefallen; schmecken; **~ a qn** j-m gefallen; **ti piace questo vino?**

schmeckt dir der Wein? **2** M Gefallen *m*; Vergnügen *n*; **mi faccia il ~** tun Sie mir den Gefallen; **con ~** gern; **per ~** bitte **pia'cevole** [-tʃe-] ADJ angenehm

piadina F GASTR *dünnes Fladenbrot*

piaga F MED Wunde *f*

pialla F TECH Hobel *m* **piallare** V hobeln

piana F GEOG ebene(s) Gelände *n*

piane'rottolo M Treppenabsatz *m*

pianeta M Planet *m*

pi'angere [-dʒe-] V weinen

pianificare V planen **pianificatore** M; **~ di rotta** IT Routenplaner *m*

piano **1** ADJ eben, flach **2** ADV leise; langsam; vorsichtig **3** M Ebene *f*; Stockwerk *n*, Etage *f*; Plan *m*; **~ regolatore** Bebauungsplan *m*

pianoforte M Klavier *n*; **~ a coda** MUS Flügel *m*

pianta F BOT Pflanze *f*; Plan *m*; **~ della città** Stadtplan *m*; **~ del piede** Fußsohle *f*

piantare V pflanzen; *fig* im Stich lassen; **piantala!** lass das! hör auf!

pianterreno M Erdgeschoss *n*

pianto **1** PPERF geweint → piangere **2** M Weinen *n*

pianura F Ebene *f*; **Pianura Padana** Poebene *f*

piastra F Platte *f* **piastrella** F Fliese *f*, Kachel *f*

piattaforma F Plattform *f*; **~ continentale** Kontinentalsockel *m*; **~ di lancio** Abschussrampe *f*

piattino M Untertasse *f*

piatto **1** ADJ platt; flach **2** M Teller *m*; Platte *f*; GASTR Gericht *n*, Gang *m*; **~ fondo** Suppenteller *m*; **~ forte** Spezialgericht *n*; **primo/secondo ~** erster/zweiter Gang; **~ del giorno** Tagesgericht *n*

piazza F Platz *m* **piazzale** M *großer* Platz *m* **piazzare** V aufstellen **piazzola** F: **~ di sosta** Rastplatz *m*

piccante ADJ GASTR scharf

piccata F GASTR *Kalbsschnitzel mit Zitronensaft*

picche [-kke] FPL *Kartenspiel* Pik *n*

picchetto [-kke-] M Pflock *m*, Pfahl *m*; Streikposten *m*

picchiare [-kk-] V schlagen

picchio [-kkio] M ZOOL Specht *m*

piccino [-tʃ-] **1** ADJ klein, winzig; *fig* kleinlich **2** M, **-a** F Kleine(r) *f(m)*

piccionaia [-tʃo-] F Taubenschlag *m* **piccione** [-tʃo-] M Taube *f*

picco M Bergspitze *f*; **a ~** senkrecht; SCHIFF **andare a ~** untergehen

piccolezza F Kleinheit *f*; Kleinigkeit *f*; *fig* Kleinlichkeit *f*

'piccolo 1 ADJ klein; gering (-fügig) 2 M, **-a** F Kleine(r) *f(m)*; ZOOL Junge(s) *n*; **da ~** als Kind; **fin da ~** von klein auf
piccozza F Eispickel *m*
picnic M Picknick *n*
pidocchio [-kkio] M ZOOL Laus *f*
piede M Fuß *m*; **a piedi** zu Fuß; **stare in piedi** stehen **piedistallo** M Sockel *m*
piega F Falte *f* **piegare** V biegen; beugen; falten; zusammenlegen **piegarsi** V *fig* nachgeben **pie'ghevole** [-g-] ADJ biegsam; *fig* nachgiebig
Piemonte M Piemont *n* **piemontese** ADJ piemontesisch
piena F Hochwasser *n* **pieno** 1 ADJ voll (**di** von); reich (**di** an); **in ~ giorno** am helllichten Tag; **in piena notte** mitten in der Nacht 2 M Fülle *f*; **fare il ~** volltanken
pietà F Mitleid *n* (**di** mit)
pietanza F Gericht *n*, Speise *f*
pietoso ADJ barmherzig; jammervoll
pietra F Stein *m*; **~ preziosa** Edelstein *m*; **~ pomice** Bimsstein *m*; **~ focaia** Feuerstein *m*
pigiama [-dʒa-] M Schlafanzug *m*
pigiare [-dʒa-] V drücken; *Wein* keltern
pigliare [-ʎa-] V packen, ergreifen **pigliarsi** [-ʎa-] V: **~ qc** *umg* sich etw schnappen
pigna [-ɲa] F BOT Tannenzapfen *m*
pignolo [-ɲɔ-] ADJ kleinlich, pedantisch
pignorare [-ɲo-] V JUR verpfänden
pigolare V piepen
pigrizia F Faulheit *f* **pigro** ADJ faul; träge
PIL M ABK (= **Prodotto Interno Lordo**) BIP *n* (Bruttoinlandsprodukt *n*)
pila F ELEK Batterie *f*; Stapel *m*; Taschenlampe *f*
pilastro M Pfeiler *m*
'pillola F MED Pille *f*; **~ del giorno dopo** Pille danach
pilota M/F FLUG Pilot(in) *m(f)*; SCHIFF Lotse *m*, Lotsin *f*; **~ automatico** Autopilot *m* **pilotare** V FLUG fliegen; SCHIFF lotsen; *fig* steuern
pinacoteca F Gemäldesammlung *f*, Pinakothek *f*
pineta F Pinienwald *m*
ping-'pong M Tischtennis *n*
pinna F ZOOL Flosse *f*; Schwimmflosse *f*
pino M BOT Pinie *f*; **~ silvestre** Kiefer *f*
pinocchietto 1 ADJ dreiviertellang 2 M dreiviertellange Hose, Caprihose *f*
pinolo M Pinienkern *m*
pinza F Zange *f* **pinzare** V stechen **pinzetta** F Pinzet-

te *f*
pinzi'monio M GASTR *Rohkostdip aus Olivenöl, Salz u. Pfeffer*
pio ADJ fromm; barmherzig
pioggerella [-dʒe-] F Sprühregen *m* **pioggia** [-dʒa] F Regen *m*; *fig* Flut *f*; ~ **acida** saurer Regen
piombare V verplomben
piombatura F Plombierung *f* **piombino** M Senkblei *n*
piombo M Blei *n*; Plombe *f*; **a** ~ senkrecht; **senza** ~ bleifrei
pioppo [-ɔ-] M BOT Pappel *f*
pi'overe [-ɔ-] V regnen **pio'viggine** [-dʒ-] F Nieselregen *m* **piovoso** [-o-] ADJ regnerisch
piovra [-ɔ-] F ZOOL Krake *f*; Polyp *m*
pipa F Pfeife *f*; **fumare la** ~ Pfeife rauchen
pipistrello M ZOOL Fledermaus *f*
pi'ramide F Pyramide *f*; ~ **alimentare** Ernährungspyramide *f*
pirata M, **-essa** F Seeräuber(in) *m(f)*, Pirat(in) *m(f)*; ~ **della strada** Verkehrsrowdy *m*; ~ **informatico** IT Hacker *m*
Pirenei MPL Pyrenäen *pl*
pi'roscafo [-ɔ-] M Dampfer *m*
pisciare [-ʃa-] V *vulg* pinkeln, pissen
piscina [-ʃ-] F Schwimmbad *n*; ~ **coperta** Hallenbad *n*
pisello M BOT Erbse *f*; *umg* Pimmel *m*
pisolino M Nickerchen *n*
pista F Piste *f*, Bahn *f*; Spur *f*; Fährte *f*; *Zirkus* Manege *f*; ~ **da fondo** Loipe *f*; ~ **da sci** Skipiste *f*; ~ **da ballo** Tanzfläche *f*; ~ **ciclabile** Radweg *m*
pistacchio [-kkio] M BOT Pistazie *f*
pistola [-ɔ-] F Pistole *f*; ~ **mitragliatrice** Maschinenpistole *f*
pistone M AUTO Kolben *m*
pittore M, **-trice** [-tʃe] F Maler(in) *m(f)* **pittoresco** ADJ malerisch **pittura** F Malerei *f*; Gemälde *n*
più ADV mehr (**di, che** als); MATH plus; ~ **giorni** mehrere Tage; ~ **grande** größer; ~ **spesso** öfter; **di** ~ mehr; **non** ... ~ nicht mehr; ~ **o meno** ungefähr; **per di** ~ noch dazu; **per lo** ~ meistens; **al** ~ höchstens; **i** ~, **le** ~ die meisten
piuma F Daune *f*, Feder *f*
piumino M Federbett *n*
piumone M Steppdecke *f*; Daunenjacke *f*
piuttosto ADV lieber; eher (**che** als); ziemlich
pizza F Pizza *f* **pizzaiolo** M, **-a** F Pizzabäcker(in) *m(f)* **pizze'ria** F Pizzeria *f*
pizzicare V stechen; jucken;

kneifen; GASTR scharf sein **pizziche'ria** [-k-] F Feinkostgeschäft *n* **'pizzico** M *Salz* Prise *f*; Stich *m*
pizzino M *heimliches Schreiben zwischen Mafiamitgliedern; umg* Zettel *m*
pizzo M Spitze *f*; Spitzbart *m*; Schmiergeld *n*
placare V besänftigen
placca F Metallschild *n*; **~ batterica** Zahnbelag *m*
'placido [-tʃ-] ADJ ruhig
planare V FLUG gleiten **planata** F Gleitflug *m*
plancia [-tʃa] F SCHIFF (Lauf-)Steg *m*; Kommandobrücke *f*
planetario M AUTO, ASTRON Planetarium *n*
'plastica F Plastik *f*, Bildhauerkunst *f*; Plastik *n* **'plastico** ADJ plastisch
'platano M BOT Platane *f*
platea F THEAT Parkett *n*
'platino M METALL Platin *n*
pleni'lunio M Vollmond *m*
'pleura F ANAT Rippenfell *n*, Brustfell *n* **pleurite** F MED Rippenfellentzündung *f*
plurale M Mehrzahl *f*
plurimilionario M, **-a** F Multimillionär(in) *m(f)*
plutonio M METALL Plutonium *n*
pm M ABK (= **Pubblico Ministero**) Staatsanwalt *m*, Staatsanwältin *f*
pneu'matico M Reifen *m*; **~ radiale** Gürtelreifen *m*
po ADV: **un ~ (di)** ein bisschen, etwas; → poco
poco ADJ & ADV wenig; gering; zeitlich kurz; **a ~ a ~** nach und nach; **~ fa, da ~** vor Kurzem; **~ dopo** kurz darauf; **fra ~** bald; **per ~** beinahe; **~ pratico** unpraktisch
podere M (Land-)Gut *n*
poderoso ADJ stark; kräftig
podio M Podium *n*
poe'sia F Dichtung *f*; Poesie *f*; Gedicht *n* **poeta** M, **-essa** F Dichter(in) *m(f)*
po'etico ADJ poetisch; dichterisch
poggiare [-dʒa-] V (an)lehnen **poggiarsi** [-dʒa-] V sich stützen **poggiatesta** [-dʒa-] M Kopfstütze *f*
poggio [-dʒo] M Anhöhe *f*
poi ADV dann; nachher; außerdem; **dalle 8 in ~** ab 8 Uhr
poiché [-ke] KONJ da, weil
polacco **1** ADJ polnisch **2** M, **-a** F Pole *m*, Polin *f* **3** M *Sprache* Polnisch *n*
polca F Polka *f*
po'lemica F Auseinandersetzung *f*; Polemik *f*
polenta F GASTR Polenta *f*, Maisbrei *m*
poli'clinica F Poliklinik *f* **poliglotta** ADJ vielsprachig **po'ligono** M Vieleck *n*
poliomielite F MED Kinderlähmung *f*
polipo M MED, ZOOL Polyp *m*
po'litica F Politik *f* **po'litico**

1 ADJ politisch **2** M, **-a** F Politiker(in) *m(f)*
poli'zia F Polizei *f*; **~ di frontiera** Grenzpolizei *f*; **~ di porto** Hafenpolizei *f*; **~ stradale** Verkehrspolizei *f* **poliziesco** ADJ Polizei...; Kriminal... **poliziotto** M, **-a** F Polizist(in) *m(f)*
'polizza F Schein *m*; Police *f*; **~ di carico** Frachtbrief *m*
pollame M Geflügel *n*
'pollice [-tʃe] M Daumen *m*; große Zehe *f*; Zoll *m Maßeinheit*
pollo M Huhn *n*; **~ arrosto** Brathähnchen *n*; **~ ruspante** Freilandhähnchen *n*
polmone M Lunge *f* **polmonite** F MED Lungenentzündung *f*
polo[1] M GEOG Pol *m*; Polo *m*; **il ~ nord/sud** Nord-/Südpol *m*
polo[2] F Poloshirt *n*
Polonia F Polen *n*
polpa F (Frucht-)Fleisch *n* **polpaccio** [-tʃo] M Wade *f* **polpastrello** M ANAT Fingerkuppe *f* **polpetta** F GASTR Klops *m*; Klößchen *n* **polpettone** M Hackbraten *m* **polposo** ADJ fleischig
polsino M Manschette *f* **polso** M Handgelenk *n*; Puls *m*
poltrire V faulenzen
poltrona F Sessel *m*; THEAT Parkettplatz *m*; **~ letto** Schlafsessel *m*
'polvere F Staub *m*; Pulver *n*; **caffè** *m* **in ~** Pulverkaffee *m*; **detersivo** *m* **in ~** Waschpulver *n*
polverina F Pulver *n* **polverizzare** [-dz-] V pulverisieren; *fig* zerstückeln **polveroso** ADJ staubig
pomata F Creme *f*, Salbe *f*
pomeridiano ADJ Nachmittags...
pomeriggio [-dʒo] M Nachmittag *m*; **di ~** nachmittags; **domani ~** morgen Nachmittag
pomo M Apfel *m*; **~ d'Adamo** Adamsapfel *m*
pomodoro M BOT Tomate *f*; **pomodori** *pl* **pelati** geschälte Tomaten *fpl*
pompa[1] F TECH Pumpe *f*; AUTO Zapfsäule *f*; Tankstelle *f*; **~ d'aria** Luftpumpe *f*; **~ di calore** TECH Wärmepumpe *f*
pompa[2] F Pomp *m*, Prunk *m*; **impresa** *f* **di pompe funebri** Bestattungsinstitut *n*
pompelmo M BOT Pampelmuse *f*
pompiere M Feuerwehrmann *m*; **pompieri** *pl* Feuerwehr *f*
pomposo ADJ prunkvoll, pompös
ponderare V abwägen
pone V er setzt
ponente M Westen *m*; Westwind *m*
pongo V ich setze
ponte M Brücke *f a. Zahner-*

satz; AUTO Achse *f*; SCHIFF Deck *n*; ~ **aereo** Luftbrücke *f*; ~ **sospeso** Hängebrücke *f*; **fare il** ~ einen Brückentag nehmen

pon'tefice [-tʃe] M Papst *m*

pontile M SCHIFF Landungsbrücke *f*

pop ADJ Pop...; **musica** *f* ~ Popmusik *f*

popolare 1 ADJ volkstümlich; populär 2 V bevölkern **popolarità** F Beliebtheit *f* **popolazione** F Bevölkerung *f* **'popolo** M Volk *n* **popoloso** ADJ dicht bevölkert

poppa F SCHIFF Heck *n*

porcellana [-tʃe-] F Porzellan *n*

porcellino [-tʃe-] M Ferkel *n*; *fig* Schmutzfink *m*; ~ **d'India** Meerschweinchen *n*

porche'ria [-ke-] F Dreck *f*; *fig* Schweinerei *f* **porchetta** [-ke-] F GASTR Spanferkel *n*

porcile [-tʃ-] M Schweinestall *m* **porcino** [-tʃ-] M BOT Steinpilz *m*

porco M Schwein *n* (*a. fig*)

porcospino M ZOOL Stachelschwein *n*

porno ADJ: **film** *m* ~ Porno(-film) *m*

poro M Pore *f* **poroso** ADJ porös

porre V setzen; stellen; legen; ~ **fine a qc** etw ein Ende setzen

porro M BOT Porree *m*, Lauch *m*; MED Warze *f*

porta F Tür *f*; Tor *n* **portabagagli** [-ʎi] M Gepäckträger *m*; AUTO Dachgepäckträger *m*

por'tabile ADJ tragbar

porta'cenere [-tʃe-] M Aschenbecher *m* **portacipria** [-tʃ-] M Puderdose *f*

porta'erei M Flugzeugträger *m* **portafinestra** F Balkontür *f* **portafoglio** [-ʎɔ] M, **portafogli** [-ʎi] M Brieftasche *f* **portafortuna** M Glücksbringer *m*

portale M *Internet* Internet-Seite *f*, Portal *n*

portamonete M Portemonnaie *n*, Geldbeutel *m* **portaombrelli** M Schirmständer *m* **portapacchi** [-kki] M Gepäckträger *m*

portare V tragen; (mit)bringen **portascì** [-ʃi] M AUTO Skiträger *m*

portata F GASTR Gang *m*; TECH Tragfähigkeit *f*; **a** ~ **di mano** in Reichweite; **di vasta** ~ weit reichend

por'tatile 1 ADJ tragbar; **computer** ~ Laptop *m* 2 M Laptop *m*

portauovo M Eierbecher *m*

portavoce [-tʃe] M/F Sprecher(in) *m(f)*

porticciolo [-tʃɔ-] M Jachthafen *m*

'portico M Lauben-, Säulengang *m*

portiera F AUTO Autotür *f*
portiere M, **-a** F Pförtner(in) *m(f)*; SPORT Torwart(in) *m(f)*
portinaio M, **-a** F Pförtner(in) *m(f)* **portine'ria** F Pförtnerloge *f*
porto¹ M Hafen *m*
porto² M: ~ **d'armi** Waffenschein *m*
porto³ M GASTR Portwein *m*
Portogallo M Portugal *n*
portoghese [-g-] **1** ADJ portugiesisch **2** M/F Portugiese *m*, Portugiesin *f* **3** M *Sprache* Portugiesisch *n*
portone M Tor *n*, Einfahrt *f*
porzione F Portion *f*
posa F FOTO Belichtung *f*; Aufnahme *f* **posare** V hinstellen; ablegen **posarsi** V sich niederlassen
posate FPL Besteck *n*; ~ **di plastica** Plastikbesteck *n*
posizione F Lage *f*; Stellung *f*
possedere V besitzen **possessivo** ADJ GRAM besitzanzeigend; *fig* besitzergreifend
possiamo wir können → potere
pos'sibile ADJ möglich **possibilità** F Möglichkeit *f* **possibilmente** ADV wenn möglich; möglicherweise
posso ich kann → potere
'possono sie können → potere
post M IT Post *m*
posta F Post *f*; Post® *f* ~ **aerea** Luftpost *f*; ~ **elettronica** IT E-Mail *f*; **per** ~ per Post
postale ADJ Post...
postare V IT posten
posteggiare [-dʒa-] V parken **posteggio** [-dʒo] M Parkplatz *m*
posteriore ADJ hintere(r, -s); später; **parte** ~ Rückseite *f*
postino M, **-a** F Postbote *m*, Postbotin *f*
posto M Platz *m*; Stelle *f*; MIL Posten *m*; **a** ~ in Ordnung; **al** ~ **di** an Stelle von; ~ **vicino al finestrino** Fensterplatz *m*; ~ **a sedere** Sitzplatz *m*; ~ **in piedi** Stehplatz *m*; **(che) bel** ~! schöne Gegend!, schön hier!
po'tabile ADJ trinkbar
potare V beschneiden
potassio M CHEM Kalium *n*
potente ADJ mächtig; stark **potenza** F Macht *f*; Stärke *f*; TECH Leistung *f*
potere **1** V können; dürfen **2** M Gewalt *f*; Macht *f*
potete V ihr könnt **potuto** V gekonnt
poveretto M, **-a** F, **poverino** M, **-a** F Ärmste(r) *f(m)*
'povero **1** ADJ arm; dürftig **2** M, **-a** F Arme(r) *f(m)*; ~ **me!** ich Armer! **povertà** F Armut *f*
poz'zanghera [-g-] F Pfütze *f*
pozzo M Brunnen *m*; MINER *Bergbau* Schacht *m*

pranzare V zu Mittag essen **pranzo** M Mittagessen *n*; **dopo ~** nach Tisch
prataiolo M BOT Wiesenchampignon *m*
'pratica F Praxis *f*; Erfahrung *f*; Akte *f*; **mettere in ~** in die Praxis umsetzen **prati'cabile** ADJ ausführbar; begehbar, befahrbar **praticare** V ausüben; praktizieren
'pratico ADJ praktisch; erfahren; **essere ~ della città** sich in der Stadt auskennen
prato M Wiese *f*
preavviso M Voranmeldung *f*, -kündigung *f*
precauzione F Vorsicht *f*
precedente [-tʃe-] 1 ADJ vorhergehend; vorig 2 M Präzedenzfall *m* **precedenza** [-tʃe-] F Vorrang *m*; Vorfahrt *f* **pre'cedere** [-tʃɛ-] V vorangehen
precipitare [-tʃ-] V hinabstürzen; *fig* überstürzen **precipitarsi** [-tʃ-] V (sich) stürzen **precipitazione** [-tʃ-] F Niederschlag *m* **precipitoso** [-tʃ-] ADJ überstürzt; voreilig
precisamente [-tʃ-] ADV genau **precisare** [-tʃ-] V präzisieren **precisione** [-tʃ-] F Präzision *f* **preciso** [-tʃ-] ADJ genau; bestimmt; **alle tre precise** Punkt drei Uhr
precoce [-kotʃe] ADJ frühreif, vorzeitig
precotto [-kɔ-] M Fertiggericht *n*
preda F Beute *f*
predecessore [-tʃe-] M Vorgänger(in) *m(f)* **predecessori** *pl* Vorfahren *mpl*
'predica [-ɛ-] F Predigt *f* **predicare** [-e-] V predigen
prediletto ADJ bevorzugt
predilezione F Vorliebe *f*
predire V voraus-, vorhersagen
predisporre V vorbereiten (**a** auf)
predominare V überwiegen
prefazione F Vorwort *n*
preferenza F Vorliebe *f* **preferire** V vorziehen; lieber mögen **preferito** ADJ Lieblings...
prefetto M Präfekt *m* **prefettura** F Präfektur *f*
prefisso M TEL Vorwahl *f*
pregare V bitten; REL beten **preghiera** [-g-] F Bitte *f*; REL Gebet *n*
pregiato [-dʒa-] ADJ geschätzt; wertvoll **pregio** [-cʒo] M Wert *m*; Vorzug *m*
pregiudizio [-dʒu-] M Vorurteil *n*; Schaden *m*
prego INT bitte; bitte sehr
prelevare V *Geld* abheben
prelibato ADJ köstlich
prelievo M MED Blutprobe *f*
pré-maman ADJ Umstands...; **abito** *m* **~** Umstandskleid *n*
prematuro ADJ voreilig, verfrüht; **bambino** *m* **~** Frühchen *n*

premeditato ADJ vorsätzlich
'premere V drücken; *Pedal* treten
premiare V auszeichnen, prämieren
premier ['prɛmier] M/F POL Premier *m*, Premierminister(in) *m(f)*
premio M Preis *m*; Prämie *f*; ~ **Nobel** Nobelpreis *m*
premunirsi V sich schützen (**contro** vor, gegen)
'prendere [-ɛ-] V nehmen; mitnehmen; holen; bekommen; treffen; **andare** (*od* **venire**) **a** ~ abholen; ~ **paura** Angst bekommen; ~ **il sole** sich sonnen; ~ **il treno/la macchina** mit dem Zug/Auto fahren; ~ **in giro qn** *fig* j-n auf den Arm nehmen; **prendersela con qn** auf j-n böse sein
preno'tabile ADJ buchbar
prenotare V reservieren; buchen **prenotazione** F Vorbestellung *f*, Reservierung *f*; Buchung *f*
preoccuparsi V sich Sorgen machen (**di** um) **preoccupato** ADJ besorgt **preoccupazione** F Sorge *f*
prepagato ADJ: **scheda** *f* **prepagata** Prepaid-Karte *f*
preparare V vorbereiten; zubereiten **prepararsi** V sich vorbereiten (**a** auf) **preparativi** MPL Vorbereitungen *fpl*
preparatorio ADJ Vorbereitungs... **preparazione** F Vorbereitung *f*
preposizione F Präposition *f*
prepotente ADJ herrisch; arrogant **prepotenza** F Anmaßung *f*
presa [-z-] F Griff *m*; Halt *m*; *Film* Aufnahme *f*; GASTR Prise *f*; ~ **di corrente** Steckdose *f*
'presbite [-zb-] ADJ weitsichtig
pre'scrivere V vorschreiben; MED verschreiben **prescrizione** F Vorschrift *f*; MED Verordnung *f*
preselezione F TEL Vorwahl *f*
presentare [-z-] V vorzeigen; j-n vorstellen; THEAT aufführen; *fig* aufweisen **presentarsi** V sich vorstellen; sich bieten *Gelegenheit*
presentazione F Vorstellung *f*
presente **1** ADJ gegenwärtig; anwesend **2** M GRAM Präsens *n* **presenza** [-z-] F Gegenwart *f*
presepio [-z-] M Krippe *f*
preservare [-z-] V bewahren (**da** vor) **preservativo** M Kondom *n*
presidente [-z-] M/F Vorsitzende(r) *f(m)*; Präsident(in) *m(f)* **presidenza** F Vorsitz *m*; Direktorat *n*; Dekanat *n*
preso PPERF genommen → prendere
pressappoco ADV ungefähr

pressione F Druck *m*; ~ **delle gomme** Reifendruck *m*; ~ **sanguigna** Blutdruck *m*; METEO **alta** ~ Hoch *n*; **bassa** ~ Tief *n*

presso 1 PRÄP bei; neben 2 M: **nei pressi di** in der Nähe von **pressoché** [-ke] ADV fast; beinahe

prestare V (aus)leihen; borgen **prestarsi** V sich eignen **prestazione** F Leistung *f*

prestigio [-dʒo] M Ansehen *n*

'prestito M Darlehen *n*; Anleihe *f*; **dare in** *od* **a** ~ (ver)leihen; **prendere in** *od* **a** ~ sich borgen

presto ADV bald; schnell; früh; **a** ~! bis bald!; **fare** ~ sich beeilen

pre'sumere [-z-] V vermuten **presuntuoso** [-z-] ADJ eingebildet **presunzione** [-z-] F Überheblichkeit *f*

prete M Priester *m*

pre'tendere V verlangen; beanspruchen; behaupten **pretenzioso** ADJ anspruchsvoll; eingebildet **pretesa** F Anspruch *m*

pretesto M Vorwand *m*

pretura F Amtsgericht *n*

prevalenza F Mehrheit *f*; **in** ~ überwiegend **prevalere** V überwiegen

prevedere V voraussehen **preve'dibile** ADJ vorhersehbar

pre'vendita F Vorverkauf *m*

prevenire V zuvorkommen **preventivo** ADJ vorbeugend **prevenzione** F Vorbeugung *f*

previsione F Vorhersage *f*; **previsioni** *pl* **del tempo** Wettervorhersage *f*

prezioso ADJ kostbar; edel; **fare il** ~ sich zieren

prez'zemolo [-ttse:mo-] M BOT Petersilie *f*

prezzo [-tso] M Preis *m*; ~ **d'acquisto** Kaufpreis *m* ~ **di favore** Vorzugspreis *m*; **a buon** ~ billig; **a metà** ~ zum halben Preis; **a** ~ **fisso** zu festem Preis

prigione [-dʒo-] F Gefängnis *n* **prigioniero** [-dʒo-] M, **-a** F Gefangene(r) *f(m)*

prima 1 ADV früher, vorher; zuerst; eher; ~ **di** vor; ~ **che** +*konjkt* bevor; **per** ~ **cosa** als Erstes 2 F erste Klasse; AUTO erster Gang; THEAT Premiere *f*

primadonnismo M Starallüren *fpl*

primario M, **-a** F MED Chefarzt *m*, Chefärztin *f*

primavera F Frühling *m*

primitivo ADJ ursprünglich

primizia F Frühobst *n* -gemüse *n*

primo 1 ADJ erste(r,-s) 2 M, **-a** F Erste(r) *m*; Beste(r) *m*; GASTR erste(r) Gang *m*; **il** ~ **luglio** der erste Juli; am ersten Juli

principale [-tʃ-] **1** ADJ hauptsächlich, Haupt… **2** M Chef *m*

principato [-tʃ-] M Fürstentum *n* **'principe** [-tʃ-] M Fürst *m*; Prinz *m* **principessa** [-tʃ-] F Fürstin *f*; Prinzessin *f*

principiante [-tʃ-] M/F Anfänger(in) *m(f)* **principio** [-tʃ-] M Anfang *m*; Grundsatz *m*; **in ~** anfangs; **per ~** prinzipiell

privacy F Privatsphäre *f*

privare V: **~ qn di qc** j-n etw berauben **privarsi** V verzichten (**di** auf)

privato ADJ privat

privazione F Entbehrung *f*

privilegiare [-dʒa-] V bevorzugen **privilegio** [-dʒo] M Vorrecht *n*, Privileg *n*

pro PRÄP: **~ capite** pro Kopf

pro'babile ADJ wahrscheinlich **probabilità** F Wahrscheinlichkeit *f*

problema M Problem *n*

pro'cedere [-tʃɛ-] V vorwärtsgehen; vorangehen; laufen **procedimento** [-tʃe-] M Vorgehen *n*, Verfahren *n*

processione [-tʃe-] F Prozession *f*; *fig* Schlange *f*

processo [-tʃɛ-] M Prozess *m*

proclamare V verkünden; proklamieren **proclamazione** F Proklamation *f*

procurare V verschaffen; besorgen **procuratore** M, **-trice** [-tʃe] F Staatsanwalt *m*, Staatsanwältin *f*; JUR Bevollmächtigte(r) *f(m)*

prodigio [-dʒo] M Wunder *n* **prodigioso** [-dʒo-] ADJ wunderbar

'prodigo ADJ verschwenderisch

prodotto M Produkt *n*, Erzeugnis *n*; **~ nazionale** Landeserzeugnis *n* **produrre** V herstellen; hervorbringen **produttivo** ADJ produktiv **produttore** M, **-trice** [-tʃe] F Hersteller(in) *m(f)*, Produzent(in) *m(f)* **produzione** F Herstellung *f*, Produktion *f*

profano ADJ weltlich

professionale ADJ beruflich, Berufs…; **perfezionamento ~** Fortbildung *f*; **scuola ~** Berufsschule *f*

professione F Beruf *m*; Bekenntnis *n* **professionista** M/F Profi *m*; **libero ~** Freiberufler *m*

professore M, **-essa** F Lehrer(in) *m(f)*; Professor(in) *m(f)*

profeta M Prophet *m* **profe'zia** F Prophezeiung *f*

profi'lattico M Kondom *m*

profilo M Profil *n*; Umriss *m*

profitto M Nutzen *m*; Gewinn *m*

profondità F Tiefe *f* **profondo** **1** ADJ tief **2** M Tiefe *f*

'profugo M, **-a** F Flüchtling *m*; **campo** *m* **profughi** Flüchtlingslager *n*

profumare V parfümieren; duften **profumato** ADJ wohlriechend, Duft... **profume'ria** F Parfümerie *f*

profumo M Parfüm *n*; Duft *m*, Geruch *m*

progettare [-dʒe-] V planen **progettista** [-dʒe-] M/F Projektleiter(in) *m(f)* **progetto** [-dʒɛ-] M Projekt *n*, Plan *m*

programma M Programm *n* (*a.* IT); ~ **televisivo** Fernsehprogramm *n*

programmare V programmieren; ~ **di fare qc** etw planen **programmatore** M, **-trice** [-tʃe] F Programmierer(in) *m(f)*

progredire V fortschreiten **progredito** ADJ fortgeschritten **progressivo** ADJ fortschreitend **progresso** M Fortschritt *m*

proibire V verbieten **proibizione** F Verbot *n*

pro'iettile M Geschoss *n*

proiettore M AUTO Scheinwerfer *m*; Projektor *m* **proiezione** F *Film* Vorführung *f*

proletario 1 ADJ proletarisch 2 M, **-a** F Proletarier(in) *m(f)*

prolunga F ELEK Verlängerungsschnur *f* **prolungamento** M Verlängerung *f* **prolungare** V verlängern; in die Länge ziehen

promessa F Versprechen *n* **promettente** ADJ vielversprechend **pro'mettere** V versprechen

promontorio M GEOG Kap *n*

promosso ADJ versetzt **promozione** F Beförderung *f*; *Schule* Versetzung *f* **promu'overe** V (be)fördern; *Schüler* versetzen

pronipote M/F Urenkel(in) *m(f)*

pronome M Pronomen *n*

prontezza F Schnelligkeit *f*

pronto ADJ bereit (a zu), fertig; schnell; ~ **soccorso** *m* Rettungsstelle *f*; Erste Hilfe *f*; TEL ~! hallo!

pronuncia [-tʃa] F Aussprache *f* **pronunciare** [-tʃa-] V aussprechen **pronunciarsi** [-tʃa-] V sich äußern

propagarsi V sich ausbreiten

propano M Propan(gas) *n*

proporre V vorschlagen **proporsi** V sich vornehmen

proporzionale ADJ verhältnismäßig **proporzione** F Verhältnis *n*; **in ~ a** im Verhältnis zu

pro'posito M Vorsatz *m*; **a ~** übrigens; **a ~ di** was ... betrifft; **di ~** absichtlich; **capitare a ~** wie gerufen kommen

proposta [-o-] F Vorschlag *m*

propriamente ADV eigentlich

proprietà F Eigentum *n*; Eigenschaft *f* **proprietario** M, **-a** F Eigentümer(in) *m(f)*

proprio 1 ADJ eigen 2 ADV gerade; wirklich; ~ **così** ganz genau so! 3 M: **lavorare in**

~ selbstständig sein
propulsione F Antrieb *m* **propulsore** M Triebwerk *n*
'proroga F Aufschub *m*, Verlängerung *f* **prorogare** V aufschieben, verlängern
prosa [-ɔz-] F Prosa *f*
prosciutto [-oʃu-] M Schinken *m*; ~ **cotto/crudo** gekochter/roher Schinken *m*
proseguire V fortsetzen; fortfahren; *Zug* weiterfahren (**per** nach)
prosperare V gedeihen **prosperità** F Wohlstand *m*
prospettiva F Perspektive *f*; Aussicht *f*; **prospettive** *pl* **professionali** Berufsaussichten *fpl*
prospetto M Übersicht *f*; Fassade *f*
prossimamente ADV demnächst **prossimità** F Nähe *f*
'prossimo **1** ADJ nächste(r, -s); nah(e); **la prossima volta** das nächste Mal **2** M, **-a** F Nächste(r) *f(m)*
prostituta F Prostituierte *f*
protagonista M/F Hauptdarsteller(in) *m(f)*
pro'teggere [-dʒe-] V (be)schützen (**da** vor) **pro'teggersi** [-dʒe-] V sich schützen (**da** vor)
prote'ina F Eiweiß *n*
'protesi F MED Prothese *f*
protesta F Protest *m* **protestante** **1** ADJ protestantisch **2** M/F Protestant(in) *m(f)* **protestare** V protestieren; beteuern **protesto** M JUR Protest *m*
protetto PPERF → proteggere
protettore M, **-trice** [-tʃe] F Beschützer(in) *m(f)*; Zuhälter *m* **protezione** F Schutz *m* (**da** vor); Protektion *f*; ~ **dell'ambiente** Umweltschutz *m*
protocollare V protokollieren **protocollo** M Protokoll *n*
prova F Probe *f*; Versuch *m*; JUR Beweis *m*; **a ~ di** widerstandsfähig gegen; **mettere alla ~ qn** j-n prüfen
provare V probieren; anprobieren; JUR beweisen; **~ a fare qc** versuchen, etw zu tun **provato** ADJ bewährt
provenienza F Herkunft *f*
provenire V (her)kommen (**da** aus, von)
proverbio M Sprichwort *n*
provider [pro'va:ider] M IT Provider *m*
provincia [-tʃa] F Provinz *f* **provinciale** [-tʃa-] ADJ provinziell; kleinstädtisch
provino M TV Casting *n*; Probeaufnahme *f*
provocante ADJ herausfordernd **provocare** V hervorrufen; provozieren
provvedere V sorgen (**a** für); versorgen (**di** mit); beschaffen **provvedersi** V: **~ di qc** sich etw besorgen **provvedi-**

mento M Vorkehrung f, Maßnahme f
provvidenza F REL Vorsehung f
provvisorio ADJ vorläufig
provvista F Vorrat m
provvisto ADJ versehen (**di** mit)
pro'zio M, **-a** F Großonkel m, Großtante f
prua F SCHIFF Bug m
prudente ADJ vorsichtig **prudenza** F Vorsicht f
'prudere V jucken
prugna [-ɲa] F BOT Pflaume f; **~ secca** Backpflaume f
prurito M Juckreiz m
psica'nalisi F Psychoanalyse f **psicanalista** M/F Psychoanalytiker(in) m(f)
psichiatra [-k-] M/F Psychiater(in) m(f) **'psichico** [-k-] ADJ seelisch
psicolo'gia [-dʒ-] F Psychologie f **psico'logico** [-dʒ-] ADJ psychologisch **psi'cologo** [-kɔ-] M, **-a** F Psychologe m, Psychologin f **psicosi** F Psychose f **psicotera'pia** F Psychotherapie f
pubblicare V veröffentlichen **pubblicazione** F Veröffentlichung f
pubblicità [-tʃ-] F Werbung f, Reklame f; **~ televisiva** Fernsehwerbung f
'pubblico **1** ADJ öffentlich **2** M Publikum n; **in ~** öffentlich
pubertà F Pubertät f
pudore M Scham(gefühl n) f
pugilato [-dʒ-] M Boxen n
'pugile [-dʒ-] M Boxer m
Puglia [-ʎa] F Apulien n **pugliese** [-ʎe-] **1** ADJ apulisch **2** M/F Apulier(in) m(f)
pugnale [-ɲa-] M Dolch m
pugno [-ɲo] M Faust f; Faustschlag m
pulce [-tʃe] F ZOOL Floh m
pulcino [-tʃ-] M ZOOL Küken n
puledro M ZOOL Fohlen n
pulire V reinigen; putzen **pulito** ADJ rein(lich), sauber **pulitura** F Reinigung f; **~ a secco** chemische Reinigung f
puli'zia F Sauberkeit f; **donna f delle pulizie** Putzfrau f; **fare (le) pulizie** putzen, aufräumen
pullman M Reisebus m **pulmino** M Kleinbus m
'pulpito M Kanzel f
pulsante M ELEK Knopf m
pulsare V klopfen; pulsieren
pulsazione F Pulsschlag m
'pungere [-dʒ-] V stechen
pungiglione [-dʒiʎo:ne] M ZOOL Stachel m
punire V (be)strafen **punizione** F Bestrafung f; Strafe f
punk [paŋk] M Punker m
punta F Spitze f; Gipfel m; GEOG Landzunge f; **in ~ di piedi** auf Zehenspitzen
puntare V richten (**su** auf); *im Spiel* setzen (**su** auf) **pun-**

tata F TV Folge *f*, Fortsetzung *f*; Wette *f*; Abstecher *m*
punteggio [-dʒo] M Punktzahl *f*
puntellare V sprießen
puntina F: **~ da disegno** Reißnagel *m*
punto[1] M Punkt *m*; Stelle *f*; MED *Nähen* Stich *m*; **i punti** *pl* **cardinali** die (vier) Himmelsrichtungen *fpl*; **due punti** Doppelpunkt *m*; **~ esclamativo/interrogativo** Ausrufe-/Fragezeichen *n*; **~ e virgola** Strichpunkt *m*; **~ di vista** Gesichtspunkt *m*; **fino a che ~?** bis wohin?; **alle dieci in ~** Punkt zehn Uhr
punto[2] PPERF gestochen → pungere
puntuale ADJ pünktlich **puntualità** F Pünktlichkeit *f*
puntura F Stich *m*; *umg* Spritze *f*; **~ di zanzara** Mückenstich *m*
può V er (sie, es) kann **puoi** V du kannst
pupazzo M Puppe *f*; **~ di neve** Schneemann *m*
pupilla F Pupille *f*
purché [-ke] KONJ *+konjkt* wenn nur
pure ADV doch; auch; nur; **faccia ~!** machen Sie nur!
purè M, **purea** F Püree *n*, Brei *m*
purezza F Reinheit *f* **puro** ADJ rein
purtroppo ADV leider
purulento ADJ eitrig, eiternd
pus M MED Eiter *m*
push-up [puˈʃap] M Push-up (-BH) *m*
Puste'ria F: **Val ~** Pustertal *n*
'pustola F Pustel *f*
puttana F *vulg* Hure *f pej*, Nutte *f pej*
puzzare V stinken **puzzo** M Gestank *m* **'puzzola** F Iltis *m*
p.za ABK (**= piazza**) Platz (Pl.)

Q

qua ADV hier; hierher; **di ~** von hier; **al di ~ di** diesseits; **vieni ~!** komm her!
quad M Quad *n*
quaderno M (Schreib-)Heft *n*
quadrante M Zifferblatt *n*
quadrato 1 ADJ viereckig; quadratisch 2 M Quadrat *n*
quadrifoglio [-ʎo] M vierblättriges Kleeblatt *n*
quadro M Bild *n*, Gemälde *n*; Viereck *n*; **quadri** *pl Kartenspiel* Karo *n*; **a quadri** kariert
'quadrupla F Vierbettzimmer *n* **'quadruplo** 1 ADJ: **camera** *f* **quadrupla** Vierbettzimmer *n* 2 M Vierfache *n*
quaggiù [-dʒu] ADV hier unten, hier herunter
quaglia [-ʎa] F ZOOL Wachtel *f*

qualche [-ke] ADJ irgendein(e); einige(r,-s); **~ giorno** einige Tage; **~ cosa** etwas; **~ volta** manchmal; **in ~ modo** irgendwie **qualcheduno** [-ke-] PRON irgend jemand
qualcosa PRON etwas; **~ di bello** etwas Schönes **qualcuno** PRON jemand; einige
quale 1 ADJ *interrogativ, in Ausrufesatz* welche(r,-s); wie; **~ borsa?** welche Tasche?; **per ~ ragione?** aus welchem Grund?; **tale e ~** so wie 2 PRON *interrogativ* welche(r,-s); *in Relativsatz* **il, la ~** der, die, das; welche(r,-s)
qua'lifica F Titel *m*; Berufsbezeichnung *f* **qualificare** V bezeichnen **qualificarsi** V sich qualifizieren **qualificato** ADJ gelernt **qualificazione** F Qualifikation *f*
qualità F Qualität *f*; Eigenschaft *f*; Sorte *f*; **di prima ~** erstklassig; **in ~ di** als
qualora KONJ *+konjkt* falls **qual'siasi** ADJ jede(r,-s); beliebig **qualunque** ART wer *od* was auch immer
quando KONJ & ADV wann; wenn; als; während; **da ~?** seit wann?; **di ~ in ~** dann und wann; **per ~?** bis wann?
quantità F Menge *f*
quanto ADJ & ADV & PRON wie viel(e); wie sehr; wie lange; wie weit; **tanto ... ~** (eben)so ... wie; **per ~ io sappia** soviel ich weiß; **tutti quanti** alle miteinander; **quanti ne abbiamo oggi?** der Wievielte ist heute?; **~ a me** was mich betrifft; **~ prima** so bald als möglich; **~ costa?** was kostet das? **quantunque** KONJ *+konjkt* obwohl
quaranta ADJ vierzig **quarantena** F Quarantäne *f*
quarantenne ADJ vierzigjährig
qua'resima F REL Fastenzeit *f*
quarta F AUTO vierter Gang *m*
quartiere M (Stadt-)Viertel *n*, Stadtteil *m*; **~ residenziale** Wohnviertel *n*
quarto 1 ADJ vierte(r,-s) 2 M, **-a** F Vierte(r) *f(m)* 3 M Viertel *n*; **~ d'ora** Viertelstunde *f*; **un ~ di rosso** ein Viertel *n* Rotwein; **sono le sei e un ~** es ist Viertel nach sechs
quarzo M Quarz *m*; **orologio** *m* **al ~** Quarzuhr *f*
quasi ADV fast, beinahe; ungefähr
quassù ADV hier oben; hier herauf
quat'tordici [-tʃi] ADV vierzehn
quattro ADJ vier; **~ passi** ein paar Schritte; **fare ~ chiacchiere** ein Schwätzchen halten
quattrocento [-tʃɛn-] ADJ vierhundert; **il Quattrocento**

das 15. Jahrhundert **quattromila** ADJ viertausend
quegli [-ʎi] ADJ, **quei** ADJ, **quel** ADJ, **quell'** ADJ, **quella** ADJ & PRON, **quelle** ADJ & PRON → quello
quello 1 ADJ jene(r,-s); der, die, das; **quei giorni** *mpl* jene Tage 2 PRON der, die, das (da); **~ che** derjenige/dasjenige, welcher/welches; **ho fatto ~ che potevo** ich habe das getan, was ich konnte
quercia [-tʃa] F BOT Eiche *f*
questa ADJ & PRON, **queste** ADJ & PRON, **questi** ADJ & PRON → questo
questionario M Fragebogen *m* **questione** F Frage *f*; Problem *n*; Auseinandersetzung *f*; **fuori ~** außer Frage
questo 1 ADJ diese(r,-s); der, die, das; **per ~** deshalb; **quest'oggi** ['ɔddʒi] heute 2 PRON das; **e con ~?** na, und?; **~ è quanto** das ist alles
questore [-o-] M Polizeipräsident(in) *m(f)* **questura** F Polizeipräsidium *n*
qui ADV hier; **di ~** von hier; **di ~ a un mese** in einem Monat; **di ~ in avanti** von jetzt an; **~ vicino** hier in der Nähe
quietanza F Quittung *f*
quiete F Ruhe *f*, Stille *f*
quindi 1 ADV dann, danach 2 KONJ daher, folglich
qu'indici [-tʃi] ADJ fünfzehn; **~ giorni** vierzehn Tage **quindicina** [-tʃ-] F etwa fünfzehn; **una ~ di giorni** etwa vierzehn Tage
quinta F AUTO fünfter Gang *m*; THEAT Seitenkulisse *f*
quintale M Doppelzentner *m* **quinto** 1 ADJ fünfte(r,-s) 2 M, **-a** F Fünfte(r) *f(m)* 3 M Fünftel *n*
quota [-ɔ-] F Anteil *m*, Quote *f*; HANDEL Anteil *m* **quotare** V schätzen **quotazione** F (Börsen-)Kurs *m*; *fig* Wertschätzung *f*
quotidiano 1 ADJ täglich 2 M Tageszeitung *f*

R

ra'barbaro M BOT Rhabarber *m*
rabbia F Wut *f*; MED Tollwut *f* **rabbioso** ADJ wütend; tobend
rabbrividire V schaudern
rabbuiarsi V sich verfinstern
raccapezzarsi V sich zurechtfinden
raccattare V auflesen; sammeln
racchetta [-kke-] F SPORT Tennisschläger *m*; Skistock *m*
rac'chiudere [-kk-] V enthalten
rac'cogliere [-ʎe-] V sam-

meln; AGR ernten; pflücken; *vom Boden* aufheben **raccoglitore** [-ʎ-] M Ordner *m*; ~ **del vetro** Glascontainer *m*
raccolta F Sammlung *f*; AGR Ernte *f*; ~ **differenziata dei rifiuti** Mülltrennung *f*; ~ **rifiuti** Mühlabfuhr *f* **raccolto** M Ernte *f*
raccomandare V empfehlen; **mi raccomando!** ich möchte doch sehr bitten! **raccomandata** F Einschreiben *n* **raccomandazione** F Empfehlung *f*
raccontare V erzählen **racconto** M Erzählung *f*
raccordo M TECH Anschluss *m*; ~ **autostradale** Autobahnzubringer *m*
rada F SCHIFF Reede *f*
radar M Radar *n od m*; **schermo** *m* ~ Radarschirm *m*
raddoppiare V verdoppeln
raddrizzare V gerade biegen **raddrizzarsi** V sich aufrichten
'radersi V sich rasieren
radiatore M Heizkörper *m*; AUTO Kühler *m* **radiazione** F Strahlung *f*
radicchio [-kkio] M BOT Radicchio *m*
radice [-tʃe] F BOT Wurzel *f*
radio F Radio *n*, Rundfunk *m*; **via** ~ per Funk; **ascoltare la** ~ Radio hören
radioascoltatore M, **-trice** [-tʃe] F Radiohörer(in) *m(f)*
radioattivo ADJ radioaktiv
radiogra'fia F MED Röntgenaufnahme *f* **radio'grafico** ADJ Röntgen...; **esame** *m* ~ Röntgenuntersuchung *f* **radiolo'gia** F Radiologie *f*
radioso ADJ strahlend
radiosveglia [-zveʎa] F Radiowecker *m* **radiote'lefono** M Funksprechgerät *n* **radiotelegrafista** M/F Funker(in) *m(f)* **radiotelevisione** F Rundfunk- und Fernsehanstalt *f*
radiotera'pia F MED Strahlentherapie *f*
rado ADJ spärlich; **di** ~ selten; **non di** ~ nicht selten, oft
radunare V versammeln **radunarsi** V sich versammeln
'rafano M BOT Rettich *m*
'raffica F Windstoß *m*, Bö *f*
raffigurare V darstellen
raffinare V raffinieren; *fig* verfeinern **raffinato** ADJ raffiniert **raffine'ria** F Raffinerie *f*
rafforzare V (ver)stärken
raffreddamento M Abkühlung *f a. fig*; TECH Kühlung *f*; ~ **ad acqua** Wasserkühlung *f*; ~ **ad aria** Luftkühlung *f*
raffreddare V abkühlen **raffreddarsi** V sich erkälten **raffreddato** ADJ erkältet **raffreddore** M Schnupfen *m*; ~ **da fieno** Heuschnupfen *m*
rafting M SPORT Rafting *n*

raganella F ZOOL Laubfrosch *m*

ragazza F junge Frau; Mädchen *n*; (feste) Freundin; **~ madre** alleinerziehende Mutter; **la mia ~** meine Freundin; **nome** *m* **da ~** Mädchenname *m*

ragazzo M junger Mann; Junge *m*; (fester) Freund; **il mio ~** mein Freund

raggiante [-dʒa-] ADJ strahlend

raggio [-dʒo] M Strahl *m*; MATH Radius *m*; *Rad* Speiche *f*; *fig* Umkreis *m*; **raggi** *pl* **ultravioletti** ultraviolette Strahlung *f*; **raggi X** Röntgenstrahlen *mpl*

raggi'ungere [-dʒundʒ-] V erreichen; einholen

raggruppare V gruppieren, versammeln **raggrupparsi** V sich gruppieren

ragionamento [-dʒo-] M Überlegung *f* **ragionare** [-dʒo-] V überlegen **ragionato** [-dʒo-] ADJ vernünftig

ragione [-dʒo-] F Vernunft *f*; Grund *m*; **avere ~** recht haben; **a ~** mit Recht; **farsi una ~ di qc** sich mit etw abfinden; **per ragioni di sicurezza** aus Sicherheitsgründen

ragione'ria [-dʒo-] F Buchführung *f*, Buchhaltung *f*

ragio'nevole [-dʒo-] ADJ vernünftig

ragioniere [-dʒo-] M, **-a** F Buchhalter(in) *m(f)*

ragnatela [-ɲ-] F Spinnennetz *n*, Spinnwebe *f* **ragno** [-ɲo] M Spinne *f*

ragù M Ragout *n*; **al ~** GASTR mit Fleischsoße

rallegrare V erfreuen **rallegrarsi** V sich freuen; gratulieren (**con qn di qc** j-m zu etw); **mi rallegro con te per ...** ich gratuliere dir zu ...

rallentare V langsamer werden; langsamer fahren; verlangsamen **rallentatore** M: **al ~** in Zeitlupe

ramaiolo M Schöpfkelle *f*

rame M Kupfer *n*; **incisione** *f* **su ~** Kupferstich *m*

ram'marico M Bedauern *n*

rammendare V flicken **rammendo** M Stopfen *n*

ramo M Zweig *m*; (Fluss)-Arm *m*; **~ d'affari** Geschäftszweig *m*

rampa F Rampe *f*; **~ di lancio** Abschussrampe *f*

rampone M Steigeisen *n*

rana F Frosch *m*; **~ pescatrice** Seeteufel *m*

'rancido [-tʃ-] ADJ ranzig

rancore [-o-] M Groll *m*

randagio [-dʒo] ADJ *Tier* herrenlos

rango M Reihe *f*; Rang *m*

rannuvolamento M Bewölkung *f* **rannuvolarsi** V sich bewölken

ranocchio M ZOOL Frosch *m*

rapa F BOT Rübe *f*

rapace [-tʃe] 1 ADJ raubgierig 2 M Greifvogel *m* **'rapida** F Stromschnelle *f* **rapidità** F Schnelligkeit *f* **'rapido** 1 ADJ schnell 2 M BAHN Schnellzug *m*
rapimento M Entführung *f*
rapina F Raub *m*, Raubüberfall *m*; **questa è una ~!** das ist ein Überfall! **rapinare** V rauben
rapire V entführen **rapitore** M, **-trice** [-tʃe] F Entführer(in) *m(f)*
rapportarsi V sich beziehen (a auf) **rapporto** M Bericht *m*; Verbindung *f*; Verhältnis *n*; **in ~ a** in Bezug auf
rappresentante M/F Vertreter(in) *m(f)* **rappresentanza** F Vertretung *f* **rappresentare** V darstellen; THEAT aufführen **rappresentazione** F Darstellung *f*; THEAT Aufführung *f*
rarità F Seltenheit *f* **raro** ADJ selten
rasare V rasieren **rasarsi** V sich rasieren
raschiamento [-sk-] M Abschabung *f a.* MED **raschiare** [-sk-] V abkratzen **raschietto** [-sk-] M Schaber *m*
rasoio M Rasiermesser *n*; **~ elettrico** Rasierapparat *m*
rassegna [-ɲ-] F Ausstellung *f*; **~ stampa** Presseschau *f*
rassegnarsi [-ɲ-] V sich fügen (a in) **rassegnato** [-ɲ-] ADJ resigniert **rassegnazione** [-ɲ-] F Resignation *f*, Ergebung *f*
rasserenare V aufheitern **rasserenarsi** V sich aufheitern
rassicurare V beruhigen
rassomiglianza [-ʎan-] F Ähnlichkeit *f*
rastrellare V harken; *fig* durchkämmen **rastrello** M Harke *f*
rata F Rate *f*; **a rate** in Raten
ratto[1] M ZOOL Ratte *f*
ratto[2] M JUR Raub *m*
rattoppare V flicken **rattoppo** M Flicken *n*
rattristare V betrüben **rattristarsi** V traurig werden
'rauco ADJ heiser
ravanello M BOT Radieschen *n*
ravioli [-ɔ-] MPL *gefüllte Teigtaschen*
ravvivare V wieder beleben **ravvivarsi** V wieder aufleben
razionale ADJ rationell
razione F Ration *f*; Portion *f*
razza[1] F Rasse *f*; *fig* Sorte *f*
razza[2] [-dz-] F ZOOL Rochen *m*
razzismo [-zmo] M Rassismus *m* **razzista** M/F Rassist(in) *m(f)*
razzo [-dz-] M Rakete *f*
re[1] [re] M König *m*
re[2] [rɛ] M MUS d *n*
reagire [-dʒ-] V reagieren (a

auf); MED ansprechen
reale ADJ wirklich; königlich **realismo** [-zmo] M Realismus *m* **rea'listico** ADJ realistisch
realiz'zabile [-dz-] ADJ realisierbar **realizzare** [-dz-] V verwirklichen **realizzazione** [-ddzats-] F Verwirklichung *f*
realmente ADV wirklich **realtà** F Wirklichkeit *f*, Realität *f*; **in ~** tatsächlich
reato M JUR Straftat *f*
reattore M PHYS, CHEM Reaktor *m*; Düsenflugzeug *n*; **~ nucleare** Kernreaktor *m* **reazione** F Reaktion *f*
re'capito M Zustellung *f*; **~ telefonico** Telefonnummer *f*
recarsi V sich begeben
recensione [-tʃe-] F Rezension *f* **recensore** [-tʃe-] M, **-a** F Rezensent(in) *m(f)*
recente [-tʃɛ-] ADJ neu, jüngste(r) **recentemente** [-tʃe-] ADV neulich, kürzlich
reception [ri'sɛpʃon] F Empfang *m*, Rezeption *f* **receptionist** [ri'sɛpʃonist] M/F Rezeptionist(in) *m(f)*
recesso [-tʃɛ-] M MED Rückgang *m*; JUR Rücktritt *m* (**da** von)
recidiva [-tʃ-] F JUR Rückfall *m*
recinto [-tʃ-] M Zaun *m*; Gehege *n*
recipiente [-tʃ-] M Behälter *m*, Gefäß *n*
reciprocità [-tʃ-] F Gegenseitigkeit *f* **re'ciproco** [-tʃ-] ADJ gegenseitig
recisamente [-tʃ-] ADV kurz und bündig **reciso** [-tʃ-] ADJ geschnitten; *fig Antwort* kurz, *Ton* entschieden; **fiore** *m* **~** Schnittblume *f*
'recita [-tʃ-] F THEAT Aufführung *f* **recitare** [-tʃ-] V vortragen; THEAT spielen **recitazione** [-tʃ-] F Vortrag *m*
reclamare V reklamieren, sich beschweren
reclamo M Beschwerde JUR *f*; Beanstandung *f*
recli'nabile ADJ zurückklappbar
reclusione F Haft *f* **recluso** M, **-a** F Häftling *m*
'recluta F MIL Rekrut *m*
'record M Rekord *m*
recuperare V wiedererlangen; *Zeit* aufholen
redattore M, **-trice** [-tʃe] F Redakteur(in) *m(f)* **redazione** F Abfassung *f e-s Textes*; Redaktion *f*
redditizio ADJ rentabel **'reddito** M Einkommen *n*; **~ netto** Nettoeinkommen *n*; **~ nazionale lordo** Bruttosozialprodukt *n* **redditometro** M WIRTSCH *Schätztabelle für Steuerberechnungen*
Redentore M REL Erlöser *m*, Heiland *m* **re'dimere** V erlösen
'redini FPL Zügel *mpl*

'reduce [-tʃe] **1** ADJ heimgekehrt, zurückgekehrt **2** M/F Heimkehrer(in) *m(f)*
referendum M POL Volksentscheid *m*
refettorio M Refektorium *n*
refill [ri'fil] M Patrone *f Tintenkuli*
refrigerare [-dʒ-] V kühlen, erfrischen **refrigerio** [-dʒ-] M Kühlung *f*, Erfrischung *f*
regalare V schenken; verschenken
regale ADJ königlich
regalo M Geschenk *n*; **ricevere in ~** etw geschenkt bekommen
regata F Regatta *f*
'reggere [-dʒe-] V (fest)halten; etw standhalten, aushalten; regieren; **~ la concorrenza** konkurrenzfähig sein
'reggersi [-dʒe-] V sich halten; **non mi reggo in piedi** ich kann mich kaum mehr aufrecht halten
reggia [-dʒa] F Königspalast *m*
reggicalze [-dʒ-] M Hüfthalter *m*
reggiseno M BH *m* (Büstenhalter)
re'gia [-dʒ-] F Regie *f*
regime [-dʒ-] M POL Regime *n*; MED Diät *f*
regina [-dʒ-] F Königin *f*; *Kartenspiel, Schach* Dame *f*
regionale [-dʒo-] ADJ regional; **treno** *m* **~** Regionalzug *m* **regione** [-dʒo-] F Gebiet *n*, Region *f*, Gegend *f*
regista [-dʒ-] M/F Regisseur(in) *m(f)*
registrare [-dʒ-] V registrieren; *auf Band* aufnehmen **registratore** [-dʒ-] M: **~ a cassette** Kassettenrecorder *m*; **~ a nastro** Tonbandgerät *n*
registro [-dʒ-] M Register *n*
regnante [-ɲ-] M/F Herrscher(in) *m(f)* **regnare** [-ɲ-] V regieren **regno** [-ɲo] M (König-)Reich *n*
'regola F Regel *f*; **di ~** in der Regel **rego'labile** ADJ verstellbar; **sedile** *m* **~** verstellbarer Sitz **regolamento** M Regelung *f*, Vorschriften *fpl*
regolare **1** V regeln, TECH einstellen **2** ADJ regelmäßig **regolarità** F Regelmäßigkeit *f* **regolarsi** V sich verhalten, sich richten
regressivo ADJ rückläufig **regresso** M Rückgang *m*
relativo ADJ bezüglich, relativ
relazione F Beziehung *f*, Verhältnis *n*; Bericht *m*; **in ~ a** im Verhältnis zu
religione [-dʒo-] F Religion *f*
religiosità [-dʒo-] F Religiosität *f* **religioso** [-dʒo-] **1** ADJ religiös **2** M, **-a** F Ordensbruder *m*, Ordensschwester *f*
remare V rudern **rematore** M, **-trice** [-tʃe] F Ruderer

m, Rud(r)erin *f*
remo M Ruder *n*
remoto ADJ weit zurückliegend; **passato** *m* **~** GRAM historisches Perfekt
Renania F Rheinland *n*; **~-Palatinato** *f* Rheinland-Pfalz *n*; **~ Settentrionale-Vestfalia** *f* Nordrhein-Westfalen *n*
'rendere V zurückgeben; *Dienst* erweisen; **~ felice** glücklich machen; **~ l'idea** eine Vorstellung von etw geben **'rendersi** V sich machen; **~ conto di qc** sich etw bewußt werden; **~ ridicolo/utile** sich lächerlich/nützlich machen
rendimento M Leistung *f*; Ertrag *m* **'rendita** F Rendite *f*
rene M ANAT Niere *f*
Reno M Rhein *m*
reparto M Abteilung *f*; *Krankenhaus* Station *f*
repentino [-e-] ADJ plötzlich
reperto [-ɛ-] M: **~ archeologico** Fund *m*
repertorio M THEAT Repertoire *n*
'replica F Wiederholung *f*; Erwiderung *f* **replicare** V erwidern, entgegnen; wiederholen
repressione F MIL Unterdrückung *f* **re'primere** V unterdrücken
re'pubblica F Republik *f*
reputare V halten für **reputazione** F Ruf *m*
requisire V JUR beschlagnahmen
resa F Übergabe *f*; Rückgabe *f*; **~ dei conti** Rechenschaftslegung *f*
Resia F Reschenpass *m*
residente **1** ADJ wohnhaft **2** M/F Bewohner(in) *m(f)* **residenza** F Wohnsitz *m*; **cambio** *m* **di ~** Wohnsitzwechsel *m*
re'siduo **1** ADJ restlich **2** M Rest *m*; *umg* Restmüll *m*
'resina F BOT Harz *n*
resistente ADJ widerstandsfähig; **~ al fuoco** feuerfest **resistenza** F Widerstand *m* **re'sistere** V standhalten (**a qc** etw); aushalten (**a qc** etw)
reso PPERF → rendere
resoconto M Bericht *m*
re'spingere [-dʒ-] V zurückweisen; SPORT abwehren
respirare V atmen; einatmen **respiratore** M Sauerstoffgerät *n*; SPORT Schnorchel *m* **respirazione** F Atmung *f* **respiro** M Atem *m*; **di ampio ~** ausführlich, langatmig
respon'sabile **1** ADJ verantwortlich (**di** für) **2** M/F Verantwortliche(r) *f(m)* **responsabilità** F Verantwortung *f*
ressa F Gedränge *n*
restante ADJ übrig **restare** V übrig bleiben
restaurare V restaurieren; wieder errichten **restaurazione** F Wiedereinführung *f*, Restauration *f*; Restaurierung

f **restauro** M Restaurierung *f*
restituire V zurückgeben, zurückerstatten **restituzione** F Rückgabe *f*
resto M Rest *m*; **del ~** übrigens; **dare il ~** herausgeben *Geld*
re'stringersi [-dʒ-] V enger werden; einlaufen *Stoff*
rete F Netz *n*; IT Netzwerk *n*; **~ fissa** TEL Festnetz *n*; **~ stradale** Straßennetz *n*
'retina [-ɛ-] F ANAT Netzhaut *f Auge*
retro M Rückseite *f* **retroattivo** ADJ rückwirkend **retro'cedere** [-tʃɛ-] V zurückweichen **retromarcia** [-tʃa] F AUTO Rückwärtsgang *m* **retrovisore** ADJ; **specchietto** *m* **~** AUTO Rückspiegel *m*
retta [-ɛ-] F: **dare ~ a qn** j-m Gehör schenken
rettangolare ADJ rechteckig **ret'tangolo** M Rechteck *n*
rettificare V JUR berichtigen
'rettile M ZOOL Reptil *n*
retti'lineo 1 ADJ gradlinig 2 M Gerade *f*
rettore M, **-trice** [-tʃe] F Rektor(in) *m(f)*
reu'matico ADJ rheumatisch **reumatismo** [-zmo] M Rheumatismus *m*
reverendo 1 ADJ ehrwürdig 2 M Hochwürden
revisione F Überprüfung *f*; TECH Überholung *f*
revocare V widerrufen
RFT F ABK (= **Repubblica Federale Tedesca**) BRD *f* (Bundesrepublik *f* Deutschland)
riabilitazione F Rehabilitation *f*
riacquistare V wiedererlangen
rialzare V erhöhen; *Preise* wieder steigen
rianimazione F Wiederbelebung *f*; **centro** *m* **di ~** Intensivstation *f*
riapertura F Wiedereröffnung *f* **riaprire** V wieder öffnen
riarmo M MIL Aufrüstung *f*
rias'sumere V zusammenfassen **riassunto** M Zusammenfassung *f*
riattaccare V (den Hörer) auflegen
riavere V wiederbekommen
ribaltare V umklappen; *fig* stürzen; umkehren
ribassare V *Preis* herabsetzen
ribasso M Preissenkung *f*
ri'battere V erwidern
ribellarsi V sich auflehnen (**a** gegen) **ribelle** 1 ADJ aufständisch 2 M/F Aufständische(r) *f(m)* **ribellione** F Aufstand *m*
ribes M BOT Johannisbeere *f*
ribollita F GASTR *toskanische Suppe mit Schwarzkohl od Wirsing*
ribrezzo [-dz-] M Abscheu *m*, Ekel *m*

ricaduta F MED Rückfall *m*
ricamare V sticken
ricambiare V erwidern; wieder wechseln **ricambio** M Austausch *m*; Ersatz *m*; **pezzo** *m* **di ~** Ersatzteil *n*
ricamo M Stickerei *f*
ri'carica M: **~ (telefonica)** TEL Prepaid-Guthaben *n* **ricaricare** V *Batterie* wieder aufladen
ricatto M Erpressung *f*
ricavare V gewinnen (**da** aus) **ricavo** M Ertrag *m*, Gewinn *m*
ricchezza [-kk-] F Reichtum *m*
riccio [-tʃo] **1** ADJ *Haar* kraus **2** M (Haar-)Locke *f*; ZOOL Igel *m*; **~ di mare** Seeigel *m* **'ricciolo** [-tʃo-] M Locke *f*
ricco ADJ reich (**di** an)
ricerca [-tʃe-] F Suche *f*; Forschung *f* **ricercato** [-tʃe-] **1** ADJ gesucht **2** M, **-a** F Gesuchte(r) *f(m)* **ricercatore** [-tʃe-] M, **-trice** [-tʃe] F Forscher(in) *m(f)*
ricetta [-tʃɛ-] F Rezept *n*
ricettare [-tʃe-] V hehlen
ricettività [-tʃe-] F: **~ (alberghiera)** Hotelkapazität *f*
ri'cevere [-tʃe-] V erhalten; empfangen; *Arzt* MED Sprechstunde haben **ricevimento** [-tʃe-] M Empfang *m* **ricevitore** [-tʃe-] M Empfänger *m*; TEL Hörer *m* **ricevito'ria** [-tʃe-] F Lottoannahmestelle *f*
ricevuta [-tʃe-] F Quittung *f*
ricezione [-tʃe-] F Empfang *m*
richiamare [-k-] V zurückrufen **richiamarsi** [-k-] V sich berufen (**a** auf) **richiamo** [-k-] M Ruf *m*
richiedente [-k-] M/F Antragsteller(in) *m(f)* **ri'chiedere** [-k-] V zurückverlangen; erfordern
richiesta [-k-] F Bitte *f*; Forderung *f*; Antrag *m*; HANDEL Anfrage *f*; **a ~ (di)** auf Wunsch (von) **richiesto** [-k-] **1** PPERF → richiedere **2** ADJ gefragt
rici'clabile ADJ [-tʃi'kla:-] wiederverwertbar **riciclaggio** [-tʃi'kladdʒo] M Recycling *n* **riciclare** [-tʃi'kla:-] V recyceln
'ricino [-tʃ-] M: **olio** *m* **di ~** Rizinusöl *n*
ricominciare [-tʃa-] V wieder beginnen
ricompensa F Belohnung *f* **ricompensare** V belohnen
riconciliare [-tʃ-] V versöhnen **riconciliazione** [-tʃ-] F Versöhnung *f*
ricondurre V zurückführen (**a** auf)
riconoscente [-ʃɛ-] ADJ dankbar **riconoscenza** [-ʃɛ-] F Dankbarkeit *f*
rico'noscere [-ʃe-] V erkennen; anerkennen; zugeben **ricono'scibile** [-ʃ-] ADJ er-

kennbar **riconoscimento** [-ʃ-] M Anerkennung *f*
riconquistare V wiedererlangen
riconsegna [-ɲa] F Rückgabe *f*; **~ bagagli** Gepäckausgabe *f*
ricopiare V abschreiben
ricordare V sich erinnern (an); erinnern **ricordarsi** V sich erinnern (**di** an) **ricordo** M Erinnerung *f*; Andenken *n*
ricorrenza F *Fest* Festtag *m*; Anlass *m*
ri'correre V: **~ a qn** sich an j-n wenden; **~ a qc** zu etw greifen
ricostruire V wieder aufbauen **ricostruzione** F Wiederaufbau *m*
ricotta F GASTR *Frischkäse aus Schafs- od Kuhmolke*
ricoverare V *ins Krankenhaus* einliefern **ricoverato** **1** ADJ: **essere ~ in ospedale** im Krankenhaus liegen **2** M, **-a** F Patient(in) *m(f)* **ri'covero** M Einlieferung *f*; Heim *n*
ricreazione F Erholung *f*; Pause *f*
ri'credersi V seine Meinung ändern
ridare V wiedergeben
'ridere V lachen (**di** über); **fa ~!** das ist ja lächerlich! **ri'dicolo** ADJ lächerlich
ridotto ADJ reduziert
ridurre V reduzieren, verringern; einschränken
riduzione F Verminderung *f*; Ermäßigung *f*, Nachlass *m* (**su** auf)
riempimento M Ausfüllen *n*
riempire V füllen; ausfüllen
rientrare V zurückkommen; **~ in possesso di qc** wieder in den Besitz von etw gelangen **rientro** M Rückkehr *f*
rifare V erneut machen; nachmachen **rifarsi** V aufholen (**di** etw); sich beziehen (a auf); **~ vivo** sich wieder melden
riferimento M Bezug *m*; Hinweis *m*; **con** *od* **in ~ a** mit Bezug auf; **punto** *m* **di ~** Anhaltspunkt *m* **riferire** V berichten **riferirsi** V sich beziehen, sich berufen (a auf)
rifiutare V ablehnen **rifiutarsi** V sich weigern **rifiuto** M Ablehnung *f*, Verweigerung *f*, Absage *f*; **rifiuti** *pl* Abfall *m*, Müll *m*; **raccolta** *f* **differenziata dei rifiuti** Mülltrennung *f*; **rifiuti tossici** Giftmüll *m*
riflessante **1** ADJ Tönungs... **2** M Tönung *f*
riflessione F Überlegung *f*
riflessivo ADJ nachdenklich; GRAM rückbezüglich
riflesso M Reflex *m* **ri'flettere** V widerspiegeln; PHYS zurückwerfen; nachdenken **riflettore** M Scheinwerfer *m*
riforma F Reform *f*; REL Reformation *f* **riformare** V reformieren, umgestalten **rifor-**

matore 1 ADJ reformierend, reformerisch 2 M, **-trice** [-tʃe] F Reformer(in) *m(f)*
rifornimento M Versorgung *f* (**di** mit); **fare ~ di benzina** auftanken
rifugiarsi [-dʒa-] V sich flüchten **rifugiato** [-dʒa-] M, **-a** F Flüchtling *m* **rifugio** [-dʒo] M Zuflucht *f*; Zufluchtsort *m*; **~ alpino** Hütte *f*
riga F Linie *f*; TYPO Zeile *f*; SPORT Reihe *f*; Lineal *n*; Scheitel *m*; **a righe** liniert; gestreift
rigatoni MPL kurze Röhrennudeln *fpl*
rigettare [-dʒe-] V zurückwerfen; ablehnen **rigetto** [-dʒɛ-] M Ablehnung *f*
righello [-gɛ-] M Lineal *n*
'rigido [-dʒ-] ADJ steif; streng
rigirare [-dʒ-] V herumdrehen
rigore M Strenge *f*; **calcio** *m* **di ~** SPORT Elfmeter *m*; **di ~** unerlässlich **rigoroso** ADJ streng
riguardare V betreffen; **non ti riguarda** es geht dich nichts an; **per quanto riguarda ...** was ... anbelangt **riguardarsi** V sich in Acht nehmen (**da** vor); **riguardati!** du musst dich schonen!
riguardo M Rücksicht *f*; **~ a** in Bezug auf; was ... betrifft
rilasciare [-ʃa-] V *Schein* ausstellen
rilassarsi V sich entspannen
rilegare V binden
ri'leggere [-dʒe-] V wieder lesen, noch einmal durchlesen
rilevare V feststellen
rilievo M KUNST Relief *n*; GEOG Erhöhung *f*; **mettere qc in ~** etw hervorheben
rima F LIT Reim *m*
rimandare V zurückschicken; verschieben, vertagen
rimanente 1 ADJ restlich 2 M Rest *m* **rimanenza** F Überbleibsel *n* **rimanere** V bleiben; übrig bleiben; verbleiben; **come siete rimasti?** was habt ihr ausgemacht?; **rimanerci male** gekränkt sein
rimango ich bleibe → rimanere **ri'mangono** sie bleiben → rimanere
rimasto PPERF geblieben → rimanere
rimbalzare V zurückprallen
rimboccare V umschlagen; **rimboccarsi le maniche** die Ärmel hochkrempeln
rimborsare V zurückerstatten **rimborso** M Rückerstattung *f*
rimboschimento [-sk-] M Wiederaufforstung *f*
rimediare V beheben (**a qc** etw), wiedergutmachen **rimedio** M Abhilfe *f*; MED (Heil-)Mittel *n*
rimescolare V wieder mischen; GASTR umrühren
rimessa F Schuppen *m*; HAN-

DEL Überweisung *f*
ri'mettere V wieder legen; wieder setzen, wieder stellen; **~ in ordine** wieder aufräumen; **rimetterci** draufzahlen **ri'mettersi** V sich wieder erholen; sich aufklären *Wetter*
rimmel® M Wimperntusche *f*
rimodernare V modernisieren
rimorchiare [-k-] V abschleppen **rimorchiatore** [-k-] M Schleppdampfer *m* **rimorchio** [-k-] M AUTO Anhänger *m*; **andare a ~ di qn** sich in j-s Kielwasser halten
rimorso M Gewissensbisse *mpl*
rimozione F Entfernung *f*, Beseitigung *f*; **~ forzata** kostenpflichtige Entfernung von widerrechtlich abgestellten Fahrzeugen
rimpatriare V heimkehren; in das Heimatland abschieben **rimpatrio** M Heimkehr *f*; Abschiebung *f* in das Heimatland
rimpi'angere [-dʒe-] V nachweinen (**qc** etw) **rimpianto** M Bedauern *n*
rimpiattino M Versteckspiel *n*
rimpiazzare V ersetzen
rimproverare V *j-m* Vorwürfe machen **rim'provero** M Vorwurf *m*
Rinascimento [-ʃ-] M Renaissance *f*
rincarare V teurer werden; verteuern (**qc** etw) **rincaro** M Verteuerung *f*
rin'chiudere [-k-] V einschließen
rin'correre V nachlaufen (**qn** j-m) **rincorsa** F Anlauf *m*; **prendere la ~** Anlauf nehmen
rin'crescere [-ʃ-] V leidtun, bedauern; **mi rincresce** ich bedauere, es tut mir leid; es tut mir leid **rincrescimento** [-ʃ-] M Bedauern *n*
rinfacciare [-tʃa-] V vorwerfen
rinforzare V stärken; *fig* verstärken **rinforzo** M Verstärkung *f*
rinfrescare V abkühlen, erfrischen; *Kenntnisse* auffrischen **rinfrescarsi** V sich erfrischen
rinfresco M Empfang *m*
ringhiera [-g-] F Geländer *n*
ringiovanire [-dʒo-] V jünger machen; jünger werden
ringraziamento M Dank *m*, Danksagung *f* **ringraziare** V danken (**qn di qc** j-m für etw); **ti ringrazio** ich danke dir
rinnegare V verleugnen **rinnegato** ADJ abtrünnig
rinnovamento M Erneuerung *f* **rinnovare** V erneuern; *Bitte* wiederholen **rinnovazione** F, **rinnovo** M Erneuerung *f*
rinoceronte [-tʃ-] M ZOOL

Nashorn *n*
rinomato ADJ berühmt
rintracciare [-tʃa-] V aufspüren
rinuncia [-tʃa] F Verzicht *m* **rinunciare** [-tʃa-] V verzichten (**a** auf)
rinvenire V entdecken; wieder zu sich kommen
rinviare V zurückschicken; verschieben, vertagen
rinvigorire V stärken
rin'vio M Rücksendung *f*; Verweis *m* *im Text*; Vertagung *f*
rione M Stadtviertel *n*
riordinare V neu ordnen
riorganizzare [-dz-] V reorganisieren **riorganizzazione** [-ddzats-] F Umgestaltung *f*
ripagare V: **~ qn di qc** j-n für etw entschädigen; **~ qn con qc** j-n mit etw belohnen
ripa'rabile ADJ reparabel **riparare** V schützen (**da** vor); reparieren **riparazione** F Reparatur *f*, Ausbesserung *f* **riparo** M Schutz *m*
ripartire V wieder abreisen; verteilen **ripartizione** F Verteilung *f*
ripassare V wieder vorbeigehen; noch einmal durchgehen; TECH überholen
ripensare V wieder zurückdenken (**a** an); noch einmal überdenken (**a qc** etw); **ci ho ripensato** ich habe es mir anders überlegt
ri'petere V wiederholen **ripetizione** F Wiederholung *f* **ripetuto** ADJ wiederholt
'ripido ADJ steil
ripiegare V wieder zusammenfalten **ripiego** M Ausweg *m*
ripieno 1 ADJ voll; GASTR gefüllt 2 M Füllung *f*
riporre V zurücklegen
riportare V zurückbringen; zitieren; *Sieg* davontragen **riporto** M HANDEL Übertrag *m*
riposare V ruhen **riposarsi** V sich ausruhen **riposo** M Ruhe *f*, Pause *f*; Ruhestand *m*; **casa** *m* **di ~** Altersheim *n*; **giorno** *m* **di ~** Ruhetag *m*
ripostiglio [-ʎo] M Abstellraum *m*
ri'prendere V zurücknehmen; *Platz* wieder einnehmen; *Arbeit* wieder aufnehmen; **~ a** wieder anfangen zu **ri'prendersi** V wieder zu sich kommen; sich erholen
ripresa F Wiederaufnahme *f*; HANDEL Wiederbelebung *f*; *Film* FILM Aufnahme *f*; TECH Beschleunigung *f*; SPORT zweite Halbzeit
riprodursi V sich fortpflanzen **riproduzione** F Reproduktion *f*; Wiedergabe *f*
riprova F Bestätigung *f* **riprovare** V wieder versuchen; tadeln

ripugnante [-ɲ-] ADJ widerwärtig **ripugnanza** [-ɲ-] F Widerwille *m* (**per** gegen) **ripugnare** [-ɲ-] V abstoßen (**a qn** j-n)
ripulire V gründlich säubern
riqualificazione F Umschulung *f*
risaia F Reisfeld *n*
risalire V wieder hinaufgehen, wieder steigen **risalita** F Wiederaufstieg *m*
risaltare V vorspringen **risalto** M Hervorhebung *f*; ARCH Vorsprung *m*; **mettere in ~** hervorheben **risanamento** M Sanierung *f*
risarcimento [-tʃ-] M Entschädigung *f* **risarcire** [-tʃ-] V entschädigen (**qn di qc** j-n für etw); vergüten (**qn di qc** j-m etw); wiedergutmachen (**qc** etw)
risata F Gelächter *n*
riscaldamento M Heizung *f*; **~ autonomo** wohnungseigene Heizung; **~ centralizzato** Zentralheizung *f*; **esercizio** *m* **di ~** Aufwärmübung *f*
riscaldare V (er)wärmen; aufwärmen; heizen **riscaldarsi** V sich erwärmen
rischiararsi [-sk-] V *Wetter* sich aufhellen
rischiare [-sk-] V riskieren
rischio [-sk-] M Gefahr *f*, Risiko *n*; **a ~ di** ... auf die Gefahr hin, dass ...; **a proprio ~ e pericolo** auf eigene Gefahr; **mettere a ~** aufs Spiel setzen
rischioso [-sk-] ADJ riskant
risciacquare [-ʃa-] V spülen; abspülen, ausspülen
riscontrare V vergleichen; überprüfen **riscontro** M Vergleich *m*; Überprüfung *f*; **trovare ~ in qc** von etw bestätigt werden
ri'scuotere V *Geld* kassieren
risentire V wieder hören; leiden (**di** unter); **ci risentiamo!** wir hören voneinander!
riserva F Reserve *f*; Vorbehalt *m*; TECH Ersatz *m*; Reservat *n*; **~ di caccia** Jagdrevier *n*; **~ di pesca** Fischfanggebiet *n*
riservare V reservieren; bescheren **riservarsi** V sich vorbehalten (**di fare qc** etw zu tun) **riservatezza** F Zurückhaltung *f* **riservato** ADJ *Person* zurückhaltend; *Platz etc* reserviert
riso[1] M BOT Reis *m*
riso[2] **1** PPERF gelacht → ridere **2** M Lachen *n*
risoluto ADJ entschlossen **risoluzione** F Entschluss *m*; Lösung *f* **ri'solvere** V (auf)lösen; beschließen **ri'solversi** V sich entschließen
risonanza F Resonanz *f*, Widerhall *m*
ri'sorgere [-dʒ-] V auferstehen; wieder aufleben
risorgimento [-dʒ-] M Wiederaufleben *n*; **Risorgimento**

m Risorgimento *n*
risorsa F Ressource *f*
risotto M GASTR Reisgericht *n*; **~ alla milanese** Reis *m* mit Safran und Rinderknochenmark
risparmiare V sparen; ersparen, (ver)schonen **risparmio** M Ersparnis *f*; **cassa** *f* **di ~** Sparkasse *f*
rispecchiare [-kk-] V widerspiegeln
rispettare V respektieren; beachten
rispettivo ADJ jeweilig
rispetto M Respekt *m*, Achtung *f*; **~ a** im Vergleich zu
ri'splendere V glänzen
ri'spondere V beantworten (**a** etw), antworten (**a** auf); *Gruß* erwidern (**a** etw); entsprechen (**a qc** etw); **~ di no a qc** auf etw mit Nein antworten **risponde'ria** F TEL Wartemelodie *f* **risposta** F Antwort *f* **risposto** PPERF → rispondere
rissa F Schlägerei *f*
ristabilimento M Wiederherstellung *f* **ristabilire** V wiederherstellen **ristabilirsi** V sich erholen
ristampa F Nachdruck *m*
risto'bar M GASTR Stehcafé *n*, Stehimbiss *m*
ristorante M Restaurant *n* **ristorazione** F Gastronomie *f* **ristoro** M Stärkung *f*; **punto** *m* **di ~** Raststätte *f*
ristretto ADJ eng; beschränkt; **caffè** *m* **~** sehr starker Kaffee
ristrutturare V umbauen
risultare V sich ergeben (**da** aus); sich erweisen als **risultato** M Ergebnis *n*
risurrezione F REL Auferstehung *f*
risuscitare [-ʃ-] V auferstehen
risvegliarsi [-zveʎa-] V wieder erwachen **risveglio** [-'zveʎo] M Erwachen *n*
ritardare V sich verspäten; *Zug* Verspätung haben; *Uhr* nachgehen **ritardatario** M, **-a** F Nachzügler(in) *m(f)*
ritardo M Verspätung *f*; **essere in ~** zu spät dran sein
ritenere V halten; glauben, meinen; einbehalten; **~ possibile qc** etw für möglich halten
ritirare V zurückziehen, zurücknehmen; *Gegenstand* abholen; aus dem Verkehr ziehen **ritirarsi** V sich zurückziehen **ritirata** F Rückzug *m*
ritiro M Abberufung *f*; Rückzug *m*; Einzug *m*; SPORT Trainingslager *n*; **~ della patente** Führerscheinentzug *m*
ritmo M Rhythmus *m*
rito M Ritual *n*, Ritus REL *m*
ritoccare V FOTO überarbeiten
ritornare V zurückkommen
ritorno M Rückkehr *f*; Rückfahrt *f*
ritrarre V zurückziehen; port-

rätieren **ritrattare** V widerrufen **ritrattazione** F Widerruf JUR *m*
ritratto M FOTO Porträt *n*, Bildnis *n*
ritrovare V wiederfinden **ritrovarsi** V sich (wieder) treffen; sich zurechtfinden **ritrovo** M Treffpunkt *m*
riunificazione F POL Wiedervereinigung *f*
riunione F Wiedervereinigung *f*; Versammlung *f*; Besprechung *f* **riunire** V wieder vereinen; versammeln
riuscire [-ʃ-] V es schaffen, gelingen; **~ a fare qc** es schaffen, etw zu tun; **~ bene/male** gut/schlecht gelingen; **l'operazione è riuscita** die Operation ist gelungen; **non mi riesce/non ci riesco** es gelingt mir nicht; ich schaffe es nicht; ich kann es nicht
riutilizzare [-dz-] V wiederverwenden
riva F Ufer *n*
rivale M/F Rivale *m*, Rivalin *f*; Konkurrent(in) *m(f)*
rivedere V wiedersehen; durchsehen
rivelare V offenbaren, enthüllen **rivelazione** F Offenbarung *f*
ri'vendere V wiederverkaufen
rivendicare V fordern **rivendicazione** F Forderung *f*
ri'vendita F Laden *m*, Geschäft *n*
rivestimento M Verkleidung *f* Wand **rivestirsi** V sich wieder anziehen; sich neu einkleiden
riviera F Küste *f*
ri'vincita [-tʃ-] F Revanche *f*
rivista F Zeitschrift *f*; THEAT Revue *f*; MIL Parade *f*; **~ di moda** Modezeitschrift *f*
ri'volgere [-ɔldʒe-] V wenden, richten (**a** auf) **ri'volgersi** V sich wenden (**a** an)
rivolta [-ɔ-] F MIL Aufstand *m*
rivoltare [-o-] V umdrehen
rivoluzionario **1** ADJ revolutionär **2** M, **-a** F Revolutionär(in) *m(f)* **rivoluzione** F Revolution *f*
rizzare V aufrichten; **da far ~ i capelli** haarsträubend **mi si rizzano i capelli in testa dalla paura** mir stehen vor Schreck die Haare zu Berge
roaming M TEL Roaming *n*
roast beef M GASTR Roastbeef *n*
roba F Sachen *fpl*, Zeug *n*; **~ da mangiare** Essen *n*; **~ da stirare** Bügelwäsche *f*; **che ~ è questa?** was ist denn das?; **è ~ da matti!** es ist unglaublich!; **non è ~ per te** das ist nichts für dich
robot M Roboter *m* **robotizzato** [-dz-] ADJ automatisiert

robustezza F Robustheit *f* **robusto** ADJ kräftig, robust
rocca F Burg *f*
rocchetto [-kk-] M Garnrolle *f*
roccia [-tʃa] F Fels *m* **rocciatore** [-tʃa-] M, **-trice** [-tʃe] F Kletterer *m*, Kletterin *f* **roccioso** [-tʃo-] ADJ felsig
rock M MUS Rock *m*; **concerto** *m* **~** Rockkonzert *n* **rockettaro** M, **-a** F Rocksänger(in) *m(f)*; Rockfan *m*
rococò M KUNST Rokoko *n*
rodaggio [-dʒo] M Einfahren *n des Autos*; Einarbeitung *f*; Eingewöhnung *f*
'rodere V nagen (**qc** an etw) **'rodersi** V sich verzehren (**da** vor) **roditore** M Nagetier *n*
rogna [-ɲa] F *umg* Schwierigkeit *f*
rognone [-ɲ-] M Niere *f von Tier*
Roma F Rom *n*
romagnolo [-ɲ-] ADJ aus Romagna (*italienischer Region*)
romancio [-tʃo] ADJ rätoromanisch
Roma'nia F Rumänien *n*
ro'manico ADJ romanisch
romano **1** ADJ römisch; **pagare alla romana** die Rechnung gleich unter sich aufteilen **2** M, **-a** F Römer(in) *m(f)*
romanticismo [-tʃizmo] M Romantik *f* **ro'mantico** ADJ romantisch
romanza F Romanze *f* **romanziere** M, **-a** F Romanschriftsteller(in) *m(f)* **romanzo** M Roman *m*
rombare V dröhnen **rombo** M Dröhnen *n*; ZOOL Steinbutt *m*; Raute *f*
'rompere V (zer)brechen; **~ le scatole a qn** j-m auf den Keks gehen **'rompersi** V kaputtgehen; **mi sono rotto** ich habe keine Lust mehr **rompi'scatole** M/F Nervensäge *f*
'rondine F ZOOL Schwalbe *f*
ronzare V summen **ron'zio** M Gesumme *n*
rosa [-z-] **1** ADJ rosa **2** F Rose **3** M Rosa *n* **rosario** M REL Rosenkranz *m* **rosato** M Rosé(wein) *m* **'roseo** ADJ rosig **roseto** [-ze-] M Rosengarten *m*
rosmarino [-zm-] M ZOOL Rosmarin *m*
roso'lia F MED Röteln *pl*
rospo M ZOOL Kröte *f*
rossetto M Lippenstift *m*
rosso **1** ADJ rot **2** M Rot *n*; **~ d'uovo** Eigelb *n*; **passare col ~** bei Rot fahren **rossore** M Röte *f*
rosticce'ria [-tʃ-] F Rostbraterei *f*
rotaia F BAHN Schiene *f* **rotatoria** F Kreisverkehr *m* **rotazione** F Umdrehung *f* **rotella** F Rädchen *n*; **gli manca una ~** bei ihm ist eine Schraube locker

rotolare V rollen **'rotolo** M Rolle *f*; **andare a rotoli** vor die Hunde gehen
rotondo ADJ rund
rotta F FLUG, SCHIFF Kurs *m*; **a ~ di collo** Hals über Kopf; **essere in ~ con qn** mit j-m gebrochen haben
rottamatore M POL *umg* Verschrotter *m* **rottame** M Bruchstück *n*; **rottami** *pl* Schrott *m* **rotto** **1** PPERF gebrochen → rompere **2** ADJ kaputt; **mille euro e rotti** tausend Euro und ein paar Zerquetschte **rottura** F Bruch *m*; **~ di scatole** Nerverei *f*
'rotula F ANAT Kniescheibe *f*
roulotte F Wohnwagen *m*
'rovere F BOT Eiche *f*
rovesciare [-ʃa-] V umdrehen; *fig* stürzen **rovesciarsi** [-ʃa-] V umkippen; sich überschlagen; *fig* umschlagen
rovescio [-ʃo] **1** ADJ verkehrt; **alla rovescia** verkehrt herum; **conto** *m* **alla rovescia** Countdown *m od n* **2** M Rückseite *f*; *Tennis* SPORT Rückhand *f*; **~ di pioggia** Regenschauer *m*
rovina F Einsturz *m*; *fig* Ruin *m*; **rovine** *pl* Trümmer *pl*, Ruinen *fpl* **rovinare** V einstürzen; *fig* ruinieren
rovo M Brombeerstrauch *m*
rozzo [-dz-] ADJ roh, grob
RSM ABK (**= Repubblica di San Marino**) Republik *f* San Marino
rubare V stehlen
rubinetto M Wasserhahn *m*
rubino M MINER Rubin *m*
rubrica F Rubrik *f*
'rucola F BOT Rauke *f*
'rudere M baufälliges Haus; **ruderi** *pl* Ruine *f*
rudimenti MPL Grundbegriffe *mpl*
ruga F Falte *f*, Runzel *f*
'ruggine [-dʒ-] F Rost *m* **rugginoso** [-dʒ-] ADJ rostig
ruggire [-dʒ-] V brüllen **ruggito** [-dʒ-] M Gebrüll *n*
rugiada [-dʒa-] F Tau *m*
rugoso ADJ runz(e)lig
rullare V rollen
rullino M Filmrolle *f* **rullo** M Rolle *f*, Walze *f*
rum M Rum *m*
rumeno **1** ADJ rumänisch **2** M, **-a** F Rumäne *m*, Rumänin *f* **3** M *Sprache* Rumänisch *n*
ruminante M ZOOL Wiederkäuer *m*
rumore M Geräusch *n*; Lärm *m* **rumoreggiare** [-dʒa-] V lärmen **rumoroso** ADJ laut
ruolo M Rolle *f*
ruota [-ɔ-] F Rad *n*; **~ anteriore/posteriore** Vorder-/Hinterrad *n*; **~ di scorta** Reserverad *n* **ruotare** V drehen
rupe F Fels *m*
ruscello [-ʃɛ-] M Bach *m*
ruspa F Bagger *m*
russare V schnarchen
Russia F Russland *n* **russo** **1** ADJ russisch **2** M, **-a** F Russe

m, Russin f **3** M *Sprache* Russisch n

'rustico **1** ADJ ländlich; *fig* derb **2** M Bauernhaus n

ruttare V *vulg* rülpsen

ruvidezza F Rauheit f **'ruvido** ADJ rau

S

S ABK (= **sud**) S (Süden m)

sa V er (sie, es) weiß

Saar F Saarland n

'sabato M Samstag m, Sonnabend m; **di ~** samstags

sabbia F Sand m **sabbiera** F Sandkasten m **sabbioso** ADJ sandig

sabotaggio [-dʒo] M Sabotage f **sabotare** V sabotieren

saccarina F Saccharin n

saccheggiare [-kkeddʒa-] V plündern **saccheggio** [-kkeddʒo] M Plünderung f

sacchetto [-kk-] M Beutel m, Tüte f; **~ di plastica** Tragetüte f

sacco M Sack m; *fig* Unmenge f; **~ a pelo** Schlafsack m; **~ nanna** Babyschlafsack m; **pranzare al ~** picknicken

saccopelista M/F Rucksacktourist(in) m(f)

sacerdote [-tʃe-] M Priester m

sacramento M Sakrament n

sacrario M Heiligtum n **sacrificare** V opfern **sacrificio** [-tʃo] M Opfer n **sacro** ADJ heilig

safari M Safari f; **~ fotografico** Fotosafari f

saga F Sage f

sagace [-tʃe] ADJ scharfsinnig

saggezza [-dʒe-] F Weisheit f

saggiare [-dʒa-] V prüfen

saggio [-dʒo] **1** ADJ weise **2** M Prüfung f, Probe f; Muster n **3** M Essay m, Abhandlung f

Sagittario [-dʒ-] M ASTROL Schütze m; **essere del ~** Schütze sein

sagra F Volksfest n

sagrestano M Küster m **sagre'stia** F Sakristei f

sai V du weißt

sala F Saal m; **~ d'aspetto** Wartesaal m; **~ da ballo** Tanzsaal m; **~ di lettura** Lesesaal m; **~ operatoria** Operationssaal m; **~ da pranzo** Speisesaal m

salamandra F ZOOL Salamander m

salame M Salami f, Wurst f

salamoia F: **in ~** gepökelt

salare V salzen

salario M Lohn m; **~ minimo** Mindestlohn m

salatino M Salzgebäck n **salato** ADJ salzig; gesalzen

saldare V schweißen, löten; *Rechnung* begleichen **saldo**

1 ADJ fest **2** M HANDEL Saldo *m*; Restbetrag *m*; **saldi** *pl* **(di fine stagione)** Schlussverkauf *m*
sale M Salz *n*; **~ fino** feines Salz; **~ grosso** grobes Salz; **~ marino** Meersalz *n*
salgo ich steige → salire
'salgono sie steigen → salire
'salice [-tʃe] M BOT Weide *f*; **~ piangente** Trauerweide *f*
saliera F Salzstreuer *m* **salina** F Saline *f*
salire V steigen, hinaufsteigen; einsteigen; aufsteigen
Salisburgo [-zb-] F Salzburg *n*
salita F Aufstieg *m*; Steigung *f*; **in ~** einsteigend
saliva F Speichel *m*
salma F Leichnam *m*
salmastro ADJ: **acque** *fpl* **salmastre** Brackwasser *n*
salmì M GASTR Wildragout *n*; **lepre** *f* **in ~** Hasenpfeffer *m*
salmistrato ADJ gepökelt
salmo M Psalm *m*
salmone M Lachs *m*; **~ affumicato** Räucherlachs *m*
salmonella F MED Salmonelle *f* **salmonellosi** F MED Salmonellenvergiftung *f*
salone M Salon *m*, Ausstellung *f*
salopette F Latzhose *f*
salotto M Wohnzimmer *n*
salpare V SCHIFF die Anker lichten
salsa F Soße *f*; **~ di pomodoro** Tomatensoße *f*
salsiccia [-tʃa] F Wurst *f*
salsiera F Soßenschüssel *f*
saltare V springen; auslassen, überspringen *a. Zeile*; **da dove salta fuori?** wo kommt das denn her?; **far ~** sprengen; **l'incontro è saltato** das Treffen fällt aus; **~ giù** hinunterspringen; **~ in aria** in die Luft gehen **saltatore** M, **-trice** [-tʃe] F SPORT Springer(in) *m(f)*
saltimbocca M: **~ alla romana** *mit Schinken u. Salbei gefüllte Kalbsroulade*
salto M Sprung *m*; **~ in alto** Hochsprung *m*; *umg* **fare un ~** auf e-n Sprung vorbeikommen **saltuario** ADJ gelegentlich
salubre ADJ gesund
salume M Wurst *f*; **salumi** *pl* Wurstwaren *pl* **salume'ria** F Wurstwarengeschäft *n*
salutare **1** V grüßen; begrüßen; **salutami Anna!** grüß Anna von mir!; **ti saluto!** tschüs! **2** ADJ gesund
salute F Gesundheit *f*; **~!** Gesundheit!; **alla Sua ~!** auf Ihr Wohl!
saluto M Gruß *m*; **distinti saluti** mit freundlichen Grüßen; **tanti saluti** viele Grüße
salvabanche ADJ WIRTSCH Bankenrettungs... **salvadanaio** M Sparbüchse *f* **salva-**

gente [-dʒ-] M Rettungsring *m*; Verkehrsinsel *f* **salvaguardia** F Schutz *m*
salvare V retten; IT speichern; *fig* bewahren **salvaschermo** M IT Bildschirmschoner *m* **salvataggio** [-dʒo] M Rettung *f*; Bergung *f* **salvatore** M, **-trice** [-tʃe] F Retter(in) *m(f)* **Salvatore** M REL Heiland *m* **salvavita** 1 ADJ lebensrettend 2 M ELEK Sicherung *f*
salve! INT grüß dich!
salvezza F Rettung *f*
salvia F BOT Salbei *m*
salvietta F (feuchtes) Tuch *n*; *regional* Handtuch *n*
salvo 1 ADJ unversehrt; REL gerettet 2 PRÄP außer 3 KONJ: **~ che** *+konjkt* außer wenn 4 M: **in ~** in Sicherheit
sambuca F *Anislikör*
sambuco M BOT Holunder *m*
San ADJ → Santo
'sandalo M Sandale *f*
San Gallo F Sankt Gallen *n* **San Gottardo** M Sankt Gotthard
sangue M Blut *n*; *Steak* **al ~** englisch **sanguigno** [-ɲo] ADJ: **gruppo** *m* **~** Blutgruppe *f* **sangui'naccio** [-tʃo] M Blutwurst *f*
sanguinare V bluten **sanguinoso** ADJ blutig **sanguisuga** F Blutegel *m*
sanità F Gesundheitswesen *n* **sanitario** ADJ gesundheitlich; **ufficiale** *m* **~** Amtsarzt *m*; **impianti** *mpl* **sanitari** sanitäre Einrichtungen *fpl*
sanno sie wissen → sapere
sano ADJ gesund; **~ e salvo** wohlbehalten
santino M Heiligenbild *n*
santo 1 ADJ heilig 2 M, **-a** F Heilige(r) *f(m)*; *vor Namen* Sankt, heilig **santuario** M Wallfahrtsort *m*
sapere 1 V wissen; können; kennen; erfahren; schmecken; riechen (**di** nach); **far ~** mitteilen; **non lo so** ich weiß es nicht; **non si sa mai** man weiß nie; **saper nuotare** schwimmen können; **venire a ~** erfahren 2 N Wissen *n*
sapete ihr wisst → sapere
sapone M Seife *f* **saponetta** F Stück *n* Toilettenseife *f*
sapore M Geschmack *m* **saporito** ADJ schmackhaft
sappiamo wir wissen → sapere **saputo** PPERF gewusst → sapere
sarà er (sie, es) wird sein → essere
'sarago M ZOOL Brasse *f*
sarai du wirst sein → essere
saranno V → essere
sar'cofago M Sarkophag *m*
sarda F ZOOL Sardine *f*
Sardegna [-ɲa] F Sardinien *n*
sardella F, **sardina** F Sardine *f*; **sardine** *pl* **sott'olio** Ölsardinen *fpl*
sardo 1 ADJ sardinisch, sar-

disch **2** M, **-a** F Sardinier(in) *m(f)*; Sarde *m*, Sardin *f* **3** M *Sprache* Sardisch *n*
saremo V wir werden sein **sarete** V ihr werdet sein **sarò** V ich werde sein
sarto M, **-a** F Schneider(in) *m(f)*
s.a.s ABK (= **Società in Accomandita Semplice**) KG (Kommanditgesellschaft *f*)
sasso M Stein *m*
sas'sofono M MUS Saxofon *n*
Sassonia F Sachsen *n*; **Bassa ~** Niedersachsen *n* **Sassonia-Anhalt** F Sachsen-Anhalt *n*
satellitare V Satelliten...; **decoder** *m* ~ Sat-Receiver *m* **sa'tellite** M Satellit *m*; Fernsehsatellit *m*
sa'tirico ADJ satirisch
sauna F Sauna *f*
savoiardo M GASTR Löffelbiskuit *n*
saziare V sättigen **sazio** ADJ satt
sbadato [zb-] ADJ zerstreut
sbadigliare [zbadi'ʎa-] V gähnen
sbagliare [zba'ʎa-] V, **sbagliarsi** [zba'ʎa-] V sich irren; *umg* sich vertun; **sbagliare strada** *zu Fuß* sich verlaufen, *im Auto* sich verfahren **sbagliato** [zba'ʎa-] ADJ falsch
sbaglio ['zbaʎo] M Fehler *m*, Irrtum *m*; **per ~** aus Versehen
sbalordimento [zb-] M Verblüffung *f* **sbalordire** [zb-] V verblüffen
sbalzare [zb-] V schleudern
sbalzo [zb-] M Sprung *m*
sbandare [zb-] V schleudern, ins Schleudern geraten
sbarazzare [zb-] V frei machen **sbarazzarsi** [zb-] V sich entledigen (**di**)
sbarcare [zb-] V ausschiffen; an Land gehen **sbarco** [zb-] M Ausschiffung *f*, Landung *f*
sbarra [zb-] F Schranke *f*; Stange *f*; SPORT Reck *n* **sbarramento** [zb-] M Absperrung *f* **sbarrare** [zb-] V (ver)sperren; *Augen* aufreißen
'sbattere [zb-] V schlagen (**contro** gegen); *Tür* zuwerfen; *Eier* schlagen; **~ fuori qn** j-n rausschmeißen; **~ qc in faccia a qn** j-m etw ins Gesicht schleudern
sbattesimo M REL Kirchenaustritt *m*
sbiadito [zb-] ADJ verblasst
sbiancare [zb-] V bleichen
sbilanciare [zbilantʃa-] V aus dem Gleichgewicht bringen
sbilancio [zbi'lantʃo] M Ungleichgewicht *n*; Defizit *n*
sbirro [zb-] M *umg* Bulle *m*
sbloccare [zb-] V freigeben; TECH lösen **sblocco** [zb-] M Freigabe *f*
sboccare [zbo-] V münden
sbocco [zbo-] M Mündung *f*; HANDEL Absatz(markt) *m*
sbornia [zbɔ-] F Rausch *m*

sborsare [zbo-] V ausgeben **sborso** [zbo-] M Ausgabe *f*, Auslage *f*
sbottonare [zbo-] V aufknöpfen
sbraitare [zb-] V grölen
sbriciolare [zbritʃo-] V zerkrümeln
sbrigare [zb-] V erledigen; abfertigen **sbrigarsi** [zb-] V sich beeilen **sbrigativo** [zb-] ADJ eilig, schnell; voreilig, vorschnell
sbrinare [zb-] V *Kühlschrank* abtauen **sbrinatore** [zb-] M Abtauautomatik *f*; AUTO Defroster *m*
sbronza F [zb-] Rausch *m* **sbronzo** [zb-] ADJ betrunken
sbucare [zb-] V herauskommen
sbucciare [zbut'tʃa-] V (ab)schälen
scabroso ADJ heikel; uneben
scacchiera [-kk-] F Schachbrett *n*
scacciare [-tʃa-] V verjagen
scacco M Schachfigur *f*; Schachfeld *n*; **~ matto** schachmatt; **scacchi** [-ki] *pl* Schach(spiel) *n*; **a scacchi** kariert; **giocatore** *m* **di scacchi** Schachspieler *m*; **giocare a scacchi** Schach spielen
scadente ADJ schlecht
scadenza F Ablauf *m*; HANDEL Fälligkeit *f*; **a breve/lunga ~** kurzfristig/langfristig **scadere** V ablaufen, verfallen; HANDEL fällig sein **scaduto** ADJ verfallen; *Pass* abgelaufen
scafandro M Taucheranzug *m*
scaffale M Regal *n*
scafista M/F *j-d, der illegale Einwanderer mit dem Motorboot ans Festland bringt* **scafo** M SCHIFF Schiffsrumpf *m*
scaglia [-ʎa] F Schuppe *f*; Splitter *m*
scala F Treppe *f*; Leiter *f*; Maßstab *m*; **~ musicale** Tonleiter *f*; **scale** *pl* **mobili** Rolltreppe *f*
scalare V besteigen **scalata** F Besteigung *f* **scalatore** M, **-trice** [-tʃe] F SPORT Kletterer *m*, Kletterin *f*
scalciare [-tʃa-] V ausschlagen *Pferd*
scaldaacqua M, **scaldabagno** [-ɲo] M Boiler *m* **scaldabibe'ron** M Flaschenwärmer *m* **scaldare** V (er)wärmen **scaldarsi** V sich wärmen; sich erwärmen **scaldavivande** M Warmhalteplatte *f*
scalinata F Freitreppe *f* **scalino** M Stufe *f*; Sprosse *f*
scalo M FLUG Zwischenlandung *f*; SCHIFF Anlegehafen *m*; **~ merci** Güterbahnhof *m*; **fare ~** zwischenlanden (**a** in); SCHIFF anlegen
scalogno [-oɲ-] M BOT Schalotte *f*

scaloppa F, **scaloppina** F GASTR kleines Schnitzel
scalpello M Meißel *m*
scalzo ADJ barfuß
scambiare V tauschen (**con** gegen); austauschen; verwechseln (**per** mit)
scambio M Austausch *m*; Verwechslung *f*; BAHN Weiche *f*
scampare V retten; entkommen
scampo M ZOOL Kaisergranat *m*
'scampolo M Rest *m*
scandaglio [-ʎo] M Lot *n*
scandalizzare [-dz-] V Anstoß erregen (**qn** bei j-m), empören
'scandalo M Skandal *m*
Scandinavia F Skandinavien *n* **scandinavo** **1** ADJ skandinavisch **2** M, **-a** F Skandinavier(in) *m(f)*
scanner M IT Scanner *m*
scannerizzare [-dz-] V einscannen
scansafatiche [-ke] M/F Nichtstuer(in) *m(f)*
scansare V ausweichen (**un colpo** einem Schlag); **~ qn** j-n meiden
scantonare V schnell um die Ecke biegen
scapestrato ADJ liederlich
'scapito M Verlust *m*; **a ~ di qn** zu j-s Ungunsten
'scapola F ANAT Schulterblatt *n*
'scapolo **1** ADJ ledig **2** M Junggeselle *m*
scappamento M AUTO Auspuff *m* **scappare** V weglaufen; **devo ~** ich muss abhauen **scappatella** F Seitensprung *m* **scappatoia** F Ausweg *m*
scarafaggio [-dʒo] M ZOOL Küchenschabe *f*; Kakerlake *f*
scarcerare [-tʃe-] V aus der Haft entlassen
scaricare V aus-, abladen; ELEK entladen; IT downloaden; *fig* entlasten; **~ qn** j-n loswerden **scaricarsi** V sich von etw befreien; *Uhr* ablaufen; *Blitz* einschlagen
'scarico **1** ADJ leer; *Uhr* abgelaufen **2** M Aus-, Entladen *n*; AUTO Auspuff *m*; **divieto** *m* **di ~** Schuttabladen verboten; **scarichi** *pl* **industriali** Industrieabfälle *mpl*; **tubo** *m* **di ~** AUTO Auspuffrohr *n*
scarlattina F MED Scharlach *m* **scarlatto** ADJ scharlachrot
scarpa F Schuh *m*; **scarpe** *pl* **da uomo/donna** Herren-/Damenschuhe *mpl*; **scarpe da ginnastica** Turnschuhe *mpl*
scarpetta F: **scarpette** *pl* **da ginnastica** Turnschuhe *mpl*
scarpone M: **~ da montagna/sci** Berg-/Skistiefel *m*
scarsità F Knappheit *f* (**di** an)
scarso ADJ spärlich, knapp
scartamento M BAHN Spurweite *f* **scartare** V auspacken; *Spielkarte* abwerfen

scassare V auspacken; *umg* kaputt machen

scasso M Einbruch *m*; **furto** *m* **con ~** Einbruch(s)diebstahl *m*

scatenare V entfesseln **scatenarsi** V sich austoben; *umg* ausflippen

'scatola F Schachtel *f*; Dose *f*; **~ nera** FLUG Flugschreiber *m*; **averne le scatole piene** die Nase vollhaben; **levarsi dalle scatole** abhauen; **rompere le scatole a qn** j-m auf den Keks gehen **scatolone** M Karton *m*

scattare V hoch-, losschnellen; FOTO knipsen, *umg* schießen **scatto** M Losgehen *n*; SPORT Spurt *m*; FOTO Auslöser *m*; **di ~** mit einem Ruck

scavare V ausgraben **scavo** M Ausgrabung *f*

'scegliere ['ʃeʎere] V (aus)wählen, aussuchen **scelgo** [ʃe-] V ich wähle **'scelgono** [ʃe-] V sie wählen **scelta** [ʃe-] F (Aus-)Wahl *f*; **a ~** nach Wahl; **fare la ~** die Wahl treffen; **non c'è altra ~** es gibt keine andere Wahl **scelto** [ʃe-] ADJ (aus)erlesen, (aus)gewählt

scemo [ʃe-] ADJ dumm

scena [ʃɛ-] F Szene *f*; Bühne *f*

'scendere [ʃe-] V hinuntergehen; hinuntersteigen; BAHN aussteigen; *im Hotel* absteigen; sinken; **~ a compromessi** auf Kompromisse eingehen; **~ in piazza** auf die Straße gehen **scendiletto** [ʃe-] M Bettvorleger *m*

sceneggiato [ʃened'dʒa-] M Fernsehfilm *m* **sceneggiatura** [ʃeneddʒa-] F Drehbuch *n*

scenogra'fia [ʃe-] F Bühnenbild *n*

sceso [ʃe-] PPERF → scendere

scheda [skɛ-] F Zettel *m*, Karte *f*; **~ audio** IT Soundkarte *f*; **~ elettorale** Stimmzettel *m*; **~ grafica** IT Grafikkarte *f*; **~ telefonica** Telefonkarte *f*

schedario [ske-] M Kartei *f*; Karteikasten *m* **schedina** F Tippschein *m*

scheggia ['skeddʒa] F Splitter *m*

'scheletro [skɛ-] M Skelett *n*

schema [skɛ-] M Schema *n*, Plan *m*

scherma [ske-] F SPORT Fechtkunst *f*, Fechten *n*

schermo [ske-] M TV Bildschirm *m*; FILM Leinwand *f*; **~ piatto** Flachbildschirm *m*

schernire [ske-] V verhöhnen

scherno [ske-] M Hohn *m*

scherzare [ske-] V scherzen, spaßen **scherzo** [ske-] M Scherz *m*, Spaß *m*; **per ~** aus Spaß **scherzoso** [ske-] ADJ spaßig; scherzhaft

schiaccianoci [skiattʃa'notʃi] M Nussknacker *m* **schiacciare** [skiat'tʃa-] V zerquetschen; *Finger* einquetschen; *Nüsse*

knacken **schiacciata** [skiat'tʃa-] F Fladenbrot *n*; SPORT Schmetterball *m*
schiaffo [sk-] M Ohrfeige *f*
schiamazzare [sk-] V lärmen
schiantare [sk-] V brechen; platzen **schiantarsi** [sk-] V zerschellen
schiavitù [sk-] F Sklaverei *f*; *fig* Abhängigkeit *f* **schiavo** [sk-] M, **-a** F Sklave *m*, Sklavin *f*
schiena [sk-] F Rücken *m*; **mal** *m* **di ~** Rückenschmerzen *mpl* **schienale** [sk-] M Rückenlehne *f*
schiera [sk-] F Schar *f*; **villetta** *f* **a ~** Reihenhaus *n*
schietto [sk-] ADJ rein, echt; *fig* ehrlich
schifo [sk-] M Ekel *m*; **che ~!** *umg* pfui!; **fare ~ a qn** j-n anekeln **schifoso** [sk-] ADJ ekelhaft
schiocco [skiɔ-] M Knall *m*
schiuma [sk-] F Schaum *m*; **~ da barba** Rasierschaum *m* **schiumare** [sk-] V abschäumen; *fig* schäumen **schiumarola** [sk-] F Schaumlöffel *m* **schiumoso** [sk-] ADJ schaumig
schivare [sk-] V ausweichen (**qc** etw); meiden
schizzare [sk-] V spritzen; verspritzen; skizzieren; **~ l'acqua addosso a qn** j-n mit Wasser bespritzen **schizzo** [sk-] M Spritzer *m*; Skizze *f*
sci [ʃi] M Ski *m*; SPORT Skifahrer *n*; **~ d'acqua** *od* **nautico** SPORT Wasserski *m*; **~ di fondo** SPORT Langlauf *m*
sciacquare [ʃa-] V (ab)spülen **sciacquone** [ʃa-] M Wasserspülung *f*
Sciaffusa [ʃa-] F Schaffhausen *n*
sciagura [ʃa-] F Unglück *n* **sciagurato** [ʃa-] ADJ unglücklich
scialle [ʃa-] M Schultertuch *n*, Schal *m*
scialuppa [ʃa-] F SCHIFF Schaluppe *f*; **~ di salvataggio** Rettungsboot *n*
sciame [ʃa-] M Schwarm *m*
sciare [ʃi'a:re] V SPORT Ski fahren *od* laufen
sciarpa [ʃa-] F Schal *m*
sci'atica [ʃa-] F MED Ischias *m od n*
sciatore [ʃia-] M, **-trice** [-tʃe] F Skiläufer(in) *m(f)*
scien'tifico [ʃe-] ADJ wissenschaftlich **scienza** ['ʃɛntsa] F Wissenschaft *f*; **scienze** *pl* **naturali** Naturwissenschaften *fpl* **scienziato** [ʃe-] M, **-a** F (Natur-)Wissenschaftler(in) *m(f)*
sci'istico [ʃ-] ADJ Ski...
scimmia [ʃ-] F ZOOL Affe *m* **scimmiottare** [ʃ-] V nachäffen
scintilla [ʃ-] F Funke *m* **scintillare** [ʃ-] V funkeln
sciocchezza [ʃokk-] F Klei-

nigkeit *f*; Dummheit *f* **sciocco** ['ʃɔkko] **1** ADJ dumm **2** M, **-a** F Dummkopf *m*

'sciogliere ['ʃɔʎere] V lösen; auflösen **'sciogliersi** ['ʃɔʎersi] V sich lösen; *Schnee* schmelzen **scioltezza** [ʃo-] F Lockerheit *f* **sciolto** [ʃɔ-] ADJ lose; *fig*, locker, ungezwungen

scioperante [ʃo-] M/F Streikende(r) *f(m)* **scioperare** [ʃo-] V streiken **'sciopero** [ʃɔ-] M Streik *m*; **~ generale** Generalstreik *m*

scio'via [ʃio-] F Skilift *m*

scippare V [ʃ-] die (Hand)-Tasche entreißen (**qn** j-m) **scippatore** [ʃ-] M, **-trice** [-tʃe] F (Hand-)Taschenräuber(in) *m(f)* **scippo** [ʃ-] M (Hand-)Taschenraub *m*

scirocco [ʃ-] M Schirokko *m*

sciroppo [ʃ-] M Sirup *m*; MED Saft *m*; **~ per la tosse** Hustensaft *m*

sciupare [ʃu-] V abnutzen; zerknittern; vergeuden; *fig* verderben **sciupato** [ʃu-] ADJ abgetragen; mitgenommen

scivolare [ʃ-] V gleiten, rutschen **'scivolo** [ʃ-] M Rutsche *f*; Rutschbahn *f* **scivolone** [ʃ-] M Ausrutscher *m* **scivoloso** [ʃ-] ADJ rutschig, glatt

scocciare [-tʃa-] V *umg* auf die Nerven gehen (**qn** j-m)

scodella F Schüssel *m*; Napf *m*

scogliera [-ʎɛ-] F Felsenriff *n* **scoglio** ['skɔʎo] M Klippe *f*

sco'iattolo M ZOOL Eichhörnchen *n*

scolapasta M Nudelsieb *n* **scolapiatti** M Abtropfständer *m*

scolare[1] V ausgießen

scolare[2] ADJ Schul...; **età** *f* **~** Schulalter *n* **scolaro** M, **-a** F Schüler(in) *m(f)* **sco'lastico** ADJ Schul...; **anno** *m* **~** Schuljahr *n*

scollato ADJ dekolletiert, ausgeschnitten **scollatura** F Ausschnitt *m*

scolo [sko-] M Abfluss *m*

scolorirsi V verblassen

scolpire V *Stein* behauen; *Holz* schnitzen

scommessa F Wette *f*; Einsatz *m* **scom'mettere** V wetten

scomodare V stören, bemühen **scomodarsi** V sich bemühen **'scomodo** ADJ unbequem

scomparire V verschwinden **scomparsa** F Verschwinden *n*; *fig* Tod *m*

scompartimento M BAHN Abteil *n*

scomporre V zerlegen

sconcio [-tʃo] ADJ unanständig

scon'figgere [-dʒ-] V besiegen, schlagen **sconfitta** F

Niederlage *f*
sconforto M Niedergeschlagenheit *f*
scongelare [-dʒ-] V auftauen
sconosciuto [-ʃu-] ADJ unbekannt
sconsacrare V entweihen
sconsiderato ADJ unbesonnen
sconsigliare [-ʎa-] V abraten (**qc a qn** j-m von etw)
sconsolato ADJ untröstlich
scontare V im Preis heruntersetzen; WIRTSCH abzahlen; **~ una pena** eine Freiheitsstrafe abbüßen **scontato** ADJ ermäßigt; voraussehbar
scontento 1 ADJ unzufrieden (**di** mit) 2 M Unzufriedenheit *f*
sconto M Rabatt *m*, Skonto *m od n*; WIRTSCH Diskont *m*
scontrarsi V *Fahrzeuge* zusammenstoßen
scontrino M Kassenzettel *m*, -bon *m*; **fare lo ~ alla cassa** an der Kasse zahlen
scontro M Zusammenstoß *m*
scontroso ADJ widerspenstig
sconveniente ADJ ungehörig; *Preis* unangemessen
sconvolgente [-dʒ-] ADJ erschütternd, überwältigend
scon'volgere [-dʒ-] V erschüttern; durcheinanderbringen
scooter [sku-] M Motorroller *m*
scopa F Besen *m* **scopare** V fegen, kehren; *vulg* bumsen
scoperta F Entdeckung *f*
scoperto 1 ADJ unbedeckt; *Scheck* ungedeckt 2 M WIRTSCH Überziehung *f*; **allo ~** im Freien
scopo [skɔ-] M Zweck *m*, Ziel *n*
scoppiare V explodieren; *umg* platzen; *Epidemie* ausbrechen **scoppio** M Explosion *f*; Knall *m*
scoprire V entdecken; entblößen
scoraggiare [-dʒa-] V entmutigen **scoraggiarsi** [-dʒa-] V den Mut verlieren **scoraggiato** [-dʒa-] ADJ mutlos
scorcia'toia [-tʃa-] F Abkürzung *f*
scordare V vergessen
scordato ADJ MUS verstimmt
'scorgere [-dʒ-] V bemerken
scoria F Schlacke *f*; **scorie** *pl* **radioattive** radioaktive Abfälle *fpl*
scorpione M ZOOL Skorpion *m*; **Scorpione** ASTROL Skorpion *m*; **essere dello Scorpione** Skorpion sein
'scorrere V fließen; laufen; *Zeit* vergehen
scorretto ADJ unkorrekt; fehlerhaft
scor'revole ADJ Schiebe...; *fig* fließend; **porta** *f* **~** Schiebetür *f*
scorso ADJ vergangen, letzt;

l'anno ~ letztes Jahr; **nelle scorse settimane** in den letzten Wochen
scorta F Eskorte f; Vorrat m
scortese ADJ unhöflich **scorte'sia** F Unhöflichkeit f
scorza F Rinde f; *Obst* Schale f
scossa F Stoß m; ELEK Schlag m; Erdstoß m; **~ elettrica** elektrischer Schlag; **prendere la ~** einen Schlag bekommen
scostare V wegrücken **scostarsi** V sich entfernen
scotch® [skɔtʃ] M ≈ Tesafilm® m
scottare V verbrennen; brennen **scottatura** F Verbrennung f; Sonnenbrand m
scout ['skaut] M/F Pfadfinder(in) m(f)
scovare V aufspüren
Scozia F Schottland n **scozzese** 1 ADJ schottisch 2 M/F Schotte m, Schottin f
screditare V diskreditieren n **screditato** ADJ verrufen, verschrien
scremato ADJ entrahmt
screpolarsi V rissig werden, aufspringen **screpolatura** F Riss m
'scricciolo [-tʃo-] M ZOOL Zaunkönig m
scritta F Aufschrift f **scritto** 1 PPERF geschrieben → scrivere 2 ADJ schriftlich 3 M Schriftstück n, Schrift f **scrittore**, **-trice** [-tʃe] F Schriftsteller(in) m(f) **scrittura** F Schrift f; **la Sacra Scrittura** die Heilige Schrift
scriva'nia F Schreibtisch m
'scrivere V schreiben; aufschreiben
scrofa F ZOOL Sau f
scrollare V schütteln; **~ le spalle** die Achseln zucken
scrosciare [-ʃa-] V *Wasser* rauschen
'scrupolo M Skrupel m; Bedenken n **scrupolosità** F Gewissenhaftigkeit f **scrupoloso** ADJ peinlich genau
scrutare V erforschen
scucire [-tʃ-] V auftrennen
scude'ria F Rennstall m
scudetto M SPORT Meistertitel m
scudo M Schild m
scultore M, **-trice** [-tʃe] F Bildhauer(in) m(f) **scultura** F Bildhauerei f; Skulptur f
scuola F Schule f; **~ di lingue** Sprachschule f; **~ elementare** Grundschule f; **~ guida** Fahrschule f; **~ materna** Kindergarten m **~ media** *obligatorische dreijährige Schule nach der Grundschule*; **~ superiore** *höhere Schule nach dem achten Schuljahr*
'scuotere V schütteln
scure F Beil n
scuretto M Fensterladen m
scuro 1 ADJ dunkel 2 M Fensterladen m
scusa F Entschuldigung f;

Ausrede *f*; **chiedere ~** sich entschuldigen, um Entschuldigung bitten; **chiedo ~!** (ich bitte um) Entschuldigung!
scu'sabile ADJ entschuldbar
scusare V entschuldigen; **scusa!** entschuldige!; **scusi!** entschuldigen Sie! **scusarsi** V sich entschuldigen
sdebitarsi [zd-] V seine Schulden bezahlen
sdegnare [zdeɲ-] V verschmähen **sdegno** ['zde:ɲo] M Empörung *f*
sdraiarsi [zd-] V sich ausstrecken, sich hinlegen **sdraio** [zd-] F: **sedia** *f* **a ~** Liegestuhl *m*
sdruccio'levole [zdruttʃo-] ADJ glatt
se KONJ wenn; ob; **~ ti piace, prendilo** wenn es dir gefällt, nimm es; **non so ~ verrò** ich weiß nicht, ob ich kommen werde; **~ non altro** zumindest
SE ABK (**= sud-est**) SO (Südost *m*)
sé PRON sich; **con ~** mit sich; **da ~** von selbst; allein; **se stesso** sich selbst
sebbene KONJ *+konjkt* obwohl
sec. ABK (**= secolo**) Jh. (Jahrhundert *n*)
secca F Trockenheit *f*; SCHIFF Untiefe *f* **seccare** V trocknen, dörren; belästigen **seccarsi** V verdorren, austrocknen; *fig* es satthaben (**di fare qc** etw zu tun)
seccatura F Belästigung *f*
secchiello [-kk-] M Eimerchen *n* **secchio** [-kk-] M Eimer *m*; **~ della spazzatura** Mülleimer *m*
secco ADJ trocken; dürr; **frutta** *f* **secca** Trockenobst *n*; **lavare a ~** trocken reinigen
secolare ADJ jahrhundertealt; weltlich **'secolo** M Jahrhundert *n*; *fig* Ewigkeit *f*
seconda F *Schule*, BAHN zweite Klasse; AUTO zweiter Gang **secondario** ADJ Neben..., sekundär; **effetto** *m* **~** Nebenwirkung *f*
secondo 1 ADJ zweite(r, -s); **~ tempo** *m* SPORT zweite Halbzeit 2 PRÄP nach, gemäß; entsprechend; **~ me** meiner Meinung nach 3 M, **-a** F Zweite(r) *f(m)*; Sekunde *f*; GASTR zweiter Gang
'sedano M BOT Sellerie *m od f*
sedare V lindern **sedativo** M Beruhigungsmittel *n*
sede F Sitz *m*; HANDEL Niederlassung *f*; **la Santa Sede** der Heilige Stuhl
sedere 1 V sitzen; **posto** *m* **a ~** Sitzplatz *m* 2 M Gesäß *n*
sedersi V sich setzen **sedia** F Stuhl *m*; **~ a sdraio** Liegestuhl *m*; **~ a dondolo** Schaukelstuhl *m*; **~ a rotelle** Rollstuhl *m*
'sedici [-tʃi] ADJ sechzehn
sedile M Sitz *m*

sedurre V verführen
seduta F Sitzung *f*
seduzione F Verführung *f*
sega F Säge *f*
'segale F BOT Roggen *m*
segare V sägen; absägen; zersägen **segatura** F Sägemehl *n*
seggio ['sɛddʒo] M Wahllokal *n*
seggiolino [-dʒo-] M AUTO Kindersitz *m*; **~ da tavolo** Tischsitz *m* **seggiolone** [-dʒo-] M Hochstuhl *m* **seggio'via** [-dʒo-] F Sessellift *m*
segnalare [-ɲ-] V anzeigen, signalisieren **segnalazione** [-ɲ-] F Signalisierung *f*; Zeichen *n*, Signal *n*
segnale [-ɲ-] M Signal *n*, Zeichen *n*; TEL Netz *n*; TEL **~ acustico** Piepton *m*; **~ di allarme** Alarmsignal *n*; **~ stradale** Verkehrszeichen *n*
segnalibro [-ɲ-] M Lesezeichen *n*
segnare [-ɲ-] V anstreichen; markieren; zeigen
segno [-ɲo] M Zeichen *n*; **~ zodiacale** Sternzeichen *n*
segretaria F Sekretärin *f*; **~ di direzione** Chefsekretärin *f* **segretariato** M Sekretariat *n* **segretario** M Sekretär *m* **segrete'ria** F Sekretariat *n*; **~ telefonica** automatischer Anrufbeantworter *m*
segreto 1 ADJ geheim 2 M Geheimnis *n*
seguire V folgen (**qn** j-m); befolgen; verfolgen
segu'ito ADJ: verfolgt; befolgt; **più ~** TV meistgesehen, meistverfolgt
'seguito M Folge *f*, Fortsetzung *f*; **di ~** hintereinander; **in ~ a** infolge
sei[1] ADJ sechs
sei[2] du bist → essere
seicento [-tʃ-] ADJ sechshundert; **il Seicento** das 17. Jahrhundert **seimila** ADJ sechstausend
selezionare V auswählen; IT markieren; TEL wählen **selezione** F Auswahl *f*; TEL Wählen *n*; IT Sortierung *f*
selfie M Selfie *n*
self-service [sɛlf'sɛrvis] M Selbstbedienung *f*
sella F Sattel *m*; GASTR Rücken *m* **sellare** V satteln
selva F Wald *m* **selvaggina** [-dʒ-] F Wild *n*; Wildbret *n*
selvaggio [-dʒ-] ADJ, **sel'vatico** ADJ wild
se'maforo M Ampel *f*
sembrare V scheinen; aussehen; **mi sembra** es scheint mir
seme M Samen *m*
semestre M Halbjahr *n*; Semester *n*
semiaperto ADJ halb offen
semicerchio [-tʃerk-] M Halbkreis *m* **semiconduttore** M TECH Halbleiter *m* **semifinale** F Halbfinale *n* **se-**

mifreddo M Halbgefrorene(s) *n*
'semina F Aussaat *f* **seminare** V säen
seminario M Seminar *n*
semisfera F Halbkugel *f*
semmai KONJ wenn je
'semola F BOT Kleie *f* **semolino** M GASTR Grieß *m*
Sempione M Simplon *m*
'semplice [-tʃ-] ADJ einfach; *fig* schlicht
semplicemente [-tʃ-] ADV einfach; nur, bloß **semplicità** [-tʃ-] F Einfachheit *f*; *fig* Schlichtheit *f* **semplificare** V vereinfachen
sempre ADV immer; immer noch; ständig; **da ~** seit jeher; **per ~** für immer; **~ che** *+konjkt* vorausgesetzt, dass; **~ più/meno** immer mehr/weniger
'senape F BOT Senf *m*
senato M Senat *m* **senatore** M, **-trice** [-tʃe] F Senator(in) *m(f)*
senno M Verstand *m*
seno M ANAT Brust *f*, Busen *m*; *fig* Schoß *m*; GEOG Meerbusen *m*
sensazione F Empfindung *f*, Gefühl *n*; Sensation *f* **sen'sibile** ADJ sensibel; spürbar
sensibilità F Sensibilität *f*, Empfindlichkeit *f*
senso M Sinn *m*; Gefühl *n*; Richtung *f*; **buon ~** gesunder Menschenverstand; **in ~ orario** im Uhrzeigersinn; **perdere i sensi** das Bewußtsein verlieren; **~ unico** Einbahnstraße *f*; **~ vietato** verbotene Fahrtrichtung *f*
sentenza F JUR Urteil *n*
sentiero M Pfad *m*, Weg *m*
sentimentale ADJ sentimental **sentimento** M Gefühl *n*
sentinella F Wache *f*
sentire V fühlen; hören; riechen; schmecken; **senti!** hör mal! **sentirsi** V sich fühlen; **come ti senti?** wie geht's dir?; **non me la sento** mir ist nicht danach
senza PRÄP ohne; **~ difetti** fehlerlos; **~ impegno** unverbindlich; **~ cuore** herzlos; **~ di me** ohne mich; **~ semi** kernlos; **senz'altro** ohne weiteres; bestimmt **senzatetto** M/F Obdachlose(r) *f(m)*
separare V trennen **separarsi** V sich trennen **separazione** F Trennung *f*
sepolcrale ADJ Grab(es)...; **monumento** *m* **~** Grabmal *n*
sepolcro M Grab *n* **sepolto** ADJ begraben **seppellire** V begraben, beerdigen
seppia F ZOOL Tintenfisch *m*
sequestrare V beschlagnahmen **sequestro** M Beschlagnahme *f*
sera F Abend *m*; **buona ~!** guten Abend!; **di ~** abends; **questa ~** heute Abend **serale** ADJ abendlich; **scuola** *f* **~**

Abendschule *f* **serata** F Abend *m*; ~ **danzante** Tanzabend *m*
serbatoio M Behälter *m*, Tank *m*
Serbia F Serbien *n*
serenata F Serenade *f*
serenità F Heiterkeit *f* **sereno** ADJ heiter; klar
serie F Serie *f*, Folge *f*, Reihe *f*; ~ **A/B** SPORT erste/zweite Liga
serietà F Ernst *m* **serio** 1 ADJ ernst, ernsthaft 2 M Ernst *m*; **prendere sul** ~ ernst nehmen; **sul** ~ im Ernst
serpeggiare [-dʒa-] V sich schlängeln **serpente** M Schlange *f* **serpentina** F Schlangenlinie *f*; Serpentinenstraße *f*
serra F Treib-, Gewächshaus *n*; **effetto** *m* ~ Treibhauseffekt *m*
serranda F Rollladen *m*
serrare V verschließen **serratura** F Schloss *n*; ~ **di sicurezza** Sicherheitsschloss *n*
servire V dienen (**qn** j-m); bedienen; servieren; ~ **a** nützen; **mi serve ...** ich brauche ... **servirsi** V sich bedienen; ~ **di qc** etw benutzen **servitù** F Dienerschaft *f*
servizio M Dienst *m*; Bedienung *f*; Service *m od n*; *Tennis* SPORT Aufschlag *m*; TV Bericht *m*; **servizi** *pl* Badezimmer *n*; **di** ~ diensthabend; **fuori** ~ außer Betrieb; ~ **da caffè** Kaffeeservice *n* ~ **militare/civile** Wehr-/Zivildienst *m*; ~ **online** Onlinedienst *m*; **stazione** *f* **di** ~ AUTO Tankstelle *f*
servo M, **-a** F Diener(in) *m(f)*
servofreno M Servobremse *f* **servosterzo** M Servolenkung *f*
sessanta ADJ sechzig **sessantenne** ADJ sechzigjährig
sesso M Geschlecht *n* **sessuale** ADJ geschlechtlich, sexuell
sesto¹ ADJ sechste(r,-s); **un** ~ **(di)** ein Sechstel *n* (von)
sesto² M: **arco** *m* **a** ~ **acuto** Spitzbogen *m*; **arco** *m* **a tutto** ~; Rundbogen *m*; **rimettersi in** ~ wieder in Form kommen
seta [se-] F Seide *f*
setacciare [-tʃa-] V sieben *a. fig*
sete F Durst *m*; **avere** ~ durstig sein, Durst haben
setta [sɛ-] F REL Sekte *f*
settanta ADJ siebzig **settantenne** ADJ siebzigjährig
sette ADJ sieben **settecento** [-tʃ-] ADJ siebenhundert; **il Settecento** das 18. Jahrhundert
settembre M September *m*; → aprile
settemila ADJ siebentausend
settentrionale 1 ADJ nördlich 2 M/F Norditaliener(in) *m(f)* **settentrione** M Norden

m; Nord-, Oberitalien *n*
settice'mia [-tʃ-] F MED Blutvergiftung *f*
settimana F Woche *f*; **~ santa** Karwoche *f* **settimanale** 1 ADJ wöchentlich 2 M Wochenblatt *n* **'settimo** ADJ siebte(r,-s); **un ~ (di)** ein Siebtel *n* (von)
settore M Sektor *m*, Bereich *m*
severità F Strenge *f* **severo** ADJ streng; ernst
sezione F Abschnitt *m*; MED Sezierung *f*, Sektion *f*
sfacchinare [-kk-] V *umg* schuften
sfacciato [-tʃa-] ADJ unverschämt
sfasciare [-ʃa-] V den Verband abnehmen (von); zerbrechen
sfavore M Ungunst *f*; **a ~ di** zum Nachteil von **sfavo'revole** ADJ ungünstig
sfera F Kugel *f*
sfida F Herausforderung *f* **sfidare** V herausfordern
sfiducia [-tʃa] F Misstrauen *n*
sfiga F *umg* Pech *n*; **porta ~** das bringt Unglück
sfigurare V entstellen; sich blamieren
sfilare V vorbeiziehen **sfilata** F: **~ di moda** Modenschau *f*
sfinimento M Erschöpfung *f*
sfiorare V streifen
sfiorire V verblühen, verwelken
'sfizio [-tsio] M Lust *f*, Laune *f*
sfocarsi V sich Luft machen, sich abreagieren
sfoglia [-ʎa] F Folie *f*; **pasta** *f* **~** Blätterteig *m* **sfogliare** [-ʎe-] V durchblättern **sfogliatina** [-ʎa-] F Blätterteigpastete *f*
sfogo M Abzug *m*; *fig* Ausbruch *m*; MED Ausschlag *m*
sfondare V durchbrechen; einschlagen
sfondo M Hintergrund *m*; IT Hintergrundbild *n*
sformare V deformieren
sformato M GASTR Auflauf *m*
sfortuna F Ungück *n* **sfortunatamente** ADV unglücklicherweise **sfortunato** ADJ unglücklich
sforzare V zwingen; Tür aufbrechen **sforzarsi** V sich anstrengen **sforzo** M Anstrengung *f*, Bemühung *f*
'sfottere V *umg* verspotten
sfrattare V kündigen (*a* j-m)
sfregare V reiben
sfrenato ADJ zügellos
sfrontato ADJ frech
sfruttare V ausbeuten, ausnutzen **sfruttatore** M, **-trice** [-tʃe] F Ausbeuter(in) *m(f)*; Zuhälter *m*
sfug'gevole [-dʒ-] ADJ flüchtig **sfuggire** [-dʒ-] V entgehen; entfallen; **mi sfugge** es entgeht mir

sfumatura F MAL Schattierung *f*; *fig* Nuance *f*
sfuso ADJ: **vino** *m* ~ offener Wein
sgabello [zg-] M Hocker *m*, Schemel *m*
sgambettare [zg-] V strampeln
sganciare [zgantʃa-] V *Waggon* abhängen
sgarbato [zg-] ADJ unhöflich, plump **sgarbo** [zg-] M Unhöflichkeit *f*
sgelare [zdʒe-] V auftauen **sgelo** [zdʒɛ-] M Tauen *n*
sghiacciare [zgiat'tʃa:re] V auftauen
sgobbare [zg-] V *umg* büffeln
sgocciolare [zgottʃo'la:re] V (ab)tropfen; tröpfeln
sgomb(e)rare [zg-] V räumen
sgombro¹ [zg-] ADJ frei, leer
sgombro² [zg-] M ZOOL Makrele *f*
sgomento [zg-] [zg-] M Bestürzung *f*
sgonfiarsi [zg-] V MED abschwellen, zurückgehen **sgonfio** [zg-] ADJ *Reifen* ohne Luft; MED abgeschwollen
sgra'devole [zg-] ADJ unangenehm **sgradito** [zg-] ADJ unerwünscht
sgranchirsi [zgrank-] V: ~ **le gambe** sich die Beine vertreten
sgraziato [zg-] ADJ plump
sgretolare [zg-] V abbröckeln
sgridare [zg-] V (aus)schimpfen **sgridata** [zg-] F Schelte *f*
sguaiato [zg-] ADJ ordinär, unanständig
sgualcirsi [zgualtʃ-] V knittern
sguardo [zg-] M Blick *m*
sguazzare [zg-] V planschen
shakerato ADJ: **caffè** *m* ~ *Kaffee mit gestoßenem Eis und Zucker*
shampoo M Shampoo *n*
shock M Schock *m*
si¹ PRON *unpersönlich* man; *reflexiv* sich; ~ **dice** man sagt; ~ **capisce da sé** es versteht sich von selbst
si² M MUS h *n*; ~ **bemolle** b *n*
sì ADV ja; *nach einer verneinten Frage* doch; ~ **e no** etwa, ungefähr; **dire di** ~ ja sagen; **un giorno** ~ **e uno no** jeden zweiten Tag
sia KONJ: ~ ... ~ ... *od* ~ ... **che** ... sowohl ... als auch ...
siamo V wir sind
Siberia F Sibirien *n*
sibilare V zischen **'sibilo** M Zischen *n*, Pfeifen *n*
sicché [-kke] KONJ sodass
siccità [-tʃ-] F Dürre *f*
siccome KONJ da, weil
Sicilia [-tʃ-] F Sizilien *n* **siciliano** [-tʃ-] **1** ADJ sizilianisch **2** M, **-a** F Sizilianer(in) *m(f)*
sicura F Sicherung *f* **sicurez-**

za F Sicherheit *f*; **pubblica ~** Polizei *f* **sicuro** ADJ sicher; **~ di sé** selbstsicher; **essere al ~ da qc** vor etw sicher sein
sidro M GASTR Obstwein *m*, Cidre *m*
siede er (sie, es) sitzt; **si ~** er (sie, es) setzt sich → sedere
siedi du sitzt; **ti ~** du setzt dich; **siediti!** setz dich! → sedere **siedo** ich sitze; **mi ~** ich setze mich → sedere
'siedono sie sitzen; **si ~** sie setzen sich → sedere
siepe F Hecke *f*
siero M Serum *n* **sieropositivo** ADJ HIV-positiv
siesta F Mittagsruhe *f*
siete V ihr seid
si'filide F MED Syphilis *f*
sifone M Siphon *m*
sig. ABK (= **signore**) Hr. (Herr *m*)
sigaretta F Zigarette *f* **'sigaro** M Zigarre *f*
sigg. ABK (= **signori**) Herren *mpl*
sigillare [-dʒ-] V versiegeln
sigillo [-dʒ-] M Siegel *n*
sigla F Abkürzung *f*, Kürzel *n*
significare [-ɲ-] V bedeuten **significativo** [-ɲ-] ADJ vielsagend **significato** [-ɲ-] M Bedeutung *f*
signora [-ɲo-] F Dame *f*, Frau *f*; **la ~ Rossi** Frau Rossi; **signore** *fpl* **e signori** *mpl* meine Damen und Herren
signore [-ɲo-] M Herr *m*; **il signor Rossi** Herr Rossi **i signori** *pl* **Rossi** Herr und Frau Rossi
signorile [-ɲ-] ADJ herrschaftlich, vornehm
signorina [-ɲ-] F Fräulein *n*
Sig.ra ABK (= **Signora**) Fr. (Frau *f*)
silenziatore M Schalldämpfer *m* **silenzio** M Ruhe *f*, Stille *f*; Schweigen *n*; **fare ~** still sein; schweigen; **~!** Ruhe! **silenzioso** ADJ still, ruhig; leise
'sillaba F Silbe *f* **sillabare** V buchstabieren
siluro M MIL Torpedo *m*; ZOOL Wels *m*
sim, SIM ABK: **scheda** *m* **~** SIM-Karte *f*
sim'bolico ADJ symbolisch
'simbolo M Symbol *n*
similare ADJ gleichartig, ähnlich
'simile **1** ADJ ähnlich; so ein(e); **essere ~ a qn** j-m ähneln **2** M/F Nächste(r) *f(m)*
simme'tria F Symmetrie *f*
sim'metrico ADJ symmetrisch
simpa'tia F Sympathie *f* **sim'patico** ADJ sympathisch
simpatizzare [-dz-] V sympathisieren
simulare V heucheln, vortäuschen
sinagoga F Synagoge *f*
sinceramente [-tʃe-] ADV ehrlich gesagt **sincerarsi**

[-tʃe-] V sich vergewissern **sincerità** [-tʃe-] F Aufrichtigkeit *f* **sincero** [-tʃɛ-] ADJ aufrichtig, ehrlich
sincronizzato [-dz-] ADJ synchronisiert
sindacalista M/F Gewerkschaft(l)er(in) *m(f)* **sindacato** M Gewerkschaft *f*
'sindaco M Bürgermeister *m*
singhiozzare [-g-] V schluchzen **singhiozzo** [-g-] M Schluckauf *m*; Schluchzen *n*
'singola F Einzelzimmer *n*
singolare 1 ADJ eigenartig; einzigartig 2 M Einzahl *f*; SPORT Einzel *n*
'singolo 1 ADJ einzeln, Einzel...; **camera** *f* **singola** Einzelzimmer *n*; **ogni ~** jeder einzelner 2 M Einzelne(r) *f(m)*; SPORT *Tennis* Einzel *n*; *Rudern* Einer *m*
sinistra F Linke *f*; linke Hand; **a ~** links **sinistrato** 1 ADJ geschädigt 2 M, **-a** F Opfer *n* **sinistro** 1 ADJ linke(r) 2 M Schaden *m*, Unfall *m*
sino PRÄP: **~ a** bis, bis zu; **sin da** seit **sinora** ADV bis jetzt, bisher
'sintomo M MED Symptom *n*
si'pario M THEAT Vorhang *m*
Siracusa F Syrakus *n*
Siria F Syrien *n*
siringa F MED Spritze *f Gerät*
sistema M System *n*; **~ antibloccaggio** Antiblockiersystem (ABS) *n*; **~ immunitario** Immunsystem *n*; **~ operativo** IT Betriebssystem *n*
sistemare V aufräumen; unterbringen; regeln **sistemarsi** V unterkommen **sistemazione** F Ordnung *f*; Unterbringung *f*
sito M Ort *m*; **~ Internet** *od* **web** Internetseite *f*, Web-Seite *f* **situato** ADJ gelegen **situazione** F Lage *f*, Situation *f*
skateboard M Skateboard *n*
slancio ['zlantʃo] M Schwung *m*
slavina [zl-] F Lawine *f*
slavo [zl-] 1 ADJ slawisch 2 M **-a** F Slawe *m*, Slawin *f*
slegare [zl-] V losbinden
slip [zl-] M Slip *m*
slitta [zl-] F Schlitten *m* **slittare** [zl-] V gleiten, rutschen
slittino [zl-] M Rodelschlitten *m*
slogare [zl-] V verrenken, verstauchen **slogatura** [zl-] F Verrenkung *f*, Verstauchung *f*
sloggiare [zlodd͡ʒa-] V ausziehen
Slovacchia [zlo'vakkia] F Slowakei *f* **slovacco** [zl-] 1 ADJ slowakisch; **Repubblica Slovacca** Slowakien *n* 2 M, **-a** F Slowake *m*, Slowakin *f* 3 M *Sprache* Slowakisch *n*
Slovenia [zl-] F Slowenien *n*
sloveno [zl-] 1 ADJ slowenisch 2 M **-a** F Slowene *m*,

Slowenin *f* ■ M *Sprache* Slowenisch *n*
smacchiare [zmak-k-] V von Flecken reinigen **smacchiatore** [zmakk-] M Fleckentferner *m*
smaltimento [zm-] M Entsorgung *f* **smaltire** [zm-] V entsorgen; verdauen; HANDEL absetzen; **~ la sbornia** seinen Rausch ausschlafen
smalto [zm-] M Email *n*, Glasur *f*; **~ per unghie** Nagellack *m*
smarrimento [zm-] M Verlust *m*
smartphone ['zmartfɔn] M TEL, IT Smartphone *n*
smascherare [zmask-] V entlarven
smentire [zme-] V dementieren; Lügen strafen
smeraldo [zme-] M MINER Smaragd *m*
smerciare [zmertʃa-] V *Ware* absetzen **smercio** ['zmɛrtʃo] M Absatz *m*, Verkauf *m*
'smettere [zm-] V aufhören (**qc** mit etw; **di fare qc** etw zu tun); *Kleider* ablegen; **smettila!** hör auf!
smisurato [zm-] ADJ unermesslich
smodato [zm-] ADJ unmäßig
smoking [zm-] M Smoking *m*
smontaggio [zmon'taddʒo] M Demontage *f* **smontare** [zm-] V auseinandernehmen; aussteigen lassen; *umg* Feierabend machen
'smorfia [zmɔ-] F Grimasse *f* **smorfioso** [zmo-] ADJ zimperlich
smottamento [zm-] M Erdrutsch *m*
sms ['ɛsse-ɛmme-'ɛsse] F TEL SMS *f*
'smuovere [zm-] V wegrücken; *fig* abbringen (**da** von)
snack [znɛk] M Snack *m*, Imbiss *m* **snack bar** [znɛk'bar] M Snackbar *f*
snello [znɛ-] ADJ schlank
snervante [zne-] ADJ nervenaufreibend **snervare** [zne-] V entnerven
sniffare [zn-] V sniffen
snodare [zn-] V aufknoten
so ich weiß → sapere
SO ABK (= **sud-ovest**) SW (Südwest *m*)
sobborgo M Vorstadt *f*, Vorort *m*
sobrietà F Nüchternheit *f*; Mäßigkeit *f* **sobrio** ADJ nüchtern; maßvoll
soc'chiudere [-kk-] V *Tür* anlehnen
soc'correre V: **~ qn** j-m helfen **soccorso** M Hilfe *f*; **pronto ~** Erste Hilfe; **~ stradale** Pannendienst *m*
social ['sɔʃal] M IT soziales Netzwerk *n*
sociale [-tʃa-] ADJ gesellschaftlich, Gesellschafts…; sozial Sozial…; **vita** *f* **~** gesellschaftliches Leben; **scienze**

sociali Sozialwissenschaften *fpl* **socialista** [-tʃa-] **1** ADJ sozialistisch **2** M/F Sozialist(in) *m(f)*
società [-tʃe-] F Gesellschaft *f*; Verein *m*; ~ **a responsabilità limitata** Gesellschaft *f* mit beschränkter Haftung; ~ **per azioni** Aktiengesellschaft *f*; ~ **sportiva** Sportverein *m*
socio [-tʃo] M WIRTSCH Teilhaber *m*; Mitglied *n*
soddisfacente [-tʃɛ-] ADJ zufriedenstellend **soddisfare** V befriedigen, zufriedenstellen; erfüllen **soddisfatto** ADJ zufrieden **soddisfazione** F Zufriedenheit *f*; Genugtuung *f*
sodo ADJ hart, fest
sofà M Sofa *n*
sofferente ADJ leidend **sofferenza** F Leiden *n*
soffiare V blasen, wehen **soffiarsi** V: ~ **il naso** sich die Nase putzen **soffio** M Hauch *m*
soffitta F Dachboden *m* **soffitto** M (Zimmer-)Decke *f*
soffocare V ersticken
sof'friggere [-dʒe-] V anbraten
soffrire V leiden (**di** an, unter); ertragen
software M Software *f*; ~ **didattico** Lernsoftware *f*
soggettivo [-dʒe-] ADJ subjektiv **soggetto** [-dʒɛ-] **1** ADJ unterworfen; ~ **a tassa** steuerpflichtig **2** M Gegenstand *m*, Thema *n*; GRAM Subjekt *n*
soggiornare [-dʒo-] V sich aufhalten **soggiorno** [-dʒo-] M Aufenthalt(sort) *m*; Wohnzimmer *n*
soglia [-ʎa] F Schwelle *f* **soglio** [-ʎo] M Thron *m*; ~ **pontificio** Heiliger Stuhl
'sogliola ['sɔʎola] F ZOOL Seezunge *f*
sognare [-ɲ-] V träumen (von) **sogno** [-ɲo] M Traum *m*
soia F BOT Soja(bohne) *f*
sol M MUS g *n*
solaio M Dachboden *m*
solamente ADV nur; ~ **ieri** erst gestern
solare ADJ Sonnen...; **energia** *f* ~ Sonnenenergie *f*
solarium M Solarium *n*; Sonnenstudio *n*; Sonnenbank *f*
solco M Furche *f*; Spur *f*
soldato M Soldat *m*
soldi MPL Geld *n*
sole M Sonne *f*; **c'è il** ~ die Sonne scheint; **prendere il** ~ sich sonnen **soleggiato** [-dʒa-] ADJ sonnig
solenne ADJ feierlich **solennità** F Feierlichkeit *f*
soletta F Einlegesohle *f*
sol'forico ADJ: **acido** *m* ~ Schwefelsäure *f*
solidale ADJ solidarisch **solidarietà** F Solidarität *f*
solidità F Festigkeit *f* **'solido**

ADJ fest, solide
solista M/F Solist(in) *m(f)*
solitamente ADV gewöhnlich, üblich
solitario 1 ADJ einsam 2 M Patience *f*
'solito ADJ gewohnt, üblich; **come al ~** wie gewöhnlich; **di ~** (für) gewöhnlich; **essere ~ fare qc** gewöhnlich etw tun; **più del ~** mehr als sonst
soli'tudine F Einsamkeit *f*
sollecitare [-tʃ-] V auffordern
sollecitazione [-tʃ-] F: **lettera** *f* **di ~** Mahnung *f* **sol'lecito** [-tʃ-] ADJ eifrig; prompt
solleci'tudine [-tʃ-] F Eifer *m*; Schnelligkeit *f*
sol'letico M: **fare il ~** kitzeln; **soffrire il ~** kitzelig sein
sollevamento M: **~ pesi** Gewichtheben *n* **sollevare** V (an-, auf-, er)heben; aufrichten **sollevarsi** V sich erheben; sich erholen
sollievo M Erleichterung *f*; Trost *m*
solo 1 ADJ allein(ig); einzig; **da ~** allein 2 ADV nur 3 M, **-a** F Einzige(r) *f(m)*
solstizio M Sonnenwende *f*
soltanto ADV nur; erst; **parto ~ domani** ich fahre erst morgen
so'lubile ADJ löslich; **~ in acqua** wasserlöslich **soluzione** F Lösung *f* **solvente** 1 ADJ zahlungsfähig 2 M Lösungsmittel *n*
somaro M Esel *m* (*a. fig*)
somigliante [-ʎan-] ADJ ähnlich **somiglianza** [-ʎan-] F Ähnlichkeit *f* **somigliare** [-ʎa-] V: **a qn** j-m ähnlich sein, gleichen
somma F Summe *f* **sommare** V addieren; **tutto sommato** alles in allem **sommario** 1 ADJ summarisch 2 M Inhaltsangabe *f*
som'mergere [-dʒe-] V überschwemmen **sommer'gibile** [-dʒ-] M Tauchboot *n*
sommo ADJ höchst
sondaggio [-dʒo] M *fig* Umfrage *f* **sondare** V sondieren
son'nambulo 1 ADJ mondsüchtig 2 M, **-a** F Schlafwandler(in) *m(f)* **sonnecchiare** [-kk-] V schlummern
son'nifero M Schlafmittel *n*
sonno M Schlaf *m*; **avere ~** müde sein; **prendere ~** einschlafen **sonnolento** ADJ schläfrig
sono V ich bin; sie sind
sonorità F Wohlklang *m* **sonoro** ADJ klangvoll; **colonna** *f* **sonora** Soundtrack *m*
sontuosità F Pracht *f* **sontuoso** ADJ prächtig
soppalco M ARCH Dachboden *m*
soppor'tabile ADJ erträglich
sopportare V ertragen, vertragen, aushalten **sopportazione** F Geduld *f*, Duldung *f*
soppressione F Abschaffung

f; Beseitigung *f* **sop'primere** V abschaffen, aufheben; beseitigen
sopra 1 PRÄP auf; über, oberhalb; **il libro è ~ la scrivania** das Buch ist auf dem Schreibtisch; **volare ~ la città** über die Stadt fliegen 2 ADV oben; **al piano di ~** auf dem oberen Stockwerk
sopracciglio [-tʃiːʎo] M Augenbraue *f* **sopraccoperta** F Tagesdecke *f*
sopraffino ADJ extrafein
sopran'nome M Spitzname *m*
soprattassa F HANDEL Steuerzuschlag *m*
soprattutto ADV vor allem
sopravvalutare V überschätzen
sopravvissuto 1 ADJ überlebend 2 M, **-a** F Überlebende(r) *f(m)* **soprav'vivere** V überleben (**a qn** j-n)
sorbetto M Sorbett *m od n*
sordità F Taubheit *f* **sordo** 1 ADJ taub 2 M, **-a** F Taube(r) *f(m)* **sordomuto** 1 ADJ taubstumm 2 M, **-a** F Taubstumme(r) *f(m)*
sorella F Schwester *f* **sorellastra** F Stiefschwester *f*
sorgente [-dʒɛ-] F Quelle *f*
'sorgere [-dʒe-] V sich erheben; *Sonne* aufgehen
sorpassare V überschreiten; AUTO überholen **sorpasso** M Überholen *n*; **divieto** *m* **di ~** Überholverbot *n*
sor'prendere V überraschen **sor'prendersi** V staunen (**di** über) **sorpresa** F Überraschung *f*
sor'reggere [-dʒe-] V stützen
sor'ridere V lächeln **sorriso** M Lächeln *n*
sorseggiare [-dʒa-] V schlürfen **sorso** M Schluck *m*
sorta [-o-] F Sorte *f*, Art *f*; **una ~ di** eine Art von
sorteggiare [-dʒa-] V auslosen **sorteggio** [-dʒo] M Auslosung *f*
sorveglianza [-ʎan-] F Überwachung *f* **sorvegliare** [-ʎa-] V überwachen
sosia M/F Doppelgänger(in) *m(f)*
so'spendere V unterbrechen; suspendieren **sospensione** F Unterbrechung *f*, Einstellung *f*; AUTO Federung *f* **sospeso** ADJ hängend; *fig* in der Schwebe; **ponte** *m* **~** Hängebrücke *f*
sospettare V verdächtigen; vermuten **sospetto** M Verdacht *m* **sospettoso** ADJ argwöhnisch
sospirare V seufzen; *fig* herbeisehnen **sospiro** M Seufzer *m*
sosta F Halt *m*, Anhalten *n*; Pause *f*; **divieto** *m* **di ~** Halteverbot *n*; **fare una ~** halten
sostantivo M GRAM Substantiv *n*, Hauptwort *n*

sostanza F Stoff *m*, Substanz *f*
sostare V halten; eine Pause einlegen
sostegno [-ɲo] M Stütze *f*
sostenere V stützen; unterstützen; behaupten
sostituire V ersetzen; vertreten **sostituto** M, **-a** F Stellvertreter(in) *m(f)*
sottaceto [-tʃ-] **1** ADJ in Essig eingelegt **2** M: **sottaceti** *pl* Mixed Pickles *pl*
sotter'raneo **1** ADJ unterirdisch **2** M Kellergeschoss *n*
sotterrare V vergraben; begraben
sottile ADJ dünn; fein
sottinteso **1** ADJ stillschweigend **2** M Andeutung *f*
sotto **1** PRÄP unter; unterhalb; **~ l'effetto di** unter dem Einfluss von; **sei gradi ~ zero** sechs Grad unter Null; **sott'aceto** in Essig **2** ADV unten; darunter; **al di ~ di** unter; **al piano di ~** auf dem unteren Stockwerk
sottobanco ADV unter der Hand **sottobraccio** [-tʃo] ADV eingehakt **sottoesposto** ADJ FOTO unterbelichtet
sottolineare V unterstreichen
sottomarino **1** ADJ unterseeisch **2** M U-Boot *n*
sotto'mettere V unterwerfen
sottopassaggio [-dʒo] M Unterführung *f*
sottoporre V unterziehen
sottoposto ADJ ausgesetzt
sottoscritto M, **-a** F: **il ~** ich, der Unterzeichnete; **la sottoscritta** ich, die Unterzeichnete **sotto'scrivere** V unterschreiben **sottoscrizione** F Unterzeichnung *f*
sottosopra ADV drunter und drüber **sottosuolo** M Untergrund *m* **sottosviluppato** [-zv-] ADJ unterentwickelt
sotto'titolo M Untertitel *m*
sottovalutare V unterschätzen
sottoveste F Unterkleid *n*
sottovoce [-tʃe] ADV leise
sottrarre V entreißen; unterschlagen; MATH abziehen
sottrazione F Unterschlagung *f*; MATH Subtraktion *f*
sottufficiale [-tʃa-] M MIL Unteroffizier *m*
sovi'etico ADJ *hist* sowjetisch
sovrac'carico ADJ überladen; *fig* überlastet **sovrannaturale** ADJ übernatürlich
sovrano **1** ADJ souverän **2** M, **-a** F Herrscher(in) *m(f)*
sovrappeso M Übergewicht *n* **sovrapporre** V übereinanderlegen **sovrastare** V überragen (**qc, a qc** etw)
sovvenzionare V subventionieren **sovvenzione** F Subvention *f*
S.P.A. F ABK (**= Società Per Azioni**) AG (Aktiengesellschaft *f*)

spaccare V spalten; *Holz* hacken **spaccatura** F Spalt *m*
spacciare [-tʃa-] V *Ware* vertreiben; *umg* dealen **spacciatore** [-tʃa-] M, **-trice** [-tʃe] F Dealer(in) *m(f)* **spaccio** [-tʃo] M Verkauf *m*; Drogenhandel *m*
spacco M Spalt *m*, Riss *m* **spaccone** M, **-a** F Angeber(in) *m(f)*
spada F Schwert *n*; SPORT Degen *m*
spaesato ADJ fremd
spaghetti [-ge-] MPL Spaghetti *pl*
Spagna [-ɲa] F Spanien *n* **spagnolo** [-ɲɔ-] **1** ADJ spanisch **2** M, **-a** F Spanier(in) *m(f)* **3** M *Sprache* Spanisch *n*
spago M Bindfaden *m*
spalancare V (weit) aufreißen
'Spalato F Split *n*
spalla F Schulter *f*, Achsel *f* **spalliera** F (Rücken-)Lehne *f*; AGR Spalier *n* **spallina** F Träger *m*
spalmare V bestreichen
spammare V IT spammen **spammista** M/F IT Spammer(in) *m(f)*
sparare V schießen, *umg* abknallen **spararsi** V: **~ qc** *umg* sich etw reinziehen **sparatoria** F Schießerei *f*
sparecchiare [-kk-] V *Tisch* abdecken
spareggio [-dʒo] M SPORT Entscheidungsspiel *n*
'spargere [-dʒe-] V ausstreuen
sparire V verschwinden
sparo M Schuss *m*
spartiacque M Wasserscheide *f* **spartire** V (auf)teilen **sparti'traffico** M Leitplanke *f* **spartizione** F Verteilung *f*
spasso M Vergnügen *n*; **andare a ~** spazieren gehen
spaventare V erschrecken **spaventarsi** V erschrecken **spavento** M Schreck *m* **spaventoso** ADJ entsetzlich
spaziale ADJ (Welt-)Raum...; **navicella** *f* **~** Raumschiff *n*
spazientirsi V die Geduld verlieren
spazio M Raum *m*; Platz *m*; Weltraum *m*; **~ di tempo** Zeitraum *m* **spazio-bimbi** M Kinderecke *f*, Kinderbereich *m* **spazioso** ADJ geräumig
spazzacamino M Schornsteinfeger(in) *m(f)* **spazzaneve** M Schneepflug *m a. Ski*
spazzare V fegen, kehren **spazzatura** F Müll *m* **spazzino** M, **-a** F Straßenkehrer(in) *m(f)*
'spazzola F Bürste *f* **spazzolare** V abbürsten
spazzolino M: **~ da denti** Zahnbürste *f*; **~ per unghie** Nagelbürste *f*
specchiarsi [-kk-] V sich im Spiegel betrachten **spec-**

chiera [-kk-] F Wandspiegel m **specchietto** [-kk-] M Handspiegel m; ~ **retrovisore** AUTO Rückspiegel m

specchio [-kk-] M Spiegel m

speciale [-tʃa-] ADJ speziell, besondere; **treno** m ~ Sonderzug m **specialista** [-tʃa-] M/F Fachmann m, -frau f; Facharzt m, -ärztin f **specialità** [-tʃa-] F Spezialität f

specializzarsi [-tʃaliddz-] V sich spezialisieren **specialmente** [-tʃa-] ADV besonders

specie [-tʃe] 1 F Art f 2 ADV besonders

specificare [-tʃ-] V genau angeben **spe'cifico** [-tʃ-] ADJ spezifisch

speculare V spekulieren (**su** auf) **speculazione** F Spekulation f

spedire V senden, schicken

spedito ADJ schnell, rasch

spedizione F Versand m; Beförderung f **spedizioniere** M, **-a** F Spediteur(in) m(f)

'spegnere [-ɲ-] V (aus)löschen; *Licht, Radio* ausschalten, ausmachen; *Motor* abstellen **'spegnersi** [-ɲ-] V erlöschen

spelling M: **fare lo ~** buchstabieren

'spendere V ausgeben; *fig* aufwenden

spennare V *Huhn* rupfen

spensierato ADJ sorglos

spento ADJ erloschen; ausgeschaltet; abgestellt; matt

speranza F Hoffnung f

sperare V hoffen (**in** auf); **spero di rivederti presto** ich hoffe, dich bald wiederzusehen; **spero che** +*konjkt* ich hoffe, dass; **spero nel Suo aiuto** ich hoffe auf Ihre Hilfe

sperduto ADJ *Ort* abgelegen; *Person* verirrt

sperimentale ADJ experimentell

sperma M BIOL Sperma n

spesa F Ausgabe f; **fare la ~** einkaufen; **spese** pl Kosten pl, Spesen pl; **spese di manutenzione** Wartungskosten pl

speso PPERF ausgegeben → spendere

spesso 1 ADV oft 2 ADJ dick; dicht **spessore** M Dicke f, Stärke f

spet'tabile ADJ: **Spettabile Ditta ...** *auf dem Umschlag* (an) Firma ...; *Anrede* Sehr geehrte Damen und Herren

spet'tacolo M Vorstellung f; Schauspiel n, Anblick m

spettare V: **mi spetta** das steht mir zu

spettatore M, **-trice** [-tʃe] F Zuschauer(in) m(f)

spettinare V zerzausen

spettro [-ɛ-] M Gespenst n

spezie [-ɛ-] FPL GASTR Gewürze npl

spezzare V brechen; zerbrechen **spezzatino** M Gulasch n od m

spia F Spion(in) *m(f)*; TECH Kontrollleuchte *f*; **fare la ~ a qn** *umg* j-n verpfeifen, verpetzen
spiacente [-tʃɛ-] ADJ: **sono ~** es tut mir leid
spia'cevole [-tʃe-] ADJ unangenehm
spiaggia [-dʒa] F Strand *m*; **andare in ~** an den Strand gehen; **~ privata** Privatstrand *m*; **~ sabbiosa** Sandstrand *m*
spianare V ebnen; *Teig* ausrollen
spiare V ausspionieren
spiazzo M großer, freier Platz
spicchio [-kkio] M: **~ d'aglio** Knoblauchzehe *f*
spicciarsi [-tʃa-] V sich beeilen
'spiccioli [-tʃo-] MPL Kleingeld *n*
spiedino M GASTR Spießchen *n* **spiedo** M (Brat-)Spieß *m*; **allo ~** am (*od* vom) Spieß
spiegare V erklären **spiegarsi** V sich erklären; sich klar ausdrücken **spiegazione** F Erklärung *f*
spietato ADJ erbarmungslos
spiga F BOT Ähre *f*
'spigola F ZOOL Wolfsbarsch *m*
'spigolo M Kante *f*
spilla F; Brosche *f*, Ansticknadel *f*; **~ da balia** Sicherheitsnadel *f* **spillo** M Stecknadel *f*; **tacco** *m* **a ~** Pfennigabsatz *m*
spina F Dorn *m*; Stachel *m*; ELEK Stecker *m*; **birra** *f* **alla ~** Bier *n* vom Fass; **~ di pesce** Fischgräte *f*; **~ doppia** Doppelstecker *m*; **~ dorsale** ANAT Rückgrat *n*, Wirbelsäule *f*
spinaci [-tʃi] MPL BOT Spinat *m*
'spingere [-dʒ-] V schieben; stoßen; drücken; *fig* treiben **'spingersi** [-dʒ-] V vordringen
spino M BOT Dornbusch *m* **spinoso** ADJ dornig; stachlig; *fig* heikel
spinta F Stoß *m*; **dare una ~ a qn** j-n stoßen
spinte'rogeno [-dʒ-] M AUTO Zündverteiler *m*
spinto **1** PPERF → spingere **2** ADJ anstößig
spionaggio [-dʒo] M Spionage *f*
'spirito M Geist *m*; Sinn *m*; Humor *m*; Alkohol *m* **spiritoso** ADJ geistreich, witzig **spirituale** ADJ geistig
'splendere V glänzen **'splendido** ADJ glänzend **splendore** M Glanz *m*
spogliare [-ʎa-] V ausziehen **spogliarello** [-ʎa-] M Striptease *m od n* **spogliarsi** [-ʎa-] V sich ausziehen **spogliatoio** [-ʎa-] M Umkleidekabine *f*
spoglio [-ʎo] M Auswertung *f*; **~ dei voti** Stimmenauszählung *f*

spolverare V abstauben
sponda F Ufer *n*; Rand *m*
sponsorizzare [-dz-] V sponsern
spon'taneo ADJ spontan, freiwillig; wild
sporcare V schmutzig machen **sporcizia** [-tʃ-] F Dreck *m* **sporco** ADJ schmutzig
'sporgere [-dʒ-] V vorstrecken **'sporgersi** [-dʒ-] V sich hinauslehnen
sport M Sport *m*; **~ acquatico** Wassersport *m*; **~ invernale** Wintersport *m*
sportello M Schalter *m*; *Zug, Auto, Flugzeug* Tür *f*; **~ automatico** Automat *m*
sportivo 1 ADJ sportlich; **campo** *m* **~** Sportplatz *m* 2 M, **-a** F Sportler(in) *m(f)*
sposa F Braut *f* **sposare** V heiraten **sposarsi** V heiraten
sposato ADJ verheiratet
sposo M Bräutigam *m*; **sposi** *pl* Brautpaar *n*, Brautleute *pl*; **promessi sposi** Verlobten *pl*; **sposi novelli** Jungvermählten *pl*; **viva gli sposi!** hoch lebe das Brautpaar!
spostamento M Verschiebung *f*; Verlegung *f* **spostare** V verschieben; verlegen; **~ la macchina** umparken
spray ['sprai] M Spray *n*; **~ antizanzare** Mückenspray *n*
sprecare V verschwenden
spreco M Verschwendung *f*
'spremere V auspressen
spremiagrumi M Zitruspresse *f* **spremuta** F (frisch gepresster Frucht-)Saft *m*; **~ d'arancia** frisch gepresster Orangensaft
sprofondare V einbrechen; versinken, einsinken *a. fig*
sprofondarsi V sich versenken (**in** in)
sprone M Sporn *m*
spro'posito M: **a ~** unpassend
spruzzare V (be)spritzen
spruzzatore M Zerstäuber *m*; AUTO Einspritzdüse *f*
spruzzo M Spritzer *m*
spugna [-ɲa] F Schwamm *m*; Frottee *f*
spuma F *zuckerhaltige Limonade*
spumante M Sekt *m*
spuntare V sprießen; *Sonne* aufgehen; *Tag* anbrechen; **allo ~ del sole** bei Sonnenaufgang
spuntino M Imbiss *m*
sputare V spucken, speien
sputo M Spucke *f*
squadra F Gruppe *f*, Team *n*; SPORT Mannschaft *f*; **~ mobile** *od* **volante** Überfallkommando *n*
'squallido ADJ düster; trostlos
squalo M ZOOL Hai(fisch) *m*
squama F Schuppe *f*
squarcio [-tʃo] M Riss *m*
squillo M Klingeln *n* **fare uno ~** anrufen
squisito ADJ auserlesen; *fig*

fein

sradicare [zr-] V entwurzeln; *fig* ausrotten

S.R.L. F ABK (= **Società a Responsabilità Limitata**) GmbH *f* (Gesellschaft *f* mit beschränkter Haftung)

SS F ABK (= **Strada Statale**) Staatsstraße *f*

sta → stare

'stabile ADJ fest; *Wetter* beständig; ständig **stabilimento** M Fabrik *f*; Anlage *f*; ~ **balneare** Badeanstalt *f*

stabilire V festsetzen; beschließen **stabilirsi** V sich niederlassen

staccare V abreißen; TEL abnehmen **staccarsi** V sich lösen; *Knopf* abgehen

stadio M SPORT Stadion *n*; Stadium *n*, Phase *f*

staffa F Steigbügel *m*

stage [sta:ʒ] M Praktikum *n*

stagionale [-dʒo-] ADJ: **lavoro** *m* ~ Saisonarbeit *f* **stagionato** [-dʒo-] ADJ GASTR gereift

stagione [-dʒo-] F Jahreszeit *f*; THEAT Spielzeit *f*; ~ **balneare** Badesaison *f*; ~ **estiva** Sommersaison *f*; ~ **invernale** Wintersaison *f*; **alta** ~ Hochsaison *f*; **bassa** ~ Nebensaison *f*

stagista M/F Praktikant(in) *m(f)*

stagnare [-ɲ-] V (still)stehen; HANDEL stagnieren

stagno [-ɲ-] **1** ADJ wasserdicht **2** M Teich *m*; CHEM Zinn *n*

stagnola [-ɲ-] F Stanniol *n*

stai → stare

stalker ['stɔlker] M/F Stalker(in) *m(f)* **stalking** ['stɔlkiŋ] M Stalking *n*

stalla F Stall *m*

stamani ADV, **stamattina** ADV heute Morgen

stambecco M ZOOL Steinbock *m*

stampa F Druck *m*; Presse *f*; FOTO Abzug *m*; ~ **estera/nazionale** ausländische/nationale Presse; **conferenza** *f* ~ Pressekonferenz *f*

stampante F: ~ **laser** IT Laserdrucker *m*; ~ **a getto di inchiostro** IT Tintenstrahldrucker *m*

stampare V drucken; FOTO abziehen **stampatello** M Blockschrift *f* **stampato** M Formular *n* **stampatore** M, **-trice** [-tʃe] F Drucker(in) *m(f)*

stampella MED F Krücke *f*

stancare V ermüden **stancarsi** V müde werden **stanchezza** [-k-] F Müdigkeit *f*

stanco ADJ müde; satt

stand M (Messe-)Stand *m*

stanga F Stange *f* **stanghetta** [-ge-] F Brillenbügel *m*

stanno → stare

stanotte ADV heute Nacht

stantuffo M TECH Kolben *m*

stanza F Zimmer *n*; ~ **da ba-**

gno Badezimmer *n*
stappare V entkorken
stare V sein, bleiben; wohnen; ~ **a sentire** zuhören; ~ **a vedere** zusehen; ~ **alle regole** sich an die Regeln halten; ~ **in piedi** stehen; ~ **per** im Begriff sein, zu; ~ **seduto** sitzen; **che stai facendo?** was tust du gerade?; **ci sto!** ich bin dabei!; **come sta/stai?** wie geht es Ihnen/dir?; **la gonna ti sta bene** der Rock steht dir gut; **sta a te decidere** die Entscheidung steht dir zu; **staremo a vedere** wir werden ja sehen; **sto bene/male** mir geht es gut/schlecht
starna F ZOOL Rebhuhn *n*
starnutire V niesen
starter M AUTO Anlasser *m*
stasera ADV heute Abend
statale 1 ADJ staatlich 2 M/F Beamte *m*, Beamtin *f* 3 F Staatsstraße *f*
state → stare
sta'tistica F Statistik *f*
stato[1] M Stand *m*; Zustand *m*; POL Staat *m*; ~ **civile** Familienstand *m*; **in** ~ **interessante** schwanger; **Stati** *pl* **Uniti (d'America)** Vereinigte Staaten *mpl* (von Amerika)
stato[2] PPERF → essere; → stare
'statua F Statue *f*, Standbild *n*
statunitense 1 ADJ nordamerikanisch 2 M/F Nordamerikaner(in) *m(f)*
statura F Größe *f*, Statur *f*
stavolta ADV diesmal
stazione F BAHN Bahnhof *m*; TECH Station *f*; ~ **balneare** Badeort *m*; ~ **centrale** Hauptbahnhof *m* (Hbf) *m*; ~ **climatica** Luftkurort *m*; ~ **di servizio** Tankstelle *f*; ~ **marittima** Hafen *m*
stecca F Stab *m*; Stange *f*; Billardstock *m*; MED Schiene *f*
steccare V MED schienen; GASTR spicken; MUS falsch singen
stella F Stern *m*; *fig* Star *m*; ~ **alpina** Edelweiß *n*; ~ **cadente** Sternschnuppe *f*; ~ **filante** Luftschlange *f*; ~ **marina** Seestern *m*
stelo M BOT Stiel *m*
stemma M Wappen *n*
'stendere V ausbreiten; aufhängen; ausstrecken **stendino** M Wäscheständer *m*
stendi'toio M Trockenraum *m*
'stereo M Stereoanlage *f*
sterlina F Pfund *n*, Sterling *m*
sterminare V ausrotten
sterminato ADJ endlos
sterno M ANAT Brustbein *n*
sterzare V lenken **sterzo** M AUTO Lenkung *f*; Lenkrad *n*
stesso 1 ADJ selbst; **lo** ~, **la stessa** der-, die-, dasselbe; der, die, das Gleiche; **fa lo** ~ es macht nichts; **oggi** ~ noch

heute; **l'ha detto il presidente ~** der Präsident selbst hat es gesagt; **porta sempre lo ~ abito** er trägt immer denselben Anzug **2** ADV: **lo ~** trotzdem; **vengo lo ~** ich komme trotzdem

stiamo V wir stehen; wir sind

stick M Stift *m*

stile M Stil *m*; **~ libero** SPORT Kraulschwimmen *n*

stilo'grafica F Füllfederhalter *m*, *umg* Füller *m*

stima F Schätzung *f*; *fig* Wertschätzung *f*, Achtung *f* **stimare** V schätzen; *fig* achten

stimolare V anregen, stimulieren **'stimolo** M Anreiz *m*

stinco M ANAT Schienbein *n*; GASTR Hachse *f*

stipendiare V besolden **stipendio** M Gehalt *n*

stipulare V *Vertrag* abschließen

stiramento M MED Zerrung *f*; **~ del tendine** Sehnenzerrung *f*

stirare V bügeln **stiratrice** [-tʃe] F Bügelautomat *m* **stiratura** F Bügeln *n*; MED Zerrung *f*

Stiria F Steiermark *f*

stitichezza [-k-] F Verstopfung *f*

stivale M Stiefel *m*; **~ di gomma** Gummistiefel *m*

sto → stare

stoccafisso M ZOOL Stockfisch *m*

stoccaggio [-dʒo] M Lagerung *f*

Stoccarda F Stuttgart *n*

stoffa [stɔ-] F Stoff *m*

'stomaco M Magen *m*; **dare di ~** sich übergeben; **mal *m* di ~** Magenschmerzen *mpl*

stop M AUTO Bremslicht *n*; Stoppschild *n*

stoppa F Werg *n*

'storcere [-tʃe-] V krümmen; MED verstauchen

stordire V betäuben **stordito** ADJ betäubt, benommen

'storia F Geschichte *f*; **~ d'amore** Liebesgeschichte *f*; **~ dell'arte** Kunstgeschichte *f*; **non fare storie!** mach keine Geschichten! **'storico** **1** ADJ geschichtlich, historisch **2** M, **-a** F Historiker(in) *m(f)*

storione M ZOOL Stör *m*

stormo M Schwarm *m*

storno M ZOOL Star *m*; HANDEL Storno *m od n*

storta F MED Verstauchung *f*

storto ADJ krumm; schief; **mi va tutto ~** bei mir geht alles schief

stoviglie [-ʎe] FPL Geschirr *n*

'strabico **1** ADJ: **essere ~** schielen **2** M, **-a** F Schielende(r) *f(m)*

stra'carico ADJ überladen

stracchino [-kk-] M GASTR *Art Frischkäse Norditalien*

stracciare [-tʃa-] V zerreißen

stracciatella [-tʃa-] F Einlaufsuppe *f*; *Milcheis mit*

Schokoladenstückchen
straccio [-tʃo] **1** ADJ: **carta** *f* **straccia** Altpapier *n* **2** M Lappen *m*; Lumpen *m*
stracontento ADJ sehr zufrieden **stracotto** **1** ADJ zerkocht **2** M Schmorbraten *m*
strada F Straße *f*; Weg *m*; **~ a senso unico** Einbahnstraße *f*; **~ costiera** Küstenstraße *f*; **~ maestra/principale** Hauptstraße *f*; **~ provinciale** Landstraße *f*; **~ senza uscita** Sackgasse *f*; **~ statale** Staatsstraße *f*; **che ~ devo fare per andare a ...?** wie komme ich nach ...?; **essere fuori ~** auf dem Holzweg sein; **farsi ~** sich einen Weg bahnen
stradale **1** ADJ Straßen..., Verkehrs...; **circolazione** *f* **~** Straßenverkehr *m*; **sicurezza** *f* **~** Verkehrssicherheit *f* **2** F Verkehrspolizei *f* **stradario** M Straßenverzeichnis *n*
strafelice [-tʃe] ADJ überglücklich
strage [-dʒe] F Blutbad *n*
stragrande ADJ riesig
stranezza F Seltsamkeit *f*
strangolare V erdrosseln
straniero **1** ADJ ausländisch **2** M, **-a** F Ausländer(in) *m(f)*
strano ADJ seltsam, sonderbar
straordinario **1** ADJ ungewöhnlich **2** M Überstunden *fpl*
strapazzare V strapazieren
strapazzo M Strapaze *f*
strapieno ADJ überfüllt
strappare V abreißen; zerreißen; *fig* entreißen **strappo** M Riss *m*; **dare uno ~ a qn** *umg* j-n mitnehmen
straricco ADJ steinreich
'strascico [-ʃ-] M Schleppe *f*
strato M Schicht *f*; **~ sociale** Gesellschaftsschicht *f*
stravagante ADJ extravagant
stravecchio [-kk-] ADJ uralt gealtert
stra'volgere [-dʒ-] V verdrehen
straziante ADJ qualvoll herzzerreißend **strazio** M Qual *f*
strega F Hexe *f* **stregare** V behexen
stremato ADJ ganz erschöpft
'strepito M Lärm *m* **strepitoso** ADJ überwältigend, durchschlagend
stress M Stress *m* **stressante** ADJ stressig **stressare** V stressen
stretta F Druck *m*; **~ di mano** Händedruck *m*; **essere alle strette** in einer ausweglosen Situation sein **strettezza** F Enge *f* **stretto** **1** PPERF → stringere **2** ADJ eng, schmal **3** M Meerenge *f* **strettoia** F Engpass *m*
'stridere V kreischen, quietschen
strigliare [-ʎa-] V striegeln
strillare V brüllen **strillo** M Gebrüll *n*
stringa F Schnürsenkel *m*

'stringere [-dʒe-] V drücken; *Zeit* drängen
striscia [-ʃa] F Streifen *m*; **strisce** *pl* **pedonali** Zebrastreifen *m*; **a strisce** gestreift
strisciare [-ʃa-] V kriechen **striscio** [-ʃo] M Streifen *n*; MED Abstrich *m*; ~ **vaginale** Abstrich *m* vom Gebärmutterhals; **ferita** *f* **di** ~ Streifwunde *f*
strizzare V auswringen; auspressen
strofa F LIT, MUS Strophe *f*
strofinaccio [-tʃo] M Wischlappen *m* **strofinare** V (ab)reiben; scheuern
stroncare V abbrechen
stronzo *vulg* **1** M Scheiße *f* *vulg* **2** M, **-a** F Arschloch *n* *vulg*
stropicciare [-tʃa-] V zerknittern; reiben
strozzare V erwürgen **strozzino** M, **-a** F Halsabschneider(in) *m(f)*
struccante M Make-up-Entferner *m* **struccare** V abschminken
struggente [-dʒɛ-] ADJ verzehrend, schmelzend
strumento M Instrument *n*; TECH Gerät *n*, Werkzeug *n* (*a. fig*); ~ **musicale** Musikinstrument *n*
strutto M GASTR Schmalz *n*
struttura F Struktur *f*
struzzo M ZOOL Strauß *m*
stucco M Stuck *m*; **restare di** ~ verblüfft sein
studente M, **-essa** F Schüler(in) *m(f)*; Student(in) *m(f)*
studiare V lernen; studieren
studio M Studium *n*; Arbeitszimmer *n*; Atelier *n*; Büro *n*; (Arzt-)Praxis *f*; ~ **dentistico** Zahnarztpraxis *f*
stufa F Ofen *m* **stufare** V GASTR schmoren
stufarsi V genug haben
stufato M GASTR Schmorbraten *m*
stufo ADJ: **essere ~ di qc** etw satthaben
stuoia F Strohmatte *f*
stupefacente [-tʃ-] **1** ADJ erstaunlich **2** M Rauschmittel *n*
stupendo ADJ wundervoll
stupi'daggine [-dʒ-] F Dummheit *f* **'stupido** **1** ADJ dumm **2** M, **-a** F Dummkopf *m*
stupirsi V sich wundern **stupore** M Staunen *n*
stupro M Vergewaltigung *f*
sturare V entkorken; *Rohr* reinigen
stuzzicadenti M Zahnstocher *m* **stuzzicare** V reizen; necken
su **1** PRÄP auf; über; um; **salire sulla scala** auf die Leiter steigen; **sui dieci euro** um zehn Euro; **sul mare** am Meer **2** ADV oben; hinauf, herauf; ~! auf!; ~ **e giù** auf und ab; ~ **per giù** ungefähr
sub M/F Taucher(in) *m(f)*; **cor-**

so *m* **di ~** Tauchkurs *m* **su'bacqueo** ADJ Unterwasser…; **pesca** *f* **subacquea** Unterwasserjagd *f*
subaffittare V untervermieten
'subdolo [-o-] ADJ hinterhältig
subire V erleiden
'subito ADV sofort, gleich
suc'cedere [-tʃɛ-] V geschehen, passieren; folgen (a auf); **che succede?** was ist los? **successione** [-tʃe-] F Nachfolge *f* **successivo** [-tʃe-] ADJ folgend
successo [-tʃɛ-] 1 PPERF → succedere 2 M Erfolg *m*; **di ~** erfolgreich
successore [-tʃe-] M Nachfolger(in) *m(f)*
succhiare [-kk-] V saugen; lutschen
succo M Saft *m*; **~ d'arancia** Orangensaft *m*; **~ di frutta** Fruchtsaft *m*; **~ di mela** Apfelsaft *m*; **~ di pomodoro** Tomatensaft *m*; **~ d'uva** Traubensaft *m* **succoso** ADJ saftig
succursale F Filiale *f*, Zweigstelle *f*
sud M Süden *m*; **a ~** südlich (**di** von); **Mare** *m* **del Sud** Südsee *f* **Su'dafrica** F Südafrika *n* **Suda'merica** F Südamerika *n*
sudare V schwitzen
sud-'est M Südosten *m*
'sudicio [-tʃo] ADJ schmutzig
sudiciume [-tʃu-] M Schmutz *m*
sudore [-o-] M Schweiß *m*
sud-ovest M Südwesten *m*
sufficiente [-tʃɛ-] ADJ genügend, ausreichend **sufficienza** [-tʃɛ-] F Ausreichend *n*; **a ~** zur Genüge
suggerimento [-dʒ-] M Rat *m*, Empfehlung *f* **suggerire** [-dʒ-] V einflüstern; raten, empfehlen **suggeritore** [-dʒ-] M, **-trice** [-tʃe] F THEAT Souffleur *m*, Souffleuse *f*
suggestivo ADJ [-dʒ-] stimmungsvoll; beeindruckend
'sughero [-ge-] M BOT Korkeiche *f*; Kork *m*
sugo M GASTR Soße *f*; Saft *m*; **al ~** mit Fleisch- *od* Tomatensoße **sugoso** ADJ saftig
suicidarsi [-tʃ-] V Selbstmord begehen **suicidio** [-tʃ-] M Selbstmord *m*
su'ino 1 ADJ Schweine…; **carne** *f* **suina** Schweinefleisch *n* 2 M Schwein *n*
suite [suit] F Suite *f*; **~ familiare** Familiensuite *f*
sultanina F BOT Sultanine *f*
summit ['summit] M POL Gipfeltreffen *n*
suo 1 ADJ sein(e); ihr(e); **Suo** Ihr(e); **~ padre** *m* sein/ihr Vater; **sua sorella** *f* seine/ihre Schwester; **la sua casa** *f* sein/ihr Haus; **i suoi amici** *mpl* seine/ihre Freunde; **le sue sorel-**

le *fpl* seine/ihre Schwestern; **un ~ conoscente** *m* ein Bekannter von ihm **2** POSS PR seine(r,-s) ihre(r,-s); **Suo** Ihre(r,-s); **questo cappello è come il ~** dieser Hut ist wie seiner/ihrer; **è Suo?** gehört es Ihnen?; **i suoi** seine/ihre Eltern

suocera ['suɔːtʃera] F Schwiegermutter *f* **suocero** ['suɔːtʃero] M Schwiegervater *m*; **suoceri** *pl* Schwiegereltern *pl*

suola [-ɔ-] F (Schuh-)Sohle *f*; **~ di cuoio** Ledersohle *f*; **~ di gomma** Gummisohle *f*

suolo M Boden *m*

suonare V spielen; läuten; klingeln; *Uhr* schlagen; *fig* klingen; **~ il campanello** klingeln; **~ il clacson** hupen

suone'ria F TEL Klingelton *m* **suono** M Klang *m*, Ton *m*; PHYS Schall *m*; GRAM Laut *m*

suora F REL Nonne *f*, (Klos-ter)Schwester *f*

super F Super(benzin) *n*

superare V überschreiten; übertreffen (**in** an); *Krankheit* überwinden; *Examen* bestehen

superbo ADJ hochmütig; *fig* herrlich

superficiale [-tʃa-] ADJ oberflächlich **superficie** [-tʃe] F Oberfläche *f*

su'perfluo ADJ überflüssig

superiora F REL Oberin *f*

superiore **1** ADJ obere; höher; hochwertig *Qualität* **2** M/F Vorgesetzte(r) *f(m)*; **~ a** überlegen **superiorità** F Überlegenheit *f*

supermercato M Supermarkt *m*

su'perstite M/F Überlebende(r) *f(m)*

superstizione F Aberglaube *m* **superstizioso** ADJ abergläubisch

superstrada F Schnellstraße *f*

suppergiù [-dʒu] ADV *umg* ungefähr

supplementare ADJ zusätzlich

supplemento M Ergänzung *f*; BAHN Zuschlag *m*; **~ rapido** BAHN IC®-Zuschlag *m*; **~ singola** Einzelzimmerzuschlag *m*

supplente M/F Stellvertreter(in) *m(f)* **supplenza** F Vertretung *f*

supplì M GASTR Reiskrokette *f*

supplicare V anflehen

supplizio M Tortur *f*; *fig* Qual *f*

supporre V vermuten, annehmen

supporto M Unterlage *f*; **~ dati** IT Datenträger *m*

supposizione F Vermutung *f*

supposta F MED Zäpfchen *n*

suppurazione F MED Eiterung *f*

surf M Surfbrett *n* **surfing** M Surfen *n* **surfista** M/F Surfer(in) *m(f)*
surgelare [-dʒe-] V tiefgefrieren, tiefkühlen **surgelato** [-dʒe-] **1** ADJ tiefgefroren **2** M: **surgelati** *pl* Tiefkühlkost *f*
surrogato M Surrogat *n*, Ersatz *m*
suscet'tibile [-ʃe-] ADJ fähig (**di** zu); empfindlich
suscitare [-ʃ-] V hervorrufen
susina F BOT Pflaume, Zwetschge *f* **susino** M BOT Pflaumenbaum *m*
sussidiario ADJ Hilfs… **sussidio** M Unterstützung *f*; **~ di disoccupazione** Arbeitslosengeld *n*
sussistenza F Lebensunterhalt *m* **sus'sistere** V bestehen
sussurrare V (zu)flüstern; munkeln **sussurro** M Gemurmel *n*
sutura F MED Naht *f*
svago [zv-] M Zerstreuung *f*
svalutare [zv-] V abwerten **svalutazione** [zv-] F Abwertung *f*
svantaggio [zvan'taddʒo] M Nachteil *m* **svantaggioso** [zvantad'dʒo:so] ADJ nachteilig
svariato [zv-] ADJ verschiedenartig; **svariate volte** *fpl* mehrmals
svedese [zv-] **1** ADJ schwedisch **2** M/F Schwede *m*, Schwedin *f* **3** M Sprache Schwedisch *n*
sveglia ['zve:ʎa] F Wecker *m* Uhr **svegliare** [zve'ʎa-] V wecken **svegliarsi** [zve'ʎa-] V aufwachen **sveglio** ['zve:ʎo] ADJ wach; *umg* fix, fit, flott
svelto [zv-] ADJ schnell, rasch
'svendere [zv-] V ausverkaufen **'svendita** [zv-] F Ausverkauf *m*
svenimento [zv-] M Ohnmacht *f* **svenire** [zv-] V ohnmächtig werden
sventolare [zv-] V schwenken; wehen, flattern
svenuto [zv-] ADJ ohnmächtig
svergognato [zvergoɲ-] ADJ schamlos
svernare [zv-] V überwintern
svestire [zv-] V ausziehen **svestirsi** [zv-] V sich ausziehen
Svezia [zv-] F Schweden *n*
sviluppare [zv-] V entwickeln (*a* FOTO) **sviluppatore** [zv-] M, **-trice** [-tʃe] F Entwickler(in) *m(f) a.* FOTO **sviluppo** [zv-] M Entwicklung *f*
'svincolo [zv-] M Abzweigung *f*; **~ autostradale** Autobahndreieck *n*
svista [zv-] F Versehen *n*
svitare [zv-] V abschrauben
Svitto [zv-] F Schwyz *n*
'Svizzera [zv-] F Schweiz *f*
'svizzero [zv-] **1** ADJ schweizerisch **2** M, **-a** F Schwei-

zer(in) *m(f)*
svolazzare [zvo-] V flattern
'svolgere [zvɔldʒ-] V abwickeln; *Beruf* ausüben; *fig* entwickeln **'svolgersi** [zvɔldʒ-] V *Handlung* sich abspielen; spielen **svolgimento** [zvoldʒ-] M Durchführung *f*, Ausführung *f*
svolta [zvɔ-] F Biegung *f*, Kurve *f*; *fig* Wende *f* **svoltare** [zvo-] V abbiegen
svuotare [zv-] V (ent)leeren

T

tabaccaio M, **-a** F Tabakhändler(in) *m(f)* **tabaccheria** [-kk-] F Tabakwarengeschäft *n*, *umg* Tabakladen *n*
tabacco M Tabak *m*; **tabacchi** Tabakwaren *pl*
tabella F Tabelle *f* **tabellone** M Tafel *f*; **~ pubblicitario** Plakatwand *f*
taber'nacolo M REL Tabernakel *n od m*
tablet ['tablet] M Tablet-PC *m*
TAC F ABK (**= Tomografia Assiale Computerizzata**) CT (Computertomografie *f*)
tacca F Kerbe *f*; **di mezza ~** *umg* mittelmäßig
taccheggio [-kkeddʒo] M Ladendiebstahl *m*
tacchino [-kk-] M ZOOL Truthahn *m*
tacco M (Schuh-)Absatz *m*; **~ alto** hoher Absatz
taccuino M Notizbuch *n*
tacere [-tʃe-] V schweigen
ta'chimetro [-k-] M TECH Tachometer *m od n*
taciturno [-tʃ-] ADJ schweigsam
tafano M ZOOL Bremse *f Insekt*
taffetà M Taft *m*
taglia [-ʎa] F *Körper, Kleider* Größe *f*; Kopfgeld *n*; **~ unica** Einheitsgröße *f*; **taglie** *pl* **forti** große Größen *fpl*
tagliando [-ʎan-] M Abschnitt *m*
tagliare [-ʎa-] V (ab)schneiden; *Baum* fällen **tagliatelle** [-ʎa-] FPL Bandnudeln *fpl* **tagliente** [-ʎɛ-] ADJ scharf **tagliere** [-ʎɛ-] M Hackbrett *n*
taglierini [-ʎe-] MPL kleine Bandnudeln *fpl*
taglio [-ʎo] M Schnitt *m*; Schneide *f*; **~ cesareo** Kaiserschnitt *m*; **banconota** *f* **di piccolo ~** kleine Banknote; **pizza** *f* **al ~** Pizza *f* im Stück
tailleur [ta'ier] M Kostüm *n*
talco M Talkum *n*
tale **1** ADJ solche(r,-s), so ein(e); diese(r,-s); **~ e quale** genau so wie; **tali persone** *fpl* solche Leute **2** PRON eine(r), jemand, eine Person;

ho conosciuto un ~ di Roma ich habe jemanden aus Rom kennengelernt; **il signor Tal dei Tali** Herr Soundso

talento M Talent *n*

talloncino [-tʃ-] M Kontrollabschnitt *m*

tallone M ANAT Ferse *f*

talmente ADV dermaßen, derart

talpa F ZOOL Maulwurf *m*

tamarro M, **-a** F *umg* Proll *m*

tamburello M MUS Schellentrommel *f*; SPORT Trommelballspiel *n* **tamburo** M Trommel *f*; Trommler(in) *m(f)*

tamponamento M Auffahrunfall *m*; **~ a catena** Massenkarambolage *f* **tamponare** V abdichten; MED tamponieren; *Auto* AUTO auffahren

tampone M Tampon *m*; TECH Puffer *m*

tana F Höhle *f für Tiere*

tanga M Tanga *m*

tangenziale [-dʒe-] F Umgehungsstraße *f*

'tanica F (Benzin-)Kanister *m*

tanto **1** ADJ viel; **da ~** seit langem; **tanti saluti** viele Grüße; **tante grazie** vielen Dank; **tante belle cose!** alles Gute! **2** ADV viel; **~ meglio** umso besser; **~ per dire** bloß so; **~ ... quanto** so ... wie; **parlare ~** viel sprechen **3** M soundso viel; **ogni ~** *od* **di ~ in ~** von Zeit zu Zeit; **un ~ al mese** soundso viel pro Monat

tapioca F BOT Sago *m*

tappa F Etappe *f*

tappare V zustopfen; verkorken **tapparella** F Rollladen *m*

tappeto M Teppich *m*; SPORT Matte *f*; **~ elastico** Trampolin *n* **tappezze'ria** F Tapete *f*

tappo M Stöpsel *m*; Korken *m*

Taranto F Tarent *n*

taratura F TECH Eichung *f*

tarchiato [-k-] ADJ untersetzt

tardare V sich verspäten; zögern; verzögern

tardi ADV spät; **più ~** später; **a più ~!** bis später!; **al più ~** spätestens; **fare ~** sich verspäten

tardo ADJ spät; **nel ~ pomeriggio** am späten Nachmittag; **in tarda mattinata** am späten Morgen

targa F Schild *n*; Plakette *f*; *Auto* AUTO Nummernschild *n*

targhetta [-ge-] F Namensschild *n*

tariffa F Tarif *m*, Gebühr *f*; **~ flat** TEL, IT Flatrate *f*

tarlato ADJ wurmstichig

tarma F ZOOL Motte *f*

'tartaro M Zahnstein *m*; Weinstein *m*

tartaruga F Schildkröte *f*

tartina F GASTR belegte Brotschnitte *f*

tartufato ADJ getrüffelt **tartufo** M Trüffel *f*

tasca F (Kleider-)Tasche *f* **ta-**

'scabile 1 ADJ Taschen...; **formato** *m* ~ Taschenformat *n* 2 M Taschenbuch *n*

tassa F Gebühr *f*; Steuer *f*; ~ **aeroportuale** Flughafengebühr *f*; ~ **di soggiorno** Kurtaxe *f* **tas'sametro** M Fahrpreisanzeiger *m* **tassare** V besteuern

tassista M/F Taxifahrer(in) *m(f)*

tasso M ZOOL Dachs *m*; WIRTSCH Rate *f*; Satz *m*; ~ **d'interesse** Zinssatz *m*

tastare V (be)tasten; *Puls* fühlen **tastiera** F Tastatur *f* (*a.* IT); MUS Keyboard *n* **tasto** M Taste *f*

'tattica F MIL Taktik *f* **'tattico** ADJ taktisch

tatto M Tastsinn *m*; *fig* Takt *m*

tatuaggio [-dʒo] M Tätowierung *f*

taverna F ländliches Wirtshaus *n*

'tavola F Tisch *m*; Brett *n*; Platte *f*; ~ **calda** Imbissstube *f*; **a** ~ zu Tisch! **tavolata** F Tafelrunde *f* **tavoletta** F Tafel *f* **tavolino** M Tisch *m* *im Lokal* **'tavolo** M Tisch *m*

taxi M Taxi *n*

tazza F Tasse *f*; ~ **da caffè** Kaffeetasse *f*; **una** ~ **di tè** e-e Tasse Tee **tazzina** F kleine Tasse

te [-e] PRON dir; dich; ~ **l'ho detto** ich habe es dir gesagt; **come** ~ wie du; **con** ~ mit dir; **per** ~ für dich

tè [-ɛ] M Tee *m*; ~ **nero/verde** schwarzer/grüner Tee

teatrale ADJ Theater...; theatralisch; **compagnia** *f* ~ Theatertruppe *f* **teatro** M Theater *n*; *fig* Schauplatz *m*; ~ **all'aperto** Freilichtbühne *f*; ~ **dei burattini** Kasperletheater *n*

'tecnica F Technik *f* **'tecnico** 1 ADJ technisch; **termine** *m* ~ Fachausdruck 2 M, **-a** F Techniker(in) *m(f)*

tedesco 1 ADJ deutsch 2 M, **-a** F Deutsche(r) *f(m)* 3 M *Sprache* Deutsch *n*; **come si dice in** ~? wie heißt das auf Deutsch?

tegame M Topf *m*

teglia [-ʎa] F Backform *f*

'tegola F Dachziegel *m*

teiera F Teekanne *f*

tela F Tuch *n*; MAL Leinwand *f* **te'laio** M Webstuhl *m*; Rahmen *m*; AUTO Fahrgestell *n*

tele F *umg* Fernsehen *n* **tele'camera** F Videokamera *f* **telecomando** M Fernbedienung *f* **tele'ferica** F Schwebebahn *f* **tele'film** M Fernsehfilm *m*

telefonare V anrufen (**a qn** j-n), telefonieren (**a qn** mit j-m) **telefonata** F Anruf *m*; ~ **a carico del destinatario** R-Gespräch *n*; ~ **interurbana** Ferngespräch *n*; ~ **urbana** Ortsgespräch *n*

telefo'nia F: ~ **fissa** Festnetz

n; **~ mobile** Mobilfunk *m* **te-le'fonico** ADJ telefonisch, Telefon...; **elenco** *m* **~** Telefonbuch *n* **telefonino** M *umg* Handy *n*
te'lefono M Telefon *n*; **~ cellulare** Handy *n*; **~ cordless** schnurloses Telefon; **dare un colpo di ~ a qn** j-n kurz anrufen
telegiornale [-dʒo-] M Tagesschau *f*
tele'grafico ADJ telegrafisch **telegrafo** M Telegraf *m* **telegramma** M Telegramm *n*
teleguidato ADJ ferngesteuert
telelavoro M Telearbeit *f*; Homeoffice *n*
te'lemetro M FOTO Entfernungsmesser *m*
teleobiettivo M Teleobjektiv *n* **tele'pass®** M elektronische Mautstelle *f* **teleschermo** [-sker-] M Bildschirm *m*
tele'scopico ADJ: **asta** *f* **telescopica** Selfiestange *f* **telescopio** M Fernrohr *n* **telespettatore** M, **-trice** [-tʃe] F TV Fernsehzuschauer(in) *m(f)* **teleutente** M/F TV Fernsehteilnehmer(in) *m(f)* **tele'video** M Videotext *m*
televisione F Fernsehen *n*; **~ via cavo** Kabelfernsehen *n*; **~ via satellite** Satellitenfernsehen *n* **televisore** M Fernseher *m*, Fernsehgerät *n*; **~ a colori** Farbfernseher *m*
telo M Zeltbahn *f*; *Strand* Tuch *n*
tema M Thema *n*; Aufsatz *m*
temere V (be)fürchten; **~ qn** sich vor j-m fürchten
temperamatite M Bleistiftspitzer *m*
temperamento M Temperament *n* **temperato** ADJ *Klima* gemäßigt **temperatura** F Temperatur *f*
temperino M Taschenmesser *n*
tempesta [-ɛ-] F Sturm *m*
tempestivamente ADV unverzüglich
tempia F ANAT Schläfe *f*
tempio [-ɛ-] M Tempel *m*
tempismo [-zmo] M Timing *n*; **con ~** im richtigen Moment
tempo [-ɛ-] M Zeit *f*; *Wetter* *n*; MUS Takt *m*; **~ di volo** Flugzeit *f*; **~ fa** vor einiger Zeit; **~ libero** Freizeit *f*; **col ~** mit der Zeit; **di ~ in ~** von Zeit zu Zeit; **fa bel ~** es ist schönes Wetter; **in ~** rechtzeitig; **per ~** frühzeitig; **un ~** einst; **un po' di ~** einige Zeit
temporale [-e-] M Gewitter *n*
tempo'raneo ADJ zeitweilig
tenace [-tʃe] ADJ zäh
tenaglie [-ʎe] FPL Zange *f*; *umg* ZOOL Scheren *fpl*
tenda F Vorhang *m*; *Camping* Zelt *n*
tendenza F Tendenz *f*; Neigung *f* **'tendere** V spannen;

Hand reichen; *Arm* strecken; neigen (a zu)
tendina F Gardine *f*; Vorhang *m*
'tendine [-ɛ-] M ANAT Sehne *f*
ten'dopoli F Zeltstadt *f*
tenere V halten; behalten; haben; abhalten; **~ a qc** auf etw Wert legen; **~ d'occhio** im Auge behalten; **~ duro** nicht nachgeben; **ci tengo molto** mir liegt viel daran; **tengo a precisare che …** ich muss hier klarstellen, dass …
tenerezza F Zärtlichkeit *f*
'tenero ADJ zart, weich; zärtlich
tenete ihr haltet; **~!** haltet! → tenere **tengo** ich halte → tenere **'tengono** sie halten → tenere
tenia F MED Bandwurm *m*
teniamo wir halten → tenere
tennis M Tennis(spiel) *n*; **~ da tavolo** Tischtennis *n* **tennista** M/F Tennisspieler(in) *m(f)*
tenore M Tenor *m*; **~ di vita** Lebensstandard *m*
tensione F Spannung *f*; *fig* Anspannung *f*; **alta ~** Hochspannung *f*; **bassa ~** Niederspannung *f*
tentare V versuchen **tentativo** M Versuch *m* **tentazione** F Versuchung *f*
tenuta F Fassungsvermögen *n*; MIL Uniform *f*; AGR Landgut *n*; *fig* Ausdauer *f*; AUTO **~ di strada** Straßenlage *f*
teo'ria F Theorie *f*; Lehre *f*
te'orico ADJ theoretisch
tepore [-o-] M milde Wärme *f*
teppista M/F Rowdy *m*, Randalierer(in) *m(f)*
tera'pia F Therapie *f*
tergicristallo [-dʒ-] M Scheibenwischer *m* **tergilunotto** [-dʒ-] M Heckscheibenwischer *m*
termale ADJ Thermal…; **stabilimento** *m* **~** Thermalbad *n*; **stazione** *f* **~** Kurort *m* **terme** FPL Thermalbad *n*; *im alten Rom* Thermen *fpl*
terminal M FLUG Terminal *m od n*
terminare V beenden; enden
'termine M Ende *n*; Termin *m*; Frist *f*; Ausdruck *m*, Wort *n*; **a breve/lungo ~** kurzfristig/langfristig
ter'mometro M Thermometer *n*
termos M Thermosflasche® *f*
termosifone M Warmwasserheizung *f*; Heizkörper *m* **ter'mostato** M Thermostat *m*
terra F Erde *f*; Boden *m*; Land *n*; **avere i piedi per ~** mit beiden Füßen fest auf der Erde stehen; **avere una gomma a ~** einen Platten haben; **brezza** *f* **di ~** Landbrise *f*; **cadere a ~** zu Boden fallen
terracotta F Terrakotta *f* **terraferma** F Festland *n* **terra-**

pieno M Erdwall *m*
terrazza F Terrasse *f* **terrazzino** M Balkon *m* **terrazzo** M Terrasse *f*
terremoto M Erdbeben *n*
terreno **1** ADJ irdisch **2** M Land *n*; AGR Boden *m*; Gelände *n*; Grundstück *n* **terrestre** ADJ Erd...; Land...; irdisch; **crosta** *f* ~ Erdkruste *f*
ter'ribile ADJ schrecklich, fürchterlich
terrina F Schüssel *f*
territorio M Gebiet *n*; Territorium *n*
terrore [-o-] M Schrecken *m*
terrorismo [-zmo] M Terrorismus *m* **terrorista** M/F Terrorist(in) *m(f)* **terrorizzare** [-dz-] V terrorisieren
terza F dritte Klasse; AUTO dritter Gang **terzino** M SPORT Verteidiger *m* **terzo** **1** ADJ dritte(r,-)s; **un ~ di** ein Drittel *n* von; **terza pagina** *f* Feuilleton *n* **2** M Dritte *m*
teschio [-k-] M Totenkopf *m*
tesi F These *f*; **~ di laurea** Diplomarbeit *f*
teso ADJ & PPERF gespannt → tendere
tesoro M Schatz *m*; Tresor *m*
'tessera F Karte *f*; Ausweis *m*; Mitgliedskarte *f*; **~ mensile** Monatskarte *f* **tesserato** M, **-a** F Mitglied *n* **tesserino** M Karte *f*; Ausweis *m*
'tessile ADJ Textil...; **industria** *f* **~** Textilindustrie *f* **tessuto** M Gewebe *n*, Stoff *m*
testa F Kopf *m*; **a ~** pro Kopf; **alla ~ di** an der Spitze von; **essere in ~** an der Spitze liegen
testamento M Testament *n*
testar'daggine [-dʒ-] F Dickköpfigkeit *f* **testardo** **1** ADJ dickköpfig **2** M, **-a** F Dickkopf *m*
testata F Kopfstoß *m*; Kopfende *n*; Titel *m*; AUTO Zylinderkopf *m*; **~ nucleare** Atomsprengkopf *m*
teste M/F JUR Zeuge *m*, Zeugin *f*
te'sticolo M ANAT Hoden *m*
testimone M/F Zeuge *m* Zeugin *f*; **~ di nozze** Trauzeuge *m*, Trauzeugin *f*; **~ oculare** Augenzeuge *m*, Augenzeugin *f* **testimonianza** F Zeugenaussage *f* **testimoniare** V bezeugen, aussagen
testo M Text *m*
'tetano M MED Tetanus *m*, Wundstarrkrampf *m*
tettarella F Sauger *m*
tetto M Dach *n* **tettoia** F Überdachung *f* **tettuccio** [-tʃo] M AUTO Dach *n*; **~ apribile** Hebedach *n*
'Tevere M Tiber *m*
thermos M → termos
ti PRON dir; dich; **~ ho vista** ich habe dich gesehen; **che cosa ~ ha detto?** was hat er/sie dir gesagt?
tibia F ANAT Schienbein *n*

tic M Tick *m*
Ticino [-tʃ-] M Tessin *n*
tiene er (sie, es) hält → tenere **tieni** du hältst; **~!** nimm! → tenere
ti'epido ADJ lau
tifo M MED Typhus *m*; SPORT Anfeuern *n*; **fare il ~ per qn** Fan von j-m sein
tifoso M, **-a** F Fan *m*
tiglio [-ʎo] M BOT Linde *f*
tigre F Tiger *m*
tilt M: **andare in ~** verrücktspielen; **mandare in ~** ins Chaos stürzen
TIM F (= **Telecom Italia Mobile**) *italienischer Mobilfunk*
timballo M GASTR Auflauf *m*
timbrare V (ab)stempeln **timbro** M Stempel *m*
timidezza F Schüchternheit *f* **'timido** ADJ schüchtern
timo M BOT Thymian *m*
timone M SCHIFF Steuer *n*
timore M Furcht *f* **timoroso** ADJ ängstlich
'timpano M Pauke *f*; ANAT Trommelfell *n*
tinca F ZOOL Schleie *f*
'tingere [-dʒ-] V färben
tinta F Farbe *f*; **in ~ unita** einfarbig **tintarella** F Sonnenbräune *f* **tinto'ria** F (chemische) Reinigung **tintura** F Färbung *f*; MED Tinktur *f*; **~ di iodio** Jodtinktur *f*
'tipico ADJ typisch **tipo** M Typ *m*; Art *f*; **che ~ di ...?** was für ein(e) ...?
tipogra'fia F Buchdruckerei *f*
tipolo'gia [-dʒ-] F Typ *m*, Art *f*
tir M Fernlastwagen *m*
tiramisù M *cremige Süßspeise*
tiranneggiare [-dʒa-] V tyrannisieren **tiran'nia** F Tyrannei *f* **tiranno** M, **-a** F Tyrann(in) *m(f)*
tirare V ziehen; zuziehen; werfen; schießen; *Wind* wehen; **~ avanti** sich durchschlagen; **~ fuori** herausziehen; **~ giù** herunterlassen; **~ su** hochziehen; *fig* aufheitern; großziehen **tirarsi** V: **~ indietro** zurücktreten; **~ su** aufstehen; *fig* sich aufheitern
tiratura F Auflage *f Buch*
tiro M Ziehen *n*; SPORT Wurf *m*; Schuss *m*; **brutto ~** böser Streich
tirocinante [-tʃ-] M/F Praktikant(in) *m(f)* **tirocinio** [-tʃ-] M Praktikum *n*
ti'roide F ANAT Schilddrüse *f*
tirolese **1** ADJ tirolisch **2** M/F Tiroler(in) *m(f)* **Tirolo** M Tirol *n*
tirreno ADJ: **Mar** *m* **Tirreno** Tyrrhenisches Meer
tisana F (Kräuter-)Tee *m*; **~ alla frutta** Früchtetee *m*
titolare M/F Inhaber(in) *m(f)*
'titolo M Titel *m*; WIRTSCH Wertpapier *n*; **~ di studio** Schulabschluss *m*
tizio M irgend jemand; **Tizio**

e **Caio** Hinz und Kunz
toast M getoastetes Sandwich *m*
toccare V berühren; anfassen; betreffen; **~ il fondo** *fig* völlig heruntergekommen sein; **tocca a me** ich bin an der Reihe
tocco M Berührung *f*; **un ~ di** ein Touch *m* (Hauch *m*) von
'togliere [-ʎe-] V (weg-, ab)nehmen, *Kleidung* ausziehen
toilette [tua'lɛt] F Toilette *f*
tolgo → togliere **'tolgono** → togliere
tollerante ADJ tolerant **tolleranza** F Toleranz *f* **tollerare** V tolerieren, dulden; ertragen, vertragen
tolto PPERF → togliere
tomba F Grab *n*
tombino M Gully *m*
tombola F Bingo *n*
tomogra'fia F: **~ assiale computerizzata** (TAC) Computertomografie *f* (CT)
'tonaca F REL Kutte *f*
tonalità F Farbton *m*; MUS Tonart *f*
tondo ADJ rund; **chiaro e ~** klipp und klar
tonfo M dumpfer Schlag
'tonico M Gesichtswasser *n*
tonnellata F *Gewicht* Tonne *f*
tonno M ZOOL Thunfisch *m*
tono M Ton *m*
tonsilla F ANAT Mandel *f*
tonsillite F Mandelentzündung *f*
topaia F Mäusenest *n*
topo M Maus *f*; **~ di biblioteca** Leseratte *f* **Topolino** M Mickymaus *f*
toppa F Flicken *m*; Schlüsselloch *n*
torace [-tʃe] M ANAT Brustkorb *m*
'torbido ADJ trübe
'torcere [-tʃe-] V drehen; verdrehen
torchio [-k-] M Presse *f*; Kelter *f*
torcia [-tʃa] F Fackel *f*; Taschenlampe *f*
torcicollo [-tʃ-] M MED steifer Hals
tordo M Drossel *f*
Torino F Turin *n*
tormentare V quälen; *fig* plagen **tormento** M Qual *f*; *fig* Plage *f*
tornaconto M Vorteil *m*
tornante M Haarnadelkurve *f*
tornare V wiederkommen; zurückkommen; **~ a fare qc** etw wieder machen; **i conti (non) tornano** die Rechnung geht (nicht) auf; **non mi torna** ich bin nicht davon überzeugt
torneo M Turnier *n*
tornio M TECH Drehbank *f*
tornire V drechseln; METALL drehen **tornitore** M, **-trice** [-tʃe] F Drechsler(in) *m(f)*, Dreher(in) *m(f)*
toro M Stier *m*; **Toro** ASTROL

Stier *m*; **essere del Toro** Stier sein
tor'pedine M ZOOL Zitterrochen *m*
torre F Turm *m*
torrefazione F Kaffeegeschäft *n*
torrente M Wildbach *m*
'torrido ADJ (drückend) heiß
torrone M *Süßigkeit aus Zucker, Honig und Mandeln in Barrenform*
torso M ANAT Rumpf *m*; *Kunst* Torso *m*
torta F Kuchen *m*; Torte *f*; **~ di mele** Apfelkuchen *m* **tortellini** MPL Tortellini *mpl* **tortiera** F (runde) Backform
torto [-ɔ-] M Unrecht *n*; **avere ~** unrecht haben
'tortora F ZOOL Turteltaube *f*
tortuoso ADJ gewunden
tortura F Folter *f*; *fig a.* Qual *f* **torturare** V foltern; *fig* quälen
tosaerba F *od* M Rasenmäher *m* **tosare** V *Schaf, Hund* scheren
Toscana F Toskana *f* **toscano** 1 ADJ toskanisch 2 M, **-a** F Toskaner(in) *m(f)*
tosse F Husten *m*; **~ canina** Keuchhusten *m*
'tossico ADJ giftig; M Gift *n*; **rifiuti** *mpl* **tossici** Giftmüll *m*
tossicodipendente M/F Drogenabhängige(r) *f(m)* **tossicodipendenza** F Drogenabhängigkeit *f* **tossi'comane** M/F Rauschgiftsüchtige(r) *f(m)*
tossire V husten
tostapane M Toaster *m* **tostare** V rösten; toasten
totale 1 ADJ Gesamt...; völlig; **importo** *m* **~** Gesamtbetrag *m* 2 M Gesamtsumme *f* **totalità** F Gesamtheit *f*
totocalcio® [-tʃo] M Fußballtoto *n*
tour operator M/F Reiseveranstalter(in) *m(f)*
tovaglia [-ʎa] F Tischtuch *n*
tovagliolo [-ʎɔ-] M Serviette *f*
tra PRÄP zwischen; unter; in; **~ l'altro** unter anderem; **~ di noi** unter uns; **~ due giorni** in zwei Tagen; **~ sé** bei sich
traballare V schwanken
traboccare V *Flüssigkeit* überlaufen
traccia [-tʃa] F Spur *f* **tracciare** [-tʃa-] V zeichnen, ziehen
trachea [-k-] F ANAT Luftröhre *f*
tracolla F: **a ~** umgehängt
tradimento M Verrat *m*; Untreue *f*; **alto ~** Hochverrat *m*
tradire V verraten; betrügen
traditore 1 ADJ verräterisch 2 M, **-trice** [-tʃe] F Verräter(in) *m(f)*
tradizionale ADJ traditionell
tradizione F Tradition *f*; Brauch *m*
tradotto ADJ übersetzt **tra-**

durre V übersetzen **traduttore** M, **-trice** [-tʃe] F Übersetzer(in) *m(f)* **traduzione** F Übersetzung *f*
trafficante M/F Händler(in) *m(f)* **trafficare** V handeln
'traffico M Verkehr *m*; Handel *m*; **~ postale** Postverkehr *m*; **~ stradale** Straßenverkehr *m*
traforo M Tunnel *m*
tragedia [-dʒɛ-] F Tragödie *f*
traghetto [-ge-] M Fähre *f*
'tragico [-dʒ-] ADJ tragisch
tragicommedia [-dʒ-] F Tragikomödie *f*
tragitto [-dʒ-] M Fahrt *f*, Weg *m*
traguardo M Ziel *n*
trainare V schleppen; ziehen
'traino M Fuhre *f*
tralasciare [-ʃa-] V unterlassen
tram M Straßenbahn *f*
trama F *Film etc* Handlung *f*; Intrige *f*
tramandare V überliefern
tramezzino [-dz-] M Sandwich *m od n*
tramezzo [-dz-] M Zwischenwand *f*
'tramite PRÄP durch, mittels
tramontana F Nordwind *m*
tramontare V *Gestirn* untergehen **tramonto** M (Sonnen-)Untergang *m*
trampolino M Sprungbrett *n*; Sprungschanze *f*
trancia [-tʃa] F Schneidegerät *n*; GASTR Tranche *f* **trancio** [-tʃɔ] M Tranche *f*
tranne PRÄP außer
tranquillante M Beruhigungsmittel *n* **tranquillità** F Ruhe *f* **tranquillizzare** [-dz-] V beruhigen **tranquillo** ADJ ruhig, beruhigt; still
transa'tlantico M Ozeandampfer *m*
transi'tabile ADJ begehbar; befahrbar
'transito M Transit *m*; Durchgang *m*; Durchfahrt *f*; **divieto** *m* **di ~** Durchfahrt verboten
transitorio ADJ vorübergehend, Übergangs...; **disposizione** *f* **transitoria** Übergangsbestimmung *f*
tran tran M *umg* (Alltags-)Trott *m*
trapanare V durchbohren; MED bohren **'trapano** M Bohrer *m*
trapassare V überschreiten
trapasso M Übergang *m*; Ableben *n*; JUR Übertragung *f*
trapiantare V umpflanzen; MED transplantieren **trapianto** M Umpflanzung *f*; MED Transplantation *f*
'trappola F Falle *f*
trapunta F Steppdecke *f*
trarre V ziehen; entnehmen; **~ in inganno** täuschen; **~ vantaggio da qc** einen Vorteil aus etw ziehen
trasalire V zusammenfahren
trasandato [-z-] ADJ unge-

pflegt
trascinare [-ʃ-] V schleppen, schleifen; *fig* mitreißen
tra'scorrere V *Zeit* verbringen; vergehen
tra'scrivere V abschreiben **trascrizione** F Abschrift *f*
trascu'rabile ADJ vernachlässigbar **trascurare** V vernachlässigen **trascuratezza** F Nachlässigkeit *f* **trascurato** ADJ nachlässig; verwahrlost
trasfe'ribile ADJ übertragbar **trasferimento** M Verlegung *f*; Versetzung *f* **trasferire** V verlegen; versetzen; JUR übertragen **trasferirsi** V umziehen
trasferta F Dienstreise *f*; SPORT Auswärtsspiel *n*; **giocare in ~** auswärts spielen
trasformare V ver(ändern) **trasformarsi** V sich verwandeln (**in** in) **trasformatore** M Transformator *m* **trasformazione** F Veränderung *f*, Umwandlung *f*
trasfusione F MED Transfusion *f*
trasgredire [-zgre-] V übertreten **trasgressione** [-zgre-] F Übertretung *f* **trasgressore** [-zgre-] M Gesetzesbrecher(in) *m(f)*
traslocare [-zlo-] V umziehen **trasloco** [-zlɔ-] M Umzug *m*
tra'smettere [-zme-] V übertragen; RADIO, TV senden; übermitteln **trasmis'sibile** [-zm-] ADJ übertragbar **trasmissione** [-zm-] F Übertragung *f*; RADIO, TV Sendung *f*; **~ dati** Datenübertragung *f*
trasparente ADJ durchsichtig **trasparenza** F Durchsichtigkeit *f*
trasportare V transportieren, befördern **trasporto** M Transport *m*, Beförderung *f*; **trasporti pubblici** öffentliche Verkehrsmittel *npl*
trasversale [-zve-] ADJ quer, Quer...; **sezione** *f* **~** Querschnitt *m*
tratta F Menschenhandel *m*; HANDEL Tratte *f*, (gezogener) Wechsel *m*
trattamento M Behandlung *f*; Bewirtung *f*
trattare V behandeln; verhandeln; **si tratta di** es handelt sich um **trattativa** F Verhandlung *f* **trattato** M Abhandlung *f*; Abkommen *n*, Vertrag *m*
trattenere V aufhalten; zurückhalten **trattenersi** V sich aufhalten; sich zurückhalten **trattenuta** F Abzug *m*
tratto M Strich *m*; Stück *n*; Strecke *f*; **(tutto) a un ~** auf einmal; **di ~ in ~** von Zeit zu Zeit
trattore M Traktor *m*
tratto'ria F Gaststätte *f*, Wirtshaus *n*
travaglio [-ʎo] M: **~ di parto** MED Wehen *fpl*

travasare V umfüllen
trave F ARCH Balken *m*
traversa F Querbalken *m*; Querstraße *f*; SPORT Latte *f* **traversata** F Überfahrt *f* **traverso** ADJ quer; **di ~** schief; quer
travestire V verkleiden (**da** als) **travestirsi** V sich verkleiden **travestito** M Transvestit *m*
tra'volgere [-dʒe-] V mitreißen
trazione F TECH Antrieb *m*; **~ anteriore/posteriore** AUTO Vorder-/Hinterradantrieb *m*
tre ADJ drei
trebbiare V AGR dreschen
treccia [-tʃa] F Zopf *m*
trecento [-tʃ-] ADJ dreihundert; **il Trecento** das 14. Jahrhundert **'tredici** [-tʃi] ADJ dreizehn
tregua F Waffenstillstand *m*; *fig* Atempause *f*
trekking M Trekking *n*
tremare V beben, zittern (**di** *od* **da** vor; **per** um)
tremendo ADJ furchtbar
tremila ADJ dreitausend
trend M Trend *m*
treno M Zug *m*; **~ diretto** Eilzug *m*; **~ locale** Nahverkehrszug *m*; **~ merci** Güterzug *m*; **in ~** mit dem Zug
trenta ADJ dreißig **trentenne** **1** ADJ dreißigjährig **2** M/F Dreißigjährige(r) *f(m)*
trentina F: **una ~ di** … etwa dreißig …
trentino ADJ aus Trentino
Trentino-Alto Adige [-dʒe] M Trentino-Südtirol *n*
Trento F Trient *n*
treppiedi M Stativ *n*
triangolare ADJ dreieckig **tri'angolo** M Dreieck *n*; AUTO Warndreieck *n*
tribordo M SCHIFF Steuerbord *n*
tribù F (Volks-)Stamm *m*
tribuna F Tribüne *f*
tribunale M Gericht *n*
tricheco [-kɛ-] M ZOOL Walross *n*
triciclo [-tʃ-] M Dreirad *n* **tricolore** ADJ dreifarbig
Trieste F Triest *n*
trifoglio [-ʎo] M BOT Klee *m*
triglia [-ʎa] F ZOOL Seebarbe *f*
trimestrale ADJ vierteljährlich **trimestre** M Vierteljahr *n*
trimotore M FLUG dreimotoriges Flugzeug *n*
trina F Spitze *f*
trinciapolli [-tʃa-] M Geflügelschere *f* **trinciare** [-tʃa-] V schneiden; GASTR tranchieren
trinità F REL Dreieinigkeit *f*
trionfale ADJ triumphal **trionfare** V triumphieren (**su** über), siegen **trionfo** M Triumph *m*; **arco** *m* **di ~** Triumphbogen *m*
tripla F Dreibettzimmer *n*
'triplice [-tʃe] ADJ dreifach

triplo 1 ADJ: **camera** *f* **tripla** Dreibettzimmer *n* 2 M Dreifache *n*
trippa F GASTR Kutteln *fpl*
triste ADJ traurig **tristezza** F Traurigkeit *f*
tritacarne M Fleischwolf *m*
tritare V zerkleinern; GASTR hacken
'trittico M MAL Triptychon *n*
trivellare V bohren
triviale ADJ vulgär, trivial
troll M IT Troll *m*
tromba F Trompete *f*; **~ d'aria** Windhose *f*; **~ delle scale** Treppenhaus *n* **trombone** M Posaune *f*
trombosi F MED Thrombose *f*
troncare V abbrechen, abschneiden, abschlagen **tronco** M *Baum* Stamm *m*; Rumpf *m*; *Straße* Abschnitt *m*
trono M Thron *m*
tropicale ADJ tropisch **'tropico** M Wendekreis *m*; **tropici** *pl* Tropen *pl*
troppo 1 ADJ zu viel; **troppa gente** *f* zu viele Leute 2 ADV zuviel, zu sehr; (*mit adj u. adv*) zu; **è ~ grande** es ist zu groß; **ti stanchi ~** du strengst dich zu sehr an
trota F ZOOL Forelle *f*
trottare V traben **trotto** M Trab *m*
'trottola F Kreisel *m*
trovare V finden; treffen; **andare a ~ qn** j-n besuchen; **non trovi?** findest du nicht?
trovarsi V sich treffen; sich fühlen; sich befinden; **~ bene/male** sich wohlfühlen/nicht wohlfühlen **trovata** F Einfall *m*
truccarsi V sich schminken
trucco M Make-up *n*, Schminke *f*; Trick *m*
truffa F Betrug *m* **truffare** V betrügen **truffatore** M, **-trice** [-tʃe] F Betrüger(in) *m(f)*
truppa F MIL Truppe *f*
tu PRON du; **dare del ~ a qn** j-n duzen
tuba F MUS Tuba *f*
tubatura F Rohrleitung *f*
tubercolosi F MED Tuberkulose *f*
'tubero M BOT Knolle *f*
tubetto M Röhrchen *n*; Tube *f* **tubo** M Rohr *n*, Röhre *f*; Schlauch *m*; **~ di scappamento** Auspuffrohr *n*
tuffare V (ein)tauchen **tuffarsi** V springen **tuffatore** M, **-trice** [-tʃe] F SPORT Kunstspringer(in) *m(f)* **tuffo** M Sprung *m ins Wasser*
tulipano M BOT Tulpe *f*
tumefazione F MED Schwellung *f*
tumore M Tumor *m*, Geschwulst *f*
'tumulo M Grabhügel *m*
Tuni'sia F Tunesien *n* **tunisino** 1 ADJ tunesisch 2 M, **-a** F Tuneser(in) *m(f)*
tunnel M Tunnel *m*
tuo 1 ADJ dein(e); **~ padre** *m*

dein Vater; **tua sorella** *f* deine Schwester; **la tua casa** *f* dein Haus; **i tuoi amici** *mpl* deine Freunde; **le tue sorelle** *fpl* deine Schwestern; **un ~ conoscente** *m* ein Bekannter von dir **2** POSS PR deine(r,-s); **questo cappello è come il ~** dieser Hut ist wie deiner; **è ~?** gehört es dir?; **i tuoi** deine Eltern

tuonare V donnern **tuono** M Donner *m*

tuorlo M Eigelb *n*, Eidotter *m od n*

turbamento M Verstörung *f*

turbante M Turban *m*

turbare V stören

turbina F ELEK Turbine *f*

'turbine M Wirbel(wind) *m*

turbolento ADJ turbulent; unruhig **turbolenza** F Unruhe *f*; Turbulenz *f*

turchese [-ke-] **1** ADJ türkisgrün **2** M Türkis *m*

Tur'chia [-k-] F Türkei *f* **turco** **1** ADJ türkisch **2** M, **-a** F Türke *m*, Türkin *f* **3** M *Sprache* Türkisch *n*

Turingia [-dʒa] F Thüringen *n*

turismo [-zmo] M Tourismus *m*, Fremdenverkehr *m* **turista** M/F Tourist(in) *m(f)* **tu'ristico** ADJ touristisch, Reise...; **operatore** *m* **~** Reiseveranstalter *m*; **villaggio** *m* **~** Feriendorf *n*; **guida** *f* **turistica** Reiseführer(in) *m(f)*

turno M Reihenfolge *f*; Schicht *f*; **a ~** abwechselnd; **di ~** diensthabend; **farmacia** *f* **di ~** Apotheke *f* mit Feiertagsdienst; **è il mio ~** ich bin dran

tuta F Overall *m*, Anzug *m*; **~ da ginnastica** Jogginganzug *m*

tutela F Schutz *m*; JUR Vormundschaft *f* **tutore** M, **-trice** [-tʃe] F Vormund *m*

tutta'via KONJ dennoch, trotzdem

tutto **1** ADJ ganz; PL alle; **~ il libro** das ganze Buch; **tutti i cittadini** *mpl* alle Bürger; **tutti i giorni** *mpl* jeden Tag **2** PRON alles; PL alle; **~ a posto?** alles klar?; **tutti e tre** alle drei **3** ADV ganz; **del ~** ganz, völlig; **innanzi ~** vor allem **tuttora** ADV noch immer

tv [ti'vu:] F ABK (**= televisione**) Fernsehen *n*, TV (Television *f*)

tvfonino M, **tivufonino** M TEL TV-Handy *n*

U

ubbidiente ADJ gehorsam

ubbidienza F Gehorsam *m*

ubbidire V gehorchen

ubicato ADJ gelegen

ubriacarsi V sich betrinken

ubriaco 1 ADJ betrunken 2 M, **-a** F Betrunkene(r) *f(m)*
uccello [-tʃɛ-] M Vogel *m*
uc'cidere [-tʃ-] V töten **uc'cidersi** [-tʃ-] V sich umbringen **ucciso** [-tʃ-] 1 PPERF getötet → uccidere 2 M, **-a** F Ermordete(r) *f(m)*
ucraino 1 ADJ ukrainisch 2 M, **-a** F Ukrainer(in) *m(f)*
udienza F Gehör *n*, Audienz *f*; JUR Verhandlung *f* **udire** V hören **udito** 1 ADJ gehört 2 M Gehör *n* **uditore** M, **-trice** [-tʃe] F Hörer(in) *m(f)*
uditorio M Zuhörerschaft *f*
UE F ABK (= **Unione Europea**) EU *f* (Europäische Union)
ufficiale [-tʃa-] 1 ADJ offiziell, amtlich 2 M Beamte *m*, Beamtin *f*; MIL Offizier *m*; **pubblico ~** Amtsperson *f*
ufficio [-tʃo] M Büro *n*; Amt *n*; **~ cambio valuta** Wechselstelle *f*; **~ di collocamento** Arbeitsagentur *f*; **~ doganale** Zollamt *n*; **~ informazioni turistiche** Turisteninformation *f*; **~ oggetti smarriti** Fundbüro *n*; **~ postale** Postamt *n*
ufo M Ufo *n*
uguaglianza [-ʎan-] F Gleichheit *f* **uguagliare** [-ʎa-] V gleichmachen **uguale** ADJ gleich; egal **ugualmente** ADV gleich; gleichermaßen
'ulcera [-tʃ-] F Geschwür *n*; **~ gastrica** Magengeschwür *n*
ulivo M BOT Olivenbaum *m*
ulteriore ADJ weitere
'ultimo ADJ letzte; neueste
ultrasuono M Ultraschall *m*
ululare V heulen
umanità F Menschheit *f* **umano** ADJ menschlich; human; **essere ~** Mensch *m*
Umbria F Umbrien *n* **umbro** ADJ umbrisch
umidificatore M Luftbefeuchter *m* **umidità** F Feuchtigkeit *f* **'umido** 1 ADJ feucht 2 M Feuchtigkeit *f*; *umg* Biomüll *m*; **in ~** GASTR geschmort
'umile ADJ demütig; niedrig **umiliare** V demütigen **umiltà** F Demut *f*; Bescheidenheit *f*
umore M Laune *f*; **essere di buon/cattivo ~** guter/schlechter Laune sein **umorismo** [-zmo] M Humor *m*; **senso** *m* **dell'~** Humor *m*
un ART M, **uno** M, **una** F ein(e); **un uomo** *m* ein Mann *m*; **un fiore** *m* eine Blume *f*; **un'amica** *f* eine Freundin *f*; **una bambina** *f* ein Mädchen *n*; **uno sbaglio** *m* ein Fehler *m*
uncinetto [-tʃ-] M Häkelnadel *f*; **lavorare all'~** häkeln
uncino [-tʃ-] M Haken *m*
'undici [-tʃi] ADJ elf
'ungere [-dʒ-] V einreiben
ungherese [-ge-] 1 ADJ ungarisch 2 M/F Ungar(in) *m(f)*

3 M *Sprache* Ungarisch *n* **Unghe'ria** [-ge-] F Ungarn *n*
'unghia [-g-] F Nagel *m*; *Tier* Kralle *f*
'unico ADJ einzig; einmalig
unificare V einigen **unificazione** F Einigung *f* **uniforme** **1** ADJ gleichförmig **2** F Uniform *f* **uniformità** F Gleichmäßigkeit *f*
unione F Vereinigung *f*, Union *f*; **Unione Europea** Europäische Union **unire** V verein(ig)en; zusammenstellen
unità F Einheit *f* **unitario** ADJ Einheits... **unito** ADJ verein(ig)t; einträchtig
universale ADJ allgemein
università F Universität *f*, Hochschule *f* **universitario** **1** ADJ Universitäts...; **libretto** *m* **~** Studienbuch *n* **2** M, **-a** F Student(in) *m(f)*; Universitätslehrer(in) *m(f)*
universo M Weltall *n*
uno **1** ART → un **2** ADJ eins, ein(e); **~ e mezzo** eineinhalb; **l'~** Eins *f*; **all'una** um ein Uhr **3** PRON eine(r,-s); jemand; **ad ~ ad ~** einzeln; **l'~ o l'altro** der eine oder der andere; **l'un l'altro** einander
unto ADJ fettig, ölig
uomo M Mensch *m*; Mann *m*; **da ~** Herren...; **scarpe** *fpl* **da ~** Herrenschuhe *mpl*
uovo M Ei *n*; **~ à la coque** weiches Ei; **~ sodo** hart gekochtes Ei; **~ al tegamino** Spiegelei *n*; **uova** *fpl* **strapazzate** Rührei *n*; **~ di Pasqua** Osterei *n*
uragano M Hurrikan *m*; *fig* Sturm *m*
urbano ADJ städtisch, Stadt...; **traffico** *m* **~** Stadtverkehr *m*
uretra F ANAT Harnröhre *f*
urgente [-dʒ-] ADJ dringend
urgenza [-dʒ-] F: **d'~** Not...; **in caso d'~** im Notfall
urina F Urin *m*
urlare V schreien **urlo** M Schrei *m*
u'rologo M, **-a** F MED Urologe *m*, Urologin *f*
urtare V stoßen; **mi urta** es irritiert mich **urto** M Stoß *m*, Zusammenstoß *m*, Aufprall *m*
usa e getta [e 'dʒɛ-] ADJ Einweg...; **carta** *f* **~** Einwegkarte *f*
usanza F Sitte *f*, Brauch *m*
usare V gebrauchen verwenden **usato** **1** ADJ gebraucht **2** M Gebrauchtwaren *fpl*; **mercatino** *m* **dell'~** Flohmarkt *m*
USB ABK: **chiavetta** *f* **~** IT USB-Stick *m*
uscire [-ʃ-] V hinausgehen; herauskommen; aussteigen (da aus); ausgehen; erscheinen *Buch*; **è appena uscito** er ist gerade hinausgegangen
uscita [-ʃ-] F Ausgang *m*; Ausfahrt *f*; **~ di sicurezza** Notausgang *m*

usignolo [-ɲ-] M ZOOL Nachtigall *f*
uso M Gebrauch *m*, Benutzung *f*; **fuori ~** außer Betrieb; **per ~ esterno/interno** MED äußerlich/innerlich anzuwenden; **con ~ cucina** mit Küchenbenutzung
ustione F Verbrennung *f*
usuale ADJ gebräuchlich
usura F Verschleiß *m*
utensile M Gerät *n*; TECH Werkzeug *n*
utente M/F Benutzer(in) *m(f)*; IT User *m*; **~ della strada** Verkehrsteilnehmer(in) *m(f)*
'utero M ANAT Gebärmutter *f*
'utile 1 ADJ nützlich; **in tempo ~** zur rechten Zeit 2 M Gewinn *m* **utilità** F Nützlichkeit *f*, Nutzen *m* **utilitaria** F Kleinwagen *m*
utilizzare [-dz-] V benutzen, verwenden **utilizzazione** [-ddzats-] F Benutzung *f*, Verwendung *f* **utilizzo** [-dz-] M: **di facile ~** benutzerfreundlich
uva F Trauben *fpl*; **~ bianca/nera** grüne/blaue Trauben; **~ passa** Rosinen *fpl*; **~ spina** Stachelbeere *f*

V

v. ABK (= **vedi**) s. (siehe)
va er (sie, es) geht → andare
vacanza F Urlaub *m*; Ferien *pl*; **~ tutto compreso** Pauschalurlaub *m*; **andare in ~** in Urlaub fahren; **vacanze** *pl* **estive/di Natale/pasquali** Sommer-/Weihnachts-/Osterferien *pl*
vacanziere M, **-a** F Urlauber(in) *m(f)*
vacca F Kuh *f*
vaccinare [-tʃ-] V impfen **vaccinazione** [-tʃ-] F Impfung *f*; **~ antitetanica** Tetanusimpfung *f* **vaccino** [-tʃ-] M Impfstoff *m*
vado ich gehe → andare
vagabondo M, **-a** F Landstreicher(in) *m(f)*; *umg* Faulpelz *m*
vagina [-dʒ-] F ANAT Scheide *f*
vaglia [-ʎa] M Anweisung *f*; **~ postale** Postanweisung *f*
vago ADJ vage
vagone M BAHN Waggon *m*, Wagen *m*; **~ letto** Schlafwagen *m*; **~ ristorante** Bordrestaurant *m*
vai V du gehst
vaiolo M MED Pocken *fpl*
valanga F Lawine *f*

valdostano ADJ aus dem Aostatal
valere V wert sein; gelten; **~ la pena** die Mühe wert sein; **far ~** geltend machen
valeriana F BOT Baldrian *m*
va'levole ADJ gültig
Val Gardena F Grödnertal *n*
'valico M Pass *m*
validità F Gültigkeit *f* **'valido** ADJ gültig; tüchtig; **non ~** ungültig
valigia [-dʒa] F Koffer *m*; **fare le valigie** die Koffer packen
vallata F Tal(ebene) *n(f)* **valle** F Tal *n*
Val(le) d'Aosta F Aostatal *n*
Vallese M Wallis *n*
vallo M Wall *m*
vallone M tiefes Tal *n*
valore [-o-] M Wert *m*; Tapferkeit *f*; **~ dichiarato** Wertangabe *f*; **di ~** wertvoll; **valori** *pl* Wertsachen *fpl* **valorizzare** [-dz-] V aufwerten
Val Puste'ria F Pustertal *n*
valuta F Währung *f*; Valuta *f*; **~ nazionale** Landeswährung *f* **valutare** V schätzen; *fig* abwägen **valutazione** F Schätzung *f*
'valvola F Ventil *n*; ANAT Klappe *f*; **~ di sicurezza** ELEK Sicherung *f*
valzer M Walzer *m*
vampiro M Vampir *m*
vandalo M Vandale *m*
vanga F Spaten *m* **vangare** V umgraben
Vangelo [-dʒ-] M Evangelium *n*
vaniglia [-ʎa] F Vanille *f*
vanitoso ADJ eitel
vanno V sie gehen
vano **1** ADJ vergeblich; leer **2** M Öffnung *f*; Raum *m*; **~ portaoggetti** Handschuhfach *n*
vantaggio [-dʒo] M Vorteil *m* **vantaggioso** [-dʒo-] ADJ vorteilhaft
vantare V loben **vantarsi** V prahlen, angeben; **~ di qc con qn** mit etw vor j-m prahlen
vapore M Dampf *m*; **al ~** GASTR gedämpft **vaporetto** M Dampfer *m* **vaporizzare** [-dz-] V verdampfen; zerstäuben
varechina [-k-] F Chlorbleiche *f*
vari'abile ADJ veränderlich; wechselhaft **variare** V (ver)ändern; sich ändern **variazione** F Veränderung *f*
varice [-tʃe] F MED Krampfader *f*
varicella [-tʃɛ-] F MED Windpocken *pl*
varietà F Vielfalt *f*; Art *f*; THEAT Varieté *n* **vario** ADJ verschieden(artig); **vari** *mpl* einige **variopinto** ADJ bunt
Varsavia F Warschau *n*
vasaio M, **-a** F Töpfer(in) *m(f)*

vasca F Becken *n*; ~ **da bagno** Badewanne *f* **vaschetta** F Wanne *f*; Schale *f*
vaselina [-z-] F Vaselin *n*, Vaseline® *f*
vasellame [-z-] M Geschirr *n*
vaso [-z-] M Gefäß *n* (*a.* ANAT); Topf *m*; Vase *f*; ~ **da fiori** Blumentopf *m*
vassoio M Tablett *n*
vasto ADJ weit, ausgedehnt; breit
Vaticano M Vatikan *m*; **Città del** ~ Vatikanstadt *f*
vecchiaia [-kk-] F Alter *n*
vecchio [-kkio] **1** ADJ alt **2** M, **-a** F Alte(r) *f(m)*
vece ['ve:tʃe] F: **fare le veci di qn** j-n vertreten
vedere V sehen; **andare a** ~ **qc** sich etw anschauen; **far** ~ zeigen; **stare a** ~ zusehen, abwarten; **ci vediamo!** bis bald!; **vedi** (v.) siehe (s.); **vedi di venire!** sieh zu, dass du kommst!
'vedovo **1** ADJ verwitwet **2** M, **-a** F Witwe(r) *f(m)*
veduta F Ansicht *f*, Aussicht *f*, Blick *m* (**su** auf)
vegano **1** ADJ vegan **2** M, **-a** F Veganer(in) *m(f)*
vegetale [-dʒe-] **1** ADJ pflanzlich **2** M Pflanze *f* **vegetariano** [-dʒe-] **1** ADJ vegetarisch **2** M, **-a** F Vegetarier(in) *m(f)* **vegetazione** [-dʒe-] F Vegetation *f*
veglia [-ʎa] F Wache *f* **veglione** [-ʎo-] M Ball *m*; ~ **di capodanno** Silvesterball *m*
ve'icolo M Fahrzeug *n*
vela F Segel *n*; **barca** *f* **a** ~ Segelboot *n* **velame** M SCHIFF Segelwerk *n*
velcro® M: **chiusura** *f* **a** ~ Klettverschluss® *m*
veleggiatore [-dʒa-] M Segelschiff *n*; FLUG Segelflugzeug *n*
veleno M Gift *n* **velenoso** ADJ giftig
'velico ADJ Segel...; **sport** *m* ~ Segelsport *m*
velina F TV Assistentin *f* in einer Fernsehshow **velino** ADJ: **carta** *f* **velina** Seidenpapier *n*
velismo [-zmo] M Segelsport *m*, Segeln *n* **velista** M/F Segelsportler(in) *m(f)*, Segler(in) *m(f)*
velluto M Samt *m*; ~ **a coste** Cordsamt *m*
velo M Schleier *m*
veloce [-tʃe] ADJ schnell **velocità** [-tʃ-] F Geschwindigkeit *f*; Schnelligkeit *f*; AUTO Gang *m*; ~ **massima** Höchstgeschwindigkeit *f*; ~ **della luce/del suono** Licht-/Schallgeschwindigkeit *f*; **limite** *m* **di** ~ Geschwindigkeitsbegrenzung *f*; **treno** *m* **ad alta** ~ BAHN Hochgeschwindigkeitszug *m*
ve'lodromo M Radrennbahn *f*
vena F ANAT Ader *f*, Vene *f*;

essere in ~ di fare qc *umg* in der Stimmung sein, etw zu tun **venato** ADJ gemasert
vendemmia F Weinlese *f* **vendemmiare** V *Wein* lesen
'vendere V verkaufen
vendetta F Rache *f* **vendicare** V rächen **vendicarsi** V sich rächen
'vendita F Verkauf *m* **venditore** M, **-trice** [-tʃe] F Verkäufer(in) *m(f)*
venerare V verehren **venerazione** F Verehrung *f*
venerdì M Freitag *m*; **Venerdì Santo** Karfreitag *m*
'Venere F Venus *f* **ve'nereo** ADJ Geschlechts...; **malattia** *f* **venerea** Geschlechtskrankheit *f*
'veneto ADJ aus Venetien
'Veneto M Venetien *n* **Venezia** F Venedig *n* **veneziana** F Jalousie *f* **veneziano** 1 ADJ venezianisch 2 M, **-a** F Venezianer(in) *m(f)*
vengo V ich komme **'vengono** V sie kommen
venire V kommen; werden; ~ **a sapere** erfahren; ~ **a trovare** besuchen; ~ **al dunque** zur Sache kommen; ~ **bene/male** gut/schlecht werden; ~ **in mente** einfallen; ~ **su** heraufkommen; **a** ~ künftig; nächste; **far** ~ holen; **mi è venuta un'idea** ich habe eine Idee; **mi vengono i brividi** mich überläuft es kalt; **mi viene da piangere/ridere** ich muss weinen/lachen; **mi viene voglia di fare qc** ich bekomme Lust, etw zu tun; **non mi viene** ich komme nicht darauf; **quanto viene?** wie viel kostet es?; **vengo da te** ich komme zu dir
ventaglio [-ʎo] M Fächer *m*
ventenne 1 ADJ zwanzigjährig 2 M/F Zwanzigjährige(r) *f(m)*
venti ADJ zwanzig
ventilatore M Ventilator *m* **ventilazione** F Ventilation *f*, Lüftung *f*; TECH Belüftung *f*
ventina F: **una** ~ **di** ... etwa zwanzig ...
ventiquattrore F Aktenkoffer *m*
vento M Wind *m*; **c'è** ~ es ist windig
ventosa F Saugnapf *m*
ventoso ADJ windig
venuta F Ankunft *f* **venuto** ADJ gekommen; **ben** ~ willkommen; **il primo** ~ der erste Beste
veramente ADV wirklich
veranda F Veranda *f*
verbale 1 ADJ mündlich 2 M Protokoll *n*; ~ **della seduta** Sitzungsprotokoll *n*
'verbo M Zeitwort *n*, Verb *n*
verde 1 ADJ grün; ~ **chiaro** hellgrün; ~ **scuro** dunkelgrün 2 M Grün *n*
verdura F BOT Gemüse *n*
'vergine F [-dʒ-] Jungfrau *f*;

Vergine ASTROL Jungfrau *f*; **essere della Vergine** Jungfrau sein
vergogna [-ɲa] F Scham *f*; Schande *f* **vergognarsi** [-ɲa-] V sich schämen **vergognoso** [-ɲo-] ADJ schamhaft; schändlich
ve'rifica F Nachprüfung *f*, Kontrolle *f* **verificare** V nachprüfen, kontrollieren **verificarsi** V sich ereignen
verità F Wahrheit *f*
verme M Wurm *m*; **~ solitario** Bandwurm *m* **vermicelli** [-tʃ-] MPL *dünne Spaghetti*
vermut M Wermut(wein) *m*
vernice [-tʃe] F Lack *m*; Firnis *m*; **scarpe** *fpl* **di ~** Lackschuhe *mpl* **verniciare** [-tʃa-] V lackieren
vero 1 ADJ wahr, richtig; echt; **è ~** es stimmt 2 M Wahrheit *f* **vero'simile** ADJ wahrscheinlich
verruca F MED Warze *f*
versamento M WIRTSCH Einzahlung *f*
versante M Hang *m*; Seite *f*
versare V (ein)gießen; verschütten; *Geld* einzahlen
versione F Version *f*; SCHULE Übersetzung *f*; FILM, TV, LIT Fassung *f*
verso 1 PRÄP in Richtung, auf, nach; gegen; **~ le sei** gegen 6 Uhr 2 M Vers *m*; Seite *f*
'vertebra F ANAT Wirbel *m* **vertebrale** ADJ: **colonna** *f* **~** Wirbelsäule *f* **vertebro'plastica** F MED Vertebroplastie *f*
verticale ADJ senkrecht
'vertice [-tʃe] M Spitze *f*, Gipfel *m* (*a.* POL); *fig* Höhepunkt *m*; MATH Scheitelpunkt *m*; **incontro** *m* **al ~** Gipfeltreffen *n*
ver'tigine [-dʒ-] F MED Schwindel *m*; **ho le vertigini** mir ist schwindelig **vertiginoso** [-dʒ-] ADJ schwindelerregend
verza F BOT Wirsingkohl *m*
vescica [-ʃ-] F ANAT Blase *f*; Harnblase *f*
'vescovo M REL Bischof *m*
vespa F ZOOL Wespe *f* **vespaio** M Wespennest *n*
vestaglia [-ʎa] F Morgenmantel *m* **veste** F Kleid *n*
vestiario M Kleidung *f*
ve'stibolo M ARCH Vestibül *n*
vestire V anziehen; tragen **vestirsi** V sich anziehen **vestito** M *Mann* Anzug *m*; *Frau* Kleid *n*; **vestiti** *pl* Kleidung *f*
Vesuvio M Vesuv *m*
veterinario M, **-a** F Tierarzt *m*, Tierärztin *f*
vetraio M, **-a** F Glaser(in) *m(f)*; Glasbläser(in) *m(f)* **vetrata** F Glasfenster *n* **vetre'ria** F Glaserei *f*; Glaswaren *fpl* **vetrina** F Schaufenster *n*
vetro M Glas *n*; Fensterscheibe *f*
vetta F Gipfel *m*
vettura F Wagen *m*; BAHN

Wagen *m*, Waggon *m*

vi 1 PRON euch; **~ chiamo** ich rufe euch 2 ADV dort; dorthin

via 1 F Weg *m*, Straße *f*; **~ traversa** Querstraße *f*; **per ~ aerea** per Luftpost; **Via Lattea** Milchstraße *f* 2 ADV weg; **andare ~** weggehen; **e così ~** und so weiter; **~!** los! 3 PRÄP über, via; **~ satellite** über Satellit

Viacard® F: **tessera** *f* ~ *Karte für die bargeldlose Zahlung der Autobahngebühren*

viadotto M Viadukt *m*, Überführung *f*

viaggiare [-dʒa-] V reisen; fahren **viaggiatore** [-dʒa-] M, **-trice** [-tʃe] F Reisende(r) *f(m)*

viaggio [-dʒo] M Reise *f*; Fahrt *f*; **~ aereo** Flugreise *f*; **~ d'affari** Geschäftsreise *f*; **~ di nozze** Hochzeitsreise *f*; **~ di studio** Studienreise *f*; **~ in macchina** Autofahrt *f*; **buon ~!** gute Reise!; **mettersi in ~** sich auf die Reise machen

viale M Allee *f* **viavai** M Kommen und Gehen *n*

vibrare V vibrieren; schwingen **vibrazione** F Vibration *f*, Schwingung *f*

vice... [-tʃe-] PRÄF Vize...

vicenda [-tʃɛ-] F Ereignis *n*; **vicende** *pl* Wechselfälle *mpl*; **a ~** gegenseitig; abwechselnd

viceversa [-tʃe-] ADV umgekehrt

vicinanza [-tʃ-] F Nähe *f*; Umgebung *f* **vicinato** [-tʃ-] M Nachbarschaft *f*

vicino [-tʃ-] 1 ADJ nah; **'estate è ormai vicina** der Sommer ist nah 2 ADV nah; **~ a** neben; in der Nähe von; **da ~** aus der Nähe; **qui ~** hier in der Nähe 3 M, **-a** F Nachbar(in) *m(f)*

'vicolo M Gasse *f*; **~ cieco** Sackgasse *f*

'video M Bild *n*; Bildschirm *m*; IT Terminal *m od n*; **~ musicale** Videoclip *m*; **scheda** *f* **~** Bildkarte *f* **video'camera** F Videokamera *f* **videocassetta** F Videokassette *f* **videogioco** [-dʒ-] M Videospiel *n* **videoproiettore** M Beamer *m* **videoregistratore** [-dʒ-] M Videorekorder *m* **videosorveglianza** [-ʎa-] F Videoüberwachung *f* **videoteca** F Videothek *f* **video'tel®** M, **video'tex®** M Bildschirmtext *m*

vidimare V JUR beglaubigen **vidimazione** F Beglaubigung *f*

viene V er (sie, es) kommt

vieni V du kommst

Vienna F Wien *n*

vietare V verbieten **vietato** ADJ verboten

vigilanza [-dʒ-] F Überwachung *f* **'vigile** [-dʒ-] M/F: **~ urbano** (Stadt-)Polizist *m*; vi-

gili *pl* **del fuoco** Feuerwehr *f*
vigilia [-dʒ-] F Vorabend *m*; **~ di Natale** Heiligabend *m*
vigliacco [-'ʎakko] **1** ADJ feige **2** M, **-a** F Feigling *m*
vigna [-ɲa] F Weinberg *m* **vignaiolo** [-ɲa-] M, **-a** F Weinbauer *m*, Weinbäuerin *f* **vigneto** [-ɲe-] M Weinberg *m*
villa F Villa *f*; Landhaus *n*
villaggio [-dʒo] M Dorf *n*; **~ turistico** Feriendorf *n*
villetta F (kleines) Familienhaus (mit Garten) **villino** M kleines Familienhaus (mit Garten)
vinaio M, **-a** F Weinhändler(in) *m(f)*
'vincere [-tʃe-] V besiegen (**su qn** j-n), siegen (**su qn** über j-n); gewinnen **'vincita** [-tʃ-] F Gewinn *m* **vincitore** [-tʃ-] M, **-trice** [-tʃe] F Sieger(in) *m(f)*; Gewinner(in) *m(f)*
vine'ria F Weinlokal *n*
vino M Wein *m*; **~ bianco** Weißwein *m*; **~ da tavola** Tafelwein *m*; **~ nostrano** Landwein *m*; **~ rosato** Rosé(-wein) *m*; **~ rosso** Rotwein *m*; **~ sfuso** offener Wein
vinto PPERF gewonnen → vincere
viola **1** F MUS Bratsche *f*; BOT Veilchen *n*; **~ del pensiero** Stiefmütterchen *n* **2** ADJ violett **3** M Violett *n*
violare V *Vorschrift* verletzen, brechen **violazione** F Verletzung *f*, Bruch *m*; **~ di domicilio** Hausfriedensbruch *m*
violentare V vergewaltigen **violento** ADJ gewaltsam; *fig* heftig **violenza** F Gewalt(-tätigkeit) *f*
violetta F Veilchen BOT *n*
violetto M Violett *n*, Veilchenblau *n*
violinista M/F Geiger(in) *m(f)* **violino** M Geige *f* **violoncellista** [-tʃ-] M/F Cellist(in) *m(f)* **violoncello** [-tʃ-] M Cello *n*
vi'ottolo M Pfad *m*
'vipera F ZOOL Viper *f*, Otter *f*
'virgola F GRAM Komma *n* **virgoletta** F Anführungszeichen *n*
virile ADJ männlich; *fig* mannhaft
virtù F Tugend *f* **virtuale** ADJ virtuell **virtuoso** ADJ KUNST, SPORT virtuos
virus M Virus *n od m*
vischio [-sk-] M BOT Mistel *f*
'viscido [-ʃ-] ADJ glitschig; rutschig
viscosa F Viskose *f*
vi'sibile ADJ sichtbar **visibilità** F Sicht *f*
visione F Sehvermögen *n*; Vision *f*; **prendere ~ di qc** in etw Einsicht nehmen; **film** *m* **in prima ~** Erstaufführung *f*; TV Erstausstrahlung *f*
'visita F Besuch *m*; Besichtigung *f*; MED Untersuchung *f*;

~ guidata della città Stadtführung *f*; **fare ~ a qn** j-n besuchen
visitare V besuchen; besichtigen; MED untersuchen **visitatore** M, **-trice** [-tʃe] F Besucher(in) *m(f)*
viso M Gesicht *n*
visone M ZOOL Nerz *m*; Nerzmantel *m*
vissuto 1 PPERF gelebt → vivere 2 ADJ erfahren
vista F Sehen *n*, Sehkraft *f*; Blick *m*, Aussicht *f*; **a prima ~** auf den ersten Blick; MUS vom Blatt; **con ~ sul mare** mit Meerblick; **perdere di ~** aus den Augen verlieren
visto 1 ADJ gesehen 2 M Visum *n*; **~ d'entrata** Einreisevisum *n*; **~ di uscita** Ausreisevisum *n*
vita F Leben *n*; Taille *f*; **a ~** lebenslänglich **vitale** ADJ Lebens...; *fig* lebenswichtig; MED lebensfähig; **forza** *f* **~** Lebenskraft *f*
vitamina F Vitamin *n*
vite F Schraube *f*; BOT Weinrebe *f*, Weinstock *m*
vitello M ZOOL Kalb *n*; GASTR Kalbfleisch *n*; **~ tonnato** GASTR *Kalbfleischscheiben in Thunfischsauce*
viticoltore M, **-trice** [-tʃe] F Winzer(in) *m(f)* **viticoltura** F Weinbau *m*
'vittima F Opfer *n*
vitto M Verpflegung *f*; **~ e alloggio** Unterkunft *f* und Verpflegung *f*
vittoria F Sieg *m*
viva ...! INT hoch lebe ...!, es lebe ...!
vivace [-tʃe] ADJ lebhaft **vivacità** [-tʃ-] F Lebhaftigkeit *f*
vivaio M Baumschule *f*
vivavoce [-tʃ-] M TEL Freisprechanlage *f*
'vivere V leben; erleben **vivisezione** F Tierversuch *m*
vivo ADJ lebendig, lebend; lebhaft; **farsi ~** von sich hören lassen
viziare V verwöhnen **viziato** ADJ verwöhnt, verzogen **vizio** M Laster *n*; Fehler *m* **vizioso** ADJ: **circolo** *m* **~** Teufelskreis *m*
vocabolario M Wörterbuch *n* **vo'cabolo** M Wort *n*
vocale F Vokal *m*
vocazione F Berufung *f*
voce [-tʃe] F Stimme *f*; *fig* Gerücht *n*; **a bassa ~** leise; **a ~** mündlich; **a ~ alta** laut
vodka F Wodka *m*
voga F SPORT Rudern *n*; Mode *f*; **essere in ~** Mode sein **vogare** V rudern **vogatore** M, **-trice** [-tʃe] F Ruderer *m*, Ruderin *f*
voglia [-ʎa] F Lust *f*; *umg* Muttermal *n*; **avere ~ di fare qc** Lust haben, etw zu tun; **contro ~** widerwillig
vogliamo [-ʎa-] V wir wollen
voglio [-ʎo] V ich will **'vo-**

gliono [-ʎo-] V sie wollen
voi PRON ihr; euch; **~ altri** ihr
volano M SPORT Federball *m*
volante **1** M Lenkrad *n* **2** F Überfallkommando *n*
volantino M Flugblatt *n*
volare V fliegen; rasen
volentieri ADV gern
volere **1** V wollen; mögen; **~ bene a qn** j-n gernhaben; **ci vogliono due ore** es dauert zwei Stunden; **ci vuole** man braucht; **voler dire** bedeuten **2** M Wille *m*
volgare ADJ vulgär
volo M Flug *m*; **~ charter** Charterflug *m*; **~ di linea** Linienflug *m*; **~ diretto** Direktflug *m*; **~ notturno** Nachtflug *m*; **~ spaziale** Raumflug *m*; *fig* **al ~** im Nu
volontà F Wille *m*; **a ~** nach Belieben
volontario **1** ADJ freiwillig **2** M, **-a** F Freiwillige(r) *f(m)*
volpe F ZOOL Fuchs *m*
volta[1] F Mal *n*; **ogni ~** jedes Mal; **qualche ~** manchmal; **questa ~** diesmal; **una ~** einmal; **una ~ per tutte** ein für allemal; **un'altra ~** ein andermal; **a volte** ab und zu; **molte volte** oftmals
volta[2] F ARCH Gewölbe *n*; **~ a botte** Tonnengewölbe *n*; **~ a crociera** Kreuzrippengewölbe *n*
volume M Volumen *n*, Rauminhalt *m*; Umfang *m*; Band *m* Buch; *Radio*, TV, RADIO Lautstärke *f*
voluto ADJ gewollt
vomitare V (er)brechen; **mi viene da ~** ich muss mich übergeben **'vomito** M Erbrechen *n*
'vongola F ZOOL Venusmuschel *f*
vorrei V ich möchte
vostro **1** ADJ euer, eure; Ihr(e); **~ padre** *m* euer/Ihr Vater; **vostra sorella** *f* eure/Ihre Schwester; **la vostra casa** *f* euer/Ihr Haus; **i vostri amici** *mpl* eure/Ihre Freunde; **le vostre sorelle** *fpl* eure/Ihre Schwestern; **un ~ conoscente** *m* ein Bekannter von euch/Ihnen **2** POSS PR eure(r,-s); Ihre(r,-s); **la nostra valigia è come la vostra** unser Koffer ist wie der Eure/Ihre; **è ~?** gehört es euch/Ihnen?
votare V POL abstimmen über, stimmen (**contro** gegen; **per** für); REL weihen **votazione** F Abstimmung *f*; Wahl *f* **voto** M *Schule* Note *f*; POL Stimme *f*; REL Gelübde *n*
voucher ['vaʊtʃər] M Voucher *n/m*
vul'canico ADJ vulkanisch
vulcano M Vulkan *m*
vuoi du willst → volere **vuole** er (sie, es) will → volere
vuotare V (aus)leeren **vuoto** **1** ADJ leer **2** M Leere *f*; Leergut *n*; **~ a perdere** Einwegfla-

sche *f*; ~ **a rendere** Mehrwegflasche *f*

W

wafer ['va:fer] M Waffel *f*
watt M ELEK Watt *n*
waveboard [u'eivbɔrd] M Waveboard *n*
WC M WC *n*, Klo *n*; ~ **chimico** Chemieklo *n*
web M IT Web *n* **webcam** [uɛb'kam] F IT Webcam *f*
weekend [ui'kɛnd] M Wochenende *n*
wellness M Wellness *f*
whisky [u'iski] M Whisky *m*
Wi-Fi [uai'fai] M ≈ WLAN *n*
windsurf M Surfbrett *n*; Windsurfen *n*
würstel M Würstchen *n*
www [vuvu'vu] M ABK (= **World Wide Web**) WWW *n*

X

xenofo'bia F Ausländerfeindlichkeit *f* **xe'nofobo** 1 ADJ ausländerfeindlich 2 M, **-a** F Ausländerfeind(in) *m(f)*
xi'lofono M MUS Xylofon *n*

Y

yacht M Yacht *f*
yoga M Yoga *n*
yogurt M Joghurt *m od n* **yogurtiera** F Joghurtbereiter *m*

Z

zabaione [dz-] M *Schaumcreme aus Eigelb, Zucker u. Marsala*
zafferano [dz-] M BOT Safran *m*
zaffiro [dz-] M MINER Saphir *m*
Zagabria [dz-] F Zagreb *n*
'zaino [dz-] M Rucksack *m*
zampa [ts-] F Fuß *m*; Pfote *f*; Tatze *f*; Bein *n*
zampirone [dz-] M *Räucherspirale gegen Insekten*
zampone [ts-] M GASTR gefüllter Schweinsfuß
zanzara [dzandz-] F ZOOL Mücke *f* **zanzariera** [dzandz-] F Moskito-, Mückennetz *n*
zappa [ts-] F Hacke *f* **zappare** [ts-] V hacken

zapping [dza-] M: **fare ~** TV zappen
zar [dz-] M, **zarina** [dz-] F Zar(in) *m(f)*
'zattera [dz-] F Floß *n*; **~ di salvataggio** Rettungsfloß *n*
zavorra [dz-] F Ballast *m*
zebra [dzɛ-] F Zebra *n*
zecca [tse-] F ZOOL Zecke *f*; Münzstätte *f*; **nuovo di ~** nagelneu
'zenzero [dzɛ-] M BOT Ingwer *m*
zeppa [tse-] F Keil *m*; *Schuhe* Keilabsatz *m* **zeppo** [tse-] ADJ: **pieno ~** vollgepfropft
zerbino [dze-] M Fußmatte *f*
zero [dzɛ-] M Null *f*; **2 gradi sotto ~** 2 Grad unter Null
zia [ts-] F Tante *f*
'zigomo [dz-] M Backenknochen *m*, Jochbogen *m*
zig'zag [dz-] M Zickzack *m*
zinco [dz-] M METALL Zink *n*
zio [ts-] M Onkel *m*
zip [dz-] F Reißverschluss *m*
zippare [dz-] V IT zippen
zitella F [dz-] unverheiratete Frau; *pej* alte Jungfer
zitto [ts-] ADJ still; **sta ~!** sei still!
'zoccolo [tsɔ-] M Holzschuh *m*, Pantine *f*; ZOOL Huf *m*; ARCH Sockel *m*
zodiacale [dzo-] ADJ Tierkreis...; **segno** *m* **~** (Tierkreis-) Sternzeichen *n* **zo'diaco** [dzo-] M Tierkreis *m*
zolfo [tso-] M CHEM Schwefel *m*
zolletta [dzo-] F Zucker Würfel *m*
zona [dzɔ-] F Zone *f*, Gebiet *n*, Gegend *f*; **~ disco** Parkzone *f* mit Parkscheibe; **~ residenziale** Wohngebiet *n*; **~ pedonale** Fußgängerzone *f*; **~ verde** Grünanlagen *fpl*
zoo ['dzɔːo] M Tiergarten *m*, Zoo *m*
zoppicare [tso-] V hinken; *Tisch* wackeln **zoppo** [tsɔ-] **1** ADJ hinkend; wackelig **2** M, **-a** F Hinkende(r) *f(m)*
zucca [ts-] F BOT Kürbis *m*
zuccherare [tsukk-] V zuckern **zuccheriera** [tsukk-] F Zuckerdose *f*
'zucchero [tsukk-] M Zucker *m*; **~ di canna** brauner Zucker; **~ filato** Zuckerwatte *f*; **~ vanigliato** Vanillezucker *m*; **zolletta** *f* **di ~** Zuckerwürfel *m*
zucchina [tsukk-] F BOT Zucchini *pl*
zumba® F SPORT Zumba® *n*
zuppa [ts-] F Suppe *f*; **~ di pesce** Fischsuppe *f*; **~ (alla) pavese** *Fleischbrühe mit geröstetem Brot u. Ei*; **~ inglese** *likörhaltige Süßspeise aus Biskuit u. Creme*; **~ di verdura** Gemüsesuppe *f*
zuppiera [ts-] F Suppenschüssel *f*
Zurigo [dz-] F Zürich *n*

A

Agriturismo

Wer keine Lust hat, seinen Urlaub im Hotel oder auf dem Campingplatz zu verbringen, kann es mit einem **agriturismo** versuchen. Meist ist das ein ehemaliger Bauernhof in Familienbesitz, der gute Regionalküche sowie oft preiswerte Übernachtungsmöglichkeiten anbietet. Den Reisenden erwarten also Privatpension, Gasthaus und „Urlaub auf dem Bauernhof" in einem, wobei das Angebot von Haus zu Haus verschieden ist. **Agriturismi** liegen meistens außerhalb der Touristenzentren. So ist es ideal, wenn man ein wenig Italienisch beherrscht und motorisiert ist.

Anrede

Gleichaltrige Jugendliche und junge Leute können Sie in Italien in jedem Fall duzen, bei älteren Erwachsenen ist das **Lei** (Sie) aber angebracht. Frauen spricht man mit **signora** an, Männer mit **signore**. Das geht auch, wenn man den Namen seines Gegenübers nicht kennt.
Wendet man sich an eine Gruppe von Leuten, empfiehlt es sich immer **voi** (Ihr) zu sagen. Das förmliche **Loro** (Sie) ist sehr hochgestochen und gilt in der gesprochenen Sprache als veraltet.

Autobahn

Auf der **autostrada**, die in Italien in grüner Farbe ausgeschildert ist, gilt eine Geschwindigkeitsbegrenzung von 130 km/h. Die meisten italienischen Autobahnen sind mautpflichtig, wobei die Höhe der Maut (**pedaggio**) von zurückgelegter Entfernung und Art der Strecke abhängig ist. Im Durchschnitt kann man mit 7 € pro 100 km rechnen. Am **casello** (Mautstation) entnimmt man bei Auffahrt auf die Autobahn einem Automaten ein Ticket, das man bei Verlassen der Autobahn abgibt und in bar, per Kreditkarte oder mit einer Prepaid-Karte (**Viacard®**) bezahlt. Eine andere Zahlungsmöglichkeit ist **Telepass®**, eine im Auto befestigte Vorrichtung, die jede Ein- und Ausfahrt auf die Autobahn an die Mautstation meldet. Hierfür sind besondere Spuren an den meisten Mautstellen vorgesehen. Der fällige Betrag wird dann in regelmäßigen Abständen vom Girokonto oder von der Kreditkarte eingezogen.

Autofahren

Ein internationaler Führerschein ist für Italien nicht notwendig, am Auto muss aber das Länderkennzeichen (D, A, CH) angebracht sein.
Auf allen außerstädtischen Straßen, z. B. auf der Autobahn, muss immer mit Abblendlicht gefahren werden. Wie in Deutschland herrscht Gurtpflicht auf allen Plätzen, die Promillegrenze liegt bei 0,5 % und das Telefonieren mit dem Handy ist verboten. Das Mitführen einer Warnweste, die bei einer Panne getragen werden muss, ist Pflicht, sonst droht ein Bußgeld. Kinder bis zu einer Größe von 1,50 m müssen durch einen Kindersitz gesichert werden.
Besonders aufmerksam sollte man gegenüber Mofas, Motorrollern und elektrischen Fahrrädern sein. Sie sind in Italien sehr beliebt und nicht immer hält man sich dabei an die Verkehrsregeln.

Autovermietung

In allen größeren Städten und an den Flughäfen gibt es die renommierten Autovermietungen (**autonoleggi**). Sollten Sie die Möglichkeit haben, schon frühzeitig von zu Hause aus zu buchen, dann ist das auf jeden Fall preiswerter.

Wenn Sie vor Ort ein Auto mieten wollen, dann achten Sie besonders auf die Versicherungsbedingungen und die Selbstbeteiligung im Schadensfall. Im Preis inklusive ist meistens nur eine kleine Basisversicherung, die bei Weitem nicht jedes Risiko abdeckt. Jede zusätzliche Absicherung, z. B. eine Vollkaskoversicherung, kostet dann natürlich extra, ist aber ratsam.

B

Bank

Banken (**banche**) sind Montag bis Freitag in der Regel von 8:30 bis 13:30 Uhr geöffnet. Einige Banken öffnen zusätzlich auch nachmittags für eine Stunde (meistens 15:00 bis 16:00 Uhr).
Am Wochenende kann man an Flughäfen und großen Bahnhöfen Geld wechseln. In Touristenorten gibt es auch Wechselstuben.
Will man sich die Gebühren am Geldautomaten (**bancomat®**) sparen, sucht man am besten nach einer Filiale der eigenen Bank oder einer Tochtergesellschaft. Allerdings gibt es die natürlich nicht in jedem Ort.

Bar

Eine typisch italienische **bar** ist eine Mischung aus einem Stehcafé und einer Kneipe und hat recht wenig mit einer deutschen Bar gemein. Diese Bars sind überall in Italien zu finden, in jedem Viertel, an allen Straßenecken und in den kleinsten Dörfern. **Il bar** ist einer der wichtigsten Treffpunkte in Italien.
In der **bar** können Sie einen **cappuccino** und eine **brioche** oder ein **cornetto** (Croissant) zum Frühstück bekommen. Außerdem trifft man sich hier auch nach der Arbeit zu einem **aperitivo**. Dazu werden in manchen Bars Erdnüsse (**noccioline**) oder Chips (**patatine**) angeboten.

Typisch ist auch der **caffè** (Espresso) nach dem Mittag- oder Abendessen, der meistens im Stehen am Tresen getrunken wird. Fast überall müssen Sie zuerst an der Kasse bezahlen; anschließend legen Sie den **scontrino** (Kassenbon) vor und bekommen dann Ihr Essen oder Getränk. Außer Getränken und süßem Gebäck gibt es oft auch herzhafte Speisen wie **panini** (Brötchen), **tramezzini** (belegtes Weißbrot) oder **toast** (Sandwiches).
Viele Bars haben ein paar Tische, an denen man auch bedient wird (**servizio ai tavoli**). Allerdings ist das immer ein wenig teurer, als selbst am Tresen (**al banco**) zu bestellen.

Bedienung

Am Eingang eines Restaurants werden Sie in der Regel von einem **cameriere** (Kellner, Ober) oder einer **cameriera** (Kellnerin) empfangen, die sich nach der Zahl der Personen erkundigen wird (**Per quante persone?**). Sitzen Sie schon, so rufen Sie die Bedienung mit **Scusi!** (Bitte!) an den Tisch, oder heben einfach die Hand und das Kinn, indem Sie die Bedienung anschauen. Meistens kommt sie unaufgefordert und fragt Sie: **Desidera?** (Was wünschen Sie?) oder **Avete già scelto?** (Haben Sie schon gewählt?).

Begrüßung

Im Freundeskreis begrüßt man sich mit einem formlosen **ciao** (Hallo), einer lockeren Umarmung und je nach Region mit zwei oder drei Küsschen auf die Wange. So begrüßen auch Verwandte und gut befreundete Männer einander. Selbst wenn man sich nicht gut kennt oder erst von gemeinsamen Bekannten vorgestellt wurde, wird geküsst.
Fremde grüßen Sie besser mit einem förmlichen **buongiorno** (Guten Morgen, guten Tag), **buonasera** (Guten Abend) oder **salve** (Hallo) und geben ihnen dazu die Hand.

Biennale di Venezia

Die **Biennale di Venezia** ist eine internationale Kunstausstellung, die alle zwei Jahre von Mai bis November in einem sonst wenig touristischen Viertel Venedigs stattfindet: Castello. Die repräsentativsten Kunstwerke werden in **padiglioni** (Hallen) länderweise ausgestellt. Anfang September findet im Rahmen der Biennale auch die **Mostra del Cinema** statt, ein internationales Kinofestival.
Im Wechsel zur Kunstausstellung findet zweijährlich die **Biennale di Architettura** statt, die sich ganz der Architektur widmet.

Bus

Die Fahrkarten (**biglietti**) für Busse erhalten Sie im Allgemeinen in Bars, in Tabakläden (**tabacchi**) oder an Zeitungskiosken in der Nähe der Haltestelle (**fermata**). Es empfiehlt sich, möglichst **biglietti multipli** (Mehrfahrtenkarten) zu kaufen, da sie etwas billiger als einzelne Fahrkarten sind. Normalerweise kann man mit einer Fahrkarte innerhalb eines bestimmten Zeitraumes das gesamte Streckennetz benutzen. Überlandbusse (**autobus interurbani**) sind oft schneller und billiger als Züge. In einigen größeren Städten gibt es richtige Busbahnhöfe, in den kleineren immer einen bestimmten Abfahrtsplatz. Selten sind die Fahrkarten im Bus selbst erhältlich.

C

Caffè

Unter **caffè** versteht man in Italien immer einen Espresso. Filterkaffee werden Sie dort kaum bekommen. Das braune Lebenselixier findet man in italienischen Bars in vielen Variationen: **caffè macchiato** mit einem Schuss Milch, **caffè lungo** mit Wasser verdünnt, **caffè ristretto** mit wenig Wasser, **caffè freddo** mit Eiswürfeln und **caffè corretto** mit einem Schuss Schnaps. Möchten Sie einen koffeinfreien Espresso, fragen Sie nach einem **caffè Hag®** oder **decaffeinato**, Milchkaffee ist **caffellatte**. Für **cappuccino** und **latte macchiato** (viel heiße Milch mit Milchschaum und einem Espresso) gilt: weder vor noch nach dem Essen trinken, sondern vormittags zum Frühstück oder zwischendurch in der Kaffeepause.

Camping

Mit landesweit rund 2500 Campingplätzen (**campeggi**) bietet Italien eine hervorragende Infrastruktur für das Campen und den Wohnmobil-Urlaub. Wildes Campen lohnt sich nicht, das kann nämlich teuer werden: Sie riskieren hohe Bußgelder, wenn Sie an nicht erlaubten Plätzen kampieren. Besser, Sie fragen vor Ort nach, wo legale Stellplätze vorhanden sind.
Ein perfektes Ziel für Wohnmobilreisende ist Oberitalien: Die Saison ist lang und die Stellplätze sind günstig.

Carabinieri

Die **carabinieri** sind eine Truppe der italienischen Armee mit polizeilichen Aufgaben, unter anderem zuständig für den Straßenverkehr. Die Notrufnummer ist 112. **Carabinieri** erkennen Sie an ihrer dunkelblauen Uniform mit einem roten Längsstreifen auf der Hose und einer silberfarbenen stilisierten Granate auf der Kopfbedeckung.
Über die **Carabinieri** macht sich der Volksmund gerne lustig, weshalb sie Gegenstand zahlreicher Witze sind. Umgangssprachlich nennt man sie auch **i caramba**.

E

Einkaufen

In Italien gibt es keine gesetzlichen Einschränkungen für Ladenöffnungszeiten, die deswegen sehr unterschiedlich sind. Kleine Geschäfte schließen in der Regel zwischen 13 und 16 Uhr, Supermärkte (**supermercati, ipermercati**) haben durchgehend geöffnet. Lebensmittelgeschäfte (**alimentari**) sind in vielen Städten an einem Nachmittag in der Woche geschlossen.
Fleisch- und Wurstwaren finden Sie in der **macelleria** und **salumeria** (Metzgerei), Fisch in der **pescheria** (Fischgeschäft), Brot im **panificio** (Bäckerei), Obst und Gemüse beim **fruttivendolo** (Obst- und Gemüsehändler) und Torten in der **pasticceria** (Konditorei).

Essen

In Italien isst man bekanntlich gut und gerne: Das Mittagessen ist immer ordentlich und das Abendessen eher üppig. Eine komplette Mahlzeit besteht aus mehreren Gängen: **antipasto** (Vorspeise), **primo** (Nudel-, Reisgericht oder eine Suppe), **secondo** (Fleisch- oder Fischgericht) und **dolce** (Nachspeise), wahlweise auch **formaggio** (Käse) oder **frutta** (Obst). Beilagen (**contorni**) muss man in der Regel separat bestellen.
In Italien wünscht man sich vor dem Essen einen guten Appetit (**Buon appetito!**) und erwidert den Wunsch auch (**Grazie, altrettanto!**).

F

Fahrrad

In den meisten italienischen Großstädten sollten Sie das Rad (**bicicletta, bici**) lieber meiden; es gibt kaum Radwege und der Verkehr ist nicht

darauf eingestellt. Dafür finden Sie aber auf dem Land und in vielen Urlaubsorten wunderschöne Radwege, die leider nicht alle gut ausgeschildert sind. Am besten, Sie besorgen sich vor Abfahrt eine Fahrradwanderkarte.
Wenn Sie ein Rad ausleihen möchten, fragen Sie nach einem **noleggio di biciclette** (Fahrradverleih). Hier werden in der Regel auch Kindersitze und Helme ausgeliehen (**seggiolini e caschi**). Auch viele Hotels und Ferienwohnungen sind mit Leihrädern ausgestattet.

Farmacia

Apotheken (**farmacie**) sind im Allgemeinen Montag bis Freitag von 09:00 bis 12:30 und von 16:00 bis 19:30, am Samstag nur vormittags geöffnet; sonntags, feiertags und nachts gibt es Notdienste, die wie in Deutschland an den Apotheken angezeigt werden.

Ferien

Sommerferien sind in Italien von Mitte Juni bis Mitte September, wobei die meisten im August in den Urlaub fahren. Das liegt daran, dass viele Büros, Fabriken und Geschäfte im August geschlossen bleiben. Außerdem ist am 15. August ein sehr beliebter Feiertag: **Ferragosto** (Mariä Himmelfahrt). In dieser Zeit werden Ihnen immer wieder Schilder begegnen, auf denen **chiuso per ferie** (wegen Urlaub geschlossen) steht. Im Frühjahr, Herbst und Winter werden italienische Schulkinder allerdings nicht mit Ferien verwöhnt: Normalerweise gibt es neben den Sommerferien zwei Wochen Ferien zu Weihnachten (**Natale**) und nur eine Woche zu Ostern (**Pasqua**). Während der Herbst- oder Pfingstferien werden Sie also nur wenige italienische Reisende treffen.

Flughafen

Wenn Sie jemanden in Italien am Flughafen (**aeroporto**) abholen, gehen Sie in Richtung **arrivi** (Ankunft); fliegen Sie selbst ab, dann folgen Sie dem Schild **partenze** (Abflug). Nachdem Sie Ihr Gepäck (**bagagli**) am **check-in** aufgegeben haben, geht es in Richtung **controllo di sicurezza** (Sicherheitskontrolle).
Nach der Landung an einem italienischen Flughafen finden Sie Ihr Gepäck an der **consegna bagagli** (Gepäckausgabe). Vergessen Sie nicht, dass in Italien das Rauchen in Flughäfen verboten ist!

Frühstück

In Italien beginnt der Tag mit einem sehr kleinen Frühstück (**colazione**), meistens mit **caffellatte** (Milchkaffee) und **biscotti** (Kekse).
In vielen Hotels werden Sie sich in der Regel aber am Buffet bedienen können, wo auch andere Speisen zum Frühstück angeboten werden, so wie Brötchen, Aufschnitt, Käse, Müsli, Säfte, Marmelade, Honig etc.

G

Geld

Am günstigsten kann man sein Geld mit der EC-Karte an Geldautomaten (**bancomat**®) abheben. Sie finden sie überall in Italien. Achten Sie jedoch auf das EC-Symbol am Automaten, denn nicht jeder **bancomat**® nimmt die EC-Karte an. Mit Ihrer 4-stelligen PIN können Sie dort rund um die Uhr pro Tag je nach Bank bis zu 250 oder 500 Euro abheben.
Der bargeldlose Zahlungsverkehr hat in Italien zwar noch nicht den ganz großen Durchbruch geschafft, doch in den größeren Hotels, Läden und Restaurants werden die gängigen Kreditkarten (**carte di**

credito), d. h. American Express, VISA und Master/Eurocard, sowie EC-Karten akzeptiert.

Geschwindigkeitsbegrenzungen

Auf der **strada comunale**, also innerhalb eines Ortes, sind maximal 50 km/h erlaubt, auf der **strada provinciale** (Landstraße) und auf der **strada statale** (etwa: Bundesstraße) müssen Sie eine Höchstgeschwindigkeit von 90 km/h beachten. Auf der **superstrada** (Schnellstraße) dürfen Sie bis zu 110 km/h und auf der **autostrada** (Autobahn) bis zu 130 km/h fahren.

Gesundheit

Staatsangehörige der EU und der Schweiz können auch in Italien die Krankenversicherung Ihres Heimatlandes nutzen. Sie benötigen hierzu eine Europäische Krankenversicherungskarte (EHIC). Wer in Deutschland gesetzlich versichert ist, muss die Europäische Krankenversicherungskarte nicht beantragen, sie ist automatisch auf der Rückseite der Versichertenkarte aufgedruckt. Die Vorlage der Karte genügt, um sich in Italien medizinisch behandeln zu lassen. Die anfallenden Kosten werden von der gesetzlichen Krankenkasse übernommen.

Der medizinische Notdienst (**pronto soccorso**) im Krankenhaus (**ospedale**) sichert eine kostenlose Notbehandlung.

Falls Sie nicht privat versichert sind, sollten Sie nach Möglichkeit ein öffentliches Krankenhaus aufsuchen. Wenn Sie einen Krankenwagen (**autoambulanza**) benötigen, wählen Sie die Notrufnummer 112. Eine Liste von deutschsprachigen Ärzten und Ärztinnen erhalten Sie normalerweise von Ihrer Botschaft oder Ihrem Konsulat.

Bequemer ist es, eine private Auslandskrankenversicherung abzuschließen. Dann können Sie Ihren Arzt oder Ihre Ärztin selbst auswählen, die Selbstbeteiligung bei Medikamenten und ärztlicher Behandlung entfällt und die Kosten für einen Rücktransport werden übernommen. Die Behandlungskosten muss man aber zunächst selbst bezahlen.

H

Handy

Obwohl das Handy natürlich auch in Italien aus dem Leben nicht mehr wegzudenken ist, gilt absolutes Handy-Verbot am Steuer, es sei denn, Sie nutzen ein Headset oder eine Freisprechanlage, bei der Sie beide Hände am Steuer lassen können.

Für diejenigen, die planen, in Italien mit dem Handy viel zu telefonieren oder angerufen zu werden, lohnt sich der Kauf einer italienischen Prepaid-Karte (**scheda prepagata**). Man erhält eine eigene italienische Telefonnummer, über die man ohne Roaming-Kosten erreichbar ist und günstiger nach Deutschland telefonieren kann. Wer in Italien eine Sim-Karte kaufen will, sollte allerdings beachten, dass auch Reisende aus dem Ausland manchmal nach einer italienischen Steuernummer (**codice fiscale**) gefragt werden.

Noch ein Hinweis: „Handy" wird in Italien niemand verstehen: Das „kleine Telefon" nennt sich dort entweder **telefonino** oder **cellulare**.

Hupen

In Italien wird beim Autofahren relativ viel gehupt: in den Bergen vor Kurven, in der Stadt bei Stau oder einfach, um anderen etwas mitzuteilen. Dort, wo hupen streng verboten ist – z. B. in der Nähe von Krankenhäusern – ist das extra ausgeschildert.

In engen, unübersichtlichen Kurven sollten Sie selbst auch von Ihrer Hupe (**il clacson**) Gebrauch machen. Sie minimieren damit das Risiko eines unschönen Zusammenstoßes.

I

Internetcafés

In Italien allgemein und in ländlichen Gegenden insbesondere ist die Versorgung mit Internetcafés nicht gerade üppig. In größeren Städten werden Sie aber sicher fündig.

Bevor Sie das Internet nutzen können, müssen Sie sich aus Sicherheitsgründen registrieren lassen. Ihr Surfverhalten sowie Ihr Mailverkehr werden mitprotokolliert. Auf das Tätigen von Bankgeschäften o. Ä. sollten Sie also besser verzichten.

J

Jugendherberge

Die **Associazione Italiana Alberghi per la Gioventù** (Italienischer Jugendherbergsverband) verwaltet in Italien ein Netz von rund 120 Jugendherbergen (**ostelli per la gioventù**). Wichtig ist ein entsprechender Jugendherbergsausweis. Die Preise pro Person und Übernachtung variieren zwischen 10 und 25 Euro. Im Zeitraum Juni bis September wird empfohlen, Zimmer im Vorfeld zu reservieren.

Schon bei der Buchung (**prenotazione**) muss eine Anzahlung (**acconto**) geleistet werden, der Rest ist am Tag der Ankunft fällig.

K

Kirchen

Beim Besuch von Kirchen (**chiese**) und Klöstern (**conventi, monasteri**) sollten Sie angemessene Kleidung (Schultern und Knie bedeckt) tragen,

da es vorkommen kann, dass man in Shorts oder mit weit ausgeschnittenen Shirts nicht eingelassen wird. Eine Besichtigung während des Gottesdienstes ist nicht erwünscht. Viele Kirchen sind nur zur Messe geöffnet, andere schließen mittags und sind von etwa 07:30 bis 12:00 Uhr und von 15:00 bis 19:00 Uhr geöffnet.
Größere und vor allem bekannte Kirchen verlangen oft Eintritt. Fotografieren ist in vielen Kirchen und Klöstern nicht erlaubt, Blitzen generell verboten.

Kleidergrößen

Aufgepasst mit den italienischen Konfektionsgrößen (**taglie**)! Wenn Sie in Deutschland Größe 40 tragen, werden Sie in Italien Ihr blaues Wunder erleben, denn Sie müssen hier Ihre Kleider gleich zwei (44) oder drei (46) Nummern größer kaufen.
Ähnliches gilt für amerikanische Größen: Keine Sorge, wenn Sie in ein Shirt mit Größe S schlüpfen und es überall zwickt: Das italienische S entspricht dem deutschen XS.

M

Mercati, mercatini

Einmal pro Woche gibt es in den meisten italienischen Städten und Dörfern tagsüber einen **mercato** (Markt), der normalerweise auf einer Piazza oder an einer Promenade stattfindet. Hier können Sie nicht nur frische Lebensmittel (insbesondere Obst, Gemüse, Fleisch, Fisch und Käse), sondern auch Schuhe, Kleidung, Geschirr, Stoffe, Möbel usw. günstig einkaufen.

Antiquitäten finden Sie auf dem **mercatino dell'antiquariato**, Plunder und Schnäppchen jeder Art auf dem Flohmarkt (**mercatino delle pulci**), den es normalerweise in jeder größeren Stadt gibt.

Motorradfahren

Die Zeiten, in denen ganze Großfamilien ohne Helm auf einer Vespa gefahren sind, sind wohl endgültig vorbei. In Italien ist man bei der Bestrafung von Verkehrssünden auch beim Motorradfahren sehr hart geworden. Die italienische Regierung hofft nämlich, mit den teilweise drakonischen Strafen die Unfallstatistiken für Zweiradfahrende senken zu können.

Auf die Autobahn und die Schnellstraße darf man nur mit Motorrädern, die einen Hubraum von über 149 cm^2 haben. Motorräder (**motociclette**, *umg* **moto**) und Mopeds (**motorini**) müssen tagsüber außerhalb geschlossener Ortschaften mit Abblendlicht fahren. Helmpflicht gilt für alle Beteiligten (also auch im Beisitz), ohne Helm (**casco**) zu fahren kann bis zur Beschlagnahmung des Motorrades führen.

Müll

Zur Mülltrennung (**raccolta differenziata dei rifiuti**) gibt es in Italien seit 2009 ein Gesetz, nach dem 35 Prozent des Mülls getrennt werden müssen. Es gibt Sammelcontainer für Glas und Papier, die Sie an den Aufschriften **raccolta vetro** und **raccolta carta** erkennen. An dieses Mindestmaß an Mülltrennung halten sich inzwischen auch die meisten.

Nachdem es in Italien immer wieder Streiks (**scioperi**) bei der Müllabfuhr gibt, kommt es vor allem in den Großstädten gelegentlich zu unschönen Müllbergen.

Museen

Die Öffnungszeiten großer Museen (**musei**) sind meist von 9:00 bis 19:00 Uhr. Im Winter sind kleine Museen nur am Wochenende oder morgens von 9:00 bis 13:00 Uhr geöffnet. Montag ist oft Ruhetag.

Fotografieren ist in der Regel nicht erlaubt. Blitzen ist generell verboten. Jugendliche bis 18 Jahre sowie Menschen mit Behinderungen haben kostenlosen Eintritt (**ingresso libero**) in alle staatlichen Museen und Sammlungen. Jugendliche zwischen 18 und 25 Jahren aus der EU erhalten dort ermäßigten Eintritt.

N

Notrufnummern

Die Notrufnummer ist die **112**. Unter dieser Nummer erreichen Sie Polizei, Notarzt, Krankenwagen und Feuerwehr (**Vigili del Fuoco Pompieri**).

Die Pannenhilfe **ACI** ['atʃi], das italienische Pendant zum deutschen ADAC, hat die Nummer **803116**.

Die **Guardia di Finanza** (Finanz- und Zollpolizei) rufen Sie mit der **117**.

O

Opera lirica

Als Opernfan kommen Sie am Festival der **Arena di Verona**, dem größten Opernfestival (**festival lirico**) der Welt, nicht vorbei. Den ganzen Sommer hindurch können Sie z. B. Giuseppe Verdis Klassiker (**Aida, La Traviata, Nabucco** usw.) in der Freiluft-Arena in Verona genießen.

Möchte man die weltberühmte **Arena di Verona** meiden oder noch tiefer in die italienische Oper eintauchen, bieten sich weitere Opernfestivals z. B. in Florenz (**Maggio Musicale Fiorentino**), in Macerata (**Macerata Opera Festival**) oder in Pesaro (**Rossini Opera Festival**) an.

Ostern

In Italien gibt es den Grundsatz **Natale con i tuoi, Pasqua con chi vuoi,** Weihnachten mit der Familie, Ostern mit wem du willst. Vor dem religiösen Hintergrund der Auferstehung wird im Freundes- und Familienkreis gefeiert – und natürlich gut geschmaust.

Zu Ostern gibt es zu Hause sowie im Restaurant traditionellerweise Lamm (**agnello**) oder Zicklein (**capretto**) und zum Nachtisch einen taubenförmigen Kuchen: die **colomba**. Er symbolisiert die österliche Friedenstaube und ist in vielen Variationen zu haben: pur mit Kandiszucker und Mandeln garniert, mit Schokoladenfüllung, mit Vanillecreme u. Ä.

Sowohl der Osterhase als auch die Suche nach Eiern sind in Italien unbekannt, stattdessen gibt es für Kinder Schokoladeneier (**uova di cioccolato**), in denen eine Überraschung verborgen ist. Je größer das Ei, desto wichtiger ist die Überraschung: Manchmal finden sich sogar ein Fotoapparat oder ein Pullover im Ei!

Den Ostermontag (**Lunedì dell'Angelo** oder **Pasquetta**) verbringt man traditionell im Freundeskreis bei einem Picknick auf dem Land oder in den Bergen.

P

Parken

An weißen Bordsteinstreifen kann fast überall gratis geparkt werden, an blauen Streifen ist das Parken gebührenpflichtig und an schwarz-gelben Streifen ist das Parken verboten. Gelbe Parkflächen sind reserviert für Autobusse, Taxis etc.

Achten Sie auch auf folgende Schilder: **passo carrabile** (Einfahrt), **divieto di sosta** (Halteverbot), **rimozione forzata** (kostenpflichtige Entfernung von widerrechtlich geparkten Fahrzeugen) und **zona a traffico limitato** (Zone, in der Autofahrer eingeschränkt oder verboten ist, z. B. in Fußgängerzonen).

In größeren Städten empfiehlt es sich, ein **autosilo** (Parkhaus) zu suchen. Wer sein Fahrzeug nicht unbewacht stehen lassen möchte, muss nach einem **parcheggio custodito** Ausschau halten.

Fast alle historischen Innenstädte sind für Privatfahrzeuge gesperrt. Wer in einem Hotel im Stadtzentrum wohnt, erhält dort eine Karte, die zur Anfahrt berechtigt. Größere Städte besichtigt man also am besten mit der Bahn und dann per Bus oder zu Fuß.

Parmigiano

Der berühmte **parmigiano** (Parmesan) ist ein Hartkäse aus Kuhmilch, der besonders zum Reiben als Würzkäse geeignet ist. Der echte Parmesan heißt eigentlich **Parmigiano Reggiano** und wird v. a. in der Emilia Romagna und in der Lombardei hergestellt. Die Produktion wird nach strengsten Vorgaben eines Kontroll-Konsortiums überwacht: Echter **parmigiano** besteht aus Milch von Kühen, die nur mit frischem Wiesengras gefüttert werden, und muss 12 bis 24 Monate lang reifen. Ein enger Verwandter und der ärgste Konkurrent des **Parmigiano Reggiano** ist der **Grana Padano**, der etwas weniger Fett enthält und

eine kürzere Reifezeit hat. Das Ergebnis ist milder und weniger kräftig im Geschmack, was heutzutage viele Käseliebende bevorzugen.
Wenn Sie einmal etwas anderes als Parmesan oder Grana über Ihre Nudeln streuen möchten, versuchen Sie es doch mit **pecorino sardo**: ein besonders würzig-pikanter (und teurer) Hartkäse aus Sardinien, dessen Original aus frisch gemolkener Schafsmilch nur von November bis Juni hergestellt wird und mindestens 8 Monate reift.

Pizza

Die einfachste Form der Pizza (mit Olivenöl, Tomatenscheiben und Oregano oder Basilikum belegt) wird in Italien schon seit Mitte des 18. Jahrhunderts gegessen. Die Mutter aller Pizzen, die **pizza Margherita**, wurde 1889 in Neapel für die italienische Königin Margherita erfunden. Inzwischen gibt es unzählige Varianten – eine Wissenschaft für sich. Auf einer Pizza-Karte werden z. B. diese traditionellen Leckereien sicher nicht fehlen: **pizza prosciutto e funghi** (zusätzlich zu Tomaten, Mozzarella und Basilikum mit Champignons und Kochschinken), **calzone** (geschlossene Pizzatasche, oft mit Ricotta, Schinken, Pilzen und Parmesan) und **pizza capricciosa** (mit Schinken, Champignons, Artischocken und schwarzen Oliven).
Eine **pizzeria** ist oft nur am Abend geöffnet, da man in Italien mittags in der Regel keine Pizza isst. Sollte vor einer **pizzeria** das Schild **pizza a mezzogiorno** hängen, dann kann man auch mittags welche bekommen. In der **pizzeria** kann man auch nur ein **primo** (Nudeln oder Reis) oder ein **dolce** (Dessert) bestellen. Wo **pizza al taglio** (Pizzastück) verkauft wird, kann man Pizzastücke im Stehen essen oder mitnehmen. Wo **pizza da asporto** steht, können Sie Pizza oft telefonisch bestellen oder selbst abholen.

Polizei

In Italien teilen sich **carabinieri**, **polizia** und **vigili urbani** die Aufgaben der Polizei. Die **vigili** sind für den Verkehr und die Geschäfte in den Städten zuständig. **Polizia** und **carabinieri** haben nahezu identische Aufgaben (außerstädtischer Straßenverkehr, öffentliche Ordnung), wobei die **carabinieri** dem Militär, die **polizia** dem Innenministerium unterstellt sind. Notrufnummer ist die 112.
Vergessen Sie in Italien nie Ihren Führerschein (**patente di guida**), den Fahrzeugschein (**carta di circolazione**), Ihren Ausweis (**carta d'identità** oder **passaporto**) und eine Bescheinigung der Haftpflichtversicherung, wenn Sie mit dem Wagen unterwegs sind.

Post

Die Post (**posta** oder **ufficio postale**) ist in Großstädten in der Regel von Montag bis Freitag von 8:30 bis 19:00 Uhr geöffnet, auf dem Land nur bis 13:30 Uhr; samstags von etwa 8:30 bis 12:30 Uhr.
Wenn Sie nur Briefmarken (**francobolli**) für Ihre Postkarten (**cartoline**) oder Briefe (**lettere**) brauchen, können Sie diese auch in Tabakläden (**tabacchi**) und im Allgemeinen in den Geschäften kaufen, wo Sie auch Postkarten bekommen. Soll Ihre Post vor Ihnen zu Hause ankommen, dann versehen Sie Ihre Briefe mit dem Vermerk **posta prioritaria** (Eilpost). Das geht wesentlich schneller als über den Landweg, kostet aber etwas mehr.
Postbankstellen findet man direkt bei den Postämtern, die Öffnungszeiten sind die gleichen.

R

Rauchen

Rauchen ist in Italien seit 2005 in allen öffentlichen Räumen verboten, also auch in Restaurants, Bars und Diskotheken, die keinen gesonderten Raucherbereich (**sala fumatori**) haben. Gäste, die gegen die Vorschrift verstoßen, müssen mit Geldstrafen bis zu 500 Euro rechnen. Weil auch die Lokale bei Verstößen zur Kasse gebeten werden, wird besonders auf die Einhaltung des Rauchverbots geachtet. Wer auf die Zigarette nach dem Essen nicht verzichten will, muss im Normalfall vor die Tür, denn nur wenige Lokale haben Raucherzimmer eingerichtet. Das Verbot gilt auch für Bahnhöfe, Flughäfen, Raststätten, Museen und Bibliotheken. Zigaretten kauft man in Italien am besten im Tabakladen (**tabacchi**), denn Zigarettenautomaten (**distributori di sigarette**) findet man nur wenige. Und wenn, dann dürfen sie nur nachts betrieben werden und befinden sich meistens vor den **tabacchi**. Im Supermarkt gibt es keine Zigaretten, da Tabak in Italien nur mit entsprechender Lizenz verkauft werden darf.

Rechnung

Möchten Sie im Restaurant die Rechnung bezahlen, dann sagen Sie zur Bedienung **Il conto, per favore!** oder Sie stellen Blickkontakt her und machen mit der gehobenen Hand die Bewegung von jemandem, der schreibt.

Normalerweise gibt es immer eine Rechnung pro Tisch – wenn Sie getrennt zahlen möchten, sollten Sie das vorher sagen. In Italien teilt man sich die Rechnung meistens, egal wer was gegessen oder getrunken hat.

In Restaurants und in Pizzerien zahlt man einen Pauschalpreis für den Platz, das Gedeck und das Brot auf dem Tisch (**pane e coperto**). Das findet sich auf jeder Rechnung und wird pro Kopf berechnet.

Ristoranti

In einem klassischen **ristorante** wird keine **pizza** angeboten; normalerweise bestellt man hier ein komplettes Menü mit mehreren Gängen.
Die **pizzeria** ist oft nur abends geöffnet und bietet neben der obligatorischen **pizza** auch andere Gerichte.
In die **osteria** konnte man früher sein Essen selbst mitbringen. Heute ist es das Gasthaus um die Ecke, in dem es einfache Speisen zu fairen Preisen gibt.
Die klassische **trattoria** ist ein einfacheres, preiswerteres Lokal. Oft handelt es sich um einen Familienbetrieb, der für die Gegend typische Gerichte anbietet. Inzwischen gibt es auch einige **ristoranti**, die sich **trattoria** nennen, obwohl sie mit der eigentlichen **trattoria** wenig gemein haben.
Eine **rosticceria** bietet verschiedene Speisen an, v. a. Fisch-, Fleisch- und Geflügelgerichte, aber auch Nudeln und Gemüse; alles auch zum Mitnehmen. Sie hat nur tagsüber geöffnet.
In der **paninoteca** finden Sie eine große Auswahl an **panini caldi** (warme belegte Brötchen). Sie sind oft mit Gemüse oder Salat garniert und auch zum Mitnehmen.
Eine **tavola calda** ist ein Schnellimbiss, an dem man preiswerte warme Gerichte bestellen und an der Theke verzehren kann. Auch sie hat nur tagsüber geöffnet.

S

Sagra

Sagra bezeichnete früher nur das italienische Kirchweihfest. Heute ist eine **sagra** auch ein lokales Volksfest, das einem regionalen landwirtschaftlichen Produkt oder einer gastronomischen Spezialität gewidmet ist (z. B. **sagra dell'uva** – Fest der Weintrauben, **sagra della castagna** – Fest der Esskastanie, **sagra del tartufo** – Fest des Trüffels). Diese Feste werden meist von Musik und Tanz begleitet und bieten Einheimischen und Gästen die örtlichen kulinarischen Köstlichkeiten zu günstigen Preisen an.
Manchmal beinhaltet eine **sagra** auch einen **lunapark** (Rummelplatz) für die kleinsten Gäste und verlost auf einer **lotteria** (Tombola) verschiedene gespendete Sachpreise unter günstigen Losen.

Saldi

Es gibt in Italien zwei festgelegte Schlussverkaufszeiten – den Winter- und den Sommerschlussverkauf (**saldi di fine stagione**). Termine und Dauer werden von den Handelskammern vor Ort festgelegt. In der Regel beginnt der Winterschlussverkauf Anfang oder Mitte Januar, der Sommerschlussverkauf im Juli. **Sconti** (Rabatt) und **offerte speciali** (Sonderangebote) gibt es allerdings das ganze Jahr hindurch. Handeln ist in den meisten italienischen Geschäften nicht mehr üblich, wohl aber bei Wochenmärkten oder Floh- und Antiquariatsmärkten.

Sciopero

Der Streik (**sciopero**) ist elementarer Bestandteil des italienischen Alltags, denn in Italien wird sehr oft irgendwo gestreikt. Verantwortlich sind meist die drei größten Gewerkschaften **CGIL** [tʃi dʒi 'ɛlle], **CISL** [tʃizl] und **UIL** [u'il] sowie das Gewerkschaftsbündnis **COBAS** ['kɔbas].

Manche Streiks sind lokal begrenzt, andere gleich landesweit, auch als Generalstreik.
Gestreikt wird besonders gerne bei der Bahn, im öffentlichen Nahverkehr, am Flughafen, an Tankstellen und bei Behörden. Da die Streiks in der Regel aber rechtzeitig angekündigt werden, hat man die Chance, sich darauf vorzubereiten.

Silvester

In Italien fährt man über Silvester (**San Silvestro**) entweder in den Urlaub oder man feiert den letzten Tag des Jahres im Familien- und Freundeskreis zu Hause, im Restaurant oder in der Disco. Natürlich wird an Silvester so richtig geschlemmt, traditionsgemäß mit **cotechino** (Brühwurst aus Schweinefleisch) oder **zampone** (gefüllter Schweinsfuß). Dazu werden oft noch Linsen (**lenticchie**) serviert, ein alter Brauch, der viel Geld im neuen Jahr verspricht. Um Mitternacht (**mezzanotte**) wird in ganz Italien gefeiert und geknallt.
An Silvester beschenkt man sich in Italien mit roter Unterwäsche oder man zieht noch nie getragene rote Unterwäsche an. Das soll Glück bringen und für ein erotisches neues Jahr sorgen.

Smartphone

Auch in Italien – vor allem bei Jugendlichen – stehen **smartphones** hoch im Kurs. Mittels einer günstigen italienischen Prepaid-Karte (**scheda prepagata**) kann man mit seinem Handy ohne Roaming-Kosten im Internet surfen und telefonieren. Bei manchen Händlern kann es allerdings vorkommen, dass man für den Kauf der Prepaid-Karte eine italienische Steuernummer (**codice fiscale**) nachweisen muss.

Souvenirs

Typische Souvenirs aus Italien sind natürlich Weine, Olivenöl, Pasta, Oliven, eingelegte Kapern und andere kulinarische Spezialitäten. Daneben haben Sie die Wahl zwischen Lederwaren, Textilien, Glas und Keramiken.

Günstiger als in Fachgeschäften oder in den Souvenirläden im Zentrum erhalten Sie Ihre Mitbringsel sicher auf dem Wochenmarkt (**mercato**) oder direkt beim Erzeuger.

Straßen

In Italien wird unterschieden zwischen den kleinen **strade comunali**, den **strade provinciali**, die unseren Landstraßen entsprechen, den **strade statali** (etwa: Bundesstraßen, meist 2-spurig, selten 4-spurig), den **superstrade** (Schnellstraßen, oft 4-spurig) und natürlich den **autostrade** (Autobahnen, meist 4-spurig).

Während die größeren Straßen meistens sehr gut ausgebaut und in einem guten bis sehr guten Zustand sind, kann es auf Landstraßen schon anders aussehen: Enge, schlecht einsehbare Kurven, störendes Gestrüpp und Schlaglöcher sind keine Seltenheit.

T

Tabacchi

Der **tabacchi** ist so etwas wie ein kleiner Gemischtwarenladen: Neben Zigaretten und sonstigen Tabakwaren erhalten Sie hier auch Briefmarken (**francobolli**), Filme für den Fotoapparat, Postkarten (**cartoline**), Reiseführer und Stadtpläne, Snacks und Getränke, manchmal auch Zeitungen (**giornali**) und Zeitschriften (**riviste**) mit den dazugehörigen Angeboten (DVDs, CDs, Taschen, Brillen etc.), Bücher (**libri**), wöchentlich

angebotene Sammelobjekte ohne besonderen Sammlerwert (**collezioni**) und kleine Spielzeuge (**giocattoli**). Außerdem gibt es Fahrkarten (**biglietti**) für Busse und Züge, wenn der Bahnhofsschalter geschlossen bzw. erst gar keiner vorhanden ist.
Gekennzeichnet ist der **tabacchi** durch ein Schild mit einem großen weißen T auf blauem oder schwarzem Untergrund.

Tanken

Tankstellen abseits der Autobahnen haben über Mittag lange geschlossen, teilweise kann man dann an Automatensäulen (**aperto 24 ore** – 24 Stunden geöffnet, **self service**) mit gut erhaltenen Scheinen oder Kreditkarten bezahlen.
Für Benziner gibt es in Italien nur noch Super zu tanken, achten Sie auf die Oktanzahl! **Senza piombo** heißt bleifrei und Diesel wird auch als **gasolio** bezeichnet. Benötigen Sie Erdgas, dann halten Sie Ausschau nach dem Schild **metano per auto** und Tankstellen mit grün-weißem Label.
An kleinen Tankstellen ist die Bedienung durch Servicepersonal noch üblich. Man fährt einfach an die Zapfsäule und sagt: **Il pieno, per favore** (Bitte, voll tanken) oder **Venti euro di senza piombo, per favore** (20 Euro bleifrei, bitte); auch zum Bezahlen braucht man nicht auszusteigen. Selfservice ist meist etwas billiger, aber nur an großen Tankstellen möglich.
Denken Sie daran, rechtzeitig zu tanken, da an Tankstellen auch gerne mal gestreikt wird.

Taxis

In den größeren Städten gehen oft nicht zugelassene Taxifahrdienste auf Kundenfang; um böse Überraschungen zu vermeiden, sollten Sie deshalb nur mit zugelassenen Taxis (**taxi**) fahren. Diese sind weiß und

müssen die Aufschrift „Taxi“ auf dem Dach haben. Jedes Taxi muss mit einem Taxameter ausgestattet sein, das die Fahrtkosten in Echtzeit anzeigt.
Der Fahrpreis liegt bei etwa 2 € pro Kilometer und die Mindestgebühr kostet etwa 5 € an Werktagen, 7 € an Feiertagen, 8 € für Nachtfahrten. Bei Überlandfahrten ist es ratsam, den Preis vor der Fahrt auszuhandeln. Um ein Taxi zu rufen, geht man entweder zu den mit gelben Bodenmarkierungen bzw. orangefarbenen Schildern gekennzeichneten Taxistandplätzen oder ruft eine (von Ort zu Ort unterschiedliche) Funktaxinummer.

Telefonieren

Wenn das Telefon klingelt, meldet man sich nicht mit dem Namen, sondern nur mit **Pronto?**. Wer anruft, nennt seinen Namen und sein Anliegen.
Die Vorwahl nach Deutschland ist 0049, nach Österreich 0043 und in die Schweiz 0041. Bei einem Anruf aus dem Ausland nach Italien wählt man 0039, danach die Ortsvorwahl mit vorangestellter 0, ohne 0 aber bei Handynummern. Telefoniert man in Italien innerhalb einer Stadt, muss man immer auch die jeweilige Stadtvorwahl mitwählen.

Toilette

Direkt nach der Toilette (**il gabinetto** oder ganz international **la toilette** [tua'lɛt]) zu fragen, gilt als unfein. Stattdessen umschreibt man sein Anliegen lieber: **Dov'è il bagno, per favore?** – Wo ist das Bad, bitte? Wundern Sie sich nicht, wenn es nur eine Toilette für Männer und Frauen gibt und diese aus einer Art Porzellanviereck im Boden mit einem Loch in der Mitte besteht. Das sind Stehklosetts (**gabinetti alla turca**).
Öffentliche Toiletten gibt es leider nur wenige.

Touristeninformation

Touristeninformationen (**uffici informazioni turistiche**) gibt es in jedem größeren Ort, und sie befinden sich meistens direkt im Zentrum. Sie erhalten dort zahlreiche Flyer und Prospekte über Sehenswürdigkeiten und Ausflugsmöglichkeiten, Stadtpläne und Landkarten sowie Fahrpläne der Stadt oder Region.
Außerdem gibt man Ihnen dort gern Auskunft über Hotels, Pensionen oder Privatzimmer, berät sie über mögliche Ausflüge und hilft Ihnen bei Ihren individuellen Fragen.
In der Touristeninformation wird nicht nur Italienisch, sondern immer auch Deutsch oder Englisch gesprochen.

Trinkgeld

Bedienungsgeld (**servizio**) in Restaurants wird automatisch aufgeschlagen oder ist im Preis enthalten. Für Trinkgeld (**mancia**) gibt es keine festen Regeln. Üblicherweise lässt man der Bedienung etwa 5 % bis 10 % Trinkgeld zurück. Man hinterlässt es einfach auf dem Tisch oder auf dem Tellerchen, auf dem die Rechnung gebracht wurde.
Das Servicepersonal an der Tankstelle, das die Scheibe putzt, ist für einen Euro sicher dankbar. In Hotels und Taxis ist man gegen eine **mancia** bestimmt ein wenig hilfsbereiter. Und bei einer Stadtführung erwartet man geradezu einen kleinen Obolus.

U

Übernachtung

Zum Übernachten haben Sie die Wahl zwischen einem Hotel (**hotel** oder **albergo**), einer einfacheren Pension (**pensione**), einer Jugendherberge (**ostello della gioventù**) oder einem **agriturismo**. Möchten Sie

keine bösen Überraschungen erleben, sollten Sie während der Hochsaison auf jeden Fall reservieren (**prenotare**).
Wenn Sie ein Doppelzimmer bestellen, haben Sie die Wahl zwischen einer **camera matrimoniale** (Zimmer mit einem großen Bett) und einer **camera doppia** (Zimmer mit zwei Einzelbetten).
Möchten Sie eine Dusche, reservieren Sie eine **camera con doccia**, bevorzugen Sie eine Badewanne, dann bestehen Sie auf ein **bagno con vasca**. Auch wenn es in Hotels schon Standard ist: Um sicherzugehen, dass Sie ein eigenes Bad haben, fragen Sie nach einer **camera con bagno**. Sonst kann es Ihnen passieren, dass Sie in einer Pension mit Bad auf dem Gang (**bagno/WC in comune**) landen.

Unfall

Jeder Unfall (**incidente**) sollte bei der örtlichen Polizeistation gemeldet werden, schon allein deswegen, weil Fahrzeuge mit Karosserieschäden zur Ausreise eine polizeiliche Schadensbestätigung benötigen.
Notieren Sie an der Unfallstelle zur Sicherheit selbst die Versicherungsnummer aller Fahrzeuge, die am Unfall beteiligt waren. Diese Nummer finden Sie im Regelfall auf einer Plakette an der Windschutzscheibe. Die Polizei interessiert sich oft nur für einen Unfall, wenn es zu Personenschäden gekommen ist.
Wer sein Fahrzeug in Italien außerhalb geschlossener Ortschaften nach einer Panne oder nach einem Unfall verlässt, muss eine Warnweste tragen, die mit dem europäischen Kontrollzeichen EN 471 gekennzeichnet ist. Hat man keine Warnweste dabei, droht ein Verwarngeld. Vergessen Sie nicht, dass sich in Italien die Regulierung eines Unfalls länger hinziehen kann, als Sie gewohnt sind.

V

Verkehr

Die Zeiten, in denen Italien als das Land des lässigen Autofahrens ohne wirkliche Regeln galt, und mancher den Eindruck gewinnen konnte, eine rote Ampel sei nur zur Straßendekoration aufgestellt, sind endgültig vorbei. Das härtere Durchgreifen der Polizei sowie immer höhere Strafen sorgen dafür, dass man sich auch in Italien zunehmend an die Vorschriften hält.

Was das Fahren in Großstädten besonders schwierig macht, sind die vielen Einbahnstraßen (**senso unico**) und die zahlreichen Staus (**code**). Ein weiterer Grund, das Auto vor allem im Sommer lieber stehen zu lassen, ist der regelmäßig herrschende Smogalarm (**emergenza smog**) in Großstädten. Immer wieder gibt es vor allem in Norditalien ein Fahrverbot (**divieto di circolazione**) für ältere Fahrzeuge oder sogar abwechselnd für Pkws mit geradem oder ungeradem Kennzeichen.

Verpflegung

Wenn Sie in einem Hotel oder einer Pension übernachten, haben Sie je nach Angebot die Wahl zwischen **solo pernottamento** (nur Übernachtung), **pernottamento con colazione** (Übernachtung mit Frühstück), **mezza pensione** (Halbpension) oder **pensione completa** (Vollpension).

Die Mahlzeiten werden in Buffetform (**a buffet**) oder als Menü (**menù**) angeboten. In einem **agriturismo** oder einer kleinen Pension finden Sie oft eine unverfälschte regionale Küche (**cucina genuina e casalinga**) und/oder Gerichte mit Biozutaten (**cucina biologica**).

Vino

Vom einfachen Tafelwein (**vino da tavola**) bis zum hochwertigen Qualitätswein finden Sie in Italien Wein für jeden Gaumen und jeden Geldbeutel. Im Restaurant ist der **vino della casa** (Hauswein) meist ein Tafelwein, der etwas günstiger, aber manchmal genauso gut wie ein **vino DOC** [dɔk] (guter Wein mit kontrollierter Herkunftsbezeichnung) oder ein **vino DOCG** [di ɔ tʃi ˈdʒi] (sehr guter Wein mit kontrollierter und garantierter Herkunftsbezeichnung) ist. Ein **Riserva** hat das zusätzliche Prädikat einer längeren Fasslagerung. Hauswein wird oft als **vino sfuso** (offener Wein) ausgeschenkt.

Wer es süß mag, greift zum **vinsanto**, einem Likörwein aus der Toskana, oder zum **marsala**, dem süßen oder herben Dessertwein aus Sizilien. Zu den berühmtesten italienischen Rotweinen zählen **Chianti**, **Barolo** und **Montepulciano**. Bekannte Weißweine sind der **Pinot Grigio** und natürlich die Schaumweine **spumante** und **prosecco**.

W

Wasser

Die Trinkwasserqualität ist in Italien in der Regel sehr gut. Im Sommer ist das Wasser oft gechlort, durch Aufkochen lässt sich der Geruch aber entfernen.

In vielen Städten und Ortschaften sind zudem öffentliche Trinkwasserbrunnen vorhanden, die normalerweise bedenkenlos benutzt werden können.

Folgende Schilder geben Ihnen Auskunft: **acqua potabile** = Trinkwasser, **acqua non potabile** = kein Trinkwasser. Eine **fontanella** ist ein Trinkwasserspender bzw. -brunnen.
Im Restaurant oder im Supermarkt haben Sie die Wahl zwischen **acqua naturale** (ohne Kohlensäure) und **acqua gassata** (mit Kohlensäure). Wenn Sie ein Glas Leitungswasser haben möchten, verlangen Sie nach einem **bicchiere d'acqua del rubinetto**. In manchen Lokalen wird es sogar zu jedem **caffè** serviert.

Weihnachten

Die Adventszeit wird in Italien nicht gefeiert. Höhepunkt der Weihnachtszeit ist je nach Region und Familie entweder der Heilige Abend (**la vigilia di Natale**) oder der erste Weihnachtstag (**il giorno di Natale**). In einigen Familien gibt es am Heiligen Abend ein schönes Abendessen, danach geht man in die Kirche oder lässt die Mitternachtsmesse des Papstes über den Bildschirm laufen. Gefeiert wird Weihnachten (**Natale**) am ersten Weihnachtsfeiertag mit einer Bescherung am frühen Morgen und mit einem großen Weihnachtsessen zu Mittag. Die Geschenke für die Kleinsten hat das Jesuskind (**Gesù bambino**) oder der Weihnachtsmann (**babbo Natale**) über Nacht gebracht.
Viele Familien haben zu Hause eine Krippe (**presepe**) und einen Weihnachtsbaum (**albero di Natale**). Typische Nachspeisen sind **panettone**, **pandoro** (Hefeteigkuchen), **torrone** (Süßigkeit aus Zucker, Honig und Mandeln in Barrenform), in der Toskana auch **ricciarelli** (Mandelplätzchen).
Am 6. Januar bringt die **Befana** (eine gute Hexe) den Kindern Süßigkeiten. Der Legende nach steigt sie durch den Schornstein ein und füllt die aufgehängten Strümpfe der braven Kinder mit Bonbons allerart, die der bösen Kinder mit Kohle.

Y

Yogurteria

Eine **yogurteria** ist so etwas wie eine Eisdiele (**gelateria**), in der frischer Joghurt oder Joghurteis in verschiedenen Sorten mit Früchten und/oder leckeren Soßen serviert wird. Eine erfrischende Alternative zum Eis sind auch Joghurtdrinks in allen Geschmacksrichtungen.
Meistens sind **yogurteria** und **gelateria** in einem Laden vereint.

Z

Zug

Mit der Bahn zu fahren ist in Italien wesentlich billiger als nördlich der Alpen. Man hat die Auswahl zwischen den **regionali** (etwa Regionalbahn), den **regionali veloci** (etwa Regional-Express), den **InterCity** (ICs) und den **treni a lunga percorrenza** (etwa ICEs, z. B. **Frecciarossa**), die zuschlags- und platzkartenpflichtig sind.
Eine Platzreservierung (**prenotazione**) ist immer zu empfehlen, da die Züge oft überfüllt sind. Fahrkarten (**biglietti**) muss man vor dem Einsteigen am Automaten im Bahnhof abstempeln (**obliterare, convalidare**), ansonsten sind sie ungültig.

Deutsch – Italienisch

A

Aachen N Aquisgrana *f*
Aal M anguilla *f*
Aargau M Argovia *f*
Aas N carogna *f*
ab **1** PRÄP *zeitlich* a partire da; *räumlich* da; ~ **heute** da oggi in poi; ~ **Berlin** da Berlino; ~ **8 Uhr** dalle otto **2** ADV *abgegangen* staccato; **auf und ~** su e giù; ~ **und zu** ogni tanto
AB M ABK (= **Anrufbeantworter**) segreteria *f* (telefonica); **j-m auf den ~ sprechen** lasciare un messaggio a qn sulla segreteria telefonica
Abbau M *Bergbau* estrazione *f*; *Demontage* smontaggio *m*; *Verringerung* riduzione *f*
abbauen V *verringern* ridurre; *Maschine* smontare; *Erz* estrarre
abbekommen V ricevere
abbestellen V disdire; annullare
abbezahlen V pagare a rate
abbiegen V svoltare (**nach rechts** a destra)
Abbildung F illustrazione *f*
abblenden V AUTO abbassare fari; FOTO diaframmare
Abblendlicht N anabbaglianti *mpl*
abbrechen V *kaputt machen* rompere; *Haus* demolire *Zelt* levare; IT interrompere
abbrennen V bruciare
abbringen V dissuadere (**j-n von etw** qn da qc)
abbröckeln V scrostarsi
Abbruch M *Niederreißen* demolizione *f*; *Verhandlung* rottura *f*; SPORT sospensione *f*
abbuchen V detrarre
Abc N abbicci *m*
abdanken V abdicare
abdecken V *aufdecken* scoprire; *Tisch* sparecchiare; *zudecken* coprire
abdichten V turare
abdrehen V *Wasser* chiudere; *Licht, Radio* spegnere; SCHIFF, FLUG virare
Abdruck[1] M *Kopie* copia *f*
Abdruck[2] M *Finger* impronta *f*
Abend M sera *f*; *Verlauf* serata *f*; **am ~** di (*od* la) sera; **gestern ~** ieri sera; **heute ~** stasera; **guten ~!** buonasera!; **zu ~ essen** cenare
Abendanzug M abito *m* da

sera **Abendbrot** N, **Abendessen** N cena *f* **Abendkasse** F biglietteria *f* **Abendkleid** N vestito *m* da sera **Abendkurs** M corso *m* serale **Abendland** N Occidente *m* **abendlich** ADJ serale **Abendmahl** N REL comunione *f*
abends ADV di (*od* la) sera
Abendveranstaltung F spettacolo *m* serale
Abenteuer N avventura *f*
abenteuerlich ADJ avventuroso
aber KONJ ma; però; **oder ~** ovvero; **~ nein!** (invece) no!
Aberglaube M superstizione *f* **abergläubisch** ADJ superstizioso
abfahren V *Person* partire (**von** da; **nach** per) **Abfahrt** F *Abreise* partenza *f*; *Ski* discesa *f* **Abfahrtslauf** M *Ski* discesa *f* **Abfahrtszeit** F orario *m* di partenza
Abfall M: **Abfälle** *pl* rifiuti *mpl*, immondizie *fpl* **Abfallbeseitigung** F smaltimento *m* (dei) rifiuti **Abfalleimer** M pattumiera *f*
abfallen V *fallen* cadere; *Gelände* declinare
abfällig ADJ spregiativo
abfangen V *Brief, Person* intercettare; *Stoß* parare
abfärben V stingere (**auf** su); *fig* influenzare (**auf j-n** qn)
abfassen V *Text* redigere
abfertigen V *Zoll* ispezionare; *Gepäck* spedire; *Fluggäste* preparare alla partenza **Abfertigung** F *Zoll* visita *f* doganale; FLUG check-in *m* **Abfertigungsschalter** M FLUG accettazione *f*
abfinden V: **sich ~ mit** rassegnarsi a **Abfindung** F *Entschädigung* indennità *f*; *Betrag* indennizzo *m*
abfliegen V FLUG *Person* partire (**nach** per); *Flugzeug* decollare
abfließen V scolare
Abflug M partenza *f*; decollo *m* **abflugbereit** ADJ *Flugzeug* pronto per il decollo **Abflughalle** F sala *f* d'imbarco **Abflugzeit** F orario *m* di partenza
Abfluss M scolo *m* **Abflussrohr** N tubo *m* di scarico
Abfuhr F *Müll* rimozione *f*; *fig* **sich e-e ~ holen** sentirsi rispondere picche
Abführmittel N lassativo *m*
abfüllen V imbottigliare
Abgabe F *Übergabe* consegna *f*; *Verkauf* vendita *f*; *Steuer* imposta *f*, tassa *f*
Abgase NPL gas *mpl* di scarico
abgeben V *übergeben* consegnare, dare; *Gepäck* depositare; **sich ~ mit** occuparsi di
abgebrannt ADJ *umg ohne Geld* al verde
abgebrüht ADJ *fig* smaliziato

abgedroschen ADJ banale, vuoto

abgehärtet ADJ temprato (**gegen** a)

abgehen V *sich lösen* staccarsi; *fehlen* mancare

abgelaufen ADJ *Pass, Frist* scaduto

abgelegen ADJ isolato

abgemacht ADJ: **~!** d'accordo!

abgeneigt ADJ contrario

abgenutzt ADJ consumato

Abgeordnete(r) F(M) deputato(-a) *m(f)*

abgerissen ADJ stracciato

abgeschlossen ADJ *verschlossen* chiuso a chiave; *beendet* finito

abgesehen PPERF (→ absehen): **~ von** a parte; **davon ~** a parte ciò

abgespannt ADJ spossato

abgewöhnen V: **sich etw ~** levarsi il vizio di

abgrenzen V delimitare **Abgrenzung** F delimitazione *f*

Abgrund M abisso *m*

abhaken V *Liste* spuntare

abhalten V *Sitzung* tenere; **j-n von etw ~** distogliere qn da qc

Abhandlung F trattato *m*, saggio *m*

Abhang M pendio *m*, versante *m*

abhängen V *Wagen* sganciare (**von** da); **~ von** dipendere da

abhängig ADJ dipendente

Abhängigkeit F dipendenza *f*

abhärten V temprare, irrobustire

abhauen V *fig umg* svignarsela; **hau ab!** levati dai piedi!

abheben V *Geld* ritirare; TEL *Hörer* alzare; FLUG decollare; **sich ~ von** risaltare su

abhelfen V rimediare (**etw** a qc)

abhetzen V: **sich ~** sfinirsi per la fretta

Abhilfe F: **~ schaffen** porre rimedio (a qc)

abholen V *Ding* ritirare; *Person* andare (*od* venire) a prendere; **~ lassen** mandare a prendere

abholzen V disboscare

abhören V *Gespräch* intercettare; *Tonband* ascoltare **Abhörgerät** N apparecchio *m* d'ascolto

Abitur N, *umg* **Abi** N maturità *f* **Abiturient(in)** M(F) maturando(-a) *m(f)*

abkaufen V comprare (**j-m etw** qc da qn)

abklingen V *Schmerz* attenuarsi

abkochen V *Wasser* far bollire

abkommen V *Thema* allontanarsi (**von** da); **vom Weg ~** perdere la strada

Abkommen N accordo *m*

abkömmlich ADJ libero; di-

sponibile
abkoppeln V *Wagen* sganciare
abkratzen V raschiare; *umg sterben* crepare
abkriegen V *umg* ricevere, subire
abkühlen V: **sich** ~ rinfrescarsi **Abkühlung** F raffreddamento *m*
abkürzen V *Weg* accorciare; *Wort* abbreviare **Abkürzung** F *Wort* abbreviazione *f*; *Weg* scorciatoia *f*
abladen V scaricare
Ablage F *Akten* archivio *m*
Ablagerung F sedimento *m*
Ablauf M decorso *m*; *Frist* scadenza *f*; **nach** ~ **von** ... alla fine di **ablaufen** V *abfließen* scolare; *Pass, Frist* scadere; *Angelegenheit* svolgersi
ablecken V leccare
ablegen V deporre; *Mantel* togliersi; *Prüfung* fare; *Schiff* salpare
ablehnen V rifiutare **Ablehnung** F rifiuto *m*
ableiten V deviare; *fig* dedurre
ablenken V deviare, fuorviare; *zerstreuen* distrarre **Ablenkung** F distrazione *f*
ablesen V leggere; *Zähler* rilevare
abliefern V consegnare **Ablieferung** F consegna *f*
ablösen V *Sache* staccare; *Person* dare il cambio a; **sich** ~ alternarsi **Ablösung** F *Schicht* cambio *m*
abmachen V *entfernen* togliere, levare; *vereinbaren* concordare **Abmachung** F accordo *m*
Abmagerungskur F cura *f* dimagrante
Abmarsch M partenza *f*
abmelden V disdire; **sich** ~ *polizeilich* notificare il cambio di residenza; *Hotel* comunicare la partenza; IT disconnettersi **Abmeldung** F disdetta *f*
abmessen V misurare
abmühen V: **sich** ~ affaticarsi
Abnahme F *Verminderung* diminuzione *f*; *Kauf* acquisto *m*
abnehmen V levare, togliere; *Hut* togliersi; TEL rispondere; *Führerschein* ritirare; *sich vermindern* diminuire; *Gewicht* dimagrire **Abnehmer(in)** M(F) acquirente *m/f*
Abneigung F avversione *f* (**gegen** per)
abnutzen V logorare, consumare **Abnutzung** F usura *f*, consumo *m*
Abonnement N, **Abo** N abbonamento *m* **Abonnent(in)** M(F) abbonato(-a) *m(f)* **abonnieren** V abbonarsi (**etw** a qc)
abpassen V *Gelegenheit* attendere
abpfeifen V SPORT fischiare

la fine del gioco
abprallen V rimbalzare
abrasieren V rasare, radere
abraten V sconsigliare (**j-m von etw** qc a qn)
abräumen V *Tisch* sparecchiare
abrechnen V fare i conti **Abrechnung** F *Rechnung* conto *m*; *Vergeltung* resa *f* dei conti
abreiben V strofinare
Abreise F partenza *f* **abreisen** V partire (**nach** per) **Abreisetag** M giorno *m* della partenza
abreißen V *Papier* strappare; *Haus* demolire
abriegeln V *Tür* sbarrare; *Straße* bloccare
Abriss M *Abbruch* demolizione *f*; *Skizze* abbozzo *m*
abrunden V arrotondare
abrupt ADJ improvviso
abrüsten V disarmare **Abrüstung** F disarmo *m*
abrutschen V scivolare
Abruzzen PL Abruzzo *m*
Abs. ABK (= **Absender**) mitt. (mittente)
ABS N ABK (= **Antiblockiersystem**) sistema *m* antibloccaggio
Absage F risposta *f* negativa; rifiuto *m* **absagen** V *Termin* disdire; *Person* scusarsi (**j-m** con qn)
absägen V segare; *fig kündigen* licenziare
Absatz M *Schuh* tacco *m*; *Text* capoverso *m*; HANDEL smercio *m*
abschaffen V *Todesstrafe* abolire; *Auto, Haustier* sbarazzarsi (di qc) **Abschaffung** F abolizione *f*
abschalten V *Motor, TV* spegnere; ELEK disinserire
abschätzen V *Lage* valutare; *Zahl* stimare **abschätzig** ADJ sprezzante
Abscheu M ribrezzo *m* **abscheulich** ADJ ripugnante, abominevole
abschicken V spedire, mandare
abschieben V espellere
Abschied M addio *m*; ~ **nehmen** congedarsi; **zum** ~ come addio
abschießen V *Wild* uccidere; *Flugzeug* abbattere; *Rakete* lanciare
abschirmen V proteggere (**gegen** da)
abschlagen V *Bitte* rifiutare; *entfernen* staccare
Abschlagszahlung F acconto *m*
abschleifen V levigare
Abschleppdienst M servizio *m* di soccorso stradale **abschleppen** V rimorchiare **Abschleppseil** N cavo *m* da rimorchio **Abschleppwagen** M carro *m* attrezzi
abschließen V *Tür* chiudere a chiave; *beenden* terminare;

Vertrag stipulare **abschließend** ADJ conclusivo
Abschluss M fine *f*, conclusione *f*; **zum ~** per concludere
abschmecken V *kosten* assaggiare; GASTR aggiustare (**mit** di)
abschminken V: **sich ~** struccarsi
abschneiden V tagliare; *fig* **gut/schlecht ~** riuscire bene/male
Abschnitt M *Teil* parte *f*; *Buch* capitolo *m*; *Zeit* periodo *m*; *Ticket* tagliando *m*
abschrauben V svitare
abschrecken V scoraggiare; GASTR raffreddare in acqua
abschreckend ADJ *Anblick* ripugnante; **~es Beispiel** esempio *m* ammonitore
abschreiben V copiare (**von** da)
Abschrift F copia *f*
Abschürfung F escoriazione *f*
abschüssig ADJ ripido, erto
Abschussliste F *fig* lista *f* nera
abschütteln V scuotere; *fig loswerden* sbarazzarsi (**etw/j-n** di qc/qn)
abschwächen V attenuare
abschweifen V divagare
abschwellen V MED sgonfiarsi
absehbar ADJ prevedibile **absehen** V *Folgen* prevedere; **~ von** prescindere da
abseilen V: **sich ~** calarsi con la corda
abseits 1 ADV in disparte 2 PRÄP lontano da
Abseits N SPORT fuorigioco *m*
absenden V spedire **Absender(in)** M(F) mittente *m/f*
absetzen V *wegstellen* deporre, posare; *Fahrgast* far scendere; *verkaufen* vendere
Absicht F intenzione *f*; **mit ~** di proposito **absichtlich** 1 ADJ intenzionale 2 ADV apposta
absolut 1 ADJ assoluto 2 ADV assolutamente
absondern V isolare; **sich ~** isolarsi
absorbieren V assorbire
abspeichern V IT memorizzare
absperren V *Tür* chiudere a chiave; *Straße* bloccare
abspielen V suonare; **sich ~** svolgersi
Absprache F accordo *m* **absprechen** V *aberkennen* negare; *verabreden* **~ u. sich ~** mettersi d'accordo
abspringen V saltare (giù); *fig* ritirarsi (**von** da) **Absprung** M balzo *m*
abspülen V sciacquare; lavare
abstammen V discendere (**von** da) **Abstammung** F origine *f*

Abstand M *örtlich* distanza *f*; *zeitlich* intervallo *m*; **~ halten** mantenere la distanza; **in Abständen** *zeitlich* a intervalli; *örtlich* in distanze; *fig* **mit ~** di gran lunga
abstauben V spolverare
Abstecher M scappata *f*
abstehend ADJ: **~e Ohren** orecchie a sventola
absteigen V *nach unten* scendere; *Hotel* prendere alloggio (**in** a); SPORT retrocedere
abstellen V *Ding* posare; *Auto* parcheggiare; *Gas* chiudere; *Maschine* fermare; *Radio, Motor* spegnere **Abstellraum** M ripostiglio *m*
abstempeln V timbrare
Abstieg M *Berg* discesa *f*; SPORT retrocessione *f*
abstimmen V votare (**über etw** qc); **aufeinander ~** accordare **Abstimmung** F votazione *f*
abstinent ADJ *enthaltsam* astinente; *Alkohol* astemio
abstoßen V *wegstoßen* staccare; *anwidern* ripugnare **abstoßend** ADJ ripugnante, disgustoso
abstrakt ADJ astratto
abstreiten V contestare, negare
Abstrich M MED striscio *m*
Abstufung F *Farbe* sfumatura *f*
Absturz M caduta *f* **abstürzen** V *stürzen* cadere; *Computer* avere un crash
absuchen V rovistare alla ricerca (**nach** di)
absurd ADJ assurdo
Abszess M ascesso *m*
Abt M abate *m*
abtasten V *befühlen* tastare; MED palpare
Abtei F abbazia *f*
Abteil N BAHN scompartimento *m*
Abteilung F reparto *m* **Abteilungsleiter(in)** M(F) caporeparto *m/f*
abtippen V copiare a macchina
abtransportieren V trasportare via
abtreiben V *Kind* abortire; *Schiff* andare alla deriva **Abtreibung** F MED aborto *m* **Abtreibungspille** F pillola *f* abortiva
abtreten V *fig*, POL cedere (**j-m etw ~** qc a qn); *Amt* dimettersi **Abtretung** F cessione *f*
abtrocknen V asciugare; **sich ~** asciugarsi
abwägen V soppesare; ponderare
abwarten V aspettare
abwärts ADV in giù; verso il basso **abwärtsführen** V scendere
abwaschbar ADJ lavabile **abwaschen** V *Schmutz* lavar via; *Geschirr* rigovernare
Abwässer NPL acque *fpl* di

scarico
abwechseln V: **sich ~** darsi il cambio **abwechselnd** ADV a turno **Abwechslung** F: **zur ~** per cambiare **abwechslungsreich** ADJ vario
Abwehr F difesa *f* **abwehren** V respingere; *Schlag* parare
abweichen V *sich unterscheiden* differire, divergere (**von** da); *Kurs* deviare; **~d** differente, divergente **Abweichung** F divergenza *f*
abweisen V respingere
abweisend ADJ brusco
abwenden V *Gefahr* evitare; **sich ~** voltarsi
abwerfen V *werfen* gettare; *Gewinn* fruttare, rendere
abwerten V *Währung* svalutare; *fig* deprezzare **Abwertung** F svalutazione *f*
abwesend ADJ assente
Abwesenheit F assenza *f*
abwickeln V: *fig* **sich ~** svolgersi
abwiegen V pesare
abwischen V *säubern* pulire; *Staub* togliere
abwürgen V *Motor* bloccare
abzahlen V pagare a rate
abzählen V contare
Abzeichen N distintivo *m*
abzeichnen V *unterschreiben* firmare; **sich ~** delinearsi, profilarsi
Abziehbild N decalcomania *f*
abziehen V togliere; MATH sottrarre; *Schlüssel* levare; *Bett* cambiare le lenzuola; *Rauch* uscire
Abzocke F *umg* fregatura *f*
abzocken V *umg* spillare soldi
Abzug M FOTO copia *f*; *Abrechnung* detrazione *f*
abzüglich PRÄP meno, detratto (**der Kosten** le spese)
abzweigen V *Straße* diramarsi **Abzweigung** F bivio *m*, biforcazione *f*
Accessoires NPL accessori *mpl*
Account M/N IT account *n*
Achse F asse *f*, AUTO assale *m*
Achsel F spalla *f*
Achselhöhle F ascella *f*
Achsenbruch M rottura *f* dell'asse
acht ADJ otto; **in ~ Tagen** fra una settimana; **heute in ~ Tagen** oggi a otto; **halb ~** le sette e mezzo; **um ~ (Uhr)** alle otto; **zu ~** in otto
Acht F: **außer ~ lassen** non considerare; **sich in ~ nehmen** guardarsi (**vor** da)
achte(r, -s) ADJ ottavo; *im Datum* otto **Achtel** N ottavo *m* **Achtelfinale** N ottavi *mpl* di finale
achten V *schätzen* stimare; *Gesetz* rispettare; **~ auf** badare a
Achterbahn F montagne *fpl* russe **Achterdeck** N ponte

m di poppa
achtgeben V far attenzione, badare (**auf** a); **gib acht!** stai attento!
achthundert ADJ ottocento
Achtung F *Respekt* stima f, rispetto m; **~!** attenzione!
achtzehn ADJ diciotto **achtzig** ADJ ottanta; **die ~er Jahre** gli anni Ottanta
Acker M campo m **Ackerbau** M agricoltura f **Ackerland** N terreno m arativo
ADAC M ABK (= **Allgemeiner Deutscher Automobilclub**) automobile club m tedesco
Adamsapfel M ANAT pomo m di Adamo
Adapter M adattatore m
Adblocker M IT adblocker m
addieren V addizionare
ade INT addio
Adel M nobiltà f
Ader F vena f
Adjektiv N aggettivo m
Adler M aquila f
Adlige(r) F(M) nobile m/f
adoptieren V adottare **Adoption** F adozione f **Adoptiveltern** PL genitori mpl adottivi **Adoptivkind** N figlio m adottivo
Adressanhänger M portaindirizzi m **Adressat(in)** M(F) destinatario(-a) m(f) **Adressbuch** N elenco m degli indirizzi **Adresse** F indirizzo m **adressieren** V indirizzare (**an** a)
Adria F (Mare) Adriatico m
Advent M Avvento m
Adventskranz M corona f dell'Avvento
Adverb N avverbio m
Aerobic N aerobica f
Affäre F *Fall* affare m; *Liebschaft* relazione f; *Angelegenheit* faccenda f
Affe M scimmia f
affektiert ADJ affettato
Afrika N Africa f **Afrikaner(in)** M(F) africano(-a) m(f)
afrikanisch ADJ africano
Aftershave N dopobarba m
AG F ABK (= **Aktiengesellschaft**) S.p.A. f (Società per Azioni); (= **Arbeitsgruppe**) gruppo m di lavoro
Ägäis F (Mar) Egeo m
Agent(in) M(F) agente m/f
Agentur F agenzia f
aggressiv ADJ aggressivo **Aggressivität** F aggressività f
Ägypten N Egitto m
aha INT *ach so* ah, ecco!; *na also* vedi!
ähneln V (as)somigliare (**j-m** a qn)
ahnen V presentire
Ahnen MPL antenati mpl
ähnlich ADJ simile; **~ sehen, ~ sein** somigliare (**j-m** a qn)
Ähnlichkeit F somiglianza f
Ahnung F *Vorahnung* presentimento m; *Vorstellung* idea f; **keine ~!** non ne ho idea!
ahnungslos ADJ ignaro
Ahorn M BOT acero m

Ähre F spiga *f*
Aids N AIDS *od* Aids *m* **aidskrank** ADJ malato di Aids **Aidstest** M test *m* di sieropositività
Airbag M airbag *m*
Airbus® M aerobus *m*
Akademie F accademia *f*
Akademiker(in) M(F) laureato(-a) *m(f)*
Akazie F acacia *f*
akklimatisieren V: **sich ~** acclimatarsi
Akkordeon N fisarmonica *f*
Akku M *Batterie* batteria *f*; *Ladegerät* caricabatteria *m*
Akne F acne *f*
Akt M THEAT atto *m*; MAL nudo *m*
Akte F dossier *m* **Aktenkoffer** M ventiquattr'ore *f* **Aktenmappe** F cartella *f*
Aktie F azione *f*
Aktiengesellschaft F società *f* per azioni (S.p.A.)
Aktion F *Tat* azione *f*; *Sonderaktion* offerta *f* speciale
Aktionär(in) M(F) azionista *m/f*
aktiv ADJ attivo; **nicht ~** inattivo (*a.* IT) **aktivieren** V attivare **Aktivität** F attività *f* **Aktivurlaub** M vacanza *f* sportiva
aktualisieren V aggiornare
aktuell ADJ attuale
Akupunktur F agopuntura *f*
akut ADJ MED acuto; *Gefahr* imminente; *Frage* scottante
AKW N ABK (= **Atomkraftwerk**) centrale *f* nucleare
Akzent M accento *m*
akzeptieren V accettare
Alarm M allarme *m* **Alarmanlage** F impianto *m* c'allarme **alarmieren** V dare l'allarme a
Albaner(in) M(F) albanese *m/f*
Albanien N Albania *f*
albanisch ADJ albanese
albern ADJ sciocco, stupido
Albtraum M incubo *m*
Album N album *m*
Alge F alga *f*
Algerien N Algeria *f*
Alkohol M alcol *m* **alkoholfrei** ADJ analcolico **alkoholisch** ADJ alcolico **Alkoholtest** M alcoltest *m*
all PRON ogni, tutto; **~ mein Geld** tutti i miei soldi; **vor ~em** soprattutto
All N universo *m*
alle PRON PL tutti, tutte; **wir ~** noi tutti; **~ zwei Stunden** ogni due ore; **~ beide** tutti e due, entrambi
Allee F viale *m* (v.le)
allein ADJ solo; **von ~** da solo
alleinerziehend ADJ che educa senza l'altro genitore
alleinstehend ADJ *Person* solo, single; *Haus* isolato; *ledig: Mann* celibe, *Frau* nubile
allenfalls ADV semmai; *höchstens* tutt'al più
allerdings ADV però
Allergie F allergia *f* **Aller-**

giepass M passaporto *m* delle allergie **Allergiker(in)** M(F) persona *f* allergica **allergisch** ADJ allergico (**gegen** a)
Allerheiligen N Ognissanti *m*
allerlei ADJ di ogni sorta
allerletzt ADJ ultimo
alles PRON tutto; **~ Gute!** (tanti) auguri!; *Brief* tante belle cose!; **~ in allem** tutto sommato
allgemein ADJ generale; **im Allgemeinen** generalmente
Allgemeinarzt M, **-ärztin** F medico *m* generico **Allgemeinbefinden** N stato *m* (di salute) generale **Allgemeinbildung** F cultura *f* generale **Allgemeinheit** F comunità *f*
All-inclusive-Urlaub M vacanza *f* all inclusive
alljährlich ADV ogni anno
allmählich ADV a poco a poco
Allradantrieb M trazione *f* integrale
Alltag M vita *f* quotidiana **alltäglich** ADJ quotidiano **alltagstauglich** ADJ adatto all'uso quotidiano
allzu ADV: **~ viel, ~ sehr** troppo
Alm F pascolo *m* montano
Almosen N elemosina *f*
Alpen PL Alpi *fpl* **Alpenverein** M club *m* alpino
Alphabet N alfabeto *m*
alpin ADJ alpino
als KONJ *zeitlich* quando; *in der Eigenschaft* come, da; *nach Komparativ* di, che; **~ ob** come se *+konjkt*
also ADV dunque
alt ADJ vecchio; *Person* anziano; *Stil* antico; **wie ~ bist du?** quanti anni hai?; **ich bin ... Jahre ~** ho ... anni
Alt M MUS contralto *m*
Altar M altare *m*
Altbau M vecchio edificio *m*
Altbauwohnung F appartamento *m* in un vecchio edificio
Alte(r) F(M) vecchio(-a) *m(f)*
Altenheim N casa *f* (di riposo) per anziani
Alter N età *f*; *hohes Alter* vecchiaia *f*; **im ~ von** all'età di
älter ADJ più vecchio; più anziano; *Geschwister* maggiore
Altersgenosse M, **Altersgenossin** F coetaneo(-a) *m(f)* **Altersheim** N casa *f* di riposo **Altersteilzeit** F pensionamento *m* parziale
Altertum N antichità *f*
altertümlich ADJ antico
Altglas N vuoto *m* a perdere **Altglascontainer** M raccoglitore *m* per il vetro **altmodisch** ADJ antiquato, fuori moda **Altpapier** N carta *f* riciclabile **Altstadt** F città *f* vecchia; centro *m* storico
Alufolie F foglio *m* di alluminio

am PRÄP (= an dem): ~ **2. März** il due marzo; ~ **Tiber** sul Tevere; ~ **besten** meglio di tutti

Amateur(in) M(F) dilettante *m/f*

Amboss M incudine *m* (*a.* ANAT)

ambulant ADJ: MED ~**e Behandlung** *f* cura *f* ambulatoriale **Ambulanz** F *Station* ambulatorio *m*; *Wagen* (auto)ambulanza *f*

Ameise F formica *f* **Ameisenhaufen** M formicaio *m*

Amerika N America *f* **Amerikaner(in)** M(F) americano(-a) *m(f)* **amerikanisch** ADJ americano

Amnestie F amnistia *f*

Amok M: ~ **laufen** andare in giro in preda a follia omicida

Ampel F semaforo *m*

Amphitheater N anfiteatro *m*

Ampulle F fiala *f*

amputieren V amputare

Amsel F merlo *m*

Amt N *Funktion* carica *f*; funzione *f*; *Dienststelle* ufficio *m*

amtlich ADJ ufficiale

amüsant ADJ divertente

amüsieren V divertire; **sich** ~ divertirsi

an 1 PRÄP a; ~ **Ostern** a Pasqua; ~ **e-m Werktag** in un giorno feriale 2 ADV **von heute** ~ da oggi in poi; ~ **die fünfzig Euro** sui cinquanta euro; *Radio, Licht* ~ **sein** essere acceso

Analphabet(in) M(F) analfabeta *m/f*

Ananas F ananas *m*

Anbau M ARCH edificio *m* annesso; **aus kontrolliert ökologischem** (*od* **biologischem**) ~ (proveniente) da agricoltura biologica controllata

anbauen V AGR coltivare

anbehalten V tenere (addosso)

anbei ADV allegato

anbeten V adorare

anbieten V offrire

anbinden V attaccare, legare (**an** a)

Anblick M vista *f*; **beim** ~ **von** alla vista di

anblicken V guardare

anbraten V rosolare

anbrechen V *Packung* cominciare

anbrennen V *Essen* attaccarsi

anbringen V *befestigen* fissare, applicare

anbrüllen V: **j-n** ~ gridare contro qn

andauern V continuare

andauernd 1 ADJ continuo, permanente 2 ADV di continuo

Andenken N ricordo *m*; souvenir *m*; **zum** ~ **an** in ricordo di

andere(r, -s) PRON altro; **etwas anderes** qualcosa d'altro;

am anderen Morgen la mattina seguente; **ein anderes Mal** un'altra volta; **unter anderem** tra l'altro **andererseits** ADV d'altra parte
ändern V: ~ *u.* **sich** ~ cambiare
andernfalls ADV in caso contrario, altrimenti
anders ADV diverso, diversamente; **jemand** ~ qualcun altro **anderswo(hin)** ADV altrove
anderthalb ADJ uno e mezzo
Änderung F cambiamento *m*; modifica *f* **Änderungsschneiderei** F sartoria *f* di riparazioni **Änderungsservice** F servizio *m* di modifica
Andeutung F (ac)cenno *m*
Andrang M ressa *f*
andrehen V: **j-m etw** ~ rifilare qc a qn
androhen V minacciare (**j-m etw** qn di qc)
aneignen V: **sich etw** ~ appropriarsi di qc
aneinander ADV l'uno all'altro
anekeln V disgustare
anerkennen V riconoscere
Anerkennung F riconoscimento *m*
anfahren V *losfahren* mettersi in moto; *Schild etc* urtare contro; *Person* investire; *beschimpfen* **j-n** ~ sgridare qn
Anfall M MED attacco *m*; *fig* accesso *m*
anfallen V *angreifen* aggredire; *entstehen* prodursi
anfällig ADJ soggetto (**für** a)
Anfang M principio *m*, inizio *m*; **am** ~, **zu** ~ all'inizio, da principio **anfangen** V (in)cominciare **Anfänger(in)** M(F) principiante *m/f* **anfangs** ADV inizialmente, dapprima **Anfangsbuchstabe** M (lettera) iniziale *f*
anfassen V toccare
anfechten V impugnare
anfertigen V fare; *Kleidung* confezionare
anfeuern V *fig* incitare
Anflug M avvicinamento *m*
anfordern V esigere
Anforderung F esigenza *f*
Anfrage F domanda *f* **anfragen** V domandare (**bei** a)
anfreunden V: **sich** ~ **mit** fare amicizia con
anfühlen V: **sich hart/weich** ~ essere duro/morbido al tatto
anführen V *leiten* guidare; *Text* citare **Anführer(in)** M(F) capo *m* **Anführungszeichen** N virgoletta *f*
Angabe F indicazione *f*; **nähere ~n** dettagli *mpl*
angeben V indicare, dichiarare; *umg prahlen* darsi delle arie
Angeber(in) M(F) *umg* spaccone(-a) *m(f)*
angeblich 1 ADJ preteso 2

ADV a quel che si dice
angeboren ADJ MED congenito
Angebot N offerta *f*
angebracht ADJ opportuno
angebrannt ADJ bruciato
angeheitert ADJ alticcio
angehen V *betreffen* riguardare, concernere; *Licht* accendersi
angehören V appartenere a
Angehörige(r) F(M) parente *m/f*; **meine Angehörigen** i miei (parenti)
Angeklagte(r) F(M) imputato(-a) *m(f)*
Angel F *Fischerei* canna *f* da pesca; *Tür* cardine *m*
Angelegenheit F faccenda *f*
angelehnt ADJ *Tür* socchiuso
Angelhaken M amo *m* **angeln** V pescare con l'amo **Angelrute** F canna *f* (da pesca) **Angelschein** M licenza *f* di pesca **Angelschnur** F lenza *f* **Angelsport** M pesca *f* sportiva
angemessen ADJ adeguato
angenehm ADJ piacevole; **~e Reise!** buon viaggio!
angenommen KONJ: **~, dass** supposto che
angesehen ADJ stimato
angesichts PRÄP di fronte a
Angestellte(r) F(M) impiegato(-a) *m(f)*
angetrunken ADJ brillo
angewiesen ADJ: **~ sein auf** dipendere da
angewöhnen V: **sich etw ~** prendere l'abitudine di fare qc **Angewohnheit** F abitudine *f*
Angina F angina *f*
Angler(in) M(F) pescatore (-trice) *m(f)* (con la lenza)
Angorawolle F lana *f* d'angora
angreifen V attaccare
Angreifer M aggressore *m*
angrenzen V confinare (**an** con)
angrenzend ADJ attiguo
Angriff M attacco *m*
Angst F paura *f* (**vor** di; **um** per), ansia *f*; **j-m ~ machen** far paura a qn **Angstattacke** F attacco *m* di panico
ängstigen V spaventare; **sich ~** aver paura (**vor** di)
ängstlich ADJ pauroso
anhaben V avere addosso
anhalten V *stehen bleiben* fermarsi; *andauern* continuare; *Person, Auto* fermare **anhaltend** ADJ *Regen etc* incessante; ADV continuamente **Anhalter(in)** M(F) autostoppista *m/f*; **per Anhalter fahren** fare l'autostop
Anhaltspunkt M punto *m* di riferimento
anhand PRÄP in base a
Anhang M *Buch* appendice *f*; *Mail etc* allegato *m* **anhängen** V attaccare, agganciare
Anhänger M *Fan* seguace *m*; *Wagen* rimorchio *m*;

Schmuck ciondolo *m*, pendente *m* **Anhängerkupplung** F gancio *m* (per rimorchio)
anhänglich ADJ affezionato
anhäufen V accumulare
anheben V *Last* sollevare; *Preise* aumentare
Anhieb M: **auf ~** al primo colpo
Anhöhe F altura *f*, collina *f*
anhören V ascoltare
Animateur(in) M(F) animatore (-trice) *m(f)*
Animation F animazione *f*
Ankauf M acquisto *m*
Anker M ancora *f*; **vor ~ gehen** ancorarsi **ankern** V ancorarsi **Ankerplatz** M ancoraggio *m*
Anklage F accusa *f* **anklagen** V accusare (**wegen** di)
Anklang M: **~ finden** incontrare il favore (**bei** di)
ankleben V attaccare
anklicken V IT cliccare (**etw** su)
anklopfen V bussare
anknipsen V *Licht* accendere
ankommen V arrivare (**pünktlich** in tempo); **darauf ~** dipendere da
ankreuzen V segnare con una crocetta
ankündigen V annunciare
Ankunft F arrivo *m* **Ankunftshalle** F sala *f* d'arrivo **Ankunftstag** M giorno *m* d'arrivo **Ankunftszeit** F orario *m* d'arrivo
Anlage F ARCH costruzione *f*; TECH impianto *m*; *Geld* investimento *m*; *zu e-m Brief* allegato *m*; *Park* giardini *mpl* pubblici; *Veranlagung* predisposizione *f* (**zu** per)
Anlass M *Gelegenheit* occasione *f*; *Grund* motivo *m*; **~ geben zu** dar luogo a
anlassen V *Motor* mettere in moto, avviare
Anlasser M starter *m*
anlässlich PRÄP in occasione di
Anlauf M rincorsa *f*; **~ nehmen** prendere la rincorsa; *fig* tentativo *m* **anlaufen** V *Hafen* fare scalo a; *sich beschlagen* appannarsi
Anlegebrücke F pontile *m* d'approdo
anlegen V mettere (**an** a); *Geld* investire; *Garten* costruire; *Verband* applicare; *umg* **sich ~** attaccar briga (**mit** con); *Schiff* approdare **Anlegestelle** F approdo *m*
anlehnen V appoggiare (**an** a); *Tür* accostare, socchiudere **sich ~ an** appoggiarsi a
Anleitung F istruzioni *fpl*
Anliegen N richiesta *f* **Anlieger(in)** M(F) proprietario(-a) *m(f)* confinante; **Anlieger frei** *Schild* eccetto frontisti
anmachen V *Licht, Radio etc* accendere; *Salat* condire; **j-n ~** abbordare qn; *provozieren* provocare qn

anmalen V dipingere
anmaßen V: **sich etw ~** arrogarsi qc **anmaßend** ADJ presuntuoso **Anmaßung** F presunzione *f*
Anmeldeformular N modulo *m* d'iscrizione **Anmeldefrist** F termine *m* d'iscrizione **Anmeldegebühr** F tassa *f* d'iscrizione
anmelden V *Besucher* annunciare; *beim Zoll* dichiarare; *Ferngespräch* prenotare; **sich ~** iscriversi; *beim Arzt* prendere un appuntamento **Anmeldeschluss** M scadenza *f* del termine d'iscrizione; FLUG chiusura *f* del check-in **Anmeldung** F *Kurs etc* iscrizione *f*; *Arzt* appuntamento *m*
anmerken V: **sich nichts ~ lassen** far finta di nulla
Anmerkung F nota *f*
Anmut F grazia *f* **anmutig** ADJ grazioso, leggiadro
annageln V inchiodare
annähen V attaccare (cucendo)
annähernd ADV all'incirca
Annäherungsversuch M approccio *m*
Annahme F accettazione *f*; *Vermutung* supposizione *f*
Annahmestelle F ufficio *m* accettazioni
annehmbar ADJ accettabile, passabile
annehmen V *akzeptieren* accettare; *voraussetzen* supporre
Annehmlichkeiten FPL comodità *fpl*
Annonce F annuncio *m*
annullieren V annullare
anonym ADJ anonimo
Anorak M giacca *f* a vento
anordnen V ordinare
Anordnung F ordine *m*
anpacken V *Problem* affrontare
anpassen V: **sich ~** adattarsi (**an** a)
Anpfiff M SPORT fischio *m* d'inizio
anpflanzen V piantare
anpreisen V decantare, vantare
Anprobe F prova *f*
anprobieren V provare
anrechnen V mettere in conto
Anrecht N diritto *m* (**auf** su)
Anrede F titolo *m*; appellativo *m* **anreden** V rivolgere la parola a; **mit Du ~** dare del tu a
anregen V *Appetit* stimolare; *vorschlagen* proporre **anregend** ADJ *Buch* interessante; *Mittel* stimolante **Anregung** F impulso *m*; stimolo *m*
Anreise F viaggio *m* di andata; arrivo *m* **anreisen** V arrivare **Anreisetag** M giorno *m* d'arrivo
Anreiz M stimolo *m*
anrichten V *Essen* preparare; *Unheil* combinare
Anruf M telefonata *f* **Anruf-**

beantworter M segreteria *f* telefonica
anrufen V chiamare, telefonare (**j-n** a qc)
anrühren V *berühren* toccare; *Teig* impastare
Ansage F annuncio *m* **ansagen** V annunciare **Ansager(in)** M(F) TV annunciatore (-trice) *m(f)*
Ansammlung F *Menschen* assembramento *m*
ansässig ADJ domiciliato (**in** a)
anschaffen V acquistare, comprare; *umg* ~ **gehen** fare la prostituta
Anschaffung F acquisto *m*
anschalten V accendere
anschauen V guardare **anschaulich** ADJ chiaro, evidente **Anschauung** F opinione *f*
Anschein M apparenza *f*; **allem ~ nach** a quanto pare
anscheinend ADV apparentemente
anschieben V *Auto* spingere
Anschlag M *Plakat* affisso *m*, avviso *m*; *Attentat* attentato *m*
anschließen V ELEK collegare (**an** a); **sich ~** unirsi (**j-m** a qn)
anschließend ADV dopo
Anschluss M *Verkehr* coincidenza *f* (**nach** per); TEL comunicazione *f* **Anschlussflug** M volo *m* in coincidenza **Anschlusszug** M treno *m* in coincidenza
anschnallen V: **sich ~** allacciarsi la cintura
anschneiden V cominciare a tagliare
anschrauben V avvitare
anschreien V sgridare
Anschrift F indirizzo *m*
anschwellen V gonfiarsi
ansehen V guardare; **sich etw ~** guardare, visitare qc
ansehnlich ADJ considerevole
anseilen V: **sich ~** legarsi in cordata
ansetzen V aggiungere (**an** a); *Termin* fissare
Ansicht F *Anblick* veduta *f*; *fig Meinung* opinione *f*, parere *m*; **meiner ~ nach** secondo me, a mio avviso **Ansichtskarte** F cartolina *f* illustrata
ansonsten ADV altrimenti
Anspannung F sforzo *m*
Anspielung F allusione *f* (**auf** a)
Ansporn M stimolo *m*
Ansprache F discorso *m*
ansprechen V rivolgere la parola (**j-n** a qn); *gefallen* piacere (**j-n** a qn); MED reagire (**auf** a)
ansprechend ADJ piacevole
Ansprechpartner(in) M(F) interlocutore(-trice) *m(f)*
anspringen V *Motor* mettersi in moto; **das Auto springt nicht an** la macchina non

parte
Anspruch M *Forderung* pretesa *f*; *Recht* diritto *m* (**auf** a)
anspruchslos ADJ modesto
anspruchsvoll ADJ esigente
Anstand M decoro *m* **anständig** ADJ *ehrlich* onesto
anstandshalber ADV per la forma **anstandslos** ADV senza esitazione
anstarren V fissare
anstatt KONJ invece di
anstecken V *Brosche* appuntare; *Zigarette* accendere; MED contagiare; **sich bei j-m ~** contagiarsi da qn **ansteckend** ADJ contagioso **Ansteckung** F contagio *m*
anstehen V *warten* fare la fila
ansteigen V *Straße* salire; *fig Preise* aumentare
anstelle PRÄP invece di
anstellen V *Arbeitskräfte* impiegare; *Radio* accendere; *Heizung* aprire; **sich ~** *in Reihe* mettersi in fila; *sich zieren* fare storie; **sich dumm/geschickt ~** essere incapace/capace
Anstellung F impiego *m*
Anstieg M *Preise* aumento *m*; *Straße* salita *f*
anstiften V istigare (**zu** a)
Anstoß M *Impuls* impulso *m*; SPORT calcio *m* d'inizio; **~ nehmen an** scandalizzarsi di
anstoßen V urtare (**an** contro); *mit Gläsern* brindare
anstößig ADJ indecente
anstreben V aspirare a
anstreichen V *streichen* pitturare; *markieren* segnare
anstrengen V affaticare; **sich ~** sforzarsi **anstrengend** ADJ faticoso **Anstrengung** F sforzo *m*; fatica *f*
Ansturm M *Besucher* affluenza *f* (**auf** a)
Anteil M parte *f*; quota *f*; **~ nehmen an** prender parte a
Anteilnahme F *Mitleid* compassione *f*
Antenne F antenna *f*
Antialkoholiker(in) M(F) antialcolista *m/f* **Antibabypille** F pillola *f* anticoncezionale
antibakteriell ADJ igienizzante, antibatterico **Antibiotikum** N antibiotico *m* **Antiblockiersystem** N sistema *m* antibloccaggio **Antifaltencreme** F crema *f* antirughe
antik ADJ antico
Antike F antichità *f*
Antikörper M anticorpo *m*
Antiquariat N antiquariato *m* **antiquarisch** ADJ d'occasione
Antiquitäten FPL antichità *fpl*
Antiquitätengeschäft N negozio *m* di antiquariato
Antisemitismus M antisemitismo *m*
Antrag M domanda *f*; *Formular* modulo *m* **Antragstel-**

ler(in) M(F) richiedente *m/f*
antreffen V trovare; incontrare
antreiben V incitare (**zu** a); TECH azionare
antreten V *Stellung* assumere; *Reise* iniziare
Antrieb M forza *f* motrice; *Motivation* impulso *m*; **aus eigenem ~** spontaneamente
antun V: **j-m etw ~** fare qc a qn
Antwort F risposta *f*
antworten V rispondere
anvertrauen V affidare; **sich j-m ~** confidarsi con qn
Anwalt M, **Anwältin** F avvocato(-a) *m(f)*
anwärmen V riscaldare
Anweisung F *Befehl* ordine *m*; *Post* vaglia *m*
anwenden V usare; applicare
Anwender(in) M(F) utente *m/f*
Anwendung F uso *m*; IT, MED applicazione *f*
anwesend ADJ presente
Anwesenheit F presenza *f*
anwidern V ripugnare
Anwohner(in) M(F) residente *m/f*
Anzahl F numero *m*; quantità *f*
anzahlen V pagare in acconto **Anzahlung** F acconto *m*
Anzeichen N indizio *m*; MED sintomo *m*
Anzeige F annuncio *m*; JUR denuncia *f*; **~ erstatten** presentare una denuncia **anzeigen** V indicare; JUR denunciare (**wegen** per)
anziehen V *Kleidung* indossare, mettersi; *Handbremse* tirare; *Schraube* stringere; *anlocken* attirare; **sich ~** vestirsi
anziehend ADJ attraente
Anziehungskraft F *fig* fascino *m*, attrazione *f*
Anzug M abito *m* (da uomo)
anzüglich ADJ indecente
anzünden V accendere; *in Brand stecken* incendiare
Aostatal N Valle d'Aosta *f*
apathisch ADJ apatico
Aperitif M aperitivo *m*
Apfel M mela *f* **Apfelbaum** M melo *m* **Apfelkuchen** M torta *f* di mele **Apfelmus** N purea *f* di mele **Apfelsaft** M succo *m* di mela **Apfelschorle** F *succo di mela e acqua gassata* **Apfelsine** F arancia *f* **Apfelstrudel** M strudel *m* (di mele) **Apfelwein** M sidro *m*
Apotheke F farmacia *f* **Apotheker(in)** M(F) farmacista *m/f*
App F IT, TEL app *f*
Apparat M apparecchio *m*; TEL **wer ist am ~?** chi parla?; **bleiben Sie am ~!** resti in linea!
Ap(p)artement N appartamento *m*
Appenzell N Appenzello *m*; **~ Außerrhoden** Appenzello Esterno; **~ Innerrhoden** Ap-

penzello Interno
Appetit M appetito *m*; **guten ~!** buon appetito! **appetitlich** ADJ appetitoso
Applaus M applauso *m*
Après-Ski M doposcì *m*
Aprikose F albicocca *f*
April M aprile *m*; **~, ~!** pesce *m* d'aprile **Aprilscherz** M pesce *m* d'aprile
apropos ADV a proposito di
Apulien N Puglia *f*
Aquarell N acquerello *m*
Aquarium N acquario *m*
Äquator M equatore *m*
Araber(in) M(F) arabo(-a) *m(f)*
arabisch ADJ arabo
Arbeit F lavoro *m* **arbeiten** V lavorare **Arbeiter(in)** M(F) lavoratore(-trice) *m(f)*; *Industrie* operaio(-a) *m(f)* **Arbeitgeber(in)** M(F) datore(-trice) *m(f)* di lavoro **Arbeitnehmer(in)** M(F) lavoratore(-trice) *m(f)* dipendente
Arbeitsagentur F ufficio *m* di collocamento **Arbeitsamt** N *österr, schweiz* ufficio *m* di collocamento **Arbeitserlaubnis** F permesso *m* di lavoro **Arbeitsgruppe** F gruppo *m* di lavoro **Arbeitskräfte** FPL manodopera *f* **arbeitslos** ADJ disoccupato **Arbeitslosengeld** N indennità *f* di disoccupazione **Arbeitslosigkeit** F disoccupazione *f* **Arbeitsplatz** M posto *m* di lavoro; impiego *m* **Arbeitstag** M giornata *f* lavorativa **arbeitsunfähig** ADJ inabile al lavoro **Arbeitszeit** F orario *m* di lavoro; **gleitende ~** orario *m* flessibile di lavoro **Arbeitszimmer** N studio *m*
Archäologie F archeologia *f*
Architekt(in) M(F) architetto *m* **Architektur** F architettura *f*
Archiv N archivio *m*
Arena F arena *f*
arg **1** ADJ *schlimm* grave; *böse* cattivo **2** ADV *sehr* molto
Arganöl N olio *m* di argan
Argentinien N Argentina *f*
Ärger M irritazione *f*, rabbia *f*; **~ haben** avere noie *fpl* (**mit** con) **ärgerlich** ADJ *verärgert* arrabbiato; *unerfreulich* spiacevole
ärgern V irritare, stizzire; **sich ~** arrabbiarsi
Argument N argomento *m*
Argwohn M sospetto *m* **argwöhnisch** ADJ sospettoso
Arie F aria *f*
arm ADJ povero
Arm M braccio *m*
Armaturenbrett N cruscotto *m*, pannello *m* portastrumenti
Armband N braccialetto *m* **Armbanduhr** F orologio *m* da polso
Armee F esercito *m*
Ärmel M manica *f* **Ärmelkanal** M (canale *m* della) Manica *f* **ärmellos** ADJ senza ma-

niche
ärmlich ADJ povero, misero
armselig ADJ misero
Armut F povertà *f*, miseria *f*
Aroma N aroma *m*
arrogant ADJ arrogante
Arsch M *vulg* culo *m vulg*
Art F *Weise* maniera *f*, modo *m*; *Sorte* specie *f*, tipo *m*, genere *m*; **auf diese ~** in questo modo; **e-e ~ ...** una specie di ...; **nach ~ des Hauses** alla maniera della casa; **aller ~** di ogni sorta
Artenschutz M protezione *f* della specie
Arterie F arteria *f*
artig ADJ buono
Artikel M articolo *m*
Artischocke F carciofo *m*
Artist(in) M(F) artista *m/f*
Arznei F medicina *f*
Arzt M medico *m*, dottore *m*; **praktischer ~** medico *m* generico **Arzthelfer(in)** M(F) assistente *m/f* medico **Ärztin** F medico *m*, dottoressa *f*
ärztlich ADJ medico; **in ~er Behandlung sein** essere in cura da un medico
Asbest M amianto *m*
Asche F cenere *f* **Aschenbecher** M portacenere *m*
Aschermittwoch M (mercoledì delle) Ceneri *fpl*
aseptisch ADJ asettico
Asiat(in) M(F) asiatico(-a) *m(f)*
asiatisch ADJ asiatico
Asien N Asia *f*
asozial ADJ asociale
Asphalt M asfalto *m*
Aspirin® N aspirina® *f*
Ass N asso *m* (*a. fig*)
Assessment-Center N assessment center *m*
Assistent(in) M(F) assistente *m/f*
Ast M ramo *m*
Aster F BOT astro *m*
Asthma N asma *f od m*
Astrologie F astrologia *f* **Astronaut(in)** M(F) astronauta *m/f* **Astronomie** F astronomia *f*
Asyl N asilo *m*
Asylbewerber(in) M(F) richiedente *m/f* asilo politico
Atelier N MAL studio *m*
Atem M fiato *m*, respiro *m*; **außer ~** senza fiato; **den ~ anhalten** trattenere il respiro; **~ holen** prendere fiato
Atembeschwerden FPL difficoltà *fpl* respiratorie
Atemnot F affanno *m*
Atemzug M respiro *m*
Athen N Atene *f*
Äther M etere *m*
Athlet(in) M(F) atleta *m/f*
Atlantik M Atlantico *m*
atlantisch ADJ: **Atlantischer Ozean** *m* Oceano *m* Atlantico
Atlas M atlante *m*
atmen V respirare
Atmosphäre F atmosfera *f*; *fig* ambiente *m*
Atmung F respirazione *f*
Ätna M Etna *m*

Atom N atomo *m* **atomar** ADJ atomico **Atombombe** F bomba *f* atomica **Atomenergie** F energia *f* nucleare **Atomkraftwerk** N centrale *f* nucleare **Atommüll** M scorie *fpl* radioattive **Atomtest** M test *m* nucleare **Atomwaffen** FPL armi *fpl* nucleari

Attachment N IT allegato *m*

Attentat N attentato *m* **Attentäter(in)** M(F) attentatore (-trice) *m(f)*

Attest N certificato *m*, attestato *m*; **ärztliches ~** certificato *m* medico

attraktiv ADJ attraente

Attrappe F imitazione *f*

at-Zeichen N @ chiocciola *f*

ätzend ADJ CHEM corrosivo; *umg* terribile

au! INT ahi!, ohi!

Aubergine F melanzana *f*

auch ADV anche; *sogar* persino; **~ nicht** neppure; **oder ~** oppure

Audienz F udienza *f*

Audioguide M audioguida *f*

auf **1** PRÄP su; sopra; in; a; **~ Sizilien** in Sicilia; **~ dem Bahnhof** alla stazione; **~ dem Land** in campagna; **~ der Post** alla posta; **~ der Reise** in viaggio; **~ der Straße** per *od* in strada; **~ Deutsch** in tedesco; **bis ~** tranne **2** ADV su, avanti; *umg offen* aperto; **~ sein** *Geschäft* essere aperto; **~ und ab** su e giù; **~ einmal** ad un tratto

Aufbau M costruzione *f*; TECH montaggio *m*; *Schaffung* creazione *f* **aufbauen** V costruire; TECH montare

aufbäumen V: **sich ~** impennarsi

aufbekommen V riuscire ad aprire

aufbewahren V custodire; conservare **Aufbewahrung** F custodia *f*; conservazione *f*; **zur ~ geben** depositare

aufblasen V gonfiare

aufbleiben V *Mensch* restare alzato; *Geschäft* rimanere aperto

aufblenden V *Auto* accendere gli abbaglianti

aufblitzen V balenare

aufbrauchen V consumare, esaurire

aufbrechen V *Tür, Auto* forzare; *Schloss* scassinare; *fortgehen* partire

aufbringen V *Geld* procurare; *Gerücht* diffondere; *ärgern* irritare

Aufbruch M partenza *f*

aufbrühen V *Tee* fare

aufdecken V *abdecken* scoprire; *enthüllen* svelare

aufdrängen V: **sich ~** importunare (**j-m** qn)

aufdrehen V aprire

aufdringlich ADJ *Person* invadente

Aufdruck M dicitura *f* **aufeinander** ADV *räumlich* l'uno sull'altro; *zeitlich* l'uno dopo l'altro **aufeinanderfolgen** V succedersi **Aufenthalt** M soggiorno *m*; BAHN sosta *f*, fermata *f* **Aufenthaltsgenehmigung** F permesso *m* di soggiorno **Aufenthaltsort** M luogo *m* di soggiorno **Aufenthaltsraum** M *Hotel* sala *f* di soggiorno **Auferstehung** F risurrezione *f* **aufessen** V mangiare tutto **auffahren** V urtare, cozzare (**auf** contro); tamponare (qc); **dicht** ~ avvicinarsi troppo (**auf** a) **Auffahrt** F *Autobahn* rampa *f* d'accesso **Auffahrunfall** M tamponamento *m* **auffallen** V colpire; dare nell'occhio **auffallend** ADJ vistoso **auffällig** ADJ vistoso **auffangen** V acchiappare **auffassen** V comprendere; intendere **Auffassung** F opinione *f*, avviso *m* **Auffassungsgabe** F facoltà *f* di comprensione **auffordern** V invitare (**zu** a); *höflich* pregare (**zu** di) **Aufforderung** F invito *m* **Aufforstung** F rimboschimento *m* **auffrischen** V rinfrescare **Auffrischungsimpfung** F richiamo *m*

aufführen V THEAT rappresentare; MUS eseguire **einzeln** ~ specificare; **sich** ~ comportarsi **Aufführung** F rappresentazione *f*; MUS esecuzione *f* **auffüllen** V riempire **Aufgabe** F *Auftrag* incarico *m*; MATH problema *m*; *Hausaufgabe* compito *m*; *Verzicht* rinuncia *f* **Aufgang** M *Treppe* scala *f* **aufgeben** V *verzichten* rinunciare a; *nicht weitermachen* cedere; SPORT ritirarsi; *Annonce* inserire **Aufgebot** N *Ehe* pubblicazioni *fpl* di matrimonio; *von Polizei* mobilitazione *f* **aufgebracht** ADJ adirato; indignato **aufgehen** V *sich öffnen* aprirsi; *Sonne* sorgere; *Knoten* sciogliersi; *Naht* scucirsi; *Knospe* sbocciare **aufgeklärt** ADJ: **sexuell** ~ smaliziato **aufgelegt** ADJ: **gut/schlecht** ~ di buon/cattivo umore; ~ **sein zu etw** aver voglia di fare qc **aufgeräumt** ADJ *Zimmer* in ordine **aufgeregt** ADJ eccitato **aufgeschlossen** ADJ aperto; *fig* sensibile (**für** a) **aufgrund** PRÄP a causa di; in seguito a **aufhaben** V *Hut* avere in te-

sta; *Geschäft* essere aperto
aufhalten V *anhalten* fermare; *Person* trattenere; *offen halten* tenere aperto; **sich ~** trattenersi
aufhängen V appendere, *Wäsche* stendere **Aufhänger** M *Mantel* laccetto *m*; *fig* spunto *m* **Aufhängung** F TECH sospensione *f*
aufheben V raccogliere; *aufbewahren* conservare; *Verbot* annullare
aufheitern V *erheitern* rallegrare; **sich ~** rasserenarsi
Aufheiterung F rasserenamento *m*
aufhellen V: **sich ~** schiarirsi (*a. fig*)
aufhetzen V aizzare
aufholen V *Verspätung* ricuperare
aufhören V finire; smettere, cessare (**zu** di)
aufklären V chiarire; **j-n über etw ~** informare qn di qc; **sich ~** chiarirsi; *Wetter* rischiararsi
Aufklärung F schiarimento *m*, spiegazione *f*; *sexuell* educazione *f* sessuale
Aufkleber M (auto)adesivo *m*
aufknöpfen V sbottonare
aufkochen V far bollire
aufkommen V *Verdacht* sorgere, nascere; *Wind* levarsi; **für j-n/etw ~** pagare per qn/qc
aufladen V caricare; *Batterie* ricaricare
Auflage F *Buch* edizione *f*; *Bedingung* condizione *f*; *Überzug* rivestimento *m*
auflassen V *Hut* tenere in testa; *Tür* lasciare aperto; *stilllegen* chiudere
Auflauf M *Menschen* assembramento *m*; GASTR sformato *m*, soufflé *m*
auflegen V (*a. Musik*) mettere (**auf** su); *Hörer* riattaccare
auflehnen V: **sich ~** ribellarsi (**gegen** a)
aufleuchten V accendersi
auflösen V sciogliere; *Geschäft* liquidare; **sich ~** sciogliersi; *Nebel* dissolversi **Auflösung** F *Rätsel* soluzione *f*
aufmachen V aprire; *fig* **sich ~ zu** avviarsi verso
Aufmachung F *Kleidung* abbigliamento *m*
aufmerksam ADJ attento; *höflich* gentile; **j-n auf etw ~ machen** far notare qc a qn
Aufmerksamkeit F attenzione *f*; *Geschenk* pensiero *m*
Aufnahme F FOTO foto *f*; *Tonaufnahme* registrazione *f*; *Empfang* accoglienza *f* **Aufnahmegebühr** F tassa *f* d'iscrizione **Aufnahmeprüfung** F esame *m* d'ammissione
aufnehmen V *Gast* accogliere, ricevere; FOTO fotografare; *auf DVD, CD* registrare
aufopfern V: **sich ~** sacrifi-

carsi (**für j-n** per qn)
aufpassen V fare attenzione (**auf** a); *auf Kinder* badare (a)
Aufprall M urto *m* **aufprallen** V urtare, cozzare (**auf** contro)
Aufpreis M sovrapprezzo *m*, supplemento *m*
aufpumpen V gonfiare, pompare
Aufputschmittel N eccitante *m*, stimolante *m*
aufräumen V mettere in ordine; *fig* **mit etw ~** farla finita con qc
Aufräumungsarbeiten FPL lavori *mpl* di sgombero
aufrecht ADJ diritto **aufrechterhalten** V mantenere
aufregen V agitare; *Person* innervosire; **sich ~** agitarsi (**über** per) **aufregend** ADJ emozionante **Aufregung** F agitazione *f*, emozione *f*
aufreiben V *Haut* escoriare
aufreibend ADJ estenuante
aufreißen V aprire bruscamente; *Fenster, Tür* spalancare; *zerreißen* strappare
aufrichten V rialzare, rizzare
aufrichtig ADJ sincero **Aufrichtigkeit** F sincerità *f*
aufrücken V avanzare
Aufruf M invito *m* (**an** a); *der Fluggäste* appello *m* **aufrufen** V chiamare; fare l'appello di
Aufruhr M tumulto *m*; rivolta *f*
aufrunden V arrotondare
aufsässig ADJ ribelle
Aufsatz M saggio *m*; *Schule* tema *m*
aufschieben V rimandare
Aufschlag M *Aufprall* urto *m*; *Preis* aumento *m*; *Tennis* servizio *m*, battuta *f*
aufschlagen V *Buch* aprire; *Zelt* piantare; *aufprallen* battere, urtare (**auf** contro)
aufschließen V aprire
aufschlussreich ADJ istruttivo
aufschneiden V tagliare; *Brot, Wurst* affettare; *prahlen* sparare fandonie **Aufschnitt** M GASTR affettato *m*
Aufschrei M grido *m*
aufschreiben V annotare, scrivere
Aufschrift F scritta *f*
Aufschub M proroga *f*
aufschürfen V escoriare
Aufschwung M HANDEL boom *m*
Aufsehen N: **~ erregen** fare scalpore **aufsehenerregend** ADJ sensazionale **Aufseher(in)** M(F) custode *m/f*, sorvegliante *m/f*
aufsetzen V *Brille, Hut* mettersi; *Schreiben* redigere; *Flugzeug* atterrare
Aufsicht F sorveglianza *f*; *Person* sorvegliante *m/f*
Aufsichtsrat M consiglio *m* d'amministrazione
aufspannen V *Schirm* aprire

aufsperren V aprire
aufspringen V saltare (**auf** su); *sich öffnen* aprirsi di scatto
Aufstand M insurrezione *f*
Aufständische(r) F(M) insorto(-a) *m(f)*
aufstecken V *Haar* raccogliere
aufstehen V alzarsi; *Tür* essere aperto
aufsteigen V salire (**auf** su); *Sport, Beruf* avanzare
aufstellen V *hinstellen* mettere, sistemare; *aufbauen* montare; *Rekord* stabilire
Aufstellung F disposizione *f*; *Verzeichnis* elenco *m*
Aufstieg M salita *f*; *fig* ascesa *f*; *Karriere* carriera *f*; *Bergsport* ascensione *f*
aufsuchen V *besuchen* far visita a; *Arzt* consultare
Auftakt M *fig* preludio *m*
auftauchen V emergere; *fig* apparire
auftauen V sgelare; *Tiefkühlkost* scongelare
aufteilen V dividere (**in** in); spartire (**unter, zwischen** fra)
Auftrag M ordine *m*, incarico *m*; HANDEL ordinazione *f*; **im ~ (von)** per incarico (di)
auftragen V *Farbe* applicare, mettere (**auf** su); *Essen* servire; *streichen* spalmare; *übertreiben* **dick ~** esagerare
Auftraggeber(in) M(F) HANDEL committente *m/f*
auftreiben V *finden* trovare; *umg* scovare; *beschaffen* procurarsi
auftrennen V disfare; scucire
auftreten V comparire; THEAT entrare in scena; *Probleme* manifestarsi **Auftreten** N comportamento *m*
Auftritt M THEAT entrata *f* in scena; *Szene* scena *f*
aufwachen V svegliarsi
aufwachsen V crescere
Aufwand M dispendio *m* (**an** di); *Kosten* spese *fpl*
aufwärmen V riscaldare
aufwärts ADV in su; verso l'alto; **es geht ~** va meglio
aufwecken V svegliare
aufweisen V mostrare
aufwenden V *Zeit, Geld* impiegare **aufwendig** ADJ dispendioso **Aufwendungen** FPL spese *fpl*
aufwerten V *Währung* (*a. fig*) rivalutare **Aufwertung** F rivalutazione *f*
aufwiegeln V sobillare
aufwiegen V compensare
aufwischen V pulire; *trocknen* asciugare
aufzählen V enumerare
aufzeichnen V disegnare; *schriftlich* annotare; *auf CD, DVD* registrare **Aufzeichnung** F *auf CD, DVD* registrazione *f*; *Film* filmato *m*
aufziehen V *Vorhang* aprire; *Uhr* caricare; *Veranstaltung* or-

ganizzare; *umg necken* canzonare; *Kind* allevare
Aufzug M ascensore *m*; THEAT atto *m*
aufzwingen V imporre (**j-m etw** qc a qn)
Augapfel M bulbo *m* oculare
Auge N occhio *m*; **aufs ~ drücken** imporre (**j-m etw** qc a qn); **ein ~ zudrücken** chiudere un occhio; **im ~ behalten** tenere d'occhio; **ins ~ fallen** dare nell'occhio; **ins ~ fassen** prendere in considerazione; **unter vier ~n** a quattr'occhi
Augenarzt M, **-ärztin** F oculista *m/f*
Augenblick M momento *m*; istante *m*; **e-n ~!** un momento! **augenblicklich** 1 ADJ *derzeitig* momentaneo; *gegenwärtig* attuale 2 ADV *sofort* subito; *derzeitig* attualmente, al momento
Augenbraue F sopracciglio *m* **Augenbrauenstift** M matita *f* per le sopracciglia **Augenfarbe** F colore *m* degli occhi **Augenhöhle** F orbita *f* **Augenlid** N palpebra *f* **Augentropfen** MPL collirio *m* **Augenzeuge** M, **Augenzeugin** F testimone *m/f* oculare
August M agosto *m*
Auktion F asta *f*
Au-Pair-Mädchen N ragazza *f* alla pari
aus 1 PRÄP *Herkunft* da; di; *Stoff* di; *Grund* per; **~ dem Gedächtnis** a memoria; **~ der Mode** fuori moda; **von mir ~** per me 2 ADV: **~ sein** *beendet sein* essere finito; *Licht, Heizung* essere spento
Aus N SPORT fuori campo *m*; **ins ~ gehen** andare fuori campo
ausarbeiten V elaborare
ausarten V degenerare (**in**)
ausatmen V espirare
ausbessern V riparare; riaccomodare
Ausbeute F provento *m*; frutto *m* **ausbeuten** V sfruttare **Ausbeutung** F sfruttamento *m*
ausbilden V formare, istruire
Ausbildung F formazione *f*, istruzione *f*
ausbleiben V non venire; *Ereignis* mancare
Ausblick M vista *f*
ausbrechen V *Feuer, Krieg, Krankheit* scoppiare; *Vulkan* eruttare; *fliehen* scappare; **in Tränen ~** scoppiare in lacrime
ausbreiten V stendere; **sich ~** propagarsi
Ausbruch M *Flucht* evasione *f*; *Vulkan* eruzione *f*; **zum ~ kommen** scoppiare
auschecken V *Hotel* pagare il conto
Ausdauer F perseveranza *f*;

SPORT resistenza *f* **ausdauernd** ADJ perseverante, tenace

ausdehnen V estendere; **sich ~** estendersi; PHYS dilatarsi

Ausdehnung F estensione *f*

ausdenken V: **sich etw ~** immaginarsi qc

Ausdruck[1] M (*Begriff; Mimik*) espressione *f*; **zum ~ bringen** esprimere

Ausdruck[2] M *Druck* stampa *f*

ausdrucken V stampare

ausdrücken V spremere; *Zigarette* spegnere; *aussprechen* esprimere; **sich ~** esprimersi

ausdrücklich ADV espressamente

ausdrucksvoll ADJ espressivo

Ausdrucksweise F modo *m* di esprimersi

auseinander ADV separato

auseinandersetzen V: **sich ~** occuparsi (**mit** di)

Auseinandersetzung F *Streit* contrasto *m*, alterco *m*

Ausfahrt F *Autobahn* uscita *f*; *vor Haus* passo *m* carraio; **~ frei halten!** lasciare libero il passaggio

ausfallen V *Haare etc* cadere; *Veranstaltung* non aver luogo; TECH incepparsi **Ausfallstraße** F strada *f* di uscita

Ausfertigung F: **in doppelter ~** in duplice copia

ausfindig ADV: **~ machen** scovare, trovare

Ausflug M gita *f*, escursione *f*

Ausflügler(in) M(F) gitante *m/f*

ausfragen V interrogare (**über** su)

Ausfuhr F esportazione *f*

ausführen V *durchführen* eseguire, compiere; *exportieren* esportare; *Person* portare fuori

ausführlich ADJ dettagliato

Ausführung F esecuzione *f*, compimento *m*; *Typ* modello *m*

Ausfuhrverbot N divieto *m* d'esportazione

ausfüllen V *Formular* riempire; *Platz, Lücke* occupare

Ausgabe F *Geld* spesa *f*; *Buch* edizione *f*; *Zeitung* numero *m*; *Verteilung* distribuzione *f*

Ausgang M uscita *f*; *Ende* fine *f*; *Ergebnis* esito *m*; **kein ~** vietata l'uscita **Ausgangspunkt** M punto *m* di partenza

ausgeben V *Geld* spendere; *verteilen* distribuire; **sich ~ für, als** spacciarsi per

ausgebucht ADJ (al) completo; prenotato interamente

ausgedehnt ADJ esteso

ausgefallen ADJ stravagante

ausgeglichen ADJ equilibrato

ausgehen V uscire; *Licht, Feuer* spegnersi; *Benzin, Geld* venire a mancare; *enden* finire; **gut/schlecht ~** andare a

finire bene/male; **leer** ~ restare a mani vuote; ~ **von** partire da
ausgelassen ADJ sfrenato
ausgeleiert ADJ logoro
ausgenommen KONJ eccetto
ausgeprägt ADJ marcato
ausgerechnet ADV proprio
ausgeschlossen ADJ impossibile, escluso
ausgeschnitten ADJ *Kleid* scollato
ausgesprochen ADV particolarmente
ausgesucht ADJ scelto
ausgezeichnet ADJ eccellente, ottimo
ausgiebig ADJ *Mahlzeit* abbondante
Ausgleich M compensazione *f*; SPORT pareggio *m*; **zum** ~ **für** in compenso di
ausgleichen V compensare; SPORT pareggiare
ausgraben V scavare **Ausgrabungen** FPL scavi *mpl*
Ausguss M acquaio *m*
aushalten V sopportare; resistere a
aushändigen V consegnare
Aushang M avviso *m* pubblico
ausharren V perseverare
ausheilen V guarire completamente
aushelfen V aiutare (**j-m mit etw** qn con qc) **Aushilfe** F aiuto *m*; *Aushilfskraft* supplente *m/f* **aushilfsweise** ADV provvisoriamente; per ripiego
auskennen V: **sich** ~ conoscere bene (**in** qc), intendersi (di qc); **sich in der Stadt** ~ essere pratico della città
auskommen V andare d'accordo (**mit j-m** con qn); farcela (**mit etw** con qc); **ohne etw** ~ fare a meno di qc
Auskunft F informazione *f*; TEL servizio *m* informazioni; ~ **geben** dare informazioni; informare (**j-m über etw** qn di qc) **Auskunftsbüro** N ufficio *m* informazioni **Auskunftsschalter** M sportello *m* informazioni
auslachen V deridere
ausladen V *Waren* scaricare; *Gäste* disdire l'invito a
Auslagen FPL spesa *f*
Ausland N estero *m*; **im** *od* **ins** ~ all'estero **Ausländer(in)** M(F) straniero(-a) *m(f)* **ausländerfeindlich** ADJ xenofobo **ausländisch** ADJ straniero, estero
Auslandsaufenthalt M soggiorno *m* all'estero **Auslandsbrief** M lettera *f* per l'estero **Auslandsflug** M volo *m* internazionale **Auslandsgespräch** N TEL comunicazione *f* internazionale **Auslandskrankenschein** M modello *m* per l'assistenza sanitaria all'estero **Auslandsreise** F viaggio *m* all'estero **Auslandsschutz-**

brief M contratto *m* d'assistenza automobilistica all'estero
auslassen V *Wort etc* omettere
auslaufen V *Flüssigkeit* scolare; *Schiff* partire
ausleeren V vuotare
auslegen V *Geld* sborsare, anticipare; *deuten* interpretare
ausleihen V prestare, dare in prestito **(j-m etw** qc a qn**)**; **sich etw ~** farsi prestare qc **(von j-m** da qn**)**
Auslese F scelta *f*, selezione *f*; *Wein* vino *m* pregiato
ausliefern V *Waren* consegnare; *Gefangene* estradare
Auslieferung F HANDEL consegna *f*; POL estradizione *f*
ausloggen V: **sich ~** IT fare il logout
auslöschen V spegnere
auslosen V sorteggiare
auslösen V *hervorrufen* provocare; TECH far scattare
Auslöser M FOTO scatto *m*; *Grund* causa *f*
ausmachen V *(Licht, Radio,* TV*)* spegnere; *Termin* stabilire, fissare; *Kosten* ammontare a; **macht es Ihnen etwas aus, wenn ...?** Le dispiace se ...?
Ausmaß N *Maß* misura *f*; *Konsequenzen* dimensione *f*
ausmerzen V eliminare
ausmessen V misurare
Ausnahme F eccezione *f*; **mit ~ von** ad eccezione di
Ausnahmezustand M POL stato *m* d'emergenza
ausnahmslos ADJ senza eccezione **ausnahmsweise** ADV eccezionalmente
ausnehmen V *Fisch* sventrare; *umg ausnutzen* pelare
ausnutzen V, **ausnützen** V approfittare di
auspacken V *Koffer* disfare
ausplündern V *Person* derubare
auspressen V spremere
ausprobieren V provare, sperimentare
Auspuff M tubo *m* di scappamento **Auspuffrohr** N tubo *m* di scarico **Auspufftopf** M marmitta *f*
auspumpen V vuotare con la pompa; **den Magen ~** fare la lavanda gastrica
ausrangieren V mettere fuori servizio
ausrauben V derubare
ausräumen V vuotare; sgomberare
ausrechnen V calcolare
Ausrede F scusa *f*, pretesto *m*
ausreden V: **j-m etw ~** dissuadere qn da qc
ausreichen V bastare **ausreichend** ADJ abbastanza
Ausreise F espatrio *m*; **bei der ~** al passaggio della frontiera **ausreisen** V partire per l'estero **Ausreisevisum**

N visto *m* d'uscita **ausreißen** V *umg* davonlaufen scappare **ausrenken** V: **sich den Arm ~** slogarsi il braccio **ausrichten** V *erreichen* ottenere; **j-m Grüße ~** salutare qn (**von j-m** da parte di qn) **ausrotten** V sterminare; *fig* estirpare, sradicare **Ausruf** M esclamazione *f* **ausrufen** V esclamare; *ansagen* annunciare; *verkünden* proclamare **Ausrufezeichen** N punto *m* esclamativo **ausruhen** V: **~** *u.* **sich ~** riposarsi **ausrüsten** V equipaggiare (**mit** con) **Ausrüstung** F equipaggiamento *m* **ausrutschen** V scivolare **Aussage** F dichiarazione *f*; JUR deposizione *f*; **die ~ verweigern** rifiutarsi di deporre **aussagen** V JUR deporre; *fig Bild etc* dire **ausschalten** V *Geräte, Licht* spegnere **Ausschank** M mescita *f* **ausscheiden** V MED secernere; *Amt* dimettersi; SPORT essere eliminato **Ausscheidung** F eliminazione; MED secrezione *f* **ausscheren** V *Verkehr* uscire dalla colonna **ausschimpfen** V sgridare **ausschlafen** V: **~** *u.* **sich ~** dormire abbastanza; **ausgeschlafen sein** essere riposato **Ausschlag** M MED eruzione *f* (cutanea); **den ~ geben** essere determinante **ausschlagen** V *Zahn* rompere; *fig ablehnen* respingere; *Pferd* tirare calci **ausschlaggebend** ADJ decisivo **ausschließen** V escludere (**von** da) **ausschließlich** **1** ADJ esclusivo **2** ADV soltanto **Ausschluss** M esclusione *f* **ausschneiden** V ritagliare **Ausschnitt** M *Zeitung* ritaglio *m*; *Kleid* scollatura *f*; *Film* scena *f*; *Teil* frammento *m* **ausschreiben** V *Zahl* scrivere in lettere; *Stelle* mettere a concorso **Ausschuss** M *Gremium* comitato *m* **ausschütten** V *Flüssigkeit* versare; *Gefäß* vuotare; *Gewinn* distribuire **ausschweifend** ADJ dissoluto **Ausschweifung** F dissolutezza *f* **aussehen** V *erscheinen* avere l'aria (**wie** di); sembrare (**wie j-d/etw** qn/qc) **Aussehen** N aspetto *m*; **dem ~ nach** secondo l'apparenza **außen** ADV fuori; **nach ~** all'infuori; all'esterno; **von ~** dal di fuori, dall'esterno **Außenaufnahmen** FPL esterni *mpl* **Außenbordmotor** M fuoribordo *m* **Außengrenze** F confine *m* esterno

Außenhandel M commercio *m* estero **Außenkabine** F SCHIFF cabina *f* esterna **Außenministerium** N Ministero *m* degli Affari Esteri **Außenseite** F lato *m* esterno **Außenseiter(in)** M(F) outsider *m/f* **Außenspiegel** M AUTO specchietto *m* esterno

außer 1 PRÄP *ausgenommen* all'infuori di, eccetto; *neben* oltre; **~ Betrieb, ~ Dienst** fuori servizio; **~ der Reihe** fuori turno; **~ Stande sein** non essere in grado (**etw zu tun** di fare qc) 2 KONJ: **~ wenn** a meno che

außerdem ADV inoltre

äußere ADJ esterno, esteriore

Äußere(s) N aspetto *m* esteriore

außerehelich ADJ extraconiugale; *Kind* naturale **außergewöhnlich** ADJ straordinario

außerhalb PRÄP (al di) fuori di; **~ der Stadt** fuori città

äußerlich ADJ esteriore; *fig* superficiale; MED **~ anzuwenden** per uso esterno

äußern V esprimere; **sich ~** esprimersi

außerordentlich ADJ straordinario **außerplanmäßig** ADJ fuori programma

äußerst ADV estremamente

Äußerung F osservazione *f*

aussetzen V *Belohnung* promettere; *Tier* abbandonare; *Gefahr* esporre; *Motor* perdere colpi; **mit etw ~** sospendere qc; **an allem etw auszusetzen haben** trovare da ridire su tutto

Aussicht F *Blick* vista *f* (**auf** su); *fig Chance* prospettiva *f*

aussichtslos ADJ senza speranza **Aussichtsturm** M torre *f* belvedere

aussöhnen V: **sich ~** riconciliarsi **Aussöhnung** F riconciliazione *f*

aussortieren V eliminare

ausspannen V *sich erholen* riposarsi; *umg* **j-m die Freundin ~** portare via la ragazza a qn

ausspielen V *Karte* giocare

Aussprache F *Wort* pronuncia *f*; *Unterredung* discussione *f*

aussprechen V *Wort* pronunciare; *äußern* esprimere; **sich ~** sfogarsi

Ausspruch M detto *m*

ausspucken V sputare

Ausstand M sciopero *m*; **seinen ~ geben** festeggiare le proprie dimissioni

ausstatten V equipaggiare (**mit** con) **Ausstattung** F *Ausrüstung* attrezzatura *f*; *Auto* equipaggiamento *m*; *Einrichtung* arredamento *m*

ausstehen V *ertragen* sopportare; *Antwort, Zahlung* mancare; **nicht ~ können** non poter

soffrire
aussteigen V *Bus etc* scendere (**aus** da); *aufhören* ritirarsi (**aus** da)
ausstellen V *Ware* esporre; *Pass, Quittung* rilasciare; *Scheck, Rechnung* emettere
Aussteller(in) M(F) espositore(-trice) *m(f)* **Ausstellung** F esposizione *f*, mostra *f* **Ausstellungskatalog** M catalogo *m* della mostra
aussterben V estinguersi
Aussteuer F corredo *m*
Ausstieg M uscita *f*
ausstoßen V *Schrei* emettere; *vertreiben* espellere
ausstrahlen V irradiare; TV trasmettere
Ausstrahlung F emanazione *f*; *Mensch* carisma *m*
ausstrecken V (s)tendere; **sich** ~ sdraiarsi
aussuchen V scegliere
Austausch M scambio *m*
austauschen V scambiare
Austauschmotor M motore *m* di ricambio
austeilen V distribuire
Auster F ostrica *f* **Austernpilz** M BOT gelone *m*
austragen V *Briefe* recapitare; *Zeitungen* distribuire; *Spiel, Kampf* disputare
Australien N Australia *f*
Australier(in) M(F) australiano(-a) *m(f)*
austreten V *Partei etc* uscire (**aus** da); *zur Toilette gehen* andare al gabinetto
austrinken V bere tutto
Austritt M ritiro *m* (**aus** da)
austrocknen V disseccarsi
ausüben V *Beruf, Einfluss* esercitare
Ausverkauf M saldi *mpl*; svendita *f* totale
ausverkauft ADJ esaurito
Auswahl F scelta *f*
auswählen V scegliere
Auswanderer M, **Auswanderin** F emigrante *m/f* **auswandern** V emigrare **Auswanderung** F emigrazione *f*
auswärtig ADJ esterno; **Auswärtiges Amt** Ministero *m* degli Affari Esteri
auswärts ADV fuori
auswechseln V cambiare (**gegen** con)
Ausweg M via *f* d'uscita
ausweglos ADJ disperato
ausweichen V scansare (**j-m** qn); *fig* sottrarsi (**j-m/etw** a qn/a qc); **~de Antwort** *f* risposta *f* evasiva
Ausweis M documento; *Personalausweis* carta *f* d'identità
ausweisen V espellere; **sich ~** presentare un documento d'identità
Ausweiskontrolle F controllo *m* passaporti **Ausweispapiere** NPL documenti *mpl*
Ausweisung F espulsione *f*
ausweiten V allargare
auswendig ADV a memoria

auswerten V analizzare
Auswertung F analisi *f*, elaborazione *f*
auswirken V: **sich ~ auf** ripercuotersi su
Auswirkung F effetto *m*
auszahlen V pagare; *fig sich lohnen* **sich ~** valere la pena
Auszahlung F pagamento *m*
auszeichnen V *Waren* contrassegnare; *Person* premiare
Auszeichnung F *Ehrung* onorificenza *f*; *Orden* decorazione *f*
ausziehbar ADJ allungabile
ausziehen V *Kleid* togliersi; *Tisch* allungare; *Haus* sloggiare (**aus** da); **sich ~** spogliarsi
Auszubildende(r) F(M) apprendista *m/f*; tirocinante *m/f*
Auto N auto *f*, automobile *f*, macchina *f*; **mit dem ~ fahren** andare in macchina
Autobahn F autostrada *f* **Autobahnauffahrt** F raccordo *m* autostradale di entrata **Autobahnausfahrt** F raccordo *m* autostradale di uscita **Autobahndreieck** N svincolo *m* autostradale **Autobahngebühr** F pedaggio *m* autostradale **Autobahnkreuz** N crocevia *f* autostradale **Autobahnraststätte** F autogrill *m* **Autobahnzubringer** M raccordo *m* autostradale
Autodach N tettino *m* (della macchina)
Autofähre F traghetto *m* con trasporto auto
Autofahrer(in) M(F) automobilista *m/f* **Autofahrt** F viaggio *m* in auto
Autogramm N autografo *m*
Autokennzeichen N numero *m* di targa
Autokino N drive-in *m*
Automat M distributore *m* automatico **Automatik** F AUTO cambio *m* automatico
automatisch ADJ automatico
Automobil N automobile *f*
Automobilclub M automobile club *m*
Autor(in) M(F) autore(-trice) *m(f)*
Autoreifen M pneumatico *m*
Autoreisezug M treno *m* auto accompagnate
Autorennen N corsa *f* automobilistica
Autoschlüssel M chiave *f* della macchina **Autostopp** M autostop *m* **Autounfall** M incidente *m* d'auto **Autovermietung** F autonoleggio *m* **Autowaschanlage** F autolavaggio *m* **Autowerkstatt** F officina *f* di riparazioni **Autozubehör** N accessori *mpl* per l'automobile
Axt F ascia *f*
Azoren PL Azzorre *fpl*
Azubi M, F *umg* apprendista *m/f*; tirocinante *m/f*

B

Baby N bebè *m*, neonato *m*
Babyfon® N baby monitor *m*
Babynahrung F prodotti *mpl* alimentari per l'infanzia
babysitten V fare da baby sitter **Babysitter(in)** M(F) baby sitter *m/f*
Bach M ruscello *m*
Bachelor M ≈ laurea *f* (triennale) **Bachelorstudiengang** M corso *m* di laurea (triennale)
Backbord N babordo *m*
Backe F guancia *f*
backen V cuocere in forno; *in Öl* friggere
Backenknochen M zigomo *m* **Backenzahn** M (dente *m*) molare *m*
Bäcker(in) M(F) fornaio(-a) *m(f)*; panettiere(-a) *m(f)*
Bäckerei F panetteria *f*, forno *m*
Backform F stampo *m* per dolci **Backobst** N frutta *f* secca **Backofen** M forno *m*
Backpacker(in) M(F) saccopelista *m/f*
Backpflaumen FPL prugne *fpl* secche **Backpulver** N lievito *m* in polvere
Backshop M panificio *m* self-service
Backwaren FPL paste *fpl*; dolci *mpl*
Bad N bagno *m*; *Schwimmbad* piscina *f*
Badeanzug M costume *m* da bagno **Badehose** F calzoncini *mpl* da bagno **Bademantel** M accappatoio **Bademeister(in)** M(F) bagnino(-a) *m f)* **Bademütze** F cuffia *f* da bagno
baden V fare il bagno
Baden-Württemberg N Baden-Württemberg *m*
Badeort M località *f* balneare
Badeschuhe MPL scarpette *fpl* da bagno **Badestrand** M spiaggia *f* **Badetuch** N asciugamano *m* da bagno
Badewanne F vasca *f* da bagno
Badezimmer N bagno *m*
Badminton N badminton *m*
Bagger M escavatore *m* **Baggersee** M lago *m* artificiale
Bahn F BAHN ferrovia *f*; **mit der ~ fahren** andare in treno; **j-n zur ~ bringen** accompagnare qn alla stazione
Bahnbeamte M, **Bahnbeamtin** F impiegato(-a) *m(f)* delle ferrovie
bahnbrechend ADJ pionieristico
Bahnfahrt F viaggio *m* in treno **Bahngleis** N binario *m*
Bahnhof M stazione *f*; **auf dem ~** alla stazione **Bahn-**

hofshalle F atrio *m* della stazione **Bahnlinie** F linea *f* ferroviaria **Bahnsteig** M marciapiede *m* **Bahnüberführung** F cavalcavia *m* **Bahnübergang** M passaggio *m* a livello
Bahre F barella *f*
Baiser N meringa *f*
Bakterien FPL batteri *mpl*
bald ADV presto; tra poco; **~ darauf** subito dopo; **so ~ wie möglich** il più presto possibile
Baldriantropfen MPL gocce *fpl* di valeriana
Balearen PL Baleari *fpl*
Balkan M: **der ~** i Balcani *mpl*; **auf dem ~** nei Balcani
Balken M trave *f*
Balkon M balcone *m*; THEAT balconata *f*
Balkontür F porta *f* finestra
Ball M palla *f*; *Fußball* pallone *m*; *Tanzfest* ballo *m*; *fig umg* **am ~ bleiben** non mollare
Ballast M zavorra *f*
Ballaststoffe MPL fibre *fpl* non assimilabili
Ballen M *Fuß* sporgenza *f*; *Waren* balla *f*
Ballett N balletto *m*; danza *f* classica
Ballon M FLUG aerostato *m*
Ballonfahrt F volo *m* in mongolfiera
Ballungsraum M agglomerato *m* urbano
Balsam M balsamo *m*
Balz F ZOOL stagione *f* degli accoppiamenti
Banane F banana *f*
Banause M gretto *m*; povero *m* di spirito
Bancomat M *schweiz* bancomat® *m*
Band[1] M volume *m*
Band[2] N nastro *m*
Band[3] F MUS complesso *m*
Bandage F fasciatura *f*
bandagieren V bendare
Bande F banda *f*, brigata *f*
Bänderriss M strappo *m* dei legamenti **Bänderzerrung** F stiramento *m*
bändigen V domare; *fig a.* controllare
Bandnudeln FPL tagliatelle *fpl*, fettuccine *fpl*
Bandscheibe F disco *m* intervertebrale **Bandscheibenvorfall** M ernia *f* del disco **Bandwurm** M tenia *f*
bang(e) ADJ pauroso, timoroso
Bank[1] F *zum Sitzen* panchina *f*; banco *m*
Bank[2] F *Geldinstitut* banca *f*
Bankanweisung F assegno *m* bancario **Bankautomat** M bancomat® *m* **Bankguthaben** N credito *m* bancario **Bankkonto** N conto *m* in banca **Bankleitzahl** F codice *m* di avviamento bancario **Banknote** F banconota *f* **Bankraub** M rapina *f* in banca

bankrott ADJ fallito
Banküberweisung F bonifico *m* bancario
Bankverbindung F coordinate *fpl* bancarie
bar ADJ: (**in** *od* **gegen**) ~ in contanti
Bar F *Theke* banco *m*; *im Hotel* bar *m*; *Lokal* night(club) *m*
Bär M orso *m*
Baracke F baracca *f*
Barbe F triglia *f*
Barcode M codice *m* a barre
Bardame F barista *f*
barfuß ADJ a piedi nudi
Bargeld N denaro *m* in contanti **bargeldlos** ADJ senza contanti
Bariton M baritono *m*
Barkeeper M barista *m/f*
barmherzig ADJ misericordioso
Barock M *od* N barocco *m*
Barometer N barometro *m*
Baron(in) M(F) barone(-essa) *m(f)*
Barren M *Gold* lingotto *m*, barra *f*; SPORT parallele *fpl*
Barriere F barriera *f* **barrierefrei** ADJ senza barriere
Barrikade F barricata *f*; **auf die ~n gehen** ribellarsi
barsch ADJ brusco
Barsch M pesce *m* persico
Barscheck M assegno *m* pagabile in contanti
Bart M barba *f*
Barzahlung F pagamento *m* in contanti
Baseball M *Spiel* baseball *m*
Basel N Basilea *f*; **~-Landschaft** Basilea Campagna; **~-Stadt** Basilea Città
basieren V: **~ auf** basarsi su
Basilika F basilica *f*
Basilikum N basilico *m*
Basis F base *f*
Baskenmütze F basco *m*
Basketball M *Spiel* pallacanestro *f*
Bass M basso *m*; contrabbasso *m*
basteln V fare bricolage
Batterie F batteria *f*, pila *f*
Bau M costruzione *f*; *Gebäude* edificio *m* **Bauarbeiten** FPL lavori *mpl* edili; *Straße* lavori *mpl* in corso **Bauarbeiter(in)** M(F) lavoratore(-trice) *m(f)* edile
Bauch M ventre *m*, pancia *f*
Bauchnabel M ombelico *m*
Bauchschmerzen MPL mal *m* di pancia **Bauchspeicheldrüse** F pancreas *m* **Bauchweh** N mal *m* di pancia
Baudenkmal N monumento *m* architettonico
bauen V costruire
Bauen N costruzione *f*; **illegales ~** abusivismo *m* edilizio
Bauer M contadino *m*; *Schach* pedone *m* **Bäuerin** F contadina *f* **bäuerlich** ADJ rustico
Bauernhaus N, **Bauernhof** M fattoria *f*
baufällig ADJ pericolante, cadente **Baufirma** F ditta *f* co-

struttrice **Baugerüst** N impalcatura *f* **Baujahr** N anno *m* di costruzione **Baukosten** PL spese *fpl* di costruzione
Baum M albero *m*
Baumarkt M negozio *m* di bricolage **Baumaterial** N materiale *m* da costruzione **Baumeister(in)** M(F) architetto *m*
Baumschule F vivaio *m*
Baumstamm M tronco *m* d'albero
Baumwolle F cotone *m*
Bausparen N risparmio *m* immobiliare
Baustelle F cantiere *m* **Baustil** M stile *m* architettonico
Bauunternehmer(in) M(F) imprenditore(-trice) *m(f)* edile
Bayer(in) M(F) bavarese *m/f*
bayerisch ADJ bavarese
Bayern N Baviera *f*
Bazillus M bacillo *m*
BE F ABK (= **Broteinheit**) *unità di misura dei carboidrati*
beabsichtigen V avere l'intenzione (**etw zu tun** di fare qc)
Beachball 1 N *Spiel* beach ball *m*; 2 M *Ball* pallone *m* gonfiabile
beachten V fare attenzione a; *befolgen* osservare; *Vorfahrt* rispettare **beachtlich** ADJ considerevole; apprezzabile **Beachtung** F *Aufmerksamkeit* attenzione *f*; *Regel* osservanza *f*
Beamer M videoproiettore *m*
Beamte M, **Beamtin** F impiegato(-a) *m(f)* statale
beanspruchen V *fordern* reclamare; *Platz, Zeit* richiedere; *beschäftigen* impegnare; TECH sollecitare
beanstanden V criticare
Beanstandung F reclamo *m*; critica *f*
beantragen V chiedere
beantworten V rispondere a
bearbeiten V *Material* lavorare; *Antrag* sbrigare
Beatmung F: **(künstliche) ~** respirazione *f* artificiale; **Mund-zu-Mund-~** *f* respirazione *f* bocca a bocca **Beatmungsgerät** N ventilatore *m* polmonare
beaufsichtigen V sorvegliare **Beaufsichtigung** F sorveglianza *f*
beauftragen V incaricare (**mit** di)
bebauen V costruire su; *Land* coltivare
Beben N *Erdbeben* terremoto *m*
Becher M coppa *f*
Becken N *Pool* piscina *f*; *Spüle* lavello *m*; ANAT bacino *m*
bedanken V: **sich bei j-m für etw ~** ringraziare qn di qc
Bedarf M fabbisogno *m*; **nach ~** secondo il bisogno
Bedarfshaltestelle F fermata *f* a richiesta
bedauerlich ADJ spiacevole

bedauerlicherweise ADV sfortunatamente **bedauern** V deplorare; **ich bedaure** mi dispiace (**dass** che *+konjkt*) **Bedauern** N dispiacere *m* **bedauernswert** ADJ deplorevole
bedecken V coprire **bedeckt** ADJ *Himmel* coperto
bedenken V considerare; riflettere su **Bedenken** NPL dubbi *mpl* **bedenkenlos** ADJ privo di scrupoli **bedenklich** ADJ inquietante **Bedenkzeit** F tempo *m* per riflettere
bedeuten V significare **bedeutend** ADJ importante
Bedeutung F *Sinn* significato *m*; *Wichtigkeit* importanza *f* **bedeutungslos** ADJ insignificante **bedeutungsvoll** ADJ significativo
bedienen V servire; **sich ~** servirsi **Bedienung** F servizio *m*; *Kellner* cameriere(-a) *m(f)*; **~ inbegriffen** servizio *m* compreso **Bedienungsanleitung** F istruzioni *fpl* per l'uso
bedingt ADJ condizionato
Bedingung F condizione *f*; **unter der ~, dass** a condizione che *+konjkt* **bedingungslos** ADJ incondizionato
bedrohen V minacciare
bedrohlich ADJ minaccioso
Bedrohung F minaccia *f*
bedrücken V opprimere
bedrückt ADJ depresso
Bedürfnis N bisogno *m* (**nach** di) **bedürftig** ADJ indigente, bisognoso
Beefsteak N bistecca *f*
beeilen V: **sich ~** affrettarsi (**etw zu tun** a fare qc)
beeindrucken V impressionare
beeinflussen V influire su
beeinträchtigen V pregiudicare; *Gesundheit* nuocere a
beenden V finire, terminare
beerdigen V seppellire
Beerdigung F sepoltura *f*; *Feier* funerale *m*
Beere F bacca
Beet N aiola *f*
befahrbar ADJ praticabile, percorribile **befahren** V percorrere; **stark ~** *Straße* battuto
befallen V *Krankheit* colpire; *Ungeziefer* infestare
befangen ADJ imbarazzato; *voreingenommen* prevenuto
befassen V: **sich ~ mit** occuparsi di
Befehl M ordine *m*, comando *m* **befehlen** V ordinare, comandare (**j-m etw** qc a qn)
befestigen V fissare, attaccare (**an** a)
befeuchten V inumidire
befinden V: **sich ~** essere, trovarsi; stare **Befinden** N *Gesundheit* salute *f*
befolgen V seguire; *Anweisung* osservare

befördern V spedire, trasportare; *Beruf* promuovere **Beförderung** F *Transport* spedizione *f*, trasporto *m*; *Beruf* promozione
befragen V interrogare; *konsultieren* consultare
befreien V liberare (**von** da)
befreundet ADJ: **~ sein** essere amici
befriedigen V soddisfare **befriedigend** ADJ soddisfacente **befriedigt** ADJ soddisfatto **Befriedigung** F soddisfazione *f*
befristet ADJ limitato; a scadenza fissa
Befruchtung F: **künstliche ~** fecondazione *f* artificiale
Befugnis F autorizzazione *f*; competenza *f* **befugt** ADJ autorizzato (**zu** a)
Befund M MED referto *m* medico; **ohne ~** risultato negativo
befürchten V temere (**dass** che *+konjkt*)
Befürchtung F timore *m*
begabt ADJ dotato (**für** per)
Begabung F talento *m*
begeben V: **sich ~** recarsi (**nach** a)
Begebenheit F fatto *m*
begegnen V incontrare (**j-m** qn)
Begegnung F incontro *m*
begehen V *Verbrechen* commettere; *Fest* celebrare
begehrenswert ADJ desiderabile **begehrt** ADJ richiesto
begeistern V entusiasmare; **sich ~ für** appassionarsi di
Begeisterung F entusiasmo *m*
begierig ADJ avido (**auf, nach** di)
Beginn M inizio *m*; **zu ~** all'inizio **beginnen** V cominciare, iniziare (**zu** a)
beglaubigen V autenticare; **~ lassen** far autenticare
Beglaubigung F autenticazione *f*
begleichen V *Rechnung* pagare, saldare
begleiten V accompagnare
Begleiter(in) M(F) accompagnatore(-trice) *m(f)*
Begleitung F compagnia *f*; MUS accompagnamento *m*
beglückwünschen V: **j-n ~** congratularsi con qn (**zu** per)
begnadigen V graziare
Begnadigung F grazia *f*
begnügen V: **sich ~ mit** accontentarsi di
begonnen cominciato, iniziato → beginnen
begraben V seppellire; **~ liegen** essere sepolto
Begräbnis N funerale *m*
begreifen V comprendere, capire **begreiflich** ADJ comprensibile; **j-m etw ~ machen** far capire qc a qn
begrenzen V limitare
Begriff M concetto *m*; *Vorstellung* idea *f*; **im ~ sein,**

etw zu tun stare per fare qc
begründen V motivare (**mit** con) **begründet** ADJ fondato
Begründung F motivazione *f*
begrüßen V salutare
Begrüßung F *Empfang* accoglienza *f*; *Gruß* saluto *m*
begünstigen V favorire; *fördern* promuovere
begutachten V dare un parere; *fachmännisch* fare una perizia (**etw** su qc)
behaart ADJ peloso
behalten V tenere; **im Gedächtnis ~** tenere in mente; ricordare
Behälter M recipiente *m*
behandeln V trattare; MED curare; **schlecht ~** maltrattare
Behandlung F trattamento *m*; MED cura *f*
beharren V insistere, perseverare (**auf** in)
beharrlich ADJ perseverante; insistente **Beharrlichkeit** F perseveranza *f*
behaupten V affermare, pretendere; **sich ~** sostenersi
Behauptung F affermazione *f*
beheben V *Schaden* riparare
behelfen V: **sich ~ mit** arrangiarsi con **Behelfsausfahrt** F uscita *f* d'emergenza **behelfsmäßig** ADJ provvisorio
behelligen V disturbare
beherbergen V alloggiare
beherrschen V dominare; *Sprache* essere padrone di; **sich ~** dominarsi, controllarsi
Beherrschung F: **die ~ verlieren** perdere il controllo
behilflich ADJ: **~ sein** aiutare (**j-m** qn)
behindern V impedire; *Verkehr* intralciare
Behinderte(r) F(M) *neg!* disabile *m/f neg!* **behindertengerecht** ADJ accessibile alle persone con disabilità **Behinderung** F impedimento *m*
Behörde F autorità *f*
behutsam ADJ cauto
bei PRÄP presso; vicino a; **~ j-m zu Hause** da qn; **~ Nacht** di notte; **~ e-m Unfall** in caso di incidente; **~m Arzt** dal medico; **etw ~ sich haben** avere qc con sé
beibehalten V mantenere
Beiboot N scialuppa *f*
beibringen V: **j-m etw ~** *lehren* insegnare qc a qn; *zu verstehen geben* far capire qc a qn
Beichte F confessione *f*
beichten V confessarsi
Beichtstuhl M confessionale *m*
beide PRON ambedue; entrambi; **alle ~** tutti e due; **eins von ~n** uno dei due
beieinander ADV *zusammen* insieme; *nebeneinander* uno accanto all'altro
Beifahrer(in) M(F) *Pkw* passeggero(-a) *m(f)*; *Lkw* secondo(-a)

m(f) autista
Beifall M applauso *m*
beige ADJ beige
Beigeschmack M sapore *m* strano
Beihilfe F *Geld* sussidio *m*; JUR complicità *f*
Beil N scure *f*
Beilage F *Zeitung* supplemento *m*; GASTR contorno *m*
beiläufig ADV per inciso
beilegen V *Brief etc* allegare; **e-n Streit ~** sedare una lite
Beileid N condoglianze *fpl*; **herzliches ~!** sentite condoglianze
beiliegend ADJ (qui) accluso
beimessen V attribuire
Bein N gamba *f*; *Tier* zampa *f*
beinah(e) ADV quasi
Beinbruch M frattura *f* della gamba; **Hals- und ~!** in bocca al lupo!
beinhalten V comprendere
Beipackzettel M foglio *m* illustrativo
Beisein N: **im ~ von** alla presenza di
Beispiel N esempio *m*; **zum ~** per esempio **beispielhaft** ADJ esemplare **beispiellos** ADJ senza pari **beispielsweise** ADV per esempio
beißen V mordere
Beißzange F tenaglie *fpl*
Beistand M aiuto *m*; assistenza *f* **beistehen** V assistere (**j-m** qn)
Beitrag M contributo *m*; *Verein* quota *f* **beitragen** V contribuire (**zu** a)
beitreten V aderire (a); entrare (in)
Beiwagen M *Motorrad* side-car *m*, carrozzino *m*
bejahen V rispondere di sì **bejahend** ADJ affermativo
bekämpfen V combattere
bekannt ADJ conosciuto, noto (**für** per); *berühmt* rinomato; **mir ist ~, dass** so che; **~ geben** rendere noto; comunicare **~ machen** pubblicare; **j-n mit j-m ~ machen** presentare qn a qn **Bekannte(r)** F(M) conoscente *m/f* **Bekanntgabe** F comunicazione *f* **bekanntlich** ADV com'è noto **Bekanntmachung** F notificazione *f*; *Anschlag* avviso *m*
Bekanntschaft F conoscenza *f*
bekehren V convertire; *fig umstimmen* convincere; **sich ~** convertirsi
bekennen V ammettere; **sich ~ zu** fare professione di **Bekenntnis** N confessione *f*
beklagen V deplorare; **sich ~ über** lamentarsi di **beklagenswert** ADJ deplorevole
Bekleidung F vestiti *mpl*
beklemmend ADJ opprimente
bekommen V *erhalten* ricevere; *erlangen* ottenere; *Zug* riuscire a prendere; *Krankheit* prendersi; **j-m gut ~** far bene

a qn; **geschenkt ~** avere in regalo; **wo bekommt man ...?** dove si può avere ...?; **was ~ Sie?** *Geld* quanto Le devo?; *Verkäufer* (che cosa) desidera?

bekömmlich ADJ sano, digeribile

bekräftigen V confermare

bekümmert ADJ preoccupato

belächeln V sorridere di

beladen V caricare (**mit** di)

Belag M MED patina *f*; *Brot* companatico *m*; *Bremsen* guarnizione *f*

Belagerung F assedio *m*

Belang M: **von ~** importante; **~e** *pl* interessi *mpl* **belangen** V: **j-n ~ wegen** far causa a qn per **belanglos** ADJ senza importanza

belastbar ADJ resistente **belasten** V caricare (**mit** di); *Konto* addebitare; JUR incriminare; *bedrücken* opprimere

belästigen V molestare, importunare **Belästigung** F seccatura *f*; **sexuelle ~** molestia *f* sessuale

Belastung F carico *m*; *fig* peso *m*

belaufen V: **sich ~ auf** ammontare a

belebend ADJ stimolante

belebt ADJ *Straße etc* movimentato

Beleg M documento *m*; *Quittung* ricevuta *f* **belegen** V *Platz* occupare; *Kurs* iscriversi a; *beweisen* documentare

Belegschaft F personale *m*

belegt ADJ *Telefon* occupato; *Hotel* completo; **~e Brötchen** panini imbottiti

belehren V istruire

beleidigen V offendere; **~d** offensivo **beleidigt** ADJ offeso **Beleidigung** F offesa *f*

beleuchten V illuminare

Beleuchtung F illuminazione *f*; *Licht* luce *f*

Belgien N Belgio *m*

Belgier(in) M(F) belga *m/f*

belgisch ADJ belga

belichten V FOTO esporre alla luce **Belichtung** F esposizione *f*; posa *f* **Belichtungsmesser** M esposimetro *m*

Belieben N: **nach ~** a piacere

beliebig ADJ qualsiasi; **~ oft** quanto si vuole

beliebt ADJ *Person* amato; popolare; *Sache* in voga

beliefern V fornire (**j-n mit etw** qc a qn)

bellen V abbaiare

belohnen V *Mühe etc* ricompensare (**für** per); *Kinder, Finder* premiare

Belohnung F ricompensa *f*

Belüftung F aerazione *f*, ventilazione *f*

belügen V mentire (**j-n** a qn)

bemalen V dipingere

bemerkbar ADJ percettibile; **sich ~ machen** farsi notare

bemerken V *sagen* osservare; *wahrnehmen* notare **bemerkenswert** ADJ notevole **Bemerkung** F osservazione *f*
bemitleiden V compiangere
bemühen V scomodare; **sich ~** sforzarsi; **~ Sie sich nicht!** non si scomodi! **Bemühung** F sforzo *m*, premura *f*
bemuttern V *umg* coccolare
benachbart ADJ vicino
benachrichtigen V: **j-n von etw ~** avvertire qn di qc **Benachrichtigung** F avviso *m*
benachteiligen V svantaggiare **Benachteiligung** F svantaggio *m*
benehmen V: **sich ~** comportarsi **Benehmen** N condotta *f*, comportamento *m*
beneiden V invidiare (**um etw** per qc) **beneidenswert** ADJ invidiabile
benommen ADJ stordito, intontito
benötigen V aver bisogno di
benutzen V, **benützen** V usare; servirsi di **Benutzer(in)** M(F) utente *m/f* **Benutzercode** M IT codice *m* d'accesso **benutzerfreundlich** ADJ di facile utilizzo **Benutzername** M IT nome *m* utente, username *m*
Benutzung F uso *m*
Benzin N benzina *f*
Benzingutschein M buono *m* benzina **Benzinkanister** M tanica *f* di benzina **Benzinpumpe** F pompa *f* della benzina **Benzintank** M serbatoio *m* della benzina **Benzinverbrauch** M consumo *m* di benzina
beobachten V *überwachen* osservare; *bemerken* notare
Beobachter(in) M(F) osservatore(-trice) *m(f)*
bequem ADJ comodo, confortevole; **es sich ~ machen** accomodarsi
Bequemlichkeit F comodità *f*; *Faulheit* pigrizia *f*
beraten V consigliare; *besprechen* discutere (**über** su) **Berater(in)** M(F) HANDEL consulente *m/f* **Beratung** F discussione *f*; JUR dibattito *m*; MED, HANDEL consulenza *f*
Beratungsstelle F consultorio *m*
berechnen V calcolare; **j-m etw ~** mettere in conto qc a qn **Berechnung** F calcolo *m* (*a. fig*)
berechtigen V autorizzare, dare diritto (**zu** a)
berechtigt ADJ autorizzato; *begründet* fondato
Bereich M ambito; *Ressort* campo
Bereifung F pneumatici *mpl*
bereisen V viaggiare in
bereit ADJ *fertig* pronto (**zu** a); *gewillt* disposto (**zu** a) **bereiten** V preparare (*a.* GASTR)
bereithalten V tenere pronto **bereits** ADV già **Be-**

reitschaft F disponibilità *f* **Bereitschaftsdienst** M MED guardia *f* medica **bereitstellen** V mettere a disposizione (**für j-n** di qn) **bereitwillig** ADV volentieri
bereuen V pentirsi (**etw** di qc)
Berg M monte *m*, montagna *f*
bergab ADV in discesa
bergauf ADV in salita
Bergbahn F funivia *f* **Bergbau** M industria *f* mineraria
bergen V salvare; ricuperare
Bergführer(in) M(F) guida *f* alpina **Berghütte** F rifugio *m*
bergig ADJ montuoso
Bergkette F catena *f* montuosa **Bergrutsch** M frana *f* **Bergschuhe** MPL scarponi *mpl* (da montagna) **Bergsee** M lago *m* di montagna **Bergstation** F stazione *f* a monte **Bergsteigen** N alpinismo *m* **Bergsteiger(in)** M(F) alpinista *m/f* **Bergtour** F gita *f* in montagna
Bergung F salvataggio *m*; ricupero *m*
Bergwacht F soccorso *m* alpino **Bergwerk** N miniera *f*
Bericht M rapporto *m*; relazione *f*; *Zeitung* cronaca *f* **berichten** V raccontare; riferire (**über etw** qc) **Berichterstatter(in)** M(F) corrispondente *m/f*
berichtigen V rettificare
Berlin N Berlino *f*
Bermuda(short)s PL bermuda *mpl*
Bern N Berna *f*
Bernstein M ambra *f*
berücksichtigen V tener conto (**etw** di qc)
Beruf M professione *f*; **von ~** di professione
berufen V nominare (**zu** a); **sich ~ auf** appellarsi a
beruflich ADJ professionale; **~ unterwegs sein** essere in viaggio per motivi di lavoro
Berufsausbildung F formazione *f* professionale **Berufsaussichten** FPL prospettive *fpl* professionali **Berufsleben** N vita *f* professionale **Berufsschule** F scuola *f* d'avviamento professionale **Berufssportler(in)** M(F) sportivo(-a) *m(f)* professionista **berufstätig** ADJ che esercita una professione; **~ sein** lavorare **Berufsverkehr** M traffico *m* delle ore di punta
Berufung F JUR **~ einlegen** ricorrere in appello
beruhen V basarsi (**auf** su); **etw auf sich ~ lassen** lasciar perdere
beruhigen V calmare; **sich ~** calmarsi; **~d** tranquillizzante
beruhigt ADJ calmo; tranquillo **Beruhigungsmittel** N calmante *m*, sedativo *m*
berühmt ADJ famoso
berühren V toccare

Berührung F contatto *m*
besänftigen V placare
Besatzung F SCHIFF, FLUG equipaggio *m*
beschädigen V danneggiare
Beschädigung F danneggiamento *m*; *Schaden* danno *m*
beschaffen V procurare; **sich etw ~** procurarsi qc
Beschaffenheit F natura *f*; *Materie* stato *m*
beschäftigen V occupare; *als Arbeitgeber* impiegare; **sich ~ mit** occuparsi di **beschäftigt** ADJ occupato; impegnato **Beschäftigung** F occupazione *f*; attività *f*
beschämend ADJ umiliante
Bescheid M *Antwort* risposta *f*; *Auskunft* informazione *f*; **~ wissen** essere informato (**über** su); essere pratico (**mit** di); **j-m ~ sagen** *od* **geben** informare qn
bescheiden ADJ modesto **Bescheidenheit** F modestia *f*
bescheinigen V certificare
Bescheinigung F certificato *m*, attestato *m*
bescheißen V *vulg* fregare, fottere
beschenken V: **j-n ~** fare un regalo a qn
beschimpfen V insultare
Beschimpfung F insulto *m*
beschlagen V *Brille* appannarsi
Beschlagnahme F sequestro *m* **beschlagnahmen** V sequestrare, confiscare
beschleunigen V accelerare
Beschleunigung F accelerazione *f*
beschließen V decidere (**zu** di); *beenden* concludere
Beschluss M decisione *f*
beschmieren V *umg* imbrattare
beschmutzen V sporcare, insozzare
beschönigen V trovare delle scuse (**etw** per qc)
beschränken V limitare (**auf** a); ridurre; **sich ~ auf** limitarsi a **beschränkt** ADJ limitato
beschreiben V descrivere
Beschreibung F descrizione *f*
beschuldigen V incolpare, accusare (**j-n e-r Sache** qn di qc) **Beschuldigung** F imputazione *f*, accusa *f*
beschützen V proteggere
Beschwerde F reclamo *m*; **~n** *pl* MED disturbi *mpl*
beschweren V: **sich ~ über etw** lamentarsi di qc
beschwerlich ADJ faticoso
beschwichtigen V acquietare
beschwindeln V imbrogliare
beschwipst ADJ *umg* brillo
beseitigen V eliminare
Besen M scopa *f*
besessen ADJ fanatico, invasato
besetzen V *Platz* occupare;

Stelle affidare a
besetzt ADJ *Platz, Telefon* occupato; *Bus etc* completo
Besetztzeichen N TEL segnale *m* di occupato
besichtigen V visitare
Besichtigung F visita *f*
besiegen V vincere
Besinnung F: **die ~ verlieren** perdere i sensi; **wieder zur ~ kommen** riprendere conoscenza **besinnungslos** ADJ privo di sensi
Besitz M proprietà *f*
besitzen V avere; possedere **Besitzer(in)** M(F) proprietario(-a) *m(f)*
besoffen ADJ *umg* sbronzo
besondere(r, -s) ADJ particolare, speciale; **nichts Besonderes** niente di speciale; **im Besonderen** in particolare; **besondere Kennzeichen** segni *mpl* particolari **Besonderheit** F particolarità *f*
besonders ADV particolarmente; *vor allem* soprattutto; *sehr* molto
besorgen V *beschaffen* procurare; *kaufen* comprare; **sich etw ~** procurarsi qc **Besorgnis** F preoccupazione *f*
besorgt ADJ preoccupato
Besorgung F: **~en machen** fare delle commissioni, *einkaufen* fare (delle) spese
besprechen V discutere (**etw** di qc); *rezensieren* recensire
Besprechung F colloquio *m*; *Kritik* recensione *f*
besser 1 ADJ migliore; **~ werden** migliorare 2 ADV meglio; **es geht ihr ~** sta meglio; **umso** (*od* **desto**) **~** tanto meglio; **~ gesagt** per meglio dire
bessern V: **sich ~** migliorarsi *Wetter* rimettersi al bello
Besserung F miglioramento *m*; **gute ~!** ≈ buona guarigione!; guarisci presto!
beständig ADJ costante; *Wetter* stabile
Bestandteil M elemento *m*
bestärken V confermare (**j-n in etw** qn in qc)
bestätigen V confermare; **den Empfang ~** accusare ricevuta (di)
Bestätigung F conferma *f*; *Bescheinigung* certificato *m*
Bestattung F sepoltura *f*
beste(r, -s) ADJ: **der, die, das Beste** il, la migliore; **sein bester Freund** il suo miglior amico; **am besten** la cosa migliore; **am besten gefällt mir ...** la cosa che più mi piace è ...
bestechen V corrompere **bestechend** ADJ affascinante **bestechlich** ADJ corruttibile **Bestechung** F corruzione **Bestechungsgelder** NPL bustarelle *fpl*; tangenti *fpl*
Besteck N posate *fpl*
bestehen V *Prüfung* superare; *existieren* esistere; **~ auf**

insistere su; ~ **aus** essere costituito da

bestehlen V derubare

besteigen V salire (su); *Berg* scalare

bestellen V ordinare; *reservieren* prenotare; **j-n zu sich ~** far venire qn **Bestellnummer** F numero *m* d'ordinazione **Bestellung** F ordinazione *f*

bestenfalls ADV nel migliore dei casi **bestens** ADV ottimamente

bestimmen V *entscheiden* decidere; *festlegen* fissare, stabilire **bestimmt** 1 ADJ certo 2 ADV *sicherlich* certamente **Bestimmung** F *Vorschrift* disposizione *f*; *Zweck* destinazione *f* **Bestimmungsort** M luogo *m* di destinazione

Best.Nr. ABK (= **Bestellnummer**) numero *m* d'ordinazione

bestrafen V punire **Bestrafung** F punizione *f*

bestrahlen V MED, PHYS irradiare **Bestrahlung** F MED radioterapia *f*

bestreichen V spalmare (**mit** di)

bestreiten V *verneinen* contestare; *zahlen* sostenere

bestürzt ADJ costernato **Bestürzung** F costernazione *f*

Besuch M visita *f*; **bei j-m zu ~ sein** essere in visita da qn **besuchen** V *Person* andare a trovare; *Stadt* visitare; *Schule* frequentare **Besucher(in)** M(F) visitatore(-trice) *m(f)* **Besuchszeit** F orario *m* delle visite

betätigen V TECH azionare; **sich ~** occuparsi **Betätigung** F attività *f*; TECH azionamento *m*

betäuben V stordire; MED anestetizzare **Betäubung** F MED anestesia *f*; **örtliche ~** anestesia *f* locale **Betäubungsmittel** N narcotico *m*

Bete F: **Rote ~** barbabietola *f*

beteiligen V: **sich ~ an** partecipare a **Beteiligte(r)** F(M) *Betroffene* interessato(-a) *m(f)*; *finanziell* socio(-a) *m(f)* **Beteiligung** F partecipazione *f*

beten V pregare

beteuern V affermare

Beton M calcestruzzo *m*

betonen V *Wort* accentare; *fig* sottolineare **Betonung** F accentazione *f*; *Akzent* accento *m*; *fig* accentuazione *f*

Betr. ABK (= **Betreff**) oggetto

Betracht M: **in ~ ziehen** tener conto di; **nicht in ~ kommen** non entrare in questione **betrachten** V guardare; **~ als** considerare come **beträchtlich** ADJ considerevole

Betrag M importo *m* **betragen** V *Summe* ammontare a; **sich ~** comportarsi

betreffen V riguardare; **was mich betrifft** per quanto mi riguarda **betreffend** ADJ in

questione
betreten **1** V entrare in; *Rasen* calpestare; **Betreten verboten!** vietato l'ingresso **2** ADJ imbarazzato
betreuen V aver cura di **Betreuer(in)** M(F) *Reisegruppe* accompagnatore(-trice) m(f); SPORT allenatore(-trice) m(f)
Betreuung F cura f; assistenza f
Betrieb M azienda f; impresa f; *Verkehr* movimento m; **außer ~** fuori servizio; **in ~ setzen** mettere in moto; **in ~ sein** funzionare
Betriebsferien PL ferie fpl aziendali **Betriebsklima** N ambiente m di lavoro **Betriebskosten** PL spese fpl del sistema **Betriebsrat** M consiglio m aziendale **Betriebsstörung** F guasto m d'esercizio **Betriebssystem** N IT sistema m operativo **Betriebswirtschaft** F economia f aziendale
betrinken V: **sich ~** ubriacarsi
betrübt ADJ triste
Betrug M inganno m, truffa f; JUR frode f **betrügen** V ingannare; truffare **(j-n um etw** qc a qn); *Ehebruch* tradire **Betrüger(in)** M(F) imbroglione(-a) m(f)
betrunken ADJ ubriaco **Betrunkene(r)** F(M) ubriaco(-a) m(f)
Bett N letto m; **zu ~ gehen** andare a letto **Bettdecke** F coperta f
betteln V mendicare **(um etw** qc)
Bettlaken M lenzuolo m (di sotto)
Bettler(in) M(F) mendicante m/f
Bettrost M rete f **Bettruhe** F riposo m a letto **Betttuch** N lenzuolo m **Bettvorleger** M scendiletto m **Bettwäsche** F lenzuola fpl
beugen V piegare; **sich ~** chinarsi **(über** su)
Beule F *am Kopf* bernoccolo m; *Delle* ammaccatura
beunruhigen V inquietare; **sich ~** inquietarsi
beurteilen V giudicare **Beurteilung** F giudizio m
Beute F preda f; *Jagd* bottino m
Beutel M borsa f; sacchetto m
Bevölkerung F popolazione f
bevollmächtigen V autorizzare; JUR dare il mandato a
bevor KONJ prima che *+konjkt*; prima di *+inf* **bevorstehen** V essere imminente **bevorstehend** ADJ imminente **bevorzugen** V preferire; *Person* favorire
bewachen V sorvegliare; custodire; **bewachter Parkplatz** parcheggio m custodito

bewahren V *erhalten* conservare; *schützen* preservare (**vor** da)
bewähren V: **sich (gut) ~** dare buoni risultati **bewährt** ADJ sperimentato, provato; *Mitarbeiter* esperto **Bewährung** F: JUR **auf ~** con la condizionale
bewältigen V *Problem* superare; *Arbeit* compiere
bewandert ADJ: **~ sein in** essere versato, esperto, pratico in
bewässern V irrigare **Bewässerung** F irrigazione *f*
bewegen V muovere; *rühren* commuovere; **j-n zu etw ~** indurre qn a fare qc; **sich ~** muoversi; **~d** commovente
Beweggrund M motivo *m*
beweglich ADJ mobile **bewegt** ADJ *Meer etc* mosso, agitato; *ergriffen* commosso
Bewegung F movimento *m*; **sich in ~ setzen** mettersi in moto **Bewegungsfreiheit** F libertà *f* di movimento **bewegungslos** ADJ immobile
Beweis M prova *f* (**für etw** di qc) **Beweisaufnahme** F audizione *f* delle prove **beweisen** V provare; *Mut* mostrare **Beweisstück** N documento *m* di prova
bewerben V: **sich ~ um etw** fare domanda per qc **Bewerber(in)** M(F) aspirante *m/f*
Bewerbung F candidatura *f*; *Schreiben* domanda *f* d'impiego **Bewerbungsgespräch** N colloquio *m* di lavoro **Bewerbungsschreiben** N domanda *f* d'impiego
bewerten V valutare **Bewertung** F valutazione *f*
bewilligen V concedere **Bewilligung** F concessione *f*
bewirken V causare
bewirten V ospitare; **j-n mit etw ~** offrire qc a qn **Bewirtung** F servizio *m*
bewohnbar ADJ abitabile **bewohnen** V abitare in **Bewohner(in)** M(F) abitante *m/f*; *Wohnung* inquilino(-a) *m(f)*
bewölkt ADJ nuvoloso **Bewölkung** F nuvolosità *f*
bewundern V ammirare **bewundernswert** ADJ ammirabile **Bewunderung** F ammirazione *f*
bewusst **1** ADJ cosciente; *absichtlich* intenzionale; **sich etw ~ werden** rendersi conto di qc **2** ADV di proposito; apposta **bewusstlos** ADJ privo di sensi; **~ werden** svenire **Bewusstlosigkeit** F svenimento *m* **Bewusstsein** N coscienza *f*; **wieder zu ~ kommen** tornare in sé
bezahlen V pagare **Bezahlung** F pagamento *m*
bezeichnen V *angeben* indicare; *benennen* denominare **bezeichnend** ADJ caratteri-

stico **Bezeichnung** F denominazione *f*; *Name* nome *m*
bezeugen V testimoniare di
beziehen V *Haus* andare ad abitare in; *Ware* acquistare; *Gehalt* riscuotere; *Bett* **frisch ~** cambiare la biancheria (di); **sich ~ auf** riferirsi a
Beziehung F rapporto *m*, relazione *f*; **in dieser ~** a questo riguardo; **in jeder ~** sotto tutti gli aspetti **beziehungsweise** ADV oppure; rispettivamente
Bezirk M distretto *m*, zona *f*
Bezug M copertura *f*; *Bett* fodera *f*; **Bezüge** *pl Einkommen* entrate *fpl*; **in ~ auf** riguardo a **bezüglich** ADJ relativo a
bezwecken V mirare a
bezweifeln V mettere in dubbio
bezwingen V vincere; *Gipfel* conquistare
BGB N ABK (= **Bürgerliches Gesetzbuch**) Codice *m* Civile
BH M ABK (= **Büstenhalter**) reggiseno *m*
Bibel F Bibbia *f*
Biber M castoro *m*
Bibliothek F biblioteca *f* **Bibliothekar(in)** M(F) bibliotecario(-a) *m(f)*
biblisch ADJ biblico
bieder ADJ *pej* conservatore
biegen V piegare; **um die Ecke ~** voltare l'angolo; **auf Biegen und Brechen** a tutti i costi **biegsam** ADJ pieghevole; *beweglich* flessibile *a. fig*)
Biegung F curva *f*, svolta *f*
Biene F ape *f* **Bienenstich** M MED puntura *f* d'ape **Bienenstock** M alveare *m*
Bier N birra *f*; **helles/dunkles ~** birra chiara/scura; **~ vom Fass** birra *f* alla spina **Biergarten** M birreria *f* a l'aperto **Bierkrug** M boccale *m*
Biest N *Tier* bestia *f*; *Mensch* bruto *m*, carogna *f*
bieten V offrire; **sich ~** presentarsi; **sich etw nicht ~ lassen** non tollerare qc
Bikini M bikini *m*, due pezzi *m* **Bikinihose** F slip *m* bikini **Bikinioberteil** N top *m* del bikini
Bilanz F bilancio *m*
Bild N immagine *f*; MAL quadro *m*; FOTO foto(grafia) *f*; **im ~e sein** essere informato (**über** di)
bilden V formare; **sich ~** istruirsi; **~de Künste** arti *fpl* figurative
Bilderbuch N libro *m* illustrato per bambini **Bilderrahmen** M cornice *f* **Bilderrätsel** N rebus *m*
Bildhauer(in) M(F) scultore (-trice) *m(f)* **bildlich** ADJ figurato **Bildnis** N ritratto *m*
Bildschirm M schermo *m*
Bildschirmtext M Videotex® *m*; Videotel® *m* **bildschön** ADJ bellissimo
Bildung F *Schule* formazione

f; *Wissen* cultura *f* **Bildungsurlaub** M vacanze *fpl* culturali
Bildverarbeitung F IT eidomatica *f*
Billard N biliardo *m*
billig ADJ a buon mercato (*od* prezzo) **billigen** V approvare **billiger** ADJ a più buon mercato (*od* prezzo); più economico **Billigflug** M volo *m* low cost **Billigung** F approvazione *f*
bin sono → sein
Binde F MED fasciatura *f*; benda *f*; *Damenbinde* assorbente *m*
Bindegewebe N tessuto *m* connettivo **Bindehaut** F congiuntiva *f* **Bindehautentzündung** F congiuntivite *f*
binden V legare; *festbinden* attaccare (**an** a); *Krawatte, Schleife* annodare **bindend** ADJ vincolante
Bindestrich M lineetta *f*
Bindfaden M spago *m*
Bindung F legame *m* (**an** con); *Ski* attacco *m*
binnen PRÄP entro; **~ Kurzem** fra poco; **~ e-r Woche** entro una settimana
Binnenhafen M porto *m* fluviale **Binnenhandel** M commercio *m* interno **Binnenschifffahrt** F navigazione *f* interna
Bioei N uovo *m* biologico
Biografie F biografia *f*
Bioladen M negozio *m* di prodotti biologici **Biologie** F biologia *f* **biologisch** ADJ biologico **Biomüll** M rifiuti *mpl* organici **Biosprit** M biocarburante *m* **Biotonne** F contenitore *m* per rifiuti biodegradabili **Biotop** N biotopo *m*
Birke F betulla *f*
Birnbaum M pero *m* **Birne** F pera *f*; ELEK lampadina *f*
bis **1** PRÄP fino (a); **von … ~** da … a; **zwei ~ drei Tage** due o tre giorni; **~ jetzt** finora; **~ gleich!** a dopo!; **~ bald!** a presto!; **~ auf** eccetto; **~ wann?** fino a quando? **2** KONJ finché, fino (a)
Bischof M vescovo *m* **Bischofssitz** M sede *f* vescovile
bisher ADV finora
Biskuit N *od* M pan *m* di Spagna
Biss M morso *m*; *fig* **~ haben** avere grinta; *Nudeln* **mit ~** al dente
bisschen PRON: **ein ~** un poco, un po'; **nicht ein ~, kein ~** nemmeno un po' (di); **ein ~ viel** un po' troppo
Bissen M boccone *m* **bissig** ADJ mordace; *Bemerkung* pungente **Bisswunde** F morso *m*
bist sei → sein
bitte INT per favore; *auf Dank*

prego; di nulla; **wie ~?** prego?, *umg* come?; **~ sehr!** prego!; **ja, ~** sì, grazie
Bitte F preghiera *f*; *Anliegen* domanda *f*, richiesta *f* **(um** di) **bitten** V pregare; **j-n um etw ~** domandare, chiedere qc a qn
bitter ADJ amaro; *Wahrheit, Ernst* crudo
Black Box F FLUG scatola *f* nera
Blähungen FPL flatulenza *f*
blamieren V compromettere; **sich ~** far brutta figura
blank ADJ *glänzend* lucido; *rein* netto, pulito; *fig umg* **~ sein** essere al verde
Bläschen N bollicina *f*
Blase F bolla *f*; ANAT vescica *f*
blasen V soffiare
Blasenentzündung F cistite *f*
Blasinstrument N strumento *m* a fiato **Blaskapelle** F banda *f* (di strumenti a fiato)
blass ADJ pallido
Blatt N BOT foglia *f*; *Papier* foglio *m*
blättern V sfogliare **(in** qc)
Blätterteig M pasta *f* sfoglia **Blätterteigpastete** F sfogliatina *f*
Blattlaus F pidocchio *m* (delle piante)
blau ADJ blu; azzurro; *himmelblau* celeste; *fig betrunken* brillo; **~er Fleck** livido *m*
Blau N azzurro *m*; **Fahrt ins ~e** gita *f* senza meta **blauäugig** ADJ dagli occhi azzurri; *fig naiv* ingenuo **Blaubeere** F mirtillo *m* **Blauhelme** MPL caschi blu *mpl* **blaumachen** V *umg Schule* marinare
Blech N *Material* latta *f*; *Platte* lamiera *f*; *Backblech* piastra *f*
Blechdose F scatola *f* di latta **Blechschaden** M danno *m* alla carozzeria
Blei N piombo *m*
bleiben V restare, rimanere; TEL **~ Sie am Apparat** resti in linea; **es bleibt dabei!** siamo intesi!; **~ lassen** lasciar stare
bleich ADJ pallido **bleichen** V sbiancare **Bleichmittel** N candeggiante *m*
bleifrei ADJ *Benzin* senza piombo **bleihaltig** ADJ *Benzin* con piombo
Bleistift M matita *f*, lapis *m*
Blende F FOTO diaframma *m*
blenden V abbagliare **blendend** ADJ *fig* brillante splendido
Blick M sguardo *m*; *Aussicht* vista *f* **(auf** su); **auf den ersten ~** a prima vista; **e-n ~ auf etw werfen** dare un'occhiata a qc **blicken** V guardare **(auf** qc); **sich ~ lassen** farsi vivo
blind ADJ cieco; *Person* non vedente; **~er Alarm** *m* falso allarme *m*; **~er Passagier** *m*

passeggero *m* clandestino
Blinddarm M appendice *f* **Blinddarmentzündung** F appendicite *f*
Blinde(r) F(M) cieca(-o) *f(m)*, *besser* non vedente *m/f* **Blindenhund** M cane *m* guida **Blindenschrift** F scrittura *f* Braille **Blindenstock** M bastone *m* per non vedenti **Blindheit** F cecità *f* **blindlings** ADV alla cieca **Blindschleiche** F orbettino *m*
blinken V brillare; AUTO lampeggiare **Blinker** M AUTO lampeggiatore *m*
Blitz M lampo *m*, fulmine *m*; FOTO *umg* flash *m* **Blitzableiter** M parafulmine *m* **Blitzaktion** F blitz *m* **blitzen** V lampeggiare; **es blitzt** lampeggia **Blitzer** M *umg* Autovelox® *m* **Blitzgerät** N, **Blitzlicht** N flash *m* **blitzschnell** ADJ veloce come un lampo
Block M blocco *m*; *Häuserblock* isolato *m* **Blockflöte** F flauto *m* dolce
blockieren V bloccare
Blockschrift F stampatello *m*
blöd(e) ADJ scemo; stupido **blödeln** V *umg* dire sciocchezze **Blödsinn** M stupidaggini *fpl* **blödsinnig** ADJ idiota
Blog M/N IT blog *m* **Blogeintrag** M IT post *m* sul blog **bloggen** IT V bloggare
Blogger(in) IT M(F) blogger *m/f*
blond ADJ biondo
bloß 1 ADV solamente 2 ADJ solo; *unbedeckt* nudo **bloßstellen** V compromettere
Bluejeans FPL blue jeans *mpl*
bluffen V bluffare, barare
blühen V fiorire **blühend** ADJ in fiore; *fig* prospero, prosperoso
Blume F fiore *m*; *Bier* schiuma *f*; *Wein* bouquet *m*
Blumenbeet N aiola *f* di fiori **Blumenkohl** M cavolfiore *m* **Blumenladen** M negozio *m* di fiori; fioraio *m* **Blumenstrauß** M mazzo *m* di fiori **Blumentopf** M, **Blumenvase** F vaso *m* da fiori
Bluse F camicetta *f*
Blut N sangue *m* **Blutabnahme** F prelievo *m* di sangue **Blutalkohol** M tasso *m* alcolico **Blutdruck** M pressione *f* sanguigna; **niedriger ~** ipotensione *f*
Blüte F fiore *m*; *Zeit* fioritura *f*
Blutegel M sanguisuga *f*
bluten V sanguinare **Bluter** M emofiliaco *m* **Bluterguss** M ematoma *m* **Blutgruppe** F gruppo *m* sanguigno **Bluthochdruck** M ipertensione *f* (arteriosa) **blutig** ADJ *Steak* al sangue **Blutorange** F arancia *f* sanguigna **Blutprobe** F esame *m* del sangue

Blutspende F donazione *f* del sangue **blutstillend** ADJ: **~es Mittel** emostatico *m* **Bluttransfusion** F trasfusione *f* di sangue **Blutung** F emorragia *f* **Blutuntersuchung** F analisi *f* del sangue **Blutvergiftung** F setticemia *f* **Blutverlust** M perdita *f* di sangue **Blutwurst** F sanguinaccio *m*

BLZ F ABK (= **Bankleitzahl**) CAB (codice *m* di avviamento bancario)

BND M → Bundesnachrichtendienst

Bö F raffica *f* (di vento)

Boccia N *od* F bocce *fpl*

Bock M ZOOL maschio *m*; *Ziege* caprone *m*; *Gestell* cavalletto *m*; **keinen ~ haben** *umg* non avere (nessuna) voglia

bockig ADJ caparbio

Boden M *Erde* suolo *m*, terra *f*, terreno *m*; *Fußboden* pavimento *m*; *Gefäß* fondo *m*; **zu ~ fallen** cadere a terra; **am ~ zerstört sein** essere a terra **Bodenschätze** MPL ricchezze *fpl* del sottosuolo

Bodensee M lago *m* di Costanza

Bodybuilding N culturismo *m*

Bogen M MATH, ARCH arco *m* (*a. Waffe*); curva *f*; MUS archetto *m* **Bogengang** M portico *m* **Bogenschießen** N tiro *m* coll'arco

Bohne F fagiolo *m*; *Kaffee* chicco *m*; **grüne ~n** fagiolini *mpl* **Bohnenkaffee** M (vero) caffè *m* **Bohnensuppe** F minestra *f* di fagioli

bohren V *Loch* forare; *Metall* trapanare; *Erdöl* trivellare **Bohrer** M trapano *m* **Bohrinsel** F piattaforma *f* per trivellazioni **Bohrmaschine** F trapano *m*

Boiler M boiler *m*

Boje F boa *f*

Bolzen M bullone *m*

Bombe F bomba *f* **Bombenangriff** M bombardamento *m* **Bombenanschlag** M attentato *m* dinamitardo

Bon M *Gutschein* buono; *Kasse* scontrino

Bonbon M *od* N caramella *f*

Boot N barca *f*

booten V IT avviare

Bootsfahrt F gita *f* in barca

Bootssteg M pontile *m*

Bootsverleih M noleggio *m* di barche

Bord[1] M SCHIFF bordo *m*; **an ~** a bordo; **von ~ gehen** sbarcare

Bord[2] N scaffale *m*

Bordell N bordello *m*

Bordkarte F FLUG carta *f* d'imbarco **Bordrestaurant** N BAHN vagone *m* ristorante

Bordstein M bordo *m* del marciapiede

borgen V: (sich) **etw bei** *od* **von j-m ~** farsi prestare qc da qn; prendere in prestito qc da qn; **j-m etw ~** prestare qc a qn

Börse F HANDEL borsa *f*; *Geldbeutel* borsellino *m*, portamonete *m* **Börsenmakler(in)** M(F) agente *m/f* di borsa

Borste F setola *f*

bösartig ADJ maligno (*a.* MED)

Böschung F *Ufer* argine *m*; *Straße* scarpata *f*

böse ADJ cattivo; *zornig* arrabbiato; **j-m ~ sein** avercela con qn; **auf j-n ~ sein** essere arrabbiato con qn; **~ werden** arrabbiarsi **boshaft** ADJ maligno **Bosheit** F malignità *f*

Bosnien N Bosnia *f* **bosnisch** ADJ bosniaco

Bosporus M Bosforo *m*

Boss M *umg* capo *m*

böswillig ADJ malevolo; *vorsetzlich* doloso

Botanik F botanica *f* **botanisch** ADJ botanico; **~er Garten** giardino *m* botanico

Bote M, **Botin** F messaggero(-a) *m(f)*; *Laufbursche* fattorino(-a) *m(f)* **Botengang** M commissione *f*

Botschaft F *Nachricht* messaggio *m*; POL ambasciata *f* **Botschafter(in)** M(F) ambasciatore(-trice) *m(f)*

Bouillon F brodo *m*

Boulevardpresse F stampa *f* scandalistica

Bowle F ponce *m*, vino *m* aromatizzato

Bowling N bowling *m*

Box F *Behälter* scatola *f*; *Lautsprecher* cassa *f* (acustica)

boxen V fare il pugilato **Boxen** N pugilato *m* **Boxer(in)** M(F) pugile *m/f* **Boxershorts** PL boxer *mpl* **Boxkampf** M incontro *m* di pugilato

Boykott M boicottaggio *m* **boykottieren** V boicottare

Bozen N Bolzano *f*

Brachland N maggese *m*

brachliegen V stare in maggese

Branche F ramo *m* **Branchenverzeichnis** N TEL pagine *fpl* gialle

Brand M incendio *m*; **in ~ geraten** pigliare fuoco; **in ~ stecken** incendiare **Brandblase** F vescica *f* da scottatura

Brandenburg N Brande(n)burgo *m*

Brandsalbe F unguento *m* per scottature **Brandstifter(in)** M(F) incendiario(-a) *m(f)* **Brandstiftung** F incendio *m* doloso

Brandung F risacca *f*

Brandwunde F scottatura *f*

Branntwein M acquavite *f*

Brasilianer(in) M(F) brasiliano(-a) *m(f)* **Brasilien** N Brasile *m*

braten V arrostire; *in Fett* friggere **Braten** M arrosto *m* **Brathähnchen** N pollo *m* arrosto **Brathering** M aringa *f* arrosto **Bratkartoffeln** FPL patate *fpl* arrosto **Bratpfanne** F padella *f* **Bratrost** M gratella *f*, graticola *f*

Bratsche F viola *f*

Bratspieß M spiedo *m* **Bratwurst** F salsiccia *f* arrosto

Brauch M costume *m*, uso *m* **brauchbar** ADJ utilizzabile

brauchen V aver bisogno di; *erfordern* richiedere; *verwenden* adoperare; usare; *Zeit* impiegarci; **man braucht zwei Stunden** ci vogliono due ore

Brauchtum N usi *mpl* e costumi *mpl*

Braue F sopracciglio *m*

brauen V fare (la birra) **Brauerei** F fabbrica *f* di birra

braun ADJ marrone; *gebräunt* abbronzato; ~ **gebrannt** abbronzato; ~ **werden** abbronzarsi

Bräune F *Haut* abbronzatura *f* **bräunen** V *Haut* abbronzare

Brausepulver N polverina *f* effervescente **Brausetablette** F pastiglia *f* effervescente

Braut F sposa *f* **Bräutigam** M sposo *m* **Brautjungfer** F damigella *f* d'onore **Brautpaar** N sposi *mpl*

brav ADJ *Kind* buono, bravo

BRD F ABK (= **Bundesrepublik Deutschland**) R.F.T. (Repubblica Federale Tedesca)

brechen V rompere; *kaputtgehen* rompersi; MED vomitare; **sich den Arm** ~ fratturarsi il braccio

Brechmittel N MED emetico *m* **Brechreiz** M nausea *f*

Brei M pappa *f*; purea *f*

breit ADJ largo; **3 m** ~ largo 3 metri **Breite** F larghezza *f*; GEOG latitudine *f* **Breitengrad** M grado *m* di latitudine

Bremen N Brema *f*

Bremsbelag M guarnizione *f* del freno **Bremse** F freno *m*; ZOOL tafano *m* **bremsen** V frenare **Bremsflüssigkeit** F liquido *m* dei freni **Bremslicht** N luci *fpl* d arresto **Bremspedal** N pedale *m* del freno **Bremsspur** F traccia *f* della frenata **Bremsweg** M distanza *f* di frenatura

brennbar ADJ combustibile

brennen V bruciare; *Zigarette, Licht* essere acceso; *Sonne* scottare; IT *CD* masterizzare; **es brennt!** al fuoco! **brennend** ADJ *Haus* in fiamme; *Licht* acceso; *Holz* ardente; *Schmerz* cocente

Brenner[1] M GEOG Brennero *m*

Brenner[2] M TECH bruciatore *m*; IT *CD* masterizzatore *m*

Brennholz N legna *f* **Brennnessel** F ortica *f* **Brennpunkt** M *fig* centro *m* **Brennspiritus** M spirito *m* da ardere **Brennstoff** M combustibile *m*
Brett N asse *f*, tavola *f*; **Schwarzes ~** albo *m* **Bretterzaun** M steccato *m* **Brettspiel** N gioco *m* con la scacchiera
Brexit M POL brexit *f*
Brezel F ciambella *f* (salata)
Brief M lettera *f* **Brieffreundschaft** F amicizia *f* epistolare
Briefing N briefing *m*
Briefkasten M cassetta *f* postale; buca *f* delle lettere **Briefkopf** M intestazione *f* (della lettera) **Briefmarke** F francobollo *m* **Brieföffner** M tagliacarte *m* **Briefpapier** N carta *f* da lettere **Brieftasche** F portafoglio *m* **Briefträger(in)** M(F) postino(-a) *m(f)* **Briefumschlag** M busta *f* **Briefwaage** F pesalettere *m* **Briefwahl** F voto *m* per corrispondenza **Briefwechsel** M corrispondenza *f*
Brillant M brillante *m*
Brille F occhiali *mpl*; **die ~ aufsetzen** mettersi gli occhiali **Brillenetui** N astuccio *m* per occhiali **Brillengestell** N montatura *f* (degli occhiali) **Brillenglas** N lente *f* **Brillenträger(in)** M(F): **~ sein** portare gli occhiali
bringen V portare; *begleiten* accompagnare (**nach Hause** a casa); **j-n dazu ~, etw zu tun** indurre qn a fare qc; **in Ordnung ~** mettere in ordine; **in Sicherheit ~** mettere al sicuro; **mit sich ~** portare con sé, comportare; **es zu etw ~** fare carriera; **zum Stehen ~** fermare
Brise F brezza *f*
Brite M, **Britin** F britannico(-a) *m(f)* **britisch** ADJ britannico
Brixen N Bressanone *f*
bröckeln V sbriciolare
Brocken M pezzo *m*; **ein paar ~ Deutsch** qualche parola di tedesco
Brokkoli M broccoli *mpl*
Brombeere F mora *f* (di rovo)
Bronchien FPL bronchi *mpl* **Bronchitis** F bronchite *f*
Bronze F bronzo *m*
Brosche F spilla *f*
Broschüre F opuscolo *m*
Brot N pane *m*; **e-e Scheibe ~** una fetta di pane
Brötchen N panino *m*; **belegtes ~** panino *m* imbottito
Brotkorb M paniere *m* **Brotkruste** F, **Brotrinde** F crosta *f* di pane **Brotzeit** F merenda *f*
Bruch M rottura *f*; MED *Knochen* frattura *f*; *Eingeweide* ernia *f*; MATH frazione *f*

brüchig ADJ fragile, friabile
Bruchrechnung F operazione *f* con numeri frazionari **Bruchstück** N frammento *m* **Bruchteil** M minima parte *f*
Brücke F ponte *m* (*a.* MED); *Teppich* passatoia *f*
Bruder M fratello *m* **brüderlich** ADJ fraterno
Brühe F brodo *m* **Brühwürfel** M dado *m* per brodo
brüllen V *Tier* muggire; *fig* urlare
brummen V *Mensch* brontolare **brummig** ADJ burbero
Brunch M colazione *f* all'americana, brunch *m*
Bruneck N Brunico *f*
brünett ADJ moro, bruno
Brunnen M *Springbrunnen* fontana *f*; *gebohrt* pozzo *m*
brüskieren V offendere
Brüssel N Bruxelles *f*
Brust F petto *m*; *Busen* seno *m* **Brustbein** N sterno *m* **Brustbeutel** M *borsellino da appendere al collo*
brüsten V: **sich ~ mit** vantarsi di
Brustkorb M torace *m* **Brustkrebs** M cancro *m* al seno **Brustschwimmen** N nuoto *m* a rana
Brüstung F parapetto *m*
Brustwarze F capezzolo *m*
Brut F cova *f*
brutal ADJ brutale **Brutalität** F brutalità *f*
brüten V covare
Brutkasten M incubatrice *f*
brutto ADJ lordo **Bruttogehalt** N stipendio *m* lordo **Bruttogewicht** N peso *m* lordo **Bruttoregistertonne** F tonnellata *f* di stazza lorda **Bruttosozialprodukt** N reddito *m* nazionale lordo
Bub M ragazzo *m* **Bube** M *Spielkarte* fante *m*
Buch N libro *m*
Buche F faggio *m*
buchen V FLUG *etc* riservare, prenotare; HANDEL registrare
Bücherei F biblioteca *f* **Bücherregal** N scaffale *m*
Buchfink M fringuello *m*
Buchhaltung F contabilità *f*
Buchhändler(in) M(F) libraio(-a) *m(f)* **Buchhandlung** F libreria *f* **Buchmacher** M SPORT allibratore *m*
Buchmesse F fiera *f* del libro
Buchstabe M lettera *f*
buchstabieren V compitare, sillabare **buchstäblich** 1 ADJ letterale 2 ADV letteralmente; *tatsächlich* proprio
Bucht F baia *f*
Buchung F *Vorbestellung* prenotazione *f*; HANDEL registrazione *f* **Buchungsbestätigung** F conferma *f* della prenotazione **Buchungsgebühr** F tassa *f* di prenotazione
Buckel M gobba *f*

bücken V: **sich ~** chinarsi
bucklig ADJ *Mensch* gobbo; *holperig* accidentato
Bude F *Verkaufsstand* bancarella *f*; *Zimmer* baracca *f*
Budget N budget *m*
Büfett N *Anrichte* credenza *f*; **kaltes ~** buffet *m* freddo
Büffel M bufalo *m* **büffeln** V *umg lernen* sgobbare
Bug M prua *f*
Bügel M *Kleider* gruccia *f*; *Brille* stanghetta *f* **Bügelbrett** N asse *f* da stiro **Bügeleisen** N ferro *m* da stiro **Bügelfalte** F piega *f* **bügelfrei** ADJ non-stiro **bügeln** V stirare
Buggy® M passeggino *m*
Bühne F palcoscenico *m* **Bühnenbild** N scenario *m* **Bühnenbildner(in)** M(F) scenografo(-a) *m(f)*
Bulette F GASTR polpetta *f*
Bulgare M, **Bulgarin** F bulgaro(-a) *m(f)* **Bulgarien** N Bulgaria *f*
Bullauge N oblò *m* **Bulldogge** F bulldog *m*
Bulle M toro *m*
Bummel M giretto *m*, passeggiata *f* **bummeln** V gironzolare; fare un giretto (**durch die Stadt** nella città) **Bummelzug** M treno *m* accelerato
bumsen V *vulg* scopare; *umg stoßen an* sbattere contro
Bund¹ N mazzo *m* (**Möhren** di carote)
Bund² M *Vereinigung* unione *f*, alleanza *f*; *Hose, Rock* cintura *f*
Bündel N fagotto *m*
Bundeskanzler(in) M(F) cancelliere(-a) *m(f)* federale **Bundesland** N Land *m*; regione *f* **Bundesliga** F SPORT serie *f* A **Bundesnachrichtendienst** M servizi *mpl* segreti federali **Bundesrat** M consiglio *m* federale **Bundesregierung** F governo *m* federale **Bundesrepublik** F repubblica *f* federale **Bundesstaat** M confederazione *f* **Bundesstraße** F strada *f* statale **Bundestag** M Bundestag *m*; parlamento *m* federale **Bundeswehr** F forze *fpl* armate federali
Bündnis N alleanza *f*
Bungalow M bungalow *m*
Bunker M fortino *m*
bunt ADJ variopinto; a colori; *fig* vario **Buntstift** M matita *f* colorata
Bürde F carico *m*
Burg F castello *m*
Bürge M, **Bürgin** F garante *m/f* **bürgen** V garantire (**für** per)
Burger M *umg* hamburger *m*
Bürger(in) M(F) cittadino(-a) *m(f)* **Bürgerinitiative** F iniziativa *f* civica **Bürgerkrieg** M guerra *f* civile **bürgerlich** ADJ civile **Bürgermeis-**

ter(in) M(F) sindaco(-a) *m(f)* **Bürgersteig** M marciapiede *m* **Bürgerzentrum** N centro *m* sociale

Bürgschaft F garanzia *f*

Burka F burka *m*

Büro N ufficio *m*; agenzia *f* **Büroklammer** F fermaglio *m*

Bürokratie F burocrazia *f* **bürokratisch** ADJ burocratico

Bursche M giovanotto *m*

Bürste F spazzola *f* **bürsten** V spazzolare

Bus M autobus *m*; *Reisebus* pullman *m* **Busbahnhof** M stazione *f* autobus

Busch M cespuglio *m*; *Tropen* boscaglia *f*

Büschel N ciuffo *m*

Busen M seno *m*

Busfahrer(in) M(F) autista *m/f* dell'autobus **Bushaltestelle** F fermata *f* dell'autobus

Businessclass F business class *f*

Busreise F viaggio *m* in pullman

Bussard M poiana *f*

Buße F *Reue* penitenza *f* **büßen** V espiare **Bußgeld** N multa *f*, contravvenzione *f*

Büste F busto *m*

Büstenhalter M reggiseno *m*

Busverbindung F collegamento *m* con l'autobus

Butangas N gas *m* butano

Butt M rombo *m*

Butter F burro *m* **Butterbrot** N pane *m* imburrato **Butterbrotpapier** N carta *f* oleata **Butterdose** F burriera *f* **Buttermilch** F latticello *m*

Byte N IT byte *m*

byzantinisch ADJ bizantino

bzw. ABK (= **beziehungsweise**) risp. (rispettivamente)

C

C N MUS do *m*

ca. ABK (= **circa**) circa più o meno

Cabrio(let) N cabriolet *f*

Café N caffè *m*, bar *m*

Camcorder M camcorder *m*

campen V campeggiare

Camper(in) M(F) campeggiatore(-trice) *m(f)*

Camping N campeggio *m*

Campingausrüstung F equipaggiamento *m* da campeggio **Campingbus** M camper *m* **Campingplatz** M campeggio *m*, camping *m*

Candle-Light-Dinner N cena *f* a lume di candela

Cappuccino M cappuccino *m*

Caravan M caravan *m*, roulotte *f* **Caravaning** N caravanning *m*

Carsharing N car sharing *m* **Carvingski** M sci *m* carving **Castingshow** F TV talent show *m*

CD F cd *m* **CD-Brenner** M IT masterizzatore *m* **CD-Player** M lettore *m* cd **CD-ROM** F IT CD-Rom *m*

Cello N violoncello *m*

Celsius: **25 Grad ~** 25 gradi centigradi

Cent M *Währung* cent *m*; centesimo *m*

CH ABK (**= Confoederatio Helvetica**) CH (Confederazione *f* Elvetica)

Champignon M prataiolo *m*

Chance F *Gelegenheit* occasione *f*; *Aussicht* prospettiva *f*

Chaos N caos *m* **chaotisch** ADJ caotico; *Person* confusionario

Charakter M carattere *m* **charakteristisch** ADJ caratteristico

charmant ADJ affascinante

Charterflug M volo *m* charter **Chartermaschine** F charter *m* **chartern** V noleggiare

Chat M IT chat *f* **Chatroom** M IT chat room *m* **chatten** V IT chattare

Check-in M check in *m* **Check-in-Automat** N FLUG dispositivo *m* per il check in automatico **Check-out** M FLUG controllo *m* in uscita

Chef M capo *m*; *Firmeninhaber* titolare *m* **Chefarzt** M, **-ärztin** F primario *m*

Chemie F chimica *f* **Chemiefaser** F fibra *f* sintetica **Chemiker(in)** M(F) chimico(-a) *m(f)*

Chemo F, **Chemotherapie** F chemio(terapia) *f*

Chicorée M *od* F cicoria *f* belga

Chiffre F cifra *f*

Chile N Cile *m*

China N Cina *f* **Chinese** M, **Chinesin** F cinese *m/f* **chinesisch** ADJ cinese

Chip M *Spielmarke* gettone *m*; IT chip *m* **Chips** MPL patatine *fpl* (fritte)

Chirurg(in) M(F) chirurgo(-a) *m(f)* **chirurgisch** ADJ chirurgico

Chlor N cloro *m*

Cholesterin N colesterina *f*, colesterolo *m*

Chor M MUS, ARCH coro *m*

Christ(in) M(F) cristiano(-a) *m(f)* **Christentum** N cristianesimo *m* **Christkind** N Gesù Bambino *m* **christlich** ADJ cristiano **Christus** M Cristo *m*

Chrom N cromo *m*

chronisch ADJ cronico

chronologisch ADJ cronologico

circa ADV circa

City F city *f*, centro *m*

Clique F compagnia *f*

Clown M pagliaccio *m*

Cluburlaub M vacanza *f* in

un villaggio (turistico)
Cocktail M cocktail *m* **Cocktailbar** F cocktail bar *m*
Code M codice *m*
Cola F *umg* coca-cola® *f*, *umg* coca *f*
Comic M fumetto *m*
Community F IT community *f*, comunità *f* virtuale
Computer M computer *m*; calcolatore *m* elettronico **Computerspiel** N videogame *m*, videogioco *m*
Consultant M consulente *m/f*
Container M contenitore *m*, container *m*
cool ADJ *ruhig* tranquillo, calmo; **~!** *umg* eccezionale!
Copyshop M fotocopisteria *f*
Cordhose F pantaloni *mpl* di velluto a coste
Cornflakes PL cornflakes *mpl*
Coronavirus N *od* M coronavirus *m*; **sich vor dem ~ schützen** proteggersi dal coronavirus
Couch F divano *m*
Count-down M conto *m* alla rovescia, countdown *m*
Cousin M, **Cousine** F cugino(-a) *m(f)*
COVID-19, Covid-19 ABK (= corona virus disease 2019) COVID-19 *m*, Covid-19 *m*
Creme F crema *f*
Croissant M cornetto *m*
Currywurst F wurstel *m* con il curry
Cursor M IT cursore *m*

D

da 1 ADV *örtlich* lì, là; *zeitlich* allora; **~ drin, ~ hinein** là dentro; **~ ist** c'è; **~ sind** ci sono; **~ bin ich** eccomi; **wer ist ~?** chi è?; **~ sein** esserci 2 KONJ *weil* perché, poiché
dabei ADV *örtlich* accanto, vicino; *zeitlich* nello stesso tempo; *bei sich* con sé; **es bleibt ~, dass ...** resta inteso che ...; **~ sein** essere presente; partecipare (a)
dableiben V restare, rimanere
Dach N tetto *m* **Dachboden** M soffitta *f* **Dachgepäckträger** M AUTO portabagagli *m* **Dachgeschoss** N *Etage* ultimo piano *m* **Dachluke** F abbaino *m* **Dachrinne** F grondaia *f* **Dachstuhl** M capriata *f*
dachte pensavo, ho pensato → denken
Dackel M bassotto *m*
dadurch ADV *auf diese Weise* con ciò, così; *Grund* perciò; *örtlich* per di là; **~, dass ...** per il fatto che
dafür ADV per questo; *als Ersatz* in cambio; **~ sein** essere favorevole; **ich kann nichts ~** non è colpa mia

dagegen ADV contro; *verglichen mit* in confronto a; **~ sein** essere contrario; **wenn Sie nichts ~ haben** se non Le dispiace
daheim ADV a casa
daher ADV *deshalb* perciò; *Ursache* da ciò; *von dort* di là; da quella parte
dahin ADV là; *zeitlich* **bis ~** fino a quel momento
dahinten ADV, **dahinter** ADV là dietro
dalassen V lasciare lì
Dalmatien N Dalmazia *f*
damals ADV allora
Dame F signora *f*; *Spielkarte, Schachfigur* regina *f*; *Spiel* dama *f*
Damenbinde F assorbente *m* igienico **Damenschuhe** MPL scarpe *fpl* da donna **Damentoilette** F bagno *m* delle signore
damit 1 ADV *somit* con ciò 2 KONJ *auf dass* affinché *+konjkt*
Damm M argine *m*; *Staudamm* diga *f*
dämmern V *morgens* albeggiare; *abends* imbrunire **Dämmerung** F *abends* crepuscolo *m*; *morgens* alba *f*
Dampf M vapore *m* **Dampfbügeleisen** N ferro *m* da stiro a vapore
dampfen V *umg* fumare una sigaretta elettronica
dämpfen V *senken* abbassare; *Freude* smorzare; GASTR stufare
Dampfer M piroscafo *m*
Dampfkochtopf M pentola *f* a pressione
danach ADV *zeitlich* dopo, poi; *demgemäß* secondo questo; **kurze Zeit ~** poco tempo dopo
Däne M, **Dänin** F danese *m/f*
daneben ADV accanto; *außerdem* oltre a ciò
Dänemark N Danimarca *f*
dänisch ADJ danese
dank PRÄP grazie a **Dank** M ringraziamento *m*; **vielen ~** tante grazie **dankbar** ADJ grato (**für etw** di qc) **Dankbarkeit** F gratitudine *f*
danke INT grazie; **~ schön** (*od* **sehr**) grazie tanto; **~, gleichfalls** grazie, altrettanto; **nein, ~** no, grazie
danken V ringraziare (**j-m für etw** qn di *od* per qc); **nichts zu ~!** non c'è di che!
dann ADV *nachher* poi; *also* allora; **~ und wann** di quando in quando; **bis ~!** a più tardi!
daran ADV a ciò, a questo; ci; **nahe ~ sein, etw zu tun** stare per fare qc; **mir liegt viel ~** ci tengo molto; **~ denken** pensarci
darauf ADV sopra; **bald ~** poco dopo; **am Tag ~** il giorno dopo; **das kommt ~ an** dipende **daraufhin** ADV in conseguenza di ciò

daraus ADV da ciò; di là; ne; ~ **folgt** ne segue; **ich mache mir nichts** ~ non me ne importa nulla
Darbietung F spettacolo *m*
darf *ich* posso; *er, sie, es* può → dürfen **darfst** puoi → dürfen
darin ADV dentro
darlegen V esporre
Darleh(e)n N prestito *m*
Darm M intestino *m* **Darmgrippe** F gastroenterite *f* **Darminfektion** F infezione *f* intestinale
darstellen V rappresentare; THEAT recitare; *beschreiben* descrivere **Darsteller(in)** M(F) interprete *m/f* **Darstellung** F THEAT interpretazione *f*; *Bild* raffigurazione *f*
darüber ADV *örtlich* sopra; *mehr* (di) più; **ich freue mich** ~ me ne rallegro; ~ **hinaus** oltre a ciò
darum ADV *deshalb* perciò; *örtlich* intorno; **es geht** ~, **dass** si tratta di *+inf*
darunter ADV *örtlich* (al di) sotto; *dazwischen* fra questi
das 1 ART → der 2 PRON questo; ciò; *relativ* che, il (la) quale; ~, **was** quello che; **was ist** ~? cos'è questo?
Dasein N vita *f*; esistenza *f*
dass KONJ che; **außer** ~ salvo che; **so** ~ cosicché
dasselbe PRON lo stesso
Date N appuntamento *m*
Datei F IT file *m*
Daten NPL dati *mpl* **Datenbank** F banca *f* dati **Datenschutz** M protezione *f* dei dati **Datenträger** M supporto *m* dati **Datenübertragung** F trasmissione *f* dati **Datenverarbeitung** F elaborazione *f* (dei) dati **elektronische** ~ elaborazione *f* elettronica (dei) dati
datieren V datare
Dattel F dattero *m*
Datum N data *f*; **welches** ~ **haben wir heute?** quanti ne abbiamo oggi?
Dauer F durata *f*; **auf die** ~ alla lunga **Dauerauftrag** M *Bank* ordine *m* permanente **dauerhaft** ADJ durevole **Dauerkarte** F abbonamento *m*
dauern V durare; **wie lange dauert es noch?** quanto ci vuole ancora?
dauernd 1 ADJ continuo 2 ADV continuamente
Dauerregen M pioggia *f* incessante **Dauerwelle** F permanente *f*
Daumen M pollice *m*
Daune F piuma *f* **Daunendecke** F piumino *m*
davon ADV da questo; da *od* di ciò; *darüber* ne; **das kommt** ~! ecco cosa succede! **davonlaufen** V scappare
davor ADV *örtlich* davanti; *zeit-*

lich prima; **er fürchtet sich ~** ne ha paura
dazu ADV a ciò; a questo; *überdies* oltre a ciò; *zu diesem Zweck* per questo **dazugehören** V fare parte **dazukommen** V sopravvenire **dazurechnen** V aggiungere
dazwischen ADV in mezzo **dazwischenkommen** V: **wenn nichts dazwischen kommt** se tutto va bene
DDR F ABK (= **Deutsche Demokratische Republik**) *hist* R.D.T. *f* (Repubblica Democratica Tedesca)
dealen V *umg* spacciare
Debatte F discussione *f*
Deck N SCHIFF ponte *m*
Decke F *Bett* coperta *f*; *Zimmer* soffitto *m*
Deckel M coperchio *m*
decken V *Tisch* apparecchiare; *Bedarf, Kosten* coprire
Decoder M decodificatore *m*
defekt ADJ difettoso; guasto **Defekt** M guasto *m*; *Mangel* difetto *m*
Defibrillator M defibrillatore *m*
definieren V definire **Definition** F definizione *f*
Defizit N deficit *m*
dehnbar ADJ elastico **dehnen** V distendere; dilatare; **sich ~** dilatarsi
Deich M diga *f*
Deichsel F timone *m*
dein POSS PR (il) tuo, (la) tua; **~e** *pl* (i) tuoi, (le) tue **deinetwegen** ADV *für dich* per te; *wegen dir* per colpa tua
Dekolleté N scollatura *f*
Dekoration F decorazione *f* **dekorieren** V decorare; adornare
Delegation F delegazione *f* **Delegierte(r)** F(M) delegato(-a) *m(f)*
Delfin M delfino *m*
delikat ADJ *heikel* delicato; *lecker* squisito
Delikatesse F leccornia *f*
Delikt N JUR reato *m*
Delle F ammaccatura *f*
dementsprechend ADJ conforme; ADV *demnach* di conseguenza **demnach** ADV dunque **demnächst** ADV fra breve
Demokrat(in) M(F) democratico(-a) *m(f)* **Demokratie** F democrazia *f* **demokratisch** ADJ democratico
demolieren V distruggere
Demonstrant(in) M(F) dimostrante *m/f* **Demonstration** F manifestazione *f*, dimostrazione *f* **demonstrieren** V dimostrare (**gegen** contro; **für** per)
Demütigung F umiliazione *f*
Den Haag N L'Aia *f*
denkbar ADJ immaginabile
denken V pensare (**an** a; **über** di); *sich erinnern* ricordarsi (**an** di); **sich etw ~** figurarsi qc; **wie ~ Sie darüber?**

che ne pensa?

Denkmal N monumento *m* **Denkmalschutz** M: **unter ~ stehen** essere monumento nazionale

denn KONJ *begründend* poiché; **wo ist er ~?** ma dov'è; **mehr ~ je** più che mai; **es sei ~, dass** a meno che *+konjkt*

dennoch ADV tuttavia

Deo N, **Deodorant** N deodorante *m*

Deponie F discarica *f* **deponieren** V depositare

deprimierend ADJ deprimente

der, die, das ART il, lo; la; PL i, gli; le; *relativ* che; il/la quale; PL i/le quali

derart ADV così, talmente, tanto (**dass** che) **derartig** ADJ tale, siffatto

derb ADJ *grob* grossolano; *kräftig* robusto

dergleichen PRON simile, tale

derjenige PRON *welcher* colui, quello (che)

dermaßen ADV talmente

derselbe PRON lo stesso

deshalb ADV perciò; **nur ~** soltanto per questo

Designer(in) M(F) designer *m/f* **Designermode** F moda *f* firmata

Desinfektionsmittel N disinfettante *m*

desinfizieren V disinfettare

Desinteresse N disinteresse *m* (**an** per)

dessen PRON: **~ ungeachtet** nonostante ciò

Dessert N dessert *m*, dolce *m* **Dessertwein** M vino *m* da dessert

destilliert ADJ: **~es Wasser** acqua *f* distillata

desto KONJ tanto; **~ mehr** tanto più; **~ besser** tanto meglio

deswegen ADV perciò

Detail N dettaglio *m*, particolare *m*

Detektiv(in) M(F) investigatore (-trice) *m(f)*

deuten V interpretare; **auf etw ~** accennare a qc

deutlich ADJ *klar* chiaro; netto

deutsch ADJ tedesco **Deutsch** N tedesco *m*; **sprechen Sie ~?** parla tedesco?; **auf ~** in tedesco **Deutsche(r)** F(M) tedesca(-o) *f(m)*

Deutschland N Germania *f*

deutschsprachig ADJ di/in lingua tedesca, tedescofono

Devisen FPL valuta *f* estera

Dezember M dicembre *m*

Dezimalzahl F numero *m* decimale **Dezimeter** M decimetro *m*

DGB M ABK (= **Deutscher Gewerkschaftsbund**) federazione *f* dei sindacati tedeschi

d. h. ABK (= **das heißt**) cioè

Dia N diapositiva *f*

Diabetes M diabete *m* **Dia-**

betiker(in) M(F) diabetico(-a) *m(f)*
Diagnose F diagnosi *f*
Dialekt M dialetto *m*
Dialog M dialogo *m*
Diamant M diamante *m*
Diaprojektor M proiettore *m* per diapositive
Diät F dieta *f*; **~ halten** stare a dieta **Diätberater(in)** M(F) dietologo(-a) *m(f)*
Diavortrag M conferenza *f* con proiezione di diapositive
dich PRON ti; te; **für ~** per te; **ohne ~** senza (di) te
dicht ADJ fitto; *Verkehr* denso; *undurchlässig* impermeabile; *Haar* folto; **~ an/am** vicino a
Dichter(in) M(F) poeta(-essa) *m(f)* **Dichtung** F TECH guarnizione *f*; *Poesie* poesia *f*
dick ADJ spesso; grosso; *Person* grasso; *geschwollen* gonfio; **~ werden** ingrassare
Dickkopf M, **dickköpfig** ADJ testardo **Dickmilch** F latte *m* cagliato
die **1** ART la; PL i, gli, le **2** DEM PR quella; PL quelli, quelle; **~ mit den langen Haaren** quella con i capelli lunghi; **ich nehme ~ da** prendo quella/quelle/quelli lì **3** REL PR che; **sie ist die Frau, ~ ich gestern kennengelernt habe** è la signora che ho conosciuto ieri; **ich kenne schon die Bücher, ~ du mir empfohlen hast** conosco già i libri che mi hai consigliato
Dieb(in) M(F) ladro(-a) *m(f)*
Diebstahl M furto *m* **Diebstahlversicherung** F assicurazione *f* contro il furto
Diele F *Flur* vestibolo *m*; *Brett* asse *f*
dienen V servire (**j-m** qn; **zu** a; **als** da)
Dienst M servizio *m*; *Amt* ufficio *m*; **außer ~** fuori servizio; **~ haben, im ~ sein** essere di servizio
Dienstag M martedì *m*
dienstags ADV di (*od* il) martedì
Dienstleistung F servizio *m*
dienstlich ADJ d'ufficio, di servizio **Dienstreise** F viaggio *m* di servizio **Dienstwagen** M auto *f* di servizio
diese(r, -s) PRON questo, questa; **diese** *pl* questi, queste; **dieses Jahr** quest'anno
Diesel M diesel *m*
dieselbe PRON la stessa
Dieselöl N gasolio *m*
diesig ADJ fosco
diesjährig ADJ di quest'anno
diesmal ADV questa volta
diesseits PRÄP da questa parte (di)
Dietrich M grimaldello *m*
Differenz F differenza *f*
Digitalkamera F macchina *f* fotografica digitale
diktieren V dettare **Diktiergerät** N dittafono *m*
Dill M aneto *m*

Ding N cosa *f*; *Gegenstand* oggetto *m*; **vor allen ~en** innanzitutto

Dings(da) N *umg* coso(-a) *m(f)* là

Diplom N diploma *m*; *Uni* laurea *f*

Diplomat(in) M(F) diplomatico(-a) *m(f)* **diplomatisch** ADJ diplomatico

dir PRON ti, a te; **mit ~** con te

direkt ADJ diretto **Direktflug** M volo *m* diretto

Direktion F direzione *f*

Direktor(in) M(F) direttore (-trice) *m(f)*; *Schule* preside *m/f*

Direktübertragung F trasmissione *f* diretta

Dirigent(in) M(F) direttore (-trice) *m(f)* d'orchestra **dirigieren** V MUS dirigere

Disco F discoteca *f*

Discounter M discount *m*

Diskette F IT dischetto *m*

Diskothek F discoteca *f*

diskret ADJ discreto **Diskretion** F discrezione *f*

Diskussion F discussione *f*

Diskuswerfen N lancio *m* del disco

diskutieren V discutere (**über etw** qc)

disqualifizieren V squalificare

Distanz F distanza *f* **distanzieren** V: **sich ~** dissociarsi (**von** da)

Distel F cardo *m*

dividieren V dividere **durch** per)

DM F ABK (= **Deutsche Mark**) *hist* marco *m* tedesco

doch ADJ pure; *dennoch* tuttavia; **~!** sì, certo!; **nicht ~!** ma no!

Docht M stoppino *m*, lucignolo *m*

Dock N bacino *m* di carenaggio

Dogge F alano *m*

Do-it-yourself-… PRÄF fai da te

Doktor M dottore(-essa) *m(f)*

Doku F *umg* TV documentario *m*

Dokument N documento *m*

Dokumentarfilm M TV documentario *m*

Dollar M dollaro *m*

dolmetschen V *Text* tradurre; *Tätigkeit* fare da interprete

Dolmetscher(in) M(F) interprete *m/f*

Dolomiten PL Dolomiti *fpl*

Dom M duomo *m*

Donau F Danubio *m*

Döner M, **Döner Kebab** M kebab *m*

Donner M tuono *m* **donnern** V: **es donnert** tuona

Donnerstag M giovedì *m* **donnerstags** ADV di (*od* il) giovedì

dopen V SPORT drogare **Doping** N doping *m* **Dopingkontrolle** F controllo *m* antidoping

Doppel N *Tennis etc* doppio *m* **Doppelbett** N letto *m* matrimoniale **Doppelgänger(in)** M(F) sosia *m/f* **Doppelname** M cognome *m* doppio **Doppelpunkt** M due punti *mpl* **Doppelstecker** M spina *f* multipla
doppelt ADJ doppio; **~ so viel** due volte tanto; **das Doppelte** il doppio
Doppelzimmer N camera *f* a due letti
Dorade F ZOOL orata *f*
Dorf N villaggio *m*, paese *m* **Dorfbewohner(in)** M(F) paesano(-a) *m(f)*
Dorn M spina *f* **dornig** ADJ spinoso
Dörrobst N frutta *f* secca
Dorsch M merluzzo *m*
dort ADV lì, là; **~ ist** ecco; **~ drüben** di là; **~ hinten** là dietro; **~ oben** lassù; **~ unten** laggiù; **von ~** di là **dorthin** ADV là
Dose F scatola *f* **Dosenbier** N birra *f* in lattina **Dosenfleisch** N carne *f* in scatola **Dosenmilch** F latte *m* condensato in scatola **Dosenöffner** M apriscatole *m*
dosieren V dosare **Dosis** F dose *f*
Dotter M *od* N tuorlo *m*
downloaden V IT scaricare
Drache M drago *m*
Drachen M *Papier* aquilone *m*; SPORT deltaplano *m* **Drachenfliegen** N (volo con il) deltaplano *m* **Drachenflieger(in)** M(F) deltaplanista *m/f* **Drachenfrucht** F BOT frutto *m* del drago
Dragée N confetto *m*
Draht M filo *m* metallico **Drahtseilbahn** F funivia *f*
Drama N dramma *m* **dramatisch** ADJ drammatico
dran ADV → daran; **jetzt bin ich ~** tocca a me
drängen V spingere; *antreiben* incitare (**zu** a); **auf etw ~** insistere per qc; **die Zeit drängt** il tempo stringe; **sich ~** affollarsi (**um** attorno a)
drauf ADV → darauf; **gut ~ sein** stare bene, essere di buon umore
draufzahlen V pagare in più
draußen ADV fuori; **von ~** da fuori
Dreck M sudiciume *m*; *Straße* fango *m* **dreckig** ADJ sporco; sudicio
Drehbuch N copione *m*
drehen V girare (*a. Film*); *Kopf* volgere; **sich ~** girare, girarsi (**um** intorno a); **es dreht sich um …** si tratta di …
Drehstuhl M sedia *f* girevole **Drehtür** F porta *f* girevole **Drehung** F giro *m* **Drehzahlmesser** M contagiri *m*
drei ADJ tre; **~ Viertel** tre quarti
Dreibettkabine F cabina *f* a tre letti **Dreibettzimmer** N

camera *f* a tre letti
Dreieck N triangolo *m* **dreieckig** ADJ triangolare
dreierlei ADJ di tre specie
dreifach ADJ triplo **dreihundert** ADJ trecento **Dreikönigsfest** N Epifania *f*
dreimal ADV tre volte **Dreirad** N triciclo *m* **dreispurig** ADJ a tre corsie
dreißig ADJ trenta
dreist ADJ sfacciato
dreistöckig ADJ a tre piani
dreitägig ADJ di tre giorni
dreizehn ADJ tredici **Dreizimmerwohnung** F trilocale *m*
Dresden N Dresda *f*
Dresscode M codice *m* di abbigliamento, dresscode *m*
dressieren V ammaestrare
drin ADV → darin
dringen V: **durch/in etw ~** penetrare attraverso/in qc
dringend ADJ urgente; **es ist ~** la cosa urge; **in ~en Fällen** in casi d'urgenza; **ich brauche ~** ho urgente bisogno (**etw** di qc)
drinnen ADV (là) dentro
dritt ADV: **zu ~** in tre **dritte(r, -s)** ADJ terzo **Drittel** N terzo *m* **drittens** ADV in terzo luogo
DRK N ABK (= **Deutsches Rotes Kreuz**) Croce *f* Rossa Tedesca
Droge F droga *f* **drogenabhängig** ADJ tossicodipendente **drogensüchtig** ADJ tossicomane
Drogerie F drogheria *f*
drohen V minacciare (**j-m mit etw** qn di qc) **drohend** ADJ minaccioso; *Gefahr* incombente
dröhnen V *Musik* rimbombare; *Motor* rombare; *Kopf* rintronare
Drohung F minaccia *f*
drollig ADJ buffo
Drops MPL caramelle *fpl* alla frutta
Drossel F tordo *m*
drüben ADV dall'altra parte
drüber ADV → **darüber, drunter**
Druck[1] M pressione *f* (*a. fig*)
Druck[2] M *Buch* stampa *f*
Druckbuchstabe M stampatello *m* **drucken** V stampare
drücken V *Taste* premere; *Hand* stringere; *Tür* spingere; *Schuh* far male; **an sich ~** stringere a sé; *fig umg* **sich ~** svignarsela; **sich vor etw ~** scansare qc **drückend** ADJ: **~ heiß** soffocante
Drucker M IT stampante *f*; *Beruf* tipografo *m* **Druckerei** F tipografia *f*
Druckfehler M errore *m* di stampa **Druckknopf** M *Kleidung* bottone *m* automatico, TECH pulsante *m* **Drucksache** F stampe *fpl* **Druckschrift** F: **in ~** in stampatello
drum ADV: **das Drum und**

Dran gli annessi e connessi
drunter ADV: **es geht ~ und drüber** va tutto sottosopra
Drüse F ghiandola *f*
Dschungel M giungla *f*
du PRON tu
Dübel M tassello *m*
ducken V: **sich ~** abbassarsi
Duett N duetto *m*
Duft M profumo *m* **duften** V odorare; **~ nach** avere l'odore di
dulden V *erlauben* tollerare
dumm ADJ stupido, sciocco
Dummheit F stupidità *f*; *Handlung* stupidaggine *f*
Dummkopf M imbecille *m*
dumpf ADJ *Laut* cupo; *Gefühl* vago
Düne F duna *f*
Dünger M concime *m*
dunkel ADJ buio; *Farbe* scuro; *Stimme* cupo; **es wird ~** si fa buio **dunkelhaarig** ADJ moro **Dunkelheit** F oscurità *f* **Dunkelkammer** F camera *f* oscura
dünn ADJ sottile; *Mensch* magro; *Luft* rarefatto; *Haar* rado **Dünndarm** M intestino *m* tenue **dünnflüssig** ADJ fluido
Dunst M *Nebel* foschia *f*; *Dampf* vapore *m*
dünsten V GASTR stufare
dunstig ADJ nebbioso
Duplikat N duplicato *m*
Dur N MUS (modo *m*) maggiore
durch **1** PRÄP *hindurch* per; attraverso; *mittels* per mezzo di; *aufgrund* a causa di; MATH diviso; **~ Zufall** per caso **2** ADV **~ und ~** completamente
durchaus ADV: **~ nicht** niente affatto
durchblättern V sfogliare
durchblicken V: **~ lassen** dare a intendere
Durchblutung F irrorazione *f* sanguigna, vascolarizzazione *f*
durchbrechen V spezzare
durchbrennen V *umg abhauen* scappare
durchdacht ADJ ponderato **durchdenken** V esaminare a fondo
durchdrehen V *Räder* slittare; *fig umg ausrasten* impazzire
durchdringen V penetrare
durcheinander ADV *Ordnung* sottosopra; *Mensch* confuso **Durcheinander** N confusione *f*, casino *m* **durcheinanderbringen** V mettere in disordine; *verwechseln* confondere
durchfahren V attraversare; passare **Durchfahrt** F passaggio *m*; **~ verboten!** transito vietato; **auf der ~** essere di passaggio
Durchfall M diarrea *f* **durchfallen** V *fig Schule* essere bocciato
durchführbar ADJ realizzabi-

le **durchführen** V realizzare
Durchgang M passaggio *m*; **kein ~!** passaggio vietato **Durchgangsstraße** F strada *f* di transito **Durchgangsverkehr** M traffico *m* di transito
durchgebraten ADJ: **gut ~** ben cotto
durchgehen V passare (**durch** per); *Zug* andare senza fermarsi (**bis** fino a) **durchgehend** 1 ADJ *Zug* diretto 2 ADV **~ geöffnet** a orario continuato
durchhalten V resistere
durchkommen V passare (**durch** per); *fig* farcela
durchlassen V lasciar (*od* far) passare
durchlässig ADJ permeabile
durchlesen V leggere per intero
durchlöchern V perforare
durchmachen V *erdulden* soffrire; **die Nacht ~** *umg* passare la notte a far festa
Durchmesser M diametro *m*
durchnässt ADJ bagnato fradicio
durchqueren V attraversare
Durchreise F: **auf der ~** di passaggio **durchreisen** V passare per **Durchreisevisum** N visto *m* di transito
Durchsage F comunicato *m*
durchschauen V *verstehen* capire
durchscheinen V trasparire
durchschlagen V: **sich ~** tirar avanti, cavarsela
durchschneiden V tagliare
Durchschnitt M media *f*; **im ~** in media **durchschnittlich** ADJ medio **Durchschnittsgeschwindigkeit** F velocità *f* media
durchsehen V rivedere
durchsetzen V *erreichen* ottenere; *Willen* imporre; **sich ~** affermarsi
Durchsicht F revisione *f*
durchsichtig ADJ trasparente
durchsprechen V discutere
durchstechen V (per)forare
durchstellen V TEL passare
durchstreichen V cancellare
durchsuchen V perquisire
Durchsuchung F perquisizione *f*
Durchwahl F TEL numero *m* diretto
durchweg ADV completamente
durchwühlen V rovistare
durchzappen V *umg* fare lo zapping
durchziehen V *Plan* portare a termine **Durchzug** M *Luftzug* corrente *f* d'aria
dürfen V potere; **darf ich ...?** posso...?; **man darf nicht** non si deve; **was darf es sein?** desidera?
dürftig ADJ *spärlich* scarso
dürr ADJ *trocken* secco; *Land* arido; *mager* magro

Dürre F secchezza *f*; siccità *f*
Durst M sete *f*; **ich habe ~** ho sete **durstig** ADJ assetato
Dusche F doccia *f* **duschen** V: **sich ~** farsi la doccia **Duschgel** N bagnoschiuma *m* **Duschkabine** F cabina *f* doccia
Düsenflugzeug N aereo *m* a reazione; aviogetto *m*
düster ADJ tetro
Dutyfreeshop M duty-free shop *m*
Dutzend N dozzina *f*
duzen V: **j-n ~** dare del tu a qn
DVD F ABK (= **Digital Versatile Disk**) dvd *m*, DVD *m* **DVD-Brenner** M masterizzatore *m* dvd **DVD-Laufwerk** N drive *m* dvd **DVD-Rekorder** M masterizzatore *m* dvd **DVD-Spieler** M lettore *m* dvd
dynamisch ADJ dinamico
Dynamit N dinamite *f*
Dynamo M dinamo *f*

E

E N MUS mi *m*
Ebbe F bassa marea *f*; **~ und Flut** le maree *fpl*
eben 1 ADJ *flach* piano 2 ADV *genau das* proprio; *zeitlich* or ora; **~ erst** proprio adesso
Ebene F pianura *f*
ebenfalls ADV *auch* anche; *gleichfalls* altrettanto
ebenso ADV ugualmente; **~ ... wie** così ... come; **~ gut** altrettanto bene; **~ viel** altrettanto; **~ wie** tanto quanto; **~ wenig** altrettanto poco (**wie** come)
Eber M cinghiale *m*
E-Bike N bicicletta *f* elettrica
Ebola(fieber) N (febbre emorragica) Ebola *f*
E-Book N ebook *m* **E-Book-Reader** M lettore *m* di ebook
EC M ABK (= **Eurocityzug**) (treno) eurocity *m*
Echo N eco *m*
echt ADJ vero
EC-Karte F carta *f* bancomat, bancomat® *m*
Eckball M calcio *m* d'angolo
Ecke F angolo *m*; **um die ~ biegen** voltare l'angolo
eckig ADJ angolare **Eckzahn** M canino *m*
edel ADJ *Tat, Mensch* nobile; *Wein* pregiato **Edelmetall** N metallo *m* prezioso **Edelstein** M pietra *f* preziosa **Edelweiß** N stella *f* alpina
EDV F ABK (= **Elektronische Datenverarbeitung**) EDP *f* (elaborazione elettronica dei dati)
Efeu M edera *f*
Effekt M effetto *m*
EG ABK (= **Erdgeschoss**) pian-

terreno *m*
egal ADJ uguale; **das ist mir ganz ~** *umg* non me ne importa un cavolo
Egoist(in) M(F) egoista *m/f* **egoistisch** ADJ egoistico
ehe KONJ prima che (+*konjkt*) *od* di +*inf*
Ehe F matrimonio *m* **Ehebett** N letto *m* matrimoniale **Ehebruch** M adulterio *m* **Ehefrau** F moglie *f* **ehelich** ADJ coniugale; *Kind* legittimo
ehemalig ADJ ex, d'una volta; *alt* vecchio
Ehemann M marito *m* **Ehepaar** N coniugi *mpl* **Ehepartner(in)** M(F) consorte *m/f*, coniuge *m/f*
eher ADV *früher* prima; *lieber* piuttosto; *wahrscheinlicher* più probabilmente; **je ~, desto besser** quanto prima tanto meglio
Ehering M fede *f* **Eheschließung** F matrimonio *m*
Ehre F onore *m* **ehren** V onorare
ehrenamtlich ADJ a titolo onorario **Ehrenbürger(in)** M(F) cittadino(-a) *m(f)* onorario(-a) **Ehrengast** M ospite *m* d'onore **Ehrenmitglied** N membro *m* onorario **Ehrensache** F questione *f* d'onore **Ehrenwort** N parola *f* d'onore
Ehrfurcht F venerazione *f*, rispetto *m* (**vor** per) **Ehrgeiz** M ambizione *f* **ehrgeizig** ADJ ambizioso
ehrlich ADJ onesto; *aufrichtig* sincero **Ehrlichkeit** F sincerità *f*; *Zuverlässigkeit* onestà *f*
Ehrung F omaggio *m*
Ei N uovo *m*; *Keimzelle* ovulo *m*; **~er** *pl* uova *fpl*; *vulg Hoden* palle *fpl*; **hart/weich gekochtes ~** uovo *m* sodo/à la coque
Eibe F tasso *m*
Eiche F quercia *f*
Eichel F *Frucht* ghianda *f*; ANAT glande *m*
Eichhörnchen N scoiattolo *m*
Eid M giuramento *m*
Eidechse F lucertola *f*
eidesstattlich ADJ: **~e Erklärung** dichiarazione *f* giurata
Eidgenossenschaft F: **Schweizerische ~** Confederazione *f* elvetica
Eidotter M *od* N tuorlo *m*
Eierbecher M portauova *m*
Eierkuchen M frittata *f* **Eierschale** F guscio *m* d'uovo
Eierstock M ovaia *f* **Eieruhr** F contaminuti *m*
Eifer M zelo *m*; fervore *m* **Eifersucht** F gelosia *f* **eifersüchtig** ADJ geloso
eifrig ADJ *begeistert* zelante; *emsig* instancabile
Eigelb N rosso *m* d'uovo
eigen ADJ proprio; *besonders* particolare **Eigenart** F parti-

colarità *f* **eigenartig** ADJ singolare; *sonderbar* strano **Eigenbedarf** M proprio fabbisogno *m* **eigenhändig** ADJ di proprio pugno **eigenmächtig** ADJ arbitrario **Eigenname** M nome *m* proprio **eigennützig** ADJ interessato

Eigenschaft F qualità *f* **eigensinnig** ADJ ostinato

eigentlich 1 ADJ vero e proprio, vero 2 ADV veramente

Eigentor N SPORT autogol *m* **Eigentum** N proprietà *f* **Eigentümer(in)** M(F) proprietario(-a) *m(f)* **Eigentumswohnung** F appartamento *m* in condominio **eigenwillig** ADJ ostinato

eignen V: **sich ~ für** *od* **zu etw** essere adatto a qc **Eignung** F attitudine *f*, idoneità *f*; *Qualifikation* qualifica *f*

Eilbote M: **durch ~n** per espresso **Eilbrief** M espresso *m*

Eile F fretta *f*; **ich bin in ~** ho fretta

Eileiter M tromba *f* ovarica; tuba *f*

eilen V *Sache* essere urgente; **es eilt nicht** non c'è fretta **eilig** ADJ frettoloso; *Sache* urgente; **es ~ haben** avere fretta

Eimer M secchio *m*

ein 1 ADJ uno; **~ und derselbe** lo stesso; **~ für allemal** una volta per sempre; **in ~em fort** di continuo 2 PRON: **~e(r, -s)** uno, una; **~er meiner Freunde** uno dei miei amici 3 ART M/N, **eine** F un, uno, una; **~ Mann** un uomo; **~e Stunde** un'ora; **~ Haus** una casa; **was für ~ ...?** che ...?

einander PRON l'un l'altro; *gegenseitig* a vicenda

einarbeiten V: **sich ~** impratichirsi (**in** in)

einatmen V inspirare

Einbahnstraße F strada *f* a senso unico

Einband M copertina *f*

einbauen V installare **Einbauküche** F cucina *f* componibile **Einbauschrank** M armadio *m* a muro

Einbettzimmer N camera *f* singola

einbeziehen V includere

einbiegen V svoltare (**in** in; **nach links** a sinistra)

einbilden V: *vorstellen* **sich etw ~** immaginarsi qc; *eingebildet sein* **sich etw ~** montarsi la testa (**auf** per) **Einbildung** F *Vorstellung* immaginazione *f*; *Anmaßung* presunzione *f*

einbrechen V *in Gebäude* entrare (scassinando) (**in** in) **Einbrecher(in)** M(F) scassinatore(-trice) *m(f)* **Einbruch** M *Delikt* scasso *m*; **bei ~ der Nacht** sul calar

della notte
einbüßen V perdere; **an Wert ~** diminuire di valore
einchecken V *Flughafen* fare il check-in; *Hotel* farsi registrare
eincremen V spalmare la crema su
eindeutig ADJ chiaro, evidente
eindringen V penetrare (**in** in) **eindringlich** ADJ insistente
Eindruck M impressione *f* **eindrucksvoll** ADJ impressionante
eineiig ADJ: **~e Zwillinge** *mpl* gemelli *mpl* monozigoti
eineinhalb ADJ uno e mezzo
einerlei ADJ: **das ist ~** è tutt'uno **Einerlei** N monotonia *f*
einerseits ADV da una parte
einfach **1** ADJ semplice; *leicht* facile; *schlicht* modesto **2** ADV semplicemente **Einfachheit** F semplicità *f*
einfädeln V *Faden* infilare; **sich ~** infilarsi
einfahren V entrare (**in** in); *Auto* rodare; *Zug* essere in arrivo **Einfahrt** F entrata *f*; ingresso *m*; *Tor* portone *m*; **~ frei halten!** passo carrabile
Einfall M *Idee* idea *f* **einfallen** V *einstürzen* crollare; **... fällt mir nicht ein** ... non mi viene in mente
Einfamilienhaus N casa *f* unifamiliare
einfarbig ADJ a tinta unita
einfetten V ungere; TECH lubrificare
einfinden V: **sich ~** trovarsi
einflößen V *Angst* incutere
Einflugschneise F sentiero *m* di discesa
Einfluss M influenza *f* **einflussreich** ADJ influente, potente
einfrieren V congelare
einfügen V inserire
Einfuhr F importazione *f* **Einfuhrbestimmungen** FPL norme *fpl* per l'importazione **einführen** V introdurre (**in** in); *Waren* importare **Einfuhrgenehmigung** F permesso *m* d'importazione **Einführung** F introduzione *f* **Einfuhrverbot** N divieto *m* d'importazione **Einfuhrzoll** M dazio *m* d'importazione
Eingabe F *Namen etc* digitazione *f*; *Daten* immissione *f*
Eingang M ingresso *m*, entrata *f*; *Brief* arrivo *m*
eingeben V *Namen etc* digitare; *Daten* immettere
eingebildet ADJ *eitel* presuntuoso; *erdacht* immaginario
Eingebung F ispirazione *f*
eingehen N *Brief* arrivare; *Stoff* restringersi; *Tier, Pflanze* morire; **auf etw ~** aderire a qc; **auf j-n ~** occuparsi di qn
eingehend **1** ADJ *Post* in ar-

rivo **2** ADV *gründlich* a fondo
Eingemachte(s) N conserva *f*
eingeschaltet ADJ acceso
eingeschlossen ADJ incluso
eingeschneit ADJ bloccato dalla neve
Eingeständnis N confessione *f* **eingestehen** V confessare
Eingeweide PL viscere *fpl*
eingewöhnen V: **sich ~** abituarsi (**in** a)
eingießen V versare
eingipsen V ingessare
eingliedern V incorporare
eingravieren V incidere
eingreifen V intervenire
Eingriff M intervento *m* (*a.* MED)
einhalten V *Richtung* mantenere; *Termin* rispettare, osservare
einhängen V TEL riattaccare
einheimisch ADJ nativo; *Erzeugnis* nostrano **Einheimische(r)** F(M) nativo(-a) *m(f)*
Einheit F unità *f* **einheitlich** ADJ unitario **Einheitsgröße** F taglia *f* unica **Einheitspreis** M prezzo *m* unico
einheizen V riscaldare
einholen V *Person* raggiungere; *Zeit* riguadagnare; *Segel* ammainare
einhundert ADJ cento
einig ADJ d'accordo
einige PRON qualche; alcuni, alcune; **~ Mal** alcune volte; **~ Tage** qualche giorno
einigen V: **sich ~** mettersi d'accordo, accordarsi (**auf** su)
einigermaßen ADV in certo qual modo; *ziemlich* abbastanza
einiges PRON qualcosa; un bel po'
Einigung F accordo *m*; POL unificazione *f*; *Versöhnung* conciliazione *f*
einjährig ADJ di un anno
einkalkulieren V *berücksichtigen* tener conto di
Einkauf M spesa *f*, acquisto *m* **einkaufen** V comprare, acquistare; **~ gehen** andare a fare la spesa **Einkaufsbummel** M giro *m* dei negozi **Einkaufstasche** F, **Einkaufstüte** F borsa *f* della spesa **Einkaufswagen** M carrello *m* (da supermercato) **Einkaufszentrum** N centro *m* commerciale
einkehren V fermarsi (per consumare qc) (**in e-m Gasthaus** in una trattoria)
einklammern V mettere tra parentesi
Einklang M: **in ~ bringen** mettere d'accordo
einklemmen V incastrare
Einkommen N reddito *m*
Einkommenssteuer F imposta *f* sul reddito
Einkünfte FPL entrate *fpl*
einladen V *Person* invitare;

Waren caricare **Einladung** F invito *m*; *Fest* ricevimento *m*
Einlage F *Show* fuoriprogramma *m*; *Schuhe* plantare *m*; **Suppe mit ~** pastina *f* in brodo
einlangen V *österr* arrivare
Einlass M ingresso *m* **einlassen** V: **sich auf etw ~** mettersi in qc; **sich ~ mit …** avere a che fare con …
Einlauf M MED clistere *m*
einlaufen V *Wasser* entrare; *Stoff* restringersi; SCHIFF entrare in porto
einleben V: **sich ~** ambientarsi **(in** in)
einlegen V *in Öl/Essig* mettere sott'olio/sott'aceto; AUTO *Gang* innestare; *Film* introdurre; *Pause* fare
einleiten V *beginnen* iniziare; *umsetzen* introdurre **Einleitung** F introduzione *f*
einleuchten V essere chiaro
einleuchtend ADJ evidente
einliefern V: **ins Krankenhaus ~** ricoverare **Einlieferung** F *Krankenhaus* ricovero *m* **Einlieferungsschein** M ricevuta *f*
einloggen V: **sich ~** IT accedere **(in** a)
einlösen V *Scheck* riscuotere; *Versprechen* adempiere
einmachen V mettere in conserva
einmal ADV una volta; *künftig* un giorno; **alle auf ~** tutti insieme; **auf ~** *plötzlich* ad un tratto; **nicht ~** nemmeno; **noch ~** ancora una volta
Einmaleins N tavola *f* pitagorica; *umg* tabellina *f* **Einmalhandschuhe** MPL guanti *mpl* monouso
einmalig ADJ unico; *einzigartig* straordinario
einmischen V: **sich ~** immischiarsi **(in** in)
einmotorig ADJ monomotore
einmünden V *Straße, Fluss* sboccare, imboccare **(in** in)
Einmündung F imbocco *m*
Einnahme F HANDEL entrata *f*; *Medikament* assunzione *f*
einnehmen V *Geld* ricevere; *Medikament* prendere *Platz* occupare
Einöde F deserto *m*
einordnen V AUTO **sich ~** mettersi in corsia
einpacken V impacchettare; *in Papier* incartare; *in den Koffer* mettere nella valigia
einparken V parcheggiare
einpflanzen V piantare
einplanen V progettare
einprägen V: **sich etw ~** memorizzare qc
einquartieren V alloggiare **(bei** presso); **sich ~** prendere alloggio **(bei** presso)
einrahmen V incorniciare
einräumen V *ordnen* disporre; *zugestehen* concedere
einreden V: **j-m etw ~** far credere qc a qn

einreiben V *Salbe, Öl* spalmare
einreichen V presentare
Einreise F entrata *f* **einreisen** V entrare (**in** in)
einrenken V MED rimettere a posto
einrichten V *Zimmer* arredare; **es so ~, dass** fare in modo che +*konjkt* **Einrichtung** F *Zimmer* arredamento *m*; *Institution* istituzione *f*; *Anstalt* istituto *m*
eins ADJ uno; **halb ~** le dodici e trenta; **um ~** all'una **Eins** F *Zensur* ottimo *m*
einsam ADJ *Person* solo; *Ort* isolato **Einsamkeit** F solitudine *f*
einsammeln V raccogliere
Einsatz M *Verwendung* impiego *m*; *Engagement* impegno *m*; *Spiel* posta *f*; MIL azione *f*; **im ~ sein** essere in azione
einscannen V IT scannerizzare
einschalten V (*Licht, Radio,* TV) accendere; **sich ~** intervenire (**in** in) **Einschaltquote** F indice *m* di ascolto
einschätzen V valutare
einschenken V versare
einschieben V introdurre; inserire
einschiffen V: **sich ~** imbarcarsi
einschlafen V addormentarsi
einschlagen V *Scheibe* frantumare; *Tür* sfondare; *Blitz* cadere (**in** su); *Weg* prendere; *Nagel* conficcare
einschließen V rinchiudere; *umgeben* circondare; *fig* includere **einschließlich** ADJ compreso
einschmuggeln V introdurre di contrabbando
einschneiden V intagliare **einschneidend** ADJ *Veränderung* decisivo **Einschnitt** M incisione *f*; *fig* svolta *f*
einschränken V limitare, ridurre; **sich ~** limitarsi **Einschränkung** F limitazione *f*
einschreiben V: **sich ~** iscriversi (**für** a) **Einschreiben** N raccomandata *f*; **als ~** per raccomandata **Einschreibung** F iscrizione *f*
einschreiten V intervenire
einschüchtern V intimidire
einsehen V *verstehen* comprendere; *Fehler* riconoscere; *Dokument* esaminare
einseifen V insaponare
einseitig ADJ unilaterale; *Ernährung* squilibrato
einsenden V inviare **Einsendung** F invio *m*
einsetzen V *einfügen* inserire; *aufwenden* impiegare; *beginnen* (in)cominciare; **sich ~ für** adoperarsi per
Einsicht F comprensione *f*; *in Akten* visione *f* **einsichtig** ADJ comprensivo
einsinken V sprofondare (**in** in)

einsparen V risparmiare
einsperren V imprigionare
einspringen V supplire (**für j-n** qn)
Einspruch M protesta *f*; JUR ricorso *m*; **~ erheben** protestare; **~ einlegen** JUR presentare ricorso
einspurig ADJ *Straße* a una corsia
einstecken V *in die Tasche* intascare; *fig* incassare
einsteigen V *in Fahrzeug* salire (**in** su); BAHN **~!** in carrozza!
einstellen V *Personal* assumere; *aufhören* terminare; *Geräte* regolare; **sich auf etw ~** prepararsi a qc **Einstellung** F *Meinung* atteggiamento *m*; *Haltung* attitudine *f* (**zu** verso); *Personal* assunzione *f*; *Aufhören* cessazione *f* **Einstellungsgespräch** N colloquio *m* di assunzione
einstimmig ADJ unanime
einstöckig ADJ a un solo piano
einstufen V classificare
einstündig ADJ di un'ora
Einsturz M crollo *m* **einstürzen** V crollare **Einsturzgefahr** F pericolo *m* di crollo
einstweilen ADV per ora; frattanto **einstweilig** ADJ temporaneo
eintägig ADJ di un giorno
eintauschen V cambiare (**gegen** con)
eintausend ADJ mille
einteilen V dividere; *Zeit* distribuire **Einteilung** F divisione *f*; *Geld, Zeit* uso *m* parsimonioso
eintippen V *Namen etc* digitare
eintönig ADJ monotono
Eintopf M ≈ minestrone *m*
Eintrag M *Vermerk* nota *f*; *amtlich* registrazione *f* **eintragen** V registrare
eintreffen V *ankommen* arrivare; *sich erfüllen* avverarsi
eintreten V entrare (**in** in); *sich ereignen* avvenire; **für j-n/etw ~** difendere la causa di qn/qc
Eintritt M entrata *f*; ingresso *m*; **~ frei** ingresso *m* libero; **~ verboten** vietato l'ingresso **Eintrittskarte** F biglietto *m* d'ingresso **Eintrittspreis** M costo *m* del biglietto d'ingresso
einverstanden ADJ: **~ sein** essere d'accordo (**mit etw** su qc; **mit j-m** con qn); **~!** d'accordo! **Einverständnis** N approvazione *f*; accordo *m*
Einwand M obiezione *f* (**gegen** a)
Einwanderer M, **Einwanderin** F immigrante *m/f* **einwandern** V immigrare **Einwanderung** F immigrazione *f*
einwandfrei ADJ impeccabi-

le, irrefutabile, senza difetti
Einwegflasche F vuoto *m* a perdere **Einweghandschuh** M guanto *m* monouso **Einwegspritze** F siringa *f* monouso
einweichen V *Wäsche* mettere in ammollo
einweihen V inaugurare; **j-n in etw ~** confidare qc a qn **Einweihung** F inaugurazione *f*
einwenden V obiettare
einwerfen V *Brief* imbucare; *Münze* introdurre
einwickeln V avvolgere; *in Papier* incartare; *fig* **j-n ~** abbindolare qn
einwilligen V consentire (**in** a) **Einwilligung** F consenso *m*
einwirken V MED agire (**auf** su); **auf j-n ~** influire su qn
Einwohner(in) M(F) abitante *m/f* **Einwohnermeldeamt** N anagrafe *f* **Einwohnerzahl** F numero *m* degli abitanti
Einwurf M *Öffnung* buca *f*, fessura *f*; SPORT rimessa *f* (in gioco)
Einzahl F singolare *m*
einzahlen V pagare, versare **Einzahlung** F pagamento *m*, versamento *m*
Einzel N *Tennis etc* singolo *m* **Einzelbett** N letto *m* singolo **Einzelfall** M caso *m* isolato **Einzelgänger(in)** M(F) solitario(-a) *m(f)* **Einzelhandel** M commercio *m* al dettaglio **Einzelheit** F dettaglio *m* **Einzelkabine** F cabina *f* singola **Einzelkind** N figlio(-a) *m(f)* unico(-a) *m(f)*
einzeln ADJ solo; singolo; **im Einzelnen** in particolare; **der/die Einzelne** individuo *m*; **~ eintreten** entrare uno alla volta
Einzelunterricht M lezione *f* individuale **Einzelzimmer** N camera *f* singola **Einzelzimmerzuschlag** M supplemento *m* camera singola
einziehen V *Führerschein etc* ritirare; MIL chiamare sotto le armi; *Erkundigungen* informarsi; *Wohnung* andare ad abitare (**in** in); *Flüssigkeit* penetrare (**in** in)
einzig ADJ unico; **nicht ein ~es Mal** neanche una volta; **kein Einziger** nessuno **einzigartig** ADJ unico
Einzimmerwohnung F monolocale *m*
Eis N ghiaccio *m*; *Speiseeis* gelato *m*; **e-e Portion ~** un gelato; **~ am Stiel** gelato *m* da passeggio **Eisbahn** F pista *f* di pattinaggio sul ghiaccio **Eisbär** M orso *m* bianco **Eisbecher** M coppa *f* gelato **Eisberg** M iceberg *m* **Eisbergsalat** M insalata *f* Iceberg **Eiscafé** N, **Eisdiele** F gelateria *f*

Eisen N ferro *m* **Eisenbahn** F ferrovia *f*; *Zug* treno *m* **Eisenerz** N (minerale *m* di) ferro *m* **eisern** ADJ di ferro; *fig* ferreo
eisgekühlt ADJ ghiacciato **Eishockey** N hockey *m* su ghiaccio **eisig** ADJ gelido **Eiskaffee** M affogato *m* al caffè **eiskalt** ADJ gelido **Eiskunstlauf** M pattinaggio *m* artistico **Eislaufen** N SPORT pattinaggio *m* su ghiaccio **Eisläufer(in)** M(F) pattinatore (-trice) *m(f)* **Eispickel** M piccozza *f* **Eisschnelllauf** M pattinaggio *m* di velocità **Eistee** M tè *m* freddo **Eisverkäufer(in)** M(F) gelataio(-a) *m(f)* **Eiswürfel** M cubetto *m* di ghiaccio **Eiszapfen** M ghiacciolo *m* **Eiszeit** F era *f* glaciale
eitel ADJ vanitoso **Eitelkeit** F vanità *f*
Eiter M pus *m* **eitern** V suppurare **eitrig** ADJ purulento
Eiweiß N chiara *f* d'uovo; BIOL proteina *f*
Ekel M nausea *f* (**vor** di) **ekelhaft**, **ekelig** ADJ ripugnante **ekeln** V nauseare, stomacare; **sich ~** stomacarsi (**vor** di)
EKG, **Ekg** N ABK (= **Elektrokardiogramm**) ECG *m* (elettrocardiogramma)
Ekzem N eczema *m*
Elan M slancio *m*
elastisch ADJ elastico
Elba N *Insel* Isola *f* d'Elba
Elbe F *Fluss* Elba *m*
Elch M alce *m*
Elefant M elefante *m*
elegant ADJ elegante **Eleganz** F eleganza *f*
Elektriker(in) M(F) elettricista *m/f* **elektrisch** ADJ elettrico; **~er Schlag** *m* scossa *f* elettrica **Elektrizität** F elettricità *f* **Elektrizitätswerk** N centrale *f* elettrica
Elektrogerät N elettrodomestico *m* **Elektrogeschäft** N negozio *m* di elettrodomestici **Elektroherd** M cucina *f* elettrica **Elektromotor** M motore *m* elettrico
Elektronik F elettronica *f* **elektronisch** ADJ elettronico **Elektrotechnik** F elettrotecnica *f*
Element N elemento *m* **elementar** ADJ elementare
elend ADJ misero **Elend** N miseria *f* **Elendsviertel** N quartiere *m* povero; slum *m*
elf ADJ undici
Elfenbein N avorio *m*
Elfmeter M calcio *m* di rigore
Ell(en)bogen M gomito *m*
Elster F gazza *f*
Eltern PL genitori *mpl* **Elternhaus** N: **in meinem ~** ≈ dai miei **elternlos** ADJ orfano **Elternzeit** F congedo *m* parentale

Email N, **Emaille** F smalto *m*
E-Mail F IT e-mail *m od f*, posta elettronica *f*; **j-m eine ~ schicken** mandare una e-mail a qn; **per ~** per e-mail **E--Mail-Account** M/N account *m* e-mail **E-Mail-Adresse** F indirizzo *m* e-mail
Emanzipation F emancipazione *f*
Embargo N embargo *m*
Embryo M embrione *m*
Empfang M (*Erhalt; Fest*) ricevimento *m*; RADIO, TV ricezione *f*; *Hotel* reception *f*; **etw in ~ nehmen** prendere in consegna qc **empfangen** V ricevere; *Person* accogliere **Empfänger** M *Post* destinatario *m*; RADIO, TV ricevitore *m* **empfänglich** ADJ sensibile (**für** a)
empfängnisverhütend ADJ anticoncezionale **Empfängnisverhütung** F contraccezione *f*
Empfangsbestätigung F ricevuta *f* **Empfangschef(in)** M(F) *Hotel* receptionist *m/f* **Empfangshalle** F *Hotel* hall *f*
empfehlen V raccomandare **empfehlenswert** ADJ raccomandabile **Empfehlung** F raccomandazione *f* **Empfehlungsschreiben** N lettera *f* di raccomandazione
empfinden V sentire
empfindlich ADJ sensibile (**gegen** a), delicato; *fig Person* suscettibile
Empfindung F sensazione *f*; *Gefühl* sentimento *m*
empören V indignare; **sich ~** indignarsi, arrabbiarsi (**über** per) **empörend** ADJ scandaloso **empört** ADJ indignato (**über** di) **Empörung** F indignazione *f*
Ende N fine *f*, termine *m*; *räumlich* estremità *f*; **~ April** alla fine di aprile; **am ~** alla fine; **letzten ~s** alla fin fine; **zu ~ sein** essere finito; **zu ~ gehen** stare per finire (*a. Vorräte*) **enden** V finire, terminare
Endergebnis N risultato *m* finale **endgültig** ADJ definitivo **Endhaltestelle** F capolinea *m*
Endivie F indivia *f*
endlich ADV finalmente
endlos ADJ senza fine; *räumlich* infinito
Endreinigung F *Ferienhaus* (servizio *m* di) pulizia *f* finale **Endspiel** N SPORT finale *f* **Endstation** F capolinea *m* **Endung** F *Wort* desinenza *f*
Energie F energia *f* **Energieversorgung** F rifornimento *m* di energia **energisch** ADJ energico **Energydrink** M bevanda *f* energetica
eng ADJ stretto; *Kleidung* attillato; *Freundschaft* intimo; **~er**

machen restringere
Engadin N Engadina *f*
Engagement N *Einsatz* impegno *m*; *Künstler* ingaggio *m* **engagieren** V ingaggiare; **sich ~** impegnarsi
Enge F strettezza *f*; **in die ~ treiben** mettere alle strette
Engel M angelo *m*
England N Inghilterra *f* **Engländer(in)** M(F) inglese *m/f* **englisch** ADJ inglese **englischsprachig** ADJ di/in lingua inglese, anglofono
Engpass M *Straße* strettoia *f*; *fig* difficoltà *f*
engstirnig ADJ limitato
Enkel(in) M(F) nipote *m/f*
enorm ADJ enorme
Ensemble N THEAT compagnia *f*; MUS complesso *m*; *Kleidung* completo *m*
entbehren V *vermissen* mancare di; *auskommen ohne* fare a meno di **entbehrlich** ADJ superfluo
entbinden V partorire; **j-n von etw ~** esonerare qn da qc **Entbindung** F MED parto *m*
entdecken V scoprire **Entdecker(in)** M(F) scopritore (-trice) *m(f)* **Entdeckung** F scoperta *f*
Ente F anatra *f*; *Zeitungsente* canard *m*
enteignen V espropriare **Enteignung** F espropriazione *f*
enterben V diseredare
entfallen V *wegfallen* essere sospeso; *aus dem Gedächtnis kommen* sfuggire di mente
entfalten V spiegare; *fig Talent* sviluppare; **sich ~** svilupparsi
entfernen V togliere, evare; IT cancellare; **sich ~** allontanarsi (**von** da) **entfernt** ADJ lontano, distante **Entfernung** F distanza *f* **Entfernungsmesser** M FOTO telemetro *m*
entfremden V alienare
entführen V rapire; *Flugzeug* dirottare **Entführer(in)** M(F) rapitore(-trice) *m(f)*; *Flugzeug* dirottatore(-trice) *m(f)* **Entführung** F rapimento *m*; *Flugzeug* dirottamento *m*
entgegen **1** PRÄP *anders als* contrariamente a **2** ADV *Richtung* incontro **entgegengehen** V andare incontro (**j-m** a qn) **entgegengesetzt** ADJ opposto **entgegenkommen** V venire incontro (**j-m** a qn) (*a. fig*) **entgegenkommend** ADJ gentile, cortese **entgegennehmen** V *Antrag* ricevere; *Beschwerde* accettare **entgegensehen** V attendere (**etw** qc) **entgegentreten** V opporsi (**etw** a qc)
entgegnen V replicare **Entgegnung** F replica *f*
entgehen V sfuggire (**e-r Ge-**

fahr a un pericolo); **sich etw nicht ~ lassen** non lasciarsi sfuggire qc; **das ist mir entgangen** mi è sfuggito

Entgelt N compenso *m*, indennizzo *m*

entgleisen V BAHN deragliare; *fig* traviarsi

enthaaren V depilare **Enthaarungsmittel** N depilatorio *m*

enthalten V contenere; **sich ~** astenersi (**etw** da qc) **enthaltsam** ADJ moderato

enthüllen V *Denkmal* scoprire; *Geheimnis* rivelare

enthusiastisch ADJ entusiastico

entkalken V decalcificare

entkoffeiniert ADJ decaffeinato

entkommen V scappare

entkorken V sturare

entkräften V estenuare; *fig* invalidare

entladen V scaricare

entlang PRÄP: **~ der Straße, die Straße ~** lungo la strada

entlarven V smascherare

entlassen V *Arbeiter* licenziare; *Häftling* scarcerare; *Krankenhaus* dimettere

entlasten V liberare (**von** da); JUR deporre a discarico di

entlegen ADJ fuori mano

entlohnen V pagare

entmutigen V scoraggiare

entnehmen V prendere (**aus** da); *ersehen* apprendere (da)

entrahmen V scremare; **entrahmte Milch** latte *m* scremato

entreißen V strappare

entrüsten V: **sich ~** indignarsi (**über** per) **Entrüstung** F indignazione *f*

Entsafter M centrifuga *f*

entschädigen V indennizzare (**für** di) **Entschädigung** F indennità *f*, indennizzo *m*

entscheiden V decidere; **sich ~** decidersi **entscheidend** ADJ decisivo **Entscheidung** F decisione *f*

entschlacken V disintossicare; **sich ~** disintossicarsi (**von etw** da qc) **Entschlackung** F disintossicazione *f*

entschließen V: **sich ~** risolversi (**etw zu tun** a fare qc) **entschlossen** ADJ risoluto **Entschlossenheit** F risolutezza *f* **Entschluss** M decisione *f*, risoluzione *f*; **e-n ~ fassen** prendere una decisione

entschlüsseln V decifrare

entschuldigen V scusare; **sich ~** scusarsi (**wegen etw** di qc); **~ Sie!** scusi! **Entschuldigung** F scusa *f*; **~!** scusi!

Entsetzen N orrore *m* **entsetzlich** ADJ orribile, terribile

entsetzt ADJ: **ich bin ~** sono spaventato

entsorgen V smaltire

entspannen V: **sich ~** rilassarsi, riposarsi **Entspannung** F relax *m*, riposo *m*; POL distensione *f*
entsprechen V corrispondere a **entsprechend** ADJ corrispondente; **Ihrem Wunsch ~** conforme al Suo desiderio
entstehen V nascere (**aus** da), formarsi **Entstehung** F nascita *f*, formazione *f*
entstellen V sfigurare; *fig* svisare **entstellt** PPERF sfigurato
enttäuschen V deludere; **~d** deludente **enttäuscht** ADJ deluso **Enttäuschung** F delusione *f*
entwaffnen V disarmare (*a. fig*)
entweder KONJ: **~ … oder** o … o
entweichen V *Luft, Gas* fuoriuscire
entwerfen V abbozzare
entwerten V annullare, obliterare **Entwerter** M obliteratore *m*
entwickeln V sviluppare (*a.* FOTO); **sich ~** svilupparsi **Entwicklung** F sviluppo *m* **Entwicklungsland** N paese *m* in via di sviluppo
entwischen V scappare
entwürdigend ADJ umiliante
Entwurf M *Skizze* abbozzo *m*; *Plan* piano *m*
entziehen V ritirare; **sich ~** sottrarsi (a) **Entziehungskur** F cura *f* di disintossicazione
entziffern V decifrare
entzückend ADJ incantevole
Entzug M *von Drogen* disassuefazione *f*
entzünden V accendere; **sich ~** MED infiammarsi **Entzündung** F MED infiammazione *f*
Enzian M genziana *f*
Enzym N enzima *m*
Epidemie F epidemia *f*
Epilepsie F epilessia *f*
Epoche F epoca *f*
er PRON lui, egli; **~ selbst** lui stesso; **da ist ~!** eccolo!
Erachten N: **meines ~s** a mio parere
Erbanlage F fattore *m* ereditario
erbarmen V: **sich ~** avere pietà di **Erbarmen** N pietà *f* **erbärmlich** ADJ misero, pietoso; *gemein* meschino **erbarmungslos** ADJ spietato
erbauen V edificare **Erbauer(in)** M(F) edificatore(-trice) *m(f)*; costruttore(-trice) *m(f)*
Erbe N eredità *f* **Erbe** M, **Erbin** F erede *m/f* **erben** V ereditare **Erbgut** N BIOL patrimonio *m* (genetico) ereditario
erbittert ADJ esasperato; *Kampf* accanito
erblich ADJ ereditario
erblicken V scorgere
erblinden V diventare cieco

erbost ADJ arrabbiato

erbrechen V: ~ *u.* **sich ~** vomitare **Erbrechen** N vomito *m*

Erbschaft F eredità *f*

Erbsen FPL piselli *mpl*

Erdapfel M *österr* patata *f* **Erdbeben** N terremoto *m* **Erdbeere** F fragola *f* **Erdboden** M suolo *m*; terra *f*

Erde F terra *f* **erden** V ELEK mettere a terra

erdenklich ADJ immaginabile

Erdgas N gas *m* naturale **Erdgeschoss** N pianterreno *m* **Erdkunde** F geografia *f* **Erdnüsse** FPL arachidi *fpl* **Erdöl** N petrolio *m*

erdrücken V schiacciare

Erdrutsch M frana *f* **Erdstoß** M scossa *f* (sismica) **Erdteil** M continente *m*

erdulden V sopportare

E-Reader M lettore *m* di ebook

ereignen V: **sich ~** avvenire **Ereignis** N avvenimento *m*

erfahren **1** V apprendere; (venire a) sapere; *erleben* provare **2** ADJ: **~ in etw** esperto in qc **Erfahrung** F esperienza *f*; *Übung* pratica *f* (**in etw** di); **aus eigener ~** per esperienza propria; **in ~ bringen** venire a sapere

erfassen V *einbeziehen* includere; *verstehen* comprendere; *Daten* rilevare

erfinden V inventare (*a. fig*)

Erfinder(in) M(F) inventore (-trice) *m(f)* **erfinderisch** ADJ ingegnoso **Erfindung** F invenzione *f*

Erfolg M successo *m*; *Ergebnis* risultato *m*; **(ich wünsche dir/Ihnen) viel ~ bei ...!** (ti/Le auguro) tanto successo per ...!

erfolgen V *stattfinden* succedere

erfolglos **1** ADJ inutile **2** ADV senza successo **erfolgreich** **1** ADJ *Mensch* di successo; *Versuch* felice **2** ADV con successo

erforderlich ADJ necessario **erfordern** V richiedere, esigere

erforschen V *Problem* studiare; *Land* esplorare

erfreulich ADJ piacevole **erfreulicherweise** ADV per fortuna **erfreut** ADJ lieto (**über** di); **sehr ~!** molto lieto!

erfrieren V morire di freddo

erfrischen V rinfrescare **Erfrischung** F rinfresco *m*; *Getränk* bibita *f* **Erfrischungstuch** N salviettina *f* rinfrescante

erfüllen V *Bitte* esaudire; *Pflicht, Aufgabe* adempiere; *Wunsch* realizzare; **sich ~** avverarsi **Erfüllung** F: **in ~ gehen** realizzarsi

ergänzen V completare; *hinzufügen* aggiungere **Ergänzung** F completamento *m*

ergeben V *erbringen* rendere, fruttare; **sich** ~ *folgen* seguire (**aus** da); *sich hingeben* darsi (a); *kapitulieren* arrendersi
Ergebnis N risultato *m* **ergebnislos** ADJ senza risultato
ergiebig ADJ produttivo
ergreifen V afferrare; *Täter* catturare; *Gelegenheit* cogliere; *Beruf* prendere; *rühren* commuovere; **die Flucht** ~ darsi alla fuga; **das Wort** ~ prendere la parola **ergreifend** ADJ commovente
ergriffen ADJ commosso
erhaben ADJ sublime
erhalten V *bekommen* ricevere; *bewahren* mantenere; **gut** ~ in buono stato **erhältlich** ADJ in vendita
erhängen V: **sich** ~ impiccarsi
erheben V *hochheben* alzare; *Gebühr etc* riscuotere; *Fakten* rilevare; **sich** ~ *aufstehen* alzarsi; *emporragen* levarsi
erheblich ADJ considerevole
erheitern V rasserenare
erhitzen V riscaldare
erhöhen V rialzare; *Preis etc* aumentare; **sich** ~ *Kosten* aumentare, salire **Erhöhung** F *Preis etc* aumento *m*
erholen V: **sich** ~ riposarsi; rimettersi (**von** da); ~ **Sie sich/erhol dich gut!** si riposi/riposati! **Erholung** F riposo *m*
erinnern V: **j-n an etw** ~ ricordare qc a qn; **sich** ~ ricordarsi (**an** di *od* qc); **das erinnert mich an** ... mi ricorda ... **Erinnerung** F ricordo *m* **zur** ~ in ricordo (**an** di)
erkälten V: **sich** ~ raffreddarsi; **erkältet sein** essere raffreddato **Erkältung** F raffreddore *m*
erkennbar ADJ riconoscibile
erkennen V riconoscere (**an** da); *wahrnehmen* distinguere
Erkenntnis F conoscenza *f*; *Einsicht* riconoscimento *m*
Erkennungszeichen N segno *m* di riconoscimento
Erker M ARCH sporto *m*
erklären V *erläutern* spiegare; *bekannt machen* dichiarare **Erklärung** F spiegazione *f*; *Bekanntmachung* dichiarazione *f*
erkranken V ammalarsi (**an** di) **Erkrankung** F malattia *f*
erkunden V *Gegend* esplorare
erkundigen V: **sich nach etw** ~ chiedere informazioni su qc (**bei j-m** a qn) **Erkundigung** F informazione *f*
Erlass M decreto *m* **erlassen** V *Gebühren* esonerare (**j-m etw** qn da qc); *Strafe* condonare; *Verordnung* emanare
erlauben V permettere **Erlaubnis** F permesso *m*
erläutern V spiegare
Erle F ontano *m*
erleben V vedere; provare; vivere **Erlebnis** N esperienza

f; *Abenteuer* avventura *f* **Erlebnispark** M parco *m* di divertimenti
erledigen V *Sache* sbrigare; *ruinieren* spacciare; *umbringen* far fuori **erledigt** ADJ sbrigato; *erschöpft* sfinito **Erledigung** F disbrigo *m*
erleichtern V alleggerire (*a. Gewissen*); *Aufgabe* facilitare **erleichtert** ADJ sollevato **Erleichterung** F sollievo *m*
erleiden V sopportare
erlesen ADJ squisito
Erleuchtung F *Idee* ispirazione *f*
erliegen V soccombere a; *Verkehr* **zum Erliegen kommen** essere paralizzato
erlogen ADJ inventato
Erlös M ricavo *m*
erloschen ADJ *Vulkan* spento **erlöschen** V spegnersi; *verfallen* scadere
erlösen V liberare (**von** da); REL redimere **Erlöser** M REL Redentore *m* **Erlösung** F liberazione *f*; REL redenzione *f*
ermächtigen V autorizzare (**zu** a) **Ermächtigung** F autorizzazione *f*
ermahnen V ammonire **Ermahnung** F ammonizione *f*
ermäßigt ADJ ridotto **Ermäßigung** F sconto *m*, ribasso *m*, riduzione *f*
ermitteln V *entdecken* scoprire; rintracciare; *nachforschen* indagare; **gegen j-n ~** JUR indagare su qn **Ermittlungen** FPL indagini *fpl*, ricerche *fpl*
ermöglichen V rendere possibile, permettere
ermorden V assassinare **Ermordung** F assassinio *m*
ermüden V stancare **ermüdend** ADJ faticoso **Ermüdung** F fatica *f*
ermuntern V incoraggiare (**zu** a)
ermutigen V incoraggiare; **~d** incoraggiante **Ermutigung** F incoraggiamento *m*
ernähren V nutrire; **sich ~** nutrirsi **Ernährung** F *Nahrung* alimentazione *f*
ernennen V nominare (**j-n zum Direktor** qn direttore) **Ernennung** F nomina *f*
erneuern V rinnovare **Erneuerung** F rinnovamento *m*
erneut ADV di nuovo
erniedrigen V umiliare; **~d** umiliante
ernst ADJ serio; *Krankheit* grave; *Worte* severo; *Absicht* fermo; **~ nehmen** prendere sul serio **Ernst** M serietà *f*; gravità *f*; **im ~** sul serio **Ernstfall** M: **im ~** in caso d'emergenza **ernsthaft** ADJ, **ernstlich** ADJ serio
Ernte F raccolta *f* **ernten** V raccogliere
ernüchtert ADJ disilluso
erobern V conquistare **Eroberung** F conquista *f*

eröffnen V aprire; *feierlich* inaugurare **Eröffnung** F apertura *f* (*a. Konto*); inaugurazione *f*
erörtern V discutere
Erotik F erotismo *m* **erotisch** ADJ erotico
erpressen V *Person* ricattare; *Geld* estorcere **Erpresser(in)** M(F) ricattatore(-trice) *m(f)* **Erpressung** F ricatto *m*; estorsione *f*
erraten V indovinare
erregbar ADJ: **leicht ~** irritabile
erregen V eccitare; *erzürnen* irritare; *erwecken* suscitare **Erreger** M MED germe *m* patogeno **erregt** ADJ eccitato, irritato **Erregung** F eccitazione *f* (*a. sexuell*); irritazione *f*
erreichbar ADJ raggiungibile
erreichen V *Ort, Alter* raggiungere, arrivare a; *Zug* riuscire a prendere; *Person* contattare; *erlangen* ottenere
errichten V erigere
erröten V arrossire
Errungenschaft F conquista *f*; *umg Anschaffung* acquisto *m*
Ersatz M sostituzione *f*; *Schadenersatz* indennizzo *m*; **als ~ für** in sostituzione di **Ersatzmann** M supplente *m*, sostituto *m*; SPORT riserva *f* **Ersatzreifen** M pneumatico *m* di scorta **Ersatzteil** N (pezzo *m* di) ricambio *m*
erscheinen V apparire, comparire; *Zeitung* uscire **Erscheinung** F fenomeno *m*
erschießen V uccidere (con arma da fuoco)
erschlagen V ammazzare; *fig umg* **~ sein** essere sfinito
erschöpft ADJ esausto; (*a. Vorräte*) esaurito **Erschöpfung** F esaurimento *m*
erschrecken V *andere* spaventare; *selbst* spaventarsi **erschreckend** ADJ spaventoso
erschrocken ADJ spaventato
erschüttern V scuotere; *fig* sconvolgere **erschüttert** ADJ sconvolto **Erschütterung** F scossa *f*; *fig* commozione *f*
erschweren V rendere più difficile
erschwinglich ADJ accessibile
ersetzbar ADJ sostituibile **ersetzen** V sostituire; *Schaden* risarcire; *Unkosten* rimborsare; **j-m etw ~** risarcire qc a qn
ersichtlich ADJ evidente
ersparen V risparmiare (*a. fig* **j-m etw** qc a qn) **Ersparnis** F risparmio *m* (**an** di); **~se** *pl* economie *fpl*
erst ADV *zuerst* prima; *anfangs* a l'inizio; *nur* solo; **gerade ~** solo, appena; **~ gestern** soltanto ieri; **~ recht** più che mai
erstatten V *Unkosten* rimborsare; *Bericht* fare un rapporto; *Anzeige* denunciare

Erstaufführung F prima *f* (rappresentazione)
Erstaunen N stupore *m*; **in ~ versetzen** stupire **erstaunlich** ADJ sorprendente **erstaunt** ADJ stupito
erste(r, -s) ADJ primo; **am ersten Juni** il primo giugno; **erster Klasse** di prima classe; **Erste Hilfe** pronto soccorso *m*; **fürs Erste** per il momento; **der erste Beste** il primo venuto; **zum ersten Mal** per la prima volta
erstechen V accoltellare
erstens ADV in primo luogo
ersticken V soffocare
erstklassig ADJ di prima qualità; *Hotel* di prima categoria
erstmals ADV per la prima volta
erstreben V aspirare a **erstrebenswert** ADJ desiderabile
erstrecken V: **sich ~** estendersi (**bis zu** *od* **an** fino a)
ertappen V sorprendere; **auf frischer Tat ~** cogliere sul fatto
erteilen V dare
Ertrag M provento *m*; utile *m*; AGR raccolto *m*
ertragen V sopportare; **nicht zu ~** insopportabile **erträglich** ADJ sopportabile
ertränken V affogare
ertrinken V annegare
erübrigen V *Geld* risparmiare; *Zeit* riservare; **es erübrigt sich** è superfluo (**etw zu tun** fare qc)
erwachen V svegliarsi
erwachsen ADJ adulto **Erwachsene(r)** F(M) adulto(-a) *m(f)*
erwägen V ponderare, considerare **Erwägung** F considerazione *f*; **etw in ~ ziehen** prendere qc in considerazione
erwähnen V menzionare
erwärmen V riscaldare
erwarten V aspettare, attendere; **das war zu ~** c'era da aspettarselo **Erwartung** F attesa *f*; **~en** *pl* aspettative *fpl*
erwecken V *Verdacht* suscitare; *Vertrauen* ispirare; *Eindruck* dare
erweisen V *Dienst, Ehre* rendere; **sich ~ als** (di)mostrarsi come
erweitern V allargare
Erwerb M acquisto *m* **erwerben** V acquistare, comprare; *Fähigkeiten* acquisire
erwerbstätig ADJ attivo **erwerbsunfähig** ADJ inabile al lavoro
erwidern V replicare; *Gruß* ricambiare
erwischen V *Dieb etc* acchiappare; *Zug* riuscire a prendere; *ertappen* sorprendere
erwünscht ADJ desiderato
erwürgen V strozzare
Erz N minerale *m* metallico

erzählen V raccontare **Erzählung** F racconto *m*
Erzbischof M arcivescovo *m*
Erzengel M arcangelo *m*
erzeugen V produrre; *hervorrufen* far nascere **Erzeuger(in)** M(F) *Hersteller* produttore(-trice) *m(f)* **Erzeugnis** N prodotto *m*
erziehen V educare **Erzieher(in)** M(F) educatore(-trice) *m(f)*; *Beruf* maestro(-a) *m(f)*
Erziehung F educazione *f*
Erziehungsberechtigte(r) F(M) genitore *m* (o chi ne fa le veci)
erzielen V ottenere
erzwingen V ottenere con la forza **erzwungen** ADJ forzato
es PRON NSG: **ich bin ~** sono io; **~ ist spät** è tardi; **~ gibt** c'è, ci sono; **~ klopft** bussano alla porta
Esche F frassino *m*
Esel M asino *m*
Espe F tremula *f*
essbar ADJ mangiabile; *Pilz* commestibile
essen V mangiare; **~ gehen** mangiare fuori; **zu Mittag ~** pranzare; **zu Abend ~** cenare
Essen N mangiare *m*; cibo *m*; *Mahlzeit* pasto *m*; **~ bestellen** *Homeservice* farsi portare il mangiare (a casa)
Essig M aceto *m* **Essiggurke** F cetriolino *m* sott'aceto
Esslöffel M cucchiaio *m* **Esstisch** M tavola *f* da pranzo
Esszimmer N sala *f* da pranzo
Estland N Estonia *f*
Estragon M dragoncello *m*
Etage F piano *m* **Etagenbett** N letto *m* a castello
Etappe F tappa *f*
Etat M bilancio *m*
E-Ticket N e-ticket *m*, biglietto *m* elettronico
Etikett N etichetta *f*
etliche PRON alcuni, parecchi
Etui N astuccio *m*
etwa ADV circa **etwaig** ADJ eventuale
etwas PRON qualcosa; *ein wenig* un po' (di)
EU F ABK (= **Europäische Union**) UE *f* (Unione Europea)
euch PRON vi; *betont* voi; a voi
euer POSS PR (il) vostro, (la) vostra; **eure** *pl* (i) vostri, (le) vostre
Eule F civetta *f*
EU-Mitgliedstaat M Stato *m* membro dell'Unione Europea
euretwegen ADV *für euch* per voi; *Schuld* per colpa vostra
Euro M *Währung* euro **Eurocity** M *Zug* (treno) eurocity *m*
Europa N Europa *f* **Europäer(in)** M(F) europeo(-a) *m(f)* **europäisch** ADJ europeo
Euter N mammella *f*
EU-weit ADJ *che riguarda l'intera Unione Europea*

e. V. M ABK (= **eingetragener Verein**) associazione *f* registrata
evakuieren V *Gebiet* evacuare; *Menschen* sfollare
evangelisch ADJ protestante **Evangelium** N Vangelo *m*
eventuell 1 ADJ eventuale 2 ADV eventualmente
ewig ADJ eterno **Ewigkeit** F eternità *f*
exakt ADJ esatto
Examen N esame *m*
Exemplar N esemplare *m*; *Druckerzeugnis* copia *f*
Exil N esilio *m*
Existenz F esistenza *f* **existieren** V esistere
Exkursion F escursione *f*
exotisch ADJ esotico
Expedition F spedizione *f*
Experiment N esperimento *m* **experimentieren** V sperimentare
Experte M, **Expertin** F esperto(-a) *m(f)*, perito(-a) *m(f)*
explodieren V esplodere, scoppiare **Explosion** F esplosione *f*
Export M esportazione *f* **exportieren** V esportare
extra ADV *getrennt* a parte; *eigens* proprio; *zusätzlich* in più; *absichtlich* appositamente
Extrakt M estratto *m*
extrem 1 ADJ estremo 2 ADV estremamente **Extremist(in)** M(F) estremista *m/f*
Extremsport M sport *m* estremo
Exzess M eccesso *m*
Eyeliner M matita *f* per gli occhi
E-Zigarette F sigaretta *f* elettronica

F

fabelhaft ADJ stupendo
Fabrik F fabbrica *f* **Fabrikarbeiter(in)** M(F) operaio(-a) *m(f)* **Fabrikat** N prodotto *m* **Fabrikverkauf** M spaccio *m* aziendale
Fach N scomparto *m*; *im Regal* ripiano *m*; *Schule* materia *f* **Facharbeiter(in)** M(F) operaio(-a) *m(f)* specializzato(-a) **Facharzt** M, **-ärztin** F (medico) specialista *m/f* **Fachausdruck** M termine *m* tecnico **Fachbuch** N libro *m* specializzato **Fachchinesisch** N IT informatichese *m*; **politisches ~** politichese *m*
Fächer M ventaglio *m*
Fachfrau F specialista *f*, esperta *f* **Fachgebiet** N campo *m*, ramo *m* **Fachgeschäft** N negozio *m* specializzato **Fachkenntnisse** FPL conoscenze *fpl* speciali **Fach-**

mann M specialista *m*, esperto *m* **fachsimpeln** V parlare di questioni tecniche; **über Computer ~** parlare informatichese **Fachzeitschrift** F rivista *f* specializzata
Fackel F fiaccola *f*
fad(e) ADJ *Geschmack* insipido; *fig langweilig* noioso
Faden M filo *m*; **den ~ verlieren** perdere il filo
fähig ADJ capace (**zu** di) **Fähigkeit** F capacità *f*
fahnden V ricercare (**nach j-m** qn) **Fahndung** F ricerca *f* (**nach** di)
Fahne F bandiera *f*
Fahrbahn F carreggiata *f*
Fähre F traghetto *m*
fahren V andare (**mit dem Auto** in macchina); *lenken* guidare; *befördern Person* portare; *etw* trasportare; *abreisen* partire (**nach** per); **~ über** passare per **Fahrer(in)** M(F) conducente *m/f* **Fahrerflucht** F fuga *f* del conducente
Fahrgast M passeggero *m* **Fahrgestell** N AUTO telaio *m* **Fahrkarte** F biglietto *m* **Fahrkartenautomat** M distributore *m* automatico di biglietti **Fahrkartenschalter** M biglietteria *f*
fahrlässig ADJ negligente; colposo **Fahrlässigkeit** F trascuratezza *f*; JUR negligenza *f*
Fahrplan M orario *m* **Fahrplanauskunft** F orari *mpl* (dei) treni **fahrplanmäßig** ADJ in orario **Fahrpreis** M prezzo *m* del biglietto **Fahrpreisermäßigung** F riduzione *f* sul prezzo del biglietto
Fahrrad N bicicletta *f* **Fahrradverleih** M noleggio *m* di biciclette **Fahrradweg** M pista *f* ciclabile
Fahrschein M biglietto *m*
Fahrschule F scuola *f* guida
Fahrspur F corsia *f* **Fahrstuhl** M ascensore *m*
Fahrt F corsa *f*; *Reise* viaggio *m* **gute ~!** buon viaggio!; **~ ins Blaue** gita *f* a sorpresa; **in voller ~** in piena corsa; **freie ~** via libera **Fahrtrichtung** F direzione *f* di marcia
Fahrverbot N divieto *m* di circolazione **Fahrzeit** F durata *f* della corsa
Fahrzeug N veicolo *m*; AUTO autoveicolo *m* **Fahrzeugbrief** M foglio *m* complementare **Fahrzeughalter(in)** M(F) proprietario(-a) *m(f)* di autovettura **Fahrzeugschein** M libretto *m* (*od* carta *f*) di circolazione
fair ADJ leale
Faktor M fattore *m*
Falke M falco *m*
Fall M *Sturz* caduta *f*; *Sachverhalt* caso *m*; **auf jeden ~** in

ogni caso; **auf keinen ~** in nessun caso
Falle F trappola *f*; **e-e ~ stellen** tendere una trappola
fallen V cadere; *Preise, Temperatur* diminuire, calare
fällen V *Bäume* abbattere; *Urteil* pronunciare
fällig ADJ in scadenza; **~ sein** scadere **Fälligkeit** F scadenza *f*
falls KONJ se; nel caso che *+konjkt*
Fallschirm M paracadute *m* **Fallschirmspringer(in)** M(F) paracadutista *m/f*
falsch ADJ falso; *unrichtig* sbagliato; *Zähne* finto; **ich bin ~ verbunden** ho sbagliato numero; **~ verstehen** capire male; *Uhr* **~ gehen** non essere esatto; **etw ~ machen** sbagliare qc **fälschen** V falsificare **Falschgeld** N moneta *f* falsa **fälschlicherweise** ADV erroneamente **Fälschung** F *Ergebnis* falso *m*; *Vorgang* falsificazione *f*
Falte F *Stoff* piega *f*; *Haut* ruga *f* **falten** V piegare
Falter M farfalla *f*
faltig ADJ a pieghe; *Gesicht* rugoso
familiär ADJ familiare
Familie F famiglia *f* **Familienangehörige(r)** F(M) membro *m* della famiglia **familienfreundlich** ADJ *Hotel etc* adatto a famiglie (con bambini) **Familienname** M cognome *m* **Familienstand** M stato *m* civile
Fan M tifoso *m* **Fanartikel** M articolo *m* per tifosi
fanatisch ADJ fanatico
fangen V prendere; acchiappare; **Feuer ~** prendere fuoco
Fantasie F fantasia *f* **fantastisch** ADJ fantastico
Farbe F colore *m*; *Spielkarten* seme *m* **farbecht** ADJ indelebile **färben** V tingere **farbenblind** ADJ daltonico
Farbfilm M film *m* a colori **Farbfoto** N foto *f* a colori **farbig** ADJ colorato; *neg! Mensch* di colore **farblos** ADJ incolore **Farbstift** M matita *f* colorata **Farbstoff** M colorante *m*
Farn M felce *f*
Fasan M fagiano *m*
Fasching M carnevale *m*
Faschismus M fascismo *m*
Faser F fibra *f*
Fass N botte *f*; barile *m*; **vom ~** *Bier* alla spina
Fassade F facciata *f*
fassen V prendere; *Dieb* arrestare; *begreifen* comprendere; *aufnehmen* contenere; **sich ~** calmarsi; **es ist nicht zu ~!** è incredibile!
Fassung F *Brille* montatura *f*; *Lampe* portalampada *m*; *fig Ruhe* (auto)controllo *m*; **aus der ~ bringen** sconcertare **fassungslos** ADJ sconcertato

Fassungsvermögen N capacità *f*
fast ADV quasi
fasten V digiunare **Fasten** N digiuno *m* **Fastenzeit** F REL quaresima *f*
Fastnacht F martedì *m* grasso
fatal ADJ fatale
faul ADJ *träge* pigro; *verfault* marcio, guasto **faulen** V marcire
faulenzen V oziare; *umg* poltrire **Faulenzer(in)** M(F) fannullone(-a) *m(f)* **Faulpelz** M sfaticato *m*
Faust F pugno *m*; **auf eigene ~** di propria iniziativa **Fausthandschuh** M, **Fäustling** M muffola *f* **Faustregel** F regola *f* generale **Faustschlag** M pugno *m*
Fax N (tele)fax *m*, *Gerät* telecopiatrice *f*; **j-m ein ~ schicken** mandare un fax a qn
faxen V faxare, mandare per fax **Faxnummer** F numero *m* di fax
Fazit N risultato *m*
Februar M febbraio *m*
Fechten N scherma *f*
Feder F *Vogel* piuma *f*; *Schreibgerät* penna *f*; TECH molla *f* **Federball** M volano *m* **Federbett** N piumino *m*
federn V essere elastico; molleggiare **Federung** F molleggio *m*; AUTO sospensione *f*
Fee F fata *f*
fegen V spazzare
fehlen V mancare; *abwesend sein* essere assente; **was fehlt Ihnen?** che cosa ha?; **du fehlst mir!** mi manchi!
Fehler M errore *m*, sbaglio *m* *Mensch, Gerät* difetto *m*
fehlerfrei ADJ senza errori
fehlerhaft ADJ difettoso
Fehlermeldung F IT messaggio *m* di errore
Fehlgeburt F aborto *m*
fehlschlagen V fallire
Fehlstart M falsa partenza *f*
Fehlzündung F AUTO accensione *f* difettosa
Feier F festa *f*
Feierabend M: **nach ~** dopo il lavoro
feierlich ADJ solenne **Feierlichkeiten** FPL festività *fpl*
feiern V festeggiare **Feiertag** M giorno *m* festivo; festa *f*; **schöne ~e!** buone feste!
feig(e) ADJ vile
Feige F fico *m*
Feigheit F viltà *f* **Feigling** M vigliacco *m*
Feile F lima *f* **feilen** V limare
feilschen V mercanteggiare (sul prezzo)
fein ADJ fine; *zart* delicato; *erlesen* squisito
Feind M nemico *m* **feindlich** ADJ nemico; ostile
Feindschaft F inimicizia *f*
feindselig ADJ ostile
feinfühlig ADJ delicato, sensi-

bile **Feingefühl** N delicatezza *f* **Feinkostgeschäft** N negozio *m* di specialità gastronomiche **Feinschmecker(in)** M(F) buongustaio(-a) *m(f)* **Feinwaschmittel** N detersivo *m* per capi delicati

Feld N campo *m*; *Brettspiel* casella *f* **Feldsalat** M lattughella *f* **Feldweg** M viottolo *m*

Felge F cerchione *m*

Fell N pelo *m*; *Pelz* pelliccia *f*

Felsen M roccia *f* **felsig** ADJ roccioso **Felswand** F parete *f* rocciosa

feminin ADJ femminile **Feminist(in)** M(F) femminista *m/f*

Fenchel M finocchio *m*

Fenster N finestra *f* (*a.* IT); *Wagen* finestrino *m* **Fensterbrett** N N davanzale *m* **Fensterheber** M AUTO alzacristallo *m* **Fensterladen** M persiana *f* **Fensterplatz** M posto *m* al finestrino **Fensterscheibe** F vetro *m*

Ferien PL vacanze *fpl*; ferie *fpl*; **~ machen in …** andare in vacanza in …; **schöne ~!** buone vacanze!

Ferienanlage F villaggio *m* turistico **Ferienclub** M club *m* vacanze **Ferienhaus** N casa *f* per le vacanze **Ferienkurs** M corso *m* estivo **Ferienort** M luogo *m* di villeggiatura **Ferienwohnung** F alloggio *m* per le vacanze

Ferkel N porcellino *m*

fern ADJ lontano; **der Ferne Osten** l'Estremo Oriente *m* **Fernbedienung** F telecomando *m* **Fernbus** M autobus *m* a lunga percorrenza **Ferne** F: **aus der ~** da lontano; **in der ~** in lontananza

ferner ADV inoltre, poi

Fernfahrer(in) M(F) camionista *m/f* **ferngesteuert** ADJ teleguidato **Fernglas** N binocolo *m*, cannocchiale *m* **Fernlicht** N abbaglianti *mpl* **Fernreise** F viaggio *m* esotico **Fernrohr** N telescopio *m*

fernsehen V guardare la televisione **Fernsehen** N televisione *f* **Fernseher** M, **Fernsehgerät** N televisore *m* **Fernsehfilm** M telefilm *m* **Fernsehprogramm** N programma *m* televisivo; *mehrteilig* sceneggiato *m* **Fernsehsendung** F trasmissione *f* televisiva **Fernsehzuschauer(in)** M(F) telespettatore(-trice) *m(f)*

Fernsicht F vista *f* **Fernsteuerung** F telecomando *m* **Fernstraße** F strada *f* di grande comunicazione **Fernstudium** N studio *m* per corrispondenza **Fernverkehr** M traffico *m* a grande distanza

Ferse F calcagno *m*

fertig ADJ *beendet* finito; *bereit* pronto; *umg erschöpft* sfinito;

~ **bringen** *beenden* finire; ~ **machen** *Arbeit* terminare; **sich ~ machen** *vorbereiten* prepararsi **fertigbringen** V: **es ~** *in der Lage sein* essere capace (**zu** di) **Fertiggericht** N precotto *m* **Fertighaus** N casa *f* prefabbricata **Fertigkeit** F abilità *f* **fertigmachen** V *Anstrengung* sfinire; **j-n ~** *umg* maltrattare qn, fare a pezzi qn

Fessel F vincolo *m*; ANAT caviglia *f* **fesseln** V incatenare; *fig* avvincere **fesselnd** ADJ avvincente

fest ADJ saldo; *Stoff, Nahrung* solido; *Preis, Wohnsitz* fisso; *stabil* stabile; *straff* sodo; ~ **schlafen** dormire sodo

Fest N festa *f*

festbinden V legare

Festessen N banchetto *m*

festhalten V tenere fermo; **an etw ~** attenersi a qc; **sich ~** tenersi saldo

Festival N festival *m*

Festland N terraferma *f*; *Kontinent* continente *m*

festlegen V stabilire; **sich ~** impegnarsi (**auf** a)

festlich ADJ festivo; *feierlich* solenne

festmachen V fissare; SCHIFF ormeggiare **Festnahme** F arresto *m* **festnehmen** V arrestare

Festnetz N TEL rete *f* fissa **Festnetzanschluss** M linea *f* telefonica fissa **Festnetznummer** F numero *m* di telefono fisso **Festnetztelefon** N telefono *m* fisso **Festplatte** F IT disco *m* fisso; hard disk *m* **Festpreis** M prezzo *m* fisso **festsetzen** V *Termin etc* stabilire, fissare **festsitzen** V *umg* essere bloccati

Festspiele NPL festival *m*

feststehen V *Termin* essere fissato

feststellen V *bemerken* constatare; *Personalien* accertare **Feststellung** F *Bemerkung* osservazione *f*

Festung F fortezza *f*

Festzug M corteo *m*

fett ADJ grasso **Fett** N grasso *m* **fettarm** ADJ magro **Fettfleck** M macchia *f* di grasso **fettig** ADJ grasso

Fetzen M *Stoff* brandello *m*; *Papier* pezzetto *m* (di carta)

feucht ADJ umido; ~ **werden** inumidirsi **Feuchtigkeit** F umidità *f* **Feuchtigkeitscreme** F crema *f* idratante

Feuer N fuoco *m*; *Brand* incendio *m*; **~!** al fuoco!; ~ **fangen** prendere fuoco **Feueralarm** M allarme *m* in caso d'incendio **feuerfest** ADJ resistente al fuoco **feuergefährlich** ADJ infiammabile **Feuerleiter** F scala *f* d'emergenza **Feuerlöscher** M estintore *m* **Feuermelder**

M segnalatore *m* d'incendio **Feuerwehr** F pompieri *mpl*; vigili *mpl* del fuoco **Feuerwehrmann** M pompiere *m*, vigile *m* del fuoco **Feuerwerk** N fuochi *mpl* d'artificio **Feuerzeug** N accendino *m*
Fiasko N fiasco *m*
Fichte F abete *m* rosso
Fieber N febbre *f*; **~ haben** avere la febbre **fieberhaft** ADJ febbrile **fiebern** V avere la febbre **fiebersenkend** ADJ: **~es Mittel** *n* antifebbrile *m* **Fieberthermometer** N termometro *m* **fiebrig** ADJ febbrile
Figur F figura *f*; *Körperbau* fisico *m*
Filet N filetto *m* **Filetsteak** N bistecca *f* di filetto
Filiale F filiale *f*, succursale *f*
Film M film *m*; FOTO pellicola *f*, rullino *m* **filmen** V filmare
Filmfestspiele NPL festival *m* cinematografico **Filmkamera** F cinepresa *f* **Filmregisseur(in)** M(F) regista *m/f* cinematografico **Filmstar** M divo *m*, diva *f* del cinema
Filter M filtro *m* **Filterkaffee** M caffè *m* americano **filtern** V filtrare **Filterpapier** N, **Filtertüte** F filtro *m* di carta
Filz M feltro *m* **Filzstift** M pennarello *m*
Finale N finale *m*; *Sport* finale *f*
Finanzamt N ufficio *m* tasse **finanziell** ADJ finanziario **finanzieren** V finanziare
finden V trovare; **wie ~ Sie das?** come Le pare? **Finder(in)** M(F) ritrovatore(-trice) *m(f)* **Finderlohn** M ricompensa *f*
Finger M dito *m* (*pl* le dita *f*); **kleiner ~** mignolo *m* **Fingerabdruck** M impronta *f* digitale **fingerdick** ADJ grosso un dito **Fingernagel** M unghia *f* **Fingerspitze** F punta *f* del dito
fingieren V fingere
Fink M fringuello *m*
Finne M, **Finnin** F finlandese *m/f* **finnisch** ADJ finlandese **Finnland** N Finlandia *f*
finster ADJ buio, oscuro **Finsternis** F oscurità *f*
Firma F ditta *f*
Fisch M pesce *m*; **~e** *pl* ASTROL Pesci *mpl* **fischen** V pescare **Fischer(in)** M(F) pescatore(-trice) *m(f)* **Fischerboot** N barca *f* da pesca **Fischerdorf** N villaggio *m* di pescatori **Fischerei** F, **Fischfang** M pesca *f* **Fischfilet** N filetto *m* di pesce **Fischgericht** N piatto *m* di pesce **Fischgeschäft** N pescheria *f* **Fischgräte** F lisca *f* **Fischhändler(in)** M(F) pescivendolo(-a) *m(f)* **Fischstäbchen** N bastoncino *m* di pesce **Fischsuppe** F zup-

pa *f* di pesce **Fischteich** M peschiera *f* **Fischvergiftung** F avvelenamento *m* da pesce **Fischzucht** F piscicoltura *f*
fit ADJ in forma **Fitness** F fitness *f* **Fitnesscenter** N centro *m* fitness
fix ADJ *schnell* svelto; **~e Idee** idea fissa; **~ und fertig** *bereit* bell'e pronto; *umg erschöpft* sfinito
Fixer(in) M(F) drogato(-a) *m(f)*
fixieren V fissare
FKK ABK (= **Freikörperkultur**) nudismo *m* **FKK-Strand** M spiaggia *f* nudisti
flach ADJ piatto; *eben* piano; *Absatz, Wasser* basso
Fläche F superficie *f*
Flachland N pianura *f*
Flagge F bandiera *f*
Flair N/M fascino *m*
flambiert ADJ alla fiamma
Flamme F fiamma *f*
Flanell M flanella *f*
flanieren V gironzolare
Flasche F bottiglia *f*; *Säugling* biberon *m* **Flaschenöffner** M apribottiglie *m* **Flaschenpfand** N deposito *m* per il vuoto
Flashmob M IT flash mob *m*
Flatrate F IT, TEL tariffa *f* flat
flau ADJ debole (*a. Wind*)
flauschig ADJ soffice
Flaute F SCHIFF calma *f*, bonaccia *f*; *fig* ristagno *m*
Flechte F BOT lichene *m*; MED dermatosi *f* squamosa
flechten V intrecciare
Fleck M macchia *f*; chiazza *f*; **blauer ~** livido *m* **Fleckentferner** M, **Fleckenwasser** N smacchiatore *m* **fleckig** ADJ macchiato
Fledermaus F pipistrello *m*
Fleisch N carne *f*; *Frucht* polpa *f* **Fleischbällchen** N polpetta *f* di carne **Fleischbrühe** F brodo *m* di carne
Fleischer(in) M(F) macellaio(-a) *m(f)* **Fleischerei** F, **Fleischerladen** M macelleria *f*
Fleischgericht N piatto *m* di carne **fleischig** ADJ carnoso; *Frucht* polposo
Fleischkloß M polpetta *f*
Fleischvergiftung F intossicazione *f* da carne **Fleischwolf** M tritacarne *m*
Fleiß M diligenza *f* **fleißig** ADJ diligente
flicken V rattoppare **Flickzeug** N *Fahrrad* kit *m* per riparazioni
Flieder M lillà *m*
Fliege F mosca *f*; *Krawatte* farfalla *f*; *umg* **die ~ machen** scappare, andare via
fliegen V volare; **nach Rom ~** andare in aereo a Roma; *fig umg* **auf etw/j-n ~** andare matto per qc/qn; *fig umg* **aus der Firma ~** essere licenziato (dalla ditta)
Fliegenklatsche F scaccia-

mosche *m* **Fliegenpilz** M ovolaccio *m*
fliehen V fuggire (**vor** da)
Fliese F mattonella *f*, piastrella *f*
Fließband N catena *f* di montaggio
fließen V scorrere **fließend** ADJ: **~es Wasser** acqua *f* corrente; **~ Deutsch sprechen** parlare correntemente il tedesco
flink ADJ svelto, agile
Flinte F fucile *m*; **die ~ ins Korn werfen** arrendersi
Flipflops MPL sandali *mpl* infradito, *umg* infradito *mpl*
Flipper M flipper *m*
flirten V flirtare
Flitterwochen FPL luna *f* di miele
Floh M pulce *f* **Flohmarkt** M mercato *m* delle pulci
Florenz N Firenze *f*
florieren V *geschäftlich* fiorire; prosperare
Floskel F frase *f* insignificante
Floß N zattera *f*
Flosse F pinna *f*
Flöte F flauto *m*
flöten V: *umg* **~ gehen** andare in malora
flott ADJ *schnell* svelto; *schick* elegante
Flotte F flotta *f*
Fluch M bestemmia *f* **fluchen** V bestemmiare
Flucht F fuga *f* **flüchten** V fuggire **flüchtig** ADJ *entflohen* fuggitivo; *oberflächlich* superficiale
Flüchtling M profugo(-a) *m(f)*, migrante *m/f* **Flüchtlingslager** N campo *m* profughi **Flüchtlingsunterkunft** F centro *m* per l'immigrazione
Fluchtweg M via *f* di fuga
Flug M volo *m* **Flugbegleiter(in)** M(F) assistente *m/f* di volo **Flugblatt** N volantino *m*
Flügel M ala *f*; MUS pianoforte *m* a coda
Fluggast M passeggero *m* **Fluggesellschaft** F compagnia *f* aerea **Flughafen** M aeroporto *m* **Flughafenbus** M autobus *m* navetta dell'aeroporto **Flughafengebühr** F tasse *fpl* aereoportuali **Fluginformationen** FPL informazioni *fpl* di volo **Fluglinie** F aerolinea *f*; *Fluggesellschaft* compagnia *f* aerea **Flugnummer** F numero *m* di volo **Flugplan** M orario *m* voli **Flugplatz** M aerodromo *m* **Flugreise** F viaggio *m* aereo **Flugsicherheit** F sicurezza *f* di volo **Flugsteig** M uscita *f* **Flugticket** N biglietto *m* aereo **Flugverbindung** F collegamento *m* aereo **Flugzeit** F durata *f* di volo
Flugzeug N aereo *m*, aero-

plano *m* **Flugzeugabsturz** M caduta *f* di un aereo **Flugzeugentführung** F dirottamento *m* di un aereo
Flunder F passera *f* di mare
Fluor N fluoro *m*
Flur M *Korridor* corridoio *m*; *Hauseingang* andito *m*, ingresso *m*
Fluss M fiume *m* **flussabwärts** ADV a valle **flussaufwärts** ADV a monte
flüssig ADJ liquido; *Verkehr* fluido **Flüssigkeit** F liquido *m*
Flusskrebs M gambero *m* d'acqua dolce
flüstern V sussurrare
Flut F *Gezeiten* alta marea *f*; **~en** *pl* acque *fpl* **Flutwelle** F onda *f* di alta marea
Flyer M volantino *m*
Fohlen N puledro *m*
Föhn M *Haartrockner* fon *m*, asciugacapelli *m*; *Wind* Föhn *m* **föhnen** V asciugare col fon
Folge F *Konsequenz* conseguenza *f*; *Reihe* serie *f*; TV, RADIO puntata *f*; **zur ~ haben** avere per conseguenza; **~ leisten** seguire (**etw** qc)
folgen V seguire (**j-m** qn; **auf** qc, a qc); *gehorchen* ubbidire; **daraus folgt** da ciò (con)segue; **wie folgt** come segue
folgend ADJ successivo **folgendermaßen** ADV nel modo seguente
folgern V concludere (**aus** da) **Folgerung** F conclusione *f*
Folie F sfoglia *f*, lamina *f*; *Klarsichtfolie* pellicola *f*; *Alufolie* foglio *m* di alluminio
Folklore F folclore *m* **folkloristisch** ADJ folcloristico
Folter F tortura *f* **foltern** V torturare
Fonds M WIRTSCH fondo *m*
fordern V (ri)chiedere (**etw von j-m** qc a qn), pretendere
fördern V *Person* promuovere; *Bergbau* estrarre
Forderung F richiesta *f*; pretesa *f*; HANDEL credito *m*
Forelle F trota *f*
Form F forma *f*; **in ~ sein** essere in forma
formal ADJ formale **Formalitäten** FPL formalità *fpl*
Format N formato *m* **formatieren** V IT formattare
Formel F formula *f*
formell ADJ formale
förmlich ADJ *steif* formalistico
formlos ADJ *zwanglos* senza cerimonie; *Antrag* informale
Formular N modulo *m*
forschen V ricercare, indagare (**nach etw** qc) **forschend** ADJ scrutatore **Forscher(in)** M(F) ricercatore(-trice) *m(f)*
Forschung F ricerca *f*
Forst M foresta *f* **Förster(in)** M(F) guardaboschi *m/f*
fort ADV *weg* via; **in e-m ~** continuamente; **und so ~** e

così via **fortbestehen** V perdurare **fortbewegen** V: **sich ~** muoversi **fortbilden** V: **sich ~** perfezionarsi **Fortbildung** F perfezionamento *m* **fortfahren** V *abreisen* partire; *weitermachen* continuare *qc* **fortgehen** V andarsene **fortgeschritten** ADJ progredito; *Kurs* superiore **fortpflanzen** V: **sich ~** riprodursi

Fortschritt M progresso *m* **fortschrittlich** ADJ progressista

fortsetzen V continuare **Fortsetzung** F continuazione *f*; **in ~en** a puntate; **~ folgt** continua

Forum N *Internet* forum *m*

Foto N foto *f* **Fotoapparat** M macchina *f* fotografica **Fotobuch** N fotolibro *m* **Fotogalerie** F IT fotogalleria *f* **Fotogeschäft** N negozio *m* di articoli fotografici **Fotograf(in)** M(F) fotografo(-a) *m(f)* **Fotografie** F fotografia *f* **fotografieren** V fotografare **Fotohandy** N telefonino *m* con fotocamera **Fotokopie** F fotocopia *f* **fotokopieren** V fotocopiare

Foul N SPORT fallo *m*

Foyer N atrio *m*, ridotto *m*

Fr. ABK (**= Frau**) Sig.ra (signora)

Fracht F *Ladung* carico *m*; *Transport* trasporto *m*; *Frachtgebühr* nolo *m* **Frachtbrief** M lettera *f* di carico **Frachter** M nave *f* mercantile **Frachtschiff** N nave *f* mercantile

Frage F domanda *f*; **e-e ~ stellen** fare una domanda; **das kommt nicht in ~!** neanche per sogno! **Fragebogen** M questionario *m*

fragen V chiedere, domandare; **j-n um Rat ~** chiedere (un) consiglio a qn

Fragezeichen N punto *m* interrogativo **fraglich** ADJ incerto **fragwürdig** ADJ dubbio

Franken M: **Schweizer ~** franco *m* svizzero

Frankfurt N Francoforte *f*

frankieren V affrancare

Frankreich N Francia *f*

Franse F frangia *f*

Franzose M, **Französin** F francese *m/f* **französisch** ADJ francese

Frau F donna *f*; **~** *Anrede* signora; *Gattin* moglie *f*

Frauenarzt M, **-ärztin** F ginecologo(-a) *m(f)* **Frauenklinik** F clinica *f* ginecologica **Frauenzeitschrift** F rivista *f* femminile

frech ADJ sfacciato **Frechheit** F sfacciataggine *f*

frei ADJ libero; *kostenlos* gratuito; *Stelle* vacante; *unabhängig* indipendente; **im Freien, ins Freie, unter ~em Himmel**

all'aperto; ~ **halten** *Platz* riservare; *Ausfahrt* lasciare libero; **sich ~ machen** rendersi libero (**von** da) **Freibad** N piscina *f* all'aperto **freiberuflich** ADJ: **~ tätig sein** fare il libero professionista
Freiburg N Friburgo *f*
freigebig ADJ generoso **freihaben** V essere libero **freihalten** V *für j-n bezahlen* pagare; *Einfahrt* lasciare libero
Freiheit F libertà *f* **Freiheitsstrafe** F pena *f* detentiva **Freikarte** F biglietto *m* gratuito **freilassen** V rilasciare; mettere in libertà
freilich ADV certo
Freilichtbühne F teatro *m* all'aperto **Freiluftkino** N cinema *m* all'aperto
freimachen V *Brief* affrancare **freinehmen** V: **sich e-n Tag ~** prendersi un giorno libero **Freiraum** M *a. fig* spazio *m* **Freisprechanlage** F (kit) viva voce *m* **Freispruch** M assoluzione *f* **freistehen** V: **es steht Ihnen frei zu ...** è libero di ... **Freistoß** M calcio *m* di punizione
Freitag M venerdì *m* **freitags** ADV il (*od* di) venerdì
freiwillig ADJ volontario
Freizeichen N TEL segnale *m* di libero
Freizeit F tempo *m* libero **Freizeitbeschäftigung** F attività *f* ricreativa **Freizeitgestaltung** F impiego *m* del tempo libero
fremd ADJ *unbekannt* sconosciuto; *ausländisch* straniero; *auswärtig* forestiero; *Eigentum* altrui; **ich bin hier ~** non sono di qui **fremdartig** ADJ strano **Fremde(r)** F(M) *Ausländer* straniero(-a) *m(f)*; *Auswärtiger* forestiero(-a) *m(f)* **Fremdenführer(in)** M(F) guida *f* **Fremdenverkehr** M turismo *m* **Fremdenverkehrsamt** N, **Fremdenverkehrsverein** M ente *m* turistico *od* per il turismo **Fremdenzimmer** N camera *f* (per gli ospiti)
Fremdsprache F lingua *f* straniera **Fremdsprachenkorrespondent(in)** M(F) corrispondente *m/f* in lingue estere **Fremdwort** N parola *f* straniera
Fresko N affresco *m*
fressen V mangiare
Freude F gioia *f*; **~ haben an etw** godere di qc; **j-m e-e ~ machen** far piacere a qn
freudig ADJ lieto
freuen V: **sich über etw ~** rallegrarsi di qc; **sich auf etw ~** attendere qc con gioia
Freund(in) M(F) amico(-a) *m(f)*; *Partner* ragazzo(-a) *m(f)*
freundlich ADJ gentile; **das ist sehr ~ von Ihnen** è molto gentile da parte Sua
Freundlichkeit F gentilez-

za *f*
Freundschaft F amicizia *f* **freundschaftlich** ADJ amichevole
Friaul N Friuli *m*
Frieden M pace *f*; ~ **schließen** fare la pace
Friedhof M cimitero *m*
friedlich ADJ pacifico; calmo
frieren V aver freddo; **mich friert** ho freddo; **es friert** gela
Frikadelle F polpetta *f* di carne
frisch ADJ fresco; *Wäsche* pulito; ~ **gestrichen** vernice fresca; **sich** ~ **machen** rinfrescarsi
Frische F freschezza *f* **Frischhaltefolie** F pellicola *f* (*od* film *m*) trasparente **Frischkäse** M formaggio *m* fresco
Friseur(in) M(F) parrucchiere(-a) *m(f)*; *für Herren* barbiere *m* **frisieren** V acconciare; pettinare
Frist F termine *m*; *Aufschub* proroga *f*; **e-e** ~ **setzen** fissare un termine **fristgerecht** ADJ nel termine stabilito **fristlos** ADJ senza preavviso
Frisur F acconciatura *f*; pettinatura *f*
Frittatensuppe F *österr* GASTR crespelle *fpl* in brodo
Fritteuse F friggitrice *f*
frittieren V friggere
froh ADJ lieto; contento (**über** di); **ich bin** ~, **dass** ... sono contento che ... *+konjkt*; ~**e Ostern!** buona Pasqua!; ~**es neues Jahr!** buon anno!
fröhlich ADJ allegro
fromm ADJ devoto, pio
Fronleichnam M Corpus Domini *m*
Front F ARCH facciata *f*; MIL fronte *m* **frontal** ADJ frontale **Frontantrieb** M trazione *f* anteriore
Frosch M rana *f*
Frost M gelo *m* **frösteln** V: **mich fröstelt** ho i brividi (di freddo) **frostig** ADJ freddo **Frostschutzmittel** N antigelo *m*
Frottee N spugna *f* **Frotteehandtuch** N asciugamano *m* di spugna
Frucht F frutto *m* **Fruchtaufstrich** M confettura *f* di frutta **fruchtbar** ADJ fertile **Fruchtbarkeit** F fertilità *f*; fecondità *f* **Fruchteis** N gelato *m* di frutta **Fruchtfleisch** N polpa *f* **Fruchtsaft** M succo *m* di frutta
früh ADJ & ADV presto; **zu** ~ troppo presto; **heute** ~ stamattina; **morgen** ~ domani mattina
Frühbucherrabatt M sconto *m* per prenotazione anticipata
Frühchen N bambino *m* prematuro
Frühe F: **in aller** ~ all'alba
früher ADJ & ADV prima; *einst*

una volta; ~ **oder später** prima o poi **frühestens** ADV al più presto
Frühjahr N, **Frühling** M primavera *f* **Frühmesse** F prima messa *f* **frühmorgens** ADV di buon mattino
Frühpension(ierung) F prepensionamento *m* **frühreif** ADJ precoce **Frührente** F prepensionamento *m*
Frühstück N (prima) colazione *f* **frühstücken** V fare colazione **Frühstücksbüfett** N colazione *f* a buffet
frustriert ADJ frustrato
Fuchs M volpe *f*
Fuge F TECH commessura *f*, commettitura *f*; MUS fuga *f*
fügen V: **sich ~** *sich anpassen* adattarsi (**in** a)
fühlbar ADJ sensibile **fühlen** V sentire
führen V condurre; guidare; *Betrieb* dirigere; **zum Bahnhof ~** portare alla stazione **führend** ADJ: **e-e ~e Firma** una ditta leader
Führer(in) M(F) *Reise* guida *f* (*a. Buch*); *Leiter* capo *m* **Führerschein** M patente *f* (di guida) **Führerscheinentzug** M ritiro *m* della patente
Führung F *Museum* visita *f* guidata; *Leitung* direzione *f* **Führungskraft** F dirigente *m/f* **Führungszeugnis** N certificato *m* di buona condotta
Fülle F grande quantità *f*
füllen V riempire, GASTR farcire; **sich ~** riempirsi
Füll(federhalt)er M penna *f* stilografica
Füllung F GASTR ripieno *m*; *Zahn* otturazione *f*
Fund M ritrovamento *m*; *archäologisch* reperto *m*
Fundament N fondamenta *fpl*
Fundbüro N ufficio *m* oggetti smarriti **Fundsache** F oggetto *m* ritrovato
fünf ADJ cinque **fünfhundert** ADJ cinquecento **fünfte(r, -s)** ADJ quinto **Fünftel** N quinto *m* **fünfzehn** ADJ quindici **fünfzig** ADJ cinquanta
funkeln V brillare **funkelnagelneu** ADJ nuovo di zecca
funken V trasmettere per radio **Funkgerät** N apparecchio *m* radiotrasmittente **Funkstille** F silenzio *m* radio **zwischen uns herrscht ~** *fig* non siamo più in contatto, non ci parliamo più
Funktion F funzione *f* **Funktionär(in)** M(F) funzionario(-a) *m(f)* **funktionieren** V funzionare
Funkturm M ripetitore *m*
für PRÄP per; **~s Erste** per ora; **~ etw sein** essere a favore di qc; **j-n ~ etw halten** considerare qn qc

Furche F solco *m*
Furcht F paura *f* (**vor** di) **furchtbar** ADJ terribile **fürchten** V temere *+konjkt*; **sich ~** avere paura (**vor** di) **fürchterlich** ADJ terribile **furchtlos** ADJ intrepido
Fürsorge F cura *f*; *öffentlich* previdenza *f* sociale **fürsorglich** ADJ premuroso
Fürsprache F intercessione *f*
Fürst(in) M(F) principe(-essa) *m(f)* **Fürstentum** N principato *m* **fürstlich** ADJ principesco
Furunkel M foruncolo *m*
furzen V *umg* scoreggiare
Fusion F fusione *f* **fusionieren** V fondere
Fuß M piede *m*; **zu ~** a piedi; **gut zu ~ sein** essere un buon camminatore **Fußabstreifer** M zerbino *m* **Fußbad** N pediluvio *m*
Fußball M *Spiel* calcio *m*; **~ spielen** giocare al calcio **Fußballmannschaft** F squadra *f* di calcio **Fußballplatz** M campo *m* di calcio **Fußballspiel** N partita *f* di calcio **Fußballspieler(in)** M(F) calciatore(-trice) *m(f)*
Fußboden M pavimento *m* **Fußbodenheizung** F riscaldamento *m* a terra
Fußgänger(in) M(F) pedone(-a) *m(f)* **Fußgängerüberweg** M strisce *fpl* pedonali **Fußgängerzone** F zona *f* (*od* area *f*) pedonale
Fußgelenk N articolazione *f* del piede **Fußknöchel** M malleolo *m* **Fußmatte** F stoino *m* **Fußnote** F nota *f* a piè di pagina **Fußpflege** F pedicure *f* **Fußpilz** M micosi *f* del piede **Fußsohle** F pianta *f* del piede **Fußspitze** F punta *f* del piede **Fußspur** F orma *f* **Fußtritt** M calcio *m* **Fußweg** M sentiero *m*; *Bürgersteig* marciapiede *m*
Futter N mangime *m*; *Kleider* fodera *f* **Futteral** N astuccio *m*
füttern V *Kind* imboccare; *Tier* dar da mangiare a; *Kleidung* imbottire
Futur N futuro *m*

G

G N MUS sol *m*
gab *ich* davo, ho dato; *er, sie* dava, ha dato; **es ~** c'era, c'erano → geben
Gabe F dono *m*; *Begabung* dote *f*, talento *m*
Gabel F forchetta **Gabelflug** M volo *m* open-jaw **gabeln** V: **sich ~** biforcarsi **Gabelung** F biforcazione *f*
gabst davi, hai dato → geben

Gaffer(in) M(F) *pej* curioso(-a) *m(f)*
Gage F paga *f*; compenso *m*
gähnen V sbadigliare
Galerie F galleria *f*
Galle F *Gallensaft* bile *f* **Gallenstein** M calcolo *m* biliare
Galopp M galoppo *m* **galoppieren** V galoppare
Gammler(in) M(F) capellone(-a) *m(f)*
Gang M *Gangart* andatura *f*; *Lauf* corso *m*; GASTR portata *f*; AUTO marcia *f*; *Korridor* corridoio *m*; **den 3. ~ einlegen** mettere la terza; **in ~ bringen** (*od* **setzen**) mettere in moto; **in vollem ~e sein** essere in pieno corso
gängig ADJ usato; comune
Gangplatz M FLUG, BAHN posto *m* vicino al corridoio
Gangschaltung F (*Auto, Fahrrad*) cambio *m*
Gangster M gangster *m*
Gangway F passerella *f*
Gans F oca *f* **Gänseblümchen** N pratolina *f* **Gänsebraten** M oca *f* arrosto
Gänsehaut F pelle *f* d'oca
Gänsemarsch M: **im ~** in fila indiana *neg!*
ganz ADJ tutto; *vollständig* intero; *heil* intatto; **~ Italien** tutta l'Italia; **die ~e Zeit (über)** continuamente; **ein ~es Jahr** un anno intero; **nicht ~** non del tutto; **~ und gar nicht** per niente; **~ gut** abbastanza bene; **~ traurig** molto triste **ganzjährig** ADJ tutto l'anno **gänzlich** ADJ totale
gar **1** ADJ *Essen* cotto **2** ADV: **~ keiner** nessuno; **~ nicht** non affatto; **~ nichts** niente affatto
Garage F garage *m*; rimessa *f*
Garantie F garanzia *f* **garantieren** V garantire (**für** per) **Garantieschein** M certificato *m* di garanzia
Gardasee M lago *m* di Garda
Garderobe F guardaroba *m*; *Kleidung* vestiti *mpl* **Garderobenfrau** F guardarobiera *f*
Garderobenmarke F contromarca *f*
Gardine F tenda *f*
Garn N filo *m*
Garnele F gamberetto *m*
garnieren V guarnire (**mit** con)
Garnison F guarnigione *f*
Garnitur F completo *m*, insieme *m*; *Wäsche* parure *f*
Garten M giardino *m*; *Gemüsegarten* orto *m*; **botanischer ~** orto *m* botanico **Gartenfest** N festa *f* nel giardino
Gartenhaus N villino *m*
Gartenzaun M steccato *m*
Gärtner(in) M(F) giardiniere(-a) *m(f)* **Gärtnerei** F azienda *f* di floricoltura
Gas N gas *m*; **~ geben** accelerare **Gasanzünder** M ac-

cendigas *m* **Gasfeuerzeug** N accendino *m* a gas **Gasflasche** F bombola *f* del gas **Gashahn** M rubinetto *m* del gas **Gasheizung** F riscaldamento *m* a gas **Gasherd** M cucina *f* a gas **Gaskocher** M fornello *m* a gas **Gasleitung** F conduttura *f* del gas **Gasmaske** F maschera *f* antigas **Gaspedal** N AUTO acceleratore *m*

Gasse F vicolo *m*

Gast M ospite *m*; invitato *m*; *im Lokal* cliente *m*; **bei j-m zu ~ sein** essere ospite di qn **Gastarbeiter(in)** M(F) lavoratore(-trice) *m(f)* straniero(-a) **Gästebuch** N libro *m* degli ospiti **Gästezimmer** N camera *f* per gli ospiti **Gastfamilie** F famiglia *f* d'accoglienza **gastfreundlich** ADJ ospitale **Gastfreundschaft** F ospitalità *f* **Gastgeber(in)** M(F) ospite *m/f* **Gasthaus** N trattoria *f* **Gasthof** M albergo *m*; locanda *f* **Gastland** N paese *m* ospitante **Gaststätte** F trattoria *f* **Gastwirt** M oste *m*

Gasvergiftung F intossicazione *f* da gas **Gaszähler** M contatore *m* del gas

Gate N FLUG gate *m*; IT porta *f*

Gatte M marito *m* **Gattin** F moglie *f*

Gattung F genere *m*

GAU M ABK (= **größter anzunehmender Unfall**) catastrofe *f* atomica

Gaumen M palato *m*

Gauner(in) M(F) imbroglione(-a) *m(f)*

Gaze F garza *f*

geb. ABK (= **geborene[r]**) n. (nato, nata)

Gebäck N dolce *m*; *Feingebäck* paste *fpl* **gebacken** ADJ cotto al forno

Gebärde F gesto *m*

gebären V dare alla luce; *Tier* partorire **Gebärmutter** F utero *m*

Gebäude N edificio *m*

geben V dare; *reichen* porgere; **~ Sie mir bitte ...** mi dia, TEL mi passi ..., per favore; **es gibt** c'è, ci sono; **was gibt es?** cosa c'è?; **wo gibt es ...?** dove si può avere ...?

Gebet N preghiera *f*

gebeten PPERF pregato, chiesto → bitten

Gebiet N regione *f*; POL territorio *m*; *Fachgebiet* campo *m*

gebildet ADJ colto, istruito

Gebirge N montagna *f*; **im ~, ins ~** in montagna **gebirgig** ADJ montuoso **Gebirgsbach** M torrente *m* **Gebirgsjäger** M MIL alpino *m* **Gebirgskette** F, **Gebirgszug** M catena *f* di montagne

Gebiss N dentatura *f*; *künst-*

lich dentiera *f*
Gebläse N AUTO ventilatore *m*
geblieben PPERF rimasto → bleiben
geblümt ADJ a fiori
geboren ADJ nato; **~ werden** nascere; **~e ... nata ...; ~er Deutscher** tedesco di nascita
Gebot N ordine *m*, REL comandamento *m*
Gebr. ABK (= **Gebrüder**) F.lli (fratelli)
gebracht PPERF portato → bringen
gebrannt PPERF bruciato → brennen
gebraten ADJ arrosto, arrostito
Gebrauch M uso *m*; **zu eigenem ~** per proprio uso; **~ machen von etw** servirsi di qc **gebrauchen** V usare; **ich kann es nicht ~** non mi serve; **... könnte ich gut ~ ...** mi farebbe comodo **gebräuchlich** ADJ usato; in uso **Gebrauchsanweisung** F istruzioni *fpl* per l'uso **gebrauchsfertig** ADJ pronto per l'uso **Gebrauchsgegenstand** M oggetto *m* d'uso comune **gebraucht** ADJ usato
gebräunt ADJ abbronzato
gebrochen ADJ rotto; **~es Deutsch** tedesco *m* stentato → brechen
Gebühr F tassa *f*; TEL tariffa *f*; *Maut* pedaggio *m* **gebührend** I ADJ dovuto II ADV debitamente **Gebühreneinheit** F TEL scatto *m* **gebührenfrei** ADJ esente da tasse; *Post* franco di porto **gebührenpflichtig** ADJ soggetto a tasse; *Parken* a pagamento; *Straße* a pedaggio; **~e Verwarnung** *f* contravvenzione *f* **Gebührenzähler** M contascatti *m*
Geburt F nascita *f*; **vor Christi ~** avanti Cristo **gebürtig** ADJ: **~ aus** nativo di **Geburtsdatum** N data *f* di nascita **Geburtshaus** N casa *f* natale **Geburtshelfer(in)** M(F) ostetrico(-a) *m(f)* **Geburtsjahr** N anno *m* di nascita **Geburtsname** M nome *m* di battesimo **Geburtsort** M luogo *m* di nascita
Geburtstag M compleanno *m*; **alles Gute zum ~!** buon compleanno! **Geburtstagsfeier** F festa *f* di compleanno **Geburtstagsgeschenk** N regalo *m* di compleanno **Geburtstagsgruß** M messaggio *m* di auguri **Geburtstagskind** N *persona che festeggia il compleanno*
Geburtsurkunde F certificato *m* di nascita
Gebüsch N boschetto *m*
gedacht PPERF pensato → denken
Gedächtnis N memoria *f*;

aus dem ~ a memoria
gedämpft ADJ GASTR stufato; *fig* smorzato
Gedanke M pensiero *m*; *Idee* idea *f*; **sich wegen j-m ~n machen** darsi pensiero per qn; **sich über etw ~n machen** riflettere a lungo su qc **gedankenlos** ADJ sconsiderato **Gedankenstrich** M lineetta *f* **Gedankenübertragung** F telepatia *f*
Gedeck N coperto *m*
gedeihen V prosperare
gedenken V *j-s, e-r Sache* ricordarsi di; **was ~ Sie zu tun?** che cosa pensa di fare? **Gedenkfeier** F commemorazione *f* **Gedenkstätte** F luogo *m* commemorativo **Gedenkstein** M lapide *f* commemorativa **Gedenktafel** F lastra *f* commemorativa
Gedicht N poema *m*
gediegen ADJ solido
Gedränge N ressa *f*
Geduld F pazienza *f* **gedulden** V: **sich ~** pazientare, avere pazienza **geduldig** ADJ paziente **Geduldsspiel** N gioco *m* di pazienza
geehrt ADJ stimato, riverito; *Briefanrede* egregio; **Sehr ~er Herr Müller** Egregio signor Müller; **Sehr ~e Frau Schmidt** Gentile signora Schmidt
geeicht ADJ *Waage etc* tarato
geeignet ADJ adatto (**für** per, a)
Gefahr F pericolo *m*; **außer ~** fuori pericolo; **auf eigene ~** a proprio rischio; **bei ~** in caso di pericolo; **in ~ sein** essere in pericolo **gefährden** V mettere in pericolo **gefährlich** ADJ pericoloso **gefahrlos** ADJ senza pericolo
Gefährte M, **Gefährtin** F compagno(-a) *m(f)*
Gefälle N *Straße* discesa *f*
gefallen V piacere; **das gefällt mir** mi piace; **sich etw ~ lassen** sopportare qc
Gefallen[1] M favore *m*, piacere *m*; **würden Sie mir e-n ~ tun?** mi farebbe un piacere?
Gefallen[2] N: **an etw ~ finden** trovar piacere in qc
gefällig ADJ *ansprechend* piacevole; *zuvorkommend* cortese **Gefälligkeit** F piacere *m*
gefangen ADJ: **~ nehmen** arrestare **Gefangene(r)** F(M) prigioniero(-a) *m(f)* **Gefangenschaft** F prigionia *f*
Gefängnis N prigione *f*; **ins ~ kommen** finire in prigione **Gefängnisstrafe** F pena *f* detentiva
Gefäß N vaso *m* (*a. Blutgefäß*)
gefasst ADJ calmo; **auf etw ~ sein** aspettarsi qc
gefleckt ADJ chiazzato
geflogen PPERF volato → fliegen
Geflügel N pollame *m*
Geflüster N bisbiglio *m*
Gefolge N seguito *m*

gefragt ADJ richiesto **Gefrierbeutel** M sacchetto *m* per freezer **gefrieren** V congelarsi **Gefrierfach** N freezer *m* **Gefrierpunkt** M punto *m* di congelamento **Gefriertruhe** F congelatore *m* **gefroren** ADJ congelato

Gefühl N sentimento *m*; *physisch* sensazione *f*; *Gespür* senso *m* (**für** di) **gefühllos** ADJ insensibile **gefühlsmäßig** ADJ emotivo, istintivo **gefühlvoll** ADJ sensibile

gefüllt ADJ GASTR ripieno

gefunden PPERF trovato → finden

gegangen PPERF andato → gehen

gegebenenfalls ADV eventualmente

gegen PRÄP contro; *Richtung, zeitlich* verso; *verglichen mit* in confronto a; **~ Abend** verso sera; **~ Quittung** dietro ricevuta; **nur ~ bar** soltanto a *od* in contanti; **gut ~ Husten** bene per la tosse

Gegend F zona *f*; **in der ~ von Florenz** nei dintorni di Firenze

gegeneinander ADV l'uno contro l'altro

Gegenfahrbahn F corsia *f* opposta **Gegengewicht** N contrappeso *m* **Gegengift** N antidoto *m*, contravveleno *m* **Gegenleistung** F contraccambio *m* **Gegenmaßnahme** F contromisura *f* **Gegenmittel** N rimedio *m* (**gegen** contro) **Gegenpartei** F JUR controparte *f* **Gegenrichtung** F direzione *f* opposta

Gegensatz M contrasto *m*; **im ~ zu** a differenza di **gegensätzlich** ADJ contrario

gegenseitig ADJ reciproco **Gegenseitigkeit** F reciprocità *f* **Gegensprechanlage** F citofono *m*

Gegenstand M oggetto *m*

Gegenteil N contrario *m* (**von** di); **ganz im ~** tutto al contrario

gegenüber PRÄP & ADV di fronte **gegenüberliegen** V, **gegenüberstehen** V stare dirimpetto **gegenüberstellen** V *vergleichen* confrontare (con) **Gegenüberstellung** F confronto *m*

Gegenverkehr M traffico *m* in senso contrario **Gegenwart** F presenza *f*; GRAM presente *m* **gegenwärtig** ADJ presente **Gegenwehr** F resistenza *f* **Gegenwert** M equivalente *m* **Gegenwind** M vento *m* contrario

gegessen PPERF mangiato → essen

Gegner(in) M(F) avversario(-a) *m(f)*

gegrillt ADJ alla griglia

Gehalt[1] N *Lohn* stipendio *m*; paga *f*

Gehalt[2] M *Inhalt* contenuto *m*
Gehaltserhöhung F aumento *m* di stipendio
gehaltvoll ADJ *Essen* sostanzioso; *fig* di gran valore
gehässig ADJ astioso **Gehässigkeit** F astiosità *f*
Gehäuse N *Uhr* cassa *f*; TECH involucro *m*; *Obstkerne* torsolo *m*
gehbehindert ADJ impedito nel camminare
Gehege N recinto *m*
geheim ADJ segreto; **streng ~** segretissimo; **~ halten** tener segreto **Geheimdienst** M servizio *m* segreto **Geheimnis** N segreto *m* **geheimnisvoll** ADJ misterioso **Geheimnummer** F numero *m* segreto **Geheimtipp** M suggerimento *m* **Geheimzahl** F codice *m* segreto
gehemmt ADJ inibito, ostacolato
gehen V andare; *zu Fuß* camminare; *weggehen* andarsene; *Zug* partire; TECH funzionare; **sich ~ lassen** lasciarsi andare; **zu j-m ~** andare da qn; **es geht um** si tratta di; **wie geht das?** come si fa?; **das geht so nicht** non si può fare così; **geht es morgen?** va bene domani?; **wie geht es dir?** come stai?
Geheul N pianto *m*, lamento *m*
Gehilfe M, **Gehilfin** F assistente *m/f*
Gehirn N cervello *m* **Gehirnerschütterung** F commozione *f* cerebrale **Gehirnhautentzündung** F meningite *f* **Gehirnschlag** M apoplessia *f* cerebrale **Gehirnwäsche** F lavaggio *m* del cervello
geholfen PPERF aiutato → helfen
Gehör N udito *m*; **j-m ~ schenken** dare ascolto a qn
gehorchen V ubbidire
gehören V appartenere a, essere di; **~ zu** far parte di; **das gehört mir** questo è mio; **wem gehört ...?** di chi è ...?; **das gehört sich nicht** non si fa
gehörig ADJ come si deve, per bene
gehörlos ADJ sordo
gehorsam ADJ ubbidiente **Gehorsam** M ubbidienza *f*
Gehsteig M, **Gehweg** M marciapiede *m*
Geier M avvoltoio *m*
Geige F violino *m*; **~ spielen** suonare il violino **Geiger(in)** M(F) violinista *m/f*
geil ADJ *umg toll* fantastico; *sexuell* libidinoso; **das ist echt ~!** *umg* che figata!
geimpft ADJ vaccinato
Geisel F ostaggio *m* **Geiselnahme** F presa *f* in ostaggio **Geiselnehmer(in)** M(F)

sequestratore(-trice) *m(f)*

Geist M spirito *m*; *Verstand* intelletto *m*; *Gespenst* spettro *m*; **der Heilige ~** lo Spirito Santo; **den ~ aufgeben** *fig* emettere l'ultimo respiro

Geisterbahn F galleria *f* degli orrori **Geisterfahrer(in)** M(F) automobilista *m/f* che va contromano sull'autostrada

geistesabwesend ADJ distratto **Geistesblitz** M lampo *m* d'ingegno **Geistesgegenwart** F prontezza *f* di spirito **geistesgestört** ADJ alienato **Geisteswissenschaften** FPL scienze *fpl* umane **Geisteszustand** M stato *m* mentale

geistig ADJ mentale; intellettuale; **~ behindert** minorato mentalmente *neg!*

Geistliche(r) F(M) ecclesiastico *m*; *Priester* prete *m*; *Pastor* pastore *m* **geistlos** ADJ privo di spirito **geistreich** ADJ spiritoso

Geiz M avarizia *f* **Geizhals** M avaro *m* **geizig** ADJ avaro

Gejammer N lamentele *fpl*

gekannt PPERF conosciuto → kennen

gekocht 1 ADJ cotto 2 PPERF cucinato → kochen

gekonnt 1 ADJ abile, valente 2 PPERF potuto → können

gekränkt ADJ & PPERF offeso → kränken

Gekritzel N scarabocchi *mpl*

gekünstelt ADJ affettato

Gel N gel *m*

Gelächter N risata *f*

gelähmt ADJ paralitico, paralizzato

Gelände N terreno *m*

Geländer N ringhiera *f*

Geländewagen M fuoristrada *m*

gelangen V giungere (**zu** a)

gelassen ADJ calmo, rassegnato **Gelassenheit** F calma *f*

Gelatine F gelatina *f*

geläufig ADJ corrente, familiare

gelaunt ADJ: **gut/schlecht ~** di buon/cattivo umore

gelb ADJ giallo **Gelbfieber** N febbre *f* gialla **gelblich** ADJ giallastro **Gelbsucht** F itterizia *f*

Geld N denaro *m*; soldi *mpl* **Geldanlage** F investimento *m* **Geldautomat** M bancomat® *m*; sportello *m* automatico **Geldbeutel** M, **Geldbörse** F portamonete *m* **Geldbuße** F multa *f* **Geldgürtel** M cintura *f* portasoldi **Geldkarte** F carta *f* prepagata **Geldschein** M banconota *f* **Geldstrafe** F multa *f* **Geldstück** N moneta *f* **Geldwechsel** M cambio *m* **Geldwert** M valore *m* monetario

Gelee N gelatina *f*

gelegen 1 ADJ situato; *fig*

~ kommen capitare a proposito **2** PPERF → liegen
Gelegenheit F occasione *f*; **bei ~** all'occasione **Gelegenheitsarbeit** F lavoro *m* occasionale **gelegentlich** **1** ADJ occasionale **2** ADV all'occasione; *manchmal* ogni tanto
gelehrt ADJ dotto **Gelehrte(r)** F(M) scienziato(-a) *m(f)*
Geleit N scorta *f* **geleiten** V accompagnare
Gelenk N articolazione *f* **gelenkig** ADJ agile
gelernt ADJ: **~er Koch** cuoco *m* qualificato
Geliebte(r) F(M) amante *m/f*
gelingen V riuscire; **es ist mir nicht gelungen** non ci sono riuscito
geloben V promettere
gelogen PPERF → lügen
gelten V valere; *gültig sein* essere valido; **das gilt nicht** questo non vale; **~ als** passare per; **~ lassen** lasciar passare
geltend ADJ *Recht* vigente; **~ machen** far valere
Geltung F: **zur ~ kommen** farsi valere; **zur ~ bringen** far risaltare
gelungen ADJ riuscito bene
gemächlich ADJ comodo
Gemälde N quadro *m* **Gemäldegalerie** F pinacoteca *f*
gemäß PRÄP conformemente a; **den Umständen ~** secondo le circostanze **gemäßigt** ADJ moderato; *Klima* temperato
gemein ADJ *böse* perfido, meschino; *allgemein* comune
Gemeinde F comune *m*; REL comunità *f* **Gemeinderat** M consiglio *m* comunale
gemeingefährlich ADJ di pericolo pubblico **Gemeinheit** F *Bosheit* bassezza *f* **gemeinnützig** ADJ di utilità pubblica **Gemeinplatz** M luogo *m* comune
gemeinsam **1** ADJ comune **2** ADV insieme
Gemeinschaft F comunità *f* **gemeinschaftlich** ADJ (in) comune **Gemeinwohl** N bene *m* comune
Gemisch N miscela *f* **gemischt** ADJ misto
Gemurmel N mormorio *m*
Gemüse N verdura *f* **Gemüsebeilage** F contorno *m* di verdure **Gemüsegarten** M orto *m* **Gemüsehändler(in)** M(F) erbivendolo(-a) *m(f)* **Gemüsesuppe** F minestrone *m*
gemustert ADJ *Stoff* a disegni
gemütlich ADJ comodo; *Raum* accogliente; *Person* tranquillo, alla buona; *Abend* piacevole; **mach's dir ~!** mettiti comodo! **Gemütlichkeit** F comodità *f*; intimità *f*
Gen N gene *m*
genau ADJ esatto; preciso; **es ist ~ drei Uhr** sono le tre precise; **~ gehen** *Uhr* essere

preciso; ~ **genommen** a stretto rigore; ~ **kennen** conoscere bene; ~ **passen** andare bene **Genauigkeit** F esattezza *f*; precisione *f*
genauso ADV altrettanto
Gender N genere *m*
genehmigen V autorizzare, approvvare; **sich etw** ~ permettersi qc **Genehmigung** F permesso *m*; autorizzazione *f*
geneigt ADJ inclinato; *fig* disposto (**zu** a)
General M generale *m* **Generaldirektor(in)** M(F) direttore(-trice) *m(f)* generale **Generalkonsulat** N consolato *m* generale **Generalprobe** F prova *f* generale **Generalstreik** M sciopero *m* generale **Generalversammlung** F assemblea *f* generale **Generalvollmacht** F procura *f* generale
Generation F generazione *f*
Generator M generatore *m*
generell 1 ADJ generale 2 ADV generalmente
genesen V guarire (**von** da) **Genesung** F guarigione *f*
genetisch ADJ genetico
Genf N Ginevra *f*; **der** ~**er See** il lago di Ginevra (*od* Lemano)
Genforschung F ricerca *f* genetica
genial ADJ geniale
Genick N nuca *f*
Genie N genio *m*
genieren V: **sich** ~ essere imbarazzato; vergognarsi
genießbar ADJ *essbar* mangiabile; *trinkbar* bevibile **genießen** V godere di **Genießer(in)** M(F) gaudente *m/f*
genommen PPERF preso → nehmen
genormt ADJ standardizzato
Genosse M, **Genossin** F compagno(-a) *m(f)* **Genossenschaft** F cooperativa *f*
Gentechnik F ingegneria *f* genetica
Genua N Genova *f*
genug ADV abbastanza; (**es ist**) ~! ora basta!; ~ **haben** *es satthaben* averne abbastanza (**von** di)
genügen V bastare; **das genügt!** basta così!; ~**d** sufficiente
Genugtuung F soddisfazione *f*
Genus N genere *m*
Genuss M consumo *m*; *Freude* piacere *m*; **mit** ~ con piacere **Genussmittel** N genere *m* voluttuario
geöffnet ADJ aperto
Geografie F geografia *f*
Geologie F geologia *f*
Geometrie F geometria *f*
geordnet ADJ ordinato
Gepäck N bagaglio *m* **Gepäckabfertigung** F spedizione *f* bagagli **Gepäckablage** F deposito *m* (per bagagli)

gli **Gepäckanhänger** M *Schild* portanome *m* (per bagagli) **Gepäckannahme** F accettazione *f* bagagli **Gepäckaufbewahrung** F deposito *m* bagagli **Gepäckaufgabe** F spedizione *f* bagagli **Gepäckausgabe** F consegna *f* bagagli **Gepäckband** N *Flughafen* nastro *m* trasportatore (dei bagagli) **Gepäckfach** N *Flugzeug* alloggiamento *m* (sopra il sedile) **Gepäckgurt** M cinghia *f* per bagagli **Gepäckkontrolle** F controllo *m* dei bagagli **Gepäckschein** M scontrino *m* bagagli **Gepäckstück** N collo *m* **Gepäckträger** M *Person* facchino *m*; *Fahrrad* portapacchi *m* **Gepäckversicherung** F assicurazione *f* dei bagagli **Gepäckwaage** F bilancia *f* per bagagli

gepfeffert ADJ *umg Preis* salato

gepflegt ADJ *Person* curato; *Restaurant* raffinato

geplant ADJ programmato

gerade 1 ADJ diritto; *Zahl* pari 2 ADV *soeben* appena; *ausgerechnet* proprio; **~ heute** proprio oggi; **ich wollte ~ gehen** stavo per andarmene; **~ rechtzeitig** appena in tempo; **ich esse ~** sto mangiando; **~ stehen** stare diritto; **~ als** nel momento in cui

Gerade F linea *f* retta; SPORT rettilineo *m*

geradeaus ADV diritto **geradeheraus** ADV francamente **geradewegs** ADV direttamente **geradezu** ADV addirittura

Gerät N *Apparat* apparecchio *m*; *Werkzeug* attrezzo *m*, strumento *m*

geraten V *gelangen* capitare (**in** in); **gut/schlecht ~** venire bene/male; **an j-n ~** imbattersi in qn; **in etw ~** incappare in qc; **ins Schleudern ~** sbandare; **in Vergessenheit ~** cadere nell'oblio; **in Panik ~** farsi prendere dal panico; **in e-n Stau ~** finire in una coda

Geratewohl N: **aufs ~** a casaccio

geräuchert ADJ affumicato

geräumig ADJ spazioso

Geräusch N rumore *m* **geräuschlos** ADJ silenzioso **geräuschvoll** ADJ rumoroso

gerecht ADJ giusto; **j-m ~ werden** rendere giustizia a qn **gerechtfertigt** ADJ giustificato **Gerechtigkeit** F giustizia *f*

Gerede N diceria *f*; pettegolezzi *mpl*

gereizt ADJ irritato

Gericht N *Essen* piatto *m*; JUR tribunale *m*; **vor ~** in giudizio **gerichtlich** ADJ giudiziario **Gerichtshof** M corte *f* (di giustizia) **Gerichts-**

kosten PL spese *fpl* processuali **Gerichtssaal** M sala *f* di udienza **Gerichtsverhandlung** F dibattimento *m* **Gerichtsvollzieher(in)** M(F) ufficiale *m* giudiziario
gering ADJ *klein* piccolo; *wenig* poco; *niedrig* basso; **nicht im Geringsten** per niente **geringfügig** ADJ insignificante **geringschätzig** ADJ sprezzante **Geringschätzung** F disprezzo *m*
gerinnen V *Blut* coagularsi; *Milch* cagliare
Gerippe N scheletro *m*
gerissen ADJ *schlau* astuto, abile
Germanistik F lingua *f* e letteratura *f* tedesca
gern(e) ADV volentieri; **sehr ~** molto volentieri; **~ geschehen!** non c'è di che!; **ich möchte ~** vorrei; **ich singe ~** mi piace cantare **gernhaben** V: **j-n ~** volere bene a qn
Geröll N detriti *mpl*
geröstet ADJ arrostito; *Kaffee* torrefatto
Gerste F orzo *m* **Gerstenkorn** N *im Auge* orzaiolo *m*
Geruch M odore *m* **geruchlos** ADJ inodore **Geruchssinn** M olfatto *m*
Gerücht N voce *f*
gerührt ADJ *emotional* commosso
Gerümpel N ciarpame *m*
Gerüst N *Bau* impalcatura *f*
gesalzen ADJ *Essen, Preis* salato
gesamt ADJ complessivo, totale, intero; **die ~e Klasse** tutta la classe **Gesamtbetrag** M (importo) totale *m* **Gesamteindruck** M impressione *f* generale **Gesamtgewicht** N peso *m* totale; AUTO **das zulässige ~** il peso totale autorizzato **Gesamtheit** F totalità *f* **Gesamtkosten** PL spesa *f* complessiva **Gesamtschaden** M danno *m* complessivo **Gesamtschule** F scuola *f* integrata
Gesandte(r) F(M) inviato(-a) *m(f)* **Gesandtschaft** F legazione *f*
Gesang M canto *m* **Gesangbuch** N REL innario *m* **Gesangverein** M società *f* corale
Gesäß N sedere *m*
gesättigt ADJ saturo
Geschäft N *Laden* negozio *m*; *Handel* affare *m*; *Firma* ditta *f* **geschäftig** ADJ attivo **geschäftlich** ADJ d'affari; **ich bin ~ hier** sono qui per affari **Geschäftsbeziehungen** FPL relazioni *fpl* commerciali **Geschäftsbrief** M lettera *f* commerciale **Geschäftsfrau** F donna *f* d'affari **Geschäftsführer(in)** M(F) amministratore(-trice) *m(f)* de-

legato(-a) **Geschäftsleitung** F dirigenti *mpl* **Geschäftsmann** M uomo *m* d'affari **Geschäftsordnung** F regolamento *m* interno **Geschäftspartner(in)** M(F) socio(-a) *m(f)* **Geschäftsreise** F viaggio *m* d'affari **Geschäftsschluss** M orario *m* di chiusura **Geschäftsstelle** F ufficio *m* **geschäftstüchtig** ADJ abile negli affari **Geschäftsverbindung** F relazione *f* d'affari **Geschäftsviertel** N quartiere *m* commerciale **Geschäftszeit** F orario *m* d'apertura

geschält ADJ sbucciato

geschehen V accadere; succedere; **gern ~!** non c'è di che!; **das geschieht ihm (ganz) recht!** gli sta (proprio) bene! **Geschehen** N avvenimento *m*

gescheit ADJ intelligente

Geschenk N regalo *m*; **ein ~ machen** fare un regalo **Geschenkartikel** M articolo *m* da regalo **Geschenkpapier** N carta *f* da regalo

Geschichte F storia *f*; *Erzählung* racconto *m* **geschichtlich** ADJ storico

Geschicklichkeit F abilità *f* **geschickt** ADJ abile

geschieden ADJ divorziato

Geschirr N stoviglie *fpl*, piatti *mpl*; **~ spülen** lavare i piatti **Geschirrspüler** M, **Geschirrspülmaschine** F lavastoviglie *f* **Geschirrspülmittel** N detersivo *m* per i piatti **Geschirrtuch** N canovaccio *m*

Geschlecht N sesso *m*; *Familie* stirpe *f* **geschlechtlich** ADJ sessuale **Geschlechtskrankheit** F malattia *f* venerea **Geschlechtsorgane** NPL, **Geschlechtsteile** NPL (organi *mpl*) genitali *mpl* **Geschlechtsverkehr** M rapporti *mpl* sessuali

geschlossen ADJ & PPERF chiuso → nehmen

Geschmack M gusto *m*; *Essen* sapore *m*; **~ haben** avere buon gusto **geschmacklos** ADJ insapore; *fig* di cattivo gusto **Geschmack(s)sache** F questione *f* di gusti **Geschmackssinn** M (senso del buon) gusto *m* **geschmackvoll** ADJ di buon gusto

geschmeidig ADJ *weich* morbido; *fig* agile; elastico

geschmort ADJ stufato

Geschöpf N creatura *f*

Geschoss N *Stockwerk* piano *m*

Geschrei N grida *fpl*

geschrieben PPERF scritto → schreiben

Geschütz N cannone *m*

Geschwätz N chiacchiere *fpl*

Geschwindigkeit F velocità *f* **Geschwindigkeitsbe-**

grenzung F limite m di velocità **Geschwindigkeitsüberschreitung** F eccesso m di velocità
Geschwister PL fratelli mpl e sorelle fpl
geschwollen ADJ MED gonfio; *Rede* presuntuoso, ampolloso
Geschworene(r) F(M) giurato(-a) m(f): **die Geschworenen** pl giurati mpl, giuria f
Geschwulst F tumore m
Geschwür N ulcera f
Geselchte(s) N *österr* carne f di maiale affumicata
Geselle M, **Gesellin** F artigiano(-a) m(f)
gesellig ADJ socievole **Geselligkeit** F socievolezza f
Gesellschaft F *politisch, wirtschaftlich* società f; *Zusammensein* compagnia f; **j-m ~ leisten** fare compagnia a qn; **geschlossene ~** festa f privata **Gesellschafter(in)** M(F) HANDEL socio(-a) m(f) **gesellschaftlich** ADJ sociale **Gesellschaftsschicht** F strato m sociale **Gesellschaftsspiel** N gioco m di società
gesessen PPERF seduto → sitzen
Gesetz N legge f **Gesetzbuch** N codice m **Gesetzgeber** M legislatore m **gesetzlich** ADJ legale **gesetzwidrig** ADJ illegale
Gesicht N faccia f; viso m; **zu ~ bekommen** vedere **Gesichtsausdruck** M espressione f **Gesichtsfarbe** F carnagione f; colorito m **Gesichtspunkt** M punto m di vista, aspetto m **Gesichtswasser** N lozione f per il viso **Gesichtszüge** MPL lineamenti mpl
Gesöff N *umg* intruglio m
gesondert ADJ separato
gespannt ADJ teso; *neugierig* curioso (**auf** di)
Gespenst N fantasma m **gespenstisch** ADJ spettrale
gesperrt ADJ chiuso, bloccato
gespickt ADJ lardellato
Gespött N: **zum ~ werden** diventare lo zimbello
Gespräch N conversazione f; **mit j-m ein ~ führen** avere un colloquio con qn **gesprächig** ADJ loquace **Gesprächspartner(in)** M(F) interlocutore(-trice) m(f) **Gesprächsstoff** M, **Gesprächsthema** N argomento m
gesprochen PPERF parlato → sprechen
Gestalt F forma f; figura f; *Wuchs* statura f; *umg Person* persona f **gestalten** V formare; *Freizeit* organizzare **Gestaltung** F organizzazione f; *Kunst* creazione f
gestanden PPERF → stehen
Geständnis N confessione f;

ein ~ ablegen fare una confessione

Gestank M puzzo *m*

gestatten V permettere (**j-m etw** qc a qn); **~ Sie?** permette?

Geste F gesto *m*

gestehen V confessare

Gestein N roccia *f*

Gestell N sostegno *m*; *Brille* montatura *f*; *Fahrgestell* telaio *m*

gestern ADV ieri; **~ Abend** ieri sera; **bis ~** fino a ieri; **seit ~** da ieri; **von ~** di ieri; *fig veraltet* antiquato

gestorben ADJ morto

gestreift ADJ rigato, a righe

gestresst ADJ stressato

Gestrüpp N sterpaglia *f*

gesucht ADJ ricercato

gesund ADJ sano; *Klima* salubre; **~ werden** guarire **Gesundheit** F salute *f*; **~!** salute! **Gesundheitsamt** N ufficio *m* d'igiene **gesundheitsschädlich** ADJ nocivo alla salute **Gesundheitswesen** N sanità *f* **Gesundheitszustand** M stato *m* di salute

getan PPERF → tun

Getränk N bevanda *f*; bibita *f*; **alkoholische ~e** alcolici *mpl* **Getränkeautomat** M distributore *m* delle bevande **Getränkekarte** F lista *f* delle bevande

Getreide N cereali *mpl*

getrennt ADJ separato; **~e Rechnung** conti *mpl* separati

Getriebe N AUTO cambio *m* **Getriebeschaden** M guasto *m* al cambio

getrocknet ADJ secco

getroffen PPERF → treffen

getrüffelt ADJ tartufato

getrunken PPERF bevuto → trinken

Getue N arie *fpl*, smancerie *fpl*

getunt ADJ *Auto* truccato

gewachsen ADJ: **j-m/etw ~ sein** essere all'altezza di qn/qc

Gewächshaus N serra *f*

gewagt ADJ audace, azzardato

Gewähr F garanzia *f*; **ohne ~** senza garanzia **gewähren** V accordare, concedere **gewährleisten** V garantire

Gewahrsam M custodia *f*; *Haft* arresto *m*

Gewalt F violenza *f*; *Macht* potere *m*; *Kraft* forza *f*; **höhere ~** forza *f* maggiore; **mit ~** con la forza; **~ anwenden** usare la forza **gewaltig** ADJ enorme, gigantesco **gewaltlos** ADJ non violento **gewaltsam** ADJ violento; **~ öffnen** forzare **gewalttätig** ADJ violento

gewandt ADJ *geschickt* abile; *Umgangsformen* elegante

Gewässer N acque *fpl*

Gewebe N tessuto *m*

Gewehr N fucile *m*
Geweih N corna *fpl*
geweiht ADJ consacrato
Gewerbe N commercio *m* **Gewerbegebiet** N zona *f* industriale **gewerblich** ADJ industriale; commerciale
Gewerkschaft F sindacato *m* **gewerkschaftlich** ADJ sindacale
gewesen PPERF stato → sein
Gewicht N peso *m*; *fig Einfluss* importanza *f*; **nicht ins ~ fallen** non contare; **nach ~** al peso **Gewichtheben** N sollevamento *m* pesi **gewichtig** ADJ importante, influente
gewieft ADJ astuto, scaltro
gewillt ADJ: **~ sein** essere intenzionato (**zu** a)
Gewimmel N brulichio *m*
Gewinde N TECH filettatura *f*
Gewinn M *Ertrag* guadagno *m*; utile *m*; *Spiel, Lotto* vincita *f* **gewinnbringend** ADJ lucrativo **gewinnen** V vincere; *Zeit* guadagnare; *Strom* ricavare; *Erz* estrarre **Gewinner(in)** M(F) vincitore(-trice) *m(f)* **Gewinnzahl** F numero *m* vincente
Gewirr N *fig* confusione *f*; *von Straßen etc* labirinto *m*
gewiss ADJ certo; *sicher* sicuro; **ein ~er Herr …** un certo signor …; **~!** ma certo!; **~ nicht** certamente no
Gewissen N coscienza *f*; **ein gutes/schlechtes ~ haben** avere la coscienza pulita/sporca **gewissenhaft** ADJ coscienzioso **gewissenlos** ADJ senza coscienza **Gewissensbisse** MPL rimorsi *mpl* **Gewissensfrage** F caso *m* di coscienza **Gewissenskonflikt** M conflitto *m* di coscienza
gewissermaßen ADV in un certo senso
Gewissheit F certezza *f*; **sich ~ verschaffen** accertarsi (**über** di)
Gewitter N temporale *m* **Gewitterneigung** F tendenza *f* a temporale **Gewitterwolke** F nuvola *f* temporalesca
gewöhnen V abituare; **sich ~** abituarsi (**an** a) **Gewohnheit** F abitudine *f* **gewöhnlich** **1** ADJ *üblich* solito; *normal* comune; *ordinär* volgare **2** ADV di solito; **wie ~** come al solito **gewohnt** ADJ abituale, consueto; **ich bin es ~** ci sono abituato
Gewölbe N volta *f*
gewollt ADJ intenzionato
gewonnen PPERF → gewinnen
geworden PPERF → werden
Gewühl N confusione *f*
gewunden ADJ sinuoso, tortuoso
Gewürz N condimento *m*; **~e** *pl* spezie *fpl* **Gewürzgurke** F cetriolo *m* sott'aceto **Ge-**

würzkräuter NPL erbe *fpl* aromatiche **Gewürznelke** F chiodo *m* di garofano **gewürzt** ADJ condito
gewusst PPERF saputo → wissen
Gezeiten PL maree *fpl*
geziert ADJ affettato
gezogen PPERF → ziehen
Gezwitscher N cinguettio *m*
gezwungen ADJ forzato; **~ sein** essere costretto (**zu** a)
gezwungenermaßen ADV forzatamente
gib da', dai → geben
Gibraltar N Gibilterra *f*
gibst dai → geben **gibt** dà; **es ~** c'è, ci sono → geben
Gicht F gotta *f*
Giebel M frontone *m*; timpano *m*
Gier F avidità *f* **gierig** ADJ avido
gießen V versare; *Blumen* annaffiare; TECH fondere; **es gießt in Strömen** piove a dirotto **Gießkanne** F annaffiatoio *m*
Gift N veleno *m* **Giftgas** N gas *m* tossico **giftig** ADJ velenoso; tossico **Giftmüll** M rifiuti *mpl* tossici **Giftpflanze** F pianta *f* velenosa **Giftpilz** M fungo *m* velenoso **Giftschlange** F serpente *m* velenoso
ging *ich* andavo, sono andato(-a); *er, sie* andava, è andato(-a) → gehen
Ginster M ginestra *f*
Gipfel M cima *f*; *fig* culmine *m* **Gipfelkonferenz** F conferenza *f* al vertice
Gips M gesso *m* **Gipsbein** N gamba *f* ingessata **Gipsverband** M ingessatura *f*
Giraffe F giraffa *f*
Girlande F ghirlanda *f*
Girokonto N conto *m* corrente
Gischt M *od* F schiuma *f*
Gitarre F chitarra *f*
Gitter N grata *f*, inferriata *f*; griglia *f* **Gitterfenster** N inferriata *f* **Gittertor** N cancello *m* **Gitterzaun** M graticciata *f*
Glanz M splendore *m* (*a. fig*)
glänzen V splendere **glänzend** ADJ splendido; *Foto* lucido **glanzvoll** ADJ splendido
Glas N *Material* vetro *m*; *Trinkglas* bicchiere *m*; *Einweckglas* vasetto *m*; *Brillenglas* lente *f*; **ein ~ Wein** un bicchiere di vino **Glascontainer** M campana *f* per la raccolta del vetro **Glaser(in)** M(F) vetraio(-a) *m(f)* **gläsern** ADJ di vetro
glasieren V smaltare; GASTR glassare
glasig ADJ vitreo **Glasmalerei** F pittura *f* su vetro
Glasnudeln FPL vermicelli *mpl* cinesi
Glasscherbe F coccio *m* di vetro **Glassplitter** M scheg-

gia *f* di vetro **Glastür** F vetrata *f*
Glasur F smaltatura *f*; GASTR glassa(tura) *f*
Glaswaren FPL vetrame *m*
glatt ADJ liscio; *rutschig* scivoloso, sdrucciolevole **Glätte** F *Straße* scivolosità *f*; **bei ~** in caso di ghiaccio **Glatteis** N ghiaccio *m* **Glatteisgefahr** F pericolo *m* di strada ghiacciata **glätten** V lisciare, levigare **glattgehen** V andare liscio
Glatze F testa *f* calva; **e-e ~ haben** essere calvo
Glaube M fede *f* (**an** in); **im guten ~n** in buona fede **glauben** V credere (**j-m** a qn; **an** a; **an Gott** in Dio); *annehmen* pensare **Glaubensbekenntnis** N credo *m* **glaubhaft** ADJ credibile **gläubig** ADJ credente **Gläubiger(in)** M(F) JUR creditore (-trice) *m(f)* **glaubwürdig** ADJ degno di fede, credibile
gleich 1 ADJ uguale; **zur ~en Zeit** allo stesso tempo; **das ist ~** fa lo stesso 2 ADV *sofort* subito; **ich komme ~ wieder** torno subito; **bis ~!** a presto! **gleichaltrig** ADJ coetaneo **gleichbedeutend** ADJ sinonimo (**mit** di) **gleichberechtigt** ADJ con gli stessi diritti **Gleichberechtigung** F parità *f* di diritti
gleichen V rassomigliare (**j-m** a qn); **einander ~** rassomigliarsi
gleichermaßen ADV ugualmente **gleichfalls** ADV: **danke ~** grazie altrettanto
Gleichgewicht N equilibrio *m*; **ökologisches ~** equilibrio *m* ecologico **gleichgültig** ADJ indifferente **Gleichgültigkeit** F indifferenza *f*
Gleichheit F uguaglianza *f*
gleichmäßig ADJ regolare
gleichnamig ADJ omonimo
Gleichnis N parabola *f*
Gleichschritt M: **im ~** al passo **Gleichstrom** M corrente *f* continua **Gleichung** F equazione *f* **gleichwertig** ADJ equivalente **gleichzeitig** 1 ADJ contemporaneo 2 ADV nello stesso tempo
Gleis N binario *m*
gleiten V scivolare; FLUG planare **Gleitflug** M volo *m* planato **Gleitschirmfliegen** N parapendio *m* **Gleitzeit** F orario *m* flessibile di lavoro
Gletscher M ghiacciaio *m* **Gletscherspalte** F crepaccio *m*
Glied N ANAT membro *m*, arto *m*; *Penis* pene *m*; *Kettenglied* anello *m*
gliedern V strutturare
Gliederschmerzen MPL dolori *mpl* articolari
Gliederung F divisione *f*; *Aufsatz, Rede* struttura *f*
glimmen V ardere (senza

fiamma)
glitschig ADJ viscido
glitzern V scintillare
global ADJ globale **Globalisierung** F globalizzazione *f*
Globetrotter(in) M(F) giramondo *m/f*
Globuli MPL granuli *mpl* (omeopatici)
Globus M globo *m*
Glocke F campana *f* **Glockenblume** F campanula *f* **Glockenspiel** N carillon *m* **Glockenturm** M campanile *m*
Glotze F *umg* tivù *f* **glotzen** V *umg* guardare fisso
Glück N fortuna *f*; *Glückseligkeit* felicità *f*; **zum ~** per fortuna; **auf gut ~** a caso; **viel ~!** buona fortuna!; **~ haben** essere fortunato **glücken** V riuscire **glücklich** ADJ felice; *der Glück hat* fortunato **glücklicherweise** ADV fortunatamente **Glücksfall** M caso *m* fortunato **Glücksspiel** N gioco *m* d'azzardo **Glückwunsch** M augurio *m*; **herzlichen ~!** tanti auguri!; **~ zur bestandenen Prüfung!** complimenti per l'esame! **Glückwunschkarte** F biglietto *m* d'auguri
Glühbirne F lampadina *f*
glühen V essere infuocato; *fig* ardere (**vor** di); *Wangen* scottare; **glühend (heiß)** cocente; *Wangen* arrossato
Glühwein M vino *m* brûlé **Glühwürmchen** N lucciola *f*
Glut F brace *f*; *Hitze* calura *f*; *fig* ardore *m*
Gluten N glutine *m* **glutenfrei** ADJ senza glutine **Glutenunverträglichkeit** F celiachia *f*
GmbH F ABK (**= Gesellschaft mit beschränkter Haftung**) S.r.l. (Società a responsabilità limitata)
Gnade F grazia *f* **gnadenlos** ADJ spietato **gnädig** ADJ clemente
Gobelin M arazzo *m*
Gold N oro *m* **Goldbarren** M lingotto *m* d'oro **golden** ADJ *aus Gold* d'oro; *goldfarbig* dorato **Goldfisch** M pesce *m* rosso **goldig** ADJ *niedlich* carino **Goldmünze** F moneta *f* d'oro **Goldschmied(in)** M(F) orafo(-a) *m(f)*
Golf[1] M GEOG golfo *m*
Golf[2] N SPORT golf *m* **Golfplatz** M campo *m* da golf **Golfschläger** M mazza *f* da golf **Golfspieler(in)** M(F) golfista *m/f*
Gondel F gondola *f*; *Seilbahn* cabina *f*
gönnen V concedere (**j-m etw** qc a qn); **sich etw ~** permettersi, concedersi qc **Gönner(in)** M(F) mecenate *m/f*
googeln® V googlare *umg*
Gotik F (stile *m*) gotico *m*

gotisch ADJ gotico
Gott M Dio *m*; **~ sei Dank!** grazie a Dio!; **um ~es willen!** per amor di Dio! **Gottesdienst** M funzione *f* religiosa, messa *f* **Gottesmutter** F Madonna *f*
Gotthard M: **Sankt ~** San Gottardo
Göttin F dea *f* **göttlich** ADJ divino **gottverlassen** ADJ desolato
Götze M idolo *m*
Grab N tomba *f*
graben V scavare **Graben** M fosso *m*
Grabhügel M tumulo *m* **Grabinschrift** F epitaffio *m* **Grabmal** N monumento *m* sepolcrale **Grabstein** M lapide *f*; pietra *f* sepolcrale
Grad M grado *m*; **im höchsten ~e** estremamente; **zwei ~ über/unter Null** due gradi sopra/sotto lo zero
Graf M conte *m*
Grafik F grafica *f* **Grafiker(in)** M(F) grafico(-a) *m(f)* **Grafikkarte** F IT scheda *f* grafica
Gräfin F contessa *f*
grafisch ADJ grafico
Gramm N grammo *m*; **100 ~** un etto
Grammatik F grammatica *f*
Granatapfel M melagrana *f*
Granate F MIL granata *f*
grandios ADJ grandioso
Granit M granito *m*; **auf ~ beißen** *fig* trovare un osso duro (**bei** in)
Grapefruit F pompelmo *m*
Gras N erba *f* **grasen** V pascolare **Grashalm** M filo *m* d'erba **Grashüpfer** M cavalletta *f*
grässlich ADJ orribile, orrendo
Grat M cresta *f*
Gräte F lisca *f*, spina *f*
gratinieren V GASTR gratinare
gratis ADV gratuitamente
Gratulation F congratulazione *f*
gratulieren V: **j-m zu etw ~** congratularsi con qn per qc; **gratuliere!** congratulazioni!
grau ADV grigio **Graubrot** N pane *m* misto
Graubünden N Grigioni *mpl*
Gräuel M orrore *m*
grauen V: **mir graut vor ...** provo orrore per ... **Grauen** N orrore *m* **grauenhaft** ADJ, **grauenvoll** ADJ orribile, orrendo
Graupelschauer M temporale *m* misto a grandine
Graupen FPL orzo *m* mondato
grausam ADJ crudele **Grausamkeit** F crudeltà *f*
gravieren V incidere **gravierend** ADJ aggravante
graziös ADJ grazioso
greifbar ADJ palpabile; *zur Hand* a portata di mano; *verfügbar* disponibile

greifen V prendere, acchiappare, afferrare (**nach** qc); **zu etw ~** ricorrere a qc; **um sich ~** *fig* propagarsi
Greifvogel M uccello *m* rapace
grell ADJ *Licht* abbagliante; *Farbe* stridente; *Ton* acuto, stridulo
Grenze F confine *m*, frontiera *f*; *fig* limite *m* **grenzen** V confinare (**an** con) **grenzenlos** ADJ sconfinato; *fig* smisurato **Grenzgebiet** N zona *f* di confine **Grenzkontrolle** F controllo *m* di frontiera **Grenzposten** M guardia *f* di frontiera **Grenzübergang** M varco *m* di frontiera **Grenzverkehr** M traffico *m* di frontiera
Grieche M, **Griechin** F greco(-a) *m(f)* **Griechenland** N Grecia *f* **griechisch** ADJ greco
Grieß M semolino *m*
Griff M manico *m*; *Tür* maniglia *f* **griffbereit** ADJ a portata di mano
Grill M barbecue *m*; **vom ~** ai ferri
Grille F ZOOL grillo *m*
grillen V grigliare, fare ai ferri **Grillfest** N, **Grillparty** F barbecue *m*
Grimasse F smorfia *f*
grimmig ADJ truce
grinsen V ghignare
Grippe F influenza *f*; **ich habe ~** ho l'influenza
grob ADJ *Mensch* rozzo; brutale; *Stoff, Gesichtszüge* grosso, grossolano; *Fehler* grave; *ungenau* approssimativo
Gröden N Gardena *f*
grollen V *böse sein* portare rancore a
groß ADJ grande; *Summe* grosso; *hoch* alto; *wichtig* importante; **wie ~ sind Sie?** quanto è alto?; **im Großen und Ganzen** in linea di massima **großartig** ADJ grandioso **Großaufnahme** F primo piano *m* **Großbritannien** N Gran Bretagna *f* **Großbuchstabe** M maiuscola *f*
Größe F grandezza *f* (*a. fig*); *Körper* statura *f*; *Kleidung* taglia *f*; *Schuhe* misura *f*, numero *m*
Großeltern PL nonni *mpl*
Großhandel M commercio *m* all'ingrosso **Großindustrie** F grande industria *f* **Großmacht** F grande potenza *f* **großmütig** ADJ generoso **Großmutter** F nonna *f* **Großonkel** M prozio *m* **Großraumwagen** M BAHN grande carrozza *f* **großspurig** ADJ presuntuoso **Großstadt** F grande città *f* **Großtante** F prozia *f*
größtenteils ADV per la maggior parte
Großvater M nonno *m*
Großveranstaltung F

grande spettacolo *m* **Großwild** N selvaggina *f* grossa **großziehen** V allevare, crescere **großzügig** ADJ generoso **Großzügigkeit** F generosità *f*

grotesk ADJ grottesco

Grotte F grotta *f*

Grübchen N fossetta *f*

Grube F fossa *f*; *Bergwerk* miniera *f*

grübeln V stillarsi il cervello (**über** su)

Gruft F tomba *f*; cripta *f*

grün ADJ verde; *fig unreif* immaturo; **~e Welle** onda *f* verde; POL **die Grünen** i verdi

Grün N verde *m*; **die Ampel steht auf ~** il semaforo è verde **Grünanlage** F giardini *mpl* pubblici

Grund M *Ursache* causa *f*; motivo *m*; *Boden* fondo *m*; *Erdboden* suolo *m*; terreno *m*; *Gewässer* fondo *m*; **von ~ auf** radicalmente; **im ~e** in fondo; **ohne ~** senza motivo; **aus diesem ~** per questa ragione **Grundbedingung** F condizione *f* principale **Grundbegriffe** MPL principi *mpl* basilari

Grundbesitz M proprietà *f* fondiaria **Grundbuch** N catasto *m*

gründen V fondare; **e-n Verdacht auf etw ~** basare un sospetto su qc **Gründer(in)** M(F) fondatore(-trice) *m(f)*

Grunderwerb M acquisto *m* di terreno **Grundfläche** F base *f* **Grundgebühr** F tassa *f* fissa **Grundgesetz** N BRD costituzione *f* **Grundkenntnisse** FPL nozioni *fpl* di base **Grundlage** F base *f*

gründlich 1 ADJ profondo 2 ADV a fondo

grundlos ADJ infondato

Gründonnerstag M giovedì *m* santo

Grundregel F regola *f* fondamentale **Grundriss** M ARCH pianta *f* **Grundsatz** M principio *m* **grundsätzlich** 1 ADJ fondamentale; di principio 2 ADV per principio **Grundschule** F scuola *f* elementare **Grundstein** M prima pietra *f* **Grundstück** N terreno *m* **Grundstücksmakler(in)** M(F) agente *m/f* immobiliare

Gründung F fondazione *f*

grundverschieden ADJ diversissimo **Grundwasser** N acqua *f* sotterranea **Grundwortschatz** M vocabolario *m* di base **Grundzahl** F numero *m* cardinale

Grünfläche F zona *f* verde **Grünkohl** M cavolo *m* riccio **Grünstreifen** M banchina *f* spartitraffico

grunzen V grugnire

Gruppe F gruppo *m* **Gruppenreise** F viaggio *m* in comitiva **gruppieren** V/: **sich**

~ raggrupparsi (um intorno a)
gruseln V: **sich ~** rabbrividire
Gruß M saluto *m*; **herzliche/viele Grüße an** cordiali/tanti saluti a; **mit freundlichen Grüßen** distinti *od* cordiali saluti **grüßen** V salutare; **j-n ~ lassen** mandare i saluti a qn; **grüß Gott!** salve!
gucken V *umg* guardare; **guck mal!** guarda un po'!
Guerillakrieg M guerriglia *f*
Gulasch N *od* M spezzatino *m*
gültig ADJ valido; valevole **Gültigkeit** F validità *f* **Gültigkeitsdauer** F (durata *f* della) validità *f*
Gummi M *od* N gomma *f*; *umg Kondom* preservativo *m* **Gummiball** M palla *f* di gomma **Gummiband** N elastico *m* **Gummihandschuhe** MPL guanti *mpl* di gomma **Gummischlauch** M tubo *m* di gomma **Gummisohle** F suola *f* di gomma **Gummistiefel** MPL stivali *mpl* di gomma
Gunst F favore *m*; **zu ~en von** a favore di
günstig ADJ favorevole; *vorteilhaft* vantaggioso; *Preis* conveniente
Gurgel F gola *f* **gurgeln** V gargarizzare
Gurke F cetriolo *m*; **saure ~n** cetriolini *mpl* sott'aceto
Gurt M cinghia *f*; *Sicherheitsgurt* cintura *f* di sicurezza
Gürtel M cintura *f* **Gürtelrose** F fuoco *m* di sant'Antonio
Guss M *Regen* acquazzone *m*
gut **1** ADJ buono; **~es Wetter** bel tempo *m*; **sehr ~** ottimo; **~en Morgen/Tag!** buon giorno!; **~en Abend!** buona sera!; **~e Nacht!** buona notte!; **~e Besserung!** guarisci presto!; **alles Gute!** buona fortuna! auguri!; **alles Gute zum Geburtstag!** (tanti auguri di) buon compleanno! **2** ADV bene; **mach's ~!** *umg* stammi bene!; **schon ~!** va bene!; **es schmeckt/riecht ~** ha un buon sapore/odore; **mir ist nicht ~** mi sento male; **es gefällt mir ~** mi piace; **also ~!** d'accordo!; **~ gehen** andare bene; **es geht mir ~** sto bene
Gut N *Besitz* bene *m*; *Waren* merce *f*; **Güter** *pl Waren* merci *fpl* **Gutachten** N perizia *f* **Gutachter(in)** M(F) perito(-a) *m(f)*
gutartig ADJ MED benigno
Gutdünken N: **nach ~** a discrezione
Güte F bontà *f*; *Qualität* qualità *f*
Güterabfertigung F spedizione *f* merci **Güterbahnhof** M scalo *m* merci **Gütertrennung** F separazione *f* dei beni **Güterwagen** M va-

gone *m* merci **Güterzug** M treno *m* merci
gutgläubig ADJ in buona fede
Guthaben N avere *m* **gutheißen** V approvare
gütig ADJ benevolo
gutmütig ADJ bonario
Gutsbesitzer(in) M(F) proprietario(-a) *m(f)* terriero(-a)
Gutschein M buono *m* **Gutschrift** F accredito *m*
guttun V far bene (**j-m** a qn)
Gymnasium N liceo *m*; ginnasio *m*
Gymnastik F ginnastica *f*
Gynäkologe M, **Gynäkologin** F ginecologo(-a) *m(f)*

H

H N MUS si *m*
Haar N *Kopf* capello *m*; *Körper* pelo *m*; **~e** *pl* capelli *mpl*; peli *mpl*; **um ein ~** per un pelo **Haarausfall** M caduta *f* dei capelli **Haarbürste** F spazzola *f* per capelli **Haarfarbe** F colore *m* dei capelli **Haarfestiger** M fissatore *m* **Haarnadel** F forcina *f* **Haarschnitt** M taglio *m* dei capelli **Haarspange** F fermacapelli *m* **Haarspray** N lacca *f* per capelli **haarsträubend** ADJ da far rizzare i capelli **Haartrockner** M asciugacapelli *m* **Haarwaschmittel** N shampoo *m* **Haarwasser** N lozione *f* per capelli
haben V avere; **was ~ Sie?** che ha?; **etw ~ wollen** desiderare qc; **ich hätte gern ...** vorrei ...; **bei sich ~** avere con sé; **Hunger/Durst ~** avere fame/sete; **Lust ~ (etw zu tun)** avere voglia (di fare qc); **was hat er denn?** (ma) che cos'ha?
Habgier F avidità *f* **habgierig** ADJ avido
Habicht M ZOOL astore *m*
Hackbraten M polpettone *m*
Hacke F *Gerät* zappa *f*; *Ferse* calcagno *m* **hacken** V *Holz* spaccare; GASTR tritare
Hacker(in) M(F) IT hacker *m/f*
Hackfleisch N carne *f* macinata
Hafen M porto *m* **Hafenbecken** N darsena *f* **Hafengebühr** F diritti *mpl* portuali **Hafenpolizei** F polizia *f* portuale **Hafenrundfahrt** F giro *m* (turistico) del porto **Hafenstadt** F città *f* portuale
Hafer M avena *f* **Haferflocken** FPL fiocchi *mpl* d'avena
Haft F detenzione *f* **haftbar** ADJ responsabile (**für etw** di qc) **Haftbefehl** M mandato *m* di cattura
haften V: **~ für** garantire

per; rispondere di **Häftling** M detenuto *m* **Haftnotiz** F post-it® *m* **Haftpflichtversicherung** F assicurazione *f* di responsabilità civile **Haftstrafe** F pena *f* detentiva **Haftung** F responsabilità *f* (**für** di)
Hagebutte F (frutto *m* della) rosa *f* canina
Hagel M grandine *f* **hageln** V: **es hagelt** grandina
hager ADJ magro, scarno
Hahn M *Tier* gallo *m*; TECH rubinetto *m* **Hähnchen** N GASTR pollo *m* **Hähnchenflügel** M GASTR ala *f* di pollo
Hai(fisch) M squalo *m*
häkeln V lavorare all'uncinetto **Häkelnadel** F uncinetto *m*
Haken M gancio *m*; *Angel* amo *m* **Hakenkreuz** N svastica *f*
halb ADJ mezzo; **e-e ~e Stunde** mezz'ora *f*; **auf ~em Wege** a metà strada; **~ leer/voll** mezzo vuoto/pieno; **~ zwölf** le undici e mezzo; **zum ~en Preis** a metà prezzo **Halbdunkel** N penombra *f* **Halbfinale** N semifinale *f* **halbieren** V dividere in due
Halbinsel F penisola *f* **Halbjahr** N semestre *m* **Halbkreis** M semicerchio *m* **Halbkugel** F GEOG emisfero *m* **halblaut** ADJ a mezza voce **Halbmast** M: **auf ~** a mezz'asta **Halbmond** M mezzaluna *f* **Halbpension** F mezza pensione *f* **Halbschatten** M penombra *f* **Halbschlaf** M: **im ~** nel dormiveglia **Halbschuh** M scarpa *f* bassa **Halbstarke** M teppista *m* **halbtägig** ADJ di mezza giornata **halbtags** ADJ a mezza giornata; **~ arbeiten** lavorare part-time **halbwegs** ADV pressappoco **Halbzeit** F: **erste ~** primo tempo *m*; **zweite ~** ripresa *f*
Hälfte F metà *f*; **zur ~** a metà
Halfter M *od* N cavezza *f*
Halle F *Hotel* hall *f*; *Bahnhof* atrio *m*; *Werk* capannone *m*; *Sport* palestra *f*
Hallenbad N piscina *f* coperta
hallo! INT *Begrüßung* ciao!, salve!; TEL pronto!
Halm M *Stiel* stelo *m*; *Gras* filo *m* d'erba
Halogenlampe F, **Halogenleuchte** F lampada *f* alogena
Hals M collo *m*; *Kehle* gola *f*; **e-n steifen ~ haben** avere il torcicollo; **~ über Kopf** a rompicollo **Halsausschnitt** M scollatura *f* **Halsband** N *Hund* collare *m* **Halsentzündung** F infiammazione *f* della gola **Halskette** F collana *f* **Hals-Nasen-Ohren-Arzt**

M, **-Ärztin** F otorinolaringoiatra *m/f* **Halsschlagader** F carotide *f* **Halsschmerzen** MPL mal *m* di gola **Halstuch** N fazzoletto *m* da collo **Halswirbel** M vertebra *f* cervicale
halt! INT alt!; stop! **Halt** M fermata *f*; sosta *f*; *fig* sostegno *m*; **ohne ~** senza sosta
haltbar ADJ *Lebensmittel* inalterabile; *stabil* resistente; **~ bis** da consumarsi preferibilmente entro **Haltbarkeitsdatum** N data *f* di scadenza
halten V tenere; *anhalten* fermarsi; *Auto* sostare; **Halten verboten!** divieto di sosta; **e-e Rede ~** fare un discorso; **~ für** considerare; **für richtig/falsch ~** ritenere giusto/sbagliato; **~ von** pensare di; **sich ~** conservarsi
Haltestelle F fermata *f* **Halteverbot** N divieto *m* di sosta
haltmachen V fermarsi
Haltung F *Körper* portamento *m*; *Einstellung* atteggiamento *m*
Halunke M mascalzone *m*
Hamburg N Amburgo *f*
Hamburger M GASTR hamburger *m*
hämisch ADJ malizioso
Hammel M montone *m*
Hammelfleisch N carne *f* di montone **Hammelkeule** F cosciotto *m* di montone
Hammer M martello *m*
hämmern V martellare
Hämorr(ho)iden FPL emorroidi *fpl*
Hampelmann M burattino *m*
Hamster M criceto *m* **hamstern** V accaparrare **Hamsterkauf** M *Ware* scorta *f*; *das Kaufen* incetta *f*
Hand F mano *f*; **zu Händen von** all'attenzione di; **etw bei der ~/zur ~ haben** avere qc sottomano; **j-m die ~ schütteln** stringere la mano a qn; **j-m zur ~ gehen** dare una mano a qn **Handarbeit** F lavoro *m* manuale; *Stricken etc* lavoro *m* d'ago **Handball** M *Spiel* pallamano *f* **Handbewegung** F gesto *m* **Handbremse** F freno *m* a mano **Handbuch** N manuale *m* **Händedruck** M stretta *f* di mano
Handel M commercio *m*
handeln V *agieren* agire; *feilschen* contrattare; **mit etw ~** commerciare in qc **es handelt sich um …** si tratta di …
Handelsabkommen N accordo *m* commerciale **Handelskammer** F camera *f* di commercio **Handelsschiff** N nave *f* mercantile **Handelsschule** F scuola *f* commerciale **Handelsvertreter(in)** M(F) rappresentante *m/f*
Handfeger M scopetta *f*
Handfläche F palmo *m*

handgearbeitet ADJ fatto a mano **Handgelenk** N polso *m* **handgemacht** ADJ fatto a mano **Handgemenge** N zuffa *f* **Handgepäck** N bagaglio *m* a mano **Handgranate** F bomba *f* a mano **handgreiflich** ADJ: **~ werden** venire alle mani **Handgriff** M mossa *f* **handhaben** V maneggiare
Handheld N IT palmare *m*
Händler(in) M(F) commerciante *m/f*
handlich ADJ maneggevole
Handlung F *Tat* azione *f*; *Film etc* trama *f*
Handschellen FPL manette *fpl* **Handschrift** F scrittura *f* **handschriftlich** ADJ scritto a mano **Handschuh** M guanto *m* **Handschuhfach** N cassetto *m* portaoggetti **Handstand** M verticale *f* **Handtasche** F borsetta *f* **Handtuch** N asciugamano *m* **Handvoll** F manciata *f*
Handwerk N artigianato *m*; *Beruf* mestiere *m* **Handwerker(in)** M(F) artigiano(-a) *m(f)* **Handwerkszeug** N arnesi *mpl*
Handy N cellulare *m*; *umg* telefonino *m* **Handyhülle** F custodia *f* del cellulare **Handynummer** F numero *m* di cellulare **Handytasche** F custodia *f* del cellulare
Handzeichen N cenno *m* della mano **Handzettel** M volantino *m*
Hanf M canapa *f*
Hang M pendio *m*; *fig* inclinazione *f* (**zu** per)
Hängebrücke F ponte *m* sospeso **Hängelampe** F lampadario *m* **Hängematte** F amaca *f*
hängen V *befestigen* appendere (**an** a); *töten* impiccare; pendere; *Bild etc* essere appeso; **~ bleiben** restare attaccato (**an** a); **sich ~ lassen** *fig* lasciarsi andare; *fig* **an j-m ~** essere affezionato a qn
hänseln V prendere in giro
Hansestadt F città *f* anseatica
Hantel F manubrio *m*
hantieren V maneggiare (**mit etw** qc)
Happen M *umg* boccone *m*
Hardware F IT hardware *m*
Harfe F arpa *f*
harmlos ADJ innocuo
Harmonie F armonia *f* **harmonieren** V andare d'accordo **harmonisch** ADJ armonico
Harn M urina *f* **Harnblase** F vescica *f* urinaria
hart ADJ duro; *fest* sodo; *streng* severo; **~ gekocht** *Ei* sodo; **~ werden** indurirsi
Härte F durezza *f*
Hartgeld N moneta *f* metallica **hartherzig** ADJ duro di cuore **Hartkäse** M formag-

gio *m* duro **hartnäckig** ADJ ostinato
Harz N resina *f*
Hasch(isch) N hascisc *m*
Hase M lepre *f*
Haselnuss F nocciola *f*
Hasenbraten M arrosto *m* di lepre **Hasenscharte** F labbro *m* leporino
Hashtag N IT cancelletto *m*, hashtag *m*
Hass M odio *m* **hassen** V odiare
hässlich ADJ brutto **Hässlichkeit** F bruttezza *f*
hast hai → haben
Hast F fretta *f* **hastig** 1 ADJ affrettato 2 ADV in fretta
hat ha → haben **hatte** *ich* avevo; *er, sie, es* aveva → haben **hätte** *ich* avrei; *er, sie, es* avrebbe → haben
Haube F cuffia *f*; AUTO cofano *m*
Hauch M *Atem* alito *m*; *Wind* soffio *m* **hauchdünn** ADJ sottilissimo
hauen V picchiare; battere; **übers Ohr ~** imbrogliare
Haufen M *viel* mucchio *m*; *Menschen* folla *f*; **ein ~ Geld** un mucchio di soldi **häufen** V ammucchiare; **sich ~** accumularsi; *fig Fälle* aumentare **haufenweise** ADV in abbondanza, a mucchi
häufig 1 ADJ frequente 2 ADV spesso **Häufigkeit** F frequenza *f*
Haupt N capo *m* **Hauptaltar** M altare *m* maggiore **Hauptbahnhof** M stazione *f* centrale **hauptberuflich** ADJ come professione principale **Hauptdarsteller(in)** M(F) protagonista *m/f* **Haupteingang** M entrata *f* principale
Häuptelsalat M *österr Kopfsalat* lattuga *f*
Hauptfach N materia *f* principale **Hauptgericht** N GASTR piatto *m* forte **Hauptgeschäftszeit** F ora *f* di punta **Hauptgewinn** M primo premio *m* **Hauptmahlzeit** F pasto *m* principale **Hauptperson** F personaggio *m* principale **Hauptreisezeit** F stagione *f* turistica **Hauptrolle** F parte *f* principale **Hauptsache** F essenziale *m*
hauptsächlich 1 ADJ principale 2 ADV soprattutto
Hauptsaison F alta stagione *f* **Hauptspeicher** M IT memoria *f* centrale **Hauptstadt** F capitale *f* **Hauptstraße** F strada *f* principale **Hauptteil** M parte *f* principale **Hauptverkehrsstraße** F grande arteria *f* **Hauptverkehrszeit** F ore *fpl* di punta
Haus N casa *f*; **nach ~e** a casa; **bei mir zu ~e** a casa mia **Hausapotheke** F farmacia *f* domestica **Hausarbeit** F

lavori *mpl* di casa **Hausarzt** M, **-ärztin** F medico *m* di famiglia **Hausaufgaben** FPL compiti *mpl* di casa **Hausbesitzer(in)** M(F) proprietario(-a) *m(f)* di casa **Hausbesuch** M visita *f* a domicilio **Hausbewohner(in)** M(F) inquilino(-a) *m(f)* **Hausdurchsuchung** F perquisizione *f* domiciliare **Hauseingang** M ingresso *m* di casa **Häuserblock** M isolato *m*, caseggiato *m* **Hausflur** M vestibolo *m* **Hausfrau** F casalinga *f* **Hausfriedensbruch** M violazione *f* di domicilio **hausgemacht** ADJ fatto in casa

Haushalt M *Hausarbeit* faccende *fpl* (di casa); *Familie* nucleo *m* familiare; WIRTSCH bilancio *m* **Haushälterin** F governante *f* **Haushaltsartikel** M articolo *m* per la casa **Haushaltsgerät** N elettrodomestico *m* **Haushaltsplan** M bilancio *m* preventivo **Haushaltswaren** FPL casalinghi *mpl*

Hausherr(in) M(F) padrone(-a) *m(f)* di casa **Hausierer(in)** M(F) venditore(-trice) *m(f)* ambulante

häuslich ADJ domestico, di casa; *Pflicht* familiare; *Person* casalingo

Hausmann M casalingo *m* **Hausmannskost** F cucina *f* casalinga **Hausmeister(in)** M(F) portinaio(-a) *m(f)* **Hausmittel** N rimedio *m* casalingo **Hausnummer** F numero *m* civico **Hausordnung** F regolamento *m* della casa **Hausschlüssel** M chiave *f* di casa **Hausschuhe** MPL ciabatte *fpl* **Haustier** N animale *m* domestico **Haustür** F porta *f* di casa

Haut F pelle *f* **Hautabschürfung** F escoriazione *f* **Hautarzt** M, **-ärztin** F dermatologo(-a) *m(f)* **Hautausschlag** M eruzione *f* cutanea **Häutchen** N pellicina *f* **Hautcreme** F crema *f* per la pelle

hauteng ADJ aderente **Hautfarbe** F carnagione *f* **Hautklinik** F clinica *f* dermatologica **Hautkrankheit** F malattia *f* cutanea **Hautkrebs** M tumore *m* della pelle **Hautpflege** F cura *f* della pelle

Hbf ABK (= **Hauptbahnhof**) stazione *f* centrale

Headset N TEL cuffia *f* auricolare

Hebamme F levatrice *f*

Hebel M leva *f*

heben V alzare, (sol)levare; *Stimmung* rialzare

Hecht M luccio *m* **Hechtsprung** M tuffo *m* carpiato

Heck N SCHIFF poppa *f*; FLUG coda *f*; AUTO parte *f* posteriore **Heckantrieb** M trazio-

ne *f* posteriore
Hecke F siepe *f* **Heckenrose** F rosa *f* canina
Heckklappe F portellone *m* posteriore **Heckmotor** M motore *m* posteriore **Heckscheibe** F lunotto *m*
Heer N esercito *m*
Hefe F lievito *m* **Hefekuchen** M dolce *m* lievitato **Hefeteig** M pasta *f* lievitata
Heft N quaderno *m*; *Zeitschrift* numero *m*
heften V *befestigen* attaccare (**an** a); *nähen* imbastire; *Blick* fissare (**auf** su)
Hefter M *Gerät* pinzatrice *f*
heftig ADJ violento **Heftigkeit** F violenza *f*
Heftklammer F graffetta *f* **Heftpflaster** N cerotto *m* **Heftzwecke** F puntina *f* da disegno
Heide[1] M REL pagano *m*
Heide[2] F brughiera *f* **Heidekraut** N erica *f*
Heidelbeere F mirtillo *m*
Heidin F REL pagana *f*
heidnisch ADJ pagano
heikel ADJ delicato; *Person* difficile
heil ADJ intero; *gesund* sano; **~e Welt** mondo *m* intatto
Heil N *Seelenheil* salvezza *f*; **Petri ~!** buona pesca!
Heiland M Redentore *m*
Heilbad N bagno *m* termale; *Ort* località *f* termale **heilbar** ADJ guaribile
Heilbutt M ippoglosso *m*
heilen V guarire
heilig ADJ santo; *geweiht* sacro **Heiligabend** M vigilia *f* di Natale **Heilige(r)** F(M) santo(-a) *m(f)* **heiligen** V santificare **heiligsprechen** V canonizzare **Heiligtum** N santuario *m*
Heilkräuter NPL erbe *fpl* officinali **Heilmittel** N rimedio *m* **Heilpflanze** F pianta *f* medicinale **Heilpraktiker(in)** M(F) medico *m* alternativo **Heilquelle** F sorgente *f* termale **heilsam** ADJ salutare **Heilung** F guarigione *f*
heim ADV a casa; **ich gehe ~** vado a casa
Heim N *Zuhause* casa *f*; *Pflegeheim* residenza *f* sanitaria assistenziale; *Altersheim* casa *f* di riposo *Kinderheim* orfanotrofio *m* **Heimarbeit** F lavoro *m* a domicilio
Heimat F, **Heimatland** N patria *f* **heimatlos** ADJ apolide **Heimatort** M paese *m* natale
heimfahren V, **heimgehen** V andare a casa **Heimfahrt** F viaggio *m* di ritorno **heimisch** ADJ locale **Heimkehr** F ritorno *m* (a casa) **heimkehren** V ritornare a casa **heimkommen** V venire a casa
heimlich **1** ADJ segreto **2**

ADV di nascosto
Heimreise F viaggio *m* di ritorno **Heimspiel** N SPORT incontro *m* in casa
heimtückisch ADJ subdolo, perfido
heimwärts ADV verso casa **Heimweg** M ritorno *m* a casa **Heimweh** N nostalgia *f*
Heirat F matrimonio *m* **heiraten** V *selbst* sposarsi; sposare (j-n qn) **Heiratsantrag** M proposta *f* di matrimonio **Heiratsanzeige** F annuncio *m* di matrimonio; *Einladung* partecipazione *f* **Heiratsurkunde** F atto *m* di matrimonio
heiser ADJ rauco **Heiserkeit** F raucedine *f*
heiß ADJ caldo; **es ist ~** fa molto caldo; **mir ist ~** sento caldo; **~ laufen** surriscaldarsi
heißen V chiamarsi; *bedeuten* voler dire; **ich heiße** ... mi chiamo ...; **was soll das ~?** che significa?; **wie heißt das auf Italienisch?** come si dice in italiano?; **das heißt** cioè; **es heißt, dass** ... si dice che ...
heiter ADJ sereno (*a. Wetter*) **Heiterkeit** F allegria *f*
heizbar ADJ riscaldabile **heizen** V riscaldare **Heizkissen** N termoforo *m* **Heizkörper** M radiatore *m* **Heizöl** N olio *m* combustibile, nafta *f* **Heizung** F riscaldamento *m*
Hektar M ettaro *m*
hektisch ADJ febbrile, agitato
Hektoliter M ettolitro *m*
Held(in) M(F) eroe *m*, eroina *f* **heldenhaft** ADJ eroico **Heldentat** F atto *m* eroico
helfen V aiutare (**j-m** qn); **kann ich Ihnen ~?** desidera?; **können Sie mir ~?** potrebbe aiutarmi?; **sich zu ~ wissen** sapere arrangiarsi **Helfer(in)** M(F) aiutante *m/f*
hell ADJ chiaro; *Zimmer* luminoso; **es wird ~** si fa chiaro **hellblau** ADJ azzurro chiaro **Helligkeit** F chiarezza *f* **helllicht** ADJ: **am ~en Tag** in pieno giorno **Hellseher(in)** M(F) chiaroveggente *m/f* **hellwach** ADJ sveglio
Helm M elmetto *m*; *Schutzhelm* casco *m*
Hemd N camicia *f*; *Unterhemd* canottiera *f* **Hemdkragen** M colletto *m* di camicia
hemmen V *hindern* ostacolare **Hemmschwelle** F soglia *f* di inibizione **Hemmung** F scrupolo *m* **hemmungslos** ADJ sfrenato; senza scrupoli
Hengst M stallone *m*
Henkel M manico *m*
Henker M boia *m*
Henne F gallina *f*
Hepatitis F epatite *f*
her ADV qui, qua; **von außen ~** dal di fuori; **von oben ~** dall'alto; **von weit ~** da lontano; **es ist e-e Woche ~** è una settimana
herab ADV giù; in basso; **von**

oben ~ dall'alto in basso **herablassen** V abbassare; calare; *fig* **sich zu etw** ~ abbassarsi a fare qc **herablassend** ADJ arrogante **herabsetzen** V *Preis* ridurre **herabsteigen** V scendere
heran ADV vicino; **näher** ~ più vicino **heranfahren** V, **herankommen** V, **herantreten** V avvicinarsi **heranwachsen** V crescere
herauf ADV su **heraufbeschwören** V provocare **heraufholen** V *Koffer* portare su **heraufkommen** V salire **heraufziehen** V *Gewitter* avvicinarsi
heraus ADV fuori; **von innen** ~ dall'interno; **nach vorn** ~ sul davanti **herausbekommen** V *Geld* ricevere di resto; *fig erfahren* venire a sapere **herausbringen** V portare fuori; *Produkt* lanciare **herausfallen** V cadere fuori **herausfinden** V scoprire **herausfordern** V sfidare; provocare **Herausforderung** F sfida *f*, provocazione *f* **herausgeben** V *Geld* dare di resto; *Buch* pubblicare **Herausgeber(in)** M(F) editore (-trice) *m(f)* **herausholen** V tirare fuori **herauskommen** V uscire **herausnehmen** V prendere fuori; *fig* **sich etw** ~ permettersi qc **herausragen** V sporgere **herausstellen** V: **sich als richtig** ~ rivelarsi esatto **herausziehen** V estrarre (**aus** da)
herb ADJ *Geschmack, Verlust* amaro; *Wein* secco
herbei ADV qua, qui **herbeirufen** V chiamare
Herberge F locanda *f*
Herbst M autunno *m* **herbstlich** ADJ autunnale
Herd M cucina *f*, focolare *m*
Herde F gregge *m*
Herdplatte F piastra *f* da cucina
herein ADV: ~! avanti! **hereinbitten** V pregare d'entrare **hereinfallen** V *getäuscht werden* cascarci **hereinholen** V *Person* far entrare; *etw* portare dentro **hereinkommen** V entrare **hereinlassen** V lasciar entrare **hereinlegen** V imbrogliare
Herfahrt F venuta *f*
herfallen V: **über j-n/etw** ~ gettarsi su qn/qc
hergeben V dare
hergehen V andare (**hinter j-m** dietro a qn)
Hering M *Fisch* aringa *f*; *Zeltpflock* picchetto *m*
herkommen V venire; **wo kommen Sie her?** da dove viene?; **komm her!** vieni qua! **herkömmlich** ADJ tradizionale
Herkunft F origine *f*
Heroin N eroina *f* **heroinsüchtig** ADJ eroinomane

Herr M signore *m*; ~ **X** *Anrede* signor X; **Sehr geehrter ~ X** Egregio signor X
Herren... PRÄF da (*od* di, per) uomo; maschile **Herrenfriseur** M barbiere *m* **herrenlos** ADJ *Tier* randagio **Herrenmode** F moda *f* maschile **Herrenrad** N bicicletta *f* da uomo **Herrentoilette** F bagno *m* degli uomini
herrichten V preparare
Herrin F padrona *f*
herrisch ADJ dispotico
herrlich ADJ magnifico; *Wetter* splendido
Herrschaft F dominio *m* **herrschaftlich** ADJ signorile **herrschen** V regnare (**über** su) **Herrscher(in)** M(F) sovrano(-a) *m(f)*
herstellen V fabbricare; produrre **Hersteller(in)** M(F) produttore(-trice) *m* **Herstellung** F fabbricazione *f*
herüber ADV di qua **herüberkommen** V venire di qua **herüberreichen** V porgere
herum ADV *zeitlich* verso; *ungefähr* circa; **um ... ~** intorno a **herumdrehen** V girare **herumfahren** V girare (**um etw** qc) **herumfuchteln** V gesticolare **herumführen** V condurre in giro **herumirren** V vagare (**in der Stadt** per la città) **herumkriegen** V *umg* riuscire a convincere (**j-n** qn) **herumlaufen** V andare in giro **herumliegen** V essere sparso **herumreichen** V far circolare **herumtreiben** V: **sich ~** *umg* gironzolare
herunter ADV giù **herunterfahren** V *Computer* arrestare (il sistema) **herunterfallen** V cadere (giù) **heruntergekommen** ADJ andato in rovina **herunterklappen** V abbassare **herunterkommen** V scendere **herunterladen** V IT scaricare **herunterlassen** V abbassare **heruntersetzen** V *Preis* ribassare
hervor ADV fuori **hervorbringen** V produrre **hervorgehen** V risultare (**aus** da) **hervorheben** V *betonen* sottolineare **hervorholen** V tirare fuori **hervorragend** ADJ eccellente **hervorrufen** V *bewirken* provocare
Herz N cuore *m*; *Kartenspiel* cuori *mpl*; **von ganzem ~en** di tutto cuore; **leichten ~ens** a cuor leggero; **schweren ~ens** a malincuore **Herzanfall** M attacco *m* cardiaco **Herzbeschwerden** FPL disturbi *mpl* cardiaci **Herzfehler** M vizio *m* cardiaco **herzhaft** ADJ *Essen* saporito **Herzinfarkt** M infarto *m* cardiaco **Herzklopfen** N batticuore *m*; MED palpitazioni *fpl* **herzkrank** ADJ malato di cuore

herzlich ADJ cordiale; **~ gern** ben volentieri **Herzlichkeit** F cordialità *f* **herzlos** ADJ senza cuore **Herzmittel** N cardiotonico *m*

Herzog(in) M(F) duca *m*, duchessa *f* **Herzogtum** N ducato *m*

Herzschlag M battito *m* del cuore; MED colpo *m* apoplettico **Herzschrittmacher** M pacemaker *m* **Herzversagen** N collasso *m* cardiaco

Hessen N Assia *f*

heterosexuell ADJ eterosessuale

Hetze F *Eile* fretta *f* **hetzen** V *sich beeilen* fare in fretta; far fretta (**j-n** a qn); *aufwiegeln* incitare all'odio (**gegen** contro)

Heu N fieno *m*; **Geld wie ~** soldi a palate

Heuchelei F ipocrisia *f* **heucheln** V fingere **Heuchler(in)** M(F) ipocrita *m/f*

heuer ADV *österr* quest'anno

heulen V *umg weinen* piangere; *Wolf* ululare; *Wind* mugghiare

Heuschnupfen M febbre *f* da fieno **Heuschrecke** F cavalletta *f*

heute ADV oggi; **ab ~** da oggi; **bis ~** fino a oggi; **~ Morgen/Abend/Nacht** stamani/stasera/stanotte; **~ Nachmittag** oggi pomeriggio; **~ in e-r Woche/in 14 Tagen** tra una settimana/tra quindici giorni **heutig** ADJ odierno **heutzutage** ADV oggigiorno

Hexe F strega *f* **Hexenschuss** M *umg* colpo *m* della strega **Hexenwerk** N *umg* stregoneria *f*; **eine App herunterzuladen ist kein ~** scaricare un'app non è una stregoneria

Hieb M colpo *m*

hier ADV qui, qua; **~ ist/sind** ecco; **von ~ aus** di qui; **~ sein** essere qui; *anwesend* essere presente

hierauf ADV *danach* dopo di ciò **hierbei** ADV in quest'occasione **hierbleiben** V rimanere qui **hierdurch** ADV *örtlich* per di qua; *deshalb* con ciò **hierfür** ADV per questo **hierher** ADV qua, qui; **bis ~** fino qua; fin qui **hierhin** ADV (di) qui **hierlassen** V lasciare qui **hiermit** ADV con ciò; *im Brief* con la presente **hierzu** ADV a ciò; *dafür* per questo; *betreffend* a questo proposito **hierzulande** ADV in questo paese

hiesig ADJ di qui

Hi-Fi-Anlage F impianto *m* hi-fi

Hightech N alta tecnologia *f*

hilf aiuta; **~ mir!** aiutami! → helfen

Hilfe F aiuto *m*; **~!** aiuto!; **mit ~ von** con l'aiuto di; **Erste ~** pronto soccorso *m*; **j-n**

zu ~ rufen chiamare in aiuto qn **Hilfeleistung** F prestazione *f* di soccorso **Hilferuf** M grido *m* d'aiuto **hilflos** ADJ privo d'aiuto; *ratlos* disorientato **hilfreich** ADJ utile

Hilfsaktion F azione *f* di soccorso **Hilfsarbeiter(in)** M(F) manovale *m/f* **hilfsbedürftig** ADJ bisognoso **hilfsbereit** ADJ servizievole **Hilfsmittel** N *technisch* strumento *m* di supporto; *finanziell* aiuto *m* **Hilfsmotor** M motore *m* ausiliare

hilfst aiuti → helfen **hilft** aiuta → helfen

Himbeere F lampone *m*

Himmel M cielo *m*; **unter freiem ~** a cielo aperto **himmelblau** ADJ celeste **Himmelfahrt** F: **Christi ~** Ascensione *f*; **Mariä ~** Assunzione *f* **Himmelsrichtung** F punto *m* cardinale **himmlisch** ADJ celeste; *fig* celestiale, divino

hin ADV là; ci; **~ und her** qua e là; **~ und wieder** di quando in quando; **~ und zurück** andata e ritorno

hinab ADV (in) giù, verso il basso **hinabfahren** V, **hinabgehen** V scendere

hinauf ADV in su, in alto **hinauffahren** V, **hinaufgehen** V, **hinaufsteigen** V salire **hinauftragen** V portare su

hinaus ADV fuori; **darüber ~** inoltre **hinausgehen** V uscire; *Fenster* dare (**auf, nach** su) **hinauslaufen** V correre fuori; **auf etw ~** andare a finire in qc **hinauslehnen** V: **sich ~** sporgersi **hinausschieben** V *Termin* differire (**um** di; **auf** a) **hinauswerfen** V buttare fuori

Hinblick M: **im ~ auf** (in) riguardo a

hinbringen V portare lì; *Person* accompagnare

hinderlich ADJ d'impedimento

hindern V impedire (**j-n an etw** qn di fare qc) **Hindernis** N ostacolo *m*

hindurch ADV *zeitlich* per; *örtlich* attraverso; **die ganze Nacht ~** durante tutta la notte; **Jahre ~** per anni

hinein ADV dentro **hineingehen** V entrare **hineinkommen** V entrare **hineinlassen** V lasciare entrare **hineinpassen** V starci **hineintun** V mettere dentro

hinfahren V andarci; *Person, Sache* condurci **Hinfahrt** F andata *f*; **auf der ~** all'andata; **Hin- und Rückfahrt** *f* andata *f* e ritorno *m*

hinfallen V cadere **hinfällig** ADJ *ungültig* non valido

Hinflug M volo *m* di andata

hinführen V condurre

Hingabe F dedizione *f*, pas-

sione *f*
hingegen ADV invece
hingehen V andarci
hinhalten V *geben* porgere; *umg warten lassen* **j-n ~** far aspettare qn
hinken V zoppicare
hinkriegen V *umg schaffen* farcela, riuscire
hinlegen V posare; **sich ~** sdraiarsi; *ins Bett* coricarsi
hinnehmen V *dulden* sopportare
Hinreise F andata *f*
hinreißend ADJ affascinante
hinrichten V giustiziare
hinschicken V mandare
hinsetzen V: **sich ~** sedersi
Hinsicht F: **in dieser ~** sotto questo aspetto; **in jeder ~** sotto tutti gli aspetti **hinsichtlich** PRÄP riguardo a
Hinspiel N SPORT partita *f* di andata
hinstellen V porre, mettere
hinten ADV dietro; *am Ende* alla fine; **von ~** da dietro; **nach ~ heraus** sul dietro; **ganz ~** in fondo
hinter ADV dietro; **~ dem Haus, ~ das Haus** dietro la casa **Hinterachse** F asse *m* posteriore **Hinterantrieb** M trazione *f* posteriore **Hinterbliebene(n)** MPL superstiti *mpl* **hintere** ADJ posteriore
hintereinander ADV *örtlich* l'uno dietro l'altro; *zeitlich* di fila; **dreimal ~** tre volte di fila
Hintergedanke M secondo fine *m* **hintergehen** V ingannare, tradire **Hintergrund** M (s)fondo *m* **hinterhältig** ADJ subdolo **hinterher** ADV *zeitlich* dopo; *räumlich* dietro
Hinterkopf M occipite *m*
Hinterland N retroterra *m*
hinterlassen V lasciare; **e-e Nachricht ~** lasciare un messaggio **hinterlegen** V depositare; **ein Ticket (am Schalter) ~** depositare un biglietto (allo sportello)
hinterlistig ADJ perfido
Hintern M *umg* sedere *m*
Hinterrad N ruota *f* posteriore **Hinterteil** N parte *f* posteriore; *fig umg* sedere *m*
Hintertür F porta *f* di dietro
hinterziehen V *Steuern* evadere
hintun V *umg* porre, mettere; **wo soll ich das ~?** dove devo metterlo?
hinüber ADV di là **hinübergehen** V passare dall'altra parte; attraversare (**über** qc)
hinunter ADV giù **hinunterbringen** V portare giù **hinunterfallen** V cadere giù **hinuntergehen** V scendere **hinunterschlucken** V inghiottire; *fig* mandare giù **hinuntersteigen** V scendere **hinunterwerfen** V gettare giù
hinweg ADV: **über viele Jah-**

re ~ per molti anni
Hinweg M andata *f*; **auf dem ~** all'andata
Hinweis M indicazione *f*, avvertimento *m*; *Anzeichen* indizio *m* **hinweisen** V indicare (**auf etw** qc) **Hinweisschild** N, **Hinweistafel** F cartello *m* indicatore
hinziehen V: **sich ~** *zeitlich* andare per le lunghe
hinzu ADV *obendrein* per di più **hinzufügen** V aggiungere **hinzukommen** V *Umstand* sopravvenire; *Mensch* aggiungersi **hinzurechnen** V, **hinzuzählen** V aggiungere **hinzuziehen** V *Arzt* consultare
Hirn N cervello *m* **Hirngespinst** N fantasticheria *f* **Hirnhautentzündung** F meningite *f*
Hirsch M cervo *m* **Hirschkuh** F cerva *f*
Hirse F miglio *m*
Hirte M, **Hirtin** F pastore(-a) *m(f)*
hissen V *Fahne, Segel* issare
Historiker(in) M(F) storico(-a) *m(f)* **historisch** ADJ storico
Hitze F calura *f*; gran caldo *m* **hitzebeständig** ADJ refrattario **Hitzewelle** F ondata *f* di caldo **Hitzschlag** M colpo *m* di calore
HIV-positiv ADJ sieropositivo
H-Milch F latte *m* a lunga conservazione
HNO-Arzt M, **-Ärztin** F otorino(laringoiatra) *m/f*
Hobby N hobby *m*
Hobel M pialla *f*
hoch ADJ alto; *Preis* elevato; *Anzahl* grande; *Alter* avanzato; *Ton* acuto; *nach oben* in su; in alto; **die Mauer ist 3 m ~** il muro è alto due metri; **auf hoher See** in alto mare
Hoch N *Wetter* zona *f* di alta pressione **Hochachtung** F stima *f* **hochachtungsvoll** ADV *Brief* distinti saluti **Hochaltar** M altare *m* maggiore **Hochamt** N messa *f* solenne **Hochbetrieb** M massima attività *f* **hochdeutsch** ADJ tedesco puro; alto tedesco **Hochdruck** M alta pressione *f* **Hochebene** F altopiano *m* **hochempfindlich** ADJ *Film* molto sensibile **hochfahren** V *Computer* attivare **Hochgebirge** N alta montagna *f* **Hochgeschwindigkeitszug** M treno *m* ad alta velocità **hochhalten** V tenere in alto **Hochhaus** N grattacielo *m* **hochheben** V sollevare; (*a. Hand*) alzare **hochklappen** V alzare **hochkrempeln** V: **(sich) die Ärmel ~** rimboccarsi le maniche
Hochmut M superbia *f* **hochmütig** ADJ arrogante **hochnäsig** ADJ altezzoso
Hochnebel M nebbia *f* alta

hochprozentig ADJ ad alta gradazione alcolica **Hochsaison** F alta stagione *f* **Hochschule** F università *f*; **Technische ~** politecnico *m* **Hochsee** F alto mare *m* **Hochsommer** M piena estate *f* **Hochspannung** F alta tensione *f* **Hochsprung** M salto *m* in alto

höchst 1 ADJ il più alto; *fig* massimo 2 ADV molto, estremamente; **~ selten** molto raro

Hochstapler(in) M(F) impostore(-a) *m(f)*

Höchstbelastung F carico *m* massimo **höchstens** ADV al massimo **Höchstgeschwindigkeit** F velocità *f* massima **Höchstgewicht** N peso *m* massimo **Höchststrafe** F *für zu schnelles Fahren* maximulta *f* **höchstwahrscheinlich** ADV molto probabilmente

Hochverrat M alto tradimento *m* **Hochwasser** N alluvione *f*, inondazione *f* **hochwertig** ADJ di gran valore

Hochzeit F nozze *fpl*; **alles Gute zur ~!** tanti auguri per il matrimonio! **Hochzeitsgeschenk** N regalo *m* di nozze **Hochzeitsreise** F viaggio *m* di nozze **Hochzeitstag** M *Jahrestag* anniversario *m* di matrimonio

hocken V stare accoccolato

Hocker M sgabello *m*

Hockey N hockey *m*

Hoden M testicolo *m*

Hof M cortile *m*; *Bauernhof* fattoria *f*; *Schloss* corte *f*; **den ~ machen** fare la corte (**j-m** a qn)

hoffen V sperare (**auf etw** in qc)

hoffentlich ADV: **~ stimmt es** speriamo che sia vero

Hoffnung F speranza *f* **hoffnungslos** ADJ disperato **hoffnungsvoll** ADJ fiducioso

höflich ADJ cortese **Höflichkeit** F cortesia *f*

Höhe F altezza *f*; *Hügel* altura *f*; *Summe* **in ~ von ...** per l'ammontare *m* di ...; **das ist die ~!** è il colmo!

Hoheitsgebiet N territorio *m* nazionale **Hoheitsgewässer** NPL acque *fpl* territoriali

Höhenangst F acrofobia *f*

Höhenklima N clima *m* di montagna **Höhenkrankheit** F mal *m* di montagna **Höhenmesser** M altimetro *m* **Höhenunterschied** M dislivello *m*

Höhepunkt M culmine *m*, apice *m*, vertice *m*; *Sex* orgasmo *m*

höher ADJ più alto, superiore

hohl ADJ cavo; *Klang* cupo; *umg dumm* stupido

Höhle F caverna *f*, grotta *f*;

Tierbau tana *f*
Hohlmaß N misura *f* di capacità **Hohlraum** M cavità *f*
Hohn M scherno *m* **höhnisch** ADJ beffardo
Hokkaidokürbis M zucca *f* Hokkaido
holen V andare a prendere; **~ Sie e-n Arzt!** faccia venire un medico!; **Hilfe ~** andare a chiedere aiuto; **~ lassen** mandare a prendere
Holland N Olanda *f* **Holländer(in)** M(F) olandese *m/f*
holländisch ADJ olandese
Hölle F inferno *m*; **hier ist die ~ los!** si è scatenato l'inferno! **höllisch** ADJ infernale, enorme
holp(e)rig ADJ accidentato; *fig* stentato
Holunder M sambuco *m*
Holz N legno *m*; *Brennholz* legna *f* **hölzern** ADJ di legno **holzig** ADJ legnoso **Holzkohle** F carbone *m* di legno **Holzschnitzerei** F scultura *f* in legno **Holzwolle** F lana *f* di legno **Holzwurm** M tarlo *m*
Homebanking N home banking *m* **Homepage** F *Internet* sito *m* web
Homöopathie F omeopatia *f*
homosexuell ADJ omosessuale
Honig M miele *m* **Honigkuchen** M panpepato *m* **Honigmelone** F melone *m*
Honorar N onorario *m*
Hoodie N *od* M felpa *f* con cappuccio
Hopfen M luppolo *m*
hörbar ADJ udibile **Hörbuch** N audiolibro *m*
horchen V stare a sentire
Horde F orda *f*
hören V udire, sentire; *an- u. zuhören* ascoltare; **schwer ~** avere problemi di udito; **ich lasse von mir ~** *umg* mi farò vivo; **auf j-n ~** dare retta a qn; **von j-m ~** ricevere notizie da qn **Hörer** M TEL ricevitore *m* **Hörer(in)** M(F) *Person* uditore(-trice) *m(f)* **Hörfunk** M radio *f* **Hörgerät** N apparecchio *m* acustico
Horizont M orizzonte *m* **horizontal** ADJ orizzontale
Hormon N ormone *m*
Horn N corno *m* (*a.* MUS)
Hörnchen N GASTR cornetto *m*; *Tier* scoiattolo *m*
Hornhaut F ANAT cornea *f*; *Schwiele* callosità *f*
Hornisse F calabrone *m*
Horoskop N oroscopo *m*
Hörsaal M auditorio *m*; aula *f* **Hörspiel** N radiodramma *m*
Hort M *Kinderhort* ≈ doposcuola *m*
Hörweite F: **in/außer ~** a/fuori portata di voce
Hose F pantaloni *mpl* **Hosenanzug** M tailleur *m* pantalone **Hosenrock** M gonna

f pantalone **Hosentasche** F tasca *f* (dei pantaloni) **Hosenträger** MPL bretelle *fpl*
Hostess F hostess *f*
Hostie F ostia *f*
Hotel N albergo *m*; hotel *m* **Hotelhalle** F hall *f* **Hotelverzeichnis** N guida *f* degli hotel **Hotelzimmer** N camera *f* d'albergo
Hotline F TEL numero *m* di servizio
Hotspot M IT area *f* di collegamento, hotspot *m*
Hubraum M cilindrata *f*
hübsch ADJ bello, carino
Hubschrauber M elicottero *m*
huckepack ADV a cavalluccio
Huf M zoccolo *m* **Hufeisen** N ferro *m* di cavallo
Hüfte F anca *f* **Hüftgelenk** N articolazione *f* dell'anca
Hügel M collina *f* **hügelig** ADJ collinoso
Huhn N gallina *f*; pollo *m* **Hühnchen** N pollastro *m* **Hühnerauge** N callo *m* **Hühnerbrühe** F brodo *m* di pollo **Hühnerbrust** F GASTR petto *m* di pollo **Hühnerstall** M pollaio *m*
Hülle F involucro *m*, custodia *f*
Hülsenfrüchte FPL legumi *mpl*
human ADJ umano **humanitär** ADJ umanitario
Hummel F bombo *m*
Hummer M astice *m*, omaro *m*
Humor M umorismo *m* **humoristisch** ADJ umoristico **humorvoll** ADJ spiritoso
humpeln V zoppicare
Hund M cane *m* **Hundefutter** N cibo *m* per cani **Hundehütte** F canile *m* **Hundekuchen** M biscotto *m* per cani **Hundeleine** F guinzaglio *m* **hundemüde** ADJ *umg* stanco morto
hundert ADJ cento **Hunderter** M biglietto *m* da cento **Hundertjahrfeier** F centenario *m* **hundertprozentig** ADJ al cento per cento
Hündin F cagna *f*
Hundstage MPL canicola *f*
Hunger M fame *f*; **~ haben** aver fame **hungern** V soffrire la fame; *sich sehnen* desiderare ardentemente (**nach etw** qc) **Hungerstreik** M sciopero *m* della fame **hungrig** ADJ affamato; **~ sein** aver fame
Hupe F clacson *m* **hupen** V suonare il clacson
hüpfen V saltellare
Hupverbot N divieto *m* di segnalazioni acustiche
Hürde F ostacolo *m* **Hürdenlauf** M corsa *f* ad ostacoli
Hure F *pej* prostituta *f*, *vulg* puttana *f*
hüsteln V tossicchiare
husten V tossire **Husten** M tosse *f* **Hustenbonbon** M

od N caramella *f* per la tosse **Hustensaft** M sciroppo *m* per la tosse
Hut[1] M cappello *m*
Hut[2] F: **auf der ~ sein** guardarsi (**vor** da)
hüten V guardare; *Geheimnis* mantenere; **das Bett ~** stare a letto; **sich ~ vor** guardarsi da
Hütte F capanna *f*; *Berghütte* rifugio *m*, baita *f*
Hyäne F ZOOL iena *f*
Hyazinthe F giacinto *m*
Hydrant M idrante *m*
hydraulisch ADJ idraulico
Hygiene F igiene *f* **Hygienemaßnahme** F misura *f* d'igiene **hygienisch** ADJ igienico
Hymne F inno *m*
Hypnose F ipnosi *f*
Hypothese F ipotesi *f*
hysterisch ADJ isterico

I

i. A. ABK (**= im Auftrag**) per procura (p. p.)
IBAN F IBAN *m*
IC® ABK (**= Intercity**) intercity *m*
ICE® ABK (**= Intercity-Express**) ≈ eurostar *m*, pendolino *m*
ich PRON io; **~ auch** anch'io; **~ bin's** sono io
IC®-Zuschlag M supplemento *m* rapido
ideal ADJ ideale
Idee F idea *f*
identifizieren V identificare; **sich mit j-m ~** identificarsi in qn
Identität F identità *f*
ideologisch ADJ ideologico
Idiot(in) M(F) idiota *m/f*
Idol N *Vorbild* idolo *m*
idyllisch ADJ idilliaco
Igel M riccio *m*
ignorieren V ignorare
ihm PRON MSG gli; *betont* a lui; **ich sagte ~** gli dissi; **ein Freund von ~** un suo amico
ihn PRON MSG lo; *betont* lui; **ich kenne ~** lo conosco
ihnen PRON PL loro, a loro, gli; **ich sagte ~, dass sie morgen kommen können** ho detto loro di venire domani
Ihnen PRON *höflich* Le/vi, a Lei/voi; **kann ich ~ helfen?** La/vi posso aiutare?
ihr **1** PRON FSG le, *betont* a lei; **ich glaube ~** le credo **2** PRON PL voi; **seid ~ aus Italien?** (voi) siete italiani? **3** POSS PR (il) suo, (la) sua (di lei); **es ist ~e Tasche** è la sua borsa **4** POSS PR il loro; **die Kinder spielen mit ~em Hund** i bambini giocano col loro cane
Ihr POSS PR *höflich* (il) Suo/vostro, (la) Sua/vostra; **grüßen Sie ~e Frau von mir!** mi sa-

luti Sua moglie!
ihretwegen ADV per lei **Ihretwegen** ADV *höflich* per Lei
illegal ADJ illegale, non denunciato
Illusion F illusione *f*
Illustration F illustrazione *f*
Illustrierte F rivista *f* illustrata
Image N immagine *f* (pubblica)
Imbiss M spuntino *m*, snack *m* **Imbissstube** F tavola *f* calda
Imitation F imitazione *f*
Imker(in) M(F) apicoltore (-trice) *m(f)*
immer ADV sempre; **~ besser** sempre meglio; **~ noch** ancora; **~ wieder** sempre; **wie ~** come sempre; **für ~** per sempre; **~ wenn ...** ogni volta che... **immerhin** ADV comunque **immerzu** ADV continuamente
Immobilie F immobile *m* **Immobilienmakler(in)** M(F) agente *m/f* immobiliare
immun ADJ immune (**gegen** a) **immungeschwächt** ADJ immunocompromesso **Immunität** F immunità *f* **Immunschwäche** F immunodeficienza *f* **Immunsystem** N sistema *m* immunitario
impfen V vaccinare **Impfpass** M certificato *m* (internazionale) di vaccinazione **Impfstoff** M vaccino *m*
Impfung F vaccinazione *f*
imponierend ADJ imponente
Import M importazione *f* **Importeur(in)** M(F) importatore (-trice) *m(f)* **importieren** V importare
imposant ADJ imponente
impotent ADJ impotente
imprägniert ADJ impermeabilizzato
improvisiert ADJ improvvisato
imstande ADJ: **~ sein zu** essere in grado di
in PRÄP in; a; *binnen* fra; **~ der Stadt** nella città; **~ Rom** a Roma; **~ die Berge** in montagna; **~s Kino** al cinema; **im März** in (*od* a) marzo; **im Sommer** d'estate; **~ diesem Jahr** quest'anno; **im Zimmer** in camera
inbegriffen ADJ: **alles ~** tutto compreso
Inder(in) M(F) indiano(-a) *m(f)*
Indianer(in) M(F) *neg!* indiano(-a) *m(f)* (d'America) *neg!*
Indien N India *f*
indirekt ADJ indiretto
indisch ADJ indiano; **der Indische Ozean** Oceano *m* Indiano
indiskret ADJ indiscreto
individuell ADJ individuale
Indizien NPL indizi *mpl*
Induktionsherd M fornello *m* a induzione
Industrie F industria *f* **Industriegebiet** N zona *f* in-

dustriale **Industriezentrum** N centro *m* industriale **ineinander** ADV l'uno nell'altro **Infarkt** M MED infarto *m* **Infektion** F infezione *f* **Infektionskrankheit** F malattia *f* infettiva **infizieren** V infettare **Inflation** F inflazione *f* **Inflationsrate** F tasso *m* d'inflazione **infolge** PRÄP in seguito a **infolgedessen** ADV in conseguenza di ciò **Informatik** F informatica *f* **Information** F informazione *f* **Informationsbroschüre** F depliant *m* informativo **Informationsbüro** N ufficio *m* informazioni **Informationstechnologie** F informatica *f* **Informationszentrum** N centro *m* di informazione **informieren** V informare; **sich ~** informarsi (**über** di) **Infostand** M sportello *m* informazioni **infrage** ADV: **~ kommen** prendere in considerazione **Infrastruktur** F infrastruttura *f* **Infusion** F infusione *f* **Ingenieur(in)** M(F) ingegnere *m* **Ingwer** M zenzero *m* **Inhaber(in)** M(F) proprietario(-a) *m(f)*, titolare *m/f* **Inhalt** M contenuto *m* **Inhaltsverzeichnis** N indice *m* **Initiative** F iniziativa *f*; **die ~ ergreifen** prendere l'iniziativa **Injektion** F iniezione *f* **inklusive** ADV compreso **Inland** N interno *m* del paese **inländisch** ADJ nazionale **Inlandsflug** M volo *m* nazionale **Inliner** MPL, **Inline-Skates** MPL rollerblade® *mpl* **innen** ADV dentro, all'interno; **von ~** dall'interno **Innenarchitekt(in)** M(F) architetto *m* d'interni **Innenhof** M cortile *m* (interno) **Innenministerium** N Ministero *m* dell'Interno **Innenpolitik** F politica *f* interna **Innenstadt** F centro *m* città **innere** ADJ interiore **Innere(s)** N interno *m* **Innereien** FPL interiora *fpl* **innerhalb** PRÄP all'interno di; *zeitlich* entro **innerlich** ADJ interno **innig** ADJ intimo, sincero **inoffiziell** ADJ non ufficiale **Insasse** M, **Insassin** F *Fahrzeug* passeggero(-a) *m(f)*; *Haftanstalt* detenuto(-a) *m(f)* **insbesondere** ADV particolarmente **Inschrift** F iscrizione *f* **Insekt** N insetto *m* **Insektenspray** N spray *m* insetticida **Insektenstich** M pun-

tura *f* d'insetto **Insektizid** N insetticida *m*
Insel F isola *f* **Inselgruppe** F arcipelago *m*
Inserat N inserzione *f*
insgesamt ADV in tutto, in totale
Inspektion F controllo *m*
Installateur(in) M(F) idraulico(-a) *m(f)* **installieren** V installare (*a.* IT)
instand ADV: ~ **halten** mantenere; ~ **setzen** riparare
Instanz F istanza *f*
Instinkt M istinto *m* **instinktiv** ADJ istintivo
Institut N istituto *m*
Institution F istituzione *f*
Instrument N strumento *m*
Insulin N insulina *f*
Inszenierung F messa *f* in scena
intakt ADJ intatto
Integration F integrazione *f* **Integrationskurs** M corso *m* di integrazione
intelligent ADJ intelligente **Intelligenz** F intelligenza *f*
intensiv ADJ intenso, intensivo **Intensivkurs** M corso *m* intensivo **Intensivstation** F reparto *m* di rianimazione
interessant ADJ interessante **Interesse** N interesse *m* **interessieren** V interessare; **ich interessiere mich für ...** m'interesso di *od* a ...
intern ADJ interno
Internat N collegio *m*
international ADJ internazionale
Internet N Internet *m*; **im ~ surfen** navigare su Internet; **Zugang zum ~ haben** avere accesso a Internet **Internetadresse** F indirizzo *m* Internet **Internetanschluss** M collegamento *m* Internet **Internetbanking** N internet banking *m* **Internetcafé** N cybercafé *m* **internetfähig** ADJ abilitato per Internet **Internetprovider** M provider *m* **Internetzugang** M accesso *m* Internet
Internist(in) M(F) internista *m/f*
interpretieren V interpretare
Interview N intervista *f* **interviewen** V intervistare
intim ADJ intimo
intolerant ADJ intollerante
Intranet N IT intranet *m*
Intrige F intrigo *m*
Invalide M, **Invalidin** F invalido(-a) *m(f) neg!*
Inventar N inventario *m*
investieren V investire **Investition** F investimento *m*
inwieweit ADV fino a qual punto
inzwischen ADV intanto
iPad® N IT iPad® *m*
IP-Adresse F IT indirizzo *m* IP
iPhone® N IT iPhone® *m*
iPod® M IT iPod® *m*

Irak M Iraq *m*, Irak *m*
Iran M Iran *m*
Ire M, **Irin** F irlandese *m/f*
irgendein PRON uno qualunque; **~er** qualcuno **irgendetwas** PRON qualcosa **irgendjemand** PRON qualcuno **irgendwann** ADV prima o poi **irgendwie** ADV in qualche modo **irgendwo** ADV, **irgendwohin** ADV in qualche posto
irisch ADJ irlandese **Irland** N Irlanda *f*
ironisch ADJ ironico
irre ADJ *fig* pazzesco; *umg toll* fantastico **Irre(r)** F(M) pazzo(-a) *m(f)* **irreführen** V ingannare **irremachen** V sconcertare **irren** V errare; **sich ~** sbagliarsi
Irrsinn M pazzia *f*, follia *f* **irrsinnig** ADJ *Mensch* folle (*a. fig*); *umg* pazzesco **Irrtum** M errore *m*
Ischias M *od* N sciatica *f*
ISDN M ISDN *m*
Islam M Islam *m* **islamisch** ADJ islamico
Island N Islanda *f*
Isolierband N nastro *m* isolante **isolieren** V isolare; **sich ~** isolarsi **Isolierung** F isolamento *m*
Isomatte F stuoia *f* isolante
Israel N Israele *m* **Israeli** M/F israeliano(-a) *m(f)*
iss: **~!** mangia! → essen **isst** *er, ist, es* mangia → essen
ist è → sein
IT F ABK IT *m*
Italien N Italia *f* **Italiener(in)** M(F) italiano(-a) *m(f)*
italienisch ADJ italiano; **auf Italienisch** in italiano

J

ja ADV sì; **aber ~!** certo che sì!; **~ und?** e allora?; **da ist sie ~!** eccola qui!
Jacht F yacht *m*
Jacke F giacca *f*
Jackett N giacca *f*
Jagd F caccia *f* **Jagdrevier** N riserva *f* di caccia **Jagdschein** M licenza *f* di caccia **jagen** V cacciare **Jäger(in)** M(F) cacciatore(-trice) *m(f)*
jäh ADJ repentino
Jahr N anno *m*; **dieses ~** quest'anno; **letztes ~** l'anno scorso; **nächstes ~** l'anno prossimo; **ein halbes ~** sei mesi; **gutes neues ~!** buon anno!; **im ~ 2000** nel duemila; **seit ~en** da anni; **zwischen den ~en** ≈ fra Natale e Capodanno **jahrelang** ADV per anni **Jahresanfang** M inizio *m* dell'anno **Jahresende** N fine *f* dell'anno **Jahreskarte** F abbonamento *m* annuale **Jahrestag** M anni-

versario *m* **Jahreszeit** F stagione *f* **Jahrgang** M annata *f* **Jahrhundert** N secolo *m*
jährlich 1 ADJ annuo, annuale 2 ADV ogni anno **Jahrmarkt** M fiera *f*; *Vergnügungspark* luna park *m* **Jahrtausend** N millennio *m*
Jahrzehnt N decennio *m*
jähzornig ADJ iracondo
Jalousie F persiana *f*
Jammer M miseria *f*; **es ist ein ~** è un peccato **jämmerlich** ADJ miserabile **jammern** V lamentarsi
Jänner M *österr* gennaio *m*
Januar M gennaio *m*
Japan N Giappone *m* **Japaner(in)** M(F) giapponese *m/f*
japanisch ADJ giapponese
Jargon M gergo *m*
Jasmin M gelsomino *m*
jauchzen V urlare di gioia
Jause F *österr* merenda *f*
jawohl ADV sissignore
Jazz M jazz *m* **Jazzband** F orchestra *f* jazz
je 1 ADV *jemals* mai; *vor Zahlen* alla volta; *jeweils* ciascuno 2 KONJ: **~ … desto** più … più; **~ nachdem, ob** a seconda che
Jeans F jeans *mpl* **Jeansrock** M gonna *f* di jeans
jede(r, -s) PRON ogni; **jeder/jede von uns** ognuno/ognuna di noi; **jedes Mal** ogni volta (**wenn** che)
jedenfalls ADV in ogni caso
jedermann PRON ognuno; *alle* tutti **jederzeit** ADV in qualsiasi momento
jedesmal ADV ogni volta
jedoch ADV però
Jeep® M jeep® *f*
jeher ADV: **von** (*od* **seit**) **~** da sempre
jein ADV sì e no
jemals ADV mai
jemand PRON qualcuno; **~ anders** qualcun altro; **ist da ~?** c'è qualcuno?
jene(r, -s) PRON quello, quella: **an jenem Tag** quel giorno
jenseits ADV al di là (ci)
Jerusalem N Gerusalemme *f*
Jesus M Gesù *m*
Jetlag M jet lag *m*
jetzt ADV ora, adesso; **bis ~** finora; **von ~ an** d'ora in poi; **~ gleich** subito; **~ schon?** già?
jeweils ADV ogni volta; *je* rispettivamente
Jh. ABK (**= Jahrhundert**) sec. (secolo)
Job M lavoro *m* (occasionale)
jobben V *umg* fare lavoretti
Jod N iodio *m*
joggen V fare footing **Jogging** N jogging *m*
Jog(h)urt M *od* N yogurt *m*
Johannisbeere F ribes *m*
Joint M *umg* spinello *m*
Jordanien N Giordania *f*
Journalist(in) M(F) giornalista *m/f*
Jubel M giubilo *m* **jubeln** V

esultare **Jubiläum** N: **zehnjähriges ~** decimo anniversario *m*
jucken V: **es juckt** prude **Juckreiz** M prurito *m*
Jude M ebreo **Jüdin** F ebrea *f* **jüdisch** ADJ ebreo
Judo M judo *m*
Jugend F *Jugendzeit* gioventù *f*; **die ~** *junge Leute* i giovani **Jugendgruppe** F gruppo *m* giovanile **Jugendherberge** F ostello *m* per la gioventù **Jugendherbergsausweis** M tessera *f* ostelli **Jugendlager** N campo *m* per giovani **jugendlich** ADJ giovanile **Jugendliche** M/F giovane *m/f*
Jugendstil M liberty *m*
Jugoslawien N *hist* Jugoslavia *f*
Juli M luglio *m*
jung ADJ giovane
Junge[1] M ragazzo *m*
Junge[2] N *Tier* piccolo *m*; *Welpe* cucciolo *m*
jünger ADJ più giovane; *Geschwister* minore
Jungfrau F vergine *f*; ASTROL Vergine *f*
Junggeselle M scapolo *m* **Junggesellin** F nubile *f*
jüngst ADJ: **in ~er Zeit** recentemente
Juni M giugno *m*
Jupiter M Giove *m*
Jura[1] legge *f*; **~ studieren** studiare legge
Jura[2] M GEOG Giura *m*
Jurist(in) M(F) laureato(-a) *m(f)* in legge
Jury F giuria *f*
Justiz F giustizia *f*
Juwelen NPL gioielli *mpl* **Juwelier(in)** M(F) gioielliere(-a) *m(f)*
Jux M *umg* scherzo *m*; **aus ~** per scherzo

K

Kabarett N cabaret *m*
Kabel N cavo *m* **Kabelfernsehen** N televisione *f* via cavo
Kabeljau M merluzzo *m*
kabellos ADJ senza fili
Kabine F cabina *f*
Kabinett N POL gabinetto *m*
Kachel F piastrella *f* **Kachelofen** M stufa *f* di ceramica
Käfer M coleottero *m*; *Auto* maggiolino *m*
Kaff N *umg* buco *m*
Kaffee M caffè *m*; **~ kochen** fare il caffè **Kaffeehaus** N *österr* caffè *m* **Kaffeekanne** F caffettiera *f* **Kaffeekapsel** F capsula *f* di caffè **Kaffeelöffel** M cucchiaino *m* **Kaffeemaschine** F macchina *f* da caffè **Kaffeepad** N cialda

f da caffè **Kaffeetasse** F tazza *f* da caffè
Käfig M gabbia *f*
kahl ADJ nudo; *Kopf* calvo; *Baum* spoglio
Kahn M barca *f*
Kai M banchina *f*
Kairo N Il Cairo *m*
Kaiser(in) M(F) imperatore (-trice) *m(f)* **Kaiserschnitt** M MED taglio *m* cesareo
Kajak N kayak *m*; **~ fahren** andare in kayak
Kajüte F cabina *f*
Kakao M cacao *m*; *Getränk* cioccolata *f*
Kakerlake F scarafaggio *m*
Kaktus M cactus *m* **Kaktusfeige** F fico *m* d'India
Kalabrien N Calabria *f*
Kalb N vitello *m* **Kalbfleisch** N (carne *f* di) vitello *m* **Kalbsbraten** M arrosto *m* di vitello **Kalbsschnitzel** N scaloppina *f* di vitello
Kalender M calendario *m*
Kalk M calce *f* **Kalkstein** M calcare *m*
kalkulieren V calcolare
Kalorie F caloria *f* **kalorienarm** ADJ ipocalorico
kalt ADJ freddo; **es ist ~** fa freddo; **mir ist ~** ho freddo; **~ werden** raffreddarsi **kaltblütig** ADJ a sangue freddo
Kälte F freddo *m*; *fig* freddezza *f*; **3 Grad ~** tre gradi sotto zero **Kaltmiete** F canone *m* d'affitto senza le spese
Kalzium N calcio *m*
kam *ich* venivo, sono venuto(-a); *er, sie, es* veniva, è venuto(-a) → kommen **käme** *ich* verrei; *er, sie, es* verrebbe → kommen
Kamel N cammello *m*
Kamera F *Foto* macchina *f* fotografica; *Film* cinepresa *f*
Kameraüberwachung F videosorveglianza *f*
Kamille F camomilla *f* **Kamillentee** M camomilla *f*
Kamin M camino *m* **Kaminkehrer(in)** M(F) spazzacamino *m*
Kamm M pettine *m*; *Berg*kamm cresta *f* **kämmen** V: **sich ~** pettinarsi
Kammermusik F musica *f* da camera
Kampagne F campagna *f*
Kampanien N Campania *f*
Kampf M lotta *f*; *Wettkampf* gara *f* **kämpfen** V lottare, combattere (**für, um** per) **Kampfrichter(in)** M(F) arbitro(-a) *m(f)*
kampieren V accamparsi
kamst venivi, sei venuto(-a) → kommen
Kanada N Canada *m* **kanadisch** ADJ canadese
Kanal M canale *m* (*a.* TV); *Abwasser* canale *m* di scolo **Kanalisation** F fognatura *f*
Kanarienvogel M canarino *m* **Kanarische Inseln** FPL

(le) Canarie *fpl*
Kandidat(in) M(F) candidato(-a) *m(f)* **kandidieren** V candidarsi (**für** a)
kandiert ADJ: **~e Früchte** *fpl* frutta *f* candita **Kandiszucker** M zucchero *m* candito
Känguru N canguro *m*
Kaninchen N coniglio *m*
Kanister M bidone *m*, tanica *f*
kann *ich* posso; *er, sie, es* può → können
Kännchen N bricchetto *m*; **ein ~ Kaffee** un bricco di caffè **Kanne** F bricco *m*
kannst puoi → können
kannte *ich* conoscevo; *er, sie, es* conosceva → kennen
Kanone F MIL cannone *m*
Kante F spigolo *m*
Kantine F mensa *f*
Kanton M *schweiz* cantone *m*
Kanu N canoa *f*
Kanzel F pulpito *m*
Kanzlei F cancelleria *f*; *Büro* studio *m* legale
Kanzler(in) M(F) cancelliere(-a) *m(f)*
Kap N capo *m*
Kapazität F capacità *f*; *Experte* esperto *m*
Kapelle F *Kirche* cappella *f*; MUS banda *f*
Kapern FPL capperi *mpl*
kapieren V *umg* capire; **kapiert?** capito?
Kapital N capitale *m* **Kapitalanlage** F investimento *m*
Kapitalist(in) M(F) capitalista *m/f*
Kapitän M SCHIFF capitano *m*; FLUG comandante *m*
Kapitel N capitolo *m*
Kappe F *Mütze* berretto *m*
Kapsel F capsula *f*
kaputt ADJ *umg* rotto, guasto; *müde* stanco morto; **~ machen** rompere **kaputtgehen** V rompersi
Kapuze F cappuccio *m*
Karabiner M *Karabinerhaken* moschettone *m*
Karaffe F caraffa *f*
Karambolage F collisione *f*
Karamell N caramello *m*
Karaoke F karaoke *m*
Karat N carato *m*
Karawane F carovana *f* (*a. fig*)
Kardinal M cardinale *m*
Karfiol M *österr Blumenkohl* cavolfiore *m*
Karfreitag M venerdì *m* santo
kariert ADJ a quadretti
Karies F MED carie *f*
Karikatur F caricatura *f*
Karneval M carnevale *m*
Kärnten N Carinzia *f*
Karo N quadro *m*; *Kartenspiel* quadri *mpl*
Karosserie F carrozzeria *f*
Karotte F carota *f*
Karpaten PL Carpazi *mpl*
Karpfen M carpa *f*
Karriere F carriera

Karte F *Speisekarte* menù *m*; *EC-Karte* bancomat® *m*; *Kreditkarte* carta *f* di credito; *Landkarte* cartina *f*; *Ticket* biglietto *m*; *Postkarte* cartolina *f*; *Spielkarte* carta *f*; **~n spielen** giocare a carte; **ich zahle mit ~** pago col bancomat®
Kartei F schedario *m* **Karteikarte** F scheda *f*
Kartenhandy N TEL cellulare *m* a scheda **Kartenspiel** N partita *f* di carte; *Kartensatz* mazzo *m* **Kartenvorverkauf** M prevendita *f* **Kartenzahlung** F pagamento *m* con carta di credito (o bancomat®)
Kartoffel F patata *f* **Kartoffelbrei** M purè *m* di patate **Kartoffelchips** MPL patatine *fpl* **Kartoffelklöße** MPL gnocchi *mpl* di patate **Kartoffelpüree** N purè *m* di patate **Kartoffelsalat** M insalata *f* di patate
Karton M *Pappe* cartone *m*; *Schachtel* scatola *f*
Karussell N giostra *f*
Karwoche F settimana *f* santa
Kaschmir M *Wolle* cachemire *m*
Käse M formaggio *m* **Käsekuchen** M torta *f* al formaggio
Kaserne F MIL caserma *f*
Kasino N casinò *m*
Kasse F cassa *f*; (THEAT *etc*) botteghino *m* **Kassenarzt** M, **-ärztin** F medico *m* della mutua **Kassenbon** M, **Kassenzettel** M scontrino *m*
kassieren V incassare **Kassierer(in)** M(F) cassiere(-a) *m(f)*
Kastanie F castagna *f*; *Baum* castagno *m*
Kasten M cassa *f*, cassetta *f*; *österr Schrank* armadio *m*; **ein ~ Bier** una cassetta di birra
Katalog M catalogo *m*
Katalysator M, *umg* **Kat** M AUTO marmitta *f* catalitica
Katarr(h) M MED catarro *m*
Katastrophe F catastrofe *f*
Katastrophengebiet N zona *f* sinistrata
Kategorie F categoria *f*
Kater M *Katze* gatto *m*; *fig* mal *m* di testa (dopo una sbornia)
Kathedrale F cattedrale *f*
Katholik(in) M(F) cattolico(-a) *m(f)* **katholisch** ADJ cattolico
Katze F gatto *m*; *weiblich* gatta *f*
kauen V masticare
Kauf M acquisto *m* **kaufen** V comprare, acquistare; **sich etw ~** comprarsi qc **Käufer(in)** M(F) acquirente *m/f*
Kauffrau F commerciante *f*
Kaufhaus N grande magazzino *m* **käuflich** ADJ *Sache* in vendita; *Person* corruttibile

Kaufmann M commerciante *m* **Kaufpreis** M prezzo *m* d'acquisto

Kaugummi M gomma *f* da masticare, chewing gum *m*

kaum ADV appena

Kaution F cauzione *f*

Kaviar M caviale *m*

Kegel M MATH cono *m*; *Spiel* birillo *m* **Kegelbahn** F bowling *m* **kegeln** V giocare a bowling

Kehle F gola *f* **Kehlkopf** M laringe *m od f*

kehren V *fegen* scopare **Kehrschaufel** F paletta *f*

Keil M cuneo *m* **Keilriemen** M AUTO cinghia *f* trapezoidale

Keim M germe *m* **keimen** V germinare **keimfrei** ADJ sterilizzato

kein PRON non, nessuno; **ich habe ~ Geld** non ho soldi; **~ anderer** nessun altro; **~ bisschen** nemmeno un po'; **~er, ~e, ~s** nessuno, niente; **es war ~e von ihnen** non era nessuna di loro

keinesfalls ADV in nessun caso **keineswegs** ADV in nessun modo

Keks M biscotto *m*

Keller M cantina *f* **Kellergeschoss** N scantinato *m*

Kellner(in) M(F) cameriere(-a) *m(f)*

kennen V conoscere; **sich ~** conoscersi **kennenlernen** V conoscere; **sich ~** conoscersi **Kenner(in)** M(F) conoscitore(-trice) *m(f)*

Kenntnis F conoscenza *f* (**von etw** di qc); **~se** *pl* nozioni *fpl*

Kennwort N IT password *f*

Kennzeichen N caratteristica *f*; AUTO targa *f*

kentern V capovolgersi

Keramik F ceramica *f*

Kerbe F tacca *f*

Kerl M tipo *m*, soggetto *m*

Kern M nocciolo *m*; *Apfel* seme *m*; PHYS, BIOL nucleo *m* **Kernenergie** F energia *f* nucleare **kerngesund** ADJ sano come un pesce **Kernkraft** F energia *f* atomica (*od* nucleare) **Kernkraftgegner(in)** M(F) antinucleare *m/f* **Kernkraftwerk** N centrale *f* nucleare **kernlos** ADJ senza semi

Kerze F candela *f*; *Altar* cero *m* **Kerzenhalter** M, **Kerzenständer** M portacandela *m*

Kessel M *Wasser* bollitore *m*; TECH caldaia *f*

Ketchup M *od* N ketchup *m*

Kette F catena *f*; *Schmuck* collana *f*

Ketzer(in) M(F) eretico(-a) *m(f)*

keuchen V ansimare **Keuchhusten** M tosse *f* canina

Keule F clava *f*; GASTR coscia *f*; *Lamm* cosciotto *m*

Keyboard N *Instrument* ta-

stiera *f* elettrica; *Computer* tastiera *f*
Kfz N automobile *m* **Kfz-Steuer** F bollo *m* auto
KG ABK (= **Kommanditgesellschaft**) s.a.s. (Società in Accomandita Semplice)
Kichererbse F cece *m*
kichern V ridacchiare
Kickboard N monopattino *m*
Kiefer[1] M ANAT mascella *f*
Kiefer[2] F *Baum* pino *m* selvatico
Kiemen FPL branchie *fpl*
Kies M ghiaia *f*
Kiesel(stein) M ciottolo *m*
Kilo N chilo *m* **Kilogramm** N chilogrammo *m* **Kilometer** M chilometro *m* **Kilometerstand** M chilometraggio *m* **Kilometerzähler** M contachilometri *m* **Kilowattstunde** F chilowattora *m*
Kind N bambino *m*; *Sohn* figlio *m*; *Tochter* figlia *f* **Kinderarzt** M, **-ärztin** F pediatra *m/f* **Kinderbetreuung** F servizio *m* di babysitting **Kinderbett** N lettino *m* **Kinderermäßigung** F riduzione *f* per bambini **Kinderfahrkarte** F biglietto *m* per bambini **Kindergarten** M asilo *m* (infantile), scuola *f* materna **Kindergärtner(in)** M(F) maestro(-a) *m(f)* d'asilo **Kindergeld** N assegno *m* familiare **Kinderheim** M orfanotrofio *m* **Kinderkrankheit** F malattia *f* infantile **Kinderkrippe** F (asilo *m*) nido *m* **Kinderlähmung** F poliomielite *f* **kinderlos** ADJ senza figli **Kindermädchen** N bambinaia *f* **Kindersitz** M AUTO seggiolino *m* **Kinderspielecke** F angolo *m* (giochi) per i bambini **Kinderspielplatz** M parco *m* giochi **Kinderwagen** M carrozzina *f* **Kinderzimmer** N stanza *f* dei bambini **Kindheit** F infanzia *f* **kindisch** ADJ puerile **kindlich** ADJ infantile
Kinn N mento *m*
Kino N cinema *m*; **ins ~ gehen** andare al cinema **Kinofilm** M film *m* **Kinoprogramm** N programma *m* dei cinema
Kiosk M chiosco *m*
Kippe F *umg Zigarette* cicca *f*
kippen V *Behälter etc* rovesciare
Kirche F chiesa *f* **Kirchenschiff** N navata *f* **kirchlich** ADJ ecclesiastico **Kirchturm** M campanile *m* **Kirchweih** F sagra *f*
Kirschbaum M ciliegio *m*
Kirsche F ciliegia *f*
Kissen N cuscino *m*; *Bett* guanciale *m* **Kissenbezug** M federa *f*
Kiste F cassa *f*; cassetta *f*
Kiteboard N tavola *f* da kitesurf **Kitesurfen** N kitesurf

(--ing) *m*
Kitsch M Kitsch *m* **kitschig** ADJ di cattivo gusto, kitsch
Kitt M stucco *m*, mastice *m*
kitz(e)lig ADJ: **~ sein** soffrire il solletico **kitzeln** V fare il solletico
Kiwi F kiwi *m*
Klage F lagnanza *f*; JUR querela *f* **klagen** V lamentarsi (**über** di); JUR sporgere querela **Kläger(in)** M(F) querelante *m/f*
Klammer F *im Text* parentesi *f*; *Haare, Büro* fermaglio *m*; *Wäsche* molletta *f*; **in ~n** tra parentesi **Klammeraffe** M *@-Zeichen* chiocciola *f* **klammern** V: **sich ~ an** aggrapparsi a
Klamotten FPL *umg* vestiti *mpl*
Klang M suono *m*
Klappbett N letto *m* ribaltabile
klappen V *umklappen* ribaltare; *fig gelingen* funzionare; **es klappt (nicht)** (non) funziona
Klapprad N bicicletta *f* pieghevole **Klappsitz** M strapuntino *m* **Klappstuhl** M sedia *f* pieghevole
klar ADJ chiaro, limpido; *Himmel* sereno, terso; *umg* **alles ~?** tutto a posto?
Kläranlage F impianto *m* di depurazione
klären V chiarire; *reinigen* depurare
Klarheit F chiarezza *f*
Klarinette F clarinetto *m*
klarstellen V chiarire
klasse INT *umg*: **~!** fantastico!
Klasse F classe (*a. im Zug*); *Kategorie* categoria *f*; **erster/zweiter ~** di prima/seconda classe
klassisch ADJ classico
Klatsch M *umg* pettegolezzi *mpl* **klatschen** V applaudire; *lästern* sparlare (**über** di); **in die Hände ~** battere le mani
klauen V *umg* rubare
Klavier N pianoforte *m*
Klebeband N nastro *m* adesivo **kleben** V *ankleben* incollare; *festkleben* essere incollato (**an** a) **klebrig** ADJ appiccicoso **Klebstoff** M adesivo *m*, colla *f*
Klecks M macchia *f*
Klee M, **Kleeblatt** N trifoglio *m*
Kleid N vestito *m* **Kleiderbügel** M gruccia *f* **Kleiderhaken** M attaccapanni *m* **Kleidersack** M custodia *f* per abiti **Kleiderschrank** M armadio *m* **Kleiderständer** M attaccapanni *m* **Kleidung** F vestiti *mpl* **Kleidungsstück** N capo *m* di vestiario
klein ADJ piccolo; *Person* basso; *jünger* minore; **von ~ auf** fin da piccolo **Kleinbuchstabe** M minuscola *f* **Kleinbus** M pulmino *m* **Klein-**

geld N spiccioli *mpl* **Kleinigkeit** F piccolezza *f*; **e-e ~ essen** mangiare un boccone **Kleinkind** N bambino *m*
kleinlich ADJ gretto **Kleinstadt** F cittadina *f* **Kleinwagen** M utilitaria *f*
Kleister M colla *f*
klemmen V incepparsi; **es klemmt** si è incastrato
Klempner(in) M(F) idraulico *m*
klettern V arrampicarsi (**auf** su); *Preis etc* salire **Kletterschuhe** MPL scarpette *fpl* da roccia
Klettverschluss® M ≈ velcro® *m*
Klick M click *m* **klicken** V IT cliccare (**auf** su)
Klient(in) M(F) cliente *m/f*
Klima N clima *m* **Klimaanlage** F aria *f* condizionata **klimafreundlich** ADJ rispettoso del clima **klimatisiert** ADJ climatizzato **Klimawandel** M mutamento *m* climatico
Klinge F lama *f*; *Rasierer* lametta *f*
Klingel F campanello *m*
klingeln V *Telefon, Wecker* suonare; **es klingelt** suona
Klingelton M suoneria *f*
klingen V suonare
Klinik F clinica *f*
Klinke F maniglia *f*
Klippe F scoglio *m*
klirren V tintinnare
Klischee N cliché *m*
Klo N *umg* gabinetto *m* **Klopapier** N *umg* carta *f* igienica
klopfen V battere (*a. Herz*); **an die Tür ~** bussare (alla porta); **es klopft** bussano
Klops M polpetta *f*
Kloschüssel F tazza *f* del water
Kloß M *Mehl* gnocco *m*; *Fleisch* polpetta *f*
Kloster N monastero *m*
Klotz M ceppo *m*
Klub M circolo *m*, club *m*
klug ADJ intelligente **Klugheit** F intelligenza *f*
knabbern V rosicchiare (**an** qc)
Knäckebrot N pane *m* croccante
knacken V *Nüsse* schiacciare; *Auto* scassinare; *Geräusch* scricchiolare
Knall M scoppio *m*, detonazione *f* **knallen** V scoppiare, detonare; *Tür* sbattere
knapp ADJ scarso; *eng* stretto; **die Zeit ist ~** manca il tempo; **~ werden** scarseggiare; **e-e ~e Stunde** un'oretta *f* (scarsa)
knarren V scricchiolare
knattern V crepitare
Knäuel M *od* N gomitolo *m*
kneifen V *Person* pizzicare; *umg sich drücken* svignarsela
Kneipe F birreria *f*
kneten V impastare

Knick M piega *f* **knicken** V piegare
Knie N ginocchio *m*; **auf ~n** in ginocchio **Kniekehle** F poplite *m* **knien** V stare in ginocchio **Kniescheibe** F rotula *f* **Kniestrümpfe** MPL calzettoni *mpl*
Kniff M piega *f*; *fig* trucco *m*
knipsen V *umg* FOTO fare una foto
knirschen V scricchiolare; **mit den Zähnen ~** digrignare i denti
knistern V crepitare
knitterfrei ADJ ingualcibile **knittern** V sgualcirsi
Knoblauch M aglio *m* **Knoblauchzehe** F spicchio *m* d'aglio
Knöchel M *Fuß* malleolo *m*, caviglia *f*; *Finger* nocca *f*
Knochen M osso *m* **Knochenbruch** M frattura *f* ossea **Knochenmark** N midollo *m*
Knödel M gnocco *m*, canederlo *m*
Knolle F BOT bulbo *m*
Knopf M bottone *m*
Knopfloch N occhiello *m*
Knorpel M cartilagine *f*
Knospe F boccio *m*; gemma *f*
Knoten M nodo *m*; MED nodulo *m* **Knotenpunkt** M nodo *m* (stradale, ferroviario)
Knüller M *umg Buch, Film* successo *m*
Knüppel M manganello *m*; *Schaltknüppel* leva *f* del cambio
knusprig ADJ croccante
k.o. ADJ k.o.; *umg* **ich bin total ~** sono sfinito
Koalition F coalizione *f*
Koch M cuoco *m* **kochen** V *Essen* cucinare; *Kaffee* fare; *sieden* bollire **Kocher** M fornello *m* **Kochgelegenheit** F possibilità *f* di cucinare **Köchin** F cuoca *f* **Kochlöffel** M mestolo *m* **Kochnische** F cucinino *m* **Kochsalz** N sale *m* grosso (*od* da cucina) **Kochtopf** M pentola *f*
Köder M esca *f* (*a. fig*)
Koffein N caffeina *f* **koffeinfrei** ADJ senza caffeina
Koffer M valigia *f*; **den ~ packen** fare le valigie **Kofferanhänger** M *Schild* portanome *m* (per valigie) **Kofferband** N *Flughafen* nastro *m* trasportatore **Koffergurt** M cinghia *f* per valigie **Kofferraum** M AUTO portabagagli *m* **Kofferwaage** F bilancia *f* per valigie
Kohl M cavolo *m*
Kohle F carbone *m* **Kohlehydrat** N carboidrato *m* **Kohlendioxid** N anidride *f* carbonica **Kohlensäure** F acido *m* carbonico; **mit/ohne ~** gassato/non gassato **Kohlenstoff** M carbonio *m*
Kohlrabi M cavolo *m* rapa

Kohlsprossen FPL *österr Rosenkohl* cavolini *mpl* di Bruxelles
Kokain N cocaina *f* **kokainsüchtig** ADJ cocainomane
Kokosnuss F noce *f* di cocco
Kolik F colica *f*
Kollaps M collasso *m*
Kollege M, **Kollegin** F collega *m/f* **kollegial** ADJ collegiale
Kollektion F collezione *f*
Köln N Colonia *f* **Kölnisch Wasser** N acqua *f* di Colonia
Kolumbien N Colombia *f*
Koma N coma *m*
Kombi M station wagon *f*
Kombination F combinazione *f*
Komfort M comodità *f*, comfort *m* **komfortabel** ADJ confortevole
komisch ADJ divertente; *seltsam* strano
Komitee N comitato *m*
Komma N virgola *f*
kommen V venire; *ankommen* arrivare; **~ lassen** far venire; **wie komme ich nach ...?** come faccio ad arrivare a ...?; **zu sich ~** tornare in sé **kommend** ADJ: **~e Woche** la settimana prossima
Kommentar M commento *m*
Kommissar(in) M(F) commissario(-a) *m(f)* **Kommissariat** N commissariato *m*
Kommission F commissione *f*
Kommode F cassettone *m*
Kommunikation F comunicazione *f*
Kommunion F comunione *f*
Kommunismus M comunismo *m* **Kommunist(in)** M(F) comunista *m/f* **kommunistisch** ADJ comunista
Komödie F commedia *f*
Kompass M bussola *f*
kompatibel ADJ compatibile
kompetent ADJ competente
Kompetenz F competenza *f*
komplett ADJ completo
Komplex M complesso *m*; **~e haben** soffrire di complessi
Komplikation F complicazione *f*
Kompliment N complimento *m*
Komplize M, **Komplizin** F complice *m/f*
kompliziert ADJ complicato
Komponist(in) M(F) compositore(-trice) *m(f)*
Kompresse F compressa *f*
Kompromiss M compromesso *m*; **e-n ~ schließen** giungere a un compromesso
Kondensmilch F latte *m* condensato
Kondition F SPORT forma *f*; HANDEL condizione *f*
Konditorei F pasticceria *f*
Kondom N preservativo *m*
Konfekt N cioccolatini *mpl*
Konferenz F conferenza *f*
Konfession F confessione *f*

Konfirmation F REL cresima *f*
Konfitüre F confettura *f*
Konflikt M conflitto *m*
konfus ADJ confuso
Kongress M congresso *m*
König M re *m* **Königin** F regina *f* **Königreich** N regno *m*
Konjunktur F congiuntura *f*
konkret ADJ concreto; *Vorstellung* tangibile, reale
Konkurrenz F concorrenza *f*
Konkurs M fallimento *m*, bancarotta *f*
können V *vermögen, dürfen* potere; *wissen, beherrschen* sapere; **schwimmen ~** sapere nuotare; **(es) kann sein** può darsi; **kannst du Englisch?** sai l'inglese? **kann ich gehen?** posso andare?
Konsequenz F conseguenza *f*
konservativ ADJ conservatore
Konserve F conserva *f* **Konservendose** F scatola *f* di conserva
Konservierungsmittel N conservante *m*
Konsul(in) M(F) console *m*
Konsulat N consolato *m*
Konsumgüter NPL beni *mpl* di consumo
Kontakt M contatto *m* **Kontaktanzeige** F annuncio *m* personale **Kontaktlinsen** FPL lenti *fpl* a contatto **Kontaktlinsenmittel** N liquido *m* per lenti (a contatto)
Kontinent M continente *m*
Kontingent N contingente *m*
Konto N conto *m* **Kontoauszug** M estratto *m* conto **Kontoinhaber(in)** M(F) titolare *m/f* del conto **Kontonummer** F numero *m* del conto **Kontostand** M stato *m* del conto
Kontrabass M contrabbasso *m*
Kontrast M contrasto *m*
Kontrolle F controllo *m*
Kontrolleur(in) M(F) controllore(-a) *m(f)* **kontrollieren** V controllare; *Gepäck* ispezionare
Konversation F conversazione *f*
Konzentrationslager N campo *m* di concentramento
konzentrieren V: **sich ~** concentrarsi (**auf** su)
Konzern M gruppo *m* industriale
Konzert N concerto *m* **Konzertsaal** M sala *f* dei concerti
Kopf M testa *f*, capo *m*; **pro ~** pro capite **Kopfhörer** M cuffia *f* **Kopfkissen** N guanciale *m* **Kopfsalat** M lattuga *f* **Kopfschmerzen** MPL mal *m* di testa **Kopfschmerztablette** F pasticca *f* per il mal di testa **Kopfsprung** M

tuffo *m* **Kopfstand** M verticale *f* **Kopfstütze** F AUTO poggiatesta *m* **Kopftuch** N fazzoletto *m* (da testa)
Kopie F copia *f* **kopieren** V copiare; **e-e CD ~** copiare un cd **Kopierer** M fotocopiatrice *f* **Kopierschutz** M IT protezione *f* dei programmi
Koralle F corallo *m*
Koran M corano *m*
Korb M cesto *m*; *mit Henkel* paniere *m*
Kord(samt) M velluto *m* a coste
Korinthen FPL uva *f* passa
Korken M tappo *m* **Korkenzieher** M cavatappi *m*
Korn[1] N *Getreide* grano *m*; *Sandkorn etc* granello *m*
Korn[2] M *Schnaps* acquavite *f* (di grano)
Kornblume F fiordaliso *m*
Körper M corpo *m* **körperbehindert** ADJ deshabilitado fisico **Körpergröße** F statura *f* **körperlich** ADJ corporale, fisico **Körperpflege** F igiene *f* del corpo **Körperteil** M parte *f* del corpo
korrekt ADJ giusto
Korrespondent(in) M(F) inviato(-a) *m(f)*
Korridor M corridoio *m*
korrigieren V correggere
Korruption F corruzione *f*
Korsika N Corsica *f*
Kosename M vezzeggiativo *m*
Kosmetik F cosmesi *f* **Kosmetikerin** F estetista *f* **Kosmetiksalon** M istituto *m* di bellezza **Kosmetiktasche** F beauty case *m*
Kosovo M Kosovo *m*
kostbar ADJ prezioso
kosten V *Preis haben* costare; *probieren* provare; **was kostet ...?** quanto costa ...? **Kosten** PL spese *fpl* **kostenlos** ADJ gratuito **Kostenvoranschlag** M preventivo *m*
köstlich ADJ delizioso, squisito
Kostprobe F assaggio *m*
kostspielig ADJ costoso
Kostüm N THEAT costume *m*; *Damenkostüm* tailleur *m*
Kot M feci *fpl*
Kotelett N co(s)toletta *f*
Kotflügel M parafango *m*
kotzen V *umg* vomitare
Krabbe F granchio *m*; *Garnele* gambero *m*
Krach M *Lärm* chiasso *m*; *umg Streit* lite *f*
Kraft F forza *f*; **in ~ treten** entrare in vigore **Kraftfahrer(in)** M(F) autista *m/f* **Kraftfahrzeug** N automezzo *m* **Kraftfahrzeugschein** M libretto *m* di circolazione **Kraftfahrzeugsteuer** F tassa *f* di circolazione **Kraftfahrzeugversicherung** F assicurazione *f* automobilistica **kräftig** ADJ forte, robusto **kraftlos** ADJ spossato **Kraft-**

stoff M carburante *m* **Kraftwerk** N centrale *f* elettrica
Kragen M bavero *m*; *Hemd* colletto *m*
Krähe F cornacchia *f*
krähen V *Hahn* cantare
Kralle F artiglio *m*; *Katze* unghia *f*
Kram M *umg* roba *f*, robaccia *f*
Krampf M crampo *m* **Krampfadern** FPL varici *fpl* **krampflösend** ADJ antispastico
Kran M gru *f*
Kranich M gru *f*
krank ADJ (am)malato; **~ sein** essere malato; **~ werden** ammalarsi **Kranke(r)** F(M) malato(-a) *m(f)*
kränken V offendere
Krankengymnastik F fisioterapia *f* **Krankenhaus** N ospedale *m* **Krankenkasse** F cassa *f* malati; mutua *f* **Krankenpfleger** M infermiere *m* **Krankenschwester** F infermiera *f* **Krankenversicherung** F assicurazione *f* sanitaria; **private ~** assicurazione *f* sanitaria privata **Krankenwagen** M ambulanza *f* **krankhaft** ADJ morboso **Krankheit** F malattia *f* **krankmelden** V: **sich ~** darsi malato
Kranz M corona *f*
Krapfen M bombolone *m*
krass ADJ *umg* forte; **voll ~** fortissimo; *schlimm* terribile
Krater M cratere *m*
kratzen V *bei Juckreiz* grattare; *mit Nägeln, Krallen* graffiare; *abkratzen* raschiare; **sich ~** grattarsi **Kratzer** M graffio *m*
kraulen V *liebkosen* accarezzare; SPORT nuotare a crawl
kraus ADJ crespo
Kraut N erba *f*; *Kohl* cavolo *m* **Kräutertee** M infuso *m* di erbe, tisana *f*
Krawatte F cravatta *f*
Krebs M granchio *m*; MED cancro *m*; ASTROL Cancro *m* **krebserregend** ADJ cancerogeno
Kredit M credito *m* **Kreditkarte** F carta *f* di credito
Kreide F gesso *m*; *Zeitalter* creta *f*
Kreis M cerchio *m*; *Bezirk* distretto *m*
kreischen V stridere
Kreisel M trottola *f*
kreisen V girare, rotare (**um** intorno a) **kreisförmig** ADJ circolare **Kreislauf** M MED circolazione *f* **Kreislaufstörungen** FPL disturbi *mpl* circolatori **Kreisverkehr** M rotatoria *f*
Kren M *österr* rafano *m*
krepieren V *umg* crepare
Kresse F BOT crescione *m*
Kreuz N croce *f*; ANAT regione *f* sacrale; *Kartenspiel* fiori *mpl* **kreuzen** V incrociare;

sich ~ incrociarsi **Kreuzfahrt** F crociera *f* **Kreuzgang** M ARCH chiostro *m* **Kreuzotter** F marasso *m* **Kreuzschmerzen** MPL mal *m* di schiena **Kreuzung** F incrocio *m* **Kreuzweg** M REL via crucis *f* **Kreuzworträtsel** N cruciverba *m*
kriechen V strisciare
Kriechspur F *Autobahn* corsia *f* per veicoli lenti
Krieg M guerra *f*
kriegen V *umg* pigliare, beccarsi
Krimi M *umg* giallo *m* **Kriminalfilm** M film *m* giallo **Kriminalität** F delinquenza *f* **Kriminalpolizei** F polizia *f* giudiziaria **Kriminalroman** M romanzo *m* giallo **kriminell** ADJ criminale
Krippe F presepio *m*; *Kinderkrippe* (asilo *m*) nido *m*
Krise F crisi *f*
Kritik F critica *f* **Kritiker(in)** M(F) critico(-a) *m(f)* **kritisch** ADJ critico **kritisieren** V criticare
Kroatien N Croazia *f* **kroatisch** ADJ croato
Kroketten FPL crocchette *fpl*
Krokodil N coccodrillo *m*
Krone F corona *f* (*a. Zähne*); *Baum* chioma *f*
Kröte F rospo *m*
Krücke F gruccia *f*; **auf ~n** con le grucce
Krug M brocca *f*
Krümel M briciola *f*
krumm ADJ *gebogen* storto; *kurvig* curvo
Kruste F crosta *f*
Kruzifix N crocefisso *m*
Krypta F cripta *f*
Kubikmeter M metro *m* cubico
Küche F cucina *f*
Kuchen M dolce *m*, torta *f*
Küchenmaschine F robot *m* da cucina **Küchenschrank** M credenza *f*
Kuckuck M cuculo *m*
Kugel F palla *f*; *Eis* pallina *f*; *Gewehr* pallottola *f*; *Billard* biglia *f* **Kugelschreiber** M biro *f*
Kuh F mucca *f*
kühl ADJ fresco **Kühlbox** F borsa *f* termica **kühlen** V rinfrescare **Kühler** M AUTO radiatore *m* **Kühlerhaube** F cofano *m* **Kühlfach** N freezer *m* **Kühlschrank** M frigorifero *m* **Kühltasche** F borsa *f* termica **Kühlwasser** N acqua *f* di raffreddamento
kühn ADJ ardito, audace
Küken N pulcino *m*
Kultur F cultura *f*, civiltà *f* **Kulturbeutel** M necessaire *m* da toeletta **Kulturhauptstadt** F capitale *f* della cultura **Kulturschock** M choc *m* culturale
Kümmel M cumino *m* dei prati
Kummer M afflizione *f*

kümmern V: **sich ~ um** occuparsi di, curarsi di
Kunde M, **Kundin** F cliente *m/f* **Kundendienst** M servizio *m* (assistenza) clienti
kündigen V *Abo etc* disdire; *Arbeit* licenziarsi; **j-m ~** licenziare qn **Kündigung** F licenziamento *m*; *Vertrag* disdetta *f* **Kündigungsfrist** F preavviso *m*
Kundschaft F clientela *f*
künftig 1 ADJ futuro 2 ADV in avvenire
Kunst F arte *f* **Kunstfaser** F fibra *f* sintetica **Kunstgewerbe** N arte *f* industriale **Kunstleder** N similpelle *f* **Künstler(in)** M(F) artista *m/f* **künstlerisch** ADJ artistico **künstlich** ADJ artificiale **Kunstsammlung** F collezione *f* di opere d'arte **Kunststoff** M plastica *f* **Kunstwerk** N opera *f* d'arte
Kupfer N rame *m*
Kuppel F cupola *f*
Kupplung F AUTO frizione *f*
Kur F cura *f*
Kurbel F manovella *f*
Kürbis M zucca *f*
Kurort M luogo *m* di cura
Kurs M corso *m*; SCHIFF rotta *f*; *Geldwechsel* cambio *m*; *Aktie* quotazione *f*
Kursleiter(in) M(F) docente *m/f* del corso
Kurtaxe F tassa *f* di soggiorno
Kurve F curva *f*, svolta *f*
kurz ADJ *räumlich* corto; *zeitlich* breve; **seit Kurzem** da poco; **vor Kurzem** poco fa; **~ gesagt** per farla breve **Kurzarbeit** F lavoro *m* a orario ridotto **kurzärmelig** ADJ a maniche corte **kürzen** V *Länge* accorciare; *Ausgaben* diminuire **kurzfassen** V: **sich ~** essere breve **kurzfristig** ADJ a breve termine **kürzlich** ADV recentemente **Kurzparkzone** F zona *f* disco **Kurzschluss** M corto *m* circuito **kurzsichtig** ADJ miope **Kurzurlaub** M breve vacanza *f* **Kurzwelle** F RADIO onde *fpl* corte
Kusine F cugina *f*
Kuss M bacio *m* **küssen** V baciare; **sich ~** baciarsi
Küste F costa *f* **Küstenstraße** F strada *f* costiera **Küstenwache** F guardia *f* costiera
Kutsche F carrozza *f* **Kutscher(in)** M(F) cocchiere(-a) *m(f)*
Kutteln FPL trippa *f*

L

labil ADJ labile
Labor N laboratorio *m*

lächeln V sorridere **Lächeln** N sorriso *m*
lachen V ridere (**über** di) **lächerlich** ADJ ridicolo
Lachs M salmone *m*
Lack M lacca *f*; AUTO vernice *f* **lackieren** V verniciare; *Nägel* laccare
Ladegerät N caricabatterie *m* **Ladekabel** N caricatore *m* **laden** V caricare
Laden M negozio *m* **Ladendiebstahl** M taccheggio *m* **Ladenschluss** M chiusura *f* dei negozi
Laderampe F rampa *f* di accesso **Ladestation** F ELEK caricabatteria *m* **Ladung** F *Fracht* carico *m*; ELEK carica *f*
Lage F *örtlich* posizione *f*; *Situation* situazione *f*; **(nicht) in der ~ sein, etw zu tun** (non) essere in grado di fare qc **Lageplan** M ubicazione *f*
Lager N campo *m*; HANDEL deposito *m*; TECH cuscinetto *m* **lagern** V *legen* posare; HANDEL *Vorräte* immagazzinare; *Lebensmittel* conservare; *kampieren* accamparsi
Lagune F laguna *f*
lähmen V paralizzare **lahmlegen** V paralizzare **Lähmung** F paralisi *f*
Laie M profano *m*; REL laico *m*
Laken N lenzuolo *m*
Lakritze F liquirizia *f*
Laktose F lattosio *m* **laktosefrei** ADJ senza lattosio **Laktoseintoleranz** F, **Laktoseunverträglichkeit** F intolleranza *f* al lattosio
Lamm N agnello *m* **Lammfell** N agnellino *m* **Lammfleisch** N carne *f* d'agnello
Lampe F lampada *f* **Lampenfieber** N febbre *f* della ribalta
Land N *Staat* paese *m*; *Bundesland* stato *m* regionale, Land *m*; *Festland* terraferma *f*; **auf dem ~** in campagna; **an ~ gehen** sbarcare **Landebahn** F pista *f* d'atterraggio **landen** V SCHIFF approdare; FLUG atterrare; *umg enden* finire **Landenge** F istmo *m*
Landesgrenze F frontiera *f* **Landesinnere(s)** N interno *m* del paese **Landessprache** F lingua *f* nazionale **Landeswährung** F moneta *f* nazionale
Landhaus N villa *f* **Landkarte** F carta *f* geografica **ländlich** ADJ campagnolo, rurale **Landschaft** F paesaggio *m* **Landstraße** F strada *f* maestra **Landstreicher(in)** M(F) vagabondo(-a) *m(f)* **Landtag** M consiglio *m* regionale
Landung F SCHIFF approdo *m*; FLUG atterraggio *m* **Landungssteg** M passerella *f*
Landwirt(in) M(F) agricoltore (-trice) *m(f)* **Landwirtschaft**

F agricoltura *f* **landwirtschaftlich** ADJ agrario, agricolo
lang ADJ lungo; **zwei Wochen ~** per due settimane; **seit Langem** da molto tempo **lange** ADV a lungo; **wie ~?** (per) quanto (tempo)? **Länge** F lunghezza *f*; *zeitlich* durata *f* **Längengrad** M grado *m* di longitudine
Langeweile F noia *f*
langfristig ADJ a lungo termine **langjährig** ADJ di anni; *Freund* vecchio
Langlauf M sci *m* di fondo
länglich ADJ oblungo **längs** ADV lungo (**der Straße** la strada)
langsam 1 ADJ lento 2 ADV lentamente, adagio; **~er fahren** rallentare
Langschläfer(in) M(F) dormiglione(-a) *m(f)*
längst ADV da molto (tempo)
Languste F aragosta *f*
langweilen V annoiare; **sich ~** annoiarsi **langweilig** ADJ noioso
Langwelle F RADIO onde *fpl* lunghe **langwierig** ADJ lungo
Lappen M straccio *m*
Laptop M notebook *m*, computer *m* portatile, *umg* portatile *m* **Laptoptasche** F borsa *f* per il notebook
Lärche F larice *m*
Lärm M strepito *m*
Lasche F *Schuh* linguetta *f*
Laserdrucker M stampante *f* laser **Lasershow** F spettacolo *m* laser
lassen V *erlauben* lasciare; *veranlassen* fare; *aufhören* smettere; **machen ~** far fare; **lass das (sein)!** smettila!
lässig ADJ disinvolto; *umg* **das schaffe ich ~!** ce la faccio senza problemi
Last F carico *m*
Laster[1] N vizio *m*
Laster[2] M *umg Lastauto* camion *m*
lästern V dir male (**über** di)
lästig ADJ noioso, molesto
Last-Minute-Angebot N offerta *f* last minute **Last-Minute-Flug** M volo *m* last minute **Last-Minute-Reise** F viaggio *m* last minute **Last--Minute-Urlaub** M vacanze *fpl* last minute
Lastwagen M autocarro *m*, camion *m* **Lastwagenfahrer(in)** M(F) camionista *m/f*
Latein N latino *m*
Laterne F lanterna *f*; *Straßenlaterne* lampione *m*
Latium N Lazio *m*
Latte F assicella *f*; SPORT traversa *f*
Lätzchen N bavaglino *m*
Latzhose F salopette *f*
lau ADJ tiepido, mite
Laub N fogliame *m* **Laubbaum** M latifoglio *m*
Laube F pergola *f*

Lauch M porro *m*
Lauf M corsa *f*; *Verlauf, Fluss* corso *m*; **im ~e** nel corso (di) **Laufbahn** F carriera *f*
laufen V *rennen* correre; *zu Fuß gehen* andare a piedi, camminare; *Film* essere in programma; *Maschine* funzionare; **mir läuft die Nase** mi cola il naso **laufend** ADJ *Jahr, Ausgaben* corrente; **auf dem Laufenden halten** tenere al corrente
Läufer(in)¹ M(F) SPORT corridore(-trice) *m(f)*
Läufer² M *Schach* alfiere *m*; *Teppich* passatoia *f*
Laufmasche F smagliatura *f*
Laufrad N *für Kinder* bici (-cletta) *f* senza pedali **Laufstall** M box *m* (per bambini)
Laufwerk N IT drive *m*
Laune F umore *m*; **gute/schlechte ~ haben** essere di buon/cattivo umore
Laus F pidocchio *m*
lauschen V origliare; ascoltare (**j-m/etw** qn/qc)
laut **1** ADJ forte; *Stimme* alto; *lärmend* rumoroso; **~ sprechen** parlare ad alta voce **2** PRÄP *gemäß* secondo
Laut M suono *m*; *Geräusch* rumore *m*
läuten V suonare; TEL squillare
lautlos ADJ silenzioso **Lautsprecher** M altoparlante *m*; *Box* cassa *f* **Lautstärke** F RADIO, TV volume *m*
lauwarm ADJ tiepido
Lava F lava *f*
Lavendel M lavanda *f*
Lawine F valanga *f*
leasen V prendere a leasing
Leasing N leasing *m* **Leasingvertrag** M contratto *m* di leasing
leben V vivere; **von etw ~** vivere di qc; **~ Sie wohl!** addio!
Leben N vita *f* **lebendig** ADJ vivo; *lebhaft* vivace **Lebensgefahr** F pericolo *m* di vita; **Achtung, ~!** pericolo di morte! **Lebensgefährte** M **Lebensgefährtin** F compagno(-a) *m(f)* **Lebenshaltungskosten** PL costo *m* della vita **lebenslänglich** ADJ a vita **Lebenslauf** M curriculum *m* vitae **Lebensmittel** NPL generi *mpl* alimentari **Lebensmittelgeschäft** N negozio *m* di (generi) alimentari **Lebensmittelvergiftung** F intossicazione *f* alimentare **Lebensstandard** M tenore *m* di vita **Lebensunterhalt** M sostentamento *m* **Lebensversicherung** F assicurazione *f* sulla vita **lebenswichtig** ADJ di importanza vitale
Leber F fegato *m* **Leberfleck** M voglia *f* **Leberpastete** F pasticcio *m* di fegato **Leberwurst** F salsiccia *f* di fegato

Lebewesen N essere *m* vivente
lebhaft ADJ vivace
Lebkuchen M panpepato *m*
leblos ADJ esanime
leck ADJ: **~ sein** *Boot* fare acqua **lecken** V *Eis* leccare; *Boot* fare acqua
lecker ADJ ghiotto, squisito **Leckerbissen** M leccornia *f*
Leder N cuoio *m*; pelle *f* **Lederjacke** F giacca *f* di pelle **Lederwaren** FPL pelletterie *fpl*
ledig ADJ *Mann* celibe; *Frau* nubile
lediglich ADV soltanto
leer ADJ vuoto; *Batterie* scarico **leeren** V vuotare **Leergut** N vuoti *mpl* **Leerlauf** M *Motor* marcia *f* in folle **Leertaste** F barra *f* spaziatrice **Leerung** F svuotamento *m*; *Post* levata (della posta)
legal ADJ legale
legen V mettere, posare; **sich ~** (di)stendersi; *Wind* calmarsi; **sich ins Bett ~** coricarsi, andare a letto
Legende F *Zeichenerklärung* legenda *f*; *Erzählung, Person* leggenda *f*
Lehm M argilla *f*
Lehne F *Arm* bracciolo *m*; *Rücken* spalliera *f* **lehnen** V: **sich ~** appoggiarsi (**an** a); sporgersi (**aus** da)
Lehrbuch N libro *m* di testo **Lehre** F *Ausbildung* tirocinio *m*, apprendistato *m*; *Erfahrung* insegnamento *m*; *wissenschaftlich* teoria *f* **lehren** V insegnare (**j-n etw** qc a qn) **Lehrer(in)** M(F) insegnante *m/f*; *Grundschule* maestro(-a) *m(f)*; *Gymnasium* professore (-essa) *m(f)* **Lehrgang** M corso *m* **Lehrling** M apprendista *m/f* **lehrreich** ADJ istruttivo **Lehrstelle** F posto *m* di apprendista **Lehrstuhl** M cattedra *f*
Leib M corpo *m*; *Bauch* ventre *m* **Leibgericht** N piatto *m* preferito **leiblich** ADJ *Kind* carnale **Leibwächter(in)** M(F) guardia *f* del corpo
Leiche F cadavere *m* **Leichenwagen** M carro *m* funebre
leicht **1** ADJ leggero; *einfach* facile **2** ADV *nicht sehr* leggermente; **~ verderblich** deperibile; **~ verletzt** leggermente ferito **Leichtathletik** F atletica *f* leggera **leichtgläubig** ADJ credulone **Leichtigkeit** F leggerezza *f*; *fig* facilità *f* **Leichtsinn** M leggerezza *f* **leichtsinnig** ADJ sconsiderato
leid ADJ: **ich bin es ~** (ne) sono stanco **Leid** N dolore *m*
leiden V soffrire (**an** di); **nicht ~ können** non poter vedere **Leiden** N sofferenza *f*; MED malattia *f*
Leidenschaft F passione *f*

leidenschaftlich ADJ appassionato
leider ADV purtroppo
leidtun V: **es tut mir leid** mi dispiace; **er tut mir leid** mi fa pena
leihen V prestare (**j-m etw** qc a qn); **sich etw ~ bei/von j-m** prendere in prestito qc da qn
Leihwagen M macchina *f* a noleggio **leihweise** ADV a prestito
Leim M colla *f*
Leine F corda *f*; *Hund* guinzaglio *m*
Leinen N lino *m*
Leinsamen M seme *m* di lino
Leinwand F *Film* schermo *m*
leise ADV silenzioso; *Stimme* basso; **~ sprechen** parlare a bassa voce; **~r stellen** abbassare
Leiste F listello *m*; ANAT inguine *m*
leisten V *Arbeit* fare; *Hilfe* prestare; *Dienst* rendere; **sich etw ~** permettersi qc
Leistenbruch M ernia *f* inguinale
Leistung F prestazione *f*; *Arbeit* rendimento *m*; TECH efficienza *f*
leiten V *Betrieb* dirigere; *Sitzung* presiedere; PHYS condurre
Leiter[1] F scala *f*
Leiter[2] M PHYS conduttore *m*
Leiter(in) M(F) direttore(-trice) *m(f)*
Leitplanke F guardrail *m*
Leitung F *Führung* direzione *f*; TEL, ELEK linea *f*; *Wasser* tubazione *f*
Leitungswasser N acqua *f* di rubinetto
Lektion F lezione *f*
Lektüre F lettura *f*
Lende F lombo *m*
lenken V guidare **Lenker** M manubrio *m* **Lenkrad** N volante *m* **Lenkradschloss** N bloccasterzo *m* **Lenkstange** F manubrio *m* **Lenkung** F AUTO sterzo *m*
Leopard M leopardo *m*
Lerche F allodola *f*
lernen V imparare; *studieren* studiare
lesbar ADJ leggibile
Lesbe F *umg*, **Lesbierin** F lesbica *f*
Lesebrille F occhiali *mpl* da lettura
lesen V leggere **Leser(in)** M(F) lettore(-trice) *m(f)* **leserlich** ADJ leggibile **Lesezeichen** N segnalibro *m*
lettisch ADJ lettone **Lettland** N Lettonia *f*
letzte(r, -s) ADJ ultimo; **letzte Woche** la settimana scorsa; **zum letzten Mal** per l'ultima volta; **in letzter Zeit** ultimamente
leuchten V *glänzen* brillare; far luce (**j-m** a qn) **leuchtend** ADJ luminoso; *Farbe* vi-

vo **Leuchter** M candeliere *m* **Leuchtreklame** F insegna *f* luminosa **Leuchtstift** M evidenziatore *m* **Leuchtturm** M faro *m*
leugnen V negare
Leukämie F leucemia *f*
Leute PL gente *f*; **junge ~** i giovani *mpl*
Lexikon N enciclopedia *f*; *Wörterbuch* dizionario *m*
Libanon M Libano *m*
Libelle F ZOOL libellula *f*
liberal ADJ liberale
Licht N luce *f*; **bei ~** alla luce; **~ machen** accendere la luce **lichtempfindlich** ADJ sensibile alla luce **Lichthupe** F lampeggiatore *m* **Lichtschalter** M interruttore *m* della luce **Lichtschutzfaktor** M fattore *m* di protezione (solare)
Lichtung F radura *f*
Lid N palpebra *f* **Lidschatten** M ombretto *m*
lieb ADJ caro; **am ~sten** più di tutto; **~er Herr Müller ...** caro signor Müller; **~e Grüße** tanti saluti
Liebe F amore *m* **lieben** V amare; **sich ~** amarsi **liebenswürdig** ADJ gentile
lieber ADV piuttosto; **etw ~ tun** preferire fare qc
Liebesbrief M lettera *f* d'amore **Liebeskummer** M dispiaceri *mpl* amorosi **Liebespaar** N coppia *f* d'innamorati, amanti *mpl* **Liebesschloss** N lucchetto *m* dell'amore **liebevoll** ADJ affettuoso **Liebhaber(in)** M(F) amante *m/f*; *Kunst* amatore (-trice) *m(f)* **Liebhaberei** F passione *f*, hobby *m* **lieblich** ADJ *anmutig* grazioso; *Duft* soave; *Wein* amabile **Liebling** M *Anrede* tesoro *m*; *von Publikum* beniamino *m* **Lieblings...** PRÄF favorito, preferito **lieblos** ADJ freddo
Liechtenstein N Liechtenstein *m*
Lied N canzone *f*, canto *m* **Liedermacher(in)** M(F) cantautore(-trice) *m(f)*
Lieferant(in) M(F) fornitore (-trice) *m(f)* **lieferbar** ADJ disponibile **liefern** V fornire, consegnare **Lieferschein** M bolletta *f* di consegna **Lieferservice** M *Möbel etc* servizio *m* consegne a domicilio **Lieferung** F fornitura *f*, consegna *f*; **~ frei Haus** consegna *f* a domicilio **Lieferwagen** M furgone *m*; *klein* furgoncino *m*
Liege F divano letto *m*
liegen V giacere; *sich befinden* trovarsi, essere, stare; *fig* **an j-m ~** dipendere da qn; **mir liegt viel daran** ci tengo molto; **~ lassen** *vergessen* dimenticare
Liegestuhl M sedia *f* a sdraio **Liegewagen** M carrozza *f*

cuccette **Liegewiese** F prato m

Lift M ascensore m; *Ski* sciovia f, skilift m

Ligurien N Liguria f

Likör M liquore m

lila ADJ viola

Lilie F giglio m

Limette F limetta f, lime m

Limo F *umg*, **Limonade** F limonata f

Limousine F berlina f

Linde F tiglio m

lindern V mitigare, lenire

Lineal N riga f

Linie F linea f; **in erster ~** in prima linea **Linienbus** M autobus m di linea **Linienflug** M volo m di linea **Linienflugzeug** N, **Linienmaschine** F aereo m di linea

link ADJ *gemein* losco

Link M *Internet* link m

linke ADJ sinistro **Linke** F *Hand, Seite, Partei* sinistra f

links ADV a sinistra; **nach ~** a sinistra; **von ~** da sinistra; **sich ~** tenere la sinistra

Linkshänder(in) M(F) mancino(-a) m(f)

Linse F lenticchia f; OPT lente f

Lipgloss M lucidalabbra m

Lippe F labbro m; **~n** *pl* labbra fpl **Lippenbalsam** M crema f per labbra **Lippenstift** M rossetto m

lispeln V parlare con la lisca

Lissabon N Lisbona f

Liste F elenco m, lista f

Litauen N Lituania f **litauisch** ADJ lituano

Liter M litro m

Literatur F letteratura f

Litfaßsäule F colonna f delle affissioni

live ADJ TV in diretta **Livestream** M diretta f streaming

Lizenz F licenza f

Lkw M camion m **Lkw-Fahrer** M, **Lkw-Fahrerin** F camionista m/f **Lkw-Maut** F pedaggio m per i camion

Lob N lode f

Lobby F *Hotel* atrio m; *Gruppe* lobby f

loben V lodare

Loch N buco m; *Erdloch* buca f (a. *Golf, Billard*); *Reifen* foro m **lochen** V *Papier* forare; *Fahrkarte* bucare **Locher** M perforatore m

Lockdown M MED lockdown m; **im ~ sein/sich im ~ befinden** trovarsi in situazione di lockdown; **nach zweiwöchigem ~** in seguito a due settimane di lockdown

Locke F riccio m

locken V *Person, Sache* attirare

Lockenwickler M bigodino m

locker ADJ *Schraube* lento, allentato; *Person* rilassato **lockern** V allentare; **sich ~** allentarsi; *fig* rilassarsi

Löffel M *Esslöffel* cucchiaio *m*; *Teelöffel* cucchiaino *m*
Loge F THEAT palco *m*
Log-in N/M IT login *m*
logisch ADJ logico
Log-out N/M IT logout *m*, disconnessione *f*
Lohn M salario *m*, paga *f*; *Belohnung* ricompensa *f*
lohnen V: **es lohnt sich (nicht)** (non) vale la pena
Lohnerhöhung F aumento *m* salariale **Lohnsteuer** F imposta *f* sul salario
Loipe F pista *f* di fondo
lokal ADJ del luogo; **~e Betäubung** anestesia locale
Lokal M locale *m*
Lokomotive F, **Lok** F locomotiva *f*
Lombardei F Lombardia *f*
London N Londra *f*
Lorbeerblatt N GASTR foglia *f* d'alloro
los 1 ADV: **was ist ~?** che c'è? 2 ADJ: **~!** avanti!; **auf die Plätze, fertig, ~!** pronti, attenti, via!
Los N *Lotterie* biglietto *m* di lotteria; *Schicksal* sorte *f*
löschen V *Licht, Feuer* spegnere; IT cancellare, eliminare (*a. fig*); *Durst* placare
lose ADJ *locker* lento; *Schraube* allentato; *unverpackt* sciolto
Lösegeld N riscatto *m*
losen V tirare a sorte (**um etw** qc)
lösen V sciogliere; *abtrennen* staccare; *lockern* allentare; *Fahrkarte* comprare; *Rätsel* risolvere
losfahren V partire **losgehen** V *weggehen* andarsene; *umg beginnen* cominciare **loslassen** V lasciare andare
löslich ADJ solubile
losmachen V staccare **losreißen** V strappare; **sich ~** staccarsi (**von** da)
Lösung F soluzione *f* **Lösungsmittel** N solvente *m*
loswerden V liberarsi di
Lotse M, **Lotsin** F SCHIFF pilota *m/f* **lotsen** V pilotare
Lotterie F lotteria *f*
Lotto N lotto *m* **Lottoschein** M schedina *f* (del lotto)
Löwe M, **Löwin** F leone (-essa) *m(f)*; ASTROL Leone *m*
Löwenzahn M BOT dente *m* di leone; soffione *m*
Luchs M lince *f*
Lücke F vuoto *m*; *fig* lacuna *f*
lückenlos ADJ completo
Luft F aria *f* **Luftballon** M palloncino *m* **luftdicht** ADJ ermetico **Luftdruck** M pressione *f* atmosferica
lüften V *Zimmer* aerare
Luftfahrt F aviazione *f* **Luftfeuchtigkeit** F umidità *f* atmosferica **luftleer** ADJ vuoto d'aria **Luftlinie** F linea *f* d'aria **Luftmatratze** F materassino *m* pneumatico **Luftpost** F: **mit ~** per posta ae-

rea **Luftpumpe** F pompa *f* pneumatica **Luftröhre** F trachea *f* **Luftverkehr** M traffico *m* aereo **Luftverschmutzung** F inquinamento *m* atmosferico **Luftwaffe** F aeronautica *f* militare **Luftzug** M corrente *f* d'aria

Lüge F bugia *f* **lügen** V mentire **Lügenpresse** F stampa *f* bugiarda **Lügner(in)** M(F) bugiardo(-a) *m(f)*

Luke F abbaino *m*; SCHIFF boccaporto *m*

Lumpen M straccio *m*

Lunge F polmone *m* **Lungenentzündung** F polmonite *f*

Lupe F lente *f* (d'ingrandimento)

Lust F voglia *f*; **(keine) ~ haben zu** (non) avere voglia di

lustig ADJ *fröhlich* allegro; *komisch* buffo; **sich ~ machen über** beffarsi di

lutschen V succhiare **Lutscher** M lecca-lecca *m*

Luxemburg N Lussemburgo *m*

luxuriös ADJ di lusso **Luxus** M lusso *m* **Luxushotel** N albergo *m* di lusso

Luzern N Lucerna *f*

Lymphdrüse F ghiandola *f* linfatica **Lymphknoten** M linfonodo *m*

M

machbar ADJ realizzabile

machen V fare; **wie viel macht das?** quant'è?; **das macht 10 Euro** sono dieci euro; **~ lassen** far fare; **Licht ~** accendere la luce; **Urlaub ~** essere in vacanza; **das Bett ~** rifare il letto; **das macht nichts** non importa; **mach's gut!** *umg* stammi bene!

Macht F potere *m* **mächtig** 1 ADJ potente 2 ADV *umg sehr* molto **machtlos** ADJ impotente

Mädchen N ragazza *f*; *Kind* bambina *f* **Mädchenname** M cognome *m* da nubile

Made F baco *m*, verme *m*

madig ADJ *Obst* bacato **madigmachen** V: **j-m etw ~** *fig* togliere il gusto di qc a qn

mag *ich* mi piace; *er, sie, es* gli/le piace → mögen

Magazin N *Zeitschrift* rivista *f*

Magdeburg N Magdeburgo *f*

Magen M stomaco *m* **Magenbitter** M amaro *m* **Magengeschwür** N ulcera *f* gastrica **Magenschmerzen** MPL dolori *mpl* di stomaco **Magenverstimmung** F indigestione *f*

mager ADJ magro **Mager-**

milch F latte *m* scremato **Magersucht** F anoressia *f* **magersüchtig** ADJ anoressico
Magnesium N magnesio *m*
Magnet M magnete *m* **Magnetkarte** F scheda *f* magnetica
magst ti piace → mögen
Mahagoni N mogano *m*
mähen V falciare
mahlen V macinare
Mahlzeit F pasto *m*; **~!** buon appetito!
Mähne F criniera *f*
mahnen V sollecitare **Mahnung** F sollecito *m*
Mai M maggio *m* **Maiglöckchen** N mughetto *m* **Maikäfer** M maggiolino *m*
Mail F mail *f*, posta *f* elettronica
Mailand N Milano *f*
Mailbox F TEL segreteria *f* telefonica (del cellulare); **j-m auf die ~ sprechen** lasciare a qn un messaggio sul cellulare **mailen** V: **j-m ~** scrivere una mail a qn
Mainz N Magonza *f*
Mais M mais *m*, granturco *m* **Maiskolben** M pannocchia *f*
Majoran M maggiorana *f*
makellos ADJ senza difetti
Make-up N trucco *m*
Makkaroni PL maccheroni *mpl*
Makler(in) M(F) *Immobilien* agente *m/f* immobiliare; *Börse* agente *m/f* di cambio
Makrele F sgombro *m*
mal ADV *umg* una volta; MATH per; **warte ~!** *umg* aspetta!; **nicht ~** *umg* neanche
Mal N *Zeitpunkt* volta *f*; *Zeichen* segno *m*; **zum ersten ~** per la prima volta; **das nächste ~** la prossima volta; **jedes ~** ogni volta
Malaria F malaria *f*
Malbuch N album *m* da colorare
malen V dipingere; *zeichnen* disegnare **Maler(in)** M(F) pittore(-trice) *m(f)*; *Anstreicher* imbianchino(-a) *m(f)* **Malerei** F pittura *f* **malerisch** ADJ pittoresco, suggestivo
Mallorca N Maiorca *f*
Malta N Malta *f*
Malz N malto *m*
Mama F *umg* mamma *f*
man PRON: **~ sagt** si dice, dicono; **kann ~ ...?** si può ...?; **~ muss** si deve
Management N management *m* **Manager(in)** M(F) dirigente *m/f*, manager *m/f*
manche(r, -s) PRON qualcuno; **manche** *pl* alcuni(-e) *mpl (fpl)*; **manches** qualcosa; **manche Leute** certa gente *f*
manchmal ADV talvolta, qualche volta
Mandarine F mandarino *m*
Mandel F mandorla *f*; ANAT tonsilla *f* **Mandelentzündung** F tonsillite *f*

Mangel M scarsità *f*, mancanza *f* (**an** di); *Fehler* difetto *m* **mangelhaft** ADJ difettoso **mangels** PRÄP per mancanza di
Mango F mango *m*
Mangold M bietola *f*
Manieren FPL maniere *fpl*
Mann M uomo *m*; *Gatte* marito *m*; **Männer** *pl* uomini *mpl* **Männchen** N ZOOL maschio *m* **männlich** ADJ maschile, virile; BIOL maschio
Mannschaft F SPORT squadra *f*; FLUG, SCHIFF equipaggio *m*
manövrieren V manovrare
Mantel M cappotto *m*
Mantua N Mantova *f*
Manuskript N manoscritto *m*
Mappe F cartella *f*
Märchen N fiaba *f*
Marder M martora *f*
Margarine F margarina *f*
Marienkäfer M coccinella *f*
Marille F *österr Aprikose* albicocca *f*
Marine F marina *f*
mariniert ADJ marinato
Mark[1] F *hist*: **Deutsche ~** marco *m* tedesco
Mark[2] N ANAT, BOT midollo *m*
Marke F *Fabrikat* marca *f*; *Briefmarke* francobollo *m*; **eingetragene ~** marchio *m* registrato
Marken PL GEOG Marche *fpl*
Markenartikel M articolo *m* di marca
markiert ADJ *Weg* segnato
Markierung F segno *m*
Markise F marquise *f*
Markt M mercato *m* **Markthalle** F mercato *m* coperto **Marktplatz** M piazza *f* del mercato **Marktstand** M bancarella *f*
Marmelade F marmellata *f*
Marmor M marmo *m*
Marokko N Marocco *m*
Marone F caldarrosta *f*
Mars M Marte *m*
Marsch M marcia *f* **marschieren** V marciare
Marseille N Marsiglia *f*
Märtyrer(in) M(F) martire *m/f*
März M marzo *m*
Marzipan N marzapane *m*
Masche F maglia *f*
Maschine F macchina *f*; *Motorrad* moto *f* **Maschinenbau** M ingegneria *f* meccanica **Maschinengewehr** N mitragliatrice *f*
Masern FPL morbillo *m*
Maske F maschera *f* **Maskenball** M ballo *m* in maschera **Maskenpflicht** F MED obbligo *m* di mascherina; **eine ~ einführen** introdurre l'obbligo di mascherina; **ab heute herrscht ~** a partire da oggi vige l'obbligo di mascherina
Mass F *Liter* boccale *m* di birra da un litro
Maß N misura *f*; **in ~en** con moderazione

Massage F massaggio *m*
Masse F massa *f*; *Menge* gran quantità *f*
Maßeinheit F unità *f* di misura
massenhaft ADJ in gran quantità **Massenkarambolage** F tamponamento *m* a catena **Massenmedien** NPL mass media *mpl*
Masseur(in) M(F) massaggiatore(-trice) *m(f)*
maßgebend ADJ, **maßgeblich** ADJ *Person* autorevole; *Urteil* determinante
massieren V massaggiare
mäßig ADJ *maßvoll* moderato; *mittelmäßig* mediocre **mäßigen** V moderare; **sich ~** moderarsi
massiv ADJ massiccio
maßlos ADJ smisurato
Maßnahme F misura *f*
Maßstab M GEOG scala *f*; *fig* criterio *m*
Mast M SCHIFF albero *m*; ELEK palo *m*
Master M ≈ laurea *f* magistrale **Masterstudiengang** M corso *m* di laurea magistrale
Material N materiale *m*
Materie F materia *f* **materiell** ADJ materiale; *pej* materialistico
Mathematik F matematica *f*
Matinee F FILM, THEAT, MUS matinée *f*
Matjeshering M aringa *f* in salamoia
Matratze F materasso *m*
Matrose M marinaio *m*
Matsch M fanghiglia *f* **matschig** F fangoso *f*
matt ADJ (*Glas*, FOTO) opaco; *Farbe* pallido; *Schach* **~ setzen** dare scacco matto
Matte F stuoia *f*
Matterhorn N Cervino *m*
Matura F *österr Abitur* maturità *f*
Mauer F muro *m*
Maul N muso *m*; *umg* **halt's ~!** chiudi il becco! **Maulesel** M mulo *m* **Maulkorb** M museruola *f* **Maulwurf** M talpa *f*
Maurer(in) M(F) muratore *m*
Maus F topo *m*; IT mouse *m* **Mausefalle** F trappola *f* per topi **Mausklick** M IT: **per ~** con un clic del mouse
Mausoleum N mausoleo *m*
Mauspad N IT tappetino *m* per il mouse
Maut F, **Mautgebühr** F pedaggio *m* **Mautstelle** F casello *m* (autostradale) **Mautstraße** F strada *f* a pedaggio
maximal 1 ADJ massimo 2 ADV al massimo
Mayonnaise F maionese *f*
Mechanik F meccanica *f* **Mechaniker(in)** M(F) meccanico(-a) *m(f)* **mechanisch** ADJ meccanico **Mechanismus** M meccanismo *m*
meckern V *fig umg* criticare
Mecklenburg-Vorpommern N Meclenburgo-Pome-

rania *m*
Medaille F medaglia *f*
Mediathek F IT mediateca *f*
Medien NPL media *mpl*; **Neue ~** nuovi media *mpl*
Medikament N medicina *f*
Medizin F medicina *f* **medizinisch** ADJ medico, medicinale
Meer N mare *m* **Meerblick** M vista *f* sul mare **Meerenge** F stretto *m* **Meeresfrüchte** FPL frutti *mpl* di mare **Meeresspiegel** M: **über dem ~** sul livello del mare
Meerrettich M cren *m*
Meerschweinchen N porcellino *m* d'India
Mehl N farina *f* **Mehlspeise** F dolce *m*
mehr ADV più (**als** che, *vor Zahl* di); **immer ~** sempre più; **noch ~** ancora (di) più; **~ oder weniger** più o meno; **nichts ~** più nulla; **umso ~ als** tanto più che
mehrdeutig ADJ ambiguo
mehrere PRON parecchi(e) *mpl* (*fpl*)
mehrfach **1** ADJ ripetuto **2** ADV più volte **Mehrfahrtenkarte** F biglietto *m* multicorse **Mehrheit** F maggioranza *f* **mehrmals** ADV più volte **mehrtägig** ADJ di più giorni **Mehrwegflasche** F vuoto *m* a rendere **Mehrwertsteuer** F imposta *f* sul valore aggiunto, IVA *f* **Mehrzahl** F maggior parte *f*; GRAM plurale *m*
meiden V evitare
Meile F miglio *m*
mein POSS PR (il) mio, (la) mia; **~e** *pl* (i) miei, (le) mie
Meineid M spergiuro *m*
meinen V *sagen wollen* intendere; *denken* pensare; *sagen* dire; *sich beziehen auf* riferirsi a
meinetwegen ADV *für mich* per me; *wegen mir* per causa mia
Meinung F opinione *f*; **meiner ~ nach** a mio avviso
Meinungsumfrage F inchiesta *f*
Meise F cinciallegra *f*
Meißel M scalpello *m*
meist(ens) ADV per lo più, di solito
meiste(r, -s) PRON la maggior parte di …; **am meisten** più di tutto; **das meiste** la maggior parte
Meister(in) M(F) maestro(-a) *m*(*f*); SPORT campione(-essa) *m*(*f*) **Meisterschaft** F maestria *f*; SPORT campionato *m*
Meisterwerk N capolavoro *m*
melden V *Unfall* denunciare; *informieren* informare; **sich ~** presentarsi (**bei j-m** da qn); TEL rispondere; **melde dich!** fatti vivo! **Meldung** F annuncio *m*; *Zeitung* etc notizia *f*; *Mitteilung* comunicazione *f*
Melodie F melodia *f*

Melone F melone *m*
Menge F quantità *f*; *große Anzahl* massa *f*; *Menschen* folla *f*
Meniskus M MED menisco *m*
Mensa F mensa *f*
Mensch M uomo *m* (*pl* uomini); **kein ~** nessuno **menschenleer** ADJ deserto **Menschenmenge** F folla *f* **Menschenrechte** NPL diritti *mpl* umani **Menschenverstand** M: **gesunder ~** buon senso *m*
Menschheit F umanità *f*
menschlich ADJ umano
Menschlichkeit F umanità *f*
Menstruation F mestruazione *f*
Menü N menù *m*
Merkblatt N foglio *m* d'istruzioni
merken V notare; *spüren* sentire; **sich etw ~** tener presente qc, ricordarsi qc
Merkmal N segno *m* caratteristico
Merkur M Mercurio *m*
merkwürdig ADJ strano
Messbecher M misurino *m*
Messe F HANDEL fiera *f*; REL messa *f*
messen V misurare
Messer N coltello *m*
Messing N ottone *m*
Metall N metallo *m*
Meter M *od* N metro *m*
Methode F metodo *m*
Metropole F metropoli *f*
Metzger(in) M(F) macellaio(-a) *m(f)* **Metzgerei** F macelleria *f*
Mexiko N Messico *m*
mich PRON mi; *betont* me; **für ~** per me; **ohne ~** senza di me
Mieder N guêpiere *f*
Miene F aria *f*
Miesmuschel F cozza *f*
Miete F affitto *m*; *Boot* nolo *m* **mieten** V *Wohnung, Haus* prendere in affitto; *Auto, Boot, Rad* noleggiare **Mieter(in)** M(F) inquilino(-a) *m(f)*
Mietvertrag M contratto *m* d'affitto **Mietwagen** M auto *f* a noleggio **Mietwohnung** F appartamento *m* in affitto
Migräne F emicrania *f*
Mikrofaser F microfibra *f*
Mikrofon N microfono *m*
Mikrowelle F forno *m* a microonde
Milch F latte *m* **Milchkaffee** M caffellatte *m* **Milchpulver** N latte *m* in polvere **Milchshake** M frappè *m*, frullato *m* **Milchstraße** F Via *f* Lattea **Milchzahn** M dente *m* di latte
mild ADJ *Klima* mite; *Strafe* lieve; *Käse, Gewürz* dolce **mildern** V attenuare
Milieu N ambiente *m*
Militär N esercito *m* **Militärdienst** M servizio *m* militare **militärisch** ADJ militare
Milliarde F miliardo *m*
Milligramm N milligrammo

m **Millimeter** M *od* N millimetro *m* **Million** F milione *m* **Millionär(in)** M(F) milionario(-a) *m(f)*
Milz F milza *f*
Minderheit F minoranza *f* **minderjährig** ADJ minorenne **minderwertig** ADJ inferiore
mindeste(r, -s) ADJ minimo; **das Mindeste** *n* il minimo *m* **mindestens** ADV almeno **Mindesthaltbarkeitsdatum** N data *f* di scadenza
Mine F *Kugelschreiber* ricambio *m*; *Waffe* mina *f*; *Bergbau* miniera *f*
Mineralwasser N acqua *f* minerale
Minibar F frigobar *m* **Minigolf** N minigolf *m* **Minikleid** N miniabito *m*
minimal ADJ minimo
Minimum N minimo *m* (an di)
Minirock M minigonna *f*
Minister(in) M(F) ministro *m* **Ministerium** N ministero *m* **Ministerpräsident(in)** M(F) primo ministro *m*
minus ADV meno; **~ 7 Grad** sette gradi sotto zero **Minus** N deficit *m*; **im ~ sein** essere in rosso
Minute F minuto *m*
mir PRON mi; *betont* a me; **mit ~** con me; **ein Freund von ~** un mio amico
mischen V mischiare, mescolare **Mischung** F miscuglio *m*
miserabel ADJ pessimo
missachten V disprezzare **Missbildung** F malformazione *f* **Missbrauch** M abuso *m* **missbrauchen** V abusare di **Misserfolg** M insuccesso *m* **missfallen** V non piacere **misshandeln** V maltrattare **Misshandlung** F maltrattamento *m* **misslingen** V fallire **misstrauen** V diffidare di **Misstrauen** N sfiducia *f* **misstrauisch** ADJ diffidente **Missverständnis** N malinteso *m* **missverstehen** V fraintendere
Mist M letame *m*; **~!** *umg* accidenti!
Mistel F vischio *m*
mit PRÄP con; **~ dem Zug** in treno; **~ 8 Jahren** a 8 anni
Mitarbeiter(in) M(F) *Betrieb* dipendente *m/f*; *Institution* collaboratore(-trice) *m(f)*
mitbringen V portare (con se)
Mitbürger(in) M(F) concittadino(-a) *m(f)*
miteinander ADV insieme
mitfahren V andare (**mit** con); **wollen Sie ~?** vuole un passaggio?
Mitfahrgelegenheit F passaggio *m* in macchina (con divisione delle spese)
mitgeben V dare
Mitgefühl N simpatia *f*

mitgehen V andare (**mit** con) **Mitglied** N membro *m* **Mitgliedsbeitrag** M quota *f* di associazione **mithilfe** PRÄP: ~ **von** con l'aiuto di **mitkommen** V venire (**mit** insieme a) **Mitleid** N compassione *f* **mitmachen** V prendere parte (**bei** a) **Mitmensch** M prossimo *m* **mitnehmen** V portare (con sé) **Mitreisende(r)** F(M) compagno(-a) *m(f)* di viaggio **mitschuldig** ADJ corresponsabile (**an** di) **Mitschüler(in)** M(F) compagno(-a) *m(f)* di scuola **Mitspieler(in)** M(F) compagno(-a) *m(f)* di gioco **Mittag** M mezzogiorno *m*; **zu ~ essen** pranzare **Mittagessen** N pranzo *m* **mittags** ADV a mezzogiorno **Mittagsmenü** N menu *m* di pranzo **Mittagspause** F pausa *f* di mezzogiorno **Mittagsruhe** F siesta *f* **Mitte** F mezzo *m*; centro *m*; **~ August** a metà agosto; **sie ist ~ 30** ha sui 30 anni **mitteilen** V comunicare (**j-m etw** qc a qn) **Mitteilung** F comunicazione *f*; *Nachricht* avviso *m* **Mittel** N mezzo *m*; MED rimedio *m* **Mittelalter** N medioevo *m* **Mittelamerika** N America *f* centrale **Mitteleuropa** N Europa *f* centrale **Mittelfinger** M (dito *m*) medio *m* **Mittellinie** F *Fußball* linea *f* di metà campo **mittelmäßig** ADJ mediocre **Mittelmeer** N Mediterraneo *m* **Mittelpunkt** M centro *m* **Mittelstreifen** M spartitraffico *m* **Mittelwelle** F onde *fpl* medie **mitten** ADV: **~ in** in mezzo a; **~ im Sommer** in piena estate **Mitternacht** F mezzanotte *f* **mittlere(r, -s)** ADJ *räumlich* intermedio; *durchschnittlich* medio; **mittleren Alters** di mezza età **mittlerweile** ADV intanto **Mittwoch** M mercoledì *m*; **am ~** mercoledì; **letzten/nächsten ~** mercoledì scorso/prossimo; **jeden ~** ogni mercoledì **mittwochs** ADV il (*od* di) mercoledì **mixen** V mescolare; *Mischpult* mixare **Mixer** M *Gerät* frullatore *m* **Möbel** NPL mobili *mpl* **Möbelstück** N mobile *m* **mobil** ADJ mobile **Mobilfunk** M telefonia *f* mobile **Mobilfunknetz** N telefonia *f* cellulare **Mobiltelefon** N cellulare *m* **mobliert** ADJ: **~es Zimmer** camera *f* ammobiliata **möchte** *ich* vorrei; *er, sie, es*

vorrebbe → mögen
Mode F moda *f*
Model N FOTO modella *f*
Modell N modello *m*
Modem N IT modem *m*
Modenschau F sfilata *f* di moda
Moderator(in) M(F) TV presentatore(-trice) *m(f)*
modern ADJ moderno **modernisieren** V modernizzare
modisch ADJ alla moda
Mofa N ciclomotore *m*
mogeln V *umg* imbrogliare
mögen V voler bene (j-n a qn); **ich mag (kein) ...** (non) mi piace...; **ich möchte** vorrei
möglich ADJ possibile; **alles Mögliche** di tutto **möglicherweise** ADV probabilmente **Möglichkeit** F possibilità *f*; *Gelegenheit* occasione *f* **möglichst** ADV: **~ oft** il più spesso possibile; **~ bald** quanto prima
Mohn M papavero *m*
Möhre F carota *f*
Mokka M moca *m*
Molkerei F latteria *f*
Moll N MUS tonalità *f* minore
Moment M momento *m*; **im ~** per il momento **momentan** 1 ADJ momentaneo; *jetzt* attuale 2 ADV per il momento
Monaco N *Fürstentum* (principato *m* di) Monaco *f*
Monarchie F monarchia *f*
Monat M mese *m* **monatlich** 1 ADJ mensile 2 ADV ogni mese **Monatskarte** F tessera *f* mensile
Mönch M monaco *m*
Mond M luna *f*; **ab-/zunehmender ~** luna calante/crescente **Mondfinsternis** F eclissi *f* lunare **Mondschein** M chiaro *m* di luna
Montag M lunedì *m* **Montagabend** M lunedì *m* sera
Montage F montaggio *m*
montags ADV di (*od* il) lunedì
Mont Blanc M Monte *m* Bianco
Monteur(in) M(F) montatore (-trice) *m(f)* **montieren** V *Teil* montare; *Maschine* installare
Moor N palude *f* **Moorbäder** NPL fanghi *mpl*
Moos N muschio *m*
Moped N ciclomotore *m*, motorino *m*
Moral F morale *f* **moralisch** ADJ morale
Morast M pantano *m*, fango *m*
Mord M omicidio *m*, assassinio *m* **Mörder(in)** M(F) assassino(-a) *m(f)*
morgen ADV domani; **~ Abend/früh** domani sera/mattina
Morgen M mattina *f*; **guten ~!** buongiorno! **Morgenmantel** M vestaglia *f* **Morgenröte** F aurora *f* **mor-**

gens ADV di mattina
Morphium N morfina *f*
morsch ADJ marcio
Mosaik N mosaico *m*
Moschee F moschea *f*
Moskau N Mosca *f*
Moskito F zanzara *f* **Moskitonetz** N zanzariera *f*
Moslem(in) M(F) → Muslim(in)
Motel N motel *m*
Motiv N motivo *m*
Motor M motore *m* **Motorboot** N motoscafo *m* **Motorhaube** F cofano *m* **Motoröl** N olio *m* lubrificante
Motorrad N moto(cicletta) *f*
Motorradfahrer(in) M(F) motociclista *m/f* **Motorroller** M scooter *m* **Motorschaden** M guasto *m* al motore **Motorsport** M motorismo *m*
Motte F tarma *f*
Mountainbike N mountain bike *f*
Möwe F gabbiano *m*
MP3 N IT MP3 *m* **MP3-Player** M lettore *m* MP3
Mücke F zanzara *f* **Mückenstich** M puntura *f* di zanzara
müde ADJ stanco; ~ **werden** stancarsi **Müdigkeit** F stanchezza *f*
muffig ADJ: ~ **riechen** puzzare di muffa
Mühe F fatica *f*; *fig* pena *f* **mühelos** ADJ facile
Mühle F mulino *m*; *Spiel* filetto *m*
mühsam ADJ faticoso
Müll M spazzatura *f*; rifiuti *mpl* **Müllabfuhr** F nettezza *f* urbana **Müllbeutel** M sacchetto *m* della spazzatura
Mullbinde F benda *f* di garza
Müllcontainer M cassonetto *m* dei rifiuti **Mülleimer** M pattumiera *f* **Müllkippe** F deposito *m* dei rifiuti
Mülltonne F bidone *m* della spazzatura **Mülltrennung** F raccolta *f* differenziata
multikulturell ADJ multiculturale
multiplizieren V moltiplicare
Mumps M MED orecchioni *mpl*
München N Monaco *f* (di Baviera)
Mund M bocca *f* **Mundart** F dialetto *m* **münden** V sboccare (**in** in) **Mundharmonika** F armonica *f* a bocca
mündlich **1** ADJ orale **2** ADV a voce
Mundspülung F collutorio *m*
Mündung F *Fluss* foce *f*; *Straße* sbocco *m*
Mundwasser N acqua *f* dentifricia **Mund-zu-Mund-Beatmung** F respirazione *f* bocca a bocca

Munition F munizione *f*
Münster N duomo *m*; cattedrale *f*
munter ADJ *lebhaft* vivace; *heiter* allegro; *wach* sveglio
Münze F moneta *f*
mürbe ADJ *brüchig* friabile; *Fleisch* tenero
Mürb(e)teig M pasta *f* frolla
murmeln V mormorare
mürrisch ADJ burbero
Mus N purea *f*
Muschel F conchiglia *f*; GASTR **~n** *pl Miesmuscheln* cozze *fpl*; *Venusmuscheln* vongole *fpl*
Museum N museo *m*
Musik F musica *f* **musikalisch** ADJ musicale **Musiker(in)** M(F) musicista *m/f*
Musikhochschule F conservatorio *m* **Musikinstrument** N strumento *m* musicale
Muskatnuss F noce *f* moscata
Muskel M muscolo *m* **Muskelkater** M dolori *mpl* muscolari **Muskelriss** M strappo *m* muscolare **Muskelzerrung** F stiramento *m* muscolare **muskulös** ADJ muscoloso
Müsli N Müsli *m*
Muslim(in) M(F) musulmano(-a) *m(f)* **Muslima** F musulmana *f*
müssen V dovere; **das muss sein** è necessario?; **ich muss mal** *umg* devo andare al bagno
Muster N modello *m*; *Design* disegno *m*
Mut M coraggio *m* **mutig** ADJ coraggioso
Mutter F madre *f*; *Schraubenmutter* madrevite *f* **Muttergottes** F Madonna *f* **mütterlich** ADJ materno **Muttermal** N voglia *f* **Muttersprache** F madrelingua *f*
mutwillig ADJ intenzionale
Mütze F berretto *m*
MwSt. ABK (= **Mehrwertsteuer**) IVA *f* (imposta *f* sul valore aggiunto)
mysteriös ADJ misterioso
Mythos M mito *m*

N

Nabel M ombelico *m*
nach 1 PRÄP *zeitlich* dopo; *örtlich* a; in; *gemäß* secondo; **~ Florenz** a Firenze; **~ Italien** in Italia; *Zug* **~ Neapel** per Napoli; **~ oben/unten** verso l'alto/il basso; **~ links/rechts** a sinistra/destra; **fünf ~ zwei** le due e cinque; **~ drei Monaten** dopo tre mesi; **~ kurzer Zeit** poco dopo 2 ADV **~ und ~** un po' alla volta
nachahmen V imitare

Nachbar(in) M(F) vicino(-a) m(f) **Nachbarschaft** F vicinato *m*; vicinanze *fpl*
nachbestellen V ordinare ancora
nachdem KONJ dopo +*inf*, dopo che; **je ~, ob** dipende se
nachdenken V riflettere (**über** su) **nachdenklich** ADJ pensoso
nacheinander ADV l'uno dopo l'altro
Nachfolger(in) M(F) successore *m*, succeditrice *f*
nachforschen V indagare
Nachfrage F HANDEL domanda *f*
nachfüllen V riempire ancora **Nachfüllpack** N/M, **Nachfüllpackung** F ricarica *f*
nachgeben V cedere
nachgehen V *folgen* seguire (**j-m** qn); *Uhr* andare indietro, ritardare (**zwei Minuten** di due minuti); *e-r Sache* studiare a fondo
Nachgeschmack M sapore *m* (rimasto in bocca)
nachher ADV dopo, poi; **bis ~!** a più tardi!
Nachhilfe F ripetizioni *fpl*
nachholen V *Lernstoff* recuperare
nachkommen V venir dopo; *Wunsch, Bitte* soddisfare **Nachkommen** MPL discendenti *mpl*
Nachlass M HANDEL riduzione *f*; *Erbe* eredità *f* **nachlassen** V diminuire; *Wind, Sturm* calmarsi; *Preis* scontare; *Strafe* condonare **nachlässig** ADJ trascurato
nachlaufen V correre dietro a
nachmachen V imitare; *fälschen* contraffare
Nachmittag M pomeriggio *m*; **am ~** di pomeriggio; **morgen ~** domani pomeriggio **nachmittags** ADV di pomeriggio
Nachnahme F: **als** *od* **gegen ~** contrassegno *m*
Nachname M cognome *m*
nachprüfen V controllare
nachrechnen V verificare un conto
Nachricht F notizia *f*; *für j-n* messaggio *m*; **~en** *pl Radio* giornale *m* radio; TV telegiornale *m*; **j-m eine ~ hinterlassen** lasciare un messaggio a qn
Nachsaison F bassa stagione *f*
nachschlagen V *im Buch* consultare un libro
nachsehen V *kontrollieren* verificare; *j-m nachschauen* seguire (qn) con lo sguardo; **j-m etw ~** perdonare qc a qn
Nachspeise F dessert *m*, dolce *m*
nächste(r, -s) ADJ *zeitlich* prossimo; *örtlich* più vicino; **nächste Woche** la settimana

prossima; **in nächster Zeit** prossimamente; **am nächsten** più vicino (a)

Nächstenliebe F carità *f*

Nacht F notte *f*; **gute ~!** buonanotte!; **heute ~** stanotte; **bei ~, in der ~** di notte **Nachtbar** F locale *m* notturno **Nachtdienst** M servizio *m* notturno

Nachteil M svantaggio *m*

Nachtflug M volo *m* notturno **Nachthemd** N camicia *f* da notte

Nachtigall F usignolo *m*

Nachtisch M dolce *m*, dessert *m*

Nachtleben N vita *f* notturna

nachtragend ADJ permaloso **nachträglich** ADJ *Glückwünsche* tardivo

nachts ADV di notte; **um 1 Uhr ~** all'una di notte **Nachtschicht** F turno *m* di notte **Nachttisch** M comodino *m* **Nachtzug** M treno *m* della notte

Nachwirkung F conseguenza *f*

Nachwuchs M figli *mpl*; *Beruf* le nuove leve *fpl*

nachzählen V ricontare

Nacken M nuca *f* **Nackenkissen** N cuscino *m* da viaggio **Nackenstütze** F poggiatesta *m*

nackt ADJ nudo

Nadel F ago *m*; *Stecknadel* spillo *m* **Nadelwald** M foresta *f* di conifere

Nagel M chiodo *m*; *Finger* unghia *f* **Nagelfeile** F limetta *f* per le unghie **Nagellack** M smalto *m* **Nagellackentferner** M solvente *m* per smalto **Nagelschere** F forbicine *fpl* per le unghie

Nagetier N roditore *m*

nah(e) ADJ *örtlich* vicino (**bei** a); *zeitlich* imminente; *Freund* stretto **Nähe** F vicinanza *f*; **in der ~** qui vicino **nahegehen** V: **j-m ~** toccare qn **naheliegend** ADJ *fig* evidente, ovvio

nähen V cucire

näher ADJ più vicino; **~e Informationen** informazioni più dettagliate **nähern** V: **sich ~** avvicinarsi

Nähgarn N filo *m* per cucire

Nähnadel F ago *m*

Nahrung F alimentazione *f* **Nahrungsergänzungsmittel** N integratore *m* alimentare **Nahrungsmittel** N alimento *m*

Naht F cucitura *f* **nahtlos** ADJ senza cucitura

Nahverkehr M traffico *m* locale **Nahverkehrszug** M treno *m* locale

Nähzeug N occorrente *m* per cucire

naiv ADJ ingenuo

Name M nome *m*

Namenstag M onomastico

m
namentlich 1 ADJ nominale 2 ADV *besonders* specialmente
nämlich ADV cioè
Narbe F cicatrice *f*
Narkose F narcosi *f*
Narzisse F narciso *m*
naschen V spilluzzicare, mangiucchiare
Nase F naso *m* **Nasenbluten** N: **~ haben** sanguinare dal naso **Nasenloch** N narice *f* **Nashorn** N rinoceronte *m*
nass ADJ bagnato; **~ machen** bagnare; **~ werden** bagnarsi **Nässe** F umidità *f* **nasskalt** ADJ freddo umido
Nation F nazione *f* **national** ADJ nazionale **Nationalfeiertag** M festa *f* nazionale **nationalistisch** ADJ nazionalistico **Nationalität** F nazionalità *f* **Nationalmannschaft** F (squadra *f*) nazionale *f* **Nationalpark** M parco *m* nazionale **Nationalsozialismus** M nazionalsocialismo *m*, nazismo *m*
NATO F ABK **(= North Atlantic Treaty Organization)** NATO *f*
Natter F biscia *f*; *fig* serpe *f*
Natur F natura *f* **Naturereignis** N fenomeno *m* naturale **Naturfaser** F fibra *f* naturale **Naturheilkunde** F omeopatia *f* **Naturkatastrophe** F cataclisma *m* **Naturkosmetik** F cosmesi *f* naturale **Naturkundemuseum** N museo *m* di scienze naturali **natürlich** ADJ naturale; **~!** naturalmente!, certo! **Naturschutzgebiet** N parco *m* nazionale **Naturwissenschaften** FPL scienze *fpl* naturali
Navi N *umg*, **Navigationssystem** N AUTO navigatore *m* (satellitare)
n.Chr. ABK **(= nach Christus)** d.C. (dopo Cristo)
Neapel N Napoli *f*
Nebel M nebbia *f* **Nebelscheinwerfer** M fendinebbia *m* **Nebelschlussleuchte** F fendinebbia *m* posteriore
neben PRÄP accanto a; *außer* oltre a **nebenan** ADV qui accanto **Nebenanschluss** M TEL apparecchio *m* secondario **nebenbei** ADV *außerdem* inoltre **nebeneinander** ADV l'uno accanto all'altro **Nebenfach** N *Schule* materia *f* complementare **Nebenfluss** M affluente *m* **Nebengebäude** N edificio *m* annesso; *e-s Hotels* dependence *f* **Nebenkosten** PL spese *fpl* accessorie **Nebenraum** M stanza *f* attigua **nebensächlich** ADJ secondario, marginale **Nebensaison** F bassa stagione *f* **Nebenstraße** F strada *f* secondaria **Nebenwirkung** F effetto *m* collate-

rale
neblig ADJ nebbioso; **es ist ~** c'è nebbia
Neffe M nipote *m*
negativ ADJ negativo **Negativ** N FOTO negativo *m*
nehmen V prendere; *wegnehmen* togliere; *annehmen* accettare; **Platz ~** accomodarsi
Neid M invidia *f* **neidisch** ADJ invidioso
neigen V inclinare; *fig* tendere (**zu** a) **Neigung** F inclinazione *f*; *fig* tendenza *f* (**zu** a)
nein ADV no
Nektarine F pesca *f* nettarina
Nelke F garofano *m*
nennen V chiamare
Neonröhre F tubo *m* al neon
Nerv M nervo *m*; **j-m auf die ~en gehen** dare ai nervi a qn
nerven V *umg* snervare
nervenaufreibend ADJ snervante **Nervenzusammenbruch** M esaurimento *m* nervoso **nervös** ADJ nervoso **Nervosität** F nervosismo *m*
Nerz M visone *m*
Nest N nido *m*
nett ADJ simpatico, gentile; *hübsch* carino
netto ADJ netto **Nettoeinkommen** N reddito *m* netto
Netz N rete *f*; IT **das ~** Internet *m*; TEL **ich habe kein ~** il cellulare non mi prende
Netzanschluss M allacciamento *m* alla rete **Netzhaut** F retina *f* **Netzkarte** F *Nahverkehr* biglietto *m* di libera circolazione **Netzwerk** N IT rete *f*
neu ADJ nuovo; *Sprachen, Geschichte* moderno **neuartig** ADJ nuovo **Neubau** M nuova costruzione *f* **Neuerscheinung** F *Buch* novità *f* libraria
Neuerung F innovazione *f*
Neugeborene(s) N neonato *m*
Neugier F curiosità *f* **neugierig** ADJ curioso
Neuheit F novità *f* **Neuigkeit** F novità *f* **Neujahr** N capodanno *m*; **prosit ~!** buon anno!
neulich ADV l'altro giorno
Neuling M novellino *m* **Neumond** M novilunio *m*
neun ADJ nove **neunhundert** ADJ novecento **neunte(r, -s)** ADJ nono **neunzehn** ADJ diciannove **neunzig** ADJ novanta
Neureiche(r) F(M) arricchito(-a) *m(f)*
Neurologe M, **Neurologin** F neurologo(-a) *m(f)*
Neuschnee M neve *f* fresca
Neuseeland N Nuova Zelanda *f*
neutral ADJ neutrale; *fig* imparziale; *Farbe* neutro
nicht ADV non; **~ einmal** nemmeno; **überhaupt ~** non

... affatto; ~ **wahr?** vero?
Nichte F nipote *f*
Nichtraucher(in) M(F) non fumatore(-trice) *m(f)* **Nichtraucherzone** F zona *f* per non fumatori
nichts PRON niente, nulla; **das macht ~** non è niente
Nichtschwimmer(in) M(F) non nuotatore(-trice) *m(f)*
nichtssagend ADJ insignificante
nicken V fare un cenno di assenso; annuire
nie ADV mai; non ... mai; **~ mehr, ~ wieder** mai più
niedergeschlagen ADJ abbattuto, depresso **Niederlage** F sconfitta *f*
Niederlande PL (i) Paesi Bassi *mpl* **Niederländer(in)** M(F) olandese *m/f* **niederländisch** ADJ olandese
niederlassen V: **sich ~** stabilirsi **Niederlassung** F HANDEL sede *f*; *Zweigstelle* succursale *f*
niederlegen V *Amt* dimettersi da, deporre
Niederösterreich N Bassa Austria *f*
Niedersachsen N Bassa Sassonia *f*
niederschlagen V abbattere
niedlich ADJ grazioso, carino
niedrig ADJ basso; *fig* vile
niemals ADV mai → nie
niemand PRON nessuno
Niere F rene *m*; GASTR rognone *m* **Nierenkolik** F colica *f* renale **Nierenstein** M calcolo *m* renale **Nierenversagen** N blocco *m* renale
nieseln V: **es nieselt** piovigina
niesen V starnutire
Niete F *Los* biglietto *m* non vincente; TECH ribattino *m*; *Person* buono a nulla
Nikotin N nicotina *f* **nikotinfrei** ADJ senza nicotina
Nilpferd N ippopotamo *m*
nimm: **~!** prendi! → nehmen
nimmst prendi → nehmen
nirgends ADV da nessuna parte
Nische F nicchia *f*
Niveau N livello *m*
NO ABK (= **Nordosten**) NE (nord-est)
nobel ADJ nobile; *umg großzügig* generoso
noch ADV ancora; **~ einmal** di nuovo; **immer ~** ancora; **~ etwas?** qualcos'altro?; **bitte ~ ein Bier** un'altra birra, per favore; **~ nicht** non ... ancora; **~ nie** mai **nochmals** ADV ancora una volta
Nonne F suora *f*
Nonstop-Flug M volo *m* senza scalo
Nordamerika N America *f* del Nord **Norddeutschland** N Germania *f* settentrionale (*od* del Nord) **Norden** M nord *m*, settentrione *m*
Nordic Walking N SPORT

nordic walking *m*, camminata *f* nordica **Nordirland** N Irlanda *f* del Nord **Norditaliener(in)** M(F) settentrionale *m/f* **Nordkorea** N Corea *f* del Nord **nördlich** ADV: ~ **von** a nord di **Nordosten** M nord-est *m* **Nordpol** M polo *m* nord **Nordrhein-Westfalen** N Renania Settentrionale-Vestfalia *f* **Nordsee** F mare *m* del Nord **Nordseite** F lato *m* nord **Nordwesten** M nord-ovest *m* **Nordwind** M vento *m* del nord

nörgeln V brontolare

Norm F norma *f*

normal ADJ normale **Normalbenzin** N benzina *f* normale **normalerweise** ADV normalmente

Norwegen N Norvegia *f* **Norweger(in)** M(F) norvegese *m/f* **norwegisch** ADJ norvegese

Not F *Mangel* bisogno *m*; *Armut* miseria *f*; ~ **leidend** bisognoso

Notar(in) M(F) notaio(-a) *m(f)*

Notarzt M, **-ärztin** F medico *m* di turno **Notaufnahme** F pronto soccorso *m* **Notausgang** M, **Notausstieg** M uscita *f* di sicurezza **Notbremse** F freno *m* d'emergenza

Note F MUS nota *f*; *Zensur* voto *m*

Notfall M caso *m* d'emergenza; **im** ~ in caso di bisogno **notfalls** ADV se (è) necessario

notieren V prendere nota di; *Börse* quotare

nötig ADJ necessario; **es ist (nicht)** ~ (non) occorre (**etw zu tun** fare qc); ~ **haben** avere bisogno di

Notiz F nota *f*; *Zeitung* notizia *f* **Notizbuch** N taccuino *m*

Notlandung F atterraggio *m* di fortuna **Notlösung** F soluzione *f* provvisoria **Notruf** M chiamata *f* d'emergenza **Notrufnummer** F numero *m* per le emergenze **Notsitz** M strapuntino *m* **Notwehr** F legittima difesa *f*

notwendig ADJ necessario

November M novembre *m*

Nr ABK (= **Nummer**) n° (numero)

Nu M: **im** ~ in un attimo

nüchtern ADJ digiuno; *nicht betrunken* sobrio; **auf ~en Magen** a stomaco vuoto

Nudelgericht N piatto *m* a base di pasta **Nudeln** FPL pasta *f* **Nudelsuppe** F pastina *f* in brodo

null ADJ zero; ~ **Uhr** mezzanotte *f*; **eins zu** ~ uno a zero; *Temperatur* **unter** ~ sotto zero

Nummer F numero *m* **nummerieren** V numerare **Nummernschild** N AUTO

targa *f*
nun ADV ora, adesso; **von ~ an** d'ora in poi; **was ~?** e ora?
nur ADV solo, soltanto; **nicht ~ ..., sondern auch** non solo ... ma anche
Nürnberg N Norimberga *f*
Nuss F noce *f* **Nussbaum** M noce *m* **Nussknacker** M schiaccianoci *m*
nutzen V, **nützen** V essere utile (**j-m** a qn); *Gelegenheit* sfruttare **Nutzen** M *finanziell* utile *m*, profitto *m*; *e-r Sache* utilità *f* **nützlich** ADJ utile
nutzlos ADJ inutile
NW ABK (**= Nordwesten**) NO (nord-ovest)
Nylon N nylon *m*

O

ob KONJ se; **als ~** come se; **und ~!** eccome!
obdachlos ADJ senza tetto **Obdachlose(r)** F(M) senzatetto *m/f*
oben ADV sopra, su; **nach ~** in alto; **von ~** dall'alto; *umg* **~ ohne** a seno nudo, in topless; **siehe ~** vedi sopra
Ober M cameriere *m*
Oberarm M braccio *m* (superiore)
obere(r, -s) ADJ superiore; *räumlich* più in alto
Oberfläche F superficie *f* **oberflächlich** ADJ superficiale **Obergeschoss** N piano *m* superiore
oberhalb PRÄP al di sopra di
Oberkiefer M mascella *f* superiore **Oberkörper** M busto *m* **Oberösterreich** N Alta Austria *f*
Obers M *österr Schlagsahne* panna *f* (montata)
Oberschenkel M coscia *f*
oberste(r, -s) ADJ superiore; *Stockwerk* ultimo; *im Rang* supremo
Oberteil N parte *f* superiore; *Kleidung* di sopra *m* **Oberweite** F circonferenza *f* del petto
Objekt N oggetto *m*
objektiv ADJ oggettivo **Objektiv** N obiettivo *m*
Obst N frutta *f* **Obstbaum** M albero *m* da frutta **Obstgarten** M frutteto *m* **Obsthändler(in)** M(F) fruttivendolo(-a) *m(f)* **Obstkuchen** M dolce *m* di frutta **Obstsalat** M macedonia *f*
obszön ADJ osceno
obwohl KONJ sebbene *+konjkt*
Ochse M bue *m* (*pl* buoi)
oder KONJ o; **~ aber** oppure
Ofen M *Heizofen* stufa *f*; *Backofen* forno *m*
offen ADJ aperto; *fig ehrlich* franco, sincero; *Stelle* vacante;

~er Wein M vino M sfuso; ~ lassen lasciare aperto; ~ stehen essere aperto
offenbar ADV evidentemente
Offenheit F franchezza *f*
offenlassen V *fig* lasciare in sospeso **offensichtlich** 1 ADJ evidente 2 ADV evidentemente
Offensive F offensiva *f*
öffentlich ADJ pubblico **Öffentlichkeit** F pubblico *m*
offiziell ADJ ufficiale
Offizier M ufficiale *m*
offline ADV IT off-line
öffnen V aprire; *Flasche* stappare **Öffner** M *Flaschen* apribottiglie *m*; *Dosen* apriscatole *m* **Öffnung** F apertura *f*; *Loch* foro *m* **Öffnungszeiten** FPL orario *m* d'apertura
oft ADV spesso; **wie ~?** quante volte?; **zu ~** troppo spesso **öfter(s)** ADV più spesso; *oft* spesso
OG N ABK (= **Obergeschoss**) piano *m* superiore
ohne PRÄP senza; **~ weiteres** senz'altro
Ohnmacht F MED svenimento *m* **ohnmächtig** ADJ svenuto; *fig* impotente; **~ werden** perdere i sensi, svenire
Ohr N orecchio *m* **Ohrenarzt** M, **-ärztin** F otoiatra *m/f* **Ohrensausen** N ronzio *m* alle orecchie **Ohrenschmerzen** MPL: **ich habe ~** mi fanno male le orecchie
Ohr(en)stöpsel M tappo *m* per le orecchie **Ohrfeige** F schiaffo *m* **Ohrläppchen** N lobo *m* **Ohrring** M orecchino *m* **Ohrstecker** M orecchino *m* (a perno)
okay INT okay!, va bene!
ökologisch ADJ ecologico
ökonomisch ADJ economico
Ökosteuer F ecotassa *f*
Ökostrom M energia *f* ecologica **Ökosystem** N ecosistema *m*
Oktober M ottobre *m*
Oktopus M polpo *m*
Öl N olio *m*; *Erdöl* petrolio *m*; *Heizöl* nafta *f*
Oleander M oleandro *m*
ölen V oliare **Ölgemälde** N dipinto *m* a olio **Ölheizung** F riscaldamento *m* a nafta
ölig ADJ oleoso
Olive F oliva *f* **Olivenbaum** M olivo *m* **Olivenöl** N olio *m* d'oliva
Ölsardinen FPL sardine *fpl* sott'olio **Ölstand** M livello *m* dell'olio **Ölwechsel** M cambio *m* dell'olio
Olympiade F Olimpiadi *fpl*
olympisch ADJ: **Olympische Spiele** *npl* giochi *mpl* olimpici
Oma F, **Omi** F *umg* nonna *f*
Omelett(e) N frittata *f*, omelette *f*
Omnibus M autobus *m*
Onkel M zio *m*
online ADV IT online **Onlinebank** F banca *f* online **On-**

linebanking N banking *m* online **Online-Check-in** N check in *m* online **Online-dienst** M servizio *m* online **Onlinekatalog** M catalogo *m* online **Onlinekauf** M acquisto *m* online **Onlineportal** M portale *m* web **Onlineshop** M negozio *m* online **Onlineshopping** N shopping *m* online **Onlinespiel** N gioco *m* online

Opa M, **Opi** M *umg* nonno *m*

Open-Air-... all'aperto **Open-Air-Konzert** N concerto *m* all'aperto

Oper F opera *f*

Operation F operazione *f* **Operationssaal** M sala *f* operatoria

Operette F operetta *f*

operieren V operare; **sich ~ lassen** farsi operare

Opernsänger(in) M(F) cantante *m/f* lirico(-a)

Opfer N *Mensch* vittima *f*; *Verzicht* sacrificio *m* **opfern** V sacrificare

Opposition F opposizione *f*

Optiker(in) M(F) ottico(-a) *m(f)*

Optimist(in) M(F) ottimista *m/f*

Orange F arancia *f* **orange(-farben)** ADJ arancione **Orangenlimonade** F aranciata *f* **Orangensaft** M succo *m* d'arancia

Orchester N orchestra *f*

Orchidee F orchidea *f*

Orden M onorificenza *f*; MIL decorazione *f*; REL ordine *m*

ordentlich **1** ADJ ordinato **2** ADV per bene

ordinär ADJ volgare

Ordination F *österr Arztpraxis* ambulatorio *m*

ordnen V ordinare, mettere in ordine **Ordner** M *Akten* raccoglitore *m* **Ordnung** F ordine *m*; **in ~!** va bene!

Oregano M origano *m*

Organ N organo *m*

Organisation F organizzazione *f* **organisieren** V organizzare

Organizer M agenda *f* elettronica, organizer *m*

Orgasmus M orgasmo *m*

Orgel F organo *m*

Orient M oriente *m*

orientieren V: **sich ~** orientarsi; *sich informieren* informarsi **Orientierung** F orientamento *m*; **sexuelle ~** orientamento *m* sessuale

original ADJ *echt* originale **Original** N originale *m* **originell** ADJ originale

Orkan M uragano *m*

Ort M luogo *m*, località *f*

Orthopäde M, **Orthopädin** F ortopedico(-a) *m(f)*

örtlich ADJ locale **Ortschaft** F località *f* **ortskundig** ADJ esperto del luogo **Ortsnetz** N TEL rete *f* locale **Ortszeit** F ora *f* locale

Öse F occhiello *m*
Ostdeutschland N est *m* della Germania **Osten** M est *m*; *Orient* oriente *m*
Osterei N uovo *m* di Pasqua **Ostermontag** M Pasquetta *f* **Ostern** N Pasqua *f*; **frohe ~!** buona Pasqua!
Österreich N Austria *f* **Österreicher(in)** M(F) austriaco(-a) *m(f)* **österreichisch** ADJ austriaco
Ostersonntag M domenica *f* di Pasqua
östlich ADJ orientale; **~ von** a est di **Ostsee** F (mar *m*) Baltico *m* **Ostwind** M vento *m* di levante
Otter M lontra *f*
Overall M tuta *f*
Overheadprojektor M lavagna *f* luminosa
Ozean M oceano *m*
Ozon N ozono *m* **Ozonloch** N buco *m* nell'ozono **Ozonschicht** F ozonosfera *f*, strato *m* di ozono **Ozonwert** M valore *m* dell'ozono

P

paar PRON: **ein ~** un paio (di); **vor ein ~ Tagen** qualche giorno fa; **ein ~ Mal** un paio di volte
Paar N *Personen* coppia *f*; *Sachen* paio *m*
pachten V prendere in affitto **Pächter(in)** M(F) locatario(-a) *m(f)*
Päckchen N pacchetto *m*
packen V *Koffer* fare le valigie; *ergreifen* afferrare
Packung F confezione *f*, pacchetto *m*; MED impacco *m*
Pad N *Mauspad* tappetino *m* per il mouse; *Wattebausch* dischetto *m* di cotone; *Kaffeepad* cialda *f* da caffè
Paddel N pagaia *f* **Paddelboot** N canoa *f* **paddeln** V andare in canoa
Padua N Padova *f*
Pager M TEL cercapersone *m*
Paket N pacco *m* **Paketannahme** F accettazione *f* pacchi
Palast M palazzo *m*
Palästina N Palestina *f*
Palatschinke F österr *tipo di omelette dolce*
Palm® M palmare® *m*
Palme F palma *f*
Palmtop M palmare® *m*
Pampelmuse F pompelmo *m*
paniert ADJ impanato
Panik F panico *m* **Panikattacke** F attacco *m* di panico
Panne F guasto *m*, panne; *fig Fehler* errore *m* **Pannendienst** M soccorso *m* stradale
Panoramablick M vista *f* pa-

noramica
Panzer M ZOOL corazza *f*; MIL carro *m* armato
Papa M, **Papi** M *umg* papà *m*
Papagei M pappagallo *m*
Papier N carta *f*; *Ausweise* **~e** *pl* documenti *mpl* **Papierkorb** M cestino *m* **Papierstau** M *Drucker* inceppamento *m* carta **Papiertaschentuch** N fazzoletto *m* di carta
Pappbecher M bicchiere *m* di carta **Pappe** F cartone *m*
Pappel F pioppo *m*
Paprika M *Gewürz* paprica *f*; *Gemüse* peperone *m*
Papst M papa *m* **päpstlich** ADJ papale
Parabolantenne F antenna *f* parabolica
Parade F sfilata *f*
Paradeiser M *österr Tomate* pomodoro *m*
Paradies N paradiso *m*
Paragraf M paragrafo *m*
parallel ADJ parallelo
Pärchen N coppia *f*
Parfüm N profumo *m* **Parfümerie** F profumeria *f*
Paris N Parigi *f*
Park M giardini *mpl* pubblici
Parkdeck N piano *m* di un autosilo **parken** V parcheggiare; **Parken verboten!** parcheggio vietato
Parkett N parquet *m*; THEAT platea *f*
Parkgebühr F tassa *f* di parcheggio **Parkhaus** N autosilo *m* **Parkkralle** F bloccaruota *m* **Parkplatz** M parcheggio *m* **Parkschein** M biglietto *m* del parcheggio
Parkuhr F parchimetro *m*
Parkverbot N divieto *m* di parcheggio **Parkwächter(in)** M(F) *Parkplatz* custode *m/f* del parcheggio; *Park* guard(i)aparco *m/f*
Parlament N parlamento *m*
Parmesan(käse) M parmigiano *m*
Partei F partito *m*; JUR parte *f*
Partie F *Spiel* partita *f*
Partisan M partigiano *m*
Partner(in) M(F) partner *m/f*; *Freund, Ehepartner* compagno(-a) *m(f)*; HANDEL socio(-a) *m(f)* **Partnerschaft** F rapporto *m*, relazione *f*; HANDEL partecipazione *f* **Partnerstadt** F città *f* gemellata
Party F festa *f*, party *m*; **~ machen** festeggiare **Partyservice** M (servizio *m* di) catering *m*, banqueting *m*
Pass M *Ausweis* passaporto *m*; *Gebirge* passo *m*; SPORT passaggio *m*
Passage F *zum Einkaufen* galleria *f*
Passagier(in) M(F) passeggero(-a) *m(f)* **Passagierflugzeug** N aereo *m* passeggeri
Passant(in) M(F) passante *m/f*
Passbild N fototessera *f*

passen V *Kleidung* stare bene; *geeignet sein* adattarsi (**zu** a); *aussetzen* passare; *umg* **das passt mir nicht** non mi va **passend** ADJ adatto
passieren V *geschehen* succedere, *umg* capitare; *Grenze* passare
passiv ADJ passivo
Passkontrolle F controllo *m* (dei) passaporti
Passwort N password *f*
Pastete F pasticcio *m*
pasteurisiert ADJ pastorizzato
Patchworkfamilie F famiglia *f* allargata
Pate M padrino *m* **Patenkind** N figlioccio(-a) *m(f)*
Patent N brevetto *m*
Pater M padre *m*
Patient(in) M(F) paziente *m/f*
Patin F madrina *f*
Patrone F cartuccia *f*
Pauke F timpano *m*
pauschal ADJ *Kosten* forfettario; *Urteil* globale, **Pauschale** *f* somma *f* globale, forfait *m* **Pauschalpreis** M prezzo *m* forfettario **Pauschalreise** F viaggio *m* tutto compreso
Pause F pausa *f*; THEAT intervallo *m*
Pavillon M padiglione *m*
Pay-TV N tv *f* a pagamento, pay tv *f*
Pazifik M (Oceano *m*) Pacifico *m*
PC M ABK (= **Personal Computer**) personal computer *m*, PC *m*
PDF-Datei F IT file *m* PDF
Pech N *fig* sfortuna *f*; **~ haben** essere sfortunato
Pedal N pedale *m*
Pediküre F pedicure *m f*
peinlich ADJ imbarazzante; **~ genau** scrupoloso
Peitsche F frusta *f*
Peking N Pechino *f*
Pelikan M pellicano *m*
Pelle F buccia *f*; *Wurst* pelle *f* **Pellkartoffeln** FPL patate *fpl* lesse con la buccia
Pelz M, **Pelzmantel** M pelliccia *f*
pendeln V oscillare; *Zug* fare la spola; *Person* fare la pendolare (**zwischen** tra) **Pendelverkehr** M traffico *m* pendolare **Pendler(in)** M(F) pendolare *m/f*
Penis M pene *m*
Penizillin N penicillina *f*
Pension F pensione *f*; **in ~ gehen** andare in pensione **pensioniert** ADJ pensionato, a riposo
Peperoni FPL peperoncini *mpl*
per PRÄP per, con, tramite; **~ Zufall** per caso; **~ Post** per posta; **~ Anhalter** tramite autostop
perfekt ADJ perfetto
Periode F periodo *m*; BIOL mestruazione *f*
Perle F perla *f* **Perlmutt** N madreperla *f*

Persien N Persia *f* **persisch** ADJ persiano
Person F persona *f*; THEAT personaggio *m*; **pro ~** a testa
Personal N personale *m* **Personalausweis** M carta *f* d'identità **Personalien** FPL generalità *fpl*
Personenkraftwagen M autovettura *f* **Personenschaden** M danno *m* alle persone **Personenzug** M treno *m* viaggiatori
persönlich ADJ personale **Persönlichkeit** F personalità *f*
Perspektive F prospettiva *f*
Perücke F parrucca *f*
Petersilie F prezzemolo *m*
Petroleum N petrolio *m*
Pfad M sentiero *m*; IT percorso *m* **Pfadfinder(in)** M(F) scout *m/f*
Pfahl M palo *m*
Pfalz F Palatinato *m*
Pfand N pegno *m*; *Flasche* vuoto *m* **Pfandflasche** F vuoto *m* a rendere
Pfanne F padella *f*
Pfannkuchen M ≈ crêpe *f*; *Berliner* Krapfen *m*
Pfarrei F parrocchia *f* **Pfarrer(in)** M(F) *katholisch* parroco *m*; *evangelisch* pastore *m*
Pfau M pavone *m*
Pfeffer M pepe *m* **Pfefferkuchen** M panpepato *m* **Pfefferminze** F menta *f* piperita **Pfefferminztee** M tè *m* alla menta **Pfeffermühle** F macinapepe *m* **pfeffern** V pepare
Pfeife F fischietto *m*; *Tabak* pipa *f*; *fig Versager* schiappa *f*
pfeifen V fischiare
Pfeil M freccia *f*
Pfeiler M pilastro *m*
Pferd N cavallo *m* **Pferdefleisch** N carne *f* equina **Pferderennbahn** F ippodromo *m* **Pferderennen** N corsa *f* di cavalli **Pferdestall** M scuderia *f*
Pfifferling M gallinaccio *m*, galletto *m*
pfiffig ADJ *umg Idee* originale; *Mensch* sveglio
Pfingsten N Pentecoste *f* **Pfingstmontag** M lunedì *m* di Pentecoste
Pfirsich M pesca *f*
Pflanze F pianta *f* **pflanzen** V piantare
Pflaster N MED cerotto *m*; *Straße* lastrico *m*
Pflaume F susina *f*; prugna *f* **Pflaumenmus** N ≈ marmellata *f* di prugne
Pflege F cura *f*; *Kranke* assistenza *f* **Pflegeheim** N casa *f* di riposo **pflegeleicht** ADJ di facile manutenzione **pflegen** V curare; *Kranke* assistere **Pfleger(in)** M(F) infermiere(-a) *m(f)*
Pflicht F dovere *m*
Pflock M paletto *m*, piolo *m*
pflücken V (rac)cogliere

Pflug M aratro *m* **pflügen** V arare
Pförtner(in) M(F) portinaio(-a) *m(f)* **Pförtnerloge** F portineria *f*
Pfosten M palo *m*
Pfote F zampa *f*
Pfund N mezzo chilo *m*
pfuschen V acciarpare
Pfütze F pozzanghera *f*
phantastisch ADJ fantastico
Phase F fase *f*
Philosophie F filosofia *f*
pH-Wert M (valore *m* del) pH *m*
Physik F fisica *f* **Physiker(in)** M(F) fisico(-a) *m(f)*
physisch ADJ fisico
Pickel M brufolo *m*; *Bergsport* piccozza *f*
Pickerl N *österr* bollino *m* (autostradale)
Picknick N picnic *m*; **~ machen** fare un picnic **picknicken** V fare un picnic
Piemont N Piemonte *m*
Piepton M TEL segnale *m* acustico
Pik N *Kartenspiel* picche *fpl*
pikant ADJ piccante
Pilger(in) M(F) pellegrino(-a) *m(f)* **Pilgerfahrt** F pellegrinaggio *m*
Pille F pillola *f*
Pilot(in) M(F) pilota *m/f*
Pilz M fungo *m*
PIN ABK (= **persönliche Identifikationsnummer**) pin *m*, numero *m* di identificazione personale
Pinie F pino *m* **Pinienkern** M pinolo *m*
pink ADJ fucsia
pinkeln V *umg* pisciare
Pinsel M pennello *m*
Pinzette F pinzetta *f*
Pirat(in) M(F) pirata *m*
Pistazie F pistacchio *m*
Piste F (FLUG, *Skisport*) pista *f*
Pistole F pistola *f*
pixelig ADJ UMG pixellato
Pizza F pizza *f* **Pizzabrot** N ≈ focaccia *f* **Pizzaservice** F pizza *f* a domicilio **Pizzeria** F pizzeria *f*
Pkw M ABK (= **Personenkraftwagen**) automobile *f* **Pkw-Maut** F pedaggio *m* per autoveicoli
Plage F tormento *m*; *Mühe* fatica *f* **plagen** V tormentare; **sich ~** affaticarsi
Plakat N manifesto *m*
Plakette F targhetta *f*
Plan M piano *m*; *Entwurf* progetto *m*; *Karte* pianta *f*
Plane F copertone *m*
planen V progettare
Planet M pianeta *m*
planlos ADJ senza metodo
planmäßig 1 ADJ *Ankunft* regolare, in orario 2 ADV puntualmente
Planschbecken N piscinetta *f* per bambini **planschen** V sguazzare (nell'acqua)
Plantage F piantagione *f*
Planung F programmazione

f; HANDEL pianificazione *f*
Plastik N plastica *f*
Plastik F *Skulptur* scultura *f*
Plastikbeutel M sacchettino *m* di plastica **Plastikflasche** F bottiglia *f* di plastica **Plastiktüte** *f* sacchetto *m* di plastica
Platin N CHEM platino *m*
platt ADJ piatto; *Reifen* sgonfio, a terra; *umg überrascht* sbalordito; *umg* **e-n Platten haben** avere una gomma a terra
Platte F *Stein* lastra *f*; MUS disco *m*; *Herd* piastra *f*; *umg Glatze* pelata *f*; **kalte ~** piatto *m* freddo **Plattenspieler** M giradischi *m*
Plattform F piattaforma *f*
Plattfuß M *umg Panne* gomma *f* a terra
Platz M *Raum, Sitzplatz* posto *m*; *Ort* piazza *f*; SPORT campo *m*; **~ nehmen** accomodarsi; **ist der ~ frei?** è libero questo posto? **Platzanweiser(in)** M(F) maschera *f*
Plätzchen NPL pasticcini *mpl*
platzen V scoppiare; *umg scheitern* fallire
Platzkarte F posto *m* prenotato **Platzreservierung** F prenotazione *f* del posto
plaudern V chiacchierare
Pleite F fallimento *m*; *umg Reinfall* fregatura *f* **pleitegehen** V andare in fallimento
Plombe F *Zahn* otturazione *f*
plombieren V *Zahn* otturare
plötzlich 1 ADJ improvviso 2 ADV all'improvviso
plump ADJ *unförmig* tozzo; *taktlos* sgarbato
plündern V saccheggiare
Plural M plurale *m*
plus ADV più; **3 Grad ~** tre gradi sopra zero **Plus** N eccedenza *f*; *Vorteil* vantaggio *m*
PLZ ABK (= **Postleitzahl**) CAP *m* (codice *m* di avviamento postale)
Po M *umg* culetto *m*
Pocken FPL vaiolo *m*
Podium N podio *m*
Pokal M coppa *f*
Pol M polo *m*
Polarstern M stella *f* polare
Pole M, **Polin** F polacco(-a) *m(f)* **Polen** N Polonia *f*
Police F polizza *f*
polieren V lustrare
Politesse F vigilessa *f*
Politik F politica *f* **Politiker(in)** M(F) politico(-a) *m(f)*
politisch ADJ politico
Polizei F polizia *f* **Polizeibeamte** M, **Polizeibeamtin** F funzionario(-a) *m(f)* di polizia **Polizeirevier** N commissariato *m* di polizia **Polizist(in)** M(F) poliziotto(-a) *m(f)*
Pollen M polline *m*
polnisch ADJ polacco
Polohemd N polo *f*
Polster N imbottitura *f*;

WIRTSCH capitale *m* di riserva **Polstermöbel** NPL mobili *mpl* imbottiti
Pommes (frites) PL patate *fpl* fritte, *umg* patatine *fpl* fritte
Pompeji N Pompei *f*
Pony[1] N *Pferd* pony *m*
Pony[2] M *Frisur* frangetta *f*
Pool M piscina *f*
Popmusik F musica *f* pop
Popsänger(in) M(F) cantante *m/f* pop
populär ADJ popolare
Pore F poro *m*
Pornografie F pornografia *f*
Porree M porro *m*
Portal N portale *m*
Portemonnaie N borsellino *m*
Portier M portiere *m*
Portion F porzione *f*
Porto N affrancatura *f* **portofrei** ADJ franco di porto
Portrait N, **Porträt** N ritratto *m*
Portugal N Portogallo *m*
Portugiese M, **Portugiesin** F portoghese *m/f* **portugiesisch** ADJ portoghese
Portwein M porto *m*
Porzellan N porcellana *f*
Position F posizione *f*
positiv ADJ positivo
Post[1] F *Briefe etc* posta *f*; **per ~** per posta
Post®[2] F *Amt* poste *fpl*, ufficio *m* postale **Postamt** N ufficio *m* postale **Postbote** M, **Postbotin** F postino(-a) *m(f)*
posten V IT postare
Posten M posto *m*; HANDEL partita *f*; MIL sentinella *f*
Poster N poster *m*
Postfach N casella *f* postale
Postkarte F cartolina *f*
Postleitzahl F codice *m* di avviamento postale **Poststempel** M timbro *m* postale
Power F: **~ haben** *Stereoanlage, Motorrad, etc* essere potente; *Person* essere forte
Pracht F pompa *f*, lusso *m*
prächtig ADJ *großartig* splendido
prahlen V vantarsi (**mit** di)
Praktikant(in) M(F) tirocinante *m/f* **Praktikum** N tirocinio *m*
praktisch ADJ pratico; **~er Arzt** *m* medico *m* generico
Praline F cioccolatino *m*
prall ADJ turgido; *Sonne* pieno
Prämie F premio *m*
Präservativ N preservativo *m*
Präsident(in) M(F) presidente (-essa) *m(f)*
Praxis F pratica *f*; *Erfahrung* esperienza *f*; *Arzt* studio *m*, ambulatorio *m*
präzise ADJ preciso, esatto
Predigt F predica *f*
Preis M *Kosten* prezzo *m*; *Gewinn* premio *m* **Preisausschreiben** N concorso *m* a premi

Preiselbeere F mirtillo *m* rosso **Preiserhöhung** F aumento *m* dei prezzi **Preisermäßigung** F riduzione *f* di prezzo **preisgünstig** ADJ conveniente **Preisliste** F listino *m* (prezzi) **Preissenkung** F ribasso *m* dei prezzi **preiswert** ADJ a buon prezzo
Prellung F MED contusione *f*
Premiere F prima *f*
Premierminister(in) M(F) primo ministro *m*
Prepaid-Handy N cellulare *m* prepagato **Prepaid-Karte** F scheda *f* prepagata
Presse F *Zeitungen* stampa *f*
pressen V premere
Priester(in) M(F) sacerdote (-essa) *m(f)*; *katholisch* prete *m*
prima ADJ *umg* ottimo
primitiv ADJ primitivo
Prinz M principe *m* **Prinzessin** F principessa *f*
Prinzip N principio *m*; **aus ~** per principio **prinzipiell** ADJ di principio
Prise F GASTR pizzico *m*
privat ADJ privato; **~ (kranken)versichert sein** avere un'assicurazione sanitaria privata **Privateigentum** M N proprietà *f* privata **Privatunterricht** M lezioni *fpl* private
Privileg N privilegio *m*
pro PRÄP a, per; **~ Tag** al giorno
Probe F prova *f*; HANDEL campione *m*; **auf ~** in prova **Probefahrt** F prova *f* su strada **probeweise** ADV a titolo di prova **Probezeit** F periodo *m* di prova
probieren V provare; *Essen* assaggiare; *Wein* degustare
Problem N problema *m*; **kein ~!** non c'è problema!
Produkt N prodotto *m* **Produktion** F produzione *f* **produktiv** ADJ produttivo **produzieren** V fabbricare, produrre
Professor(in) M(F) professore (-essa) *m(f)*
Profi M SPORT professionista *m/f*
Profil N profilo *m* (*a. Reifen*); *Schuhsohle* intaglio *m*; *fig* personalità *f* **Profilfoto** N *Internet* foto *f* profilo
profitieren V approfittare (**von** di)
Programm N programma *m*; *Sender* canale *m* **programmieren** V programmare **Programmierer(in)** M(F) programmatore(-trice) *m(f)*
Projekt N progetto *m* **Projektleiter(in)** M(F) progettista *m/f*
Projektor M proiettore *m*
Prolet(in) M/F *pej* cafone(-a) *m(f)* *pej* **prollig** ADJ *umg* cafone
Promenade F *Meer* lungomare *m*; *See* lungolago *m*
Promille N per mille *m* **Pro-**

millegrenze F tasso *m* alcolemico consentito
Promotion F dottorato *m* di ricerca
prompt 1 ADJ pronto 2 ADV subito
Propeller M elica *f*
Prospekt M depliant *m*, opuscolo *m*
prost! INT cin cin!, (alla) salute!
Prostituierte F prostituta *f*
Protest M protesta *f*
Protestant(in) M(F) protestante *m/f* **protestantisch** ADJ protestante
protestieren V protestare (**gegen** contro)
Prothese F protesi *f*
Protokoll N verbale *m*
Proviant M viveri *mpl*
Provider M IT provider *m*
Provinz F provincia *f*
Provision F provvigione *f*
provisorisch ADJ provvisorio
provozieren V provocare
Prozent N per cento **Prozentsatz** M percentuale *f*
Prozess M processo *m*
Prozession F processione *f*
prüde ADJ pudico
prüfen V *untersuchen* esaminare; *überprüfen* verificare; *nachprüfen* controllare **Prüfung** F esame *m*
Prügelei F rissa *f* **prügeln** V: **sich ~** picchiarsi
PS N ABK (= **Pferdestärke**) CV (cavallo vapore)
P.S. ABK (= **post scriptum**) PS
Psychiater(in) M(F) psichiatra *m/f* **psychisch** ADJ psichico
Psychologie F psicologia *f*
psychologisch ADJ psicologico
Pubertät F pubertà *f*
Publikum N pubblico *m*
Pudding M budino *m*
Pudel M barboncino *m*
Puder M cipria *f* **Puderzucker** M zucchero *m* a velo
Puff M *umg Bordell* bordello *m*
Pulli M, **Pullover** M pullover *m*; *Wolle* maglione *m*
Puls M polso *m* **Pulsschlag** M pulsazione *f*
Pulver N polvere *f* **Pulverschnee** M neve *f* farinosa
Pumpe F pompa *f* **pumpen** V pompare; *umg leihen* prestare
Punkt M punto *m*; **~ drei Uhr** alle tre in punto
pünktlich ADJ puntuale; BAHN in orario **Pünktlichkeit** F puntualità *f*
Pupille F pupilla *f*
Puppe F bambola *f*
pur ADJ puro; *Getränk* liscio
Püree N purè *m*
pusten V soffiare
Pustertal N Val *f* Pusteria
Pute F tacchina *f*
Putsch M colpo *m* di stato
putzen V pulire; *Schuhe* lucidare; *Zähne* lavare **Putzfrau** F donna *f* delle pulizie **Putz-**

lappen M strofinaccio *m* **Putzmittel** N detersivo *m*
Puzzle N puzzle *m*
Pyjama M pigiama *m*
Pyrenäen PL: **die ~** i Pirenei *mpl*

Q

Quad N *Motorrad* quad *m*
Quadrat N quadrato *m* **Quadratkilometer** M chilometro *m* quadrato **Quadratmeter** M metro *m* quadrato
Qual F tormento *m*; *seelisch* angoscia *f* **quälen** V tormentare; **sich ~** affaticarsi
Qualifikation F qualifica *f* **qualifizieren** V: **sich ~** qualificarsi
Qualität F qualità *f*
Qualle F medusa *f*
Qualm M fumo *m* denso
Quantität F quantità *f*
Quark M ≈ ricotta *f*
Quartal N trimestre *m*
Quartett N quartetto *m*
Quartier N alloggio *m*
quasi ADV in un certo senso
Quatsch M *umg* sciocchezze *fpl* **quatschen** V *umg* chiacchierare
Quelle F sorgente *f*; *fig* fonte *f*
quer ADV di traverso; **~ durch die Stadt** attraverso la città **querschnitt(s)gelähmt** ADJ paraplegico **Querstraße** F traversa *f*
Quetschung F MED ammaccatura *f*, contusione *f*
quitt ADJ: **~ sein** essere pari
Quitte F (mela) *f* cotogna *f*
Quittung F ricevuta *f*; **e-e ~ ausstellen** rilasciare una ricevuta (**über** per)
Quiz N quiz *m*

R

Rabatt M sconto *m*, ribasso *m*
Rabbi M, **Rabbiner** M rabbino *m*
Rabe M corvo *m*
Rache F vendetta *f*
Rachen M faringe *f od m*
rächen V: **sich ~** vendicarsi
Rad N ruota *f*; *Fahrrad* bicicletta *f*; **~ fahren** andare in bicicletta
Radar M *od* N radar *m* **Radarkontrolle** F controllo *m* radar **Radarschirm** M schermo *m* radar
radeln V *umg* andare in bicicletta **Radfahrer(in)** M(F) ciclista *m/f*
Radiergummi M gomma *f* (da cancellare)

Radierung F (incisione *f* all') acquaforte *f*
Radieschen N ravanello *m*
Radio N radio *f*
radioaktiv ADJ radioattivo
Radiowecker M radiosveglia *f*
Radkappe F coppa *f* della ruota **Radler** N *Getränk* gassosa *e birra chiara* **Radler(in)** M(F) *umg* ciclista *m/f* **Radlerhose** F pantaloncini *mpl* da ciclista **Radrennen** N corsa *f* ciclistica **Radtour** F gita *f* in bicicletta **Radwandern** N cicloturismo *m* **Radweg** M pista *f* ciclabile, ciclopista *f*
raffiniert ADJ raffinato; *Mensch* furbo; *Trick* astuto
raften V fare il rafting **Rafting** N rafting *m*
Ragout N GASTR ragù *m*
Rahm M panna *f*
Rahmen M *Fenster, Fahrrad* telaio *m*; *Bild* cornice *f*
Rakete F razzo *m*, missile *m*
Ramsch M robaccia *f*
Rand M orlo *m*; *Buch* margine *m*
randalieren V compiere atti di vandalismo
Rang M grado *m*, rango *m*; THEAT galleria *f*; **ersten ~es** di prim'ordine
rangieren V BAHN manovrare **Rangliste** F SPORT classifica *f*
Ranke F viticcio *m*
ranzig ADJ rancido
rar ADJ raro **Rarität** F rarità *f*
rasch **1** ADJ rapido, veloce **2** ADV presto
rascheln V frusciare
rasen V *Auto* andare di gran carriera; *toben* essere furioso
Rasen M prato *m*
rasend ADJ *Tempo* pazzesco; *Schmerz* violento
Rasenmäher M tosaerba *m*
Rasierapparat M rasoio *m* elettrico **Rasiercreme** F crema *f* da barba **rasieren** V *Bart* rasare; *Beine* depilare; **sich ~** farsi la barba **Rasierklinge** F lametta *f* da barba **Rasierpinsel** M pennello *m* da barba **Rasierwasser** N dopobarba *m*
Rasse F razza *f*
Rassismus M razzismo *m*
Rast F sosta *f* **rasten** V sostare, fermarsi **Rastplatz** M *Autobahn* piazzola *f* di sosta
Raststätte F autogrill *m*
Rasur F rasatura *f*
Rat M consiglio *m*; **j-n um ~ fragen** chiedere consiglio a qn
Rate F rata *f*; **in ~n** a rate
raten V *beraten* consigliare (**j-m etw** qc a qn); *erraten* indovinare
Ratgeber M *Buch* manuale *m*, guida *f* pratica **Rathaus** N municipio *m*
Ration F razione *f* **rationell** ADJ razionale; *sparsam* econo-

mico
ratlos ADJ perplesso
Rätsel N indovinello *m*; *Geheimnis* mistero *m*; *fig* enigma *m* **rätselhaft** ADJ misterioso
Ratte F ratto *m*
rau ADJ ruvido; *Klima* rigido; *Stimme* rauco
Raub M *von Dingen* rapina *f*; *von Menschen* rapimento *m*; *Beute* bottino *m* **rauben** V rubare, rapinare; *entführen* rapire **Räuber(in)** M(F) rapinatore(-trice) *m(f)* **Raubkopie** F copia *f* pirata **Raubtier** N animale *m* rapace **Raubüberfall** M rapina *f* (**bewaffneter** a mano armata)
Rauch M fumo *m* **rauchen** V fumare; **Rauchen verboten!** vietato fumare! **Raucher(in)** M(F) fumatore(-trice) *m(f)* **Raucherabteil** N scompartimento *m* per fumatori
räuchern V affumicare
Rauchverbot N divieto *m* di fumare
Raum M *Platz* posto *m*; *Zimmer* stanza *f*; *Gebiet* area *f*
räumen V sgombrare; *verlassen* abbandonare
Raumfahrt F navigazione *f* spaziale
räumlich ADJ spaziale
Raumpflegerin F donna *f* delle pulizie
Raumschiff N astronave *f*
Räumung F sgombero *m*; *von Stadt* evacuazione *f* **Räumungsverkauf** M liquidazione *f* totale
Raupe F bruco *m*
Raureif M brina *f*
raus ADV: **~!** fuori!; → *a.* heraus, hinaus
Rausch M *Alkohol* sbornia *f*; *fig* ebbrezza *f* **rauschen** V *Wasser* scrosciare; *Blätter* frusciare; *Ton* fare fruscio **Rauschgift** N droga *f*; stupefacente *m* **rauschgiftsüchtig** ADJ tossicomane
rauskriegen V *umg erfahren* scopire; *Rätsel* trovare
rausschmeißen V *umg* buttare, sbattere fuori
Razzia F rastrellamento *m*
reagieren V reagire (**auf** a)
Reaktion F reazione *f*
Reaktor M reattore *m* (atomico)
realisieren V realizzare **realistisch** ADJ realistico **Realität** F realtà *f*
Rebe F vite *f*
rebellieren V ribellarsi
Rechen M rastrello *m*
Rechenschaft F: **j-m ~ ablegen** rendere conto a qn; **j-n zur ~ ziehen** domandare conto a qn
rechnen V contare, calcolare; **mit etw ~** aspettarsi qc
Rechner M *Gerät* calcolatore *m*; *Computer* computer *m*
Rechnung F conto *m*; MATH calcolo *m*; HANDEL

fattura *f*; **die ~, bitte!** il conto, per favore!
recht **1** ADJ *richtig* giusto; vero **2** ADV bene; **ganz ~!** esatto!; **das ist mir (nicht) ~** (non) mi va bene **3** **~ haben** avere ragione; **j-m ~ geben** dare ragione a qn
Recht N diritto *m*; **im ~ sein** avere ragione
rechte(r, -s) ADJ destro; **auf der rechten Seite** a destra
Rechte F destra *f* (*a.* POL)
Rechteck N rettangolo *m*
rechteckig ADJ rettangolare
rechtfertigen V giustificare
Rechtfertigung F giustificazione *f*
rechtlich ADJ JUR legale
rechtmäßig ADJ legittimo
rechts ADV a destra; **sich ~ halten** tenere la destra
Rechtsanwalt M, **-anwältin** F avvocato(-a) *m(f)*
Rechtschreibung F ortografia *f*
Rechtshänder(in) M(F) destrimano(-a) *m(f)* **Rechtskurve** F curva *f* a destra **rechtsradikal** ADJ di estrema destra **Rechtsschutzversicherung** F assicurazione *f* della tutela legale **rechtswidrig** ADJ illegale
rechtwinklig ADJ rettangolare **rechtzeitig** ADV in tempo
recyceln V riciclare **Recycling** N riciclaggio *m*
Redakteur(in) M(F) redattore (-trice) *m(f)* **Redaktion** F redazione *f*
Rede F discorso *m* **reden** V parlare (**über** di) **Redensart** F modo *m* di dire **Redner(in)** M(F) oratore(-trice) *m(f)*
reell ADJ onesto; *Ware* solido
reflektieren V riflettere
Reflex M riflesso *m*
Reform F riforma *f* **Reformhaus** N negozio *m* di prodotti dietetici **reformieren** V riformare
Regal N ripiano *m*; *Bücher* libreria *f*, scaffale *m*
Regatta F regata *f*
rege ADJ attivo; *Verkehr* animato; *Geist* sveglio
Regel F regola *f*; *Menstruation* mestruazione *f* **regelmäßig** ADJ regolare; **etw ~ tun** fare regolarmente qc; **sich mit j-m ~ treffen** frequentare qn **regeln** V regolare **Regelung** F regolazione *f*
Regen M pioggia *f*; **bei ~** con la pioggia; **saurer ~** pioggia *f* acida **Regenbogen** M arcobaleno *m* **Regenmantel** M impermeabile *m*
Regensburg N Ratisbona *f*
Regenschauer M scroscio *m* di pioggia **Regenschirm** M ombrello *m* **Regenwetter** N tempo *m* piovoso **Regenwurm** M lombrico *m*
Regie F regia *f*

regieren V *Land* governare; *Volk* regnare su **Regierung** F governo *m*
Regime N regime *m*
Region F regione *f* **regional** ADJ regionale
Regisseur(in) M(F) regista *m/f*
regnen V piovere; **es regnet** piove **regnerisch** ADJ piovoso
regulär ADJ regolare; *Preis* normale
Reh N capriolo *m*
Reha F *umg* riabilitazione *f*, *umg* fisioterapia *f* **Rehabilitation** F riabilitazione *f* **Rehaklinik** F clinica *f* riabilitativa
Reibe N grattugia *f* **reiben** V sfregare; GASTR grattugiare **Reibung** F TECH frizione *f*; PHYS attrito *m*
reich ADJ ricco
Reich N regno *m*, impero *m*
reichen V *geben* porgere, dare; *genügen* bastare; **~ bis** arrivare a; **es reicht** basta
reichlich ADJ abbondante **Reichtum** M ricchezza *f*
reif ADJ maturo
Reif M brina *f*
Reife F maturità *f* **reifen** V maturare
Reifen M cerchio *m*; AUTO gomma *f*, pneumatico *m* **Reifendruck** M pressione *f* delle gomme **Reifenpanne** F foratura *f*
Reihe F *Menschen* fila *f*; *Tage, Anzahl* serie *f*; **der ~ nach** l'uno dopo l'altro; **ich bin an der ~** tocca a me **Reihenfolge** F ordine *m* **Reihenhaus** N villetta *f* a schiera
rein ADJ puro; *sauber* pulito; → herein, hinein
Reinfall M fregatura *f*
reinigen V pulire; *chemisch* pulire a secco **Reinigung** F pulitura *f*; *Geschäft* lavanderia *f* **Reinigungsmittel** N detersivo *m*
Reis M riso *m*
Reise F viaggio *m*; **auf der ~** in viaggio; **gute ~!** buon viaggio! **Reisebericht** M resoconto *m* di viaggio **Reisebüro** N agenzia *f* (di) viaggi **Reisebus** M pullman *m* **Reisefieber** N febbre *f* da viaggio **Reiseführer(in)** M(F) guida *f* (*a. Buch*) **Reisegruppe** F comitiva *f* **Reisekosten** PL spese *fpl* di viaggio **Reiseleiter(in)** M(F) guida *f* di una comitiva
reisen V viaggiare (**nach** *Ort* a, *Land* in) **Reisende(r)** F(M) viaggiatore(-trice) *m(f)*, turista *m/f*
Reisepass M passaporto *m* **Reiseroute** F itinerario *m* **Reiseschutz** M assicurazione *f* di viaggio **Reisetasche** F borsa *f* da viaggio **Reiseveranstalter(in)** M(F) operatore(-trice) *m(f)* turistico(-a) **Reiseverkehr** M traf-

fico *m* turistico **Reiseversicherung** F assicurazione *f* di viaggio **Reisewarnung** F avviso *m* particolare (*del Ministero degli Affari Esteri*); **eine ~ herausgeben** sconsigliare un viaggio **Reisewecker** M sveglia *f* da viaggio **Reiseziel** N meta *f* del viaggio
reißen V rompersi, strapparsi; *ziehen* tirare, strappare
Reißverschluss M chiusura *f* lampo, zip *f* **Reißzwecke** F puntina *f* da disegno
Reiswaffel F galletta *f* di riso
reiten V andare a cavallo **Reiter(in)** M(F) cavaliere *m* **Reitlehrer(in)** M(F) maestro(-a) *m(f)* di equitazione
Reiz M *fig* attrattiva *f*, fascino *m* **reizen** V *anziehen* attirare; *ärgern* irritare (*a.* MED) **reizend** ADJ grazioso, carino **Reizung** F MED irritazione *f*
Reklamation F reclamo *m*
Reklame F pubblicità *f*
reklamieren V reclamare
Rekord M primato *m*, record *m* **Rekordzeit** F tempo *m* record
relativ ADJ relativo
Relief N rilievo *m*
Religion F religione *f* **religiös** ADJ religioso
Remoulade F salsa *f* remoulade
Renaissance F Rinascimento *m*
Rendezvous N appuntamento *m*
rennen V correre **Rennen** N corsa *f*, gara *f* **Rennfahrer(in)** M(F) pilota *m/f* **Rennpferd** N cavallo *m* da corsa **Rennrad** N bicicletta *f* da corsa **Rennstrecke** F percorso *m* **Rennwagen** M macchina *f* da corsa
renovieren V rinnovare
rentabel ADJ redditizio
Rente F pensione *f*; **in ~ gehen** andare in pensione
rentieren V: **sich ~** valere la pena; HANDEL rendere
Rentner(in) M(F) pensionato(-a) *m(f)*
Reparatur F riparazione *f* **Reparaturwerkstatt** F officina *f* di riparazioni **reparieren** V riparare, aggiustare
Reportage F cronaca *f* **Reporter(in)** M(F) reporter *m/f*
Repräsentant(in) M(F) rappresentante *m/f*
Reptil N rettile *m*
Republik F repubblica *f*
Reschenpass M Resia *f*
Reserve F riserva *f* **Reservekanister** M tanica *f* di riserva **Reserverad** N ruota *f* di scorta **Reservetank** M serbatoio *m* di riserva
reservieren V prenotare **reserviert** ADJ riservato (*a. fig*)
Reservierung F prenotazione *f*
Residenz F residenza *f*
resignieren V rassegnarsi

Resort N resort *m*
Respekt M rispetto *m* **respektieren** V rispettare
Rest M resto *m*
Restaurant N ristorante *m*
restlos ADV totalmente
Resultat N risultato *m*
Retoure F reso *m*, restituzione *f*
retten V salvare (**vor** da) **Retter(in)** M(F) salvatore (-trice) *m(f)*
Rettich M rafano *m*
Rettung F salvataggio *m*; *Hilfe* salvezza *f*; *österr Ambulanz* ambulanza *f* **Rettungsboot** N battello *m* di salvataggio **Rettungsdienst** M servizio *m* di pronto soccorso **Rettungshubschrauber** M eliambulanza *f* **Rettungsring** M salvagente *m* **Rettungswagen** M ambulanza *f*
Reue F pentimento *m*
Revanche F (*Spiel*, SPORT) rivincita *f* **revanchieren** V: **sich für etw ~** contraccambiare qc
Revier N *Polizei* commissariato *m*; *Jagd* riserva *f*
Revolution F rivoluzione *f*
Revue F rivista *f*
Rezept N ricetta *f* **rezeptfrei** ADJ *Medikament* senza ricetta
Rezeption F *Hotel* reception *f* **Rezeptionist(in)** M(F) receptionist *m/f*
rezeptpflichtig ADJ *Medikament* da vendersi dietro ricetta medica
Rhein M Reno *m* **Rheinland-Pfalz** N Renania-Palatinato *f*
Rheuma N reumatismo *m*
Rhythmus M ritmo *m*
Ribisel F *österr* ribes *m*
richten V *Bitte* rivolgere (**an** a); *Brief* indirizzare (**an** a); *vorbereiten* preparare; *reparieren* riparare; *urteilen* giudicare; **sich nach etw ~** regolarsi secondo qc
Richter(in) M(F) giudice *m/f*
richtig ADJ giusto **richtigstellen** V rettificare
Richtung F direzione *f*; *fig* tendenza *f*
riechen V odorare; **gut ~** avere un buon odore
Riegel M *Schokolade* stecca *f*
Riemen M cinghia *f*
Riese M, **Riesin** F gigante *m*
riesig ADJ gigantesco, enorme
Riff N scogliera *f*
Rind N manzo *m*
Rinde F *Baum* corteccia *f*; *Brot, Käse* crosta *f*
Rinderbraten M arrosto *m* di manzo **Rindfleisch** N (carne *f* di) manzo *m*
Ring M anello *m*; *Kreis* cerchio *m* **ringen** V lottare
Ringfinger M anulare *m*
Ringkampf M lotta *f*
ringsum(her) ADV tutt'intorno

Rinne F canale *m* **Rinnstein** M cunetta *f*
Rippe F costola *f*
Risiko N rischio *m* **Risikofaktor** M fattore *m* di rischio
riskant ADJ arrischiato **riskieren** V arrischiare; *Vermögen* azzardare
Riss M *Papier, Stoff* strappo *m*; *Haut* screpolatura *f*; *Wand, Boden* crepa *f*
Ritter M cavaliere *m*
Ritz M, **Ritze** F *Wand* fessura *f*; *Boden* fenditura *f*
Rivale M, **Rivalin** F rivale *m/f*
Rizinusöl N olio *m* di ricino
R.K. ABK (= **Rotes Kreuz**) CRI (Croce *f* Rossa Italiana)
Roaming N TEL roaming *m* **Roaming-Gebühren** FPL, **Roaminggebühren** FPL TEL tariffe *fpl* di roaming
Roastbeef N rosbif *m*
Robbe F foca *f*
Roboter M robot *m*
robust ADJ robusto, solido
Rock¹ M *Kleidung* gonna *f*
Rock² M MUS rock *m* **Rockband** F complesso *m* rock **Rockmusik** F musica *f* rock
Rodelbahn F pista *f* per slitte **rodeln** V andare in slitta **Rodelschlitten** M slitta *f*, slittino *m*
roden V *Wald* dissodare
Roggen M segale *f*
roh ADJ crudo; *Material* grezzo; *fig* brutale **Rohkost** F vegetali *mpl* crudi
Rohr N tubo *m*; *österr Backofen* forno *m* **Rohrbruch** M scoppio *m* di un tubo
Röhre F tubo *m*; *Backofen* forno *m*
Rohstoff M materia *f* prima
Rollbahn F FLUG pista *f*
Rolle F rotolo *m*; THEAT parte *f* **rollen** V rotolare; *Flugzeug* rollare **Roller** M *Tretroller* monopattino *m*; *mit Motor* scooter *m*
Rollerskates MPL rollerblade® *mpl*
Rollkoffer M trolley *m* **Rollkragenpullover** M dolcevita *m* **Rollladen** M avvolgibile *m*; tapparella *f* **Rollstuhl** M sedia *f* a rotelle **Rolltreppe** F scala *f* mobile
Rom N Roma *f*
Roman M romanzo *m*
romanisch ADJ ARCH romanico
Romantik F romanticismo *m* **romantisch** ADJ romantico
römisch ADJ romano
röntgen V fare una radiografia (di) **Röntgenaufnahme** F, **Röntgenbild** N radiografia *f*
rosa ADJ rosa
Rose F rosa *f*
Rosé M *Wein* vino *m* rosato
Rosenkohl M cavolini *mpl* di Bruxelles **Rosenkranz** M REL rosario *m* **Rosenmontag** M lunedì *m* grasso

Rosinen FPL uva *f* passa
Rosmarin M rosmarino *m*
Rost M ruggine *f*; *Gitter* griglia *f*; GASTR graticola *f* **rosten** V arrugginire
rösten V arrostire; *Brot* tostare; *Kaffee* torrefare
rostfrei ADJ inossidabile **rostig** ADJ arrugginito
rot ADJ rosso; **Rotes Kreuz** Croce *f* Rossa
Röteln PL rosolia *f*
Rotkehlchen N pettirosso *m*
Rotkohl M cavolo *m* rosso
Rotwein M vino *m* rosso
Roulade F involtino *m*
Route F itinerario *m*, percorso *m* **Routenplaner** M pianificatore *m* di rotta
Routine F pratica *f*
Rowdy M teppista *m*
Rübe F rapa *f*; **Rote ~** barbabietola *f*; **Gelbe ~** carota *f*
Rubin M rubino *m*
Ruck M scossa *f*, colpo *m*
rücken V *verrücken* spingere; *wegrücken* scostare (**von** da); *sich bewegen* spostarsi
Rücken M dorso *m*, schiena *f*
Rückenlehne F spalliera *f*
Rückenmark N midollo *m* spinale **Rückenschmerzen** MPL mal *m* di schiena **Rückenschwimmen** N dorso *m* **Rückenwind** M vento *m* da dietro; SCHIFF vento *m* in poppa
Rückerstattung F rimborso *m* **Rückfahrkarte** F biglietto *m* d'andata e ritorno **Rückfahrt** F ritorno *m*
Rückflug M (volo *m* di) ritorno *m* **Rückgabe** F restituzione *f* **Rückgang** M diminuzione *f* **rückgängig** ADJ: **~ machen** annullare **Rückgrat** N spina *f* dorsale
Rücklicht N luce *f* posteriore **Rücknahme** F ritiro *m*
Rückreise F (viaggio *m* di) ritorno *m*
Rucksack M zaino *m*
Rückschlag M *fig* regresso *m*
Rückschritt M regresso *m*
Rückseite F retro *m*; *Stoff, Münze* rovescio *m*
Rücksicht F riguardo *m*
rücksichtslos ADJ senza nessun riguardo **rücksichtsvoll** ADJ riguardoso
Rücksitz M sedile *m* posteriore **Rückspiegel** M specchietto *m* retrovisore **rückständig** ADJ arretrato **Rückstrahler** M *Fahrrad* catarifrangente *m* **Rücktritt** M *Vertrag* recesso *m* **Rücktrittbremse** F *Fahrrad* contropedale *m*
rückwärts ADV (all')indietro
rückwärtsfahren V fare marcia indietro **Rückwärtsgang** M retromarcia *f*
Rückweg M ritorno *m* **rückwirkend** ADJ retroattivo
Rückzahlung F rimborso *m*
Rucola F rucola *f*
Rudel N branco *m*

Ruder N remo *m*; *Steuer* timone *m* **Ruderboot** N barca *f* a remi **rudern** V remare **Rudersport** M canottaggio *m*

Ruf M grido *m*, chiamata *f*; *fig* reputazione *f* **rufen** V gridare; *Person* chiamare **Rufname** M nome *m* **Rufnummer** F numero *m* telefonico (*od* di telefono)

Ruhe F calma *f*; *Stille* silenzio *m*; *Ausruhen* riposo *m*; **~!** silenzio!; **~ bewahren** mantenere la calma **ruhen** V riposare **Ruhepause** F pausa *f* **Ruhestand** M riposo *m* **Ruhetag** M giorno *m* di riposo **ruhig** ADJ *still* silenzioso; *bewegungslos* calmo; *Gewissen* tranquillo

Ruhm M gloria *f*, fama *f* **rühmen** V elogiare

Ruhr F MED dissenteria *f*

Rühreі N uova *fpl* strapazzate

rühren V *umrühren* rimestare; *fig* commuovere **rührend** ADJ commovente **Rührung** F commozione *f*

Ruin M *fig* rovina *f*

Ruine F rovine *fpl*

ruinieren V rovinare

rülpsen V *umg* ruttare

Rumäne M, **Rumänin** F rumeno(-a) *m(f)* **Rumänien** N Romania *f* **rumänisch** ADJ rumeno

Rummel M viavai *m* **Rummelplatz** M luna park *m*, parco *m* dei divertimenti

Rumpf M tronco *m*, busto *m*; *Schiff* scafo *m*

Rumpsteak N costata *f* di manzo

rund ADJ rotondo; *Zahl* tondo; *ungefähr* all'incirca; **~ um** intorno a **Rundblick** M panorama *m* **Runde** F giro *m* **Rundfahrt** F giro *m* turistico **Rundflug** M giro *m* aereo

Rundfunk M radio *f*

Rundgang M giro *m* **rundherum** ADV intorno **rundlich** ADJ *Figur* grassottello

Rundreise F viaggio *m* circolare

Ruß M fuliggine *f*

Russe M, **Russin** F russo(-a) *m f)* **russisch** ADJ russo

Russland N Russia *f*

rüsten V MIL armare; **sich ~** prepararsi (**zu** a, per) **Rüstung** F armamento *m*

Rutsch M scivolata *f*; **guten ~ (ins neue Jahr)!** buon principio (d'anno)! **Rutschbahn** F, **Rutsche** F scivolo *m* **rutschen** V scivolare; *Auto* slittare; *Gegenstand* cadere **rutschig** ADJ scivoloso

rütteln V scuotere; *Tür* far sbattere

S

s. ABK (= **siehe**) v. (vedi)
Saal M sala *f*
Saarland N Saar *f*
Saat F *Tätigkeit* semina *f*; *Saatgut* semenza *f*, semente *f*
Sabotage F sabotaggio *m*
Sache F cosa *f*; *Angelegenheit* affare *m*; **meine ~n** *pl* la mia roba *f* **sachkundig** ADJ competente **sachlich** ADJ obiettivo; *Ton* neutro **sächlich** ADJ neutro **Sachschaden** M danno *m* materiale
Sachsen N Sassonia *f* **Sachsen-Anhalt** N Sassonia-Anhalt *f*
Sachverhalt M stato *m* di cose **Sachverständige(r)** F(M) perito(-a) *m(f)*
Sack M sacco *m*; *vulg Hoden* palle *fpl* **Sackgasse** F vicolo *m* cieco
Safari F safari *m*
Safe M cassaforte *f*
Saft M *Obst* succo *m*; *Fleisch* sugo *m* **saftig** ADJ sugoso, succoso; *Preis* salato
Säge F sega *f*
sagen V dire; **wie sagt man ... auf Deutsch?** come si dice ... in tedesco?
sägen V segare
sah *ich* vidi; *er, sie* vide → sehen
Sahne F panna *f*; *Schlagsahne* panna *f* montata
Saison F stagione *f* **saisonbedingt** ADJ stagionale
Saite F corda *f*
Sakko M giacca *f*
Salami F salame *m*
Salat M GASTR insalata *f*; BOT lattuga *f*; **grüner ~** insalata *f* verde **Salatschüssel** F insalatiera *f* **Salatsoße** F condimento *m* per insalata, dressing *m*
Salbe F unguento *m*, pomata *f*
Salbei M salvia *f*
Salmonellen FPL salmonella *f*
Salz N sale *m*
Salzburg N Salisburgo *f*
salzen V salare **Salzgebäck** N salatini *mpl* **Salzhering** M aringa *f* salata **salzig** ADJ salato **Salzkartoffeln** FPL patate *fpl* lesse **Salzstangen** FPL bastoncini *mpl* salati **Salzstreuer** M saliera *f* **Salzwasser** N acqua *f* salata
Samen M BOT seme *m*; *Sperma* sperma *m*
sammeln V raccogliere; *Hobby* collezionare; *Geld* fare una colletta **Sammeltaxi** N taxi *m* collettivo **Sammler(in)** M(F) collezionista *m/f* **Sammlung** F *Kunst* collezione *f*; *Geld* colletta *f*
Samstag M sabato *m* **samstags** ADV il (*od* di) sabato

samt PRÄP con
Samt M velluto *m*
sämtlich ADJ tutto
Sanatorium N sanatorio *m*
Sand M sabbia *f*
Sandale F sandalo *m*
Sandbank F banco *m* di sabbia **sandig** ADJ sabbioso **Sandkorn** N granello *m* di sabbia **Sandstein** M (pietra *f*) arenaria *f* **Sandstrand** M spiaggia *f* di sabbia
sanft ADJ *Berührung* leggero; *Stimme* dolce; *Lächeln* tenero
Sänger(in) M(F) cantante *m/f*
sanieren V *Firma* risanare; *Haus* ristrutturare
sanitär ADJ: **~e Anlagen** *fpl* impianti *mpl* sanitari
Sanitäter(in) M(F) infermiere(-a) *m(f)*
Sankt ADJ: **~ Gotthard** *m* San Gottardo *m*
Saphir M zaffiro *m*
Sarde M, **Sardin** F sardo(-a) *m(f)*
Sardelle F acciuga *f* **Sardine** F sardina *f*, sarda *f*
Sardinien N Sardegna *f*
Sarg M bara *f*
Satellit M satellite *m* **Satellitenfernsehen** N televisione *f* satellitare
Satire F satira *f* **satirisch** ADJ satirico
satt ADJ sazio
Sattel M sella *f* **satteln** V sellare
satthaben V: **etw ~** essere stufo di qc
sättigen V saziare
Satz M GRAM frase *f*; *Sprung* salto; *Tennis* set **Satzung** F statuto *m* **Satzzeichen** N segno *m* d'interpunzione
Sau F scrofa *f*; *fig umg* porco(-a) *m(f)*
sauber ADJ pulito; **~ machen** pulire **Sauberkeit** F pulizia *f* **säubern** V ripulire
Sauce F *Salat* condimento *m*; *Nudeln* salsa *f*
Saudi-Arabien N Arabia *f* Saudita
sauer ADJ acido; *Wein* aspro; *umg böse* arrabbiato; **~ werden** *Milch* inacidirsi; *Person* arrabbiarsi; **bist du ~ (auf mich)?** sei arrabbiato (con me)?; **saurer Regen** pioggia *f* acida **Sauerkirsche** F amarena *f* **Sauerkraut** N crauti *mpl*
Sauerstoff M ossigeno *m*
saufen V *Tier* bere; *umg Mensch* sbevazzare **Säufer(in)** M(F) beone(-a) *m(f)*
saugen V succhiare
säugen V allattare
Sauger M *an Flasche* tettarella *f*
Säugetier N mammifero *m*
Säugling M lattante *m*
Säule F colonna *f*
Saum M orlo *m*
Sauna F sauna *f*; **in die ~ gehen** fare la sauna
Säure F CHEM acido *m*

Saxofon N sassofono *m*
S-Bahn® F ferrovia *f* urbana
S-Bahn®-Station F stazione *f* della ferrovia urbana
scannen V IT scannerizzare
Scanner M IT scanner *m*
schäbig ADJ logoro; *gemein* meschino; *geizig* tirchio
Schach N scacchi *mpl*; ~ **spielen** giocare agli scacchi
Schachbrett N scacchiera *f*
Schachfigur F scacco *m*
schachmatt ADJ scacco matto
Schacht M pozzo *m*
Schachtel F scatola *f*; *Zigaretten* pacchetto *m*
schade ADJ: ~! peccato!; ~, **dass** ... peccato che ... +*konjkt*
Schädel M cranio *m* **Schädelbruch** M frattura *f* cranica
schaden V nuocere (a), danneggiare **Schaden** M danno *m*; *Nachteil* svantaggio *m*
Schadenersatz M risarcimento *m* dei danni **Schadenfreude** F gioia *f* maligna **Schadensfall** M sinistro *m* **schadhaft** ADJ difettoso
schädigen V nuocere a, danneggiare **schädlich** ADJ nocivo, dannoso **Schädling** M parassita *m* **Schadstoff** M agente *m* inquinante **schadstoffarm** ADJ a scarsa emissione inquinante
Schaf N pecora *f* **Schäfer(in)** M(F) pecoraio(-a) *m(f)*
Schäferhund M (cane) pastore *m*
schaffen V *Prüfung* superare; *Zug* raggiungere; *umg erschöpfen* sfinire; **es** ~ riuscire (a fare); *erschaffen* creare; *Platz* fare
Schaffhausen N Sciaffusa *f*
Schaffner(in) M(F) bigliettaio(-a) *m(f)*
Schafskäse M pecorino *m*
schal ADJ insipido
Schal M sciarpa *f*; *Seide* foulard *m*; *Schärpe* scialle *m*
Schale F *Gefäß* scodella *f*; *Kartoffel* buccia *f*; *Orange* scorza *f*; *Ei* guscio *m* **schälen** V *Obst, Kartoffeln* sbucciare; *Eier* sgusciare
Schalldämpfer M AUTO silenziatore *m* **schalldicht** ADJ insonorizzato **Schallmauer** F muro *m* del suono
schalten V AUTO cambiare (marcia); *umg reagieren* reagire **Schalter** M *Licht, Gerät* interruttore *m*; *Bank, Bahn* sportello *m* **Schaltjahr** N anno *m* bisestile **Schaltung** F ELEK circuito *m*; *Auto* cambio *m*
schämen V: **sich** ~ vergognarsi **schamlos** ADJ spudorato, impudico
Schande F vergogna *f*
schändlich ADJ vergognoso, infame
Schar F schiera *f*; *Vögel* stor-

mo *m*
scharf ADJ *Essen* forte, piccante; *Messer* tagliente; *Foto* nitido; *Kurve* brusco; *Verstand* acuto; ~ **sein** *umg* desiderare avidamente (**auf** qc) **Scharfblick** M perspicacia *f*
Schärfe F acutezza *f*; *Foto* nitidezza *f* **schärfen** V *Messer* affilare
Scharlach M MED scarlattina *f*
Scharnier N cerniera *f*
Schatten M ombra *f* **schattig** ADJ ombroso, ombreggiato
Schatz M tesoro *m*; *Mensch* amore *m*
schätzen V stimare (*a. würdigen*), valutare; *vermuten* giudicare
Schau F mostra *f*; **zur ~ stellen** mettere in mostra
schauderhaft ADJ orribile
schauen V guardare
Schauer M *Regen* acquazzone *m* **schauerlich** ADJ orrendo
Schaufel F pala *f* **schaufeln** V spalare
Schaufenster N vetrina *f* **Schaufensterbummel** M giro *m* per (vedere le) vetrine
Schaukel F altalena *f* **schaukeln** V fare l'altalena; *Boot* ondeggiare **Schaukelstuhl** M sedia *f* a dondolo
Schaulustige(r) F(M) curioso(-a) *f(m)*
Schaum M *Seife* schiuma *f*; *Sekt* spuma *f* **Schaumbad** N bagnoschiuma *m* **schäumen** V schiumare (*a. fig*); *Sekt* spumeggiare **Schaumgummi** M gommapiuma *f*
Schauplatz M scena *f*
Schauspiel N spettacolo *m*
Schauspieler(in) M(F) attore (-trice) *m(f)* **Schauspielhaus** N teatro *m*
Schausteller(in) M(F) baracconista *m/f*
Scheck M assegno *m*
Scheckkarte F carta *f* assegni
Scheibe F disco *m*; *Brot* fetta *f*; *Fenster* vetro *m* **Scheibenwischer** M tergicristallo *m*
Scheide F ANAT vagina *f*
scheiden V: **sich ~ lassen** divorziare **Scheidung** F *Ehe* divorzio *m*
Schein M *Lichtschein* luce *f*; *Bescheinigung* certificato *m*; *Geld* biglietto *m*; *Anschein* apparenza *f* **scheinbar** ADJ apparente **scheinen** V splendere; *fig* sembrare, parere; **die Sonne scheint** c'è sole
scheinheilig ADJ ipocrita
Scheinwerfer M proiettore *m* AUTO faro *m*
Scheiße F *Kot vulg* merda *f*
Scheitel M *Frisur* riga *f*
scheitern V fallire, naufragare
Schellfisch M ZOOL eglefino *m*
Schema N schema *m* **sche-**

matisch ADJ schematico
Schemel M sgabello *m*
Schenkel M coscia *f*
schenken V regalare; *fig umg* **sich etw ~** risparmiarsi qc
Scherbe F coccio *m*
Schere F forbici *fpl*
Scherereien FPL seccature *fpl*
Scherz M scherzo *m* **scherzen** V scherzare **scherzhaft** ADJ scherzoso
scheu ADJ timido, schivo **Scheu** F timidezza *f* **scheuen** V *Gefahr* scansare; *Pferd* spaventarsi
Scheuerlappen M strofinaccio *m* **scheuern** V pulire; *reiben* fregare
Scheune F granaio *m*
scheußlich ADJ orribile
Schicht F strato *m*; *Arbeit* turno *m*; *Klasse* ceto *m* **Schichtarbeit** F lavoro *m* a turni
schick ADJ elegante, chic
schicken V mandare, inviare
Schickeria F jet society *f*
Schicksal N destino *m*
Schiebedach N tettuccio *m* apribile **Schiebefenster** N finestra *f* scorrevole **schieben** V spingere **Schiebetür** F porta *f* scorrevole
Schiedsrichter(in) M(F) SPORT arbitro(-a) *m(f)*
schief ADJ storto; *Ebene* inclinato; *Turm* pendente **schiefgehen** V andare male, fallire
schielen V essere strabico
Schienbein N stinco *m*
Schiene F BAHN rotaia *f*; MED stecca *f* **schienen** V MED steccare
schießen V sparare (**auf** a); *Ball* tirare **Schießerei** F sparatoria *f* **Schießscheibe** F bersaglio *m*
Schiff N nave *f*; ARCH navata *f* **Schiffbruch** M naufragio *m* **Schifffahrt** F navigazione *f*; *Reise* traversata *f* **Schiffsarzt** M, **-ärztin** F medico *m* di bordo **Schiffskarte** F biglietto *m* per la nave **Schiffsreise** F viaggio *m* in nave
Schikane F vessazione *f* **schikanieren** V vessare
Schild[1] N *Tür, Auto* targa *f*; *Verkehr* segnale *m*; *Firma* insegna *f*
Schild[2] M *Schutz* scudo *m*
Schilddrüse F tiroide *f*
schildern V descrivere **Schilderung** F descrizione *f*
Schildkröte F tartaruga *f*
Schilf N canna *f*; *Röhricht* canneto *m*
schillern V cangiare
Schilling M scellino *m*
Schimmel M muffa *f*; *Pferd* cavallo *m* bianco
schimm(e)lig ADJ ammuffito
Schimmelkäse M formaggio *m* erborinato
schimmeln V ammuffire
schimpfen V imprecare (**auf,**

über contro) **Schimpfwort** N ingiuria *f*

Schinken M prosciutto *m*; **gekochter/roher ~** prosciutto *m* cotto/crudo

Schirm M *Regen* ombrello *m*; *Sonne* ombrellone *m*

Schlacht F battaglia *f*

schlachten V macellare

Schlachter(in) M(F) macellaio(-a) *m(f)*

Schlaf M sonno *m* **Schlafanzug** M pigiama *m*

Schläfe F tempia *f*

schlafen V dormire; **~ gehen** andare a letto

schlaff ADJ *Muskel* flaccido; *fig kraftlos* fiacco

schlaflos ADJ: **~e Nacht** *f* notte *f* in bianco **Schlaflosigkeit** F insonnia *f* **Schlafmaske** F mascherina *f* per dormire **schläfrig** ADJ sonnolento **Schlafsaal** M dormitorio *m* **Schlafsack** M sacco *m* a pelo **Schlafsofa** N divano letto *m* **Schlaftablette** F sonnifero *m* **Schlafwagen** M vagone *m* letto **Schlafzimmer** N camera *f* da letto

Schlag M colpo *m*; *Herz, Puls* battito *m*; *elektrisch* scossa *f*; *österr Schlagsahne* panna *f* montata **Schlagader** F arteria *f* **Schlaganfall** M colpo *m* apoplettico **schlagartig** 1 ADJ repentino 2 ADV di colpo **Schlagbaum** M sbarra *f*

schlagen V colpire; *besiegen* battere; *Uhr* sonare; *Sahne* montare

Schlager M MUS canzonetta *f*

Schläger M *Tennis* racchetta *f*; *Golf* mazza *f*

Schlägerei F zuffa *f*

schlagfertig ADJ pronto a rispondere **Schlagloch** N buca *f* **Schlagsahne** N *österr* **Schlagobers** F panna *f* da montare; *geschlagen* panna *f* montata **Schlagzeile** F titolo *m* **Schlagzeug** N MUS batteria *f*

Schlamm M fango *m*

Schlamperei F trascuratezza *f* **schlampig** ADJ *Mensch* disordinato; *Arbeit* mal fatto

Schlange F serpente *m*; **~ stehen** fare la coda

schlank ADJ snello **Schlankheitskur** F cura *f* dimagrante

schlapp ADJ fiacco **Schlappe** F *umg* sconfitta *f*

schlau ADJ furbo, astuto

Schlauch M tubo *m*; *Fahrrad* camera *f* d'aria **Schlauchboot** N canotto *m* pneumatico

schlecht 1 ADJ cattivo; *Essen* guasto; *Wetter* brutto 2 ADV male; **mir ist ~** mi sento male

schleichen V andare in punta di piedi; *heimlich* andare di soppiatto **Schleichweg**

M via *f* nascosta
Schleier M velo *m* **schleierhaft** ADJ oscuro; **das ist mir ~** non capisco proprio
Schleife F fiocco *m*; *Kurve* svolta *f* **schleifen** V *ziehen* trascinare; *Messer* arrotare **Schleifpapier** N carta *f* abrasiva
Schleim M muco *m*; *Brei* pappa *f* **Schleimhaut** F mucosa *f*
schlemmen V gozzovigliare
schlendern V andare a zonzo
Schleppe F strascico *m*
schleppen V trascinare; *Last* portare con fatica **Schlepptau** N cavo *m* da rimorchio
Schleswig-Holstein N Schleswig-Holstein *m*
Schleuder F *Wäsche* centrifuga *f* **Schleudergefahr** F pericolo *m* di strada sdrucciolevole **schleudern** V scagliare; *Wäsche* centrifugare; *Auto* **ins Schleudern geraten** sbandare
Schleuse F chiusa *f*
schlicht ADJ semplice
schlichten V *Streit* appianare
schließen V chiudere; *folgern* concludere; *beenden* terminare; *Freundschaft* stringere **Schließfach** N *Gepäck* armadietto *m* (del deposito bagagli); *Post* casella *f* postale; *Bank* cassetta *f* di sicurezza
schließlich ADV alla fine
Schliff M *Edelstein* taglio *m*, sfaccettatura *f*; **etw den letzten ~ geben** dare l'ultimo tocco a qc
schlimm ADJ cattivo; *Krankheit* grave; *Nachricht* brutto **schlimmer** 1 ADJ peggiore 2 ADV peggio **schlimmstenfalls** ADV nel peggiore dei casi
Schlinge F cappio *m*; *Falle* laccio *m* **Schlingpflanze** F pianta *f* rampicante
Schlitten M slitta *f*, slittino *m* **Schlittenfahrt** F gita *f* in slitta
Schlittschuh M pattino *m*; **~ laufen** pattinare (sul ghiaccio) **Schlittschuhläufer(in)** M(F) pattinatore(-trice) *m(f)*
Schlitz M fessura *f*; *Rock* spacco *m*; *Einwurf* buca *f*
Schloss N *Tür* serratura *f*; *Gebäude* castello *m*
Schlosser(in) M(F) fabbro *m*
Schlucht F gola *f*, burrone *m*
schluchzen V singhiozzare
Schluck M sorso *m* **Schluckauf** M singhiozzo *m* **schlucken** V inghiottire
schlummern V sonnecchiare
schlüpfen V *aus dem Ei* sgusciare; *in etw* infilarsi
Schlüpfer M slip *m*, mutandine *fpl* **schlüpfrig** ADJ scivoloso; *anzüglich* lascivo
Schluss M *Ende* fine *f*; *Folgerung* conclusione *f*; **zum ~** alla fine

Schlüssel M chiave *f* **Schlüsselbein** N clavicola *f* **Schlüsselblume** F primula *f* **Schlüsselbund** N mazzo *m* di chiavi **Schlüsselloch** N buco *m* della serratura
Schlussfolgerung F conclusione *f* **Schlusslicht** N luce *f* posteriore; *fig* fanalino *m* di coda **Schlusspfiff** M SPORT fischio *m* finale **Schlussverkauf** M svendita *f* di fine stagione
Schmach F ignominia *f*
schmackhaft ADJ saporito, gustoso
schmal ADJ stretto; *Mensch* sottile
Schmalz N strutto *m*
Schmarotzer(in) M(F) *pej Person* scroccone(-a) *m(f)*
schmecken V: **j-m ~** piacere a qn; **nach etw ~** sapere di qc; **gut ~** essere buono
Schmeichelei F lusinga *f* **schmeichelhaft** ADJ lusinghiero **schmeicheln** V lusingare (**j-m** qn)
schmeißen V *umg werfen* buttare; *Job etc* lasciare
Schmeißfliege F moscone *m*
schmelzen V sciogliere, sciogliersi **Schmelzkäse** M formaggio *m* fuso, formaggino *m*
Schmerz M dolore *m* **schmerzen** V dolere **Schmerzensgeld** N risarcimento *m* per danni morali **schmerzhaft** ADJ, **schmerzlich** ADJ doloroso **schmerzlos** ADJ indolore **Schmerzmittel** N analgesico *m* **schmerzstillend** ADJ calmante **Schmerztablette** F analgesico *m*
Schmetterling M farfalla *f*
Schmied M fabbro *m* **schmieden** V battere; *fig Pläne* fare
schmieren V spalmare (**auf** su; **mit** di); TECH lubrificare, ingrassare; *umg bestechen* corrompere **Schmiergeld** N *umg* bustarella *f* **schmierig** ADJ untuoso, grasso **Schmierinfektion** F MED infezione *f* per contatto **Schmieröl** N olio *m* lubrificante
Schminke F trucco *m* **schminken** V: **sich ~** truccarsi
schmollen V fare il broncio
Schmorbraten M stufato *m* **schmoren** V stufare
Schmuck M gioielli *mpl* **schmücken** V ornare, decorare (**mit** di)
schmuddelig ADJ *umg* sporco, lurido
Schmuggel M contrabbando *m* **schmuggeln** V contrabbandare
schmunzeln V sorridere compiaciuto
schmusen V scambiarsi tenerezze
Schmutz M sporcizia *f*

schmutzig ADJ sporco
Schnabel M becco *m*
Schnake F ZOOL zanzara *f*
Schnalle F fibbia *f*
schnappen V *fangen* acchiappare **Schnappschuss** M FOTO istantanea *f*
Schnaps M acquavite *f*
schnarchen V russare
schnaufen V ansimare
Schnauze F muso *m*; *umg* **die ~ voll haben** averne le scatole piene
schnäuzen V: **sich ~** soffiarsi il naso
Schnecke F *mit Haus* chiocciola *f*; *Nacktschnecke* lumaca *f*
Schnee M neve *f* **Schneeball** M palla *f* di neve **Schneefall** M nevicata *f* **Schneeflocke** F fiocco *m* di neve **schneefrei** ADJ sgombro da neve **Schneegestöber** N nevischio *m* **Schneeglöckchen** N bucaneve *m* **Schneeketten** FPL AUTO catene *fpl* da neve **Schneemann** M pupazzo *m* di neve **Schneematsch** M poltiglia *f* di neve **Schneepflug** M spazzaneve *m* **Schneeschmelze** F disgelo *m* **Schneesturm** M bufera *f* di neve **Schneeverhältnisse** NPL innevamento *m* **Schneewehe** F nevaio *m*
Schneide F filo *m*, taglio *m*
schneiden V tagliare; *kreuzen* incrociare; *nicht beachten* ignorare; **sich ~** tagliarsi **Schneider(in)** M(F) sarto(-a) *m(f)* **Schneidezahn** M incisivo *m*
schneien V nevicare; **es schneit** nevica
schnell 1 ADJ rapido, veloce 2 ADV presto; **~ machen** sbrigarsi **Schnellhefter** M raccoglitore *m* **Schnelligkeit** F rapidità *f*, velocità *f* **Schnellimbiss** M snack bar *m* **Schnellstraße** F superstrada *f*
Schnitt M taglio *m*; **im ~** in media **Schnittblumen** FPL fiori *mpl* recisi **Schnitte** F fetta *f*; *belegt* tartina *f* **Schnittlauch** M erba *f* cipollina **Schnittstelle** F interfaccia *f*; *USB* porta *f* **Schnittwunde** F ferita *f* da taglio
Schnitzel N scaloppina *f*; **Wiener ~** cotoletta *f* alla milanese
schnitzen V intagliare **Schnitzerei** F scultura *f* in legno
Schnorchel M respiratore *m* (di superficie) **schnorcheln** V fare immersioni (con la maschera da sub)
Schnuller M succhiotto *m*
Schnupfen M raffreddore *m*
schnuppern V fiutare (an qc)
Schnur F corda *f*; *Bindfaden*

spago *m*; ELEK filo *m*
schnüren V legare; *Schuhe* allacciare
schnurlos ADJ: **~es Telefon** telefono *m* senza fili, cordless *m*
Schnurrbart M baffi *mpl*
schnurren V *Katze* fare le fusa
Schnürsenkel M stringa *f*
Schock M choc *m* **schockieren** V scandalizzare
Schöffengericht N giuria *f*
Schokolade F cioccolato *m*; *Getränk* cioccolata *f*
Scholle F zolla *f*; *Eisscholle* lastrone *m*; ZOOL passera *f* di mare
schon ADV già; **~ wieder** di nuovo; **~ mal** intanto
schön **1** ADJ bello; **~e Grüße an ...** tanti saluti a ...; **~es Wochenende!** buon week-end **2** ADV bene
schonen V avere cura di; **sich ~** riguardarsi
Schönheit F bellezza *f*
Schönheitspflege F cosmesi *f*
Schonkost F dieta *f* **Schonung** F riguardi *mpl*
schöpfen V attingere; *fig Mut* prendere **Schöpfer(in)** M(F) creatore(-trice) *m(f)*
schöpferisch ADJ creativo
Schöpflöffel M mestolo *m*
Schöpfung F creazione *f*; *Werk* opera *f*
Schorf M crosta *f*
Schornstein M camino *m*; *Schiff* ciminiera *f* **Schornsteinfeger(in)** M(F) spazzacamino *m*
Schoß M: **auf dem ~** sulle ginocchia
Schote F baccello *m*
Schotte M, **Schottin** F scozzese *m/f*
Schotter M ghiaia *f*
schottisch ADJ scozzese
Schottland N Scozia *f*
schräg ADJ *Wand* obliquo; *Linie* diagonale; **~ gegenüber** quasi di fronte (**von** a)
Schramme F scalfittura *f*
Schrank M armadio *m*
Schranke F barriera *f*, sbarra *f*
Schraube F vite *f*; SCHIFF elica *f* **schrauben** V avvitare
Schraubenmutter F madrevite *f* **Schraubenschlüssel** M chiave *f* per dadi
Schraubenzieher M cacciavite *m* **Schraubstock** M morsa *f* **Schraubverschluss** M chiusura *f* a vite
Schrebergarten M orto *m* familiare
Schreck M spavento; **vor ~** dallo spavento **schreckhaft** ADJ pauroso **schrecklich** ADJ terribile
Schrei M grido *m*
Schreibblock M bloc-notes *m* **schreiben** V scrivere
Schreiben N lettera *f*, scritto *m* **schreibgeschützt** ADJ

IT protetto **Schreibmaschine** F macchina *f* da scrivere **Schreibtisch** M scrivania *f* **Schreibung** F grafia *f* **Schreibwarengeschäft** N cartoleria *f*
schreien V gridare
Schreiner(in) M(F) falegname *m*
Schrift F scrittura *f*; *Handschrift* calligrafia *f*; *Schriftart* caratteri *mpl* **schriftlich** 1 ADJ scritto 2 ADV per iscritto **Schriftsteller(in)** M(F) scrittore(-trice) *m(f)*
schrill ADJ stridulo
Schritt M passo *m*; *Hose* cavallo *m*; **~ fahren** andare al passo; **~ für ~** passo dopo passo
schroff ADJ *steil* ripido; *fig* brusco
Schrott M ferraglia *f* **schrottreif** ADJ da rottamare
schrubben V strofinare **Schrubber** M spazzolone *m*
schrumpfen V restringersi; *Kapital* diminuire
Schubfach N cassetto *m* **Schubkarre** F carriola *f* **Schublade** F cassetto *m*
schüchtern ADJ timido **Schüchternheit** F timidezza *f*
schuften V *umg* sfacchinare
Schuh M scarpa *f* **Schuhbeutel** M sacchetto *m* portascarpe **Schuhbürste** F spazzola *f* per scarpe **Schuhcreme** F lucido *m* da scarpe **Schuhgeschäft** N negozio *m* di scarpe **Schuhgröße** F numero *m* di scarpa **Schuhlöffel** M calzascarpe *m* **Schuhmacher(in)** M(F) calzolaio(-a) *m(f)* **Schuhsohle** F suola *f*
Schulabschluss M titolo *m* di studio **Schularbeiten** FPL compiti *mpl* **Schulbuch** N libro *m* scolastico
schuld ADJ: **an etw ~ sein** avere la colpa di qc **Schuld** F colpa *f*; *Geld* debito *m*; **an etw ~ haben** avere la colpa di qc; **~en haben** avere debiti **schulden** V dovere (**j-m etw** qc a qn) **schuldig** ADJ colpevole **Schuldige(r)** F(M) colpevole *m/f* **Schuldner(in)** M(F) debitore(-trice) *m(f)*
Schule F scuola *f* **schulen** V istruire **Schüler(in)** M(F) allievo(-a) *m(f)*, scolaro(-a) *m(f)*; *höhere Schule* studente(-essa) *m(f)* **Schüleraustausch** M scambio *m* di studenti **Schulferien** PL vacanze *fpl* scolastiche **schulfrei** ADJ: **~ haben** avere vacanza **Schulfreund(in)** M(F) compagno(-a) *m(f)* di scuola **Schulhof** M cortile *m* **Schuljahr** N anno *m* scolastico **Schulklasse** F classe *f* **Schulranzen** M zainetto *m* (per la scuola) **Schulstunde** F lezione *f* **Schultasche** F cartella *f*

Schulter F spalla *f* **Schulterblatt** N scapola *f*
Schulung F istruzione *f*
Schulzeit F anni *mpl* di scuola **Schulzeugnis** N pagella *f*
Schund M robaccia *f*
Schuppe F *Fisch* squama *f*; *Haar* forfora *f*
Schuppen M *Hütte* rimessa *f*
Schuppenflechte F MED psoriasi *f*
schüren V attizzare; *fig* aizzare
Schurke M, **Schurkin** F briccone(-a) *m(f)*
Schurwolle F lana *f* vergine
Schürze F grembiule *m*
Schuss M colpo *m*; tiro *m* (*a. Fußball*); *Menge* goccio *m*
Schüssel F scodella *f*
Schusswaffe F arma *f* da fuoco
Schuster M calzolaio *m*
Schutt M macerie *fpl*
Schüttelfrost M brividi *mpl* di febbre **schütteln** V scuotere; *Hand* stringere
schütten V versare; **es schüttet** piove a dirotto
Schutz M protezione *f* (**vor** da); *Unterschlupf* riparo *m*
Schutzblech N parafango *m* **Schutzbrille** F occhiali *mpl* protettivi
Schütze M, **Schützin** F tiratore(-trice) *m(f)*; ASTROL Sagittario *m*
schützen V proteggere (**vor** da); **sich ~** proteggersi
Schutzengel M angelo *m* custode **Schutzhütte** F rifugio *m* (alpino) **Schutzimpfung** F vaccinazione *f* preventiva
schutzlos ADJ senza protezione **Schutzmaske** F MED maschera *f* protettiva **Schutzpatron(in)** M(F) patrono(-a) *m(f)*
Schwaben N Svevia *f*
schwach ADJ debole; *Kaffee* leggero; *Leistung* scarso
Schwäche F debolezza *f*; *Mangel* difetto *m*; *fig* debole *m* **schwächen** V indebolire
schwächlich ADJ deboluccio
schwachsinnig ADJ deficiente
Schwager M cognato *m*
Schwägerin F cognata *f*
Schwalbe F rondine *f*
Schwamm M spugna *f*; *Pilz* fungo *m* **Schwammerl** N *österr Pilz* fungo *m*
Schwan M cigno *m*
schwanger ADJ incinta; **sie ist im sechsten Monat ~** è al sesto mese **Schwangerschaft** F gravidanza *f*
Schwangerschaftsabbruch M interruzione *f* di gravidanza, aborto *m*
schwanken V barcollare; *Temperatur, Kurs* oscillare; *fig* essere indeciso
Schwanz M *von Tier* coda *f*; *vulg Penis* cazzo *m*
Schwarm M *Insekten* sciame *m* *Vögel* stormo *m*; *Fische*

branco *m*

schwärmen V: **für etw ~** essere entusiasta di qc; **für j-n ~** spasimare per qn

Schwarte F *Speck* cotenna *f*

schwarz ADJ nero; **das Schwarze Meer** il Mar Nero **Schwarzarbeit** F lavoro *m* nero **Schwarzbrot** N pane *m* nero **Schwarze(r)** F(M) nero(-a) *m(f)* **Schwarzfahrer(in)** M(F) viaggiatore(-trice) *m(f)* senza biglietto **Schwarzhandel** M mercato *m* nero **Schwarzwald** M Foresta *f* Nera **schwarz-weiß** ADJ in bianco e nero

schwatzen V chiacchierare

schweben V essere sospeso; **in Gefahr ~** essere in pericolo

Schwede M, **Schwedin** F svedese *m/f* **Schweden** N Svezia *f* **schwedisch** ADJ svedese

Schwefel M zolfo *m*

schweigen V tacere **Schweigen** N silenzio *m* **schweigsam** ADJ taciturno

Schwein N *Tier* maiale *m*; *vulg Mensch* porco *m*; **~ haben** *umg* avere culo *umg* **Schweinebraten** M arrosto *m* di maiale **Schweinefleisch** N (carne *f* di) maiale *m* **Schweinegrippe** F MED influenza *f* suina **Schweinerei** F *pej* porcheria *f* **Schweineschnitzel** N bistecca *f* di maiale

Schweiß M sudore *m*

schweißen V TECH saldare

Schweiz F: **die ~** Svizzera *f*; **in der ~** in Svizzera; **die französische ~** la Svizzera romanda **Schweizer(in)** M(F) svizzero(-a) *m(f)* **Schweizerdeutsch** N tedesco *m* svizzero

Schwelle F soglia *f*; BAHN traversina *f*

schwellen V gonfiare, gonfiarsi **Schwellung** F gonfiore *m*

schwenken V agitare

schwer **1** ADJ pesante; *schwierig* difficile; *schlimm* grave **2** ADV gravemente; **~ krank** gravemente malato; **~ verdaulich** indigesto, pesante; **~ verletzt** gravemente ferito **Schwerarbeit** F lavoro *m* pesante **schwerbehindert** ADJ gravemente disabile **Schwerbehinderte(r)** F(M) *neg!* disabile *m/f* grave *neg!* **schwerfallen** V essere difficile **schwerfällig** ADJ pesante; *geistig* lento **schwerhörig** ADJ con problemi di udito **Schwerkraft** F forza *f* di gravità **Schwerpunkt** M baricentro *m*; *fig* centro *m*

Schwert N spada *f* **Schwertfisch** N pesce *m* spada

Schwerverletzte(r) F(M) ferito(-a) *m(f)* grave **schwerwiegend** ADJ grave, serio

Schwester F sorella *f*; MED infermiera *f*
Schwiegereltern PL suoceri *mpl* **Schwiegermutter** F suocera *f* **Schwiegersohn** M genero *m* **Schwiegertochter** F nuora *f* **Schwiegervater** M suocero *m*
schwierig ADJ difficile **Schwierigkeit** F difficoltà *f*
Schwimmbad N, **Schwimmbecken** N piscina *f* **schwimmen** V nuotare; *treiben* galleggiare; **~ gehen** andare a fare il bagno **Schwimmer(in)** M(F) nuotatore(-trice) *m(f)* **Schwimmflosse** F pinna *f* **Schwimmflügel** MPL braccioli *mpl* **Schwimmhalle** F piscina *f* coperta **Schwimmweste** F giubbotto *m* di salvataggio
Schwindel M MED vertigini *fpl*; *Betrug* imbroglio *m* **schwindelfrei** ADJ che non soffre di vertigini
schwinden V diminuire; *Hoffnung* svanire
Schwindler(in) M(F) imbroglione(-a) *m(f)*; *Lügner* bugiardo(-a) *m(f)*
schwindlig ADJ: **mir ist ~** ho le vertigini
schwingen V agitare; *Pendel* oscillare **Schwingung** F oscillazione *f*
Schwips M *umg*: **e-n ~ haben** essere brillo
schwitzen V sudare
schwören V giurare
schwul ADJ *neg!* omosessuale
schwül ADJ: **es ist ~** c'è afa **Schwüle** F afa *f*
Schwung M slancio *m*; *fig* brio *m* **schwungvoll** ADJ animato
Schwur M giuramento *m*
Schwyz N Svitto *m*
sechs ADJ sei **Sechs** F *Note* ≈ quattro *m* **sechshundert** ADJ seicento **sechste(r, -s)** ADJ sesto **sechstens** ADV in sesto luogo **sechzehn** ADJ sedici **sechzig** ADJ sessanta **sechzigjährig** ADJ sessantenne
Secondhandladen M negozio *m* dell'usato
See¹ M lago *m*
See² F mare *m* **Seehund** M foca *f* **Seeigel** M riccio *m* di mare **seekrank** ADJ: **~ sein** avere il mal di mare
Seele F anima *f* **seelisch** ADJ psichico
Seemann M marinaio *m*
Seemeile F miglio *m* marino **Seenot** F pericolo *m* di naufragio **Seepferdchen** N cavalluccio *m* marino **Seestern** M stella *f* di mare
Seeweg M: **auf dem ~** per mare **Seezunge** F sogliola *f*
Segel N vela *f* **Segelboot** N barca *f* a vela **Segelfliegen** N volo *m* a vela **Segelflugzeug** N aliante *m* **segeln** V

veleggiare; SPORT fare vela **Segelschiff** N veliero *m*; *Segelboot* barca *f* a vela **Segelsport** M sport *m* velico, velismo *m* **Segeltuch** N (tela *f* d')olona *f*
Segen M benedizione *f* **segnen** V benedire
Sehbehinderte(r) F(M) *neg!* disabile *m/f* visivo(-a) *neg!*, non vedente *m/f*
sehen V vedere; *schauen* guardare; **vom Sehen kennen** conoscere di vista **sehenswert** ADJ interessante, da vedersi **Sehenswürdigkeit** F cosa *f* da vedersi
Sehne F tendine *m*; *Bogen* corda *f*
sehnen V: **sich ~** avere nostalgia (**nach** di)
Sehnsucht F nostalgia *f* (**nach** di) **sehnsüchtig** 1 ADJ bramoso 2 ADV con nostalgia; *wünschen* ardentemente
sehr ADV molto; **~ gern** molto volentieri; **~ gut** ottimo; **zu ~** troppo
Sehstörung F disturbo *m* della vista **Sehtest** M misurazione *f* della vista
seicht ADJ basso; *fig Gespräch* superficiale
seid siete → sein
Seide F seta *f*
Seife F sapone *m*
Seil N corda *f*, fune *f* **Seilbahn** F funivia *f* **Seilschaft** F cordata *f*
sein[1] V essere; **ich bin** sono; **wir sind** siamo; **etw ~ lassen** lasciar stare qc
sein[2] POSS PR (il) suo, (la) sua; PL **~e** (i) suoi, (le) sue
seinerzeit ADV all'epoca **seinetwegen** ADV *für ihn* per lui; *negativ* per colpa sua; *umg von ihm aus* per quanto lo riguarda
seit 1 PRÄP da 2 KONJ **~ wann?** da quando? **seitdem** 1 ADV da allora 2 KONJ da quando
Seite F parte *f*, lato *m*; *Buch* pagina *f*; *Körper* fianco *m* **Seitensprung** M scappatella *f* **Seitenstechen** N fitte *fpl* al fianco **Seitenstraße** F strada *f* laterale **Seitenstreifen** M *Straße* banchina *f*
seitlich ADJ laterale
Sekretär(in) M(F) segretario(-a) *m(f)* **Sekretariat** N segreteria *f*
Sekt M spumante *m*
Sekte F REL setta *f*
Sektor M settore *m*
Sekunde F secondo *m*
selbst 1 PRON stesso; **von ~** da sé 2 ADV **~ wenn** anche se
Selbstauslöser M autoscatto *m* **Selbstbedienung** F self-service *m* **Selbstbeherrschung** F autocontrollo *m* **selbstbewusst** ADJ sicuro di sé **selbstlos** ADJ *Mensch* altruista; *Hilfe* disinteressato

Selbstmord M suicidio *m* **selbstsicher** ADJ sicuro di sé **selbstständig** ADJ indipendente; *Arbeit* in proprio **selbstsüchtig** ADJ egoista **selbstverständlich** 1 ADJ ovvio 2 ADV naturalmente
Selfie N TEL selfie *m* **Selfiestange** F TEL asta *f* telescopica
Sellerie M *od* F sedano *m*
selten 1 ADJ raro 2 ADV di rado **Seltenheit** F rarità *f*
seltsam ADJ strano
Semester N semestre *m* **Semesterferien** PL vacanze *fpl* semestrali
Seminar N seminario *m*
Semmel F panino *m*
senden V *schicken* spedire; TV trasmettere **Sender** M stazione *f*; TV canale *m* **Sendung** F *Brief, Paket* spedizione *f*; TV trasmissione *f*
Senf M senape *f*
Senioren MPL anziani *mpl* **Seniorenkarte** F carta *f* d'argento
senken V abbassare; *Preise, Zinsen* ribassare
senkrecht ADJ verticale
Sensation F sensazione *f*
sensibel ADJ sensibile
September M settembre *m*
Serbe M, **Serbin** F serbo(-a) *m(f)* **Serbien** N Serbia *f*
Serie F serie *f*; *Vorträge* ciclo *m*
seriös ADJ serio
Serpentine F serpentina *f*
Serum N siero *m*
Server M IT server *m*
Service[1] N *Geschirr* servizio *m* (ca tavola)
Service[2] M servizio *m*; *Kundendienst* assistenza *f* tecnica **Service-Center** M assistenza *f* clienti **Servicewerkstatt** F officina *f* assistenza clienti
servieren V servire
Serviette F tovagliolo *m*
Servolenkung F AUTO servosterzo *m*
Sesam M sesamo *m*
Sessel M poltrona *f*; *österr Stuhl* sedia *f* **Sessellift** M seggiovia *f*
sesshaft ADJ sedentario; *ansässig* residente
setzen V mettere; *wetten* scommettere (**auf** su); *Hoffnung* porre (**auf** in); **sich ~** sedersi
Seuche F epidemia *f*
seufzen V sospirare **Seufzer** M sospiro *m*
Sex M sesso *m* **sexuell** ADJ sessuale
Shampoo N shampoo *m*
shoppen V fare shopping
Shorts PL pantaloncini *mpl*
Show F spettacolo *m*
Shutdown M MED chiusura *f* totale; **sich im ~ befinden** trovarsi in situazione di chiusura totale
Shuttle M, **Shuttlebus** M navetta *f*
Sibirien N Siberia *f*

sich PRON si; *betont* sé; **für ~** per sé; **von ~ aus** da sé
Sichel F falce *f* (*a. Mond*)
sicher ADJ sicuro; *gewiss* certo; *geschützt* riparato (**vor** da); **~ sein** essere al sicuro (**vor** da) **Sicherheit** F sicurezza *f*; *Pfand* garanzia *f*; **mit ~!** con certezza!
Sicherheitsgurt M cintura *f* di sicurezza **Sicherheitsnadel** F spilla *f* di sicurezza **Sicherheitsschloss** N serratura *f* di sicurezza
sicherlich ADV sicuramente **sichern** V assicurare; *schützen* proteggere (**vor** da, **gegen** contro); IT salvare **sicherstellen** V assicurare **Sicherung** F ELEK fusibile *m*
Sicht F vista *f*; *Sichtverhältnisse* visibilità *f* **sichtbar** ADJ visibile **sichtlich** ADJ evidente **Sichtweite** F vista *f*
sie 1 PRON FSG lei; **~ geht noch zur Schule** (lei) va ancora a scuola 2 PRON FSG la; **ich werde ~ sofort anrufen** la chiamo subito; *betont* lei; **für ~** per lei 3 PRON PL loro; **~ wollen heiraten** (loro) vogliono sposarsi 4 PRON PL li, le; **ich habe ~ in die Schule gefahren** li ho portati a scuola; *betont* loro; **für ~** per loro
Sie *höflich* 1 PRON SG Lei, *pl* voi; **woher sind ~?** (Lei) di dov'è?/(Voi) di dove siete? 2 PRON FSG La/vi; **ich bitte ~, Platz zu nehmen** La/vi prego di accomodarsi/accomodarvi; *betont* Lei/voi; **für ~** per Lei/voi
Sieb N *Tee* colino *m*; *Mehl etc* setaccio *m*
sieben ADJ *Zahl* sette **siebenhundert** ADJ settecento **siebte(r, -s)** ADJ settimo **siebtens** ADV in settimo luogo **siebzehn** ADJ diciassette **siebzig** ADJ settanta
sieden V bollire
Siedlung F insediamento *m*; *Wohnsiedlung* quartiere *m* residenziale
Sieg M vittoria *f*
Siegel N sigillo *m*
siegen V vincere (**über j-n** qn) **Sieger(in)** M(F) vincitore (-trice) *m(f)*
sieh guarda → sehen **siehst** vedi → sehen **sieht** vede → sehen
siezen V dare del Lei a
Signal N segnale *m*
Silbe F sillaba *f*
Silber N argento *m* **Silberhochzeit** F nozze *fpl* d'argento **Silbermedaille** F medaglia *f* d'argento **silbern** ADJ d'argento; *Farbe* argenteo
Silvester N San Silvestro *m*
simsen V mandare un messaggino
sind *wir* siamo; *sie* sono; *Sie* è, siete → sehen
Sinfonie F sinfonia *f*
singen V cantare
Single[1] M *Person* single *m/f*

Single² F *Platte* single *m*
Singular M singolare *m*
Singvogel M uccello *m* canoro
sinken V calare; *absinken* abbassarsi; *Schiff* affondare
Sinn M senso *m*; *Bedeutung* significato *m* **sinnlich** ADJ *Mensch* sensuale **sinnlos** ADJ senza senso; *zwecklos* inutile **sinnvoll** ADJ sensato; *nützlich* utile
Sirup M sciroppo *m*
Sitte F usanza *f*, costume *m*
Situation F situazione *f*
Sitz M *Platz* posto *m*; *Auto* sedile *m*; *Firma* sede *f* **sitzen** V sedere; *Kleid* stare bene; **~ bleiben** stare seduto; *umg Schule* essere bocciato **Sitzplatz** M posto *m* **Sitzpolster** N cuscino *m* per seduta
Sitzung F seduta *f*
Sizilianer(in) M(F) siciliano(-a) *m(f)* **sizilianisch** ADJ siciliano **Sizilien** N Sicilia *f*
Skala F scala *f*
Skandal M scandalo *m*
Skandinavien N Scandinavia *f* **Skandinavier(in)** M(F) scandinavo(-a) *m(f)* **skandinavisch** ADJ scandinavo
Skateboard N skateboard *m*
Skelett N scheletro *m*
skeptisch ADJ scettico
Ski M sci *m*; **~ laufen, ~ fahren** sciare **Skianzug** M tuta *f* da sci **Skifahrer(in)** M(F) sciatore(-trice) *m(f)* **Skigebiet** N zona *f* sciistica **Skihütte** F rifugio *m* sciistico **Skikurs** M corso *m* di sci **Skilaufen** N sci *m* **Skiläufer(in)** M(F) sciatore(-trice) *m(f)* **Skilehrer(in)** M(F) maestro(-a) *m(f)* di sci **Skilift** M sciovia *f* **Skipass** M skipass *m* **Skipiste** F pista *f* da sci **Skischule** F scuola *f* di sci **Skispringen** N salto *m* con gli sci **Skistiefel** M scarpone *m* da sci **Skistock** M racchetta *f* da sci **Skitour** F escursione *f* di scialpinismo **Skiwachs** N sciolina *f*
Skizze F schizzo *m*
Skorpion M scorpione *m*; ASTROL Scorpione *m*
Skulptur F scultura *f*
skypen V telefonare con Skype®, *umg* skypare
slawisch ADJ slavo
Slip M slip *m* **Slipeinlage** F proteggislip *m*
Slowake M, **Slowakin** F slovacco(-a) *m(f)* **Slowakei** F: **die ~** la Slovacchia **slowakisch** ADJ slovacco; **die Slowakische Republik** la Repubblica Slovacca
Slowene M, **Slowenin** F sloveno(-a) *m(f)* **Slowenien** N Slovenia *f* **slowenisch** ADJ sloveno
Smartphone N smartphone *m*
SMS ABK (= **Short Message System**) SMS *m*, *umg* messag-

gino *m*; **j-m eine ~ schicken** mandare un messaggino a qn
Snack M snack *m*, merenda *f*
Sneaker M *Schuh* sneaker *f*
Sneak-Preview F anteprima *f*
Snowboard N snowboard *m*
so ADV così; *vor adj u. adv* tanto; **~ viel** tanto (**wie** quanto); **ich bin ~ weit** sono pronto; **ach ~!** ah, davvero?
SO ABK (**= Südosten**) SE (sud-est)
sobald KONJ appena
Social Distancing N distanziamento *m* sociale; **~ fordern** postulare il distanziamento sociale
Socke F calzino *m*
Sockel M *Gebäude* zoccolo *m*; *Pfeiler* piedistallo *m*
sodass KONJ cosicché, così (che)
Sodbrennen N bruciore *m* di stomaco
soeben ADV in questo momento
Sofa N divano *m*, sofà *m*
sofort ADV subito
Software F IT software *m*
sogar ADV persino
sogenannt ADJ cosiddetto
Sohle F *Schuh* suola *f*; *Fuß* pianta *f*
Sohn M figlio *m*
Soja(bohne) F soia *f* **Sojamilch** F latte *m* di soia
solange KONJ finché
Solarium N solarium *m*
Solarzelle F fotocellula *f*
solche(r, -s) PRON tale; **solche Leute** gente così
Soldat(in) M(F) soldato(-essa) *m(f)*
solidarisch ADJ solidale
Solist(in) M(F) solista *m/f*
Soll N debito *m*
sollen V dovere
Solothurn N Soletta *m*
Sommer M estate *f*; **im ~** d'estate **Sommerferien** PL vacanze *fpl* estive **sommerlich** ADJ estivo, d'estate **Sommerschlussverkauf** M vendita *f* di fine stagione **Sommersprossen** FPL lentiggini *fpl* **Sommerzeit** F ora *f* legale
Sonderangebot N offerta *f* speciale
sonderbar ADJ strano
Sonderfall M caso *m* particolare **Sondergenehmigung** F autorizzazione *f* speciale **Sondermarke** F francobollo *m* di emissione speciale **Sondermüll** M rifiuti *mpl* tossici
sondern KONJ ma; **nicht nur …, ~ auch** non solo …, ma anche
Sondertarif M tariffa *f* speciale **Sonderzeichen** N IT carattere *m* speciale **Sonderzug** M treno *m* straordinario
Sonnabend M sabato *m*
Sonne F sole *m* **sonnen** V: **sich ~** prendere il sole **Sonnenallergie** F orticaria *f* solare **Sonnenaufgang** M

sorgere *m* del sole **Sonnenbad** N bagno *m* di sole **Sonnenblende** F AUTO aletta *f* parasole **Sonnenblume** F girasole *m* **Sonnenbrand** M eritema *m* solare, scottatura *f* **Sonnenbrille** F occhiali *mpl* da sole **Sonnencreme** F crema *f* solare **Sonnenenergie** F energia *f* solare **Sonnenfinsternis** F eclissi *f* solare **Sonnenhut** M cappello *m* da sole **Sonnenöl** N olio *m* solare **Sonnenschirm** M ombrellone *m*, parasole *m* **Sonnenschutz** M protezione *f* contro il sole **Sonnenspray** N spray *m* solare **Sonnenstich** M insolazione *f* **Sonnenstudio** N (centro *m*) solarium *m* **Sonnenuntergang** M tramonto *m* **sonnig** ADJ soleggiato; *Tag* sereno

Sonntag M domenica *f* **sonntags** ADV la (*od* di) domenica

sonst ADV altrimenti; **~ jemand?** qualcun altro?; **~ noch etwas?** che altro desidera?; **anders als ~** diverso dal solito

Sorge F cura *f* (**für** per); preoccupazione *f* (**um** per) **sorgen** V provvedere (**für etw** a qc); **sich ~ um** essere in pensiero per **sorgfältig** ADJ accurato **sorglos** ADJ spensierato

Sorte F sorta *f*, specie *f* **sortieren** V assortire; IT ordinare **Sortiment** N assortimento *m*

Soße F salsa *f*; *Braten* sugo *m*; *Salat* condimento *m*

Sound M suono *m*

Souvenir N souvenir *m*

soviel KONJ: **~ ich weiß** per quanto io sappia

sowie KONJ come anche

sowieso ADV comunque

sowohl KONJ: **~ … als auch** sia … che

sozial ADJ sociale **Sozialarbeiter(in)** M(F) assistente *m/f* sociale **sozialdemokratisch** ADJ socialdemocratico **sozialistisch** ADJ socialista **Sozialversicherung** F previdenza *f* sociale

sozusagen ADV per così dire

Spa N *od* M spa *f*

Spachtel M *od* F spatola *f*

Spalt M fessura *f* **Spalte** F *Gletscher* crepaccio *m*; *Für Spiegelio* *m*; *Text* colonna *f* **spalten** V spaccare; *Gruppe* dividere; **sich ~** dividersi

Spange F *Haar* fermaglio *m*; *Zähne* apparecchio *m*

Spanien N Spagna *f* **Spanier(in)** M(F) spagnolo(-a) *m(f)* **spanisch** ADJ spagnolo

Spann M collo *m* del piede

Spanne F *Zeit* lasso *m* di tempo; *Differenz* divario *m*

spannen V tendere; *Kleidung* stringere; *Haut* tirare

spannend ADJ avvincente **Spannung** F tensione *f*; ELEK *a.* voltaggio *m*
Sparbuch N libretto *m* di risparmio **Sparbüchse** F salvadanaio *m* **sparen** V risparmiare
Spargel M asparago *m*
Sparkasse F cassa *f* di risparmio
spärlich ADJ scarso; *Bekleidung* succinto
sparsam ADJ economo; *Verbrauch* economico
Spaß M burla *f*; *Freude* divertimento *m*; **es macht (mir) ~** mi diverte; **viel ~!** buon divertimento! **Spaßvogel** M burlone *m*
spät ADV tardi; **wie ~ ist es?** che ore sono?; **zu ~** troppo tardi; **zu ~ kommen** arrivare in ritardo
Spaten M vanga *f*
später ADV più tardi; **bis ~!** a più tardi! **spätestens** ADV al più tardi **Spätvorstellung** F spettacolo *m* notturno
Spatz M passero *m*
spazieren V: **~ gehen** andare a passeggio **Spaziergang** M passeggiata *f*
Specht M picchio *m*
Special N speciale *m*
Speck M lardo *m*; *durchwachsen* pancetta *f*
Spedition F spedizione *f*
Speer M lancia *f*; SPORT giavellotto *m*
Speiche F *Rad* raggio *m*
Speichel M saliva *f*
Speicher M IT memoria *f*; *Dachboden* solaio *m* **speichern** V IT salvare (**auf** su)
Speicherplatz M IT spazio *m* di memoria, *umg* memoria *f*
Speise F cibo *m*; *Gericht* piatto *m* **Speiseeis** N gelato *m* **Speisekammer** F dispensa *f* **Speisekarte** F carta *f*, menù *m* **Speiseröhre** F esofago *m* **Speisesaal** M sala *f* da pranzo **Speisewagen** M vagone *m* ristorante
Spende F dono *m* **spenden** V *Geld* offrire; *Blut* donare
spendieren V *umg* offrire
Sperling M *Spatz* passero *m*
Sperma N sperma *m*
Sperre F barriera *f*, blocco *m*; *Verbot* divieto *m* **sperren** V sbarrare, bloccare; SPORT *Spieler* sospendere **Sperrholz** N compensato *m* **sperrig** ADJ ingombrante **Sperrmüll** M rifiuti *mpl* ingombranti **Sperrstunde** F orario *m* di chiusura (obbligatoria)
Spesen PL spese *fpl*
Spezial... PRÄF speciale **Spezialist(in)** M(F) specialista *m/f*
Spezialität F specialità *f*
Spiegel M specchio *m* **Spiegelei** N uovo *m* al tegamino **spiegeln** V riflettere; *blitzen* brillare; *blenden* abbagliare; **sich ~** specchiarsi (**in** in) **Spiegelreflexkamera** F (mac-

china *f* fotografica) reflex *f*
Spiel N gioco *m*; *Partie* partita *f* **Spielautomat** M slot-machine *f* **spielen** V giocare (**Karten** a carte); THEAT *Stück* dare; *Rolle* recitare; MUS suonare **Spieler(in)** M(F) giocatore(-trice) *m(f)* **Spielfeld** N campo *m* (da gioco) **Spielfilm** M lungometraggio *m*, film *m* **Spielhalle** F casa *f* da gioco **Spielkarte** F carta *f* da gioco **Spielkasino** N casinò *m* **Spielplan** M programma *m* **Spielplatz** M campo *m* giochi **Spielraum** M spazio *m*; *fig* libertà *f* d'azione **Spielregel** F regola *f* del gioco **Spielverderber(in)** M(F) guastafeste *m/f* **Spielzeug** N giocattoli *mpl*
Spieß M GASTR spiedo *m*; **am ~** allo spiedo **spießig** ADJ *umg* piccolo borghese
Spinat M spinaci *mpl*
Spinne F ragno *m* **spinnen** V filare; *fig umg* essere matto **Spinnennetz** N ragnatela *f*
Spion(in) M(F) spia *f* **Spionage** F spionaggio *m*
Spirale F spirale *f* (*a.* MED)
Spirituosen FPL alcolici *mpl*
Spiritus M spirito *m* **Spirituskocher** M fornello *m* a spirito
spitz ADJ aguzzo, a punta; *fig Ton* tagliente **Spitze** F punta *f*; *Berg* cima *f*; *Gewebe* merletto *m*; **an der ~** in testa
Spitzel M spia *f*
spitzen V *Bleistift* temperare
Spitzenreiter(in) M(F) primo(-a) *m(f)* in classifica
Spitzer M temperamatite *m*
spitzfindig ADJ cavilloso
Spitzname M soprannome *m*
Splitt M pietrisco *m*; *Streumittel* breccia *f*
Splitter M scheggia *f*
Spoiler M AUTO alettone *m*, spoiler *m*
sponsern V sponsorizzare
spontan ADJ spontaneo
Sport M sport *m*; **~ treiben** fare sport **Sportart** F tipo *m* di sport **Sportartikel** MPL articoli *mpl* sportivi **Sporthalle** F palestra *f* **Sportler(in)** M(F) sportivo(-a) *m(f)* **sportlich** ADJ sportivo **Sportplatz** M campo *m* sportivo **Sporttasche** F borsa *f* per sport **Sportunfall** M incidente *m* sportivo **Sportverein** M club *m* sportivo **Sportwagen** M macchina *f* sportiva **Sportzeug** N roba *f* per lo sport
Spott M scherno *m* **spottbillig** ADJ a prezzo irrisorio **spotten** V farsi scherno (**über** di), schernire (**über j-n** qn) **spöttisch** ADJ beffardo
Sprache F lingua *f* **Sprachführer** M *Buch* manuale *m* di conversazione **Sprachkenntnisse** FPL conoscenze

fpl linguistiche **Sprachkurs** M corso *m* di lingua **sprachlos** ADJ senza parole
Spray M *od* N spray *m*
Spraydose F bomboletta *f* spray
Sprechanlage F citofono *m*
sprechen V parlare (**über** di; **mit** a, con) **Sprecher(in)** M(F) (*Radio*, TV) annunciatore (-trice) *m(f)*; *Wortführer* portavoce *m/f* **Sprechstunde** F orario *m* di visita; ~ **haben** ricevere **Sprechstundenhilfe** F assistente *m/f* **Sprechzimmer** N ambulatorio *m*
sprengen V far saltare; *Rasen* annaffiare **Sprengstoff** M esplosivo *m* **Sprengstoffanschlag** M attentato *m* dinamitardo
sprichst parli → sprechen
spricht parla → sprechen
Sprichwort N proverbio *m*
sprießen V *Knospe* spuntare
Springbrunnen M fontana *f* a zampillo
springen V saltare; *ins Wasser* tuffarsi; *Glas* incrinarsi **Springer** M *Schach* cavallo *m*
Sprit M *umg* benzina *f*
Spritze F MED siringa *f* **spritzen** V MED iniettare; *Wasser* schizzare
spröde ADJ fragile; *Haut* screpolato; *Mensch* scontroso
Sprosse F piolo *m*
Spruch M detto *m*
Sprudel M acqua *f* minerale gassata **sprudeln** V spumeggiare; *kochen* bollire
Sprühdose F spray *m*, bomboletta *f* **Sprühregen** M pioggerella *f*
Sprung M salto *m*; *ins Wasser* tuffo *m*; *Riss* crepa *f*
Sprungbrett N, **Sprungschanze** F trampolino *m*
Spucke F saliva *f* **spucken** V sputare; *umg erbrechen* vomitare
Spülbecken N, **Spüle** F lavello *m*; acquaio *m*
Spule F bobina *f*
spülen V *Geschirr* lavare; *ausspülen* sciacquare; *Toilette* tirare lo sciacquone **Spülmaschine** F lavastoviglie *f*
Spülmittel N detersivo *m*
Spülung F *WC* sciacquone *m*; *Haare* balsamo *m*
Spur F traccia *f*; *Fahrspur* corsia *f*
spürbar ADJ sensibile **spüren** V sentire
spurlos ADJ senza lasciare traccia
Squash M SPORT squash *m*
Staat M stato *m* **staatlich** ADJ statale **Staatsangehörigkeit** F nazionalità *f*
Staatsanwalt M, **-anwältin** F pubblico ministero *m*
Staatsbürger(in) M(F) cittadino(-a) *m(f)* **Staatsmann** M uomo *m* di stato **Staatsoberhaupt** N capo *m* di stato

Stab M bastone *m* **Stabhochsprung** M salto *m* con l'asta
stabil ADJ stabile, solido; *kräftig* robusto, resistente
Stachel M spina *f*; *Insekt* pungiglione *m* **Stachelbeere** F uva *f* spina **Stacheldraht** M filo *m* spinato
Stadion N stadio *m*
Stadt F città *f* **Städtepartnerschaft** F gemellaggio *m* **Städter(in)** M(F) cittadino(-a) *m(f)* **Städtereise** F *viaggio per visitare una città* **Stadtführer(in)** M(F) guida *f* **Stadthalle** F centro *m* sociale **städtisch** ADJ comunale **Stadtmauer** F mura *fpl* delle città **Stadtmitte** F centro *m* **Stadtplan** M pianta *f* della città **Stadtrand** M periferia *f* **Stadtrundfahrt** F giro *m* turistico della città **Stadtteil** M, **Stadtviertel** N quartiere *m*, rione *m*
Staffelei F cavalletto *m*
Staffellauf M corsa *f* a staffetta
Stahl M acciaio *m*
Stalker(in) M(F) stalker *m/f* **Stalking** N stalking *m*
Stall M stalla *f*
Stamm M *Baum* tronco *m*
stammen V provenire (aus da), essere originario (di)
Stammgast M avventore *m* **Stammkunde** M, **Stammkundin** F cliente *m/f* abituale
Stand M *Niveau* livello *m*; *Spielstand* punteggio *m*; *Zustand* stato *m*; *Verkaufsstand* bancarella *f*; *Messe* stand *m*
Stand-by-Betrieb M stand-by *m* **Stand-by-Flug** M volo *m* stand-by
Ständer M supporto *m*; *Notenständer* leggio *m*
Standesamt N anagrafe *f*
standhalten V resistere (a)
ständig 1 ADJ permanente; *Wohnsitz* stabile 2 ADV di continuo
Standlicht N luci *fpl* di posizione **Standort** M posizione *f* **Standpunkt** M punto *m* di vista **Standspur** F corsia *f* d'emergenza
Stange F stanga *f*; *Zigaretten* stecca *f*
Stängel M gambo *m*
Stapel M pila *f* **stapeln** V accatastare
Star M *Künstler* divo *m*, diva *f*
stark ADJ forte; *mächtig* potente; *Verkehr* intenso **Stärke** F forza *f*; *Macht* potenza *f*; *Verkehr* intensità *f*; *Dicke* spessore *m*; *Wäschestärke* amido *m* **stärken** V rinforzare; *Wäsche* inamidare; **sich** ~ ristorarsi **stärker** ADJ più forte
Starkstrom M corrente *f* ad alta tensione **Stärkung** F *Erfrischung* ristoro *m*
starr ADJ rigido; *Blick* fisso; *Haltung* inflessibile

Start M partenza *f*; FLUG decollo *m*; AUTO avviamento *m*; *Rakete* lancio *m*; *Beginn* inizio *m* **Startbahn** F pista *f* di decollo **startbereit** ADJ pronto per la partenza, FLUG pronto al decollo **starten** V partire; FLUG decollare; IT avviare **Starter** M starter *m* **Starthilfekabel** N AUTO cavo *m* d'accensione **Startseite** F IT pagina *f* iniziale
Station F *Bahnhof* stazione *f*; *Haltestelle* fermata *f*; *Krankenhaus* reparto *m*; ~ **machen** far sosta **stationär** ADJ MED in ospedale
Statist(in) M(F) comparsa *f*
Statistik F statistica *f*
Stativ N treppiede *m*
statt KONJ & PRÄP invece di
stattfinden V avere luogo
Statue F statua *f*
Stau M *Verkehr* ingorgo *m*
Staub M polvere *f* **staubig** ADJ polveroso **Staubsauger** M aspirapolvere *m*
Staudamm M diga *f*
stauen V: **sich** ~ *Verkehr* ingorgarsi; *Wasser* ristagnare; *Menschen* ammassarsi
staunen V stupirsi (**über** di)
Stausee M lago *m* artificiale
Steak N bistecca *f*
stechen V *Insekt, Nadel* pungere; *Sonne* picchiare; *Kartenspiel* ammazzare **stechend** ADJ *Schmerz* lancinante; *Geruch* pungente **Stechmücke** F zanzara *f*
Steckdose F presa *f* di corrente **stecken** V *Ding* mettere, ficcare; ~ **bleiben** rimanere bloccato; ~ **lassen** *Schlüssel* lasciare nella toppa **Stecker** M spina *f* **Stecknadel** F spillo *m*
Steg M *Bootssteg* pontile *m*
stehen V stare in piedi; *stillstehen* essere fermo; *sich befinden* essere; *Kleidung* **j-m** ~ stare bene a qn; **im Stehen** in piedi; ~ **bleiben** fermarsi; ~ **lassen** lasciare
stehlen V rubare
Stehplatz M posto *m* in piedi
Steiermark F Stiria *f*
steif ADJ rigido; *Glieder* irrigidito; *förmlich* formale
steigen V salire (**auf** su; **in** in); montare (**auf** su); *Fieber, Preise* aumentare; *Pegel* innalzarsi
steigern V: ~ *u.* **sich** ~ aumentare
Steigung F salita *f*
steil ADJ erto, ripido **Steilhang** M pendio *m* ripido; erta *f*
Stein M pietra *f*, sasso *m*; *Spielfigur* pedina *f* **Steinbock** M stambecco *m*; ASTROL Capricorno *m* **Steinbruch** M cava *f* **Steinbutt** M ZOOL rombo *m* **steinig** ADJ pietroso **Steinkohle** F carbon *m* fossile **Steinpilz** M porcino *m* **Steinschlag** M caduta *f*

massi **Steinzeit** F età f della pietra
Stelle F posto m; *Ort* luogo m; *Arbeit* impiego m; *Dienststelle* ufficio m; *Text* passo m
stellen V mettere, porre; *Uhr* regolare; *Frage* fare **Stellenangebot** N offerta f d'impiego
Stellplatz M parcheggio m
Stellung F posizione f; *Arbeit* impiego m; **~ nehmen** prendere posizione **Stellungnahme** F presa f di posizione **Stellvertreter(in)** M(F) sostituto(-a) m(f)
Stempel M timbro m **stempeln** V timbrare
Steppdecke F coltrone m
sterben V morire **Sterbeurkunde** F certificato m di morte
Stereoanlage F stereo m
steril ADJ sterile
Stern M stella f **Sternbild** N costellazione f **Sternschnuppe** F stella f cadente **Sternwarte** F osservatorio m **Sternzeichen** N segno m zodiacale
stetig ADJ continuo **stets** ADV sempre
Steuer[1] F tassa f, imposta f
Steuer[2] N AUTO volante m; SCHIFF timone m
Steuerberater(in) M(F) consulente m/f fiscale **Steuerbord** N SCHIFF tribordo m **Steuererklärung** F dichiarazione f dei redditi **steuerfrei** ADJ esente da tasse
steuern V guidare; FLUG, SCHIFF pilotare; IT gestire
Steuerung F guida f; IT gestione f **Steuerzahler(in)** M(F) contribuente m/f
Stevia F BOT stevia f
Steward M steward m **Stewardess** F FLUG hostess f
Stich M *Insekt* puntura f; *Nähen* punto m; *Schmerz* fitta f; *Messer* coltellata f; **im ~ lassen** abbandonare **stichhaltig** ADJ valido **Stichprobe** F prova f a caso **Stichtag** M giorno m fissato **Stichwort** N spunto m; *Wörterbuch* lemma m
Stickerei F ricamo m
stickig ADJ soffocante **Stickstoff** M azoto m
Stiefel M stivale m
Stiefmutter F matrigna f
Stiefmütterchen N BOT viola f del pensiero **Stiefsohn** M figliastro m **Stieftochter** F figliastra f **Stiefvater** M patrigno m
Stiege F *Treppe* scala f
Stiel M manico m; BOT gambo m; **Eis am ~** gelato m sul bastoncino
Stier M toro m; ASTROL Toro m
Stift M *Bleistift* matita f; *Filzstift* pennarello m; *Metall* perno m **stiften** V donare; *gründen* fondare **Stiftung** F

Organisation fondazione *f*
Stil M stile *m*
Stilfser Joch N Passo *m* dello Stelvio
still ADJ silenzioso; *ruhig* calmo; **~!** zitto! **Stille** F silenzio *m* **stillen** V *Kind* allattare; *Blut* fermare; *Durst* placare **stillhalten** V stare fermo **Stillleben** N natura *f* morta **stilllegen** V *Fabrik* chiudere **stillstehen** V essere fermo
Stimme F voce *f*; *Wahl* voto *m*
stimmen V votare (**für/gegen** per/contro); MUS accordare; **das stimmt** è giusto **Stimmrecht** N diritto *m* di voto
Stimmung F stato *m* d'animo; *Atmosphäre* atmosfera *f*
Stimmzettel M scheda *f* elettorale
stinken V puzzare
stinksauer ADJ *umg* incazzato
Stipendium N borsa *f* di studio
Stirn F fronte *f* **Stirnhöhlenentzündung** F sinusite *f*
Stock M bastone *m*; *Etage* piano *m*; **im 1. ~** al primo piano **Stockbett** N letto *m* a castello **Stockwerk** N piano *m*
Stoff M *Gewebe* stoffa *f*; *Materie* materia *f*; *Buch, Film* trama *f*; *umg Drogen* roba *f* **Stoffwechsel** M metabolismo *m*
stöhnen V gemere
stolpern V inciampare (**über** in)
stolz ADJ orgoglioso (**auf** di); *hochmütig* superbo **Stolz** M orgoglio *m*; *Hochmut* superbia *f*
stopfen V *füllen* riempire; *ausbessern* rammendare; GASTR ingozzare
stoppen V *Auto* fermare; *Zeit* cronometrare; *stehen bleiben* fermarsi; **stopp!** ferma! **Stoppschild** N stop *m* **Stoppuhr** F cronometro *m*
Stöpsel M tappo *m*
Storch M cicogna *f*
stören V disturbare; **störe ich?** disturbo?
stornieren V stornare **Stornokosten** PL spese *fpl* di storno
Störung F disturbo *m*; TECH guasto *m* **Störungsstelle** F TEL ufficio *m* guasti
Stoß M spinta *f*; *Schlag* colpo *m*; *Erdstoß* scossa *f*; *Stapel* pila *f* **Stoßdämpfer** M ammortizzatore *m* **stoßen** V spingere; *anstoßen* urtare (**an, gegen** contro); *fig* imbattersi (**auf j-n** in qn); *finden* incontrare (**auf** qc) **Stoßstange** F paraurti *m* **Stoßverkehr** M traffico *m* di punta **Stoßzeit** F ora *f* di punta
stottern V balbettare
Str. ABK (**= Straße**) via *f*
Strafanzeige F denuncia *f* (**gegen** contro) **strafbar** ADJ

punibile **Strafe** F JUR pena f; *Geldstrafe* multa f **strafen** V punire
straff ADJ teso; *fest* sodo
straffrei ADJ esente da pena **Strafgefangene(r)** F(M) detenuto(-a) m(f) **Strafprozess** M processo m penale **Strafpunkt** M penalità f **Strafraum** M area f di rigore **Strafrecht** N diritto m penale **Strafstoß** M (calcio m di) rigore m **Straftat** F reato m **Strafzettel** M multa f
Strahl M raggio m; *Wasser* getto m **strahlen** V irradiare; *Sonne* splendere; *fig Mensch* essere raggiante **strahlend** ADJ *vor Freude* raggiante **Strahlung** F radiazione f
Strähnchen NPL *gefärbt* meche *fpl* **Strähne** F *Haare* ciocca f
Strampelanzug M tutina f per neonati **strampeln** V *Baby* sgambettare **Strampler** M tutina f per neonati
Strand M spiaggia f; **am ~** sulla spiaggia **Strandkleid** N prendisole m **Strandkorb** M poltrona f da spiaggia **Strandliege** F lettino m da spiaggia; *leicht* spiaggina f **Strandmuschel** F tenda f da spiaggia **Strandpromenade** F lungomare m **Strandurlaub** M vacanze *fpl* al mare
Strapaze F strapazzo m **strapaziös** ADJ faticoso
Straße F strada f; *mit Namen* via f; **auf der ~** in (cd sulla) strada **Straßenarbeiten** FPL lavori *mpl* in corso **Straßenatlas** M atlante m stradale **Straßenbahn** F tram m **Straßengraben** M fosso m **Straßenhändler(in)** M(F) venditore(-trice) m(f) ambulante **Straßenkarte** F carta f stradale **Straßenkehrer(in)** M(F) netturbino(-a) m(f) **Straßenlaterne** F lampione m **Straßenschild** N targa f stradale **Straßensperre** F blocco m stradale **Straßenverhältnisse** NPL condizioni *fpl* stradali **Straßenverkehr** M traffico m stradale **Straßenverkehrsordnung** F codice m stradale
sträuben V: **sich ~** opporsi (**gegen** a); *Haare* rizzarsi
Strauch M arbusto m **Strauchtomaten** FPL pomodori *mpl* ramati
Strauß M *Blumen* mazzo m (d fiori)
streben V aspirare (**nach** a) **strebsam** ADJ zelante
Strecke F tratto m; *Route* itinerario m; SPORT percorso m BAHN linea
strecken V stendere
Streich M scherzo m
streicheln V accarezzare

Streichelzoo M zoo *m* di carezze
streichen V passare la mano (**über** su); *löschen* estinguere; *Wand* imbiancare
Streichholz N fiammifero *m*
Streife F pattuglia *f*
streifen V *berühren* sfiorare **Streifen** M striscia *f*
Streifenwagen M auto *f* di pattuglia
Streik M sciopero *m* **streiken** V scioperare **Streikposten** M picchetto *m*
Streit M lite *f* **streiten** V litigare **Streitkräfte** FPL forze *fpl* armate
streng ADJ severo; *Gesicht* serio; *Geruch* aspro
Stress M stress *m* **stressig** ADJ stressante
streuen V spargere (**auf** su)
Strich M linea *f* **Strichcode** M codice *m* a barre **Strichpunkt** M punto *m* e virgola
Strick M corda *f*
stricken V lavorare a maglia **Strickjacke** F golf *m*, cardigan *m* **Stricknadeln** FPL ferri *mpl* da calza
Striemen M livido *m*
strikt ADJ rigoroso
String M perizoma *m* **Stringtanga** M brasiliana *f*, perizoma *m*
Striptease M *od* N spogliarello *m*
Stroh N paglia *f* **Strohhalm** M *zum Trinken* cannuccia *f*
Strohhut M cappello *m* di paglia
Strom M ELEK corrente *f*; *Fluss* fiume *m* **Stromanschluss** M allacciamento *m* alla rete elettrica **Stromausfall** M mancanza *f* di corrente **Stromschnelle** F rapida *f* **Stromstärke** F amperaggio *m*
Strömung F corrente *f* (*a. fig*)
Strophe F strofa *f*
Struktur F struttura *f*
Strumpf M calza *f* **Strumpfhose** F *gestrickt* calzamaglia *f*; *aus Nylon* collant *m*
Stück N pezzo *m*; *Teil* parte *f*; THEAT dramma *m*; MUS brano *m* (musicale)
Student(in) M(F) studente (-essa) *m(f)* **Studentenaustausch** M scambio *m* di studenti **Studentenausweis** M tessera *f* universitaria **Studentenwohnheim** N casa *f* dello studente
Studienfach N materia *f* di studio **Studienfreund(in)** M(F) compagno(-a) *m(f)* di studi **Studienreise** F viaggio *m* di studio **studieren** V frequentare l'università, studiare (all'università)
Studio N studio *m*
Studium N studi *mpl* universitari
Stufe F gradino *m*; *Rang* grado *m*

Stuhl M sedia *f* **Stuhlgang** M MED evacuazione *f*
stumm ADJ muto
Stummel M mozzicone *m*
stumpf ADJ *Messer* senza filo
Stumpf M troncone *m*
stumpfsinnig ADJ stupido
Stunde F ora *f*; *Schule* lezione *f* **Stundenkilometer** MPL chilometri *mpl* orari
stundenlang ADV per ore
Stundenlohn M paga *f* oraria **Stundenplan** M orario *m* **stündlich** ADV ogni ora
stur ADJ testardo
Sturm M tempesta *f* **stürmen** V SPORT attaccare; *Wind* infuriare **Stürmer(in)** M(F) SPORT attaccante *m/f*
stürmisch ADJ tempestoso; *fig* frenetico **Sturmwarnung** F avviso *m* di tempesta
Sturz M caduta *f*; *Preise* crollo *m* **stürzen** V *fallen* cadere; *eilen* precipitarsi; *Regierung* fare cadere **Sturzhelm** M casco *m*
Stute F cavalla *f*
Stuttgart N Stoccarda *f*
Stütze F sostegno *m*
stutzen V *erstaunt sein* restare sorpreso; *kürzen* spuntare
stützen V *Person* sorreggere; **sich ~** appoggiarsi (**auf** a)
Stützstrumpf M calza *f* elastica
Styropor® N polistirolo *m*
Subjekt N soggetto *m* **subjektiv** ADJ soggettivo
Substanz F sostanza *f*
Subtropen MPL regioni *fpl* subtropicali
Subvention F sovvenzione *f*
Suche F ricerca *f* **suchen** V cercare *a. Internet* **Sucher** M FOTO mirino *m* **Suchmaschine** F *Internet* motore *m* di ricerca
Sucht F *Abhängigkeit* dipendenza *f*; *Begehren* brama *f* (**nach** di) **süchtig** ADJ dipendente; *Drogen* tossicodipendente; *Alkohol* alcolista
Südafrika N *Land* Sudafrica *m* **Südamerika** N Sudamerica *m* **Süddeutschland** N Germania *f* del Sud **Süden** M sud *m*, meridione *m* **Süditalien** N Italia *f* del Sud (od meridionale) **Südtaliener(in)** M(F) meridionale *m/f*
Südkorea N Corea *f* del Sud **südlich** ADJ meridionale; **~ von** al sud di **Südosten** M sud-est **Südpol** M polo *m* sud **Südtirol** N Sud Tirolo *m*, Alto Adige *m* **Südwesten** M sud-ovest *m* **Südwind** M vento *m* del sud
Suite F suite *f*
Sülze F GASTR aspic *m*
Summe F somma *f*
summen V *Insekt* ronzare; *Melodie* canticchiare
Sumpf M palude *f*
Sünde F peccato *m* **Sündenbock** M capro *m* espiatorio

Super N, **Superbenzin** N super *f* **Supermarkt** M supermercato *m*
Suppe F minestra *f*, zuppa *f*; *Gemüsesuppe* minestrone *m* **Suppenfleisch** N carne *f* da brodo **Suppengrün** N odori *mpl* **Suppenlöffel** M cucchiaio *m* **Suppenteller** M piatto *m* fondo
Surfbrett N surf *m* **surfen** V fare surf; **im Internet ~** navigare su Internet **Surfer(in)** M(F) surfista *m/f*; *Internet* navigatore(-trice) *m(f)*
süß ADJ dolce **süßen** V addolcire **Süßigkeiten** FPL dolciumi *mpl* **süßsauer** ADJ agrodolce **Süßspeise** F dolce *m* **Süßstoff** M dolcificante *m* **Süßwasser** N acqua *f* dolce
SW ABK (= **Südwesten**) SO (sud-ovest)
Sweatshirt N felpa *f*
Swimmingpool M piscina *f*
Symbol N simbolo *m*; IT icona *f* **symbolisch** ADJ simbolico
symmetrisch ADJ simmetrico
sympathisch ADJ simpatico
Symptom N sintomo *m*
Synagoge F sinagoga *f*
synchronisiert ADJ *Film* doppiato
synthetisch ADJ sintetico
Syphilis F sifilide *f*
Syrien N Siria *f*
System N sistema *m* **systematisch** ADJ sistematico
Szene F scena *f*

T

Tabak M tabacco *m* **Tabakladen** M tabaccheria *f* **Tabakwaren** FPL tabacchi *mpl*
Tabelle F tabella *f*
Tabletcomputer M IT tablet (computer) *m* **Tablet-PC** M IT tablet PC *m*
Tablett N vassoio *m*
Tablette F compressa *f*
Tabulator M IT tasto *m* Tab
Tacho M *umg*, **Tachometer** M tachimetro *m*
Tadel M biasimo *m* **tadellos** ADJ impeccabile **tadeln** V biasimare
Tafel F *Tisch* tavola *f*; *Schokolade* tavoletta *f*; *Schule* lavagna *f* **Tafelwasser** N acqua *f* minerale
Tag M giorno *m*; *Dauer* giornata *f*; **guten ~!** buongiorno!; **am ~, bei ~e** di giorno; **sie hat ihre ~e** ha il ciclo **Tagebuch** N diario *m* **tagelang** ADV per giorni interi **tagen** V *Kongress* avere luogo **Tagesablauf** M giornata *f* **Tagesgericht** N piatto *m* del giorno **Tageskarte** F *Ti-*

cket biglietto *m* valido per un giorno; *Speisekarte* lista *f* del giorno **Tageslicht** N luce *f* del giorno **Tagesordnung** F ordine *m* del giorno **Tagesschau®** F telegiornale *m* **Tageszeitung** F quotidiano *m* **täglich** ADV ogni giorno; **zweimal ~** due volte al giorno **tagsüber** ADV di giorno

Tagung F convegno *m*

Taille F vita *f*

Takt M MUS tempo *m*; *Taktgefühl* tatto *m* **Taktik** F tattica *f* **taktlos** ADJ senza tatto, indelicato **Taktstock** M bacchetta *f* **taktvoll** ADJ discreto, delicato

Tal N valle *f*

Talent N talento *m* **talentiert** ADJ dotato

Talg M sego *m*

Talsperre F diga *f* di sbarramento **Talstation** F stazione *f* a valle

Tampon M tampone *m*

Tandem N tandem *m*

Tang M fuco *m*

Tanga M tanga *m*

Tank M serbatoio *m* **tanken** V fare benzina **Tanker** M petroliera *f* **Tankstelle** F stazione *f* di rifornimento (*od* di servizio) **Tankwart** M benzinaio *m*

Tanne F abete *m* **Tannenzapfen** M pigna *f*

Tante F zia *f*

Tanz M ballo *m* **tanzen** V ballare **Tänzer(in)** M(F) ballerino(-a) *m(f)* **Tanzfläche** F pista *f* da ballo **Tanzschule** F scuola *f* di ballo

Tapasbar F bar *m* di tapas

Tapete F tappezzeria

Tapeverband M bendaggio *m* adesivo

tapezieren V tappezzare

tapfer ADJ valoroso

Tarent N Taranto *f*

Tarif M tariffa *f* **Tarifverhandlungen** FPL trattative *fpl* tariffarie

tarnen V: **sich ~** mimetizzarsi

Tasche F *in Kleidung* tasca; *Handtasche* borsetta *f*; *Einkaufen* borsa *f*; *Aktentasche* cartella *f* **Taschenbuch** N libro *m* tascabile **Taschendieb(in)** M(F) borsaiolo(-a) *m(f)* **Taschendiebstahl** M borseggio *m* **Taschengeld** N paghetta *f* **Taschenlampe** F torcia *f* elettrica **Taschenmesser** N temperino *m* **Taschenrechner** M calcolatrice *f* tascabile **Taschentuch** N fazzoletto *m*

Tasse F tazza *f*

Tastatur F tastiera *f*

Taste F tasto *m* **Tastsinn** M (senso *m* del) tatto *m*

Tat F atto *m*, azione *f*; *Straftat* reato *m*; **in der ~** infatti **Täter(in)** M(F) autore(-trice) *m(f)* del reato **tätig** ADJ atti-

vo **Tätigkeit** F attività *f*
Tatort M luogo *m* del delitto
Tätowierung F tatuaggio *m*
Tatsache F (dato *m* di) fatto *m* **tatsächlich** 1 ADJ reale, effettivo 2 ADV realmente
Tatze F zampa *f*
Tau[1] N *Seil* cavo *m*, fune *f*
Tau[2] M *Nässe* rugiada *f*
taub ADJ sordo
Taube F piccione *m*
taubstumm ADJ sordomuto
tauchen V tuffarsi **Taucher(in)** M(F) sub *m/f* **Taucheranzug** M muta *f* **Taucherausrüstung** F attrezzatura *f* subacquea **Taucherbrille** F occhiali *mpl* da sub **Tauchermaske** F maschera *f* da sub **Tauchgang** M immersione *f* **Tauchsport** M sport *m* subacqueo
tauen V: **es taut** disgela
Tauern PL Tauri *mpl*
Taufe F battesimo *m* **taufen** V battezzare **Taufpate** M, **Taufpatin** F padrino *m*, madrina *f* di battesimo
taugen V valere; **das taugt nichts** non serve a niente; **~ zu** essere buono a **tauglich** ADJ buono, idoneo (**zu** a); MIL abile
Tausch M (s)cambio *m* **tauschen** V (s)cambiare (**gegen** con)
täuschen V ingannare; **sich ~** sbagliarsi **Täuschung** F illusione *f*
tausend ADJ mille; **~ Dank!** mille grazie! **Tausender** M *Geldschein* biglietto *m* da mille
Tauwetter N disgelo *m*
Taxameter M *od* N tassametro *m*
Taxi N taxi *m* **Taxifahrer(in)** M(F) tassista *m/f* **Taxistand** M posteggio *m* taxi
Team N team *m* **Teamarbeit** F lavoro *m* di gruppo **Teamgeist** M spirito *m* di squadra
Technik F tecnica *f* **Techniker(in)** M(F) tecnico(-a) *m(f)* **technisch** ADJ tecnico
Teddybär M orsacchiotto *m*
Tee M tè *m*; *Kräutertee* tisana *f*; **schwarzer ~** tè *m* nero; **grüner ~** tè *m* verde **Teebeutel** M bustina *f* di tè **Teekanne** F teiera *f* **Teekessel** M bollitore *m* per tè **Teelöffel** M cucchiaino *m*
Teer M catrame *m*
Teesieb F colino *m* da tè **Teetasse** F tazza *f* da tè
Teich M stagno *m*
Teig M pasta *f* **Teigwaren** FPL paste *fpl*
Teil[1] M *Bereich* parte *f*; **zum ~** in parte
Teil[2] N *Stück* pezzo *m*, parte *f*
teilen V dividere **Teilhaber(in)** M(F) socio(-a) *m(f)* **Teilnahme** F partecipazione *f* (**an** a) **teilnehmen** V prendere parte, partecipare (**an** a)
teils ADV in parte

Teilung F divisione *f*
teilweise ADV parzialmente, in parte
Teilzeitarbeit F part-time *m*
Teint M carnagione *f*
Telefax N telefax *m*
Telefon N telefono *m* **Telefonanruf** M telefonata *f*, chiamata *f* **Telefonbanking** N phone banking *m* **Telefonbuch** N elenco *m* telefonico **Telefongebühren** FPL tariffa *f* telefonica **Telefongespräch** N telefonata *f* **telefonieren** V parlare al telefono (**mit** con) **telefonisch** ADJ telefonico **Telefonkarte** F scheda *f* telefonica **Telefonnummer** F numero *m* telefonico **Telefonzelle** F cabina *f* telefonica **Telefonzentrale** F centralino *m*
Teleobjektiv N teleobiettivo *m*
Teller M piatto *m*
Tempel M tempio *m*
temperamentvoll ADJ vivace
Temperatur F temperatura *f*; **~ haben** avere qualche linea di febbre
Tempo N velocità *f*; MUS tempo *m* **Tempolimit** N limite *m* di velocità **Tempotaschentuch®** N fazzoletto *m* di carta
Tennis N tennis *m* **Tennisplatz** M campo *m* da tennis **Tennisschläger** M racchetta *f* da tennis **Tennisspieler(in)** M(F) tennista *m/f*
Tenor M MUS tenore *m*
Teppich M tappeto *m* **Teppichboden** M moquette *f*
Termin M termine *m*; *Arzt* appuntamento *m*
Terminal N *Flughafen* terminal *m*
Terminkalender M agenda *f*
Terrasse F terrazza *f*
Terror M terrore *m* **Terrorismus** M terrorismo *m* **Terrorist(in)** M(F) terrorista *m/f*
Tesafilm® M ≈ scotch® *m*
Tessin N Ticino *m*
Test M test *m*, prova *f*; *Prüfung* esame *m*
Testament N testamento *m*; **Altes/Neues ~** Vecchio/Nuovo Testamento
testen V testare; *Person* sottoporre ad un test
Tetanusimpfung F vaccinazione *f* antitetanica
teuer ADJ caro; **zu ~** troppo caro
Teufel M diavolo *m*
Text M testo *m*; *Lied* parole *fpl*
Textilien FPL tessuti *mpl*
Textverarbeitung F elaborazione *f* dei testi
Thailand N Thailandia *f*
Theater N teatro *m*; *umg* **ein großes ~ machen** fare una scenata (**wegen** per)
Theke F banco *m*; *Bar* bancone *m*

Thema N argomento *m*
theoretisch **1** ADJ teorico **2** ADV in teoria **Theorie** F teoria *f*
Therapeut(in) M(F) terapeuta *m/f* **Therapie** F terapia *f* (**gegen** contro)
Thermalbad N *Ort* terme *fpl*
Thermometer N termometro *m* **Thermosflasche®** F termos *m* **Thermostat** M termostato *m*
These F tesi *f*
Thrombose F MED trombosi *f*
Thron M trono *m*
Thunfisch M tonno *m*
Thurgau N Turgovia *f*
Thüringen N Turingia *f*
Thymian M timo *m*
Tiber M Tevere *m*
Tick M tic *m*; *Fimmel* fissazione *f* **ticken** V ticchettare
Ticket N biglietto *m*; **elektronisches ~** IT biglietto *m* elettronico
tief ADJ *Schlaf* profondo; *Ton, Temperatur* basso; *Wasser, Abgrund* fondo; *Schnee* alto **Tief** N, **Tiefdruckgebiet** N (zona *f* di) bassa pressione *f* **Tiefe** F profondità *f* **Tiefebene** F bassopiano *m* **Tiefgarage** F garage *m* sotteraneo **tiefgekühlt** ADJ surgelato **Tiefkühlfach** N congelatore *m* **Tiefkühltruhe** F congelatore *m*
Tier N animale *m*; *wild* bestia *f* **Tierarzt** M, **-ärztin** F veterinario(-a) *m(f)* **Tiergarten** M zoo *m* **Tierpark** M zoo *m* **Tierschutz** M protezione *f* degli animali **Tierschützer(in)** M(F) animalista *m/f*
Tiger M tigre *f*
tilgen V estinguere
Tinte F inchiostro *m* **Tintenfisch** M *Sepie* seppia *f*; *Kalmar* calamaro *m*
Tipp M suggerimento *m*
tippen V scrivere a macchina; *Lotto* riempire la schedina; *wetten* scommettere
Tirol N Tirolo *m*
Tisch M tavolo *m*, *Esstisch* tavola *f*; **bei ~** a tavola; **nach ~** dopo pranzo **Tischdecke** F tovaglia *f* **Tischler(in)** M(F) falegname *m* **Tischtennis** N ping-pong *m* **Tischtuch** N tovaglia *f* **Tischwein** M vino *m* da pasto
Titel M titolo *m* **Titelseite** F *Zeitschrift* copertina *f*; *Zeitung* prima pagina *f*
Toast M, **Toastbrot** N pancarré *m* **toasten** V tostare
Toaster M tostapane *m*
Tochter F figlia *f*
Tod M morte *f* **Todesanzeige** F necrologio *m* **Todesopfer** N morto *m*, vittima *f* **Todesstrafe** F pena *f* capitale **tödlich** ADJ mortale
todmüde ADJ stanco morto
Toilette F toilette *f*; *WC* gabinetto *m*; **wo ist die ~?** dov'è

il bagno? **Toilettenpapier** N carta *f* igienica
tolerant ADJ tollerante
toll ADJ *umg Wetter* magnifico; *Idee* formidabile **Tollkirsche** F belladonna *f* **Tollwut** F MED rabbia *f*
Tomate F pomodoro *m* **Tomatenmark** N concentrato *m* di pomodoro **Tomatensaft** M succo *m* di pomodoro **Tomatensoße** F sugo *m* di pomodoro
Ton[1] M *Laut* suono *m*
Ton[2] M *Lehm* argilla *f*
Tonart F tonalità *f*
tönen V *färben* tingere; *erschallen* risuonare
Tonleiter F scala *f* musicale
Tonne F *Fass* botte *f*; *Maßeinheit* tonnellata *f*
Tönung F *Mittel* tintura *f* per capelli
Topf M vaso *m*; *Kochtopf* pentola *f*
Topfen M *österr Quark* ricotta *f*
Töpferwaren FPL ceramiche *fpl*
topfit ADJ in piena forma
Tor N portone *m*, porta *f*; *Fußball* rete *f*; **~!** goal! *m*; **ein ~ schießen** fare goal **Toreinfahrt** F ingresso *m* auto (con portone)
Torf M torba *f*
Torschütze M, **Torschützin** F marcatore(-trice) *m(f)*
Torte F torta *f*
Torwart M portiere *m*
Toskana F Toscana *f*
tot ADJ morto
total ADJ totale; *umg* completamente
Totalschaden M danno *m* totale
Tote(r) F(M) morto(-a) *m(f)* **töten** V uccidere **Totenschein** M certificato *m* di morte
Toto N *od* M totocalcio *m* **Totoschein** M schedina *f* del totocalcio
Totschlag M omicidio *m*
Touch M tocco *m* **Touchpad** N IT touchpad *m* **Touchscreen** M IT touchscreen *m*
Toulouse N Tolosa *f*
Tour F *Bergtour* escursione *f*; *Ausflug* gita *f* **Tourenrad** N bicicletta *f* da città **Tourismus** M turismo *m* **Tourist(in)** M(F) turista *m/f* **Touristeninformation** F azienda *f* di soggiorno, ufficio *m* turistico
Trab M trotto *m*; **j-n auf ~ bringen** far trottare qn
Tracht F costume *m* regionale **Trachtengruppe** F gruppo *m* folcloristico
Tradition F tradizione *f* **traditionell** ADJ tradizionale
Trafik F *österr* tabaccheria *f*
tragbar ADJ portatile; *erträglich* sopportabile **Trage** F barella *f*

träge ADJ *Bewegung* lento; *Mensch* pigro
tragen V portare (**bei sich** con sé); *anhaben* indossare
Träger M *Kleidung* spallina f; *Person* portatore m; *Balken* trave f; → a. Gepäckträger
Tragetasche F sporta f
Tragfläche F ala f **Tragflügelboot** N aliscafo m
tragisch ADJ tragico **Tragödie** F tragedia f
Tragweite F portata f
Trainer(in) M(F) allenatore (-trice) m(f) **trainieren** V allenare (**j-n** qn); *selbst* allenarsi
Training N allenamento m
Trainingsanzug M tuta f (da ginnastica)
Traktor M trattore m
Tram F *umg*, **Trambahn** F tram m
trampeln V calpestare
trampen V fare l'autostop
Tramper(in) M(F) autostoppista m/f
Trampolin N tappeto m elastico
Träne F lacrima f **tränen** V lacrimare **Tränengas** N gas m lacrimogeno
Tränke F abbeveratoio m
Transfer M trasferimento m
Transitverkehr M traffico m di transito
transparent ADJ trasparente
Transplantation F trapianto m
Transport M trasporto m
transportfähig ADJ trasportabile **transportieren** V trasportare **Transportmittel** N mezzo m di trasporto
Transvestit M travestito m
Traube F grappolo m d'uva; **~n** *pl* uva f **Traubensaft** M succo m d'uva **Traubenzucker** M glucosio m
trauen V: *vertrauen* **j-m/etw ~** fidarsi di qn/qc; **sich ~** *wagen* osare; *Brautpaar* sposare
Trauer F lutto m **Trauerfeier** F esequie *fpl* **trauern** V essere in lutto (**um** per)
Trauerweide F salice m piangente
Traum M sogno m **träumen** V sognare
traurig ADJ triste **Traurigkeit** F tristezza f
Trauring M fede f **Trauschein** M certificato m di matrimonio **Trauung** F matrimonio m **Trauzeuge** M, **Trauzeugin** F testimone m/f di nozze
Travellerscheck M traveller's cheque m
treffen V *Ziel* colpire; *begegnen* incontrare; **sich ~** incontrarsi; **~ wir uns morgen?** ci vediamo domani? **Treffen** N incontro m **Treffpunkt** M luogo m d'incontro
treiben V *tun* fare; *auf dem Wasser* andare alla deriva; *Pflanze* germogliare; **sich ~ lassen** lasciarsi andare; **was**

treibst du so? cosa fai di bello? **Treiber** M IT driver *m* **Treibhaus** N serra *f* **Treibhauseffekt** M effetto *m* serra **Treibstoff** M carburante *m*
Trekkingrad N bicicletta *f* da trekking **Trekkingschuhe** MPL scarpe *fpl* da trekking **Trekkingtour** F giro *m* di trekking
Trend M trend *m*, tendenza *f* **Trendsetter(in)** M(F) trend setter *m/f*
trennen V separare; *teilen* dividere; *unterscheiden* distinguere; **sich ~** separarsi **Trennung** F separazione *f*
Treppe F scala *f* **Treppengeländer** N ringhiera *f* **Treppenhaus** N (tromba *f* delle) scale *fpl*
Tresen M banco *m*
Tresor M cassaforte *f*
Tretboot N pedalò *m*
treten V dare un calcio (**j-n** a qn); **auf etw ~** pestare qc; **auf die Bremse ~** pigiare il freno
treu ADJ fedele **Treue** F fedeltà *f* **treulos** ADJ infedele
Tribüne F tribuna *f*
Trichter M imbuto *m*
Trick M trucco *m* **Trickfilm** M cartoni *mpl* animati
Trieb M istinto *m*; BOT getto *m* **Triebwerk** N FLUG motore *m* propulsore
Trient N Trento *f*
Triest N Trieste *f*
triff, triffst, trifft → treffen
Trikot N maglia *f*
trinken V bere; **auf j-n/etw ~** brindare a qn/qc **Trinkflasche** F borraccia *f* **Trinkgeld** N mancia *f* **Trinkwasser** N acqua *f* potabile
Tritt M calcio *m*
Triumph M trionfo *m* **Triumphbogen** M arco *m* di trionfo
trocken ADJ *nicht nass* asciutto, secco (*a. Wein*); *Boden* arido **Trockenhaube** F casco *m* **Trockenheit** F aridità *f*
trocknen V asciugare
Trockner M asciugatrice *f*
trödeln V gingillarsi
Troll M IT troll *m*
Trolley F trolley *m*
Trommel F tamburo *m* **Trommelfell** N ANAT timpano *m* **trommeln** V suonare il tamburo
Trompete F tromba *f* **Trompeter(in)** M(F) trombettista *m/f*
Tropen PL tropici *mpl*
Tropf M MED flebo *f*
tropfen V *Wasserhahn* gocciolare **Tropfen** M goccia *f*; MED *mpl* gocce *fpl* **tropfenweise** ADV a goccia a goccia
tropisch ADJ tropicale
Trost M conforto *m*, consolazione *f* **trösten** V consolare **tröstlich** ADJ *beruhigend* rassicurante **trostlos** ADJ scon-

fortante; *öde* desolato **Trostpreis** M premio *m* di consolazione
Trottel M imbecille *m*
trotz PRÄP nonostante; **~ allem** malgrado tutto
Trotz M ostinazione *f*; **aus ~** per dispetto
trotzdem ADV nonostante ciò, tuttavia
trotzig ADJ caparbio
trüb(e) ADJ *Flüssigkeit* torbido; *Himmel, Wetter* coperto; *Glas* opaco; *Stimmung* cupo
Trubel M confusione *f*
trübsinnig ADJ malinconico
Trüffel F tartufo *m*
trügerisch ADJ illusorio
Truhe F cofano *m*
Trümmer NPL rovine *fpl*
Trumpf M atout *m*
Trunkenheit F: **~ am Steuer** guida *f* in stato d'ebrezza
Trupp M drappello *m*; *Gruppe* gruppo *m* **Truppe** F MIL truppa *f*; THEAT compagnia *f*
Truthahn M tacchino *m*
Tscheche M, **Tschechin** F ceco(-a) *m(f)* **Tschechien** N Repubblica *f* Ceca **tschechisch** ADJ ceco; **die Tschechische Republik** la Repubblica Ceca
Tschetschenien N Cecenia *f*
tschüs(s)! INT ciao!
T-Shirt N maglietta *f*
Tube F tubetto *m*
Tuberkulose F tubercolosi *f*
Tuch N panno *m*; *Halstuch* fazzoletto *m*, foulard *m*
tüchtig ADJ bravo; *fleißig* diligente
tückisch ADJ maligno
Tugend F virtù *f*
Tulpe F tulipano *m*
Tumor M tumore *m*
Tümpel M pozzanghera *f*
Tumult M tumulto *m*
tun V fare; **(nichts) zu ~ haben** (non) avere (niente) da fare; **nur so ~** fare come se; **tu doch nicht so!** non fare così!
Tunesien N Tunisia *f*
Tunfisch M tonno *m*
Tunnel M galleria *f*
Tür F porta *f*; AUTO portiera *f*; **vor die ~** fuori
Turban M turbante *m*
turbulent ADJ turbolento
Turbulenz F FLUG turbolenza *f*
Turin N Torino *f*
Türke M, **Türkin** F turco(-a) *m(f)* **Türkei** F: **die ~** la Turchia *f*
Türkis M turchese *m*
türkisch ADJ turco
Turm M torre *f*; *Kirche* campanile *m*
turnen V fare ginnastica
Turner(in) M(F) ginnasta *m/f*
Turnhalle F palestra *f*
Turnier N torneo *m*
Turnschuhe MPL scarpe *fpl* da ginnastica
Tüte F *Papier* cartoccio *m*; *Beutel* busta *f*, sacchetto *m*;

Eis cono *m*
TÜV M ABK (= **Technischer Überwachungsverein**) ente *m* di certificazione ed ispezione
twittern V twittare
Typ M tipo *m*
Typhus M tifo *m*
typisch ADJ tipico; ~ **deutsch** tipico dei tedeschi
tyrannisieren V tiranneggiare
tyrrhenisch ADJ tirreno: **Tyrrhenisches Meer** *n* Mar *m* Tirreno

U

u. a. ABK (= **unter anderem**) tra l'altro
U-Bahn F metropolitana *f* **U-Bahn-Station** F stazione *f* della metropolitana
übel 1 ADJ cattivo 2 ADV male; **mir wird ~** mi sento male; ~ **nehmen** prendersela a male (**j-m etw** con qn per qc)
Übelkeit F nausea *f*
üben V esercitarsi
über PRÄP *örtlich* sopra, su; *mehr als + Zahl* più di; *via* per; *von* di; ~ **Nacht** durante la notte; **~s Wochenende** per il weekend; **ein Scheck ~ 100 Euro** un assegno di mille euro
überall ADV dappertutto
überanstrengen V: **sich ~** affaticarsi troppo **überbacken** V GASTR gratinare
überbieten V offrire più di (qn); *Rekord* battere
Überblick M visione *f* d'insieme **überblicken** V abbracciare con lo sguardo; *Lage* afferrare
überbringen V portare
überbucht ADJ *Flug* in overbooking
überdacht ADJ coperto
überdenken V riflettere su
Überdosis F dose *f* eccessiva; *Drogen* overdose *f*
überdurchschnittlich ADJ superiore alla media
übereilt ADJ avventato
übereinander ADV l'uno sopra l'altro
übereinkommen V accordarsi **übereinstimmen** V essere d'accordo (**in** su); *Dinge* concordare
überempfindlich ADJ ipersensibile
überfahren V *Lebewesen* investire; *Ampel* oltrepassare
Überfahrt F traversata *f*
Überfall M aggressione *f* (**auf** a) **überfallen** V *Bank* assaltare; *Person* aggredire
überfällig ADJ in ritardo
überfliegen V sorvolare; *Text* scorrere
Überfluss M abbondanza *f*

(**an** di); **im ~** in abbondanza
überflüssig ADJ superfluo
überfluten V inondare
überfordern V esigere troppo (**j-n** da qn)
Überführung F BAHN cavalcavia *m*
überfüllt ADJ pieno zeppo
Übergabe F consegna *f*
Übergang M passaggio *m*; *im Gebirge* valico *m*
übergeben V consegnare; **sich ~** vomitare
übergehen V passare (**zu, auf** a); *übersehen* ignorare
Übergepäck N eccesso *m* di bagaglio **Übergewicht** N sovrappeso *m*; *fig* preponderanza *f* **übergewichtig** ADJ sovrappeso
Übergriff M abuso *m* **Übergröße** F taglia *f* forte
überhandnehmen V prendere il sopravvento
überhäufen V colmare (**mit** di)
überhaupt ADV in genere; *eigentlich* ma; **~ nicht** non … affatto
überheblich ADJ arrogante
überholen V sorpassare **Überholspur** F corsia *f* di sorpasso **überholt** ADJ *alt* antiquato **Überholverbot** N divieto *m* di sorpasso
überhören V non sentire
überlassen V lasciare, cedere **überlaufen** **1** V *Flüssigkeit* traboccare **2** ADJ *voll* sovraffollato
überleben V sopravvivere **Überlebende(r)** F(M) superstite *m/f*
überlegen **1** V riflettere (**etw** su qc); **sich ~** pensarci **2** ADJ superiore **Überlegung** F riflessione *f*
übermäßig ADJ eccessivo
übermorgen ADV dopodomani
übermüdet ADJ spossato **übermütig** ADJ sfrenato
übernachten V passare la notte, pernottare **Übernachtung** F pernottamento *m*; **~ mit Frühstück** pernottamento *m* con prima colazione
übernehmen V assumere **überprüfen** V verificare **überqueren** V attraversare
überraschen V sorprendere **überraschend** ADV di sorpresa **Überraschung** F sorpresa *f*
überreden V persuadere
überreichen V consegnare
überschätzen V sopravvalutare **überschlagen** V *Kosten* fare un calcolo approssimativo; **sich ~** ribaltarsi **überschneiden** V: *zeitlich* **sich ~** coincidere **überschreiten** V *Grenze* passare; *Maß* superare
Überschrift F titolo *m*
Überschuss M eccedenza *f* (**an** di) **überschüssig** ADJ eccedente

Überschwemmung F inondazione *f* **Übersee**: **in ~** oltreoceano
übersehen V *nicht sehen* non vedere
übersetzen V *Text* tradurre **Übersetzer(in)** M(F) traduttore(-trice) *m(f)* **Übersetzung** F traduzione *f*; TECH trasmissione *f*
Übersicht F visione *f* d'insieme **übersichtlich** ADJ chiaro
überspringen V saltare (*a. fig*)
Überstunden FPL ore *fpl* straordinarie
überstürzt ADJ precipitoso; *Entschluss* affrettato
übertragbar ADJ MED trasmissibile; JUR trasferibile; *fig* applicabile **übertragen** V TV, MED trasmettere; *Aufgabe* affidare **Übertragung** F trasmissione *f*; MED contagio *m*
übertreffen V superare
übertreiben V esagerare **Übertreibung** F esagerazione *f* **übertrieben** ADJ esagerato, eccessivo
überwachen V sorvegliare
überwältigend ADJ sconvolgente
überweisen V *Geld* versare; *Patienten* mandare (**zu** a) **Überweisung** F *Bank* bonifico *m*
überwiegen V predominare **überwiegend** ADV in modo preponderante, principalmente **überwinden** V superare **überwintern** V svernare
Überzahl F maggioranza *f*
überzeugen V convincere; **sich ~** accertarsi (**von** di) **Überzeugung** F convinzione *f*
überziehen V *Mantel* indossare; *Konto* scoprire; *Sendezeit* protrarre
üblich ADJ usuale, solito
U-Boot N sottomarino *m*
übrig ADJ restante; **~ bleiben** restare; **~ lassen** lasciare; **die Übrigen** gli altri; **alles Übrige** il resto
übrigens ADV a proposito; *außerdem* tra l'altro
Übung F *Aufgabe* esercizio *m*; *Erfahrung* pratica *f*
Ufer N riva *f*
Uhr F orologio *m*; **wie viel ~ ist es?** che ore sono?; **es ist drei ~** sono le tre; **um drei ~** alle tre **Uhrzeigersinn** M: **im/gegen den ~** in senso orario/antiorario **Uhrzeit** F: **die genaue ~** l'ora *f* esatta
Uhu M gufo *m*
Ukraine F Ucraina *f*
UKW ABK (= **Ultrakurzwelle**) onde *fpl* ultracorte
Ultraschall M ultrasuono *m* **Ultraschalluntersuchung** F ecografia *f*
um **1** PRÄP *räumlich* intorno a; *zeitlich* a; **~ zwei Uhr** alle due; **ungefähr ~ acht** verso

le otto; ~ **jeden Preis** ad ogni costo **2** KONJ per; ~ **zu essen** per mangiare **3** ADV: ~ **sein** essere finito

umarmen V abbracciare

umbauen V ristrutturare

umbinden V *Tuch* mettere; *Krawatte* annodarsi

Umbrien N Umbria *f*

umbringen V uccidere

umbuchen V *Reise* cambiare il biglietto di

umdisponieren V cambiare programma

umdrehen V voltare; *wenden* girare; **sich** ~ voltarsi (**nach** verso) **Umdrehung** F giro *m*

umfallen V cadere

Umfang M volume *m*; MATH circonferenza *f* **umfangreich** ADJ *Buch etc* voluminoso; *Änderung etc* ampio, vasto

Umfrage F inchiesta *f*

umfüllen V travasare

Umgang M rapporti *mpl*; *Dinge* contatto *m* (**mit** con) **Umgangssprache** F linguaggio *m* colloquiale **umgangssprachlich** ADJ colloquiale

Umgebung F dintorni *mpl*

umgehen V *Hindernis* girare intorno a; *fig vermeiden* evitare; **mit j-m** ~ comportarsi con qn **umgehend** ADV subito **Umgehungsstraße** F circonvallazione *f*

umgekehrt ADJ inverso; *Richtung* opposto; **und** ~ e viceversa

Umhängetasche F borsa *f* a tracolla

umkehren V tornare indietro

umkippen V *umfallen* cadere; *etw* rovesciare; *umg ohnmächtig werden* svenire

Umkleidekabine F *Kaufhaus* cabina *f* di prova; *Schwimmbad* spogliatoio *m*

umkommen V perdere la vita

Umkreis M: **im** ~ **von** nel giro di

umlegen V spostare; *Kosten* dividere; **j-n** ~ *umg* fare fuori qn

Umleitung F deviazione *f*

umliegend ADJ circostante

umrechnen V convertire **Umrechnungskurs** M tasso *m* di conversione

umringen V attorniare

Umriss M contorno *m*

umrühren V rimestare

Umsatz M HANDEL giro *m* d'affari

Umschlag M *Brief* busta *f*; *Buch* copertina *f*; MED compressa *f*

umschlagen V *Wetter* cambiare

Umschulung F riqualificazione *f* professionale

Umschwung M mutamento *m* repentino

umsehen V: **sich** ~ guardarsi intorno; *suchen* **sich nach etw**

~ cercare qc **umsetzen** V *Idee* mettere in pratica; **sich ~** spostarsi **umso** KONJ: **~ besser** tanto meglio **umsonst** ADV *gratis* gratis, gratuito; *vergebens* invano **Umstand** M circostanza *f*; **unter diesen Umständen** date le circostanze; **unter Umständen** eventualmente; **nur keine Umstände!** non si disturbi! **umständlich** ADJ complicato **Umstandskleidung** F pré-maman *m* **umsteigen** V cambiare (**nach** per) **umstellen** V spostare; *Ernährung* modificare; *ändern* trasformare; **sich ~** adattarsi (**auf** a) **Umstellung** F cambiamento *m* **umstoßen** V rovesciare **umstritten** ADJ discusso **Umtausch** M cambio *m* **umtauschen** V cambiare **umwandeln** V trasformare (**in** in) **Umweg** M giro *m*; **e-n ~ machen** fare un giro **Umwelt** F ambiente *m* **Umweltbelastung** F contaminazione *f* dell'ambiente **Umweltbewusstsein** N coscienza *f* ecologica **umweltfreundlich** ADJ non inquinante **umweltschädlich** ADJ inquinante **Umweltschutz** M protezione *f* dell'ambiente **Umweltschützer(in)** M(F) ecologista *m/f* **Umweltverschmutzung** F inquinamento *m* dell'ambiente **umwerfen** V rovesciare; *fig erschüttern* scuotere **umziehen** V cambiare casa, traslocare; **sich ~** cambiarsi **Umzug** M trasloco *m*; *Festzug* corteo *m* **unabhängig** ADJ indipendente **Unabhängigkeit** F indipendenza *f* **unabsichtlich** ADJ involontario **unangebracht** ADJ inopportuno **unangemessen** ADJ inadeguato **unangenehm** ADJ spiacevole **Unannehmlichkeiten** FPL noie *fpl* **unanständig** ADJ indecente; *Witz* sporco **unappetitlich** ADJ *nicht appetitlich* poco appetitoso; *abscheulich* disgustoso **unauffällig** ADJ poco appariscente; *unbemerkt* discreto **unaufmerksam** ADJ disattento **unaufschiebbar** ADJ improrogabile **unausstehlich** ADJ insopportabile **unbeabsichtigt** ADJ involontario **unbedenklich** **1** ADJ sicuro **2** ADV senz'altro **unbedeutend** ADJ insignificante **unbedingt** ADV assolutamente; **~!** certo! **unbefangen** ADJ spregiudicato **unbefriedigend** ADJ insoddisfacente **unbegrenzt** ADJ illimitato **unbekannt** ADJ sconosciuto **unbeliebt** ADJ malvisto **unbemerkt** ADJ inosservato **unbequem** ADJ scomodo **unberechenbar** ADJ incalcolabile; *Mensch* imprevedibile **unbeschränkt** ADJ illimitato **unbeschreiblich** ADJ indescrivibile **unbeständig** ADJ *Wetter* variabile; *Lage* instabile **unbestimmt** ADJ indefinito; *Gefühl* indefinibile **unbeteiligt** ADJ estraneo; *uninteressiert* disinteressato **unbewacht** ADJ incustodito **unbeweglich** ADJ immobile **unbewusst** ADJ inconsapevole **unbezahlbar** ADJ impagabile **unbrauchbar** ADJ inservibile **uncool** ADJ *umg* sfigato

und KONJ e; **~ so weiter** eccetera, e così via; **na ~?** e allora?

undankbar ADJ ingrato **undenkbar** ADJ impensabile

undeutlich ADJ indistinto; *ungenau* vago **undicht** ADJ non stagno **undurchlässig** ADJ impermeabile **undurchsichtig** ADJ opaco; *Stoff* non trasparente; *fig Mensch* impenetrabile

uneben ADJ scabro **unecht** ADJ falso; *künstlich* artificiale **unehelich** ADJ *Kind* naturale **unempfindlich** ADJ insensibile (**gegen** a) **unendlich** ADJ infinito **unentgeltlich** ADJ senza pagamento **unentschieden** ADJ indeciso **Unentschieden** N SPORT pareggio *m* **unentschlossen** ADJ irresoluto

unerfahren ADJ inesperto **unerfreulich** ADJ spiacevole **unerhört** ADJ *fig* incredibile **unerklärlich** ADJ inspiegabile **unermüdlich** ADJ instancabile **unerreichbar** ADJ irraggiungibile **unerschwinglich** ADJ *teuer* inaccessibile **unersetzlich** ADJ *Verlust* irreparabile **unerträglich** ADJ insopportabile **unerwartet** ADJ inatteso **unerwünscht** ADJ indesiderato; *Besuch* inopportuno **unfähig** ADJ incapace (**zu** di) **unfair** ADJ sleale; *Entscheidung* ingiusto

Unfall M incidente *m*; *Arbeitsunfall* infortunio *m* sul lavoro

Unfallflucht F fuga *f* del conducente dopo un incidente **Unfallversicherung** F assicurazione *f* contro gli infortuni **Unfallwagen** M vettura *f* incidentata

unfassbar ADJ incomprensibile **unfehlbar** ADJ infallibile **unfrankiert** ADJ non affrancato **unfreundlich** ADJ scortese **unfruchtbar** ADJ sterile

Unfug M sciocchezze *fpl*

Ungar(in) M(F) ungherese *m/f*

ungarisch ADJ ungherese **Ungarn** N Ungheria *f* **ungebildet** ADJ incolto, ignorante **ungedeckt** ADJ *Scheck* scoperto (*a. Spieler*) **Ungeduld** F impazienza *f* **ungeduldig** ADJ impaziente **ungeeignet** ADJ inadatto **ungefähr** ADV circa **ungefährlich** ADJ non pericoloso, privo di rischi **ungeheuer** ADJ enorme **Ungeheuer** N mostro *m* **ungehorsam** ADJ disubbidiente **ungemütlich** ADJ poco accogliente; *Person* antipatico **ungenau** ADJ inesatto **ungenießbar** ADJ immangiabile; *Getränk* imbevibile; *fig umg* insopportabile **ungenügend** ADJ insufficiente **ungepflegt** ADJ *Person* trascurato; *Garten* abbandonato **ungerade** ADJ *Zahl* dispari **ungerecht** ADJ ingiusto **Ungerechtigkeit** F ingiustizia *f* **ungern** ADV mal volentieri **ungeschickt** ADJ maldestro **ungestört** ADJ indisturbato **ungesund** ADJ malsano; *Essen* dannoso **ungesüßt** ADJ non zuccherato **ungewachst** ADJ non cerato **ungewiss** ADJ incerto **Ungewissheit** F incertezza *f* **ungewöhnlich** ADJ, **ungewohnt** ADJ insolito **Ungeziefer** N parassiti *mpl* **ungezogen** ADJ maleducato **ungezwungen** ADJ disinvolto **ungläubig** ADJ incredulo **unglaublich** ADJ incredibile **ungleichmäßig** ADJ irregolare **Unglück** N *Pech* sfortuna *f*; *Unglücksfall* disgrazia *f* **unglücklich** ADJ infelice **unglücklicherweise** ADV per disgrazia **ungültig** ADJ non valido, nullo; *Ausweis* scaduto **ungünstig** ADJ sfavorevole **unhandlich** ADJ poco maneggevole **Unheil** N malanno *m* **unheilbar** ADJ incurabile **unhöflich** ADJ scortese **unhygienisch** ADJ antigienico **Uniform** F: **in ~** in divisa **Union** F unione *f*; **Europäische ~** Unione *f* Europea **Universität** F università *f* **Unkenntnis** F ignoranza *f* **unklar** ADJ poco chiaro **Unkosten** PL spese *fpl* **Unkraut** N erbacce *fpl* **unleserlich** ADJ illeggibile **Unmenge** F massa *f* **unmenschlich** ADJ inumano **unmerklich** ADJ impercettibile **unmittelbar** ADJ immediato **unmöglich** ADJ impossibile **unmoralisch** ADJ immorale **unnatürlich** ADJ innaturale **UNO** F ONU *f* (Organizzazione delle Nazioni Unite)

unordentlich ADJ disordinato **Unordnung** F disordine *m*
unpassend ADJ sconveniente **unpersönlich** ADJ impersonale **unpraktisch** ADJ poco pratico **unpünktlich** ADJ non puntuale
unrecht: **~ haben** avere torto
Unrecht N torto *m*; **im ~ sein** avere torto **unrechtmäßig** ADJ illegittimo
unregelmäßig ADJ irregolare **unreif** ADJ immaturo
Unruhe F irrequietezza *f*; *fig* inquietudine *f* **unruhig** ADJ inquieto; *Mensch* irrequieto
uns PRON ci; *betont* noi, a noi; **ein Freund von ~** un nostro amico; **mit ~** con noi; **das gehört ~** è nostro
unsauber ADJ sporco; *Ton* impuro **unscharf** ADJ FOTO sfocato **unschätzbar** ADJ inestimabile; *Hilfe* prezioso **unscheinbar** ADJ poco appariscente **unschlüssig** ADJ indeciso
Unschuld F innocenza *f* **unschuldig** ADJ innocente
unser POSS PR (il) nostro, (la) nostra; **das ist ~e(r, -s)** è nostro; **~e** *pl* (i) nostri, (le) nostre; **~e Freunde** i nostri amici **unseretwegen** ADV *für uns* per noi; *wegen uns* a causa nostra
unsicher ADJ malsicuro; *ungewiss* incerto **Unsicherheit** F incertezza *f*; *Mensch* insicurezza *f*
unsichtbar ADJ invisibile
Unsinn M scemenze *fpl* **unsinnig** ADJ insensato, assurdo
unsympathisch ADJ antipatico
unten ADV sotto, giù; *im Haus* di sotto; **von oben bis ~** dall'alto in basso
unter PRÄP sotto; *zwischen* fra, tra; *weniger als* meno di; **~ anderem** tra l'altro
Unterarm M avambraccio *m*
Unterbewusstsein N subcosciente *m*, subconscio *m*
unterbrechen V interrompere **Unterbrechung** F interruzione *f*; **ohne ~** senza sosta
unterbringen V sistemare **unterdrücken** V opprimere; *Gefühle* soffocare; *Tränen* trattenere
untere(r, -s) ADJ inferiore; *räumlich* di sotto
untereinander ADV tra di loro/noi/voi **unterentwickelt** ADJ sottosviluppato **unterernährt** ADJ denutrito **Unterführung** F sottopassaggio *m* **Untergang** M *Schiff* naufragio *m*; *Staat* crollo *m* **untergehen** V *Schiff* andare a fondo; *Sonne* tramontare; *fig* scomparire
Untergrund M sottosuolo *m*; POL clandestinità *f*
unterhalb PRÄP al di sotto di

Unterhalt M mantenimento m; *Alimente* alimenti *mpl*; **~ zahlen** pagare gli alimenti
unterhalten V *finanziell* mantenere; **sich ~** *reden* conversare, chiacchierare; *sich vergnügen* divertirsi **Unterhaltung** F *Gespräch* conversazione f; *Vergnügen* divertimento m
Unterhemd N canottiera f
Unterhose F mutande *fpl*
unterirdisch ADJ sotterraneo
Unterkiefer M mandibola f
unterkommen V sistemarsi
Unterkunft F alloggio m
Unterlage F supporto m; **~n** *pl* documentazione f; *Akten* documenti *mpl*
unterlassen V tralasciare
unterlegen ADJ inferiore
Unterleib M bassoventre m
Unterlippe F labbro m inferiore **Untermieter(in)** M(F) subaffittuario(-a) m(f)
unternehmen V intraprendere **Unternehmen** N impresa f **Unternehmer(in)** M(F) imprenditore(-trice) m(f)
unternehmungslustig ADJ intraprendente
Unterricht M insegnamento m; *Schule* lezioni *fpl* **unterrichten** V istruire; *Schule* insegnare (**j-n in etw** qc a qn); *informieren* informare
unterschätzen V sottovalutare
unterscheiden V distinguere
Unterschied M differenza f
unterschreiben V sottoscrivere, firmare **Unterschrift** F firma f
unterste(r, -s) ADJ il più basso
unterstellen V: **sich ~** mettersi al riparo; **j-m etw ~** attribuire qc a qn
unterstreichen V sottolineare
unterstützen V sostenere; *finanziell* sussidiare **Unterstützung** F appoggio m; *Beihilfe* sussidio m
untersuchen V esaminare; MED visitare; *Polizei* indagare su **Untersuchung** F esame m; JUR indagine f; MED visita f
Untertasse F piattino m **untertauchen** V tuffarsi; *fig* scomparire **Unterteil** N *od* M parte f inferiore **Untertitel** M sottotitolo m **Unterwäsche** F biancheria f intima
unterwegs ADV per via; *Reise* durante il viaggio
unterziehen V: **sich ~** sottoporsi (**etw** a qc)
Unterzucker M *umg*: **~ haben** avere un calo di zuccheri
untragbar ADJ intollerabile
untrennbar ADJ inseparabile
untreu ADJ infedele **Untreue** F infedeltà f
untypisch ADJ atipico
unüberlegt ADJ sconsiderato

unübersichtlich ADJ poco chiaro; *Kurve* cieco **unüblich** ADJ poco comune **ununterbrochen** ADJ ininterrotto
unverändert ADJ invariato
unverantwortlich ADJ irresponsabile **unverbesserlich** ADJ incorreggibile **unverbindlich** ADJ HANDEL senza impegno **unverbleit** ADJ senza piombo **unvergesslich** ADJ indimenticabile **unverheiratet** ADJ non sposato **unverletzt** ADJ illeso **unvermeidlich** ADJ inevitabile **unvernünftig** ADJ *Mensch* irragionevole; *Entscheidung* insensato
unverschämt ADJ impertinente; *Preis* esorbitante **Unverschämtheit** F impertinenza *f*
unverständlich ADJ incomprensibile **unverwüstlich** ADJ indistruttibile; *Mensch* imperturbabile **unverzichtbar** ADJ irrinunciabile **unverzüglich** ADV tempestivamente
unvollkommen ADJ imperfetto **unvollständig** ADJ incompleto
unvorsichtig ADJ incauto **unvorstellbar** ADJ inimmaginabile **unvorteilhaft** ADJ svantaggioso
unwahr ADJ falso **Unwahrheit** F falsità *f*; *Lüge* menzogna *f* **unwahrscheinlich** ADJ improbabile; *sehr* molto
unwesentlich ADJ irrilevante **Unwetter** N temporale *m* **unwichtig** ADJ poco importante **unwiderstehlich** ADJ irresistibile **unwirksam** ADJ inefficace **unwohl** ADJ indisposto **unzählig** ADJ innumerevole **unzerbrechlich** ADJ infrangibile **unzertrennlich** ADJ inseparabile
unzufrieden ADJ scontento **unzugänglich** ADJ inaccessibile **unzulässig** ADJ illecito **unzuverlässig** ADJ inaffidabile
Upgrade N IT upgrade *m*
üppig ADJ *Mahl, Busen* abbondante; *Vegetation* rigoglioso; *Frau* formoso
ups! INT ups!, ops!
uralt ADJ antichissimo; *Mensch* vecchissimo **Uraufführung** F prima *f* **Urenkel(in)** M(F) pronipote *m/f* **Urgroßmutter** F bisnonna *f* **Urgroßvater** M bisnonno *m*
urig ADJ ruspante
Urin M urina *f*
Urkunde F documento *m*
Urlaub M vacanze *fpl*; ferie *fpl*; **~ haben** essere in ferie; **(ich wünsche dir) e-n schönen ~!** (ti auguro) buone vacanze!; **in ~ fahren** andare in vacanza **Urlauber(in)** M(F) villeggiante *m/f* **Urlaubsort** M luogo *m* di villeggiatura **Urlaubszeit** F periodo *m* delle vacanze

Urne F urna *f*
Urologe M, **Urologin** F urologo(-a) *m(f)*
Ursache F causa *f*; *Grund* motivo *m*; **keine ~!** non c'è di che!
Ursprung M origine *f* **ursprünglich** ADJ originario; *Plan* iniziale
Urteil N giudizio *m*; JUR sentenza *f* **urteilen** V giudicare **(über etw** qc)
Urwald M foresta *f* vergine
USA PL USA *mpl*
USB-Anschluss M IT collegamento *m* USB **USB-Kabel** N IT cavo *m* USB **USB-Schnittstelle** F IT porta *f* USB **USB-Stick** M IT chiavetta *f* USB
User(in) M(F) IT utente *m/f*
usw. ABK **(= und so weiter)** ecc. (eccetera)
Utensilien FPL utensili *mpl*
utopisch ADJ utopistico
UV-Filter M filtro *m* UV (= ultravioletto) **UV-Schutz** M protezione *f* UV **UV-Strahlen** FPL raggi *mpl* UV (= ultravioletti)

V

vage ADJ vago
Vagina F vagina *f*
vakuumverpackt ADJ confezionato sotto vuoto
Vanille F vaniglia *f* **Vanilleeis** N gelato *m* alla vaniglia
Varieté N teatro *m* di varietà
Vase F vaso *m*
Vater M padre *m* **Vaterland** N patria *f* **väterlich** ADJ paterno; *Seite, Geschäft etc* del padre **Vaterunser** N padrenostro *m*
Vatikan M Vaticano *m* **Vatikanstadt** F Città *f* del Vaticano
V-Ausschnitt M scollatura *f* a V
v. Chr. ABK **(= vor Christus)** a.C. (avanti Cristo)
vegan ADJ vegano, vegetaliano **Veganer(in)** M(F) vegano(-a) *m(f)*, vegetaliano(-a) *m(f)* **Vegetarier(in)** M(F) vegetariano(-a) *m(f)* **vegetarisch** ADJ vegetariano
Vegetation F vegetazione *f*
Veilchen N violetta *f*
Velo N *österr* bicicletta *f*
Veltlin N Valtellina *f*
Vene F vena *f*
Venedig N Venezia *f*
Venetien N Veneto *m*
venezianisch ADJ veneziano
Ventil N valvola *f*
Ventilator M ventilatore *m*
Venus F Venere *f*
verabreden V stabilire; **sich ~** darsi appuntamento **(mit** con) **Verabredung** F *Treffen* appuntamento *m*; *Vereinba-*

rung accordo *m*
verabschieden V congedare; *Gesetz* varare; **sich ~** congedarsi (von da)
verachten V disprezzare
verächtlich 1 ADJ sprezzante 2 ADV con disprezzo **Verachtung** F disprezzo *m*
verallgemeinern V generalizzare
veraltet ADJ antiquato
veränderlich ADJ variabile
verändern V: ~ *u.* **sich ~** cambiare **Veränderung** F cambiamento *m*
Veranlagung F disposizione *f*; *steuerlich* tassazione *f*
veranstalten V organizzare
Veranstalter(in) M(F) organizzatore(-trice) *m(f)* **Veranstaltung** F organizzazione *f*; *Konzert etc* manifestazione *f* **Veranstaltungskalender** M calendario *m* delle manifestazioni
verantwortlich ADJ responsabile **Verantwortung** F responsabilità *f* **verantwortungslos** ADJ irresponsabile
verarbeiten V *Material* lavorare; *Daten* elaborare; *geistig* assimilare **Verarbeitung** F *Material* lavorazione *f*; *Daten* elaborazione *f*
verärgert ADJ irritato
verarschen V *vulg* prendere per il culo *vulg*: **ich bin verarscht worden** *vulg* mi hanno fregato
Verb N verbo *m*
Verband M MED fasciatura *f*; *Bund* associazione *f*
Verband(s)kasten M cassetta *f* di pronto soccorso
Verband(s)zeug N materiale *m* di pronto soccorso
verbergen V nascondere
verbessern V migliorare; *korrigieren* correggere **Verbesserung** F miglioramento *m*; *Korrektur* correzione *f*
Verbeugung F inchino *m*
verbiegen V piegare **verbieten** V proibire **verbilligt** ADJ a prezzo ridotto
verbinden V unire; *Wunde* fasciare; TEL mettere in comunicazione **verbindlich** ADJ obbligatorio **Verbindung** F collegamento *m*; TEL comunicazione *f*; *Beziehung* relazione *f*
verbleit ADJ con piombo **verblüfft** ADJ perplesso **verblühen** V sfiorire **verborgen** ADJ *versteckt* nascosto; *fig* latente
Verbot N divieto *m* **verboten** ADJ proibito, vietato; **Rauchen ~** è proibito fumare
Verbotsschild N segnale *m* di divieto
verbrannt ADJ bruciato
Verbrauch M consumo *m*
verbrauchen V consumare
Verbraucher(in) M(F) consumatore(-trice) *m(f)*
Verbrechen N delitto *m*

Verbrecher(in) M(F) criminale m/f
verbreiten V diffondere **Verbreitung** F diffusione f
verbrennen V bruciare **Verbrennung** F combustione f; MED ustione f; ~ **2. Grades** ustione f di secondo grado
verbringen V *Zeit* passare
verbrühen V: **sich** ~ scottarsi
verbürgen V: **sich ~ für** rendersi garante di
Verdacht M sospetto m **verdächtig** ADJ sospetto **verdächtigen** V: **j-n** ~ sospettare qn (**etw** di qc)
verdammt INT *umg* maledizione!
verdanken V dovere (**j-m etw** qc a qn)
verdauen V digerire **verdaulich** ADJ: **schwer** ~ indigesto **Verdauung** F digestione f
Verdeck N AUTO capote f
verdecken V coprire
verderben V guastare; *Freude* rovinare; *moralisch* corrompere; *Lebensmittel* andare a male **verderblich** ADJ *Essen* deperibile **verdeutlichen** V chiarire
verdienen V *Geld* guadagnare; *Lob* meritare
Verdienst[1] N *Leistung* merito m
Verdienst[2] M *Geld* guadagno m
verdoppeln V raddoppiare **verdorben** ADJ *Essen, Magen* guasto; *moralisch* corrotto
verdrängen V scacciare; *psychisch* rimuovere **verdrehen** V storcere; *Augen* stravolgere **verdünnen** V diluire; *Wein* annacquare **verdunsten** V evaporare **verdursten** V morire di sete
verehren V venerare, adorare **Verehrer(in)** M(F) ammiratore(-trice) m(f)
vereidigen V far giurare **vereidigt** ADJ giurato
Verein M associazione f
vereinbaren V *Treffen* stabilire; *Gegensätze* conciliare **Vereinbarung** F accordo m
vereinen V unire, riunire; **Vereinte Nationen** *fpl* Nazioni *fpl* Unite
vereinfachen V semplificare
vereinheitlichen V uniformare **vereinigen** V unire; **Vereinigtes Königreich** Regno Unito m; **Vereinigte Staaten** *pl* Stati Uniti *mpl*
Vereinigung F unione f; *Verein* associazione f
vereinzelt ADJ sporadico
vereist ADJ ghiacciato **vererben** V lasciare in eredità; BIOL trasmettere (in eredità) **Vererbung** F BIOL ereditarietà f
verfahren V procedere; **sich** ~ smarrirsi **Verfahren** N *Methode* metodo m; JUR pro-

cedimento *m*
Verfall M rovina *f*; MED deperimento *m* **verfallen** V *Gebäude* andare in rovina; *ablaufen* scadere **Verfallsdatum** N data *f* di scadenza
verfassen V redigere **Verfasser(in)** M(F) autore(-trice) *m(f)* **Verfassung** F POL costituzione *f*; *Zustand* condizioni *fpl*; *seelisch* stato *m* d'animo
verfault ADJ marcito
verfehlen V *Ziel* mancare; *verpassen* non incontrare, non trovare (**j-n** qn)
verfliegen V *Zeit* volare **verfluchen** V maledire
verfolgen V inseguire; *Plan* perseguire **Verfolger(in)** M(F) inseguitore(-trice) *m(f)* **Verfolgte(r)** F(M) perseguitato(-a) *m(f)* **Verfolgung** F inseguimento *m*; POL persecuzione *f*
verfrüht ADJ prematuro
verfügbar ADJ disponibile **verfügen** V disporre (**über** di) **Verfügung** F: **j-m etw zur ~ stellen** mettere qc a disposizione di qn
verführen V sedurre; indurre (**zu** a) **verführerisch** ADJ seducente **Verführung** F seduzione *f*
vergangen ADJ passato **Vergangenheit** F passato *m*
Vergaser M carburatore *m*
vergeben V perdonare; *erteilen* conferire (**an** a) **vergebens** ADV invano **vergeblich** ADJ inutile
vergehen V *Zeit* passare **Vergehen** N reato *m*
vergelten V rendere, ripagare **Vergeltung** F ritorsione *f*; *Rache* vendetta *f*
vergessen V dimenticare, scordare; **vergiss es!** lascia perdere! **vergesslich** ADJ smemorato
vergewaltigen V violentare **Vergewaltigung** F stupro *m*
vergewissern V: **sich ~** accertarsi
vergiften V avvelenare **Vergiftung** F intossicazione *f*
Vergissmeinnicht N BOT nontiscordardimé *m*
Vergleich M confronto *m*; JUR accomodamento *m* **vergleichbar** ADJ comparabile **vergleichen** V paragonare (**mit** a)
Vergnügen N divertimento *m*; *Freude* piacere *m*; **mit ~** con piacere; **viel ~!** buon divertimento! **vergnügt** ADJ contento, allegro **Vergnügungspark** M parco *m* dei divertimenti
vergoldet ADJ (in)dorato **vergraben** V sotterrare **vergriffen** ADJ HANDEL esaurito
vergrößern V ingrandire; *Anzahl* aumentare **Vergrößerung** F ingrandimento *m*

(*a.* FOTO) **Vergrößerungsglas** N lente *f* d'ingrandimento

Vergünstigung F vantaggio *m* **Vergütung** F rimborso *m*

verhaften V arrestare **Verhaftung** F arresto *m*

verhalten V: **sich ~** *Person* comportarsi; *Sache* stare **Verhalten** N comportamento *m*

Verhältnis N rapporto *m*, relazione *f*; **~se** *pl* condizioni *fpl*; *Lage* situazione *f* **verhältnismäßig** ADV relativamente

verhandeln V negoziare (**über etw** qc) **Verhandlung** F trattativa *f*; JUR dibattimento *m*

verhasst ADJ odiato **verheimlichen** V celare **verheiratet** ADJ sposato (**mit** con)

verhindern V impedire **verhindert** ADJ: **ich bin ~** sono impossibilitato

Verhör N interrogatorio *m*

verhören V interrogare; **sich ~** capire male

verhungern V morire di fame

verhüten V prevenire **Verhütung** F contraccezione *f* **Verhütungsmittel** N contraccettivo *m*

verirren V: **sich ~** smarrirsi

Verkauf M vendita *f* **verkaufen** V vendere; **zu ~** in vendita **Verkäufer(in)** M(F) venditore(-trice) *m(f)*; *im Geschäft* commesso(-a) *m f)*

Verkehr M *Straße* traffico *m*; *Sex* rapporto *m* sessuale **verkehren** V *Busse etc* fare servizio, circolare; *mit j-m* essere in rapporti (con); *in e-m Lokal* frequentare

Verkehrsamt N ufficio *m* del turismo **Verkehrsanbindung** F collegamento *m* con i mezzi pubblici **verkehrsberuhigt** ADJ: **~e Zone** zona *f* a traffico limitato **Verkehrschaos** N traffico *m* caotico **Verkehrsfunk** M Onda *f* verde **Verkehrsinsel** F salvagente *m* **Verkehrsmittel** N mezzo *m* di trasporto; **öffentliche ~** trasporti pubblici **Verkehrspolizei** F polizia *f* urbana **Verkehrsschild** N segnale *m* del traffico **Verkehrsunfall** M incidente *m* stradale **Verkehrsverein** M ente *m* per il turismo

verkehrt ADJ *falsch* sbagliato; *umgekehrt* invertito

verklagen V querelare (**wegen** per)

verkleiden V: **sich ~** travestirsi (**als** da)

verkleinern V ridurre (*a.* FOTO)

verkraften V sopportare

verkrampft ADJ *Muskel* rattrappito; *fig Person* impacciato

verkünden V annunciare; *öf-*

fentlich proclamare
verkürzen V accorciare
Verlag M casa *f* editrice
verlangen V richiedere, esigere **Verlangen** N desiderio *m*
verlängern V allungare; *zeitlich* prolungare **verlängert** ADJ prolungato; **~es Wochenende** ponte *m* **Verlängerung** F prolungamento *m*; *Vertrag* rinnovo *m*; *Frist* proroga *f*; SPORT tempo *m* supplementare **Verlängerungsschnur** F prolunga *f*
verlangsamen V rallentare
verlassen[1] V lasciare, abbandonare; **sich ~ auf** confidare in
verlassen[2] ADJ abbandonato; *Gegend* desolato **verlässlich** ADJ fidato
Verlauf M corso *m*; *Ablauf* andamento *m* **verlaufen** V procedere; **sich ~** smarrirsi
verlegen[1] V spostare; *Termin* rimandare (**auf** a); *verlieren* smarrire
verlegen[2] ADJ impacciato **Verlegenheit** F imbarazzo *m*
Verleger(in) M(F) editore (-trice) *m(f)*
Verleih M noleggio *m* **verleihen** V prestare; *gegen Gebühr* noleggiare; *Preis* conferire
verlernen V disimparare
verletzen V ferire; **sich ~** ferirsi **Verletzte(r)** F(M) ferito(-a) *m(f)* **Verletzung** F ferita; *Verstoß* violazione *f*
verleumden V calunniare **Verleumdung** F calunnia *f*
verlieben V: **sich ~** innamorarsi (**in** di) **verliebt** ADJ innamorato
verlieren V perdere **Verlierer(in)** M(F) perdente *m/f*; *Spiel* sconfitto(-a) *m(f)*
verlinken V IT linkare
verloben V: **sich ~** fidanzarsi **Verlobte(r)** F(M) fidanzata(-o) *f(m)* **Verlobung** F fidanzamento *m*
verlockend ADJ allettante
verlogen ADJ bugiardo; *Moral* falso
verloren ADJ & PPERF perso, perduto; **~ gehen** andare perduto → verlieren
verlosen V sorteggiare **Verlosung** F sorteggio *m*
Verlust M perdita *f* **Verlustanzeige** F denuncia *f* di smarrimento
vermehren V aumentare; **sich ~** moltiplicarsi; BIOL riprodursi
vermeiden V evitare
Vermerk M nota *f*
vermieten V affittare; *Rad, Auto* dare a nolo **Vermieter(in)** M(F) locatore(-trice) *m(f)* **Vermietung** F affitto *m*; *Rad, Auto* noleggio *m*
vermissen V avere nostalgia di (qn, qc); *nicht finden* non

trovare **vermisst** ADJ disperso **vermitteln** V intermediare (**zwischen** tra); *Wissen* trasmettere **Vermittlung** F TEL centralino *m* **Vermögen** N *Besitz* patrimonio *m*, fortuna *f* **vermuten** V supporre **vermutlich** ADV presumibilmente **Vermutung** F supposizione *f* **vernachlässigen** V trascurare **verneinen** V negare; *ablehnen* rifiutare **vernichten** V distruggere **Vernichtung** F annientamento *m* **Vernunft** F ragione *f* **vernünftig** ADJ ragionevole **veröffentlichen** V pubblicare **verordnen** V MED prescrivere **Verordnung** F MED prescrizione *f*; *Erlass* decreto *m* **verpachten** V affittare **verpacken** V impacchettare; *Ware* imballare **Verpackung** F imballaggio *m* **verpartnern** V *umg*: **sich ~** unirsi civilmente **verpassen** V *Zug* perdere **Verpflegung** F vitto *m* **verpflichten** V obbligare; **sich zu etw ~** impegnarsi a fare qc **Verpflichtung** F impegno *m* **verprügeln** V bastonare

Verrat M tradimento *m* **verraten** V tradire; *offenbaren* rivelare **Verräter(in)** M(F) traditore(-trice) *m(f)* **verrechnen** V compensare (**mit** con); *fig umg* **sich ~** sbagliarsi; **sich um 10 Euro ~** sbagliare di cento euro **Verrechnungsscheck** M assegno *m* sbarrato **verregnet** ADJ piovoso **verreisen** V partire per un viaggio **verrenken** V MED slogare **verringern** V diminuire **verrosten** V arrugginire **verrückt** ADJ pazzo **verrufen** ADJ malfamato **verrutschen** V spostarsi **Vers** M verso *m* **versagen** V *Mensch* fallire; *Motor* non funzionare **Versager(in)** M(F) fallito(-a) *m(f)* **versalzen** ADJ troppo salato **versammeln** V radunare; **sich ~** riunirsi **Versammlung** F riunione *f* **Versand** M spedizione *f* **Versandhaus** N ditta *f* di vendita per corrispondenza **versäumen** V *Zug* perdere; *unterlassen* trascurare **verschaffen** V procurare, procacciare **verschätzen** V: **sich ~** sbagliare i calcoli **verschenken** V dare in regalo **verschicken** V spedire

verschieben V *örtlich* spostare; *zeitlich* rimandare (**um** di; **auf** a)
verschieden ADJ diverso, differente
verschimmelt ADJ ammuffito
verschlafen V non svegliarsi in tempo; *vergessen* dimenticare
verschlechtern V: ~ *u.* **sich** ~ peggiorare **Verschlechterung** F peggioramento *m*
Verschleiß M usura *f*
verschließbar ADJ chiudibile **verschließen** V chiudere (a chiave)
verschlimmern V aggravare
verschlossen ADJ chiuso; *Mensch* riservato
verschlucken V inghiottire; **ich habe mich verschluckt** mi è andato qualcosa di traverso
Verschluss M chiusura *f*; *Deckel* coperchio *m*; FOTO otturatore *m*
verschmutzt ADJ sporco **verschneit** ADJ coperto di neve **verschollen** ADJ scomparso, disperso **verschonen** V risparmiare **verschönern** V abbellire
verschreiben V MED prescrivere; **sich** ~ sbagliare scrivendo **verschreibungspflichtig** ADJ da vendersi dietro presentazione di ricetta medica
verschrotten V rottamare
verschulden V *Unfall* causare; **sich** ~ indebitarsi
verschütten V versare
verschweigen V tacere
verschwenden V sprecare **verschwenderisch** ADJ *Mensch* sprecone **Verschwendung** F spreco *m*
verschwiegen ADJ discreto
verschwinden V sparire, scomparire
verschwommen ADJ FOTO sfocato
Verschwörung F congiura *f*
Versehen N svista *f*; *Irrtum* errore *m*; **aus** ~ per sbaglio **versehentlich** ADV per sbaglio
versenden V spedire
versetzen V *Beruf* trasferire; *e-n Schlag* colpire; *umg nicht erscheinen* far aspettare inutilmente; **sich in j-s Lage** ~ *umg* mettersi nei panni di
verseucht ADJ inquinato
versichern V assicurare (**gegen** contro); *beteuern* affermare **Versicherte(r)** F(M) assicurato(-a) *m(f)* **Versichertenkarte** F MED tessera *f* sanitaria **Versicherung** F assicurazione *f* **Versicherungsbeitrag** M premio *m* assicurativo **Versicherungsfall** M sinistro *m* **Versicherungskarte** F: AUTO **grüne** ~ carta *f* verde **Versicherungspolice** F, **Versicherungsschein** M polizza *f*

d'assicurazione
versinken V affondare
versöhnen V: **sich ~** riconciliarsi (**mit** con) **Versöhnung** F riconciliazione *f*
versorgen V *Familie* mantenere; **~ mit** provvedere di
verspannt ADJ *Muskeln* irrigidito
verspäten V: **sich ~** arrivare in ritardo **Verspätung** F ritardo *m*
verspielen V perdere (al gioco)
verspotten V schernire
versprechen V promettere **Versprechen** N promessa *f* **Versprecher** M lapsus *m*, papera *f*
verspüren V sentire
verstaatlichen V nazionalizzare
Verstand M intelletto *m*; **den ~ verlieren** impazzire
verständigen V informare (**über** di); **sich ~** farsi capire **Verständigung** F comunicazione *f*
verständlich ADJ comprensibile **Verständnis** N comprensione *f* **verständnisvoll** ADJ comprensivo
verstärken V rinforzare **Verstärker** M amplificatore *m* **Verstärkung** F rinforzo *m*; *fig* aumento *m*
verstauchen V: **sich den Fuß ~** slogarsi il piede **Verstauchung** F MED slogatura *f*
verstauen V stipare
Versteck N nascondiglio *m*
verstecken V nascondere
verstehen V capire, comprendere; **sich ~** andare d'accordo; intendersi (**auf etw** di cc)
Versteigerung F asta *f*
versteinert ADJ pietrificato
verstellbar ADJ regolabile
verstellen V regolare; *Stimme* contraffare; **sich ~** fingere
versteuern V pagare le imposte su
verstimmt ADJ MUS scordato; *fig* di malumore
verstopft ADJ *Abfluss, Straße* intasato **Verstopfung** F MED costipazione *f*
verstorben ADJ defunto
verstört ADJ sconvolto, turbato
Verstoß M offesa *f* (**gegen** a)
verstoßen V contravvenire (**gegen** a)
Versuch M tentativo *m*; *wissenschaftlich* esperimento *m*
versuchen V tentare; *Essen* assaggiare **Versuchskaninchen** N *pej* cavia *f* **Versuchung** F tentazione *f*
vertagen V rinviare, aggiornare
vertauschen V scambiare
verteidigen V difendere
Verteidiger(in) M(F) difensore *m* **Verteidigung** F difesa *f*

verteilen V distribuire; *aufteilen* ripartire; **sich ~** distribuirsi **Verteiler** M AUTO spinterogeno *m* **Verteilung** F distribuzione *f*
vertiefen V approfondire; **sich in etw ~** immergersi in qc
vertikal ADJ verticale
Vertrag M contratto *m*
vertragen V sopportare; *Essen* digerire; *Medikament* tollerare; **sich ~** andare d'accordo
Vertragswerkstatt F officina *f* convenzionata
vertrauen V fidarsi **(j-m/auf j-n** di qn) **Vertrauen** N fiducia *f* **vertraulich** ADJ confidenziale **vertraut** ADJ intimo; *bekannt* familiare
vertreiben V espellere; **sich die Zeit ~** far passare il tempo
vertreten V *Person* sostituire; *Firma* rappresentare **Vertreter(in)** M(F) *Beruf* rappresentante *m/f*; *Stellvertreter* sostituto(-a) *m(f)* **Vertretung** F rappresentanza *f*; *Stellvertretung* supplenza *f*
Vertrieb M vendita *f*, distribuzione *f*
vertrocknen V seccare
vertuschen V nascondere
verunglücken V avere un incidente; **tödlich ~** morire in un incidente
verunsichern V far venire dei dubbi
verursachen V causare
verurteilen V condannare **(zu** a) **Verurteilung** F condanna *f*
vervielfältigen V riprodurre
vervollständigen V completare
verwackelt ADJ FOTO mosso
verwählen V: TEL **sich ~** sbagliare numero
verwahrlost ADJ trascurato; *moralisch* depravato
verwalten V amministrare **Verwalter(in)** M(F) amministratore(-trice) *m(f)* **Verwaltung** F amministrazione *f*
verwandeln V trasformare
verwandt ADJ imparentato **(mit** con) **Verwandte(r)** F(M) parente *m/f* **Verwandtschaft** F parentela *f*
Verwarnung F ammonizione *f*; *Geldstrafe* multa *f*
verwechseln V scambiare **Verwechslung** F scambio *m*
verweigern V rifiutare
Verweis M *Tadel* rimprovero *m*; *Hinweis* rinvio *m*
verwelkt ADJ appassito
verwenden V usare **Verwendung** F uso *m*, impiego *m*
verwirklichen V realizzare
verwirren V confondere **verwirrt** ADJ confuso **Verwirrung** F confusione *f*
verwitwet ADJ *Mann* vedovo;

Frau vedova
verwöhnen V viziare
verworren ADJ confuso
verwunden V ferire
Verwunderung F stupore *m*
verwundet ADJ ferito
verwünschen V maledire
verwüsten V devastare
verzählen V: **sich ~** sbagliare a contare
verzaubern V incantare
Verzehr M consumo *m* **verzehren** V consumare
Verzeichnis N lista *f*, elenco *m*; IT directory *f*
verzeihen V perdonare; **~ Sie bitte, wo ...** mi scusi, dove ... **Verzeihung** F perdono *m*; **~!** scusi!
verzerrt ADJ deformato
Verzicht M rinuncia *f* **verzichten** V rinunciare (**auf** a)
verziehen V storcere; *Kind* viziare; *umg* **sich ~** sparire
Verzierung F ornamento *m*
verzögern V ritardare; **sich ~** tardare **Verzögerung** F ritardo *m*
verzollen V sdoganare; **haben Sie etwas zu ~?** ha qualcosa da dichiarare?
verzweifeln V disperare
Verzweiflung F disperazione *f*
Vesuv M Vesuvio *m*
vgl. ABK (= **vergleiche**) cfr. (confronta)
Video N video *m* **Videogerät** N videoregistratore *m*
Videokamera F videocamera *f* **Videokassette** F videocassetta *f* **Videorecorder** M videoregistratore *m* **Videospiel** N videogioco *m* **Videotext®** M videotext® *m* **Videothek** F videoteca *f* **Videoübertragung** F trasmissione *f* video
Vieh N bestiame *m*
viel **1** PRON molto, tanto; **~en Dank!** mille grazie!; **~ Spaß!** buon divertimento!; **sehr ~** moltissimo; **nicht ~** poco; **~es** molte cose **2** ADV molto; **so ~** così tanto; **zu ~** troppo; **~ zu ...** troppo ...; **~ besucht** frequentato **Vielflieger(in)** M(F) frequent flyer *m/f*
vielleicht ADV forse
vielmals ADV: **danke ~!** grazie tante!
vielmehr ADV anzi **vielsagend** ADJ *Blick* eloquente
vielseitig ADJ *Mensch* versatile; *Interessen* molteplice
vielversprechend ADJ (molto) promettente
vier ADJ quattro; **auf allen ~en** (a) carponi **Viereck** N quadrilatero *m* **viereckig** ADJ quadrangolare **vierhundert** ADJ quattrocento **vierspurig** ADJ a quattro corsie
Viersternehotel N albergo *m* a quattro stelle
vierte(r, -s) ADJ quarto
Viertel N quarto *m*; *Stadtteil*

quartiere *m* **Viertelfinale** N quarti *mpl* di finale **Vierteljahr** N trimestre *m* **Viertelstunde** F quarto *m* d'ora
viertens ADV in quarto luogo
vierzehn ADJ quattordici
vierzig ADJ quaranta
Vignette F *österr* bollino *m* autostradale
Vintschgau M Val *f* Venosta
violett ADJ violetto
Violine F violino *m*
Virenscanner M IT antivirus *m* **Virus** M MED, IT virus *m* **Virusinfektion** F MED infezione *f* da virus
Visitenkarte F biglietto *m* da visita
Visum N visto *m*
Vitamin N vitamina *f*
Vize M vice *m/f*
Vogel M uccello *m*
vögeln V *vulg* scopare *vulg*
Vokabel F vocabolo *m*
Vokal M vocale *f*
Volk N popolo *m* **Völkerrecht** N diritto *m* internazionale **Volksfest** N festa *f* popolare **Volkshochschule** F università *f* popolare **Volkslied** N canzone *f* popolare **Volksmusik** F musica *f* folk **Volksrepublik** F repubblica *f* popolare **Volkstanz** M danza *f* popolare **volkstümlich** ADJ popolare **Volkswirtschaft** F economia *f* nazionale
voll ADJ pieno; *ganz* intero, tutto; *Haar* folto; **~ tanken** fare il pieno; **halb ~** pieno a metà; **~ und ganz** totalmente **vollautomatisch** ADJ completamente automatico **Vollbart** M barba *f* piena **Vollbremsung** F frenata *f* brusca **vollenden** V terminare
Volleyball N *Spiel* pallavolo *f*
Vollgas N: **~ geben** dare tutto il gas
völlig ADV completamente; **~ unmöglich** assolutamente impossibile
volljährig ADJ maggiorenne **Vollkaskoversicherung** F assicurazione *f* contro tutti i rischi **vollkommen** ADJ perfetto **Vollkornbrot** N pane *m* integrale **Vollmacht** F procura *f*, delega *f* **Vollmilch** F latte *m* intero **Vollmond** M luna *f* piena **Vollnarkose** F anestesia *f* totale **Vollpension** F pensione *f* completa **vollständig** ADJ completo **vollzählig** ADJ completo **Vollzeit** F tempo *m* pieno
Volontariat N praticantato *m*, stage *m*
Volumen N volume *m*
von PRÄP *Ausgangspunkt* da; *Eigenschaft* di; **sind Sie ~ hier?** è del posto?; **~ ... nach** da ... a; **~ mir aus** da parte mia; **~ heute an** da oggi in poi; **~ A bis Z** dalla a alla zeta

voneinander ADV l'uno dall'altro
vor PRÄP *örtlich* davanti a; *zeitlich* prima di; *wegen* per; **~ e-r Woche** una settimana fa; **Viertel ~ drei** le tre meno un quarto; **~ allem** soprattutto
Vorabend M: **am ~** alla vigilia (di)
voran ADV *vorwärts* avanti; *an der Spitze* in testa **vorangehen** V andare avanti; *fig* precedere **vorankommen** V avanzare; *fig* progredire
voranmelden V: **sich ~** prenotarsi; *Kurs* preiscriversi
Voranmeldung F preavviso *m*; *Kurs* preiscrizione *f*; **Voranschlag** M *für Kosten* preventivo
Voraus M: **im ~** in anticipo
vorausgehen V andare avanti; *fig* precedere
vorausgesetzt ADJ: **~, dass ...** a condizione che ... *+konjkt*
voraussagen V predire **voraussehen** V prevedere **Voraussetzung** F condizione *f*
voraussichtlich ADV probabilmente **Vorauszahlung** F pagamento *m* anticipato
Vorbehalt M riserva *f*; **ohne ~** senza riserve
vorbei ADV *örtlich* davanti (an a); *zeitlich* passato; *zu Ende* finito **vorbeifahren** V, **vorbeigehen** V, **vorbeikommen** V passare **vorbeilassen** V lasciar passare
vorbereiten V preparare
Vorbereitung F preparazione *f*; *Arbeiten* preparativi *mpl*
vorbestellen V prenotare
Vorbestellung F prenotazione *f*
vorbestraft ADJ pregiudicato
vorbeugen V: **sich ~** piegarsi **vorbeugend** ADJ preventivo (**gegen** contro) **Vorbeugung** F: **zur ~** → vorbeugend
Vorbild N modello *m* esempio *m* **vorbildlich** ADJ esemplare
Vorder... PRÄF anteriore **Vorderachse** F asse *f* anteriore
vordere(r, -s) ADJ anteriore
Vordergrund M primo piano *m* **Vorderrad** N ruota *f* anteriore **Vorderradantrieb** M trazione *f* anteriore
Vorderseite F parte *f* anteriore **Vordersitz** M sedile *m* anteriore **Vorderteil** N o*c* M davanti *m*
vordrängen V: **sich ~** farsi largo
voreilig ADJ affrettato **voreingenommen** ADJ prevenuto
vorerst ADV dapprima; *für den Augenblick* per il momento
vorfahren V andare avanti
Vorfahrt F precedenza *f*
Vorfahrtsstraße F strada *f*

con diritto di precedenza
Vorfall M incidente *f*
vorfinden V trovare
vorführen V presentare **Vorführung** F rappresentazione *f*
Vorgang M *Geschehen* fatti *mpl*; *Hergang* svolgimento *m* **Vorgänger(in)** M(F) predecessore(-a) *m(f)* **vorgehen** V andare avanti (*a. Uhr*); *handeln* procedere; *Vorrang haben* avere la precedenza; *geschehen* succedere
Vorgesetzte(r) F(M) superiore *m/f*
vorgestern ADV l'altro ieri
vorhaben V *planen* avere l'intenzione (**zu** di); **was haben Sie vor?** cosa pensa di fare?; **hast du heut schon was vor?** sei già impegnato stasera? **Vorhaben** N intenzione *f*
Vorhalle F atrio *m*
vorhanden ADJ esistente; **~ sein** esserci
Vorhang M *Fenster* tenda *f*; THEAT sipario *m* **Vorhängeschloss** N lucchetto *m*
vorher ADV prima **vorhergehend** ADJ precedente **Vorhersage** F *Wetter* previsioni *fpl* **vorhersehen** V prevedere
vorhin ADV poco fa
vorig ADJ *vergangen* passato; *ehemalig* precedente; **~es Jahr** l'anno scorso
vorinstalliert ADJ IT preinstallato
Vorjahr N anno *m* precedente
Vorkehrung F provvedimento *m* **Vorkenntnisse** FPL conoscenze *fpl* preliminari
vorkommen V *existieren* trovarsi; *geschehen* succedere; *j-m erscheinen* parere
vorladen V citare **Vorladung** F citazione *f*
Vorlage F *Muster* modello *m*
vorlassen V far passare
vorläufig 1 ADJ provvisorio 2 ADV per il momento
vorlegen V presentare
vorlesen V leggere (ad alta voce) **Vorlesung** F lezione *f*
vorletzte(r, -s) ADJ penultimo
Vorliebe F predilezione *f* (**für** per)
vorliegen V esserci
vormachen V *zeigen* mostrare; *umg* **j-m etw ~** dare ad intendere qc a qn
Vormittag M mattina(ta) *f*; **am ~** di/la mattina; **heute ~** stamattina **vormittags** ADV (di) mattina
Vormund M tutore(-trice) *m(f)*
vorn(e) ADV davanti; **nach ~** in avanti; **von ~** dal davanti; *zeitlich* dall'inizio
Vorname M nome *m* (di battesimo); **wie heißt du mit ~n?** come ti chiami?

vornehm ADJ distinto
vornehmen V/T: **sich ~** proporsi (**etw zu tun** di fare qc)
vornherein ADV: **von ~** fin dal principio
Vorort M sobborgo *m*
Vorrang M priorità *f*
Vorrat M provviste *fpl* **vorrätig** ADJ disponibile
Vorrecht N privilegio *m*
Vorrichtung F dispositivo *m* **Vorrunde** F SPORT eliminatoria *f* **Vorsaison** F bassa stagione *f*
Vorsatz M proposito *m*; *Plan* intenzione *f* **vorsätzlich** ADJ intenzionale
Vorschau F TV presentazione *f* del programma; *Kino* trailer *m*
Vorschlag M proposta *f* **vorschlagen** V/T proporre
vorschreiben V/T prescrivere
Vorschrift F prescrizione *f*, regolamento *m*
Vorschuss M anticipo *m*
vorsehen V/T *planen* prevedere; **sich ~** guardarsi (**vor** da)
Vorsicht F precauzione *f*; **~!** attenzione! **vorsichtig** ADJ prudente, cauto **vorsichtshalber** ADV per prudenza
Vorsichtsmaßnahme F misura *f* precauzionale
Vorsitzende(r) F(M) presidente(-essa) *m(f)*
vorsorglich ADV per precauzione
Vorspeise F antipasto *m*
Vorspiel N MUS preludio *m*; *sexuell* preliminari *mpl*
Vorsprung M vantaggio *m*
Vorstand M consiglio *m* direttivo; *Mensch* presidente (-essa) *m(f)*
vorstellen V/T *Person* presentare; *Uhr* mettere avanti; **sich ~** presentarsi (**j-m** a qn); *sich denken* **sich ~** figurarsi **Vorstellung** F presentazione *f*; *Idee* idea *f*; THEAT rappresentazione *f* **Vorstellungsgespräch** N colloquio *m* di lavoro
Vorstoß M *Versuch* tentativo *m*
vorstrecken V/T allungare; *Geld* anticipare
Vortag M giorno *m* precedente
Vorteil M vantaggio *m* **vorteilhaft** ADJ vantaggioso; *Kleidung* che dona
Vortrag M conferenza *f*; *Gedicht* recitazione *f* **vortragen** V/T recitare; MUS eseguire
vortreten V/I farsi avanti **Vortritt** M precedenza *f*; **j-m den ~ lassen** cedere il passo a qn
vorüber ADV passato **vorübergehend** ADJ passeggero, transitorio
Vorurteil N pregiudizio *m*
Vorverkauf M prevendita *f*
Vorverkaufsstelle F box office *m*
Vorwahl F TEL prefisso *m*

Vorwand M pretesto *m* **vorwärts** ADV avanti **vorwärtskommen** V progredire, avanzare
vorwerfen V rimproverare (**j-m etw** qc a qn)
vorwiegend ADV prevalentemente
Vorwort N prefazione *f*
Vorwurf M rimprovero *m* **vorwurfsvoll** ADJ di rimprovero
Vorzeichen N segno *m*
vorzeigen V presentare
vorzeitig ADJ anticipato
vorziehen V *Arbeit, Termin* anticipare; *lieber mögen* preferire **Vorzug** M preferenza *f*; *gute Eigenschaft* pregio *m*, merito *m*
vulgär ADJ volgare
Vulkan M vulcano *m* **Vulkanausbruch** M eruzione *f* vulcanica

W

Waage F bilancia *f*; ASTROL Bilancia *f* **waagerecht** ADJ orizzontale
wach ADJ sveglio **Wache** F guardia *f*
Wacholder M ginepro *m*
Wachs N cera *f*; *Skiwachs* sciolina *f*
wachsen[1] V *Pflanze, Haare, Bart* crescere; *fig* aumentare
wachsen[2] V *Ski* sciolinare; *Auto* lucidare
Wachtel F quaglia *f*
Wächter(in) M(F) guardiano(-a) *m(f)*
Wackelkontakt M contatto *m* guasto **wackeln** V *Tisch, Zahn* tentennare
Wade F polpaccio *m*
Waffe F arma *f*
Waffel F cialda *f*; *Eis* cono *m*
Waffenschein M porto *m* d'armi **Waffenstillstand** M tregua *f*
wagen V osare (**etw zu tun** fare qc); *etw* rischiare
Wagen M *Auto* macchina *f*; BAHN vagone *m*; *Einkaufswagen* carrello *m* **Wagenheber** M cric *m*
Wag(g)on M vagone *m*
Wahl F scelta *f*; POL elezione *f*; HANDEL **zweite ~** seconda qualità **wählen** V scegliere; TEL fare il numero; POL eleggere **Wähler(in)** M(F) elettore (-trice) *m(f)* **wählerisch** ADJ difficile; *beim Essen* schizzinoso **Wahlfach** N materia *f* facoltativa **Wahlkampf** M campagna *f* elettorale **wahllos** ADJ a caso **wahlweise** ADV a scelta
Wahnsinn M pazzia *f* **wahnsinnig** ADJ pazzo; **j-n ~ machen** far impazzire qn
wahr ADJ vero; **das ist (nicht)**

~ (non) è vero; **nicht ~?** (non è) vero?
während **1** PRÄP durante **2** KONJ mentre **währenddessen** ADV frattanto
Wahrheit F verità *f* **wahrheitsgemäß** ADV conforme al vero
wahrnehmen V *sinnlich* percepire; *nutzen* approfittare di
Wahrsager(in) M(F) veggente *m/f*
wahrscheinlich **1** ADJ probabile **2** ADV probabilmente **Wahrscheinlichkeit** F probabilità *f*
Währung F valuta *f*, moneta *f* **Währungseinheit** F unità *f* monetaria
Wahrzeichen N emblema *m*
Waise F orfano(-a) *m(f)*
wakeboarden V fare wakeboard
Wal M balena *f*
Wald M bosco *m*; *groß* foresta *f* **Waldbrand** M incendio *m* di bosco **waldig** ADJ, **waldreich** ADJ boscoso **Waldsterben** N moria *f* dei boschi **Waldweg** M sentiero *m* nel bosco
Walking N SPORT walking *m*
Wallfahrt F pellegrinaggio *m* **Wallfahrtskirche** F santuario *m* **Wallfahrtsort** M luogo *m* di pellegrinaggio
Wallis N Vallese *m*
Walnuss F noce *f*
Walze F *Straßenwalze* rullo *m* compressore **wälzen** V rotolare; *Buch* sfogliare; *Probleme* rimuginare
Walzer M valzer *m*
Wand F parete *f*; *Felswand* dirupo *m*
Wandel M cambiamento *m*
Wanderausstellung F esposizione *f* itinerante **Wanderer** M, **Wanderin** F escursionista *m/f* **Wanderkarte** F carta *f* escursionistica dei sentieri **wandern** V fare trekking; *umg* camminare in montagna **Wanderschuhe** MPL scarponi *mpl* da trekking
Wanderung F escursione *f* (a piedi) **Wanderurlaub** M vacanza *f* escursionistica
Wanderweg M sentiero *m*
Wandgemälde N pittura *f* murale **Wandschrank** M armadio *m* a muro **Wandteppich** M arazzo *m*
Wange F guancia *f*
wanken V vacillare, barcollare; *fig* esitare
wann ADV quando; **seit ~?** da quando?; **bis ~?** fino a quando?
Wanne F vasca *f*
Wanze F ZOOL cimice *f*; *Abhörgerät* microspia *f*
Wappen N stemma *m*
war *ich* ero; *er, sie, es* era → sein **wäre** *ich* sarei *er, sie, es* sarebbe → sein
Ware F merce *f* **Warenhaus** N grandi magazzini *mpl* **Wa-**

renkorb M IT carrello *m* **Warenlager** N deposito *m*
warm ADJ caldo; *Worte* cordiale **Wärme** F calore *m* (*a. fig*) **Wärmedämmung** F isolamento *m* termico **wärmen** V (ri)scaldare **Wärmflasche** F borsa *f* dell'acqua calda **Warmstart** M IT riavvio *m* **Warmwasser** N acqua *f* calda
Warnblinkanlage F lampeggiatori *mpl* **Warndreieck** N triangolo *m* **warnen** V: **~ vor** mettere in guardia contro **Warnschild** N segnale *m* di pericolo **Warnstreik** M sciopero *m* preventivo **Warnung** F avvertimento *m* (**vor** di) **Warnweste** F AUTO giubbotto *m* salvavita
Warschau N Varsavia *f*
warst eri → sein **wärst** saresti → sein
Warteliste F lista *f* d'attesa **warten** V aspettare (**auf j-n/etw** qn/qc); TECH revisionare
Wärter(in) M(F) guardiano(-a) *m(f)*
Wartesaal M, **Wartezimmer** N sala *f* d'aspetto
Wartung F TECH manutenzione *f*
warum ADV perché
Warze F verruca *f*
was PRON *Frage* che, cosa, che cosa; *relativ* ciò che; *wie viel* quanto; *umg etwas* qualcosa; **~ für (ein)** che; **~ ist los?** cosa succede?; **~ hast du?** cos'hai?; **~ kostet das?** quanto costa?; **~?** *wie bitte?* come?, cosa?; **ach ~!** ma va'!; **~ anderes** un'altra cosa
Waschanlage F AUTO autolavaggio *m* **waschbar** ADJ lavabile **Waschbecken** N lavandino *m*
Wäsche F bucato *m*; *Unterwäsche* biancheria *f*; *das Waschen* lavaggio *m* **Wäscheklammer** F molletta *f* **Wäscheleine** F filo *m* del bucato
waschen V lavare; *Wäsche* fare il bucato; **sich ~** lavarsi
Wäscherei F lavanderia *f* **Wäscheständer** M stendipanni *m* **Wäschetrockner** M *Gerät* asciugabiancheria *f* **Waschlappen** M panno *m* per lavarsi **Waschmaschine** F lavatrice *f* **Waschmittel** N, **Waschpulver** N detersivo *m* **Waschraum** M lavatoio *m* **Waschsalon** M lavanderia *f* a gettoni **Waschstraße** F autolavaggio *m* automatico
Wasser N acqua *f*; **fließendes ~** acqua *f* corrente **wasserabweisend** ADJ impermeabile **Wasseranschluss** M allacciamento *m* dell'acqua **Wasserball** M SPORT pallanuoto *f* **wasserdicht** ADJ impermeabile **Wassereis** N

ghiacciolo *m* **Wasserfall** M cascata *f* **Wasserfarbe** F acquerello *m* **Wasserhahn** M rubinetto *m* dell'acqua **Wasserkocher** M bollitore *m* elettrico **Wasserkraftwerk** N centrale *f* idroelettrica **Wasserleitung** F condotta *f* dell'acqua **wasserlöslich** ADJ solubile in acqua **Wassermann** M ASTROL Acquario *m* **Wassermelone** F cocomero *m*, anguria *f* **Wasserpistole** F pistola *f* ad acqua **Wasserrutschbahn** F, **Wasserrutsche** F acquascivolo *m* **wasserscheu** ADJ che ha paura dell'acqua **Wasserski** M sci *m* nautico **Wassersport** M sport *m* acquatico **Wasserspülung** F sciacquone *m* **Wasserstand** M livello *m* dell'acqua **Wasserstoff** M idrogeno *m* **Wasserstraße** F idrovia *f* **Wasserverschmutzung** F inquinamento *m* idrico **Wasserwerk** N centrale *f* idrica

waten V guadare

Watt[1] N GEOG bassofondo *m*

Watt[2] N ELEK watt *m*

Watte F ovatta *f*, *umg* cotone *m* **Wattebausch** M batuffolo *m* di cotone **Wattepad** N dischetto *m* di cotone **Wattestäbchen** N bastoncino *m* di cotone, cotton fioc® *m*

Waveboard N waveboard *m*

WC N wc *m*

Web N IT web *m*, rete *f*

weben V tessere

Webportal N IT portale *m* web **Webseite** F IT sito *m* web

Wechsel M cambiamento *m*; *Geldwechsel* cambio *m* **Wechselgeld** N moneta *f*, spiccioli *mpl* **wechselhaft** ADJ *Wetter* variabile **Wechseljahre** MPL menopausa *f* **Wechselkurs** M cambio *m* **wechseln** V cambiare; **können Sie mir 50 Euro ~?** mi può cambiare 50 euro? **Wechselstrom** M corrente *f* alternata

Weckdienst M sveglia *f* telefonica **wecken** V svegliare; *Interesse* suscitare **Wecker** M sveglia *f*

weder KONJ: **~ ... noch** né ... né

weg ADV via; *verschwunden* scomparso; *gegangen* uscito; *abgefahren* partito; **Hände ~!** giù le mani!; **weit ~** lontano

Weg M via *f* (*a. fig*); *Strecke* strada *f*; *Pfad* sentiero *m*, cammino *m*; *Art und Weise* mezzo *m* **Wegbeschreibung** F indicazioni *fpl* stradali

wegbleiben V non venire

wegbringen V portare via

wegen PRÄP a causa di, per

wegfahren V partire; **das Auto ~** spostare la macchina

Wegfahrsperre F immobiliz-

zatore *m* elettronico
wegfallen V essere soppresso **weggeben** V dare via **weggehen** V andarsene, andare via **wegklicken** V IT deselezionare (con un click) **weglassen** V omettere **weglaufen** V correre via **wegmüssen** V dover andar via **wegnehmen** V togliere **wegräumen** V rimuovere **wegrennen** V correre via **wegschaffen** V portare via **wegschicken** V mandare via **wegstellen** V, **wegtun** V mettere via
Wegweiser M cartello *m* indicatore
wegwerfen V gettare via
wehen V soffiare; *Fahne* sventolare
Wehen FPL doglie *fpl*
wehleidig ADJ lamentoso **wehmütig** ADJ malinconico
Wehrdienst M servizio *m* militare
wehren V: **sich ~** difendersi (**gegen** contro) **wehrlos** ADJ inerme **Wehrpflicht** F servizio *m* militare obbligatorio
wehtun V far male (**j-m** a qn)
Weibchen N ZOOL femmina *f* **weiblich** ADJ femminile
weich ADJ molle; *Bett, Sessel* morbido; *Material* tenero; **~ gekocht** *Ei* à la coque
Weiche F BAHN scambio *m*
weichen V cedere (a); *Platz machen* far posto
Weichspüler M ammorbidente *m*
Weide F pascolo *m*; BOT salice *m*
weigern V: **sich ~** rifiutarsi (**etw zu tun** di fare qc) **Weigerung** F rifiuto *m*
weihen V consacrare
Weihnachten N Natale *m*; **frohe ~!** buon Natale! **Weihnachtsbaum** M albero *m* di Natale **Weihnachtsfest** N festa *f* di Natale **Weihnachtsgeschenk** N regalo *m* di Natale **Weihnachtslied** N canto *m* di Natale **Weihnachtsmann** M Babbo *m* Natale **Weihnachtsmarkt** M mercatino *m* di Natale **Weihnachtstag** M: **erster ~** giorno *m* di Natale; **zweiter ~** giorno *m* di Santo Stefano
Weihrauch M incenso *m* **Weihwasser** N acquasanta *f*
weil KONJ perché
Weile F: **e-e ganze ~** un bel po'
Wein M vino *m*; BOT vite *f*; *Trauben* uva *f* **Weinbau** M viticoltura *f* **Weinbauer** M, **-bäuerin** F viticoltore(-trice) *m(f)* **Weinberg** M vigna *f* **Weinbergschnecke** F GASTR chiocciola *f* **Weinbrand** M brandy *m*
weinen V piangere
Weinessig M aceto *m* di vino **Weinglas** N bicchiere *m* da

vino **Weingut** N vigneto *m* **Weinhandlung** F enoteca *f* **Weinkarte** F lista *f* dei vini **Weinkeller** M cantina *f* **Weinlese** F vendemmia *f* **Weinlokal** N osteria *f* **Weinprobe** F degustazione *f* vini **Weintraube** F grappolo *m* d'uva

weise ADJ saggio

Weise F modo *m*; **auf diese ~** in questo modo

Weisheit F saggezza *f* **Weisheitszahn** M dente *m* del giudizio

weiß[1] *ich* so; *er, sie* sa → wissen

weiß[2] ADJ bianco **Weißbier** N *birra bionda di frumento* **Weißbrot** N pane *m* bianco **Weißkohl** M, **Weißkraut** N cavolo *m* cappuccio

weißt sai → wissen

Weißwein M vino *m* bianco

weit **1** ADJ *groß* ampio; *breit* largo; *ausgedehnt* esteso; *Weg, Reise* lungo; **wie ~ ist es von hier nach ...?** quanto c'è da qui a ...? **2** ADV lontano; **~ reichend** di vasta portata; **~ verbreitet** largamente diffuso; **von ~em** da lontano

weiter ADV: **~!** avanti!; **und so ~** eccetera; **~ vorn** più avanti

Weiterbildung F aggiornamento *m* professionale

weitere(r, -s) ADJ altro; **ohne weiteres** senz'altro **Weitere** N: **alles ~** tutto il resto

weiterfahren V proseguire **Weiterfahrt** F proseguimento *m* del viaggio **weitergeben** V far passare; *Nachricht* passare **weitergehen** V continuare **weiterkommen** V proseguire; *Beruf* far carriera **weiterleiten** V *E-Mail* inoltrare **weitermachen** V continuare **weiterreisen** V proseguire il viaggio **weitersagen** V dire in giro

weitgehend ADV ampiamente, largamente

weitsichtig ADJ MED presbite; *fig* lungimirante **Weitsprung** M salto *m* in lungo **Weitwinkelobjektiv** N FOTO grandangolare *m*

Weizen M frumento *m* **Weizenbier** N *birra bionda di frumento*

welche(r, -s) PRON *fragend* quale; *relativ* che, il/la quale; **welche Farbe hat ...?** di che colore è ...?; **welche von beiden?** quale delle due?; **hast du Geld? - ich hab' welches** hai soldi? - ne ho un po'

Wellblech N lamiera *f* ondulata

Welle F onda *f* **Wellenbad** N piscina *f* con onde artificiali **Wellengang** M moto *m* ondoso **Wellenlinie** F linea *f* ondulata **Wellenreiten** N surf(-ing) *m* **Wellensittich**

M pappagallino *m* ondulato, *umg* parrocchetto, pappagallino **wellig** ADJ ondulato

Wellness F wellness *f* **Wellnessbereich** N area *f* benessere, area *f* wellness **Wellnesshotel** N centro *m* benessere **Wellnessurlaub** M vacanza *f* benessere

Welpe M cucciolo *m*

Wels M ZOOL siluro *m*

Welt F mondo *m*; *umg alle* **alle ~** tutti **Weltall** N universo *m* **weltberühmt** ADJ di fama mondiale **Weltcup** M coppa *f* del mondo **Weltkarte** F mappamondo *m* **Weltkrieg** M guerra *f* mondiale **Weltkulturerbe** N patrimonio *m* culturale mondiale **Weltmacht** F superpotenza *f* **Weltmeister(in)** M(F) campione(-essa) *m(f)* del mondo **Weltmeisterschaft** F campionato *m* mondiale **Weltraum** M cosmo *m* **Weltraumflug** M volo *m* spaziale **Weltreise** F viaggio *m* intorno al mondo **Weltrekord** M primato *m* mondiale **weltweit** ADJ universale

wem PRON a chi; **von ~** da chi; **~ gehört …?** a chi appartiene …?

wen PRON chi; **für ~?** per chi?; **~ hast du gesehen?** chi hai visto?

Wende F svolta *f* **Wendekreis** M GEOG tropico *m*; AUTO raggio *m* di virata

Wendeltreppe F scala *f* a chiocciola

wenden V voltare; *Auto* girare; **bitte ~!** vedi retro; **sich ~ an** rivolgersi a

wenig PRON poco; **~e** *pl* pochi, poche; **~er** meno; **ein ~** un po'; **zu ~** troppo poco; **am ~sten** meno di tutto

wenigstens ADV almeno

wenn KONJ *Bedingung* se; *zeitlich* quando; **selbst ~** anche se; **~ es möglich ist** se è possibile; **~ es soweit ist** quando sarà

wer PRON chi; **~ war das?** chi era?; **ist da ~?** c'è nessuno?

Werbeagentur F agenzia *f* pubblicitaria **werben** V fare pubblicità (**für** per) **Werbeprospekt** M prospetto *m*, depliant *m* **Werbespot** M spot *m* pubblicitario **Werbung** F pubblicità *f*

werden V diventare, farsi; *Passiv* essere, venire; **rot ~** diventare rosso; **groß ~** farsi grande; **ich werde kommen** verrò; **mir wird kalt/schlecht** mi sta venendo freddo/la nausea; **alt ~** invecchiare; **krank ~** ammalarsi; **müde ~** stancarsi

werfen V gettare, lanciare; *Tier* partorire

Werft F cantiere *m* navale

Werk N opera *f*; *Fabrik* fabbrica *f*, stabilimento *m*

Werkstatt F *Autowerkstatt* officina *f* **Werkstoff** M materiale *m* **Werktag** M giorno *m* lavorativo/feriale **werktags** ADV nei giorni feriali **Werkzeug** N arnesi *mpl; einzelnes* attrezzo *m*
Wermut M vermut *m*
wert ADJ *würdig* degno; **es ist nichts ~** non vale nulla
Wert M valore *m*; **im ~ von** del valore di **Wertbrief** M lettera *f* assicurata **wertlos** ADJ senza valore **Wertpapier** N titolo *m* **Wertsachen** FPL oggetti *mpl* di valore **wertvoll** ADJ prezioso
Wesen N essere *m*; *Natur* natura *f*, carattere *m*
wesentlich ADJ essenziale
weshalb ADV perché
Wespe F vespa *f*
wessen PRON di chi; **~ Buch ist das?** di chi è questo libro?
Westdeutschland N ovest *m* della Germania
Weste F gilet, gilè *m*; AUTO giubbotto *m* salvavita
Westen M ovest *m*, occidente *m* **Westeuropa** N Europa *f* Occidentale **westlich** ADJ occidentale; **~ von** a ovest di **Westwind** M ponente *m*
Wettbewerb M concorso *m*; SPORT competizione *f*; HANDEL concorrenza *f*
Wette F scommessa *f* **wetten** V scommettere (**um etw** qc)
Wetter N tempo *m* **Wetterbericht** M bollettino *m* meteorologico **Wetterdienst** M servizio *m* meteorologico **Wetterlage** F condizioni *fpl* meteorologiche **Wettervorhersage** F previsioni *fpl* del tempo
Wettkampf M gara *f* **Wettlauf** M, **Wettrennen** N corsa *f*
WG F ABK (**= Wohngemeinschaft**) ≈ comune *f*
Whirlpool M vasca *f* con idromassaggio
wichtig ADJ importante **Wichtigkeit** F importanza *f* **wichtigmachen** V: **sich ~** darsi delle arie
wickeln V avvolgere; *Säugling* cambiare **Wickeltisch** M fasciatoio *m*
Widder M ZOOL montone *m*; ASTROL Ariete *m*
widerlegen V confutare
widerlich ADJ disgustoso; *Person* ripugnante
widerrufen V ritrattare **widersetzen** V: **sich ~** opporsi (a) **widerspenstig** ADJ ricalcitrante; *Haar* ribelle **widersprechen** V contraddire (**j-m** qn) **Widerspruch** M contraddizione *f*; *Protest* protesta *f* **Widerstand** M resistenza *f* (**gegen** a) **Widerwille** M avversione *f* (**gegen** verso) **widerwillig** ADJ di malavoglia

widmen V dedicare **Widmung** F dedica *f*
wie ADV come; ~ **viel?** quanto?; ~ **lange?** quanto tempo?; ~ **oft?** quante volte?; ~ **geht's?** come va?; ~ **bitte?** come?, prego?; ~ **schön!** che bello!; *fast* **so gut** ~ quasi
wieder ADV di nuovo
wiederbekommen V riavere **wiederbeleben** V rianimare **wiederbringen** V restituire **wiedererkennen** V riconoscere **wiederfinden** V ritrovare
Wiedergabe F riproduzione *f*; *Bericht* resoconto *m* **wiedergeben** V rendere; *Erzählung etc* interpretare
wiedergutmachen V riparare, rimediare a **Wiedergutmachung** F riparazione *f*
wiederherstellen V restaurare; *Datei* ricostruire
wiederholen V ripetere **Wiederholung** F ripetizione *f*
Wiederhören N: **auf ~!** a risentirci!
Wiederkäuer M ruminante *m*
wiederkehren V ritornare
wiedersehen V rivedere; **sich** ~ rivedersi **Wiedersehen** N: **auf** ~ arrivederci, arrivederLa
Wiedervereinigung F riunificazione *f*
wiederverwerten V riciclare
Wiege F culla *f* **Wiegemesser** N GASTR mezzaluna *f*
wiegen V *Gewicht* pesare; *schaukeln* cullare
wiehern V nitrire
Wien N Vienna *f*
Wiese F prato *m*
Wiesel N donnola *f*
wieso ADV come mai
wievielmal ADV quante volte
wievielte(r, -s) ADV: **zum wievielten Mal?** quante volte?; **der Wievielte ist heute?** quanti ne abbiamo oggi?
wild ADJ *Tier, Pflanze* selvatico; *Land, Volk* selvaggio; *wütend* furioso
Wild N GASTR cacciagione *f*; ZOOL selvaggina *f* **Wildleder** N camoscio *m* **Wildnis** F luogo *m* selvaggio **Wildschwein** N cinghiale *m*
will *ich* voglio; *er, sie* vuole → wollen
Wille M volontà *f*; *Absicht* intenzione *f*
willen PRÄP: **um Gottes ~!** per l'amor di Dio!
willkommen ADJ benvenuto
Willkür F arbitrio *m* **willkürlich** ADJ arbitrario
willst vuoi → wollen
wimmeln V brulicare (**von** di)
wimmern V gemere
Wimper F ciglio *m* **Wimperntusche** F mascara *m*, rimmel® *m*
Wind M vento *m* **Windbeutel** M bignè *m*

Windel F pannolino *m* **windgeschützt** ADJ riparato dal vento **Windhose** F tromba *f* d'aria **windig** ADJ ventoso **Windjacke** F giacca *f* a vento **Windmühle** F mulino *m* a vento **Windpark** M parco *m* eolico **Windpocken** PL varicella *f* **Windrad** N *Spielzeug* girandola *f*; *Windkraftanlage* pala *f* eolica **Windschutzscheibe** F parabrezza *m* **Windstärke** F intensità *f* del vento; **bei ~ 3** con forza tre **Windstille** F calma *f* **Windsurfen** N windsurf *m*

Wink M cenno *m*

Winkel M angolo *m*

winken V fare un cenno (**j-m mit etw** a qn con qc)

Winter M inverno *m* **Winterfahrplan** M orario *m* invernale **Winterjacke** F giubbotto *m* **winterlich** ADJ invernale **Wintermantel** M cappotto *m* **Winterreifen** M pneumatico *m* invernale **Winterschlussverkauf** M saldi *mpl* di fine stagione (invernale) **Wintersport** M sport *m* invernale **Winterzeit** F orario *m* solare

Winzer(in) M(F) viticoltore (-trice) *m(f)*

winzig ADJ minuscolo

Wipfel M cima *f*

wir PRON noi

Wirbel M ANAT vertebra *f*; *Strudel* vortice *m*; *Aufsehen* scalpore *m* **Wirbelsäule** F colonna *f* vertebrale **Wirbelsturm** M ciclone *m*

wird → werden

wirken V agire (**auf** su); *erfolgreich sein* fare effetto; *scheinen* parere

wirklich **1** ADJ reale **2** ADV davvero **Wirklichkeit** F realtà *f*

wirksam ADJ efficace **Wirkung** F effetto *m* **wirkungslos** ADJ senza effetto **wirkungsvoll** ADJ d effetto

wirr ADJ confuso **Wirrwarr** N confusione *f*; *Stimmen* frastuono *m*

Wirsing M verza *f*

wirst → werden

Wirt(in) M(F) oste(-essa) *m(f)*

Wirtschaft F economia *f*; *Gaststätte* osteria *f* **wirtschaftlich** ADJ economico **Wirtschaftskrise** F crisi *f* economica

Wirtshaus N trattoria *f*

wischen V pulire; *nass* lavare **Wischlappen** M cencio *m*

wissen V sapere; **nicht ~** ignorare; **~ lassen** far sapere **Wissen** N sapere *m*; **meines ~s** per quanto ne so

Wissenschaft F scienza *f* **Wissenschaftler(in)** M(F) scienziato(-a) *m(f)* **wissenschaftlich** ADJ scientifico

wittern V fiutare; *fig* intuire **Witterung** F fiuto *m*; *Wetter*

tempo *m*
Witwe(r) F(M) vedovo(-a) *m(f)*
Witz M barzelletta *f*; **mach' keine ~e!** non scherzare! **witzig** ADJ spiritoso; *Ereignis* allegro **witzlos** ADJ *umg* inutile
WLAN N ABK (= **Wireless Local Area Network**) IT Wi-Fi **WLAN-Hotspot** M IT hotspot *m* Wi-Fi
WM F ABK (= **Weltmeisterschaft**) mondiali *mpl*
wo ADV dove **woanders** ADV altrove
Woche F settimana *f* **Wochenende** N fine *m* settimana; **am ~** il fine settimana; **schönes ~!** buon fine settimana! **Wochenendhaus** N seconda casa *f* per il fine settimana **wochenlang** ADV per settimane intere **Wochenmarkt** M mercato *m* settimanale **Wochentag** M giorno *m* feriale **wochentags** ADV nei giorni feriali **wöchentlich** ADJ settimanale
wodurch PRON *Frage* in che modo; *relativ* con cui **wofür** PRON *Frage* perché; *relativ* per cui; *für was* per cosa **wogegen** PRON *Frage* contro che cosa; *relativ* contro cui **woher** PRON di dove **wohin** PRON dove
wohl ADV bene; *vermutlich* forse; **leben Sie ~!** addio!
Wohl N bene *m*; **auf Ihr ~!** alla Sua salute! **Wohlbefinden** N benessere *m* **wohlbehalten** ADJ sano e salvo **wohlfühlen** V: **sich ~** sentirsi bene **wohlhabend** ADJ benestante **wohlriechend** ADJ fragrante **wohlschmeckend** ADJ gustoso **Wohlstand** M benessere *m* **Wohltat** F benedizione *f* **Wohltätigkeit** F beneficenza *f* **wohltuend** ADJ piacevole **Wohlwollen** N benevolenza *f* **wohlwollend** ADJ benevolo
Wohnblock M caseggiato *m* **wohnen** V abitare; *im Hotel* stare **Wohngebiet** N zona *f* residenziale **Wohngemeinschaft** F ≈ comune *f* **Wohnhaus** N immobile *m* abitativo **wohnlich** ADJ accogliente **Wohnmobil** N camper *m* **Wohnort** M residenza *f* **Wohnraum** M vano *m*, locale *m* **Wohnsitz** M domicilio *m* **Wohnung** F appartamento *m* **Wohnwagen** M roulotte *f* **Wohnzimmer** N soggiorno *m*
wölben V: **sich ~** curvarsi **Wölbung** F convessità *f*; ARCH volta *f*
Wolf M lupo *m*
Wolke F nuvola *f* **Wolkenbruch** M nubifragio *m* **Wolkenkratzer** M grattacielo *m* **wolkenlos** ADJ sereno **wol-**

kig ADJ nuvoloso
Wolldecke F coperta *f* di lana **Wolle** F lana *f*
wollen V volere; **lieber ~** preferire
Wollstoff M tessuto *m* di lana
womit ADV *Frage* con che cosa; *relativ* con cui
womöglich ADV magari
Wonne F delizia *f*
woran PRON *Frage* a che cosa; *relativ* a cui **worauf** PRON *Frage* su che cosa; *relativ* su cui **woraus** PRON *Frage* da che cosa; *relativ* da cui **worin** PRON *Frage* in che cosa; *relativ* in cui
Wort N parola *f*; **in ~en** in lettere
Wörterbuch N vocabolario *m*, dizionario *m*; **ich muss im ~ nachsehen** devo guardare nel dizionario **Wortlaut** M testo *m*; **im ~** testualmente
wörtlich **1** ADJ testuale **2** ADV alla lettera
wortlos ADV senza dire parola, senza parlare **Wortschatz** M lessico *m* **Wortwechsel** M diverbio *m*
worüber PRON *Frage* su che cosa; *relativ* su cui **worum** PRON *Frage* di che cosa; *relativ* di cui
wovon PRON *Frage* di che cosa; *relativ* di cui **wovor** PRON *Frage* da che cosa; *örtlich* davanti a che cosa; *relativ* da cui; *örtlich* davanti a cui
wow! INT wow! [uau]
wozu PRON *Frage* a che cosa; *relativ* a cui
wringen V strizzare
Wucher M usura *f*
wuchern V *Pflanze* lussureggiare
Wucherpreis M prezzo *m* esorbitante
Wucherung F MED escrescenza *f*
Wucht F impeto *m* **wuchtig** ADJ *Schlag* massiccio; *Gestalt* imponente
wühlen V scavare
Wulst M rigonfiamento *m*
wund ADJ escoriato; **sich ~ reiben** escoriarsi **Wunde** F ferita *f*
Wunder N miracolo *m* **wunderbar** ADJ meraviglioso
wundern V: **sich ~** meravigliarsi (**über** di)
Wundsalbe F pomata *f* cicatrizzante **Wundstarrkrampf** M tetano *m*
Wunsch M desiderio *m*; *Glückwunsch* augurio *m*; **auf ~** a richiesta
wünschen V desiderare; *wollen* volere; **j-m etw ~** augurare qc a qn **wünschenswert** ADJ desiderabile, da augurarsi
wunschgemäß ADV come desiderato **wunschlos** ADJ: **~ glücklich** perfettamente felice

wurde → werden **würde** → werden
Würde F dignità *f* **würdevoll** ADJ dignitoso **würdig** ADJ degno (etw di qc) **würdigen** V apprezzare
Wurf M getto *m*, lancio *m*; ZOOL figliata *f*
Würfel M dado *m* (*a. Brühwürfel*); MATH cubo *m* **würfeln** V tirare; *Spiel* giocare ai dadi **Würfelzucker** M zucchero *m* in zollette
würgen V strozzare, strangolare (j-n qn); **es würgt mich** mi viene da vomitare
Wurm M verme *m*; *umg* **da ist der ~ drin** qui c'è qc che non va **wurmstichig** ADJ *Obst* bacato
Wurst F salsiccia *f*; *Aufschnitt* salume *m* **Würstchen** N würstel *m*
Würze F condimento *m*
Wurzel F radice *f*
würzen V condire **würzig** ADJ aromatico
wußte *ich* sapevo; *er, sie* sapeva → wissen **wußtest** sapevi → wissen
wüst ADJ *leer* deserto; *unordentlich* disordinato **Wüste** F deserto *m*
Wut F rabbia *f*, furia *f* **wütend** ADJ furente (**auf** con); *Blick, Ton* adirato; **~ werden** infuriarsi
WWW N ABK (= **World Wide Web**) www *m*, rete *f* globale

X

X-Beine NPL gambe *fpl* a x
x-beliebig ADJ qualsiasi, qualunque
x-mal ADV tante volte
Xylofon N xilofono *m*

Y

Yacht F yacht *m*
Yoga N yoga *m*

Z

Zacke F *Kamm* dente *m*
zaghaft ADJ timido
zäh ADJ *Mensch* tenace; *Fleisch* tiglioso; *schleppend* lento **zähflüssig** ADJ viscoso
Zahl F numero *m*
zahlbar ADJ pagabile **zahlen** V pagare; **bitte ~!** il conto, per favore!
zählen V contare; **auf j-n/etw ~** contare su qn/qc
Zahlenschloss N serratura *f*

a combinazione **Zähler** M TECH contatore *m*; MATH numeratore *m* **Zahlkarte** F modulo *m* di versamento **zahllos** ADJ innumerevole **zahlreich** 1 ADJ numeroso 2 ADV in gran numero **Zahlung** F pagamento *m*
Zählung F numerazione *f*
Zahlungsanweisung F ordine *m* di pagamento **Zahlungsbedingungen** FPL condizioni *fpl* di pagamento **Zahlungsmittel** NPL mezzo *m* di pagamento **zahlungsunfähig** ADJ insolvente
zahm ADJ *Tier* addomesticato; *fig* docile **zähmen** V addomesticare; *fig* domare
Zahn M dente *m* **Zahnarzt** M, **-ärztin** F dentista *m/f* **Zahnbürste** F spazzolino *m* da denti **Zahnersatz** M protesi *f* dentaria **Zahnfleisch** N gengiva *f* **Zahnpasta** F dentifricio *m* **Zahnrad** N ruota *f* dentata **Zahnradbahn** F ferrovia *f* a cremagliera **Zahnschmerzen** MPL mal *m* di denti **Zahnseide** F filo *m* interdentale **Zahnseidesticks** MPL forcelle *fpl* interdentali **Zahnspange** F apparecchio *m* ortodontico **Zahnstein** M MED tartaro *m* **Zahnstocher** M stuzzicadenti *m*
Zander M luccioperca *m*
Zange F pinza *f*
Zank M litigio *m* **zanken** V: **sich ~** litigare
Zäpfchen N MED supposta *f*
zapfen V spillare
Zapfen M *Tanne* pigna *f*
Zapfsäule F distributore *m*
zappeln V dimenarsi; **j-n ~ lassen** tenere qn sulle spine
zart ADJ *weich*, *fein* tenero; *schwach* delicato; *sanft* leggero **zartbitter** ADJ semiamaro
Zartgefühl N delicatezza *f*
zärtlich ADJ affettuoso **Zärtlichkeit** F tenerezza *f*
Zauber M incanto *m* *Reiz* fascino *m* **Zauberei** F magia *f*
Zauberer M mago *m* **zauberhaft** ADJ incantevole
Zauberin F maga *f* **Zauberkünstler(in)** M(F) prestigiatore(-trice) *m(f)* **zaubern** V fare magie
Zaumzeug N briglie *fpl*
Zaun M recinto *m*; *Holz* steccato *m* **Zaunkönig** M ZOOL scricciolo *m*
z. B. ABK **(= zum Beispiel)** p. es. (per esempio)
Zebra N zebra *f* **Zebrastreifen** M strisce *fpl* pedonali
Zecke F zecca *f* **Zeckenbiss** M puntura *f* di zecca
Zehe F dito *m* del piede; **große ~** alluce *m*; **kleine ~** mignolo *m* del piede
zehn ADJ dieci **Zehnkampf** M decathlon *m* **zehnte(r, -s)** ADJ decimo **Zehntel** N

decimo *m* **zehntens** ADV in decimo luogo

Zeichen N segno *m*; *Geste* gesto *m* **Zeichenblock** M blocco *m* da disegno **Zeichenpapier** N carta *f* da disegno **Zeichensprache** F linguaggio *m* dei gesti **Zeichentrickfilm** M cartoni *mpl* animati

zeichnen V disegnare; *unterschreiben* firmare **Zeichner(in)** M(F) disegnatore (-trice) *m(f)* **Zeichnung** F disegno *m*

Zeigefinger M indice *m*

zeigen V mostrare; **zeig mal!** fammi vedere!; **sich ~** mostrarsi, farsi vedere

Zeiger M indicatore *m*; *Uhr* lancetta *f*

Zeile F riga *f*, linea *f*

Zeit F tempo *m*; *Uhrzeit* ora *f*; **keine ~ haben** non avere tempo; **e-e ~ lang** per un periodo; **die ~ totschlagen** ammazzare il tempo

Zeitalter N epoca *f* **Zeitansage** F ora *f* esatta **Zeitarbeit** F lavoro *m* interinale **zeitgemäß** ADJ attuale **zeitgenössisch** ADJ contemporaneo **zeitig** 1 ADJ primo 2 ADV presto **Zeitkarte** F abbonamento *m* **zeitlos** ADJ non soggetto al tempo, intramontabile **Zeitlupe** F: **in ~** alla moviola, al rallentatore **Zeitplan** M orario *m* **Zeitpunkt** M momento *m* **Zeitraum** M periodo *m* **Zeitreise** F viaggio *m* nel tempo

Zeitschrift F rivista *f*, periodico *m*

zeitsparend ADJ che fa risparmiare tempo

Zeitung F giornale *m* **Zeitungskiosk** M, **Zeitungsstand** M edicola *f*

Zeitunterschied M differenza *f* di fuso orario **Zeitverlust** M perdita *f* di tempo **Zeitverschiebung** F differenza *f* di fuso orario **Zeitverschwendung** F spreco *m* di tempo **Zeitvertreib** M passatempo *m* **zeitweise** ADV di tanto in tanto

Zelle F cellula *f*; TEL cabina *f*; *Gefängnis* cella *f* **Zellstoff** M cellulosa *f*

Zelt N tenda *f* **zelten** V campeggiare **Zeltlager** N, **Zeltplatz** M campeggio

Zement M cemento *m*

Zensur F censura *f*; *Benotung* voto *m*

Zentimeter M *od* N centimetro *m* **Zentimetermaß** N centimetro *m*

Zentner M mezzo quintale *m*

zentral ADJ centrale **Zentrale** F centrale *f* **Zentralheizung** F riscaldamento *m* centralizzato **Zentralverriegelung** F AUTO chiusura *f* centralizzata

Zentrum N centro *m*

zerbrechen V rompere (**etw** qc); *kaputtgehen* rompersi **zerbrechlich** ADJ fragile
zerdrücken V schiacciare
Zeremonie F cerimonia *f*
Zerfall M rovina *f*, crollo *m* (*a. fig*) **zerfallen** V *in Teile* cadere a pezzi
zerfressen ADJ corroso
zerkleinern V tritare **zerknittern** V sgualcire **zerkratzen** V graffiare
zerlegbar ADJ scomponibile **zerlegen** V scomporre; *Geflügel etc* tagliare
zerquetschen V schiacciare **zerreißen** V stracciare, strappare (**etw** qc); *kaputtgehen* strapparsi
zerren V *ziehen* tirare; **sich e-n Muskel ~** procurarsi uno stiramento muscolare
zerrissen ADJ lacero
Zerrung F MED strappo *m*
zerrüttet ADJ guasto
zerschlagen V rompere **zerschneiden** V tagliare a pezzi **zersplittern** V scheggiare **zerspringen** V rompersi, scoppiare
Zerstäuber M nebulizzatore *m*
zerstören V distruggere **Zerstörung** F distruzione *f*
zerstreuen V disperdere; *Zweifel* distrarre **zerstreut** ADJ distratto **Zerstreuung** F distrazione *f*, svago *m*
zerteilen V dividere
Zertifikat N certificato *m*
zertreten V calpestare **zertrümmern** V fracassare
Zettel M foglietto *m*; *beschrieben* biglietto *m*
Zeug N roba *f*; *Sachen* cose *fpl*; *umg pej* robaccia *f*; *umg* **dummes ~** cretinate *fpl*
Zeuge M, **Zeugin** F testimone *m/f*
zeugen V *Kind* concepire; *beweisen* dimostrare (**von etw** qc)
Zeugenaussage F deposizione *f* **Zeugnis** N certificato *m*; *Schule* pagella *f*; *Referenz* referenza *f*
Zickzack M: **im ~** a zigzag
Ziege F capra *f*
Ziegel M mattone *m*; *Dachziegel* tegola *f*
Ziegenbock M caprone *m*
Ziegenkäse M caprino *m*
ziehen V *Gegenstand* tirare; *Zahn* cavare; *Strich* tracciare; *Schach* muovere; **an etw ~** tirare qc; **sich ~** allungarsi; **es zieht** c'è corrente **Ziehharmonika** F fisarmonica *f* **Ziehung** F *Lotto* estrazione *f*
Ziel N meta *f*; *Zweck* scopo *m*; *Reiseziel* destinazione *f*; SPORT arrivo *m* **zielen** V mirare (**auf** a) **Zielscheibe** F bersaglio *m* **zielstrebig** ADJ determinato
ziemlich 1 ADJ notevole 2 ADV abbastanza
zierlich ADJ grazioso

Ziffer F cifra *f*, numero *m* **Zifferblatt** N quadrante *m* **Zigarette** F sigaretta *f* **Zigarettenautomat** M distributore *m* di sigarette **Zigarre** F sigaro *m*

Zigeuner(in) M(F) *neg!* zingaro(-a) *m(f)* *neg!*

Zikade F cicala *f*

Zimmer N camera *f*, stanza *f* **Zimmermädchen** N cameriera *f* **Zimmerpflanze** F pianta *f* da appartamento **Zimmerservice** M servizio *m* in camera **Zimmervermittlung** F *agenzia che procura camere in affitto*

zimperlich ADJ smorfioso

Zimt M cannella *f*

Zink N zinco *m*

Zinn N stagno *m*

Zinsen MPL WIRTSCH interessi *mpl* **Zinssatz** M tasso *m* d'interesse

Zipfel M punta *f*; *Kleid, Hemd* lembo *m*

zippen V *Datei* zippare, comprimere

Zippverschluss M *österr* chiusura *f* lampo

Zirkel M compasso *m*; *fig* circolo *m*

Zirkus M circo *m*

zischen V sibilare

Zisterne F cisterna *f*

Zitat N citazione *f*

zitieren V citare

Zitrone F limone *m* **Zitroneneis** N gelato *m* al limone **Zitronengras** N citronella *f* **Zitronenlimonade** F limonata *f* **Zitronenpresse** F spremiagrumi *m* **Zitronensaft** M succo *m* di limone **Zitrusfrüchte** FPL agrumi *mpl*

zittern V tremare (**vor Kälte** di freddo)

zivil ADJ civile **Zivil** N: **in Zivil** in borghese **Zivilbevölkerung** F popolazione *f* civile **Zivilcourage** F coraggio *m* civile **Zivildienst** M servizio *m* civile **Zivilisation** F civilizzazione *f*, civiltà *f* **zivilisiert** ADJ *Mensch, Benehmen* civile

zögern V esitare (**etw zu tun** a fare qc)

Zoll M dogana *f*; *Abgabe* dazio *m* **Zollabfertigung** F formalità *fpl* doganali **Zollamt** N dogana *f* **Zollbeamte** M, **Zollbeamtin** F doganiere(-a) *m(f)* **Zollerklärung** F dichiarazione *f* doganale **zollfrei** ADJ esente da dazio **Zollkontrolle** F controllo *m* doganale **zollpflichtig** ADJ soggetto a dazio

Zollstock M metro *m* pieghevole

Zone F zona *f*

Zoo M zoo *m*

Zoom M FOTO zoom *m*

Zopf M treccia *f*

Zorn M collera *f*, ira *f* **zornig** ADJ adirato; **~ werden**

arrabbiarsi
zu **1** PRÄP a; da; **~ Hause** a casa; **~ j-m gehen** andare da qn **2** ADV troppo; *geschlossen* chiuso; **~ viel** troppo; **~ wenig** troppo poco; **~ lang** troppo lungo; **~ sehr** troppo; **die Tür ist ~** la porta è chiusa **3** KONJ *+inf* di, a; **er bat sie ~ helfen** le chiese di aiutarlo; **hilf mir bitte, das Gepäck ~ tragen** aiutami a portare le valigie; **um ~** per
Zubehör N accessori *mpl*
zubereiten V preparare **Zubereitung** F preparazione *f*
zubinden V legare; *Schuhe* allacciare
Zubringerstraße F svincolo *m*, raccordo *m*
Zucchini MPL zucchine *fpl*
züchten V *Pflanzen* coltivare; *Tiere* allevare
zucken V palpitare; *zusammenzucken* sussultare
Zucker M zucchero *m*; **~ haben** avere il diabete **Zuckerdose** F zuccheriera *f* **Zuckerguss** M glassa *f* **zuckerkrank** ADJ diabetico **zuckern** V (in)zuccherare **Zuckerrohr** N canna *f* da zucchero **Zuckerrübe** F barbabietola *f* da zucchero **Zuckerwatte** F zucchero *m* filato
zudecken V coprire (**mit** di)
zudrehen V *Hahn* chiudere
zudringlich ADJ importuno
zuerst ADV *als Erstes* prima; *zu Anfang* dapprima; *als Erster* per primo
Zufahrt F accesso *m*; *zur Autobahn* raccordo *m* **Zufahrtsstraße** F strada *f* di accesso
Zufall M caso *m*; **durch ~** per caso **zufällig** ADV per caso
Zuflucht F rifugio *m*
zufrieden ADJ contento (**mit** di) **Zufriedenheit** F contentezza *f* **zufriedenstellen** V accontentare
Zufuhr F rifornimento *m*
Zug¹ M BAHN treno *m*; *Luftzug* corrente *f* d'aria; *Spielfigur* mossa *f*; *Zigarette* tirata *f*; *Charakter* tratto *m*
Zug² N Zugo *f*
Zugabe F THEAT bis *m*
Zugang M accesso *m* **zugänglich** ADJ accessibile **Zugangsdaten** PL dati *mpl* di accesso
Zugbegleiter(in) M(F) ferroviere(-a) *m(f)* (appartenente al personale viaggiante)
zugeben V *fig* ammettere
zugehen V andare incontro (**auf j-n** a qn); *schließen* chiudersi
Zugehörigkeit F appartenenza *f* (**zu** a)
Zügel MPL redini *fpl* **zügellos** ADJ dissoluto **zügeln** V frenare
Zugeständnis N concessione

f **zugestehen** V concedere (**j-m etw** qc a qn)
Zugführer(in) M(F) BAHN capotreno *m/f*
zugig ADJ: **es ist ~** c'è corrente
zügig ADJ scorrevole
zugleich ADV nello stesso tempo
Zugluft F corrente *f* d'aria
Zugriff M accesso *m*; **kein ~** accesso negato
zugrunde ADV: **~ gehen** andare in rovina; **~ richten** rovinare
Zugschaffner(in) M(F) controllore *m* (del treno)
zugunsten PRÄP a favore di
Zugverbindung F coincidenza *f*
Zugvogel M uccello *m* migratore
zuhaben V essere chiuso **zuhalten** V tenere chiuso; **sich die Ohren ~** tapparsi le orecchie
Zuhälter(in) M(F) protettore (-trice) *m(f)*, magnaccia *m*
Zuhause N casa *f*
zuhören V ascoltare (**j-m** qn) **Zuhörer(in)** M(F) ascoltatore (-trice) *m(f)*; PL uditorio *m*
zukleben V incollare; *Brief etc* chiudere con la colla
Zukunft F avvenire *m*, futuro *m* **zukünftig** **1** ADJ futuro **2** ADV in futuro
Zulage F aumento *m*
zulassen V *erlauben* permettere; *zur Prüfung etc* ammettere; *Tür* lasciare chiuso; AUTO immatricolare **zulässig** ADJ ammesso **Zulassung** F ammissione *f*; AUTO immatricolazione *f*
zuletzt ADV alla fine; *als Letzter* per ultimo
zuliebe PRÄP per amore (**j-m** di qn)
zumachen V chiudere
zumindest ADV almeno
zumuten V pretendere (**j-m etw** qc da qn) **Zumutung** F pretesa *f*; *Frechheit* sfacciataggine *f*
zunächst ADV in primo luogo
Zunahme F aumento *m*
Zuname M cognome *m*
Zündkabel N AUTO cavo *m* di accensione **Zündkerze** F AUTO candela *f* (d'accensione) **Zündschloss** N AUTO interruttore *m* di accensione **Zündschlüssel** M AUTO chiave *f* di accensione **Zündung** F AUTO accensione *f*
zunehmen V aumentare (**an** di); **3 Kilo ~** ingrassare di tre chili
Zuneigung F affetto *m* (**für** per)
Zunge F lingua *f*
zunichtemachen V annientare
zunutze ADV: **sich etw ~ machen** approfittare di qc
zuordnen V classificare (**etw e-r Sache** qc fra qc)

zurechnungsfähig ADJ capace di intendere e di volere; *fig* sano di mente **zurechtfinden** V: **sich ~** orientarsi **zurechtkommen** V venire a capo (**mit** di) **zurechtmachen** V preparare **zurechtweisen** V rimproverare
zureden V: **j-m ~** *ermutigen* incoraggiare qn
Zürich N Zurigo *f*
zurück ADV indietro; *wieder da* di ritorno **zurückbehalten** V trattenere **zurückbekommen** V riavere; *Geld* ricevere in resto **zurückbleiben** V rimanere indietro **zurückbringen** V riportare **zurückerstatten** V rimborsare **zurückfordern** V richiedere **zurückführen** V ricondurre **zurückgeben** V restituire, rendere **zurückgehen** V ritornare; *abnehmen* diminuire **zurückgezogen** ADJ ritirato
zurückhalten V trattenere; **sich ~** *beim Essen* moderarsi **zurückhaltend** ADJ riservato **Zurückhaltung** F riservatezza *f*
zurückholen V andare a riprendere; *Daten* richiamare **zurückkommen** V tornare; **auf etw ~** ritornare su qc **zurücklassen** V lasciare **zurücklegen** V *Weg* percorrere; *Geld* risparmiare; *Ware* **j-m etw ~** riservare qc per qn **zurücknehmen** V riprendere; *fig Bemerkung* ritirare **zurückrufen** V TEL richiamare **zurückschalten** V AUTO: **in den 2. Gang ~** rimettere la seconda **zurückschicken** V rispedire **zurücksetzen** V *Auto* far indietreggiare; *fig benachteiligen* svantaggiare **zurückstellen** V *an Platz* rimettere a posto; *Uhr* mettere indietro; *aufschieben* rinviare **zurücktreten** V *von Amt* dimettersi; *von Kauf* rinunciare **zurückweisen** V *Vorwurf* rifiutare; *Person* respingere **zurückzahlen** V rimborsare, restituire **zurückziehen** V *Angebot* ritirare; **sich ~** ritirarsi
zurzeit ADV attualmente
Zusage F promessa *f* **zusagen** V promettere (**j-m etw** qc a qn); *Einladung* accettare; *gefallen* piacere (**j-m** a qn)
zusammen ADV insieme; **~ sein** stare insieme **Zusammenarbeit** F collaborazione *f* **zusammenarbeiten** V collaborare **zusammenbauen** V montare **zusammenbinden** V legare
zusammenbrechen V crollare; *Verkehr* arrestarsi **Zusammenbruch** M crollo *m*; MED collasso *m*
zusammenfallen V *zeitlich* coincidere **zusammenfas-**

sen V riassumere **Zusammenfassung** F riassunto *m* **zusammenfügen** V congiungere **zusammengehören** V essere insieme **Zusammenhalt** M *fig* coesione *f* **Zusammenhang** M contesto *m*
zusammenklappbar ADV pieghevole **zusammenklappen** V piegare; *fig umg* crollare
zusammenkommen V riunirsi **Zusammenkunft** F riunione *f*
zusammenleben V convivere **Zusammenleben** N convivenza *f*
zusammennehmen V: **sich ~** *sich beherrschen* dominarsi
zusammenpassen V stare bene insieme
Zusammenprall M urto *m*, scontro *m* **zusammenprallen** V urtarsi (**mit** con) **Zusammenschluss** M unione *f* **zusammensetzen** V *Puzzle* comporre; *Teile* montare; **sich ~** *bestehen aus* comporsi (**aus** di) **Zusammensetzung** F composizione *f* **zusammenstellen** V comporre; *Tische* accostare
Zusammenstoß M collisione *f*, urto *m*, scontro *m* **zusammenstoßen** V scontrarsi (**mit** con)
zusammenstürzen V crollare **zusammenzählen** V sommare
Zusatz M aggiunta *f*; *Ergänzung* supplemento *m* **zusätzlich** **1** ADJ supplementare **2** ADV in più
zuschauen V stare a guardare (**j-m** qn) **Zuschauer(in)** M(F) spettatore(-trice) *m(f)*
zuschicken V spedire, inviare
Zuschlag M *Fahrkarte* supplemento *m* **zuschlagen** V *Tür* sbattere; *Buch* chiudere **zuschlagpflichtig** ADJ *Zug* con supplemento
zuschließen V chiudere a chiave **zuschnappen** V scattare; *beißen* azzannare
zuschnüren V legare; *Schuhe* allacciare **zuschrauben** V avvitare
Zuschuss M sovvenzione *f*
zusehen V stare a guardare; **~, dass** fare in modo che +*konjkt*
zusichern V assicurare
zuspitzen V: **sich ~** *Situation* farsi critico
Zustand M stato *m*, situazione *f* **zustande** ADV: **~ bringen** riuscire a fare; **~ kommen** realizzarsi **zuständig** ADJ competente
zustehen V spettare (**j-m** a qn) **zusteigen** V salire (durante il viaggio); **j-d zugestiegen bitte?** è salito qualcuno?
zustellen V consegnare; *Post* recapitare **Zustellung** F

consegna *f*; *Post* recapito *m*
zustimmen V aderire (**etw** qc) **Zustimmung** F adesione *f*; *Einwilligung* consenso *m*
zustoßen V *Unheil* accadere, capitare
Zustrom M afflusso *m*
Zutaten FPL ingredienti *mpl*
zuteilen V assegnare (**j-m etw** qc a qn)
zutrauen V: **j-m etw ~** credere qn capace di qc **zutraulich** ADJ fiducioso
zutreffen V essere giusto; valere (**auf** per) **zutreffend** ADJ giusto
Zutritt M accesso *m* (**zu** a); **~ verboten!** ingresso vietato
zuverlässig ADJ affidabile **Zuverlässigkeit** F affidabilità *f*
Zuversicht F fiducia *f* **zuversichtlich** ADJ fiducioso
zuvor ADJ prima **zuvorkommen** V prevenire (**etw** qc); anticipare (**j-m** qn) **zuvorkommend** ADJ premuroso
Zuwachs M incremento *m*
Zuwanderung F immigrazione *f*
zuweisen V assegnare
zuwenden V: **sich j-m/etw ~** rivolgersi a qn/a qc **Zuwendung** F *fig* attenzione *f*
zuwider ADV: **~ sein** essere ripugnante **zuwiderhandeln** V contravvenire (a)
zuwinken V fare cenno (**j-m** a qn)
zuzahlen V pagare in più
zuziehen V *Vorhang* chiudere; *Knoten* stringere; *Krankheit* **sich ~** prendersi
zuzüglich PRÄP più
Zwang M obbligo *m*; *Gewalt* violenza *f* **zwanglos** ADJ alla buona
zwangsläufig ADJ inevitabile
zwangsweise ADV forzatamente
zwanzig ADJ venti
zwar ADV è vero che...; **und ~** e precisamente
Zweck M fine *m*, scopo *m*
zwecklos ADJ inutile
zweckmäßig ADJ opportuno
zwecks PRÄP allo scopo di
zwei ADJ due **Zweibettzimmer** N camera *f* a due letti *od* doppia) **zweideutig** ADJ equivoco **zweierlei** ADJ di due specie **zweifach** ADJ doppio, duplice
Zweifel M dubbio *m* **zweifelhaft** ADJ dubbioso; *Mensch* equivoco **zweifellos** ADV senza dubbio **zweifeln** V dubitare (**an** di) **Zweifelsfall** M: **im ~** in caso di dubbio
Zweig M ramo *m*
zweigleisig ADJ a doppio binario
zweihändig ADJ a due mani
zweihundert ADJ duecento
zweijährig ADJ di due anni
zweimal ADV due volte
zweimotorig ADJ bimotore
zweiseitig ADJ bilaterale

Zweisitzer M biposto *f* **zweisprachig** ADJ bilingue **zweispurig** ADJ *Straße* a due corsie **zweistöckig** ADJ di due piani

zweit ADV: **zu ~** in due **zweitausend** ADJ duemila **zweite(r, -s)** ADJ secondo; **der zweite April** il due aprile

zweiteilig ADJ *Kleid* a due pezzi; *Film* in due puntate **zweitens** ADV in secondo luogo **zweitrangig** ADJ secondario **Zweizimmerwohnung** F bilocale *m*

Zwerchfell N diaframma *m*

Zwerg M nano *m*

Zwetschge F, **Zwetschke** F prugna *f*

zwicken V pizzicare; *Kleidung* essere stretto

Zwieback M fetta *f* biscottata

Zwiebel F cipolla *f*; *Blumenzwiebel* bulbo *m*

Zwillinge MPL gemelli *mpl*; ASTROL Gemelli *mpl*

zwingen V costringere (**zu** a) **zwingend** ADJ *Grund* impellente

zwinkern V fare l'occhiolino

Zwirn M refe *m*

zwischen PRÄP fra, tra

Zwischenablage F IT appunti *mpl*

zwischendurch ADV nel frattempo; *räumlich* attraverso

Zwischenfall M incidente *m*

zwischenlanden V fare scalo (**in** a) **Zwischenlandung** F scalo *m*; **ohne ~** senza scalo

Zwischenraum M spazio *m* **Zwischenstation** F stazione *f* intermedia **Zwischenstecker** M spina *f* adattatore **Zwischenstopp** F scalo *m* **Zwischenzeit** F: **in der ~** nel frattempo

zwölf ADJ dodici

Zyankali N cianuro *m*

Zyklus M ciclo *m*

Zylinder M TECH cilindro *m*

zynisch ADJ cinico

Zypern N Cipro *m*

Zypresse F cipresso *m*

zyprisch ADJ cipriota

Zyste F cisti *f*, ciste *f*

zz., **zzt.** ABK (**= zurzeit**) attualmente

Die Uhrzeit

Che ora è? / Che ore sono?	Wie spät ist es?
12.00 È mezzogiorno.	Es ist zwölf Uhr mittags.
24.00 È mezzanotte.	Es ist Mitternacht.
1.00 È l'una.	Es ist ein Uhr *od* Es ist eins.
Sono le	Es ist
3.10 … tre e dieci.	… zehn (Minuten) nach drei.
4.15 … quattro e un quarto.	… Viertel nach vier.
5.20 … cinque e venti.	… zwanzig (Minuten) nach fünf *od* … zehn Minuten vor halb sechs.
6.30 … sei e trenta / sei e mezzo / sei e mezza.	… halb sieben.
7.40 … sette e quaranta / otto meno venti.	… zwanzig (Minuten) vor acht *od* … zehn (Minuten) nach halb acht.
8.45 … otto e quarantacinque / nove meno un quarto / otto e tre quarti.	… Viertel vor neun.
9.55 … nove e cinquantacinque / dieci meno cinque.	… fünf (Minuten) vor zehn.
A che ora?	Um wie viel Uhr?
2.00 alle due	um zwei (Uhr)
ca. 10 verso le dieci	ungefähr um zehn Uhr
9.00 alle nove in punto	pünktlich um neun (Uhr)

Italienische Feiertage

1. Januar	**Capodanno**	Neujahr
6. Januar	**Epifania**	Heilige Drei Könige
März / April	**Pasqua**	Ostersonntag
März / April	**Pasquetta**	Ostermontag
25. April	**Festa della Liberazione**	Tag der Befreiung
1. Mai	**Festa del Lavoro**	Tag der Arbeit
2. Juni	**Festa della Repubblica**	Tag der Republik
15. August	**Ferragosto** *oder* **Assunzione**	Mariä Himmelfahrt
1. November	**Ognissanti** *oder* **Tutti i Santi**	Allerheiligen
8. Dezember	**Immacolata Concezione**	Mariä Empfängnis
25. Dezember	**Natale**	1. Weihnachtstag
26. Dezember	**Santo Stefano**	2. Weihnachtstag

Folgende Tage zählen in Italien nicht als Feiertage:

Februar / März	**lunedì grasso**	Rosenmontag
Februar / März	**martedì grasso**	Faschingsdienstag
März / April	**venerdì santo**	Karfreitag
Mai	**Ascensione**	Christi Himmelfahrt
Mai / Juni	**lunedì di Pentecoste**	Pfingstmontag
Mai / Juni	**Corpus Domini**	Fronleichnam
31. Dezember	**San Silvestro**	Silvester

Sprachführer

Das Allerwichtigste

Guten Tag!	**Buongiorno!** [buon'dʒorno]
Guten Abend!	**Buonasera!** [buona'se:ra]
Auf Wiedersehen!	**Arrivederci!** [arrive'dertʃi]
... bitte!	**..., per favore!** [per fa'vo:re]
Danke!	**Grazie!** ['gra:tsie]
Ja.	**Sì.** [si]
Nein.	**No.** [nɔ]
Entschuldigen Sie!	**Scusi!** ['sku:zi]
Entschuldige!	**Scusa!** ['sku:za]
In Ordnung!	**Va bene!** [va'bɛ:ne]
Hilfe!	**Aiuto!** ['aiu:to]
Rufen Sie schnell einen Arzt!	**Chiami subito un medico!** ['kia:mi 'su:bito un 'mɛ:diko]
Rufen Sie schnell einen Krankenwagen!	**Chiami un'ambulanza, presto!** ['kia:mi unambu'lantsa 'prɛsto]
Wo ist die Toilette?	**Dov'è il bagno?** [do'vɛ il 'baɲo?]
Wann?	**Quando?** ['kuando?]
Was?	**Che cosa?** [ke 'kɔ:sa?]
Wo?	**Dove?** ['do:ve?]
Hier.	**Qui.** ['kui]
Dort.	**Là.** [la]
Rechts.	**A destra.** [a 'dɛstra]
Links.	**A sinistra.** [a si'nistra]
Geradeaus.	**Sempre dritto.** ['sɛmpre 'dritto]

Haben Sie ...?	**Ha ...?** [a ...?]
Ich möchte ...	**Vorrei ...** [vor'rɛ:i]
Was kostet das?	**Quanto costa?** ['kuanto 'kɔsta?]
Könnten Sie mir das bitte aufschreiben?	**Me lo può scrivere, per favore?** [me lo 'puɔ 'skri:vere per fa'vo:re?]
Wo ist ...?	**Dov'è ...?** [do'vɛ ...?]
Wo gibt es ...?	**Dov'è ...?** [do'vɛ ...?]
Heute.	**Oggi.** ['ɔddʒi]
Morgen.	**Domani.** [do'ma:ni]
Ich will nicht.	**Non voglio.** [non 'vɔ:ʎo]
Ich kann nicht.	**Non posso.** [non 'pɔsso]
Einen Moment, bitte!	**Un momento, per favore!** [un mo'mento per fa'vo:re]
Lassen Sie mich in Ruhe!	**Mi lasci in pace!** [mi 'laʃʃi in 'pa:tʃe]

Verständigung

Ha / Hai capito? [a / ai ka'pi:to?]	Haben Sie / Hast du verstanden?
Ich habe verstanden.	**Ho capito.** [ɔ ka'pi:to]
Ich habe das nicht verstanden.	**Non ho capito.** [non ɔ ka'pi:to]
Sagen Sie es bitte noch einmal.	**Lo può ripetere, per favore?** [lo 'puɔ ri'pɛ:tere per fa'vo:re?]
Bitte sprechen Sie etwas langsamer.	**Per favore, parli più lentamente.** [per fa'vo:re 'parli 'piu lenta'mente]

Small Talk

Wie heißen Sie / heißt du?	**Come si chiama / ti chiami?** ['ko:me si 'kia:ma / ti 'kia:mi?]
Ich heiße …	**Mi chiamo …** [mi 'kia:mo
Woher kommen Sie / kommst du?	**Di dov'è / dove sei?** [di do vɛ / 'do:ve 'sɛ:i?]
Ich komme …	**Vengo …** ['vɛŋgo]
aus Deutschland.	**dalla Germania.** ['dalla dʒer'ma:nia]
aus Österreich.	**dall'Austria.** [dal'la:ustria]
aus der Schweiz.	**dalla Svizzera.** ['dalla 'zvittsera]
Wie alt sind Sie / bist du?	**Quanti anni ha/hai?** ['kuanti 'anni a / ai?]
Ich bin … Jahre alt.	**Ho … anni.** [ɔ … 'anni]
Was machen Sie / machst du beruflich?	**Che lavoro fa/fai?** [ke la'vo:ro fa / fai?]
Ich bin …	**Sono …** ['so:no]
Sind Sie / Bist du zum ersten Mal hier?	**È la prima volta che è/sei qui?** [ɛ la 'pri:ma 'vɔlta ke ɛ / 'sɛ i 'kui?]
Nein ich war schon … Mal in Italien.	**No, sono stato/stata in Italia già altre … volte.** [nɔ 'so:no sta:to / 'sta:ta in i'ta:lia dʒa 'altre … 'vɔlte]
Wie lange sind Sie / bist du schon hier?	**Da quanto tempo è/sei qui?** [da 'kuanto 'tɛmpo ɛ / 'sɛ:i 'kui?]
Seit … Tagen / Wochen.	**Da … giorni/settimane.** [da … 'dʒorni / setti'ma:ne]
Wie lange sind Sie / bist du noch hier?	**Per quanto tempo rimane/ rimani?** [per 'kuanto 'tɛmpo ri'ma:ne / ri'ma:ni?]

Noch eine Woche / zwei Wochen.	**Ancora una settimana / due settimane.** [aŋ'ko:ra 'u:na setti'ma:na / 'du:e setti'ma:ne]
Gefällt es Ihnen / dir hier?	**Le/Ti piace qui?** [le / ti 'pia:tʃe 'kui?]
Es gefällt mir sehr gut.	**Mi piace molto.** [mi 'pia:tʃe 'molto]

Unterwegs und über Nacht

Entschuldigung, wo ist …?	**Scusi, dov'è …?** ['sku:zi do'vɛ?]
Wie komme ich nach / zu …?	**Come si arriva a …?** ['ko:me si ar'ri:va a?]
Wie komme ich am schnellsten / billigsten …	**Come si arriva nel modo più veloce/economico …** ['ko:me si ar'ri:va nel 'mɔ:do 'piu ve'lo:tʃe / eko'nɔ:miko]
zum Bahnhof?	**alla stazione?** ['alla sta'tsio:ne?]
zum Busbahnhof?	**alla stazione degli autobus?** ['alla sta'tsio:ne 'de:ʎi 'a:utobus?]
zum Flughafen?	**all'aeroporto?** [allaero'pɔrto?]
zum Hafen?	**al porto?** [al 'pɔrto?]
Mi dispiace, non lo so … [mi di'spia:tʃe, non lo sɔ]	Tut mir leid, das weiß ich nicht.
Là. [la]	Dort.
Indietro. [in'diɛ:tro]	Zurück.
Sempre dritto. ['sɛmpre 'dritto]	Geradeaus.

A destra. [a 'dɛstra]
Nach rechts.

A sinistra. [a si'nistra]
Nach links.

Für mich ist bei Ihnen ein Zimmer reserviert. Mein Name ist …
Ho una camera prenotata qui da voi. Il mio nome è … [ɔ 'u:na 'ka:mera preno'ta:ta 'kui da 'vo:i. il 'mi:o 'no:me ɛ]

Hier ist meine Bestätigung.
Ecco la conferma. ['ɛkko la kon'ferma]

Potrei avere il Suo voucher? [po'trɛ:i a've:re il 'su:o 'va:utʃer?]
Dürfte ich bitte Ihren Hotelvoucher haben?

Haben Sie ein Doppelzimmer / Einzelzimmer frei …
Avete una camera doppia / singola … [a've:te 'u:na 'ka:mera 'doppia / 'siŋgola]

für eine Nacht / … Nächte?
per una notte / … notti? [per 'u:na 'nɔtte / … 'nɔtti?]

mit Bad / Dusche und WC?
con bagno/doccia e WC? [kon 'ba:ɲo / 'dottʃa e vu'tʃi?]

Purtroppo è tutto esaurito. [pur'trɔppo ɛ 'tutto ezau'ri:to]
Wir sind leider ausgebucht.

Domani/Il … si libererà una camera. [do'ma:ni / il … si libere'ra 'u:na 'ka:mera]
Morgen / Am … wird ein Zimmer frei.

Wie viel kostet es …
Quanto costa … ['kuanto 'kɔsta]

mit / ohne Frühstück?	**con/senza prima colazione?** [kon / 'sɛntsa 'pri:ma kola'tsio:ne?]
mit Halbpension / Vollpension?	**a mezza pensione / pensione completa?** [a 'mɛddza pen'sio:ne / pen'sio:ne kom'plɛ:ta?]

Shopping

Wo bekomme ich ...?	**Dove posso trovare ...?** ['do:ve 'pɔsso tro'va:re?]
Posso aiutarLa? ['pɔsso aiu'tarla?]	Kann ich Ihnen helfen?
Danke, ich sehe mich nur um.	**Grazie, vorrei soltanto dare un'occhiata.** ['gra:tsie vor'rɛ:i sol'tanto 'da:re unok'kia:ta]
Ich werde schon bedient.	**Mi stanno già servendo.** [mi 'stanno dʒa ser'vɛndo]
Ich hätte gerne ...	**Vorrei ...** [vor'rɛ:i]
Das gefällt mir. Ich nehme es.	**Mi piace, lo prendo.** [mi 'pia:tʃe, lo 'prɛndo]
Desidera altro? [de'si:dera 'altro?]	Darf es sonst noch etwas sein?
Danke, das ist alles.	**Grazie, è tutto.** ['gra:tsie, ɛ 'tutto]
Kann ich mit dieser Kreditkarte bezahlen?	**Posso pagare con questa carta di credito?** ['pɔsso pa'ga:re kon 'kuesta 'karta di 'kre:dito?]

Im Restaurant

Die Karte bitte.

Può portare il menù, per favore?
['puɔ por'ta:re il me'nu per fa'vo:re?]

Che cosa desidera da bere / da mangiare?
[ke 'kɔ:sa de'si:dera da 'be:re / da man'dʒa:re?]

Was möchten Sie trinken / essen?

Ich möchte …

Vorrei … [vor'rɛ:i]

– ein Glas Rotwein

– un bicchiere di vino rosso.
[un bik'kiɛ:re di 'vi:no 'rosso]

Haben Sie …?

Avete … [a've:te]

vegetarische Gerichte?

piatti vegetariani?
['piatti vedʒeta'ria:ni?]

Che cosa prende come antipasto / dessert?
[ke 'kɔ:sa 'prɛnde 'ko:me anti'pasto / des'sɛr?]

Was nehmen Sie als Vorspeise / Nachtisch?

Ich möchte zahlen.

Il conto, per favore.
[il 'konto per fa'vo:re]

Menù | Speisekarte

Antipasti | Vorspeisen

acciughe *fpl* [at'tʃu:ge]	Anchovis
affettato *m* **(misto)** [affet'ta:to ('misto)]	(gemischter) Aufschnitt
carciofini *mpl* **sott'olio** [kartʃo'fi:ni sot'tɔ:lio]	Artischocken in Öl
carpaccio *m* [kar'pattʃo]	dünnes rohes Fleisch, mit Zitronensaft und Öl mürbe gemacht und auf verschiedene Weise garniert
crostini *mpl* **misti** [kro'sti:ni 'misti]	belegte geröstete Brotschnitten
funghi *mpl* **sott'olio** ['fuŋgi sot'tɔ:lio]	in Öl eingelegte Pilze
gamberi *mpl* ['gamberi]	Garnelen
ostriche *fpl* ['ɔstrike]	Austern
prosciutto *m* [proʃ'ʃutto]	Schinken
– cotto ['kɔtto]	gekochter –
– crudo ['kru:do]	roher –
salame *m* [sa'la:me]	Salami
sottaceti *mpl* [sotta'tʃe:ti]	Mixed Pickles
tartine *fpl* [tar'ti:ne]	belegte Brotschnitten

Primi piatti | Erster Gang

Minestre | Suppen

brodo *m* ['brɔ:do]	Brühe
– di pollo [di 'pollo]	Hühnerbrühe
minestra *f* [mi'nɛstra]	Suppe
– di verdura [di ver'du:ra]	Gemüsesuppe
minestrone *m* [mines'tro:ne]	dicke Gemüsesuppe
pasta *f* **e fagioli** ['pasta e fa'dʒɔ:li]	Bohnensuppe mit Nudeln
pastina *f* **in brodo** [pa'sti:na in 'brɔ:do]	Nudelsuppe
zuppa *f* **di pesce** ['tsuppa di 'peʃʃe]	Fischsuppe

Pasta e riso | Nudel- und Reisgerichte

agnolotti *mpl* [aɲo'lɔtti]	Teigtaschen mit Fleischfüllung
cannelloni *mpl* [kannel'lo:ni]	mit Fleisch gefüllte, überbackene Nudelrollen
fettuccine *fpl* [fettut'tʃi:ne]	schmale Bandnudeln
fusilli *mpl* [fu'zilli]	spiralig gedrehte Nudeln
gnocchi *mpl* ['ɲɔkki]	Kartoffelklößchen
pasta *f* **(asciutta)** ['pasta (aʃ'ʃutta)]	Nudelgericht
– al burro (in bianco) [al 'burro (in 'biaŋko)]	– mit Butter oder Olivenöl und Käse

– al pomodoro [al pomo'dɔ:ro]	– mit Tomatensoße
– al sugo [al 'su:go]	– mit Fleischsoße
– all'arrabbiata [allarrab'bia:ta]	– mit Tomatensoße und Chilischoten, scharf
– all'amatriciana [allamatri'tʃa:na]	– mit Tomatensoße, Speck und Schafskäse
penne *fpl* ['penne]	kurze Nudeln
polenta *f* [po'lɛnta]	Maisbrei
risotto *m* [ri'sɔtto]	Risotto, Reisgericht
– ai funghi (porcini) [ai 'fuŋgi (por'tʃi:ni)]	– mit (Stein)Pilzen
– alla marinara ['alla mari'na:ra]	– mit Meeresfrüchten
– alla milanese ['alla mila'ne:se]	– mit Safran und Rinderknochenmark
tagliatelle *fpl* [taʎa'tɛlle]	Bandnudeln
vermicelli *mpl* [vermi'tʃɛlli]	dünne Spaghetti

Carni | Fleischgerichte

agnello *m* [a'ɲɛllo]	Lamm
bue *m* ['bu:e]	Ochse
coniglio *m* [ko'ni:ʎo]	Kaninchen
maiale *m* [ma'ia:le]	Schweinefleisch
maialino *m* **da latte** [maia'li:no da 'latte]	Spanferkel
manzo *m* ['mandzo]	Rindfleisch
montone *m* [mon'to:ne]	Hammel

vitello *m* [vi'tɛllo]	Kalbfleisch
arrosto *m* [ar'rɔsto]	Braten
bistecca *f* [bi'stekka]	Steak (mit Knochen)
braciola *f* [bra'tʃɔ:la]	Rumpsteak
brasato *m* [bra'za:to]	Rindfleisch in Wein geschmort
cosciotto *m* **di vitello** [koʃ'ʃɔtto di vi'tɛllo]	Kalbskeule
costoletta *f* [kosto'letta]	Kotelett
cotoletta *f* **alla milanese** [koto'letta 'alla mila'ne:se]	Wiener Schnitzel
fegato *m* ['fe:gato]	Leber
fesa *f* **di vitello** ['fe:za di vi'tɛllo]	Kalbschnitzel aus der Keule
fettina *f* [fet'ti:na]	dünnes Schnitzel
filetto *m* [fi'letto]	Filet
frattaglie *fpl* [frat'ta:ʎe]	Innereien
involtini *mpl* [invol'ti:ni]	Rouladen
lombata *f* [lom'ba:ta]	Lendenbraten
ossobuco *m* [ɔsso'bu:ko]	Kalbshaxe in Scheiben
petto *m* **di vitello** ['pɛtto di vi'tɛllo]	Kalbsbrust
polpette *fpl* [pol'pette]	Fleischklößchen
polpettone *m* [polpet'to:ne]	Hackbraten
ragù *m* [ra'gu]	Ragout
salsicce *fpl* [sal'sittʃe]	Wurst, Würstchen
scaloppine *fpl* [skalop'pi:ne]	kleine Schnitzel
spezzatino *m* [spettsa'ti:no]	Gulasch, Geschnetzeltes
spiedini *mpl* **alla griglia** [spie'di:ni 'alla 'gri:ʎa]	gegrillte Fleischspieße
stufato *m* [stu'fa:to]	Schmorbraten

vitello *m* **tonnato** ['vi'tɛllo ton'na:to]	gekochtes Kalbsfleisch mit einer Soße aus Thunfisch und Kapern

Pollame | Geflügel

anatra *f* ['a:natra]	Ente
fagiano *m* [fa'dʒa:no]	Fasan
faraona *f* [fara'o:na]	Perlhuhn
gallina *f* [gal'li:na]	Huhn
oca *f* ['ɔ:ka]	Gans
petto *m* **di pollo** ['pɛtto di 'pollo]	Hühnerbrust
piccione *m* [pit'tʃo:ne]	Taube
pollo *m* ['pollo]	Hähnchen
tacchino *m* [tak'ki:no]	Truthahn, Pute

Pesce | Fisch

acciuga *f* [at'tʃu:ga]	Sardelle
anguilla *f* [aŋ'guilla]	Aal
aringa *f* [a'riŋga]	Hering
baccalà *m* [bakka'la]	Stockfisch
calamari *mpl* [kala'ma:ri]	Tintenfisch
cefalo *m* ['tʃɛ:falo]	Meeräsche
frittura *f* **di pesce** [frit'tu:ra di 'peʃʃe]	in Öl ausgebackene Fische
luccio *m* ['luttʃo]	Hecht
merluzzo *m* [mer'luttso]	Kabeljau

orata *f* [o'ra:ta]	Dorade
pesce *m* **spada** ['peʃʃe 'spa:da]	Schwertfisch
rombo *m* ['rombo]	Steinbutt
salmone *m* [sal'mo:ne]	Lachs
sardina *f* [sar'di:na]	Sardine
sogliola *f* ['sɔ:ʎola]	Seezunge
spigola *f* ['spi:gola]	Wolfsbarsch
storione *m* [sto'rio:ne]	Stör
tonno *m* ['tonno]	Thunfisch
triglia *f* ['tri:ʎa]	Seebarbe
trota *f* ['trɔ:ta]	Forelle

Crostacei e molluschi | Schalentiere und Muscheln

aragosta *f* [ara'gosta]	Languste
cozze *fpl* ['kɔttse]	Miesmuscheln
frutti *mpl* **di mare** ['frutti di 'ma:re]	Meeresfrüchte
gamberetti *mpl* [gambe'retti]	Garnelen
granchio *m* ['graŋkio]	Krabbe
ostriche *fpl* ['ɔstrike]	Austern
polpo *m* ['polpo]	Krake
scampi *mpl* ['skampi]	Kaisergranat
seppie *fpl* ['seppie]	Tintenfisch
vongole *fpl* ['voŋgole]	Venusmuscheln

Verdura e contorni | Gemüse und Beilagen

asparagi *mpl* [a'spa:radʒi]	Spargel
bietola *f* ['biɛ:tola]	Mangold
carciofi *mpl* [kar'tʃɔ:fi]	Artischocken
cavolfiore *m* [kavol'fio:re]	Blumenkohl
ceci *mpl* ['tʃe:tʃi]	Kichererbsen
cicoria *f* [tʃi'kɔ:ria]	Chicorée
fagioli *mpl* [fa'dʒɔ:li]	Bohnen
fagiolini *mpl* [fadʒo'li:ni]	grüne Bohnen
finocchi *mpl* [fi'nɔkki]	Fenchel
funghi *mpl* ['fuŋgi]	Pilze
melanzane *fpl* [melan'dza:ne]	Auberginen
patate *fpl* [pa'ta:te]	Kartoffeln
– arrosto [ar'rɔsto]	im Ofen gebacken
– fritte ['fritte]	Pommes frites
– lesse ['lesse]	Salzkartoffeln
peperonata *f* [pepero'na:ta]	Paprika, dünn geschnitten und mit Zwiebeln und Tomaten gekocht
peperoni *mpl* [pepe'ro:ni]	Paprikaschoten
piselli *mpl* [pi'sɛlli]	Erbsen
pomodori *mpl* [pomo'dɔ:ri]	Tomaten
spinaci *mpl* [spi'na:tʃi]	Spinat
zucchine *fpl* [tsuk'ki:ne]	Zucchini

Insalate | Salate

insalata *f* [insa'la:ta]	Salat
– di cetrioli [di tʃetri'ɔ:li]	Gurkensalat
– di pomodori [di pomo'dɔ:ri]	Tomatensalat
– mista ['mista]	gemischter Salat
pinzimonio *m* [pintsi'mɔ:nio]	Rohkostdip aus Olivenöl, Salz u. Pfeffer
tonno e fagioli ['tonno e fa'dʒɔ:li]	Bohnensalat mit Thunfisch und Zwiebeln

Uova | Eierspeisen

frittata *f* [frit'ta:ta]	Omelette
crêpe *f* [crɛp]	Pfannkuchen

Modi di preparazione | Zubereitungsarten

affumicato [affumi'ka:to]	geräuchert
ai ferri [ai 'fɛrri]	auf dem Rost gebraten
al cartoccio [al kar'tɔttʃo]	in der Folie gebacken
al forno [al 'forno]	gebacken
al vapore [al va'po:re]	gedämpft
alla brace ['alla 'bra:tʃe]	vom Holzkohlengrill
alla griglia ['alla 'gri:ʎa]	gegrillt
allo spiedo ['allo 'spiɛ:do]	am Spieß

arrosto [ar'rɔsto]	gebraten
farcito [far'tʃi:to]	gefüllt
fatto in casa ['fatto in 'ka:sa]	hausgemacht
fritto ['fritto]	in Öl oder Fett ausgebacken
gratinato [grati'na:to]	überbacken
impanato [impa'na:to]	in Mehl gewendet und ausgebacken
in pastella [in pa'stɛlla]	in einen flüssigen Teig getunkt und ausgebacken
in umido [in 'u:mido]	geschmort
marinato [mari'na:to]	mariniert
ripieno [ri'piɛ:no]	gefüllt
stufato [stu'fa:to]	gedünstet

Dolci | Süßspeisen

budino *m* [bu'di:no]	Pudding
cassata *f* [kas'sa:ta]	Torte mit kandierten Früchten
crema *f* ['krɛ:ma]	gekochte Creme aus Milch, Eiern und Zucker
crème *f* **caramel** ['krɛm kara'mɛl]	Karamellpudding
macedonia *f* [matʃe'dɔ:nia]	Obstsalat
panna *f* **cotta** ['panna 'kɔtta]	puddingartiges Dessert
zabaione *m* [dzaba'io:ne]	Eischaum mit Marsalawein
zuppa *f* **inglese** ['tsuppa iŋ'gle:se]	Süßspeise aus Creme und in Likör getränkten Löffelbiskuits

Frutta | Obst

anguria *f* [aŋ'gu:ria]	Wassermelone
arancia *f* [a'rantʃa]	Orange
ciliegie *fpl* [tʃi'liɛ:dʒe]	Kirschen
cocomero *m* [ko'ko:mero]	Wassermelone
fico *m* ['fi:ko]	Feige
fragole *fpl* ['fra:gole]	Erdbeeren
lamponi *mpl* [lam'po:ni]	Himbeeren
mela *f* ['me:la]	Apfel
pera *f* ['pe:ra]	Birne
pesca *f* ['pɛska]	Pfirsich
uva *f* ['u:va]	Weintrauben

Bevande | Getränke

Vini | Weine

vino *m* ['vi:no]	Wein
– bianco ['biaŋko]	Weißwein
– rosé [ro'ze]	Rosé
– rosso ['rosso]	Rotwein
– da tavola [da 'ta:vola]	Tafelwein
– della casa ['della 'ka:sa]	offener Wein
– in bottiglia [in bot'ti:ʎa]	Flaschenwein
spumante *m* [spu'mante]	Sekt
dolce ['doltʃe]	süß
demi-sec [demi'sɛk]	halbtrocken
secco ['sekko]	trocken
forte ['fɔrte]	stark
leggero [led'dʒɛ:ro]	leicht

Altre bevande alcoliche | Andere alkoholische Getränke

birra *f* ['birra]	Bier
– alla spina ['alla 'spi:na]	– vom Fass
– chiara ['kia:ra]	helles –
– scura ['sku:ra]	dunkles –
amaretto *m* [ama'retto]	süßer Mandellikör
amaro *m* [a'ma:ro]	Magenbitter
grappa *f* ['grappa]	Branntwein aus Weintrester

liquore *m* [li'kuo:re]	Likör
marsala *m* [mar'sa:la]	süßer oder herber Likörwein aus Sizilien
sambuca *f* [sam'bu:ka]	Likör mit Anisgeschmack
stravecchio *m* [stra'vɛkkio]	uralter Weinbrand
vinsanto *m* [vin'santo]	süßer oder herber Likörwein aus der Toskana

Bevande analcoliche | Alkoholfreie Getränke

acqua *f* **minerale** ['akkua mine'ra:le]	Mineralwasser
– gassata [gas'sa:ta]	– mit Kohlensäure
– naturale [natu'ra:le]	– ohne Kohlensäure
aranciata *f* [aran'tʃa:ta]	Orangeade
frappè *m* [frap'pɛ]	Milchshake
limonata *f* [limo'na:ta]	Zitronenlimo(nade)
orzata *f* [or'dza:ta]	süßer Mandelsirup
spremuta *f* **d'arancia** [spre'mu:ta da'rantʃa]	frisch gepresster Orangensaft
succo *m* **di frutta** ['sukko di 'frutta]	Fruchtsaft
succo d'arancia ['sukko da'rantʃa]	Orangensaft
succo di mela ['sukko di 'me:la]	Apfelsaft

Bevande calde | Warme Getränke

caffè *m* **(espresso)** [kaf'fɛ (e'sprɛsso)]	Espresso
– corretto [kor'rɛtto]	– mit einem Schuss Schnaps
– lungo ['luŋgo]	– mit etwas Wasser verdünnt
– macchiato [mak'kia:to]	– mit etwas schaumiger Milch
– ristretto [ri'stretto]	– besonders starker Kaffee
caffellatte *m* [kaffel'latte]	Milchkaffee
cappuccino *m* [kapput'tʃi:no]	Espresso mit schaumiger Milch
camomilla *f* [kamo'milla]	Kamillentee
cioccolata *f* [tʃokko'la:ta]	dicke Trinkschokolade
latte *m* ['latte]	Milch
– macchiato [mak'kia:to]	– mit etwas Kaffee
tè *m* [tɛ]	Tee
– al latte [al 'latte]	– mit Milch
– al limone [al li'mo:ne]	– mit Zitrone
tisana *f* [ti'za:na]	Kräutertee

Abkürzungen und Symbole

a.	auch	anche
ABK	Abkürzung	abbreviazione
ADJ	Adjektiv	aggettivo
ADV	Adverb	avverbio
AGR	Landwirtschaft	agraria
ANAT	Anatomie	anatomia
ARCH	Architektur	architettura
ART	Artikel	articolo
ASTROL	Astrologie	astrologia
ASTRON	Astronomie	astronomia
AUTO	Auto, Verkehr	automobilismo
BAHN	Eisenbahn	ferrovie
BIOL	Biologie	biologia
BOT	Botanik	botanica
CHEM	Chemie	chimica
DEM PR	Demonstrativpronomen	pronome dimostrativo
e-e	eine	una
ELEK	Elektronik, Elektrizität	elettronica, elettricità
e-m	einem	a un(o)
e-n	einen	un(o)
e-r	einer	a una, di una
e-s	eines	di un(o)
etc	et cetera	eccetera
etw	etwas	qualcosa
F, *f*	Femininum, weiblich	femminile
F(M), *f(m)*	Femininum mit Maskulinendung in Klammern	sostantivo femminile con desinenza del maschile tra parentesi

fig	figurativ	senso figurato
FILM	Film, Kino	cinema
FLUG	Luftfahrt	aeronautica
FOTO	Fotografie	fotografia
FPL, *fpl*	Femininum Plural	femminile plurale
FSG	Femininum Singular	femminile singolare
GASTR	Gastronomie, Kochkunst	gastronomia
GEOG	Geografie	geografia
GEOM	Geometrie	geometria
GRAM	Grammatik	grammatica
HANDEL	Handel	commercio
hist	historisch	storico
inf	Infinitiv	infinito
INT	Interjektion	interiezione
inv	unveränderlich	invariabile
IT	IT-Begriff	informatica
j-d	jemand	qualcuno
j-m	jemandem	a qualcuno
j-n	jemanden	qualcuno
j-s	jemandes	di qualcuno
JUR	Rechtswesen	diritto, termine giuridico
KONJ	Konjunktion	congiunzione
konjkt	Konjunktiv	congiuntivo
KUNST	Kunst	arte
LIT	Literatur	letteratura
M, *m*	Maskulinum, männlich	maschile
M(F), *m(f)*	Maskulinum mit Femininendung in Klammern	sostantivo maschile con desinenza del femminile tra parentesi

M/F, *m/f*	Maskulinum und Femininum	maschile e femminile
m/n	Maskulinum und Neutrum	maschile e neutro
MAL	Malerei	pittura
MATH	Mathematik	matematica
MED	Medizin	medicina
METALL	Metallurgie	metallurgia
METEO	Meteorologie	meteorologia
MIL	Militär	scienza militare
MINER	Mineralogie	mineralogia
MPL, *mpl*	Maskulinum Plural	maschile plurale
MSG	Maskulinum Singular	maschile singolare
MUS	Musik	musica
N, *n*	Neutrum, sächlich	neutro
neg!	wird oft als beleidigend empfunden	viene spesso considerato offensivo
NPL, *npl*	Neutrum Plural	neutro plurale
NSG	Neutrum Singular	neutro singolare
od	oder	o
OPT	Optik	ottica
österr	österreichische Variante	variante austriaca
pej	abwertend	spregiativo
PHYS	Physik	fisica
PL, *pl*	Plural	plurale
POL	Politik	politica
POSS PR	Possessivpronomen	pronome possessivo
pperf	Partizip Perfekt	participio passato
PRÄF	Präfix	prefisso
PRÄP	Präposition	preposizione
PRON	Pronomen	pronome

qc	etwas	qualcosa
qn	jemand	qualcuno
®	eingetragene Marke	marchio registrato
RADIO	Radio	radio
REL	Religion	religione
REL PR	Relativpronomen	pronome relativo
SCHIFF	Marine, Schifffahrt	marineria
schweiz	schweizerische Variante	variante svizzera
sg	Singular	singolare
SPORT	Sport	sport
TECH	Technologie	tecnologia
TEL	Telefonie	telefonia
THEAT	Theater	teatro
TV	Fernsehen	televisione
TYPO	Typografie	tipografia
u.	und	e
umg	umgangssprachlich	uso familiare
V	Verb	verbo
vulg	vulgär	volgare
WIRTSCH	Wirtschaft	economia
ZOOL	Zoologie	zoologia
→	siehe	vedi
	ungefähr	corrisponde a
'	Betonungszeichen (vor der betonten Silbe)	accento tonico (precede la sillaba accentata)

Zahlen

Grundzahlen

0 *null* zero
1 *eins* uno
2 *zwei* due
3 *drei* tre
4 *vier* quattro
5 *fünf* cinque
6 *sechs* sei
7 *sieben* sette
8 *acht* otto
9 *neun* nove
10 *zehn* dieci
11 *elf* undici
12 *zwölf* dodici
13 *dreizehn* tredici
14 *vierzehn* quattordici
15 *fünfzehn* quindici
16 *sechzehn* sedici
17 *siebzehn* diciassette
18 *achtzehn* diciotto
19 *neunzehn* diciannove
20 *zwanzig* venti
21 *einundzwanzig* ventuno
22 *zweiundzwanzig* ventidue
30 *dreißig* trenta
40 *vierzig* quaranta
50 *fünfzig* cinquanta
60 *sechzig* sessanta
70 *siebzig* settanta
80 *achtzig* ottanta
90 *neunzig* novanta
100 *hundert* cento
101 *hunderteins* centouno
102 *hundertzwei* centodue
110 *hundertzehn* centodieci
111 *hundertelf* centoundici
120 *hundertzwanzig* centoventi
200 *zweihundert* duecento
300 *dreihundert* trecento
400 *vierhundert* quattrocento
500 *fünfhundert* cinquecento
600 *sechshundert* seicento
700 *siebenhundert* settecento
800 *achthundert* ottocento
900 *neunhundert* novecento
1000 *tausend* mille
1001 *tausendeins* milleuno
2000 *zweitausend* duemila